Franz-Josef Brüggemeier

Geschichte Großbritanniens im 20. Jahrhundert

Europäische Geschichte
im 20. Jahrhundert

herausgegeben von
Ulrich Herbert

Franz-Josef Brüggemeier

Geschichte GROSSBRITANNIENS im 20. Jahrhundert

Verlag C.H.Beck

Mit 4 Karten (S. 458/59, cartomedia, Karlsruhe
S. 460–463, Peter Palm, Berlin)

Umschlaggestaltung: www.kunst-oder-reklame.de
Umschlagbild: Paul McCartney während des Drehs von «A Hard Day's Night»,
1964 © David Hurn / Magnum / Agentur Focus
Satz: Fotosatz Reinhard Amann, Aichstetten
Druck und Bindung: CPI – Ebner & Spiegel, Ulm
Gedruckt auf säurefreiem, alterungsbeständigem Papier
(hergestellt aus chlorfrei gebleichtem Zellstoff)
Printed in Germany
ISBN 978 3 406 60160 6 (broschierte Ausgabe)
ISBN 978 3 406 60176 7 (gebundene Ausgabe)

www.beck.de

Inhalt

VIERTER TEIL
1979–2010

ANHANG

Vorwort

Europa ist unsere Gegenwart, aber unsere Geschichte bleibt im Nationalen verwurzelt. Das hat seinen guten Grund, denn persönliche Erfahrungen und gesellschaftliche Traditionen, politische Optionen, kulturelle Orientierung und Alltagsvertrautheit beziehen sich in allen europäischen Ländern, wenn auch in unterschiedlicher Intensität, nach wie vor zuerst auf das Land, aus dem man kommt und in dem man lebt.

Aber offenkundig reicht der nationale Rahmen nicht aus, um die Geschichte des 20. Jahrhunderts zu verstehen, denn wichtige Entwicklungen erweisen sich schon beim zweiten Hinsehen nicht als national spezifische, sondern als gesamteuropäische Phänomene. Wie soll man regionenübergreifende historische Erscheinungen – vom Imperialismus bis zur Europäischen Union, von den großen Diktaturen bis zur Ausbreitung des europäischen Modells der sozialen Demokratie, von den Klassenkonflikten der 1920er bis zur Jugendrebellion der 1960er Jahre und von den Auswirkungen der Weltwirtschaftskrise bis zum Wirtschaftswunder der 1950er und zum Ölpreisschock der 1970er Jahre – in den Kategorien des Nationalstaats erklären können, wo es sich doch offenkundig eher um gemeinsame Grundprozesse und deren Varianten handelt?

Und doch dominiert in Europa nach wie vor eine Sichtweise, die den Nationalstaat als den vermeintlich natürlichen Aggregatzustand der historischen Entwicklung begreift und sich darum bemüht, nationale Differenzierungen und Sonderwege, Kontingenz und Divergenz als primäre, Konvergenz und Vereinheitlichungen hingegen eher als nachgeordnete Prozesse zu begreifen.

Europa im 20. Jahrhundert hingegen a priori als Einheit zu betrachten und seine Geschichte auch so zu erzählen, ist nicht weniger problematisch. Denn dies transponierte die Vision einer gemeinsamen europäischen Gesellschaft gewissermaßen nach rückwärts, als sei der Nationalstaat lediglich eine Verirrung der vergangenen 150 Jahre gegenüber einer ansonsten im Wesentlichen gemeineuropäischen Erfahrung gewesen. Das vernachlässigte nicht allein die national so extrem unterschiedlichen Entwicklungen, wenn man nur an Jahre wie 1917, 1933 oder 1989 denkt. Es negierte auch die daraus erwachsenen Erfahrungsdifferenzen, die sich nicht nur nach den

Kategorien Klasse und Geschlecht, sondern im 20. Jahrhundert in ganz besonderer Weise nach Nationalität und ethnischer Zugehörigkeit ordnen. Tatsächlich sind das 19. und das 20. Jahrhundert in Europa ohne die nationalstaatliche Perspektive nicht entzifferbar.

Um diesem Dilemma zu entkommen, versucht die Reihe «Europäische Geschichte im 20. Jahrhundert» einen anderen Weg: Die Geschichten der europäischen Staaten und Gesellschaften werden je für sich erzählt, aber zugleich im Kontext der europäischen Entwicklung und der globalen Verflechtungen. Um das zu verstärken, haben sich Herausgeber und Autoren auf eine gemeinsame Struktur geeinigt, die allen Bänden in stärkerer oder schwächerer Ausprägung zugrunde liegt: Die politischen, wirtschaftlichen, sozialen und kulturellen Entwicklungen werden in klassischer, diachroner Manier erzählt. An einigen, in allen Bänden etwa gleichen Zeitpunkten werden aber Querschnitte eingefügt, die es ermöglichen, Zustand und Zustände in der jeweiligen Gesellschaft synchron darzustellen und dadurch dem Vergleich mit anderen Ländern zu öffnen. Das betrifft die Zeiträume um 1900, Mitte der zwanziger Jahre, im Zweiten Weltkrieg, Mitte der sechziger Jahre und nach 1990. Abweichungen von diesem Raster ergeben sich aus spezifischen Besonderheiten in den einzelnen Ländern.

Auf diese Weise sollen im Konzert der Bände dieser Reihe Differenzen und Ähnlichkeiten, Konvergenzen und Alternativen erkennbar und die Nationalgeschichten aus ihrer Selbstbezogenheit gelöst werden, ohne die Eigendynamik und die spezifischen Traditionen der einzelnen Länder zu vernachlässigen. Bei dem Versuch, nationale Geschichte und europäische Perspektive zu verbinden, wird vielen Lesern das eine oder das andere zu kurz kommen, wie überhaupt das Unterfangen, eine Nationalgeschichte im 20. Jahrhundert in einem Band zu erzählen, einen gewissen Mut erfordert. Aber nur in dieser relativ gedrängten Form ist es möglich, diachrone Entwicklungen zu schildern und Linien durch das Jahrhundert zu zeichnen, die bei erheblich umfangreicheren Bänden angesichts der Vielzahl der Themen und Aspekte nicht erkennbar würden.

Wenn wir vom 20. Jahrhundert sprechen, so in einer spezifischen Weise. Es hat sich vielfach eingebürgert, den Ersten Weltkrieg als Wasserscheide zwischen den Jahrhunderten zu betrachten. Das hat Vorteile, weil dadurch die nachwirkenden Traditionen des «langen» 19. Jahrhunderts besser in Augenschein genommen werden können. Um die Geschichte des 20. Jahrhunderts zu erzählen, ist es aber nötig, die tiefgreifende Veränderungsdynamik der Jahrzehnte zwischen 1890 und 1914 zu berücksichtigen, die jahrzehntelang nachgewirkt hat und in kürzester Zeit eine solche Wucht entfaltete, dass alle europäischen Gesellschaften davon ergriffen und gezwungen wurden, auf diese Herausforderungen zu reagieren. So wird, wer den Aufstieg der Weltanschauungsdiktaturen und die beiden Weltkriege, den Holocaust und die Dekolonialisierung darzustellen und zu erklären hat, vor den Ersten Weltkrieg zurückgehen und die beiden Jahrzehnte vorher betrachten müssen, um die Durchsetzung des modernen Industriekapitalismus, der immer mächtiger werdenden Staatsapparate und den Aufstieg der großen radikalen politischen Massenbewegungen zu verfolgen, die im Laufe des Jahrhunderts eine so zerstörerische Wirkung entfalteten. Daher wird in diesen Bänden die Geschichte des «langen 20. Jahrhunderts» erzählt, die von den 1890er Jahren bis etwa 2000 reicht – wobei der Ausgangspunkt klarer ist als das Ende.

Schließlich hat Autoren und Herausgeber die Frage bewegt, wie man die so verschiedenen beiden Hälften des Jahrhunderts miteinander auf eine Weise verbinden kann, dass die Zusammenhänge zwischen beiden erkennbar werden, ohne den tiefen Einschnitt von 1945 zu relativieren. Hier sind die Unterschiede zwischen den einzelnen Gesellschaften unübersehbar. Aber zugleich lässt sich doch angesichts der vielfältigen politischen Entwürfe und radikalen Alternativen über Jahrzehnte hinweg das Bemühen der Zeitgenossen erkennen, gesellschaftliche Ordnungssysteme zu finden, die den Herausforderungen der modernen Industriegesellschaft angemessen sind. Das hat zu monströsen Gebilden und schrecklichen Opfern geführt.

Aber man kann doch auch erkennen, dass auf viele Herausforderungen, die sich in den beiden Jahrzehnten vor dem Ersten Weltkrieg so scharf herausgebildet hatten, in den Jahrzehnten nach dem Zweiten Weltkrieg allmählich Antworten gefunden wurden, die sich bewährten und vermehrt auf Zustimmung stießen. Das betraf sowohl die Ausprägung der politischen Ordnung im Innern wie zwischen den europäischen Staaten, das Verhältnis von wirtschaftlicher Dynamik und sozialer Gerechtigkeit oder den Umgang mit der modernen Massenkultur. Dabei wurden die westeuropäischen Gesellschaften nach den 1960er Jahren einander immer ähnlicher, und zwar in Bezug auf das politische System, die soziale Ordnung, die kulturellen Wertorientierungen ebenso wie hinsichtlich der Wirtschaftsordnung und des Alltagslebens. Solche Tendenzen gab es in Ansätzen in den ostmitteleuropäischen Ländern auch schon während der kommunistischen Herrschaft, und nach 1990 begannen sie sich rasch durchzusetzen. Mit diesen Tendenzen der Konvergenz und Homogenisierung der gesellschaftlichen Ordnungen in Europa, deren Bedeutung in historischer Perspektive deutlicher zu erkennen ist als zeitgenössisch, wuchs aber vielfach auch das Bedürfnis nach Differenz und nach Orientierung an der nationalen Geschichte.

Zugleich aber wurde nach der «goldenen Ära» der 1950er und 1960er Jahre die Brüchigkeit des industriellen Fundaments dieser Gesellschaften sichtbar, und neue Herausforderungen kündigten sich an, die unsere Gegenwart und vermutlich in noch stärkerem Maße unsere Zukunft bestimmen: das Ende der traditionellen Massenfertigungsindustrien, die ökologischen Krisen, die Ausprägung und Folgen der weltweiten Massenmigration, die neuen weltweiten ideologischen Konflikte nach dem Ende des Kalten Krieges, die zunehmende Bedeutung supranationaler Zusammenschlüsse und die globale Vernetzung wirtschaftlichen Handelns.

Soweit man es von heute erkennen kann, werden die Jahre 2000 oder 2001 keine markanten historischen Zäsuren bilden. Aber es wird doch sichtbar, dass im letzten Fünftel des 20. Jahrhunderts etwas zu Ende ging, was 100 Jahre zuvor begonnen hatte, und etwas Neues einsetzte, das wir bislang weder definieren noch historisieren können.

Ulrich Herbert

Einleitung

Die britische Geschichte und die Entwicklungen in Großbritannien finden seit langem großes Interesse in Deutschland – und in anderen Ländern des europäischen Kontinents. Dabei galt das Inselreich seit dem ausgehenden 17. Jahrhundert sowohl als Vorbild wie als abschreckendes Beispiel und rief ganz unterschiedliche Reaktionen hervor. Als Vorbild galt es wegen der frühen Industrialisierung und der damit verbundenen wirtschaftlichen Überlegenheit, wegen des riesigen Empires oder auch der seit langem bestehenden Vorrangstellung des Parlaments. Abschreckend hingegen wirkten die immer wieder festgestellten großen Klassenunterschiede, der Triumph des Manchester-Kapitalismus oder die vermeintliche Vorherrschaft materieller Werte über kulturelle Ideale.

Auch jenseits solch grober Beurteilungen besaß und besitzt die britische Geschichte für Außenstehende eine besondere Bedeutung. Das gilt vor allem für das 20. Jahrhundert, wo tiefe Krisen die Länder des Kontinents erschütterten, bürgerkriegsähnliche Zustände oder selbst Bürgerkriege herrschten und Diktaturen eine Lösung versprachen, darunter mit besonders verheerenden Folgen der Nationalsozialismus. Großbritannien erschien demgegenüber als Hort der Ruhe und allmählicher Veränderungen. Entsprechend groß ist die Zahl der Veröffentlichungen, die sich mit den so unterschiedlichen Entwicklungen befassen und dafür Erklärungen suchen. In den letzten Jahren allerdings haben diese abgenommen, wofür es vor allem einen Grund gibt: Nach dem Zweiten Weltkrieg bedeutete der Kalte Krieg zwar eine konstante Bedrohung, doch davon abgesehen verliefen jetzt auch auf dem Kontinent die Entwicklungen friedlich und führten zu stabilen politischen und gesellschaftlichen Zuständen. In den letzten Jahren fanden zudem zahlreiche Prozesse der Angleichung statt, so dass heute bei einer Analyse der europäischen Länder vor allem die Gemeinsamkeiten hervorstechen.

Kennzeichnend für die britische Entwicklung im 20. Jahrhundert ist allerdings, dass zentrale Entwicklungen und Veränderungen hier oft eher vollzogen wurden als auf dem Kontinent. Diese Sichtweise ist nicht neu. Sie war vielmehr auch um 1900 verbreitet, wo diese Darstellung einsetzt. Gerade damals galt Großbritannien wegen seiner wirtschaftlichen Position, der Stärke des Empires oder der politischen Stabilität als Vorläufer von Entwicklungen, die für den Kontinent ebenfalls erwartet wurden. Dabei gab es bereits zahlreiche Hinweise darauf, dass der Vorsprung abnahm. Vor allem nach dem Zweiten Weltkrieg setzte sich, auch im Vereinten Königreich selbst, eine Sichtweise durch, die in Großbritannien in erster Linie Schwächen und Rückständigkeiten erkannte. Diese Wahrnehmung war nicht falsch, aber doch einseitig und übersah, dass in diesem Land weiterhin zahlreiche Entwicklungen besonders früh stattfanden. Welche das waren und welche Folgerungen sich hieraus ergaben, werden die folgenden Ausführungen zeigen, beginnend mit dem ersten Kapitel, das die hier nur skizzierten Überlegungen ausführlicher darstellt und zeigen wird, dass Großbritannien in vielfacher Hinsicht ein ausgesprochen modernes Land war und dies bis in die Gegenwart hinein blieb.

Dies gilt auch für die britischen Geschichtswissenschaften, wo über die etablierte Politik-, Ideen- oder Wirtschaftsgeschichte hinaus seit langem eine reichhaltige Tradition der Sozial-, Mentalitäts- oder Alltagsgeschichte besteht, auf der die vorliegende Untersuchung aufbaut. Die Darstellung versucht, einen Einblick in die Vielfalt der Fragestellungen und Aspekte zu geben, welche die Veröffentlichungen zur britischen Geschichte behandeln. Dazu werden immer wieder Themen des Alltags aufgegriffen, die zeigen, wie bis in diese Lebenswelt hinein zentrale Elemente der britischen Politik, Wirtschaft und Gesellschaft ineinandergriffen, einander bedingten und immer wieder erfahrbar waren – auch und gerade in der populären Kultur. Darauf bezieht sich das Titelbild, das nicht nur ein Mitglied einer weltweit erfolgreichen Band zeigt, sondern auch auf die große und in Großbritannien schon früh erreichte Bedeutung der populären Kultur verweist.

Die vorliegende Darstellung hat eine lange Vorgeschichte. Von Oktober 1972 bis Sommer 1973 studierte ich in York, dort begann mein Interesse an britischer Geschichte. Fast vierzig Jahre später lag das Manuskript zu diesem Buch vor. Selbstverständlich (und glücklicherweise) habe ich nicht so lange daran gearbeitet. Doch zu diesem Buch trugen viele Erlebnisse und Erfahrungen bei, die ich in Großbritannien während dieser Zeit gemacht habe, und noch mehr Personen, die ich traf und die mich mit ganz unterschiedlichen Aspekten der britischen Geschichte und Gegenwart vertraut machten. Von diesen kann ich nur wenige nennen, darunter meine Mitarbeiter Peter Kramper, Peter Itzen, Jens Ivo Engels und Robert Neisen, deren Kenntnisse britischer und europäischer Geschichte eine große Hilfe bedeuteten; die Freiburger Kolleginnen und Kollegen Willi Oberkrome, Sylvia Paletschek, Heidrun Homburg, Jörn Leonhard und vor allem Barbara Korte, die viel Zeit aufbrachten, frühe Entwürfe und fertige Fassungen lasen, diese kommentierten und mit Rat und Tat zur Seite standen; Johanna Beil, Volker Köhler, Sebastian Schlund, Scott Krause, Gerlinde Schuwald und ganz besonders Franziska Pusch, die bei der Recherche und der Korrektur immer wieder große Unterstützung bot; Richard Bessel, der zahlreiche Hinweise gab und mehrmals sein Haus in York zur Verfügung stellte, und nicht zuletzt Dave Gamston und Jean Scott, die über viele Jahre wichtige Freunde und kundige Gesprächspartner waren.

Weitere Anregungen und Kritik erhielt ich durch das Kolloquium der Kollegen Werner Plumpe und Andreas Fahrmeir in Frankfurt, die Fellows der historischen Schule des FRIAS in Freiburg und die Zuhörer des GHI in London sowie bei Queen Mary, Universität London, wo ich meine Überlegungen vorstellen konnte. Geduldige und anregende Zuhörer waren zudem Kolleginnen und Kollegen in Großbritannien, darunter Mark Roodhouse, Jim Walvin, Tony Nicholls, Holger Nehring, Pat Thane, Ewen Cameron, Adrian Bingham, Jill Stephenson, Martin Chick, Frank Trentmann, Peter Catterall, Christina von Hodenberg, Richard Rodger, John Stevenson und Ian Kershaw. Besonders hervorheben möchte ich die Treffen mit Ross McKibbin, der nicht nur im Gespräch, sondern auch durch seine Veröffentlichungen zahlreiche Impulse gab, ohne die ein anderes Buch entstanden wäre. Eigens zu nennen ist die DFG, die mir ein Forschungsfreisemester gewährte und den Freiraum bot, um die Niederschrift zu erstellen. Bei deren Endfassung halfen Dr. Sebastian Ullrich und Carola Samlowsky vom Beck-Verlag und deren freie Mitarbeiterin Maite Hagen, die bis hin zu Formulierungen und zahlreichen technischen Fragen eine sichere Orientierung boten.

Mein Freiburger Kollege Ulrich Herbert kennt seit langem mein Interesse an britischer Geschichte und fragte, ob ich für die Reihe «Europäische Geschichte im 20. Jahrhundert» den Band über Großbritannien verfassen möchte. Diese Aufgabe habe ich gerne übernommen und sehr profitiert von den konzeptionellen Überlegungen der Reihe und den Treffen mit anderen Autoren, unter denen ich Hans Woller, Gerhard Hirschfeld, Wlodzimierz Borodziej, Jakob Tanner und Dietmar Neutatz hervorheben möchte. Als Herausgeber hat Ulrich Herbert das Manuskript gelesen, zahlreiche Vorschläge gemacht und geholfen, den Blick auf Großbritannien zu schärfen.

Dieses Land ist mir in den letzten Jahren sehr vertraut geworden. Ob diese Nähe dem Buch geschadet hat oder ob es davon profitierte, müssen die Leser entscheiden. Für mich jedenfalls war und ist diese Vertrautheit wichtig und hat wesentlich dazu beigetragen, dass es – bei aller Mühsal und Arbeit – ein großes Vergnügen war, dieses Buch zu verfassen. Noch mehr dazu beigetragen hat jedoch meine Familie, schon deshalb weil meine Frau

Joan aus Schottland kommt und eine ideale Gesprächspartnerin war. Das gilt auch für unsere Kinder Fiona, Kerstin und Colin, die in Deutschland groß wurden, sich aber oft in Großbritannien aufhielten und mir je andere Teile dieses Landes näherbrachten. Vor allem jedoch hat meine Familie Geduld gehabt und immer wieder Interesse an dem gezeigt, womit ich mich in den letzten Jahren befasste. Sie waren die ersten und besonders kritische Leser, zum Glück aber auch positiv voreingenommen. Das wünsche ich mir auch von denjenigen, die dieses Buch kaufen und es aus welchen Gründen auch immer lesen.

ERSTER TEIL

1900–1926

1. Großbritannien um 1900

Die Beerdigung von Königin Viktoria, 2. Februar 1901

Am 1. Februar 1901 eilte ein Mitarbeiter der Londoner *Times* zum Hyde Park, eine Oase der Stille in der hektischen Metropole. Dort wollte der Journalist sich jedoch nicht ausruhen, sondern den besten Platz für ein Ereignis erkunden, das am Tag darauf stattfinden sollte: die Beerdigung von Königin Viktoria. Diese war wenige Tage zuvor, am 22. Januar, auf der Isle of Wight verstorben, wurde dort erst aufgebahrt und dann nach Portsmouth überführt, durch ein Spalier von Kriegsschiffen, die für alle sichtbar die britische Weltmacht demonstrierten. Von Portsmouth ging es mit dem Zug zur Victoria Station in London, wo die Beerdigungsprozession durch die Stadt begann, vorbei an Buckingham Palace, Hyde Park und Marble Arch nach Paddington. Hier wartete erneut ein Zug, um den Sarg zu Schloss Windsor zu bringen und Viktoria im Frogmore Mausoleum zu bestatten, neben Prinz Albert, ihrem Gatten und der großen Liebe ihres Lebens.[1]

Zur Beerdigung wurde eine riesige Menschenmenge erwartet, und der Mitarbeiter der *Times* suchte im Hyde Park einen Platz, der eine gute Aussicht bot. Er wollte in aller Frühe zuhause aufbrechen, denn das Interesse würde riesig sein, und das Angebot an guten Plätzen war knapp. Entlang der Strecke entstanden deshalb Tribünen, die für hohe Summen eine gute Sicht boten. Besonders Wohlhabende konnten ganze Wohnungen mieten und mussten dafür umgerechnet mehr als 15 000 € bezahlen. Diese Summen schienen gerechtfertigt, denn in London stand ein ungewöhnliches Ereignis bevor, an dem viele persönlich teilhaben wollten.

Das lag wesentlich an Viktoria selbst, die 1837 den Thron bestiegen und fast 64 Jahre regiert hatte, länger als jeder Monarch vor und nach ihr. Nur noch wenige Briten konnten sich an ihren Vorgänger, William IV., erinnern, alle anderen waren in ihrer Regierungszeit geboren. Sie verloren eine Königin, die sie ihr ganzes Leben begleitet und schon dadurch ein Gefühl der Sicherheit vermittelt hatte. Vor allem aber war Großbritannien unter ihrer Herrschaft zur unbestrittenen Weltmacht aufgestiegen. Als Viktoria starb, gehörte ein Drittel der Weltbevölkerung zum britischen Empire, das die

Meere beherrschte, auf allen Kontinenten vertreten war, mehr Kolonien kontrollierte als seine Rivalen und eine größere Ausdehnung besaß als jedes Weltreich davor – und danach. Beerdigt wurde somit nicht nur eine beeindruckende Person, sondern auch das Oberhaupt einer Weltmacht. Die Welt schaute deshalb gebannt auf das Vereinte Königreich, das – wie heute die USA – sowohl faszinierte wie auch heftige Kritik hervorrief.

Es fiel schwer, sich eine klare Meinung von diesem Land zu bilden. Dazu waren die Eindrücke zu verwirrend, beginnend in London, dessen Größe alle anderen europäischen Städte bei weitem übertraf. Die britische Hauptstadt zählte fast 6,6 Millionen Einwohner und damit etwa genauso viele wie Paris, Berlin, Petersburg, Madrid und Rom zusammen.[2] Hier residierten reiche Adlige in luxuriösen Stadtpalästen, besaßen zusätzlich riesige Landsitze und prägten das gesellschaftliche Leben. London wimmelte von Fuhrwerken, Straßenbahnen und Bussen und besaß eine U-Bahn, die weltweit Bewunderung erregte. Über die Stadt verteilt fanden sich Wirtschaften, Restaurants und Vergnügungshallen, in denen Künstler aus allen Erdteilen auftraten; weitläufige Parks, prächtige Theater, Opernhäuser und beeindruckende Kirchen (deren Besuch allerdings zu wünschen ließ); eine Börse, die das Zentrum eines weltweiten Finanzsystems bildete; prosperierende Betriebe, prachtvolle Einkaufsstraßen und ein lebhafter Hafen, wo neben zahllosen Handelsschiffen auch die mächtigste Flotte der Welt ankerte.[3]

Doch daneben gab es bittere Armut, Kinder in Lumpen gekleidet und ohne Schuhe an den Füßen; überfüllte Stadtteile mit verschmutzten Straßen und Häusern, in denen fast 30 Prozent der Säuglinge das erste Jahr nicht überlebten; Personen, die von Geburt an oder durch einen Unfall körperlich entstellt oder verkrüppelt waren und denen die damalige Medizin nicht helfen konnte; verdreckte Abwässerkanäle, eine verschmutzte Themse und Gestank sowie Kohlestaub in der Luft, der im Winter die Sonne kaum durchließ. Frauen mussten ihren Körper mit (meist) schwarzer Kleidung bedecken, durften nicht wählen und besaßen weniger Rechte als Männer. Diese dominierten nicht nur in Politik und Wirtschaft, sondern auch in der Öffentlichkeit mit ihren Clubs, Wirtschaften oder Sportplätzen, zu denen Frauen nur begrenzt Zugang hatten. Allerdings besaß selbst unter den Männern etwa ein Drittel kein Wahlrecht, während eine kleine, wohlhabende und selbstbewusste Oberschicht weiterhin den Ton angab. Doch daneben bestanden Gewerkschaften, deren Einfluss zunehmend wuchs; eine Frauenbewegung, die für mehr Rechte kämpfte; ein wachsendes Interesse an sozialen Fragen oder auch strenggläubige Freikirchen, die für rigide Moralvorschriften kämpften.[4]

Erklärungen

Es fällt schwer, diese verwirrenden Eindrücke zu ordnen, Wichtiges von Unwichtigem zu unterscheiden und ein klares Bild vom damaligen Großbritannien zu gewinnen. Das gilt umso mehr, wenn wir über London hinaus auch die anderen Teile des Landes betrachten, zusätzlich das riesige Empire berücksichtigen und schließlich entscheiden, welche der Eindrücke und Merkmale spezifisch britisch waren. Denn überall in Europa herrschten große Armut und enorme Klassenunterschiede; neueste Technik und ärmlichste Lebensbedingungen standen nebeneinander, Kirchen besaßen großen Einfluss, Frauen waren weit von einer Gleichberechtigung entfernt und Arbeiter kämpften um ihre Rechte. Hier und in vielen anderen Bereichen wiesen die europäischen Länder große Gemeinsamkeiten auf, wobei die einzelnen Elemente allerdings sehr unterschiedlich ausgeprägt waren. Verallgemeinerungen sind entsprechend schwierig, aber möglich und vor allem erforderlich, um Großbritannien um 1900 und die weitere Geschichte dieses Landes im 20. Jahrhundert zu beschreiben und zu verstehen. An Angeboten dafür besteht kein Mangel.

Eine verbreitete Sichtweise betont als besonderes Merkmal der Briten ihre Eigenschaft – so die Formulierung von George Orwell – «einander nicht zu töten». Abgesehen von kleineren Staaten sei England das einzige «europäische Land, wo die Innenpolitik in einer mehr oder minder humanen und anständigen Art und Weise ausgetragen wird».[5] 1947, als Orwell diese Feststellung traf, war der Zweite Weltkrieg mit seinen Millionen von Toten gerade beendet, und für seine Aussage ließen sich gute Gründe anführen. Großbritannien hatte keinen der beiden Weltkriege ausgelöst; auch die Revolutionen und Bürgerkriege, die 1789 Frankreich und in den kommenden Jahrzehnten ganz Europa erschütterten, waren auf der Insel ausgeblieben. Hier fanden stattdessen allmählich Reformen statt, bei denen die Monarchie an Macht verlor, die Rechte des Parlamentes zunahmen und die Zahl derjenigen wuchs, die das Wahlrecht erhielten und sich an der Politik beteiligten. Außerdem hat Großbritannien die Industrielle Revolution hervorgebracht und ein Empire begründet, das Ende des 19. Jahrhunderts die Welt beherrschte. Mit anderen Worten: Hier erfolgten Veränderungen nicht durch Umstürze, sondern durch schrittweise Reformen.

Diese Sichtweise war um 1900 weit verbreitet, auch bei ausländischen Zeitungen, die über Viktorias Tod berichteten. In ihrer Regierungszeit, so das *Neue Wiener Tagblatt*, blieb England ein liberales Land, «während der Kontinent ein Schauplatz der Unterdrückung und andere Völker das Opfer willkürlicher und grausamer Missherrschaft waren». Die österreichische *Neue Freie Presse* lobte «den politischen und kommerziellen Fortschritt, seine liberalen Institutionen und die wissenschaftlichen Entdeckungen, (die) anderen Ländern als Vorbild» dienten.[6] Es ist kein Zufall, dass die Londoner *Times* diese Beurteilungen abdruckte. Denn sie bestätigten eine in Großbritannien verbreitete (Selbst-)Wahrnehmung, die sich als *Whig Interpretation of History*[7] seit Mitte des 19. Jahrhunderts durchsetzte, bis weit nach dem Zweiten Weltkrieg vorherrschte und die Bereitschaft zu friedlichen Reformen betont. Überreste davon finden sich noch heute, gerade in Überblicksdarstellungen. «Mehr als die meisten Europäer», so Kenneth Morgan noch vor wenigen Jahren, «waren die Briten am Ende des 20. Jahrhunderts weiterhin ein lebendiges, kreatives, besonderes Volk. ... Sie hatten die Herausforderungen überlebt, die der Rückzug des Empire, der wirtschaftliche Niedergang und industrielle Konflikte verursachten, doch sie wahrten ihre Geschlossenheit und blieben unversehrt.»[8]

Diese Sichtweise ist verständlich, zeichnet aber ein zu einfaches Bild. So geht die zunehmende Macht des Parlamentes nicht nur auf Reformen, sondern auch auf den Bürgerkrieg von 1640 bis 1660 zurück, in dem immerhin der König hingerichtet wurde. Mehrfach wurden im 19. und auch im frühen 20. Jahrhundert Reformbewegungen gewaltsam unterdrückt, die Forderungen nach mehr Selbstbestimmung für Irland führten zu blutigen Unruhen, und Gewalt und Unterdrückung waren ein wichtiges Merkmal des Empire. Auch kämpften viele Gruppen lange vergeblich für Reformen und fühlten sich ausgegrenzt, darunter Frauen, Arme, Minderheiten oder Ausländer.

Einen Gegenpol zur *Whig Interpretation* bildet die These vom Niedergang Großbritanniens im 20. Jahrhundert. Auf den ersten Blick klingt diese überaus plausibel. Denn die Weltmacht, die um 1900 die anderen europäischen Staaten überragte, büßte ihre Vormacht spätestens nach 1945 ein, war schon zuvor auf die militärische Hilfe der USA angewiesen und verlor auch ökonomisch ihre einstmals führende Rolle, zuerst an Deutschland, dann an Japan und wurde schließlich sogar von Italien eingeholt. Sorgen über diesen Niedergang wurden bereits um 1900 geäußert, als der Aufstieg Deutschlands und der USA abzusehen war und Großbritannien im Burenkrieg überraschende Niederlagen erlitt. In den folgenden Jahren verloren die Klagen an Bedeutung, kamen jedoch immer wieder auf und erreichten ab den 1970er Jahren einen Höhepunkt. Zu diesem Zeitpunkt war das Empire auf wenige Gebiete geschrumpft, das Militär erfuhr anhaltende Kürzungen, und das Wirtschaftswachstum blieb deutlich hinter dem anderer westeuropäischer Länder zurück. Hinzu kamen zahllose Streiks und heftige innenpolitische Konflikte, die 1978/79 im *Winter of Discontent* gipfelten. Das Land schien unregierbar und galt als «kranker Mann Europas».[9]

Zum Niedergang erschienen zahlreiche Veröffentlichungen, sei es von Historikern, Ökonomen, Politikern oder Journalisten, die nicht nur akademische Bücher und Aufsätze veröffentlichten, sondern auch in populären Artikeln und Beiträgen, im Radio und im Fernsehen darüber debattierten. Entsprechend vielfältig waren und sind die Erklärungen, die oft weit zurück reichen und im Ausland, zumal in Deutschland, bis heute das Bild von Großbritannien prägen.[10] Dabei ist die Vorstellung eines langfristigen Niedergangs problematisch und erweckt vielfach geradezu einen falschen Eindruck. Das gilt schon für die Wirtschaft, die in Großbritannien in den letzten hundert Jahren schneller wuchs als im 19. Jahrhundert, das gemeinhin als Blütezeit gilt. Entsprechend stieg der Lebensstandard auf ein zuvor unbekanntes Niveau, während parallel dazu Bildung, Wissenschaft und zahlreiche andere Gebiete beeindruckende Fortschritte verzeichneten.

Als eindeutiger Niedergang ist allenfalls der Verlust des Empire zu verbuchen, doch es fällt schwer, diesen zu bedauern oder gar darüber zu klagen, dass London nicht mehr über Indien oder afrikanische Kolonien herrscht. So bleibt – im Vergleich zu anderen Ländern – allenfalls ein relativer Niedergang, der allerdings unvermeidbar war, da der um 1900 bestehende Vorsprung nicht aufrechterhalten werden konnte. Zudem ging dieser nicht überall zurück, sondern blieb in vielen Gebieten wie dem Finanzsektor bestehen oder hat sogar zugenommen. Und schließlich ist zu fragen, wer einen Niedergang erlebte. Fraglos nicht die unteren Schichten, deren Lebens- und Bildungsstandard heute bedeutend höher ist als um 1900; auch nicht die Frauen, die mehr Rechte besitzen, oder die Minderheiten, die einen größeren Schutz und mehr Toleranz erfahren. Dennoch: Die Debatte um einen Niedergang ist wichtig. Zum einen gab es im 20. Jahrhundert Phasen, in denen die Wirtschaft tatsächlich vergleichsweise langsam wuchs bzw. einen seit langem bestehenden Vorsprung verlor. Zum anderen – und dies ist mindestens genauso wichtig – haben Zeitgenossen immer wieder von einem Niedergang gesprochen, darüber erhitzt diskutiert und ganz unterschiedliche Forderungen gestellt, was dagegen zu unternehmen sei.

Neben den Auseinandersetzungen über die *Whig History* und den befürchteten Niedergang sind andere Themen zu nennen, die Großbritannien im 20. Jahrhundert stärker prägten als die Länder des europäischen Festlands, darunter vor allem das Empire. Kolonien besaßen auch Frankreich, Spanien, Belgien, Portugal, die Niederlande und in Ansätzen sogar Deutschland. Doch das britische Empire unterschied sich von diesen schon in seiner Größe und prägte nahezu alle Aspekte der britischen Geschichte, sei es durch Aus- und Einwanderung, Handel, Karrieremöglichkeiten, Missionierungen oder Kriege bis hin zu vielfältigen Formen des kulturellen Austausches. Lange Zeit galt dabei Großbritannien als zentraler Akteur, der die entscheidenden Impulse gab. Doch mittlerweile ist deutlich geworden, dass keine einseitigen Entwicklungen erfolgten, sondern vielfältige Rückwirkungen bestanden, die auch die britische Gesellschaft erheblich veränderten, nicht nur in Mode, Sport, Musik oder Kultur – allein die Beiträge von Salman Rushdie[11] oder Vikram Seth[12] zeigen dies –, sondern auch in Wirtschaft, Wissenschaft, Militär oder durch die Zuwanderungen nach dem Zweiten Weltkrieg. In London, um nur ein Beispiel herauszugreifen, waren 2001 mehr als 300 Sprachen zu hören, hier lebten mehr als fünfzig ethnische Gruppen, die jeweils mindestens 10 000 Personen zählten.

Zu diesen Gruppen gehören auch Iren, Waliser und Schotten. Dass deren Geschichte und Kultur weit zurück reichen, ist bekannt, wurde aber von Zeitgenossen wie späteren Historikern lange Zeit wenig beachtet, die Großbritannien und England oftmals gleichsetzten. Spätestens seit den 1970er Jahren ist das nicht mehr möglich, als in Irland (erneut) Konflikte ausbrachen und in Schottland sowie Wales die seit langem bestehenden nationalen Bewegungen wieder auflebten. Sie erinnerten daran, dass das Vereinigte Königreich – nach oft blutigen Kämpfen – aus drei Königreichen (England, Schottland, Irland) hervorgegangen war und vier Nationen (zusätzlich Wales) umfasst, die derzeit ihr Verhältnis zueinander neu bestimmen. Das ist mit zahlreichen Konflikten verbunden und wirft unter anderem die Frage auf, welche Stellung England neben den drei anderen Nationen einnehmen soll, ob weiterhin eine gemeinsame *britishness* besteht und was darunter zu verstehen ist.[13]

Die Geschichte Großbritanniens im 20. Jahrhundert verlief also überaus komplex, zumal zusätzlich zum Empire und den vier Nationen auch die unterschiedlichen Klassen und Schichten, Zuwanderer, Altersgruppen, Religionen und nicht zuletzt die jeweils spezifischen Erfahrungen von Männern und Frauen beachtet werden müssen. Es fällt schwer, diese so unterschiedlichen Aspekte miteinander zu verbinden und ein klares Bild oder gar eine «Meistererzählung» für die Geschichte Großbritanniens im 20. Jahrhundert zu entwickeln. Eine solche ist nach dem Ende der *Whig Interpretation* und der Niedergangsdebatte auch nicht zu erkennen und soll hier ebenfalls nicht versucht werden. Das bedeutet jedoch keinen Nachteil, sondern öffnet den Blick für die Vielfalt, Widersprüchlichkeit und Kontingenz der britischen Geschichte.

Die folgende Darstellung wird deshalb eine Vielzahl von Aspekten, Themen und Zugangsweisen berücksichtigen, sich aber auch bemühen, verbindende Elemente zu benennen, Zusammenhänge herzustellen und Erklärungen anzubieten. Dabei wird sie drei Themenbereiche besonders beachten, die im 20. Jahrhundert nicht nur für Großbritannien, sondern auch für die anderen europäischen Staaten von großer Bedeutung waren (und es noch sind): erstens das Verhältnis von Staat, Wirtschaft und Zivilgesellschaft, das zahlreiche Änderungen erfuhr und aktuell erneut intensiv diskutiert wird; zweitens Ausprägungen von Gleichheit und Ungleichheit nicht nur sozialer Art, sondern auch als Folge von Geschlecht, Alter oder Ethnie; drittens das Streben nach Weltmacht und die Sicherung des Empire, die das Verhältnis zu den anderen europäischen Mächten entscheidend prägten, für die Kolonien gravierende Auswirkungen besaßen und auch die britische Gesellschaft erheblich beeinflussten.

Die folgenden Kapitel bieten also kein *master narrative* an, lassen sich aber von einer zentralen These leiten: Im 20. Jahrhundert fanden in Großbritannien in weiten Teilen von Wirtschaft, Gesellschaft und Politik wichtige Entwicklungen früher, oft deutlich früher statt als auf dem Kontinent. Dieses Land war um 1900 bereits erheblich stärker urbanisiert, besaß einen deutlich größeren tertiären Sektor und eine weit entwickelte Konsumgesellschaft, während die Landwirtschaft und damit verbundene gesellschaftliche Gruppen oder Vorstellungen an den Rand gedrängt waren. Diese und andere Unterschiede blieben in den folgenden Jahrzehnten bestehen, so dass es berechtigt ist, Großbritannien für das 20. Jahrhundert in wichtigen Bereichen als das modernste Land Europas zu bezeichnen.

Diese Aussage mag überraschen, denn sie widerspricht dem vertrauten Bild eines Landes, das sich nur langsam ändert, Traditionen bewahrt und seine Eigenheiten pflegt. Hinzu kommt, dass es bekanntermaßen schwierig ist, die Begriffe «modern» oder gar «Modernisierung» genauer zu bestimmen. Das gilt umso mehr, als bei ihnen normative Vorstellungen mitschwingen, wonach moderne Elemente erstrebenswert, wenn nicht «besser» sind. Die Begriffe sind deshalb in die Kritik geraten, allerdings weiterhin im Gebrauch, nicht nur in der Alltagssprache, in der ganz selbstverständlich die jeweils neuen Ereignisse, Entwicklungen, Produkte oder Verhaltensweisen als modern bezeichnet werden. Das gilt auch für historische Arbeiten, deren Verfasser zwar grundsätzliche Bedenken äußern, zugleich aber das Adjektiv «modern» verwenden, um aktuelle Phänomene und Entwicklungen zu benennen.[14]

Der Begriff «modern» wirft also Schwierigkeiten auf, bietet aber auch Vorteile, wenn er hinreichend präzise definiert und seine Bedeutung eingeschränkt wird. In der folgenden Darstellung besitzt er vor allem eine zeitliche Komponente und besagt, dass in Großbritannien auf vielen Gebieten wichtige Entwicklungen früher stattfanden als auf dem Kontinent. Diese

Feststellung gilt nicht generell. Vielmehr gab es auch Bereiche, in denen dieses Land zeitlich keinen Vorsprung aufwies oder gar zurückfiel, so in der Chemie oder der Elektrotechnik, wo Deutschland und vor allem die USA eine führende Rolle übernahmen. Wieder andere Gebiete sind schwer zu beurteilen, darunter die Stellung der Monarchie oder der anhaltende Einfluss aristokratischer Eliten, zu deren Beschreibung und Analyse die Begriffe «modern» oder «traditionell» wenig hilfreich sind.

Mit anderen Worten: Wie jede Gesellschaft war auch die britische von unterschiedlichen Entwicklungsgeschwindigkeiten und Mischungsverhältnissen geprägt. Wie diese jeweils aussahen und welche Folgen sich daraus ergaben, werden die folgenden Kapitel zeigen. Vorab sei lediglich allgemein darauf verwiesen, dass der zeitliche Vorsprung sowohl Vor- als auch Nachteile brachte. Ein Nachteil bestand darin, dass in Großbritannien zentrale Entwicklungen nicht nur früher einsetzten, sondern sich auch länger hinziehen konnten, da oft erst spät zu erkennen war, welche Bedeutung sie besaßen und wohin sie führen würden. Entsprechend konnten damit verbundene Konflikte länger andauern und als besonders schmerzhaft erlebt werden. Zugleich bot diese Langsamkeit auch Vorteile, da sie mehr Zeit ließ, sich an Veränderungen anzupassen und Reformen vorzunehmen. Und schließlich führte der zeitliche Vorsprung dazu, dass bestimmte Konflikte sich in Großbritannien weniger zuspitzten, wie der Blick auf die Landwirtschaft und die Weltwirtschaftskrise zeigen wird.

Nachrückenden Nationen hingegen boten die britischen Entwicklungen zwar keine eindeutige Handlungsanleitung, aber doch eine Orientierung. In wichtigen Bereichen, insbesondere in der Wirtschaft, konnten sie auf Großbritannien (und später vor allem auf die USA) schauen, künftige Entwicklungen besser einschätzen, die erforderlichen Maßnahmen ergreifen und rasch aufholen. In anderen Bereichen hingegen, vor allem in der Politik, konnte der größere zeitliche Druck jedoch zu Nachteilen führen. Denn er ließ weniger Spielraum, um Anpassungen vorzunehmen und sich über diese zu verständigen, so dass Konflikte sich zuspitzten und Kompromisse schwerer zu finden waren – wie auf dem Kontinent immer wieder deutlich wurde.

In den folgenden Ausführungen steht Großbritannien im 20. Jahrhundert im Mittelpunkt. Gleichzeitig schauen sie aber immer wieder über dessen Grenzen, um Gemeinsamkeiten und Unterschiede zu den Ländern des Kontinents besser erkennen zu können. Dazu gehören die zahlreichen Kriege des 20. Jahrhunderts. Damit sind nicht nur die beiden Weltkriege gemeint, die in Großbritannien bis heute – wohl mehr als in jedem anderen europäischen Land – als positiver Bestandteil der eigenen Geschichte gesehen werden. Hinzu kamen vielmehr zahlreiche andere kleinere oder größere militärische Konflikte, die dazu führten, dass dieses Land im 20. Jahrhundert (und schon im 19.) mehr Kriege führte als jeder andere Staat in Europa. Einer davon fand statt, als Viktoria verstarb: der Burenkrieg, dessen Erfolge anfangs Begeisterung auslösten. Als die britischen Truppen jedoch herbe Niederlagen erlitten, kam die Sorge auf, die britische Weltmacht und das Empire seien gefährdet.

Der Burenkrieg

Am 2. Februar 1901, dem Tag der Beerdigung von Viktoria, veröffentlichte die *Times* die Namen von mehr als vierzig Personen, die gerade im Burenkrieg in Südafrika verwundet oder gefallen waren. Die Verluste waren so groß, dass die Armee trotz der allgemeinen Trauer auch in diesen Tagen weitere Freiwillige rekrutierte. Dabei hatte der Krieg im Oktober 1899 so verheißungsvoll angefangen und schien bereits nach wenigen Wochen zugunsten der britischen Truppen entschieden zu sein.[15]

Der Krieg fand in einem Gebiet statt, wo Briten und Buren, die überwiegend aus den Niederlanden stammten, seit langem um die Vorherrschaft stritten. Als Folge dieser Konflikte zogen sich viele Buren ab den 1830er Jahren ins Landesinnere zurück und gründeten zwei Burenrepubliken – allerdings auf Kosten der einheimischen Zulu, Xhosa, Swasi und anderer Gruppen, die vertrieben bzw. unterworfen wurden. Auch die Konflikte mit der britischen Kolonialverwaltung bestanden fort und führten 1880/81 zum ersten Krieg gegen die Buren, die ihre Unabhängigkeit verteidigten. Allerdings war dieser Erfolg bald gefährdet, da ausgerechnet auf ihrem Gebiet große Gold- und Diamantenvorkommen gefunden wurden, die zahllose Firmen und Abenteurer anlockten. So entstanden neue Konflikte, die schließlich zum zweiten Burenkrieg führten, angestachelt durch Alfred Milner, der als britischer Hochkommissar ganz Südafrika kontrollieren und vom Kap bis Kairo ein einheitliches Kolonialgebiet etablieren wollte. Hinzu kamen weitere Faktoren: die strategische Bedeutung Südafrikas für den Seeweg nach Indien; die Weigerung der Buren, den anderen Weißen in ihren Republiken die politische Gleichberechtigung zu gewähren; und britische Beschwerden über die Unterdrückung der schwarzen Bevölkerung – wenngleich dies ein eher vorgeschobenes Argument war. Tatsächlich, so Lord Selborne, Staatssekretär im Colonial Office, müsse Großbritannien Südafrika zeigen, «that we, not the Dutch, are Boss».[16]

Derartige Konflikte um Gebiete und Herrschaft kamen seit den Anfängen des Empire häufig vor und fanden um 1900 meist ein schnelles Ende, da das britische Militär weit überlegen war. Das erwartete Milner auch dieses Mal, doch seine Truppen waren schlecht vorbereitet und erlitten herbe

Niederlagen, die in London Entsetzen auslösten. Die Regierung entsandte deshalb zusätzliche Soldaten und ernannte neue Kommandeure, zuerst Frederick Roberts und später Herbert Kitchener, der nach Siegen in anderen kolonialen Kriegen den Status eines Helden genoss. Bald stand eine Übermacht von fast 500 000 britischen Soldaten lediglich etwa 80 000 Buren gegenüber. Im Sommer 1900 schien der Krieg gewonnen. Roberts kehrte nach England zurück und erhielt zahlreiche Auszeichnungen, die jedoch voreilig erfolgten. Denn die Buren gaben sich nicht geschlagen, sondern gingen zu einer Guerilla-Taktik über und fügten den britischen Truppen schwere Verluste bei.

Kitchener änderte daraufhin ebenfalls seine Taktik und betrieb eine Politik der verbrannten Erde: Um den kämpfenden Buren Unterstützung und Fluchtmöglichkeiten zu nehmen, ließ er Häuser, Dörfer und Felder zerstören und Frauen und Kinder in besonderen Lagern (*concentration camps*) einsperren. Doch für diese Lager waren keine ausreichenden Vorkehrungen getroffen, so dass dort bald unerträgliche sanitäre Zustände herrschten, nicht genügend Nahrung und Wasser zur Verfügung standen, und etwa 28 000 Frauen und Kinder sowie – in separaten Lagern – weitere 14 000 Schwarze starben.[17] Angesichts dieser Opfer ließ der Widerstand der Buren allmählich nach, wenngleich beim Tod Viktorias ein Ende der Kämpfe noch nicht abzusehen war. Die Zeitungen mussten vielmehr hohe Verluste melden, selbst am Tage der Beisetzung. Auch danach dauerte der Krieg noch weitere sechzehn Monate an, bis die Buren erschöpft und demoralisiert aufgaben.

Kitchener errang also einen Sieg, doch mit hohen Verlusten und großem Schaden für das Ansehen des Königreichs. Auf dessen Seite waren etwa 22 000 Soldaten gefallen, mehr als bei jedem anderen Konflikt in den Jahrzehnten zuvor. Die Buren beklagten fast 4000 tote Soldaten und die 28 000 Opfer der Konzentrationslager. Hinzu kam die Zerstörung von etwa 30 000 Farmen und 40 Städten, während die Zahl der Verwundeten und Gefallen unter der schwarzen Bevölkerung nicht genau zu ermitteln ist, vermutlich aber etwa 20 000 betrug.[18]

Diese Zahlen lösten große Empörung aus, auch in Großbritannien, wo Henry Campbell-Bannerman, der Führer der liberalen Opposition, die Regierung beschuldigte, den Krieg mit «barbarischen Mitteln» zu führen.[19] Nicht minder heftig fiel die Kritik in Deutschland und Frankreich aus, wo Paul Krüger, der Präsident der Burenrepublik Transvaal, in großen Versammlungen stürmisch gefeiert wurde, als er 1900 vor britischen Truppen nach Europa floh. Hier war eine gewisse Schadenfreude zu spüren, da die britische Weltmacht unerwartete Schwächen offenbarte.

Koloniale Kriege und ‹Civilising Mission›

Die militärischen Probleme im Burenkrieg kamen überraschend, weil britische Truppen ansonsten in kolonialen Konflikten weit überlegen waren und dies kurz zuvor, im September 1898, im Sudan nachdrücklich bewiesen hatten. Dort wollten sie Charles G. Gordon rächen, den 1885 Aufständische im Sudan unter der Führung von Muhammad Ahmad besiegt und getötet hatten. Gordon war daran nicht unschuldig, denn die Regierung hatte ihn lediglich beauftragt, belagerte Truppen aus Khartum zurückzuführen. Doch er setzte sich über die Anweisungen hinweg und ließ sich auf einen Kampf ein, der ihn das Leben kostete. In der Öffentlichkeit waren diese Vorgänge nicht bekannt. Die Berichte über den Tod lösten vielmehr große Empörung aus, Gordon erschien als Held, und die Regierung geriet unter so großen Druck, dass noch Jahre später (1896) der bereits erwähnte Kitchener den Auftrag erhielt, ihn zu rächen und die Kontrolle über den Sudan zurückzuerlangen. Dazu setzte dieser ganz auf moderne westliche Waffen und Ausrüstung, wenngleich deren Einsatz einen enormen Aufwand erforderte. Kitchener zog etwa 8000 britische und 17 000 ägyptische und sudanesische Soldaten zusammen, ließ ein Eisenbahngleis bis in den Sudan hinein bauen, um Transport und Nachschub zu sichern, verfügte zusätzlich über Kanonenboote und rückte gut gerüstet in den Sudan vor.[20]

Als es schließlich in Omdurman zum Kampf kam, richteten seine weit überlegenen Truppen ein Gemetzel an. Sie verzeichneten lediglich 50 Gefallene, während etwa 10 000 Aufständische umkamen und weitere 15 000 verletzt wurden. Diese hatten die Feuerkraft der westlichen Waffen unterschätzt und in offener Feldschlacht angegriffen, ausgerüstet mit Schwertern, Lanzen und veralteten Gewehren. So waren sie ohne Chance, und ihre Kampfesweise erinnerte den anwesenden Winston Churchill an mittelalterliche Kreuzzüge. Geradezu entsetzt war er über das Vorgehen von Kitchener, der sich nach den Kämpfen an Plünderungen beteiligte, die verwundeten Rebellen töten und das Grab von Muhammad Ahmad zerstören ließ, der Jahre zuvor die Rebellion gegen Gordon angeführt hatte. Ahmads Schädel schließlich behielt er als Trophäe.[21]

Derartige Gewaltexzesse waren nicht die Regel, aber auch keine seltenen Ausnahmen und zudem nicht nur bei britischen Truppen anzutreffen. Sie waren vielmehr ein wesentliches Merkmal europäischer Kolonialherrschaft, verbunden mit einem ausgeprägten Überlegenheitsgefühl und einem verbreiteten Rassismus. Dafür ließen sich Rechtfertigungen anführen, denn um 1900 waren die europäischen Länder den Kulturen und Völkern Afrikas und Asiens in vielen Bereichen überlegen, sei es in Wissenschaft, Technik oder Militär und auch – so zumindest die eigene Wahrnehmung – in

Kultur und Zivilisation. George Curzon, Vizekönig von Indien, sah im Empire ein Werk der Vorsehung und bezeichnete es als «the greatest instrument for good that the world has seen.» Und Cecil Rhodes formulierte: «We happen to be the best people in the world, with the highest ideals of decency and justice and liberty and peace, and the more of the world we inhabit, the better for humanity».[22] So zugespitzt haben nicht alle das Selbstbewusstsein formuliert, doch gerade in Großbritannien war ein Gefühl der Überlegenheit verbreitet, für das sich Gründe anführen ließen.

So kämpfte der 1885 gefallene Gordon bereits in den 1870er Jahren im Sudan gegen den arabischen Sklavenhandel. Damit hatte er Erfolg, doch die Wirtschaft des Sudans, die weitgehend auf diesem Handel beruhte, brach zusammen, und den besiegten Arabern galt Gordon nicht als Held, sondern als moderner Kreuzritter und Ungläubiger. Deshalb unterstützten sie Muhammad Ahmad, der sich als Mahdi bezeichnete, den Dschihad ausrief und den erwähnten Aufstand anführte. Dabei verübten auch seine Kämpfer blutige Exzesse, schlugen dem toten Gordon den Kopf ab und legten ihn zu den Füßen von Muhammad Ahmad. Dieser wollte ihn eigentlich lebendig gefangen nehmen, stellte dann jedoch den Kopf in einer Baumgabel zur Schau, und «kleine Jungen verbrachten den Nachmittag damit, Steine darauf zu werfen».[23]

Kitcheners Feldzug besaß also eine Vorgeschichte, die zwar nicht die Exzesse rechtfertigte, aber die Rückeroberung des Sudan als Erfolg westlicher Zivilisation erscheinen ließ. Auch für den Krieg in Südafrika gab es moralische Begründungen, denn die Buren verweigerten Briten und anderen Weißen in ihren Republiken die Gleichberechtigung und verhielten sich gegenüber der schwarzen Bevölkerung ausgesprochen rassistisch. Allerdings herrschten auch in den britischen Kolonien ein verbreiteter Rassismus, alltägliche Gewalt und weitreichende Diskriminierungen. Noch um 1900 war die Bestrafung von Weißen, die einen Einheimischen ermordet hatten, nahezu ausgeschlossen oder zog nur geringe Strafen nach sich. Arbeiter auf indischen Plantagen waren oft kaum besser gestellt als Sklaven. Ihre Besitzer durften sie einsperren oder auch auspeitschen, was nicht selten zu kaum geahndeten Todesfällen führte.

So ließ der Manager einer Teeplantage in Assam einen Arbeiter so brutal verprügeln, dass er an den Folgen starb. Doch die aus Weißen bestehende Jury sprach ihn frei und akzeptierte sein Argument, der Arbeiter sei nicht wegen der Verletzungen gestorben, sondern habe Selbstmord begangen. In anderen Fällen wurde als Ausrede akzeptiert, Inder hätten eine besonders empfindliche Milz, so dass auch kleinere Verletzungen leicht zum Tode führten; auch Soldaten, die im Alkoholrausch Totschlag begingen, kamen ohne oder mit leichten Bestrafungen davon. Und ein Offizier fand nichts dabei, einen indischen Diener nur deshalb zu verprügeln, weil er ein Zugabteil der Ersten Klasse betrat – wo er das Gepäck seines Herrn abholen wollte.[24]

Zunehmend versuchten einzelne Beamte der Kolonialverwaltung, die Situation der Einheimischen zu verbessern. Doch sie blieben oft isoliert und stießen auf erheblichen Widerstand ihrer Landsleute. Bei diesen handelte es sich oft um Personen, die andernorts keinen Erfolg gehabt hatten und die Curzon, von 1899–1905 Vizekönig von Indien, als «inferior class» bezeichnete, die für die britische Herrschaft eine größere Gefährdung bedeute als der Indian Congress oder selbst die russische Expansion. Die Weitsichtigeren unter ihnen sahen, dass Diskriminierung und Rassismus auf Dauer die Herrschaft in den Kolonien gefährdeten. Doch die große Mehrheit lehnte Änderungen ab und bezeichnete sie als Eingriffe in ihre Rechte als *freeborn englishmen*. Reformen erfolgten deshalb nur sehr langsam, vielfach erst nach dem Ersten Weltkrieg.[25]

Anders ausgedrückt: Das Überlegenheitsgefühl und die damit verbundene *civilising mission* waren zentraler Bestandteil europäischer Herrschaft und konnten ganz unterschiedliche Auswirkungen haben.[26] Sie führten zu Eroberungen, Kriegen und Gewalt, aber auch zur Errichtung von Schulen, zur Bekämpfung der Sklaverei oder zu besserer medizinischer Versorgung. Dabei waren die Übergänge fließend, eine klare Trennung in gute und schlechte Motive oder Folgen ist auch im Nachhinein nicht möglich. Das zeigte erneut der Krieg in Südafrika. Nach dessen Ende war die britische Regierung so sehr an einem Abkommen mit den Buren interessiert, dass sie deren Rassismus akzeptierte, sich um die Situation der schwarzen Bevölkerung nicht weiter kümmerte, deren Unterdrückung hinnahm und so die Entstehung des Apartheid-Regimes förderte.

Die Mitglieder der *Pan-African Conference*, die sich vom 23. bis zum 25. Juli 1900 in London trafen, wollten diese Zustände ändern.[27] Die 32 Delegierten aus Afrika, Nordamerika, den westindischen Inseln und Großbritannien, unter ihnen William E. B. Du Bois,[28] forderten von den europäischen Kolonialmächten mehr Rechte und größere Mitsprache. Doch sie besaßen in ihren Ländern nur wenig Unterstützung, konnten deshalb keinen Druck ausüben und fanden kaum Gehör. Unabhängigkeitsbewegungen entstanden damals erst, etwa in Ägypten, wo bei der Nachricht vom Burenkrieg sudanesische Kolonialtruppen meuterten;[29] oder in Indien, das seit langem eine entwickelte Zivilisation besaß und wo jetzt eine gut ausgebildete Mittelschicht sowie eine eigene Presse entstanden, die gegen die bestehenden Missstände kämpften. Als zentrale Herausforderung des 20. Jahrhunderts nannte Du Bois die Frage der Hautfarbe (*colour-line*).[30] Doch damals fanden er und seine Mitstreiter zu wenig Rückhalt, da die Bevölkerung in den meisten Kolonien kaum lesen oder schreiben konnte und nach Stämmen, Religion oder Kasten zu tief gespalten war, um ein einheitliches Bewusstsein zu entwickeln. Nach europäischen Begriffen waren sie unterentwickelt, selbst in den Augen westlicher Kritiker des Imperialismus, die dessen Exzesse verurteilten, ihn aber nicht grundsätzlich ablehnten. Von der Überlegenheit des Westens und seiner *civilising mission* waren auch sie überzeugt, wollten die Bewohner der Kolonien entsprechend erziehen und sie allmählich zu mehr Selbständigkeit führen. Wie wenig sie ihnen zutrauten, zeigte selbst die *Aborigines Protection Society*. Diese entstand 1837 in London im Kampf gegen die Sklaverei und trat danach ganz allgemein für die Rechte der Einheimischen ein, sah aber um 1900 immer noch nicht die Zeit gekommen, dass diese sich selbst regieren könnten.[31]

Weltmacht und europäische Konkurrenz

Jenseits aller moralischen Argumente beruhte das britische Empire auf einer elementaren Basis: militärische Macht. Diese stellte der Burenkrieg infrage, und den Schock der anfänglichen Niederlagen konnten die späteren Erfolge nur teilweise übertünchen. Dafür wurden sie zu mühsam erkämpft und erforderten einen zu großen Aufwand. Denn Roberts und Kitchener mussten nicht nur zusätzliche Soldaten aus dem Vereinten Königreich anfordern, sondern auch aus Kanada, Australien und Neuseeland sowie weitere aus Indien, Burma, Ceylon und Malaysia. Selbst schwarze Hilfstruppen aus Südafrika wurden benötigt.[32] Der Burenkrieg bot deshalb Grund zur Sorge und zeigte, dass Großbritannien auf das Empire angewiesen war, sich darauf aber auch verlassen konnte. Es bestand nicht nur auf dem Papier, sondern bewährte sich in der Krise und hielt weltweit Ressourcen bereit, die bei Bedarf mobilisiert werden konnten – was wenige Jahre später im Ersten Weltkrieg viel umfassender geschah. Erst einmal mussten allerdings die hohen Kosten des Burenkriegs bezahlt werden. Sie betrugen 250 Millionen £ und lagen damit doppelt so hoch wie die gesamten britischen Staatsausgaben vor dessen Ausbruch, so dass die Staatsfinanzen in eine Krise gerieten.[33]

Die Bilanz des Krieges in Südafrika fiel somit widersprüchlich aus. Solange bei Kolonialkriegen die Aufständischen wie die Rebellen im Sudan mit veralteten Waffen und Taktiken kämpften, bedeuteten sie keine Bedrohung, sondern wurden von den neuen Schusswaffen (Karabiner, Maschinengewehre) geradezu niedergemetzelt. Diese hatten eine Reichweite von mehr als 2000 Meter, so dass Angreifer nur mit großen Verlusten in die Nähe der britischen Soldaten kamen. Wenn sie aber – wie die Buren – selbst über diese Waffen verfügten und ihre Taktik umstellten, schwanden die Unterschiede. Denn die neuen Waffen waren leicht und treffsicher und dadurch ideal für kleine, mobile und schlagkräftige Einheiten, wie die Buren so eindrucksvoll zeigten. Von ihnen lernten die Befreiungsbewegungen des 20. Jahrhunderts, beginnend in Irland nach dem Ersten Weltkrieg über Vietnam bis zu den aktuellen Kämpfen in Afghanistan, die allesamt zeigten, wie schwer Guerilla-Kämpfer zu besiegen sind.

Auch für die konventionelle Kriegsführung hatten die neuen Waffen erhebliche Konsequenzen, da sie der Verteidigung einen deutlichen Vorteil gegenüber einer Offensive verschafften – so in Omdurman, wo die britischen Soldaten aus sicheren Stellungen heraus die angreifende Mahdi-Armee dezimierten. Das lag nur teilweise am Vorgehen der arabischen Kämpfer, denn tatsächlich standen noch keine Waffen oder Strategien zur Verfügung, die ein Mittel gegen das tödliche Sperrfeuer einer gut gesicherten Verteidigung boten – wie kurz darauf die Stellungskämpfe des Ersten Weltkrieges demonstrierten. Diese Folgen der neuen Waffen zeichneten sich um 1900 erst in Umrissen ab, doch bereits damals herrschte in London eine große Verunsicherung, zumal die Buren nur wenige Kämpfer zählten, während die europäischen Konkurrenten riesige Armeen besaßen. Großbritannien hingegen verfügte zwar über die mit Abstand stärkste Flotte, aber nur über ein kleines Heer, das, so 1886 der damalige Premierminister Lord Salisbury gegenüber Viktoria, nicht einmal «einer zweitklassigen europäischen Macht» gewachsen war. Ähnlich schätzte Randolph Churchill, ein führender Konservativer und Vater von Winston Churchill, 1885 die Lage in Indien ein. Hier herrschten 250 000 Weiße über 250 Millionen Inder und müssten ihre Macht «nahezu ganz auf Moral und Prestige» stützen. Daran änderte sich in den folgenden Jahren wenig. Noch 1936 beschrieb George Orwell in seinen Erinnerungen das Leben eines jeden Weißen in Asien als andauernden Kampf darum, «nicht ausgelacht zu werden».[34]

Dieses Bild war zu pessimistisch, denn Großbritannien besaß neben der starken Flotte genügend Soldaten, um die Macht in den Kolonien zu sichern. Doch der Burenkrieg offenbarte, dass das Empire verwundbar war, falls es zu ernsthaften Konflikten mit den anderen europäischen Mächten kam. Es benötigte deshalb Verbündete, die jedoch nicht leicht zu finden waren, da alle Länder, die als Partner infrage kamen, mit der britischen Weltmacht konkurrierten. Das galt beim Tode Viktorias vor allem für Frankreich, dem wichtigsten Gegenspieler auf dem Kontinent und in den Kolonien. Zwischen beiden Ländern bestanden seit Jahrhunderten Spannungen, die mehrfach zu Kriegen führten und nach 1870 erneut zunahmen, als die europäischen Mächte einen «Wettlauf um Afrika» begannen, um diesen Kontinent unter sich aufzuteilen und ihre Ziele durchzusetzen (Karte S. 454/455). In Afrika, so Harry Johnston, der bei diesem «Wettlauf» eine wichtige Rolle spielte, sollten die Weißen herrschen, Inder das Land entwickeln und die Schwarzen die Arbeit verrichten.[35]

Anfangs schuf diese Aufteilung kaum Probleme, da noch «freie» Gebiete existierten. Doch bald war der ganze Kontinent besetzt, und 1898, kurz vor dem Tod Viktorias, eskalierten die Konflikte, als in Faschoda im Sudan französische und britische Expeditionen aufeinandertrafen. Beide Länder kontrollierten mittlerweile große Teile Afrikas und wollten ihre Besitzungen untereinander verbinden, wozu sie Faschoda als Brückenkopf benötigten. Da dieser Ort im Sudan und damit im Einflussbereich Ägyptens lag, waren die Konflikte zusätzlich aufgeladen. Denn Frankreich und Großbritannien hatten Ägypten lange als gemeinsame Interessensphäre betrachtet, bis 1882 britische Truppen dort einmarschierten, das gemeinsame Vorgehen abrupt beendeten und die alleinige Kontrolle über dieses Land, den strategisch wichtigen Suezkanal und die angrenzenden Gebiete beanspruchten. So drohte in Faschoda ein Krieg, doch London und Paris bemühten sich, eine Zuspitzung zu verhindern.

Der französischen Regierung blieb keine Alternative. Sie befand sich in einer schwachen Position, da das Land wegen der Dreyfus-Affäre tief gespalten war und in Faschoda nur wenige Soldaten zur Verfügung standen, während die Briten über eine große und gut ausgerüstete Truppe verfügten. Die Pariser Regierung forderte deshalb ihre Soldaten auf, sich zurückzuziehen, hielt öffentlich aber am Gebietsanspruch fest. Dem hat die britische Regierung nach außen nicht widersprochen, so dass beide Seiten ihr Gesicht wahren konnten und eine Eskalation vermieden wurde. Tatsächlich jedoch setzte London seine Ansprüche auf Faschoda durch. Die Spannungen hielten deshalb an, und ein großer Teil der französischen Zeitungen blieb in den folgenden Jahren sehr kritisch, wenn nicht geradezu aggressiv gegenüber Großbritannien eingestellt. Bei Viktorias Tod stellte die *Times* deshalb mit einer gewissen Beruhigung fest, dass die französische Öffentlichkeit zwar weiterhin Vorbehalte hege. Zumindest die seriöse Presse habe jedoch mit Respekt über die verstorbene Königin berichtet, und die große Mehrheit der Bevölkerung bringe ihr sogar Bewunderung entgegen.[36]

Nicht weniger problematisch war das Verhältnis zu Russland. Dessen Grenzen und britische Kolonien bzw. Interessengebiete stießen mehrfach aufeinander, so in Indien, China oder Persien. Zusätzlich meldeten beide Staaten Ansprüche auf das Osmanische Reich an, das offensichtlich zerfiel, so dass erhebliche Konflikte drohten.[37] Die USA wiederum hatten ihre Vormachtstellung in Nord- und Südamerika durchgesetzt, während das aufstrebende Japan noch zu schwach war und weder als Konkurrent noch als Verbündeter infrage kam. Als möglicher Partner bot sich deshalb Deutschland an, das kaum Kolonien besaß, die zu Konflikten führen konnten. Doch dessen rascher wirtschaftlicher Aufstieg schuf eigene Probleme. Das Kaiserreich wuchs zu einem ernsthaften Konkurrenten heran, der seinen Anteil am Welthandel beständig vergrößerte. Hinzu kamen seine militärische Stärke, das Streben nach einer Weltmachtstellung und vor allem der Ausbau der Marine, den das Flottengesetz von 1898 einläutete. Dabei wurde der rasche Aufstieg des Kaiserreichs nicht nur als Bedrohung gesehen, sondern rief auch Achtung hervor. Die Briten könnten – so die *Daily Mail* wenige Tage vor der Beerdigung – «viel von den Deutschen lernen, wenn wir klug sind. Sie haben ihr Land in die erste Reihe der großen Weltmächte gebracht.»[38]

Es war also nicht leicht, die konkurrierenden Interessen zu vereinbaren und unter den europäischen Mächten verlässliche Partner zu finden. Entsprechend kompliziert verlief in den kommenden Jahren die britische und die europäische Außenpolitik, bei der zunehmend eine Diskrepanz zwischen Machtanspruch und Durchsetzungsfähigkeit zutage trat. Auf den ersten Blick befanden sich die europäischen Großmächte, insbesondere Großbritannien, auf dem Höhepunkt ihrer Macht. Sie hatten riesige Gebiete in Besitz genommen und mussten in keiner der Kolonien eine ernsthafte Herausforderung befürchten. Dazu war die Überlegenheit europäischer Technik und Waffen zu groß. Sie verstanden sich deshalb als Weltmächte und handelten entsprechend. Doch tatsächlich zeigte ihre Überlegenheit erhebliche Risse, sobald sie ernsthaften Rivalen gegenüber standen. Das war im Burenkrieg deutlich geworden, der erhebliche Zweifel daran aufkommen ließ, ob Großbritannien nur auf sich gestellt einen Krieg gegen eine andere Großmacht führen konnte, geschweige denn gegen mehrere und schon gar nicht gegen alle. Dabei bestand die Herausforderung für Großbritannien und die anderen Länder nicht nur darin, Partner zu finden oder Koalitionen zu begründen, um einen Krieg zu gewinnen. Zumindest genauso wichtig war die Aufgabe, militärisch abschreckend genug zu wirken, um Angriffe europäischer Konkurrenten gar nicht erst zuzulassen. Die folgenden Jahre mussten zeigen, ob es gelang, beide Ziele zu erreichen: sich sowohl auf einen Krieg vorzubereiten wie dessen Ausbruch zu verhindern.

Hinzu kam, dass der britische Machtanspruch nicht nur militärisch an Grenzen stieß, wie in Indien auf schreckliche Weise deutlich wurde. Dort sind zwischen 1890 und 1910 mehr als 20 Millionen Menschen an Hunger und dessen Folgen verstorben. Das lag weitgehend an den Folgen von El Niño, einem Klimaphänomen, das im Pazifik auftritt und neben Überschwemmungen auch zu Dürren und Missernten führen kann. Damals wirkten diese besonders verheerend, weil indische Bauern unter der britischen Herrschaft dazu übergegangen waren, weniger für den Eigenbedarf, sondern vermehrt für größere Märkte zu produzieren. Dazu sahen sie sich auch genötigt, um die Steuern an die Kolonialherren bezahlen zu können. Allerdings nahmen dadurch ihre Möglichkeiten ab, sich selbst zu versorgen, und die Bauern wurden anfälliger für die Auswirkungen von El Niño – eine damals nicht verstandene Konsequenz britischer Eingriffe.[39] Die Kolonialverwaltung bemühte sich, die Not zu lindern, führte Sammlungen durch und unterstützte allein in Bombay im Winter 1900/01 fast 200 000 Personen.[40] Doch angesichts der Millionen, die hungerten und sogar starben, bedeutete dies allenfalls den berühmten Tropfen auf dem heißen Stein. Um mehr zu leisten, fehlte es an Geld, Beamten, einer ausreichenden Infrastruktur, medizinischem Wissen und technischen Möglichkeiten. Schon die Informationen, um früh genug die Gefahren zu erkennen und besonders betroffene Gebiete zu unterstützen, standen nicht zur Verfügung. Damit war die britische Weltmacht völlig überfordert. Sie besaß weder die Mittel noch das Bewusstsein, sich derart umfassend für die indischen Untertanen verantwortlich zu fühlen.

Wilhelm II. in Großbritannien und das Verhältnis zu Deutschland

Bedeutend größere Beachtung als der Hunger in Indien fand das Verhältnis zu Deutschland, dessen Kaiser, Wilhelm II., als Enkel von Viktoria schon Mitte Januar nach England reiste, um in den letzten Stunden am Bett seiner Großmutter zu wachen. Diese Reise erregte großes Aufsehen, da in Preußen selbst hohe Feiern stattfanden, die Wilhelm durch seine plötzliche Abreise unterbrach: 200 Jahre zuvor, am 18. Januar 1701, hatte sich der Kurfürst von Brandenburg als Friedrich I. zum König in Preußen gekrönt. Jetzt stand sein Nachfolger an der Spitze des deutschen Kaiserreiches, das erst 1871 gegründet und in nur wenigen Jahren zur militärisch und wirtschaftlich führenden Macht auf dem europäischen Kontinent aufgestiegen war. Entsprechend groß fielen die Feiern aus, die am 18. Januar 1901 einen Höhepunkt erreichten und noch mehrere Tage anhalten sollten. Doch als Wilhelm erfuhr, dass seine Großmutter sich in einem kritischen Zustand befand, sagte er seine weitere Teilnahme ab und beschloss, sofort nach England zu fahren. Mit einem Sonderzug traf er am Abend am Ärmelkanal ein, setzte mitten in der Nacht über, und fuhr sofort zum Osborne House auf der Isle of Wight, wo Viktoria im Sterben lag.[41]

Die Entscheidung, alle Feierlichkeiten abzusagen und zu seiner Großmutter zu eilen, hinterließ großen Eindruck, löste aber nicht nur positive Reaktionen aus, insbesondere nicht in Deutschland. Hier wurde vielmehr befürchtet, Wilhelm strebe mit seinem Besuch eine deutsch-britische Annäherung an, die auf Kosten deutscher Interessen ginge. Der Kaiser betonte deshalb ausdrücklich, er komme lediglich als Enkel und verfolge keine weiteren Absichten. Damit fand er in England große Sympathie und wurde später bei seiner Rückkehr geradezu stürmisch verabschiedet. In deutschen Zeitungen hingegen überwog die Sorge, Wilhelm sei zu unbedachten Kompromissen bereit. Auch die königlichen Verwandten betrachteten seine Ankunft mit Misstrauen. Nicht nur in der Öffentlichkeit, sondern auch privat besaß der deutsche Kaiser den Ruf, herrisch aufzutreten und sich aufzuspielen. Doch Wilhelm überraschte seine Verwandten angenehm, hielt sich zurück und wachte lange am Bett seiner Großmutter. Zudem entschärfte er durch sein entschiedenes Auftreten eine heikle Situation, die dadurch entstand, dass die verstorbene Königin möglichst bald aufgebahrt werden musste, damit Angehörige der Familie und des Hochadels, die aus ganz Europa anreisten, ihr die letzte Ehre erweisen konnten.

Dazu sollte ein Bestattungsunternehmer aus London einen Sarg anfertigen und schickte eigens einen Mitarbeiter auf die Isle of Wight. Doch bald zeigte sich, dass es zu lange dauerte, den Sarg aus der Hauptstadt zu liefern. Die einzige Möglichkeit bestand darin, einen lokalen Bestattungsunternehmer zu beauftragen und ihm die erforderlichen Maße mitzuteilen. Doch der Mitarbeiter des Londoner Instituts weigerte sich beharrlich, hierbei zu helfen, da er nur für seine Firma arbeiten dürfe. Die Situation spitzte sich zu, bis schließlich neben diesem Mitarbeiter drei weitere Personen im Sterbezimmer der Königin eine Lösung suchten: Wilhelm II., ihr Enkel und Kaiser von Deutschland; Randall Davidson, der für die Isle of Wight zuständige Bischof von Winchester, sowie Sir James Reid, der Leibarzt Viktorias. Selbst diese Personen konnten den Gehilfen nicht dazu überreden, endlich die Maße zu nehmen, und sahen sich mit einer ungewohnten Situation konfrontiert. Sie standen einem gewöhnlichen Sterblichen gegenüber, der ansonsten ihre Kreise nicht berührte, und mussten erleben, dass dieser ihre Anordnungen nicht befolgte. Mit einer solchen Situation hatten sie keine Erfahrung und waren ganz ratlos, bis Wilhelm eingriff und sich ganz so verhielt, wie es seinem Ruf entsprach: Mit herrischem Ton fuhr er den Gehilfen so lautstark an, dass dieser ganz verschüchtert zur Mithilfe bereit war. Doch nun entstand ein neues Problem. Als gewöhnlicher Untertan durfte er die verstorbene Königin nicht berühren und konnte deshalb die Maße nicht nehmen. Das durfte nicht einmal der Leibarzt, sondern nur ihr

Enkel Wilhelm, den der Gehilfe deshalb entsprechend anleitete. Einer der mächtigsten Männer Europas tat, wie ihm geheißen und folgte den Anweisungen, so dass der Sarg gezimmert und die Königin aufgebahrt werden konnte.[42]

Von diesem Ereignis hat die Öffentlichkeit damals nicht erfahren. Hier verhielt Wilhelm sich zurückhaltend, trat zugleich aber selbstsicher auf und erzielte gerade dadurch in Großbritannien großen Eindruck. «Sein Takt», so die *Times*, «seine selbstlose Rücksicht auf andere, seine edle Würde und vor allem seine männliche Schlichtheit» beeindruckten vom ersten Tag, nicht zuletzt im Vergleich mit Edward VII., dem neuen König.[43] Dieser hatte die lange Zeit des Wartens auf die Nachfolge als Lebemann verbracht, auch mit verschiedenen Geliebten.[44] Bei der Beerdigung wirkte er blass, müde und regungslos, im Gegensatz zur «most kingly figure of Emperor Wilhelm» – so die *Daily Mail*. Als Wilhelm am 27. Januar, also während seines Aufenthaltes in England, seinen 42. Geburtstag feierte, erschienen zahlreiche Artikel, die durchweg positiv, teilweise geradezu überschwänglich ausfielen. Der *Daily Telegraph* beschrieb ihn als «brillante und magnetische Persönlichkeit», die Deutschland zur größten Macht auf dem Kontinent gemacht habe, ohne dabei den Frieden zu gefährden. Seine ambitionierte Politik habe er mit weniger Opfern und Verlusten an Menschen betrieben als «jeder andere Monarch mit vergleichbaren Gaben, Unternehmungswillen und Erfolg».[45] Zwischen dem Kaiserreich und Großbritannien bestanden somit erhebliche Spannungen, aber auch Gemeinsamkeiten und eine gegenseitige Achtung. Ein Ausgleich schien durchaus möglich, wie die großen Menschenmengen zeigten, die Wilhelm in London verabschiedeten. Allein am Bahnhof in Paddington standen Tausende, in Charing Cross und am Trafalgar Square brach der Verkehr zusammen.[46]

Die Lage der Wirtschaft

Vor dem Ersten Weltkrieg erlebte Großbritannien nicht nur militärisch, sondern auch wirtschaftlich eine ungewohnte Krise. Der Anteil am Welthandel ging zurück, die Wachstumsraten der Wirtschaft lagen zwischen 1870 und 1913 mit einem Prozent deutlich niedriger als in Deutschland und in den USA mit 1,6 bzw. 1,8 Prozent (Tabelle 1). In den modernen chemischen und elektrotechnischen Industrien fiel der Rückstand noch größer aus, und selbst der Berg- und Maschinenbau, die Eisen- und Stahlerzeugung oder die Werften verloren ihren Vorsprung. Das Gefühl, einen Niedergang zu erleben, machte sich breit, und in den folgenden Jahren fand eine intensive Debatte über die *national efficiency* statt, die offensichtlich zu wünschen ließ. Dafür wurden zahlreiche Gründe genannt und zur Be-

Tabelle 1: Wirtschaftswachstum Großbritanniens im Vergleich 1870–1989

Bruttoinlandsprodukt pro Kopf (in Dollar relativ zum Wert von 1985)						
	1870	1890	1913	1950	1973	1989
Großbritannien	2,610	3,383	4,024	5,651	10,063	13,468
USA	2,247	3,101	4,854	8,611	14,103	18,317
Frankreich	1,571	1,955	2,734	4,149	10,323	13,837
Deutschland	1,300	1,660	2,606	3,339	10,110	13,989
Japan	618	842	1,114	1,563	9,237	15,101

Wachstum des Bruttoinlandsprodukts pro Kopf (Prozent pro Jahr)				
	1870–1913	1913–50	1950–73	1973–89
Großbritannien	1.0	0.8	2.5	1.8
USA	1.8	1.6	2.2	1.6
Frankreich	1.3	1.1	4.0	1.8
Deutschland	1.6	0.7	4.9	2.1
Japan	1.4	0.9	8.0	3.1

Quelle: Angus Maddison, Dynamic Forces in Capitalist Development, Oxford 1991, S. 6–7, S. 49.

kämpfung nicht weniger Vorschläge unterbreitet, darunter Reformen des Schul- und Ausbildungswesens, eine Stärkung des Empire, bessere Wohn- und Arbeitsbedingungen, wirksame Sozialgesetze oder auch eugenische Maßnahmen.[47]

Tatsächlich war die Situation der britischen Wirtschaft aber positiver, und sie besaß größerer Entwicklungsmöglichkeiten, als Zeitgenossen und viele spätere Historiker annahmen. Denn zum einen ließ sich nicht vermeiden, dass der technische Vorsprung abnahm und der hohe Anteil am Welthandel zurückging, da immer mehr Konkurrenten auftraten, die aufholten und zwangsläufig ihren Anteil ausbauten. Zum anderen gab es nicht nur Branchen, die zurückfielen, sondern auch solche, die mithielten, und wieder andere, die sogar eine internationale Spitzenposition einnahmen, wobei der frühere Vorsprung sowohl Vor- wie auch Nachteile bedeutete.[48]

Deutlich zu sehen waren die Nachteile in der Textilindustrie, dem Bergbau, der Eisen- und Stahlerzeugung und dem Schiffsbau. Diese verloren ihren großen Vorsprung, besaßen aber weiterhin eine führende Position, exportierten in die ganze Welt und behaupteten ihren Anteil am Weltmarkt, der 1900 beim Schiffsbau mit 60 Prozent besonders beeindruckend ausfiel. In anderen Bereichen schlossen die Konkurrenten auf und übernahmen teilweise die Führung, wie die Stahlindustrie in den USA und Deutschland, deren Aufstieg später begann, so dass sie modernere Verfahren einsetzen konnte. Außerdem verfügten beide Länder über größere Binnenmärkte und damit über eine stärkere Binnennachfrage, weshalb hier riesige Konzerne entstanden, die preiswerter produzieren und so ihren Anteil am Weltmarkt steigern konnten.

Ihnen gegenüber besaß die britische Stahlindustrie einen schweren Stand und verlor Anteile, erlebte jedoch keinen allgemeinen Niedergang, sondern konzentrierte sich auf bestimmte Absatzmärkte, Produkte und Nischen. Vergleichbare Prozesse der Anpassung und Spezialisierung fanden in anderen Bereichen statt, so im Maschinenbau oder bei den Werften, gefördert durch die besonderen Merkmale der damaligen britischen Wirtschaft. Hier herrschten kleine und mittlere Betriebe vor, die weitgehend ohne moderne Formen des Managements und der Betriebsorganisation auskamen, vergleichsweise wenig in Ausstattung und Maschinen investierten, dafür aber besonders viele qualifizierte Arbeitskräfte beschäftigten. Das erschwerte den Übergang zu Großbetrieben und den Ausbau moderner, kapitalintensiver Industrien und erweckte den Eindruck, die britischen Unternehmen seien der internationalen Konkurrenz nicht gewachsen, während sie tatsächlich eigene Wege gingen und sich genügend Absatz- und Verdienstmöglichkeiten sicherten.[49]

Auf anderen Gebieten wiederum war die britische Wirtschaft führend, vor allem im Finanz- und Banksektor, der Dienstleistungsindustrie und dem weiten Bereich des Konsums. Im Bankbereich setzte sich London Ende des 19. Jahrhunderts gegen Paris als weltweit wichtigste Finanzmetropole durch, das Pfund wurde zur internationalen Leitwährung. Londoner Banken vergaben Kredite und Anleihen nahezu an die ganze Welt und nutzten dazu ausländisches, vor allem aber inländisches Kapital, das sich aus mehreren Quellen speiste: aus der langen industriellen Vormachtstellung, deren Gewinne sich angesammelt hatten, aus Erträgen früherer Anleihen und aus Rückflüssen der weltweiten Investitionen. Darauf baute der Bankbereich auf, ließ neue Berufe und Zulieferfirmen entstehen und beschäftigte direkt sowie indirekt zahlreiche Personen, die gut verdienten und ihrerseits eine expandierende Nachfrage erzeugten.[50] Dadurch erlebte der Großraum London eine überaus dynamische Entwicklung, stellte ein wachsendes Angebot an Dienstleistungen und Arbeitsplätzen bereit und verzeichnete ein weiteres Wachstum der Bevölkerung, die bis 1910 auf 7,3 Millionen anstieg.[51]

Diese Entwicklung kam auch Frauen zugute, die als Lehrerinnen und Krankenschwestern, in Büros, Kaufhäusern oder in der expandierenden Konsumgüter- und Dienstleistungsindustrie (z. B. als Telefonistin) vermehrt Arbeitsplätze fanden, allerdings weitgehend außerhalb der traditionellen Industriegebiete. Diese lagen vor allem im Norden Englands, in Schottland und Wales, waren durch Monostrukturen geprägt und boten Frauen wenige Möglichkeiten – mit Ausnahme der Textilindustrie, wo sie in etwa denselben Lohn erhielten wie ihre männlichen Kollegen. Doch insgesamt konnten Frauen in den nördlichen Industriegebieten wenig zum Familieneinkommen beisteuern, was wiederum die Nachfrage nach Dienstleistungen und Konsumgütern gering hielt. Dadurch blieb die Expansion dieser Bereiche, die im Großraum London so viel Dynamik entfalteten und zahlreiche Arbeitsplätze schufen, im Norden weitgehend aus. Um 1900 fiel dies nicht weiter ins Gewicht, da die traditionellen Industrien sich noch behaupten konnten und Männern ein ausreichendes Einkommen boten. Als diese jedoch nach dem Ersten Weltkrieg in eine tiefe Krise gerieten, wurde schmerzlich klar, wie wenig Alternativen zur Verfügung standen.[52]

Allerdings dürfen die neuen Arbeitsplätze nicht überbewertet werden. Sie vermehrten die Zahl der Angestellten, ließen neue Mittelschichten entstehen und boten zusätzliche Möglichkeiten für Frauen, von denen 1901 etwa 170 000 als Lehrerinnen arbeiteten, hingegen erst sechs als Architektinnen und drei als Tierärztinnen.[53] Denn vorherrschend blieben die traditionellen Berufe, auch im prosperierenden Süden, wo die große Mehrheit der Frauen weiterhin gegen geringen Lohn als Dienstmädchen oder Köchin in bürgerlichen (und adligen) Haushalten arbeitete. Deren Zahl nahm sogar noch zu, da im Großraum London mehr und mehr Haushalte genug verdienten, um Personal zu beschäftigen.

Unter den neuen Industrien ist der weite Bereich des Konsums besonders zu betonen. Zwischen 1870 und 1900 stieg in Großbritannien der Lebensstandard um etwa ein Drittel, so dass beim Tod Viktorias eine beachtliche Kaufkraft zur Verfügung stand. Selbst wenn weiterhin ein erheblicher Teil der Bevölkerung in Armut lebte, verdienten andere genug, um nicht nur die Grundbedürfnisse wie Wohnung, Kleidung und Nahrungsmittel zu bezahlen, sondern auch Geld für Freizeit, Unterhaltung oder Vergnügen übrig zu haben. So expandierte die bereits bestehende populäre Kultur und eine Massenpresse entstand, ergänzt um preiswerte Groschenhefte und Bücher. Hinzu kam ein wachsendes Angebot an Kneipen, Wettbüros und anderen Freizeitbeschäftigungen, die ebenso nachgefragt wurden wie Urlaubsreisen, Tagesausflüge oder der Besuch von Sportveranstaltungen. Die einschlägigen Unternehmen expandierten, darunter Presse- und Nahrungskonzerne, Zigarettenfabriken oder Brauereien, deren Eigentümer große Vermögen erwarben. Vergleichbare Entwicklungen fanden auch in Deutschland oder Frankreich statt, doch beim Konsum war Großbritannien deutlich weiter fortgeschritten.[54] Dabei schuf dieser nicht nur zusätzliche Arbeitsplätze, sondern auch neue Formen von Gemeinsamkeit. Denn die expandierenden

Tabelle 2: Anteil der Beschäftigten in den drei Sektoren

	1910			1930			1980		
	I	II	III	I	II	III	I	II	III
Großbritannien[a]	9	52	40	6	46	48	3	42	56
Deutschland[b]	37	41	22	29	40	31	4	46	50
Frankreich	41	33	26	36	33	31	8	39	53
Italien	55	27	18	47	31	22	11	45	44
Niederlande	29	33	38	21	36	43	6	45	49
Belgien	23	45	32	17	48	35	3	41	56
Schweden	49	32	19	39	36	25	5	34	61

I Land- und Forstwirtschaft, Fischerei
II Produzierendes Gewerbe, Bau- und Energiewirtschaft
III Handel, Verkehr, Kredit, öffentliche Verwaltung usw.

a Zahlen für 1930 ohne Nordirland // b Zahlen für 1907 bzw. 1933 bzw. BRD
Quelle: Gerold Ambrosius/William H. Hubbard, Sozial- und Wirtschaftsgeschichte Europas, München 1986, S. 61.

Konsumangebote sprachen unterschiedliche Schichten und Klassen an, ermöglichten gemeinsame Erfahrungen und förderten – wie noch zu zeigen ist – die gesellschaftliche und politische Stabilität.

Schließlich ist ein weiterer Bereich zu nennen: die Landwirtschaft. Hier hatte Großbritannien einen besonders großen zeitlichen Vorsprung und war gerade deshalb modern, weil der Agrarsektor im europäischen Vergleich auf eine geringe Größe geschrumpft war (Tabelle 2). 1910 zählte die Landwirtschaft gerade einmal 9 Prozent der Beschäftigten und trug einen noch geringeren Anteil zum Sozialprodukt bei – während in Deutschland oder in Frankreich 37 Prozent bzw. 41 Prozent in der Landwirtschaft arbeiteten und Italien, Spanien und andere europäischen Staaten noch höhere Zahlen aufwiesen.[55] Es mag überraschen, eine geringe Bedeutung als Zeichen des Fortschritts oder gar der Modernität zu werten. Doch für die Landwirtschaft trifft das zu, die sich um 1900 in den entwickelten europäischen Ländern in einer tiefen Krise befand, die bis heute anhält. Das lag vor allem an neuen Transportmitteln (Eisenbahn, Dampfschiffe) und Techniken (Kühlung, Lagerung), die ab den 1870er Jahren in kurzer Zeit einen globalen Markt für landwirtschaftliche Erzeugnisse entstehen ließen. Plötzlich gelangten billige landwirtschaftliche Produkte aus Nord- und Südamerika, Indien, Australien oder Neuseeland nach Europa und übten großen Druck auf Löhne und Erträge aus.[56]

Diese Entwicklungen betrafen auch Deutschland oder Frankreich und führten hier zu großen politischen und gesellschaftlichen Konflikten, da bedeutend mehr Personen unter den Problemen der Landwirtschaft litten. Es kam zu Protesten und Aufruhr, Regierung, Parteien und Parlament gerieten unter Druck, radikale agrarische Bewegungen entstanden. Bis nach dem Zweiten Weltkrieg bedeutete die Krise der Landwirtschaft eine erhebliche Belastung für die europäischen Gesellschaften – mit der Ausnahme Großbritanniens. Auch hier gab es Krisen, wie das folgende Kapitel zeigt, die jedoch glimpflicher verliefen und kleinere Gruppen betrafen. Das lag auch daran, dass wegen des höheren Lebensstandards ein kaufkräftiger Binnenmarkt bestand, der es den Landwirten ermöglichte, sich auf ertragreiche Produkte zu spezialisieren. Und schließlich verstanden es die oft adligen Grundbesitzer seit langem, in Industrie und Handel neue Einnahmequellen zu erschließen, sich ökonomisch anzupassen und so auch ihre politische Position zu wahren. Deshalb ist die Landwirtschaft gerade durch ihre relative Schwäche ein Beleg dafür, dass die britische Wirtschaft weiter entwickelt war als auf dem Kontinent und sich gut auf die zunehmende Globalisierung eingestellt hatte.

Schichten und Klassen

1906 erschien in Großbritannien eine Untersuchung über die Verteilung der Vermögen, die zu eindeutigen Ergebnissen kam. Ihr zufolge entfielen 87 Prozent des privaten Vermögens auf eine kleine Gruppe von lediglich 882 690 Personen, die zusammen mit ihren Familienangehörigen etwa 4,4 Millionen bzw. zehn Prozent der Bevölkerung stellten. Die anderen 39 Millionen teilten sich die verbliebenen 13 Prozent. Zeitgenossen haben diese Befunde als überzogen kritisiert. Sie wurden jedoch von neueren Untersuchungen bestätigt, nach denen eine noch kleinere Gruppe von 117 000 Personen fast zwei Drittel des gesamten Vermögens besaß. Zugleich hinterließen neun von zehn Briten bei ihrem Tod so wenig, dass ihr Besitz gar nicht erst erfasst wurde. In den anderen europäischen Ländern herrschten vergleichbare Verhältnisse, wobei die Vermögensschere aber nicht ganz so weit auseinanderging: In Preußen (1908) und Frankreich (1909–1913) besaßen die oberen zehn Prozent «nur» 84 Prozent des Vermögens.[57]

Angaben zur Verteilung der Einkommen sind bedeutend schwieriger, da umfassende Zahlen erst für die Jahre nach dem Zweiten Weltkrieg vorliegen. Verlässliche Hinweise zeigen allerdings, dass 1914 das oberste Prozent der Bevölkerung nahezu 30 Prozent des Einkommens erzielte, während die untere Hälfte auf lediglich 20 Prozent kam, von denen viele nichts oder nur wenig verdienten. Näheren Aufschluss gaben Studien von Rowntree und Booth, zwei erfolgreiche Geschäftsleute, die ein ausgeprägtes Interesse an sozialen Fragen besaßen, als Pioniere der empirischen Sozialforschung gelten und ab den 1880er Jahren erstmalig in London und York einschlägige wissenschaftliche Untersuchungen durchführten. Ihnen zufolge lebten um 1900 in London 30,7 Prozent der Bevölkerung in Armut, 8,4 Prozent sogar in bitterer Armut. Dem entsprachen die Befunde für York, wo 9,9 Prozent durchweg und weitere 27,8 Prozent vorübergehend arm waren.[58] Einen anderen Hinweis auf die äußerst ungleiche Verteilung bietet die Einkommenssteuer, die nur 2,3 Prozent der Bevölkerung entrichteten, da sie erst bei einem Verdienst von 150 £ im Jahr anfiel. Facharbeiter erhielten zu dieser Zeit etwa 100 £, was als ausreichend galt, um eine Familie zu ernähren. Ungelernte und vor allem Landarbeiter hingegen verdienten allenfalls 50 £ und zählten damit zu dem großen Kreis der Personen, die arbeiteten und einen Lohn erhielten, aber dennoch in Armut lebten. Zum Vergleich: Der Premierminister bekam mit 5000 £ pro Jahr das Fünfzigfache eines durchschnittlichen Einkommens, während er heute etwa das Zehnfache erhält.[59]

Jenseits dieser groben Zahlen fällt es schwer, die einzelnen Schichten genauer zu beschreiben. Am ehesten geht dies noch für die kleine Oberschicht von etwa fünf Prozent, darunter der Adel, dem weiterhin politisch und gesellschaftlich eine zentrale Bedeutung zukam. Das galt vor allem für den Hochadel, der etwa 250 Familien umfasste, die jeweils mehr als 12 000 Hektar Boden besaßen und jährliche Einnahmen von über 30 000 £ erzielten. Hinzu kamen weitere 750 Familien mit mehr als 4000 Hektar und Einnahmen zwischen 10 000 und 30 000 £ sowie schließlich 6000 Familien, die ein Einkommen von 1000 bis 10 000 £ und mindestens 400 Hektar aufweisen konnten. Insgesamt umfasste der britische Adel damit ca. 7000 Familien, denen mehr als vier Fünftel des Bodens gehörte. Im europäischen Vergleich handelte es sich um eine sehr kleine, wohlhabende und einflussreiche Gruppe, die es seit Generationen verstanden hatte, den Zugang zu ihr zu erschweren und ihre Stellung zu sichern.[60] Noch um 1900 stellten Adlige in Großbritannien fast die gesamte Regierung, besaßen im Unterhaus die Mehrheit, betrachteten das Oberhaus als ihr Eigentum und bekleideten in Militär, Bürokratie und Kirche die entscheidenden Positionen – trotz der landwirtschaftlichen Krisen, die ab den 1870er Jahren in ganz Europa die Stellung dieses Standes erschütterten.[61]

Seit Jahrhunderten beruhte die ökonomische und politische Basis des Adels auf dem Bodenbesitz, der auch im 19. Jahrhundert noch lange große Gewinne abwarf. Mit der Industrialisierung und dem Wachstum der Bevölkerung hatte die Nachfrage bei Agrarprodukten zugenommen, Preise und Gewinne stiegen rasch an, zumal in Großbritannien, wo diese Entwicklungen besonders ausgeprägt verliefen. Die Adligen blieben dadurch die «reichsten, mächtigsten und die glanzvollsten Personen des Landes und sahen sich – verständlicherweise – als die von Gott Auserwählten».[62] Mit der globalen Konkurrenz gingen die Preise jedoch ab den 1870er Jahren drastisch zurück. Bis 1914 halbierte sich der Wert von agrarischem Landbesitz in Großbritannien, während andere Formen des Besitzes (städtische Grundstücke und Häuser, Anleihen, Unternehmen) einen Anstieg von bis zu 300 Prozent verzeichneten, so dass sich die Kräfteverhältnisse innerhalb der Gesellschaft verschoben.[63]

Nicht alle Grundbesitzer litten darunter. Bereiche wie Viehzucht und Fruchtwirtschaft waren den Importen weniger ausgesetzt und weiterhin ertragreich, während insgesamt die landwirtschaftliche Produktivität anstieg und höhere Erträge erlaubte. Ohnehin hatten in Großbritannien viele Adlige rechtzeitig in neue Bereiche investiert und durch eigene Betriebe, Anleihen oder Aktien die Basis ihrer Vermögen erweitert. Und schließlich besaßen sie Boden nicht nur auf dem Lande, sondern auch in den Städten, wo die Grundstückspreise enorm anstiegen, so dass der Herzog von Westminster bis heute zu den reichsten Briten zählt. Dennoch: Insgesamt schwächte der Preisverfall in der Landwirtschaft die Position des Adels, während zugleich in Industrie und Handel große Vermögen entstanden und auch die mittleren und unteren Schichten an Größe und Bedeutung gewannen.

Wenig betroffen von diesen Veränderungen waren die etwa 30 «superreichen» adligen Familien, die ihr Vermögen kaum überblickten und zahlreiche Häuser besaßen, darunter wahre Paläste in London, wo sie politisch und vor allem gesellschaftlich weiterhin den Ton angaben.[64] Wer von ihnen eingeladen wurde, gehörte dazu, auch bei der Beerdigung von Viktoria. Er musste keinen Tribünenplatz kaufen und auch keine der teuren Wohnungen entlang der Strecke mieten, genoss aber dennoch eine hervorragende Sicht und befand sich in bester Gesellschaft. Zu diesen Privilegierten gehörten zunehmend «Neureiche», die als Unternehmer oder auch als Spekulanten in Industrie, Finanzwesen, Handel und den Kolonien in wenigen Jahren riesige Vermögen erwerben konnten, so der bereits genannte Cecil Rhodes. 1853 als Sohn eines englischen Pfarrers geboren, wurde er mit achtzehn Jahren nach Südafrika geschickt, um seine «schwache Lunge» zu kurieren. Dort angekommen, stieg er in das Diamantengeschäft ein, gründete 1880 De Beers, heute eine der größten Gold- und Diamantenfirmen, und zählte bald zu den weltweit reichsten Personen.[65]

Derartige Karrieren waren ungewöhnlich, doch sie verweisen auf einen tiefen historischen Bruch. Bis dahin beruhten Vermögen und Einfluss auf Landbesitz, der – abgesehen von Kriegen und Eroberungen – nur allmählich und durch geschicktes Verhalten (z. B. Heiratspolitik) oder eine kluge

Erbfolge anwachsen konnte. Jetzt hingegen bestand die Möglichkeit, in einer Generation Werte anzuhäufen, die mit denen der reichsten Adligen konkurrierten. Gegen Ende der Regierungszeit von Königin Viktoria waren diese Entwicklungen deutlich zu erkennen. Zwar beruhten die großen Vermögen weiterhin vor allem auf dem Besitz von Boden, doch bereits ein Drittel stammte aus dem Banken- und Handelssektor. Schon wenige Jahre später, unter Edward VII., galt dies für die Mehrheit.

Zudem beruhten die neuen Vermögen nur teilweise auf traditionellen britischen Industrien wie Bergbau, Textil oder Stahl. Mehr und mehr an Bedeutung gewannen der Dienstleistungs- und Konsumsektor, darunter vor allem die Herstellung und der Verkauf von Nahrungsmitteln, Bier und Zigaretten oder auch der Besitz von Zeitungen, die zudem nicht nur Profit brachten, sondern auch Einfluss bedeuteten.[66] Diese Wirtschaftsbereiche expandierten auch in anderen Ländern, entstanden in Großbritannien jedoch früher und sprachen eine größere und wohlhabendere Mittelschicht an. Ihr galten die Anzeigen, die im Januar 1901 in der *Times* erschienen und anboten, den Winter auf den westindischen Inseln zu verbringen, zum Karneval nach Italien zu fahren oder für 65 £ eine ausgedehnte Rundreise von 65 Tagen mit der Royal Mail Line zu unternehmen.

Facharbeiter verdienten zu dieser Zeit etwa 100 £ pro Jahr, während Hilfs- und Landarbeiter gerade einmal 1 £ pro Woche erhielten. Sie konnten solche Reisen nicht bezahlen, wohl hingegen die rasch wachsende Mittelschicht, zu der selbständige Gastwirte, Ladenbesitzer oder Handwerker ebenso gehörten wie Ärzte, Anwälte, Bankangestellte, Makler oder Beamte. Die größte Gruppe innerhalb der Gesellschaft bildete allerdings weiterhin die Arbeiterschaft, die in sich vielfach differenziert war, beginnend mit den Facharbeitern. Diese konnten ihre Familie selbst ernähren, bildeten die *respectable working class* und unterschieden sich objektiv und subjektiv von den An- und Ungelernten. Objektiv, weil sie mehr verdienten, eine größere Sicherheit genossen und angesehener waren. Subjektiv, weil sie großen Wert darauf legten, in Verhalten, Kleidung und Einrichtung *respectable* zu sein und nicht zu den Armen zu gehören. Von diesen grenzten sich auch die An- und Ungelernten ab, die ebenfalls ein hinreichendes Einkommen erzielten und deren Zahl mit dem Wachstum der Industrie seit den 1870er Jahren deutlich zunahm, während sich am unteren Ende die Armen befanden, zu denen zwischen 20 und 30 Prozent der Bevölkerung zählten.

Bereits Zeitgenossen verwiesen auf die großen Unterschiede zwischen den Klassen, die vermutlich deutlicher ausfielen als in anderen industrialisierten Ländern. Dabei ist allerdings zu berücksichtigen, dass der britische Lebensstandard im internationalen Vergleich hoch lag. Das durchschnittliche Vermögen betrug im Vereinten Königreich am Vorabend des Ersten Weltkriegs 318 £, übertroffen lediglich von den USA mit 424 £. Frankreich (303 £) lag etwas zurück, während der Abstand zu Deutschland mit 240 £ deutlich ausfiel.[67] Noch größer war der Unterschied beim Bruttosozialprodukt, wo Großbritannien deutlich vor den anderen europäischen Staaten lag (Tabelle 1). Das bedeutete jedoch nur einen relativen Trost, denn die Zugehörigkeit zu den verschiedenen Schichten war durch Geburt, Wohnort oder Tätigkeit weitgehend festgeschrieben, wobei zwischen Land und Stadt sowie neuen und alten Industrieregionen erhebliche Unterschiede auszumachen sind. Generell bestand eine geringe soziale Mobilität, zumal stets die Gefahr drohte, durch Krankheit, Unfall oder Arbeitslosigkeit zu verarmen. Das galt vor allem für ältere Arbeiter. Denn schon mit vierzig Jahren schwanden die Kräfte und führten zu einem Abstieg, der oft in Armut endete.[68]

Ebenfalls großen Einfluss auf den Lebensstandard besaß die Kinderzahl, die vor dem Ersten Weltkrieg zurückging, besonders deutlich in der Mittel- und Oberschicht. Hier entfielen jetzt auf eine Familie nur noch drei bis vier Geburten, gegenüber sechs bis sieben um 1850. Ein vergleichbarer Rückgang fand bei Facharbeitern statt, fiel aber etwas geringer aus, während Frauen von Ungelernten, Bergleuten oder Landarbeitern weiterhin bis zu sechs oder sogar mehr Geburten überleben mussten. Viele Frauen waren dadurch die meiste Zeit ihres Erwachsenenlebens schwanger, erholten sich von Geburten oder lebten in Furcht vor weiteren Schwangerschaften – zusätzlich zur Arbeit für Kinder, Haushalt und Ehemann. Der Rückgang der Kinderzahl eröffnete deshalb gerade ihnen neue Freiräume und wertete die Bedeutung der Familie auf. Hinzu kamen steigende Einkommen und mehr Freizeit, die es attraktiver machten, Zeit in der Familie und damit gemeinsam zu verbringen – was allerdings ein sehr langsamer Prozess war, der sich erst in den 1930er und dann vor allem ab den 1950er Jahren allgemein durchsetzte.[69]

Bei einer Beschreibung der britischen Gesellschaft und ihrer Klassen und Schichten sind also vielfältige Faktoren zu berücksichtigen, nicht nur Besitz, Einkommen, Ausbildung und Beruf, sondern auch Geschlecht, Alter, Zahl der Kinder, Gesundheitszustand oder der Wohnort – um nur die wichtigsten zu nennen. Selbst innerhalb der einzelnen Klassen bestanden große Unterschiede, allerdings auch Gemeinsamkeiten, zu denen in Großbritannien vor allem beitrug, dass hier bereits eine urbane Industriegesellschaft mit neuartigen gemeinsamen Erfahrungen und einer entwickelten Konsumkultur bestand – deutlich stärker ausgeprägt als in jedem anderen europäischen Land.[70]

Tabelle 3: Grad der Urbanisierung in Großbritannien und Deutschland

	Großbritannien Anteil der Bevölkerung nach Stadtgröße				
	> 10 000	10 000 bis 50 000	50 000 bis 200 000	200 000 bis 1 Million	über 1 Million
1901	12,4	29,7	21,6	18,2	18,1
1931	8,5	28,1	27,3	19,2	16,9

Quelle: Halsey/Webb, Trends, S. 417.

	Deutschland Anteil der Bevölkerung nach Stadtgröße				
	unter 2000	2000 bis 5000	5000 bos 20 000	20 000 bis 100 000	über 100 000
1910	40,0	11,2	14,1	13,4	21,3
1933	32,9	10,6	13,2	12,9	30,4

Quelle: Dietmar Petzina, Sozialgeschichtliches Arbeitsbuch, Berlin 1978, S. 37.

In Großbritannien wohnten 1901 bereits 36,3 Prozent der Bevölkerung in Städten mit mehr als 200 000 Einwohnern und gerade einmal zwölf Prozent in Orten mit weniger als 10 000 Personen, während in Deutschland die Großstädte lediglich 21,3 Prozent und Orte bis 2000 Einwohner immer noch 40 Prozent zählten (Tabelle 3). Entsprechend teilte die große Mehrheit der britischen Bevölkerung eine gemeinsame städtische Lebenswelt mit ihren Fabriken, Büros und Kaufhäusern; Verkehrsmitteln, Krankenhäusern und Schulen; Music Halls, Theatern, Zeitungen oder Sportplätzen. Diese Welt kannte erhebliche Unterschiede, wenn etwa in den Music Halls zwar alle dasselbe Programm verfolgten, die Zuschauer in den teuren Logen aber Wert auf Distanz legten; wenn die mittleren Schichten darauf bestanden, dass ihre Kinder und Arbeiterkinder nicht in dieselben Schulen gingen; oder wenn bei Streiks, Demonstrationen oder in Wahlkämpfen die Klassengegensätze aufeinanderprallten.[71]

Doch hier sind zwei Aspekte zu betonen. Zum einen war, trotz aller Unterschiede und Konflikte, in Großbritannien die städtisch-industrielle Welt um 1900 fest etabliert und wurde nicht mehr grundsätzlich infrage gestellt – im Gegensatz zum Kontinent, wo die vorindustrielle, ländliche Gesellschaft als Gegenentwurf noch erhebliches Gewicht besaß, eigene Bewegungen hervorbrachte und zahlreiche Spannungen verursachte. Dabei wurde auch in Großbritannien das Landleben verklärt, zu sehen an der Zeitung *Country Life*, die 1897 gegründet wurde, der Musik von Ralph Vaughan Williams und Edward Elgar, an Gedichten und Büchern oder an rustikalen Wohnungseinrichtungen. Insbesondere die Sorge um einen «Niedergang» ließ Kritik an der Großstadt und eine Beschwörung traditioneller Welten aufkommen. Doch diese Kritik blieb begrenzt. *Country Life* und agrar-romantische Vorstellungen bedeuteten vor allem eine Bereicherung und Ergänzung des städtischen Lebens und besaßen vorwiegend symbolische Bedeutung. Nur wenige sahen darin eine Gegenwelt, die sie ernsthaft anstrebten und politisch durchsetzen wollten. «Niemand», so 1909 der liberale Abgeordnete Charles Masterman in seinem Beststeller *The Condition of England*, «würde heute in den zerfallenen Dörfern und ihrer schwindenden Bevölkerung die Seele (*spirit*) eines Englands suchen, dessen Bevölkerung zu vier Fünfteln in dicht gedrängten Städten lebt.»[72] Das Land hatte seine eigenständige politische Bedeutung verloren, und die ländliche Idylle war zu einer Projektion der Stadtbewohner geworden. Nur die urbanisierten Briten, so der Historiker Geoffrey Crossick, konnten solche Vorstellungen des Landes erfinden.[73]

Zum anderen hat die städtische Lebenswelt vielfältige alltägliche Gemeinsamkeiten hervorgebracht, auch durch ihre Konsum- und Freizeitkultur. Zeitgenossen und viele spätere Historiker sahen das anders. Sie beschworen einen Untergang traditioneller Gemeinschaften und beklagten eine zunehmende Kommerzialisierung, die zu Apathie und politischem Desinteresse führe. Der Kapitalismus, so vor kurzem Mark Mazower, bringe «keine Gefühle der Zugehörigkeit und Loyalität hervor». Er zerstöre vielmehr «alte Klassensolidaritäten und erzeuge bei den Einzelnen das Gefühl der Unsicherheit».[74] Derartige Aussagen sind nicht ganz falsch, wenngleich sie den alten Solidaritäten zu große Bedeutung zuschreiben und sie zu positiv darstellen. Vor allem jedoch übersehen sie, dass durch die kommerzielle Konsumkultur auch neue Gemeinsamkeiten entstanden. Diese kannte vielfältige Unterschiede, doch ihr zentrales Merkmal bestand (und besteht) darin, dass sie möglichst viele ansprechen und als Konsumenten gewinnen wollte. Mit anderen Worten: Kaufkraft ermöglichte soziale Inklusion – mit größerer Reichweite als politische oder religiöse Gemeinschaften. Diese konnten eine größere Binnensolidarität erzeugen, waren aber stärker durch Ausgrenzung oder Feindbilder geprägt.[75]

Parteien und politisches System

Zu den Personen, die in Portsmouth die Ankunft des Sarges von Viktoria beobachteten, gehörte Keir Hardie. Die Umstehenden mögen sich über seine Anwesenheit gewundert haben, denn Hardie war als überzeugter Sozialist bekannt, gehörte als einer von zwei Arbeitervertretern dem Parlament an und lehnte die Monarchie entschieden ab. 1856 als uneheliches Kind in ärmsten Verhältnissen geboren, musste er bereits mit acht Jahren

Geld verdienen und als Zehnjähriger sogar im Bergbau arbeiten. Später besuchte er eine Abendschule, und als seine Versuche scheiterten, schottische Bergleute zu organisieren, wurde er Journalist, kandidierte 1888 erstmals für das Unterhaus und gewann 1892 einen Wahlkreis in London (West Ham South). Im Jahr darauf gründete er die *Independent Labour Party*, die jedoch kaum Wähler fand, denn die einflussreichen Gewerkschaften und die besser gestellten Arbeiter lehnten sie als zu sozialistisch ab.[76]

Hier bestand ein deutlicher Gegensatz zu Deutschland, wo Arbeiter sich ebenfalls zuerst in Gewerkschaften organisierten. Doch schon 1863 gründeten sie mit dem Allgemeinen Deutschen Arbeiterverein eine Arbeiterpartei, die bald eine führende Rolle übernahm und aus der 1875 die SPD hervorging. In Großbritannien hingegen wahrten die Gewerkschaften ihre Vorrangstellung. Sie waren Anfang des 19. Jahrhunderts entstanden, kümmerten sich vor allem um die beruflichen und sozialen Interessen ihrer Mitglieder und brachten keine eigene politische Organisation hervor. Bei politischen Fragen bemühten sie sich vielmehr um die Unterstützung der beiden bereits bestehenden Parteien (Konservative und Liberale) und erzielten damit große Erfolge, etwa durch den *Trade Union Act* von 1871, den die liberale Regierung unter Gladstone verabschiedete. Dieses Gesetz erkannte Gewerkschaften an, sprach ihnen das Streikrecht zu und sorgte vor allem dafür, dass sie bei Streiks nicht befürchten mussten, von Unternehmern für entgangene Gewinne haftbar gemacht zu werden. Damit war ein Durchbruch errungen, doch ein anderes, ebenfalls 1871 verabschiedetes Gesetz, verbot Streikposten, so dass die Handlungsmöglichkeiten von Gewerkschaften begrenzt blieben. In dieser Frage half wenig später (1875) die konservative Regierung unter Disraeli, die Streikposten wieder zuließ und anschließend Gewerkschaften und Unternehmern dieselben Rechte gewährte.[77]

Damit sind wichtige Unterschiede zu Deutschland und den meisten europäischen Ländern angesprochen. In Großbritannien entstand eine eigene Arbeiterpartei erst sehr spät; anstelle der auf dem Kontinent üblichen Parteienvielfalt dominierten hier zwei große Parteien, die faktisch Volksparteien entsprachen; und schließlich erlangte das Parlament früh eine Schlüsselstellung. Diese Unterschiede werden seit langem betont und haben zahlreiche Untersuchungen und nicht weniger Erklärungen hervorgebracht, unter denen eine besondere Beachtung verdient: Auch in der Politik erfolgten in Großbritannien wichtige Entwicklungen vergleichsweise früh, verliefen dadurch (meist) langsam und ließen Zeit, sich an Veränderungen anzupassen. Dazu trug vor allem bei, dass der Kreis derjenigen, die politisch Einfluss nehmen konnten, nur allmählich anwuchs. So fand die *Glorious Revolution*, die 1688 die Vormacht des Parlamentes etablierte, innerhalb einer sehr kleinen Elite statt. Auch in den folgenden Jahrzehnten blieb die Zahl derjenigen, die das Wahlrecht besaßen und politisch mitbestimmen konnten, eng begrenzt. Selbst die großen Wahlrechtsreformen von 1832 und 1867 änderten das traditionelle, auf Eigentum und Landbesitz beruhende System nur wenig, denn auch danach durfte nur etwa ein Drittel der männlichen Bevölkerung wählen. Einen grundlegenden Wandel brachten erst die Gesetze von 1884/85 und daran anschließende Reformen, so dass 1906 etwa 60 Prozent der Männer das Wahlrecht besaßen, während Frauen bis 1918 ausgeschlossen blieben.[78]

Während in Großbritannien also sehr früh der politische Vorrang des Parlaments etabliert wurde, verlief der Prozess der Demokratisierung deutlich langsamer. Das trug wesentlich zur politischen Stabilität bei, da der Kreis der politisch Aktiven lange Zeit klein blieb und sich auf Gruppen beschränkte, die durch Herkunft, Vermögen, Religion und Ausbildung ausgesprochen homogen waren, was die Austragung von Konflikten wesentlich erleichterte – im Gegensatz zum Deutschen Kaiserreich. Als hier 1871 alle Männer ab 25 Jahren das Wahlrecht erhielten, gehörten sie ganz unterschiedlichen Klassen und Schichten an, waren in Katholiken und Protestanten gespalten und stammten als Preußen, Badener oder Bayern aus Gebieten, die große Eigenheiten aufwiesen. Entsprechend mussten die Parteien ganz unvermittelt sehr unterschiedliche Gruppen ansprechen, was letztlich keine von ihnen vermochte. Vielmehr entstand eine vielfältige Parteienlandschaft, die nicht nur konkurrierende konservative und liberale Parteien zählte, sondern auch eine katholische (Zentrum), eine Arbeiterpartei und zusätzlich mehrere kleinere Gruppierungen (Polen, Welfen usw.). 1900 gab es davon mehr als 13, von denen die SPD mit 27,2 Prozent und das Zentrum mit 18,8 Prozent die meisten Wählerstimmen gewannen. Die größte konservative Partei hingegen erreichte lediglich 11,1 Prozent und die größte liberale Partei 12,5 Prozent.[79]

In Großbritannien hingegen dominierten zwei große Parteien, die Konservativen und die Liberalen, die bei der Wahl im Jahre 1900 50,3 bzw. 45 Prozent der Stimmen erhielten. Ihnen war es gelungen, sich zu Volksparteien zu entwickeln, die ihre Wähler in allen Schichten und Klassen fanden. Dabei besaßen die beiden großen Parteien ihr eigenes Profil, konkurrierende Programme und stützten sich auf unterschiedliche Wählergruppen, wobei die Konservativen unter den traditionellen Eliten, auf dem Lande und in kleineren Städten besonders erfolgreich waren. Doch beide zählten auch Arbeiter zu ihren Wählern und besaßen Anhänger über die Schichten und Klassen hinweg. Dazu trug vor allem bei, dass das Wahlrecht nur schrittweise erweitert wurde, so dass die Parteien Zeit hatten, sich auf neue Gruppen einzustellen und diese zu gewinnen – anders als in Deutschland und weiten Teilen des europäischen Kontinents, wo die Entwicklungen viel rascher verliefen und demokratische Volksparteien sich erst nach dem Zweiten Weltkrieg durchsetzten. Eine Ausnahme bedeutete in Deutschland lediglich das Zentrum, das in allen Schichten Wähler fand, allerdings fast nur Katholiken. Die NSDAP wiederum entwickelte sich in der Weimarer Republik zu einer Volkspartei, lehnte aber Demokratie und Parlament entschieden ab.[80]

Im Ergebnis sahen die britischen Gewerkschaften lange keine Notwendigkeit, eine eigene Partei zu gründen. Sie setzten vielmehr auf die Konservativen und vor allem die Liberalen, mit deren Hilfe sie Anfang der 1870er Jahre die erwähnten Gesetze durchsetzten und ihre Lage verbesserten. Hardie hingegen forderte eine eigene Partei, um grundlegende Veränderungen zu erreichten. Er galt jedoch als radikaler Sozialist und fand wenig Unterstützung, bis mehrere Urteile die so hart erkämpfte Position der Gewerkschaften schwächten. Das bekannteste davon betraf einen Streik bei der Taff Vale Eisenbahn im Jahre 1900. Der Arbeitskampf sei, so das Gericht, zulässig gewesen, doch die Gewerkschaft wurde verurteilt, Schäden bei den bestreikten Betrieben zu ersetzen. Damit waren Streiks faktisch ausgeschlossen, denn sie sollten ja Unternehmer ökonomisch schädigen und dadurch Druck ausüben. Dem Urteil zufolge konnten Gewerkschaften zwar weiterhin streiken, um ihre Forderungen durchzusetzen, wurden aber in den Ruin getrieben, wenn die Unternehmer Schadenersatz verlangten.[81]

Vor diesem Hintergrund wurde am 27. Februar 1900, ein Jahr vor dem Tode Viktorias, in London das *Labour Representation Committee* (LRC) gegründet, aus dem sechs Jahre später die Labour Partei hervorging. An der Gründung nahmen neben Keir Hardie weitere 128 Delegierte teil, die 70 Organisationen vertraten. Das klingt beeindruckend, fiel angesichts der Größe der Arbeiterbewegung jedoch enttäuschend aus, denn die etablierten Gewerkschaften und die qualifizierten Arbeiter hielten sich zurück. Vom Nutzen einer eigenen Partei waren sie weiterhin nicht überzeugt und wollten lieber mit Hilfe der Konservativen und Liberalen die für sie negativen Gerichtsurteile revidieren. Diese Skepsis war den Anwesenden in London nur zu bewusst, die deshalb keine eigene Partei gründeten, sondern lediglich das erwähnte *Labour Representation Committee*. Als kurz darauf, im Herbst 1900, Parlamentswahlen stattfanden, trat das LRC mit 15 Kandidaten an, von denen jedoch nur zwei ihren Wahlkreis gewannen: Keir Hardie und Richard Bell, die nun neben den beiden großen Parteien im Parlament saßen.[82]

Selbst das bedeutete nur einen halben Erfolg. Denn Bell war vom Nutzen einer eigenen Partei nicht wirklich überzeugt, sondern stand den Liberalen nahe und unterstützte diese mehrfach, so dass das LRC ihn bei der Wahl 1906 nicht mehr als Kandidaten aufstellte. Das lag wesentlich an Ramsay MacDonald, dem ersten Sekretär des LRC, der bald darauf eine führende Rolle in der Labour Partei übernahm und 1924 als erster Premierminister dieser Partei eine Regierung anführte. Bis dahin war es aber noch ein weiter Weg. 1900 war nicht einmal abzusehen, ob es überhaupt zur Gründung einer eigenen Arbeiterpartei kommen würde. Die wichtigen Gewerkschaften blieben skeptisch, und das LRC stand organisatorisch und finanziell auf so schwachen Füßen, dass es MacDonald für sein neues Amt kein Geld zahlen konnte.[83]

Eindeutiger Sieger der Unterhauswahlen im Herbst 1900 waren die Unionisten, ein Bündnis der Konservativen Partei mit einem Teil der Liberalen, die sich von ihrer Mutterpartei abgespalten hatten. Dazu war es gekommen, als der liberale Premierminister Gladstone 1886 vorschlug, in Irland die sogenannte *Home Rule* einzuführen und dort ein eigenes Parlament und eine eigene Regierung zu etablieren. Diese sollten für innere Angelegenheiten zuständig sein, Westminster hingegen weiterhin für Verteidigung, Außenpolitik und Handel. Damit wollte Gladstone Konflikte entschärfen, die in Irland seit Jahrhunderten bestanden und zwar zwischen einheimischen Katholiken, die etwa 90 Prozent der Bevölkerung stellten, und Protestanten, die aus England zugewandert waren. Diese Konflikte hatten sich im Laufe des 19. Jahrhunderts verschärft, als zusätzlich zur Religion der Nationalismus an Bedeutung gewann. Auf irischer Seite führte er zu einer Wiederentdeckung oder auch schlichten Erfindung alter Traditionen, darunter die gälische Sprache, die 1881 nur noch 18,2 Prozent der Bevölkerung beherrschten, vorwiegend in entlegenen, ländlichen Gebieten. Die neuen nationalistischen Strömungen hingegen entstanden im städtischen Bürgertum, so die 1893 gegründete *Gaelic League* und andere Bewegungen, die jedoch nur allmählich Anklang fanden. Bedeutend wichtiger blieben die religiösen Konflikte und vor allem die Landfrage, da der Boden zum größten Teil englischen und zudem protestantischen Großgrundbesitzern gehörte.[84]

Die von Gladstone vorgeschlagene *Home Rule* sollte den Iren mehr Selbstverwaltung geben, fand im Parlament jedoch keine Mehrheit und führte zur Spaltung der Liberalen. Ein Teil von ihnen sah die Union des Königreiches bedroht, befürchtete vergleichbare Entwicklungen im Empire und trat deshalb zusammen mit den Konservativen als Unionisten zur Wahl an. Dazu trugen auch religiöse Aversionen bei. Die Unionisten wollten als Protestanten den irischen Katholiken keine Selbständigkeit gewähren, sprachen auch mit diesem Argument viele Wähler an und erzielten große Erfolge, so bei der Wahl im Jahr 1900, als sie 402 Abgeordnete stellten, die

Rest-Liberalen nur 182. Hinzu kamen 82 irische Nationalisten und die erwähnten zwei Vertreter des LRC. Diese große Mehrheit ist jedoch irreführend und erklärt sich aus dem britischen Wahlsystem, nach dem jeweils nur diejenigen in das Parlament gelangen, die einen Wahlkreis gewinnen. Dazu reicht in jedem Wahlkreis die relative Mehrheit der Stimmen, wobei die anderen ganz unter den Tisch fallen. Die tatsächlichen Stimmenverhältnisse können deshalb ganz anders aussehen, als die Mehrheiten im Parlament anzeigen. So erhielten die Unionisten 1900 zwar die große Mehrheit der Sitze, bekamen jedoch nur 50,3 Prozent der Stimmen. Die Liberalen lagen mit 45 Prozent nur knapp dahinter, erreichten allerdings lediglich in 182 Wahlkreisen eine Mehrheit und stellten entsprechend wenig Abgeordnete.

Neben der Ablehnung der *Home Rule* trug ein weiterer Faktor entscheidend zum Wahlerfolg der Unionisten bei: Der bereits erwähnte Krieg in Südafrika, der eine ausgeprägt nationalistische Stimmung ausgelöst hatte, angeheizt durch populäre Massenblätter. Nach den ersten Niederlagen konnten diese zunehmend von Erfolgen berichten, darunter die dramatischen Kämpfe um Mafeking. Diesen Ort belagerten Buren seit dem 12. Oktober 1899, konnten ihn jedoch nicht einnehmen, worüber die britischen Zeitungen Tag für Tag ihre Leser informierten. Das war möglich, da seit wenigen Jahren eine Telegraphenverbindung nach London existierte, die durch die Kämpfe nicht unterbrochen wurde, so dass laufend aktuelle Berichte eintrafen – vermutlich die erste Belagerung, die so umfassend «live» miterlebt wurde. Verfasst wurden die meisten Berichte von Robert Baden-Powell, dem späteren Gründer der Pfadfinderbewegung, der die Ereignisse mitreißend schilderte, bis schließlich nach mehreren Monaten britische Truppen zu Hilfe kamen und das Blatt wendeten. Die Nachricht von ihrem Erfolg löste in ganz Großbritannien nationalistische Feiern aus, die geradezu hysterische Züge annahmen, in London drei Tage und drei Nächte anhielten und einen so großen Eindruck hinterließen, dass derartige Jubelfeiern fortan mit dem Wort *mafficking* bezeichnet wurden.[85]

Die Regierung nutzte die nationalistische Stimmung, setzte Neuwahlen an und erzielte den beschriebenen großen Erfolg. An ihrer Spitze stand Robert Gascoyne Cecil, Marquis von Salisbury, dessen Kabinett – wie die Mitglieder des Unter- und Oberhauses – aus einer kleinen, aristokratisch geprägten Elite stammte. Salisbury war ein Mitglied der Konservativen Partei, stammte aus dem Hochadel und versammelte in seiner Regierung so viele Mitglieder der adligen Verwandtschaft, dass sie die Bezeichnung «Hotel Cecil» erhielt. Wie andere Standesgenossen hatte er zu Beginn seiner Laufbahn einen Ausflug in die Wirtschaft unternommen und als Vorsitzender der Great Eastern Railway eine führende Position bekleidet, bevor er sich ganz der Politik widmete, viermal das Außenministerium leitete und zwischen 1885 und 1902 dreimal als Premierminister amtierte. Innenpolitisch vertrat er traditionelle Positionen der Konservativen, ohne sich hier aber näher zu engagieren. Den Schwerpunkt seiner Regierungszeit setzte er vielmehr auf die Außenpolitik und trat als überzeugter Verfechter des Empire auf. Bekannt war er zudem als entschiedener Gegner des Sozialismus, worunter er jegliches Bemühen verstand, den unteren Schichten, die ihm zutiefst unsympathisch waren, mehr Mitsprache einzuräumen. Schon der Demokratie konnte er wenig abgewinnen, denn sie baue auf Personen, die «ganz von den täglichen Notwendigkeiten in Anspruch genommen werden» und sich selbst unterstützen müssten.[86]

Der hitzige Wahlkampf im Herbst 1900 entsprach eigentlich nicht seinem Stil, denn Salisbury legte großen Wert darauf, nationalistische Ausbrüche zu unterbinden und seine Politik von populistischen Stimmungslagen fern zu halten – ganz im Gegensatz zu Joseph Chamberlain, der die Liberalen über die Frage der *Home Rule* verlassen hatte und seitdem die liberalen Unionisten anführte. Er profilierte sich als glühender Verfechter des Empire und setzte im Wahlkampf gezielt auf die nationalistische Karte. Der Erfolg vom Herbst 1900 gab ihm Recht, doch nur vorübergehend. Denn die Stimmung in der Bevölkerung änderte sich, als bekannt wurde, wie grausam der Burenkrieg verlief und wie hoch seine Kosten waren.

Innerhalb der Konservativen – und auch bei den Liberalen – gab es also unterschiedliche Strömungen, die jedoch nicht auf eine Krise innerhalb der Eliten hinweisen. Die Regierung Salisbury bestand, wie erwähnt, weitgehend aus Adligen, die sich politisch und auch ökonomisch behauptet hatten. Im europäischen Vergleich war der britische Adel besonders einflussreich und selbstbewusst. Hier war es zudem gelungen, die Oberschicht um wohlhabende und erfolgreiche Vertreter des Bürgertums zu erweitern. Ein gutes Beispiel dafür ist der gerade erwähnte Chamberlain, der 1836 als Sohn eines Schuhmachers in London geboren wurde. Mit 18 Jahren trat er in die Schraubenfabrik eines Onkels in Birmingham ein, stieg hier rasch auf und verdiente so viel Geld, dass er sich mit 40 Jahren als wohlhabender Privatmann zurückziehen und ganz der Politik widmen konnte.[87]

Zuerst konzentrierte er sich auf Birmingham, wurde dort 1873 als Liberaler zum Bürgermeister gewählt und machte die Stadt in wenigen Jahren als Musterbeispiel für eine effiziente und moderne Kommunalpolitik bekannt. Dabei verstieß er gegen Prinzipien seiner Partei, denn traditionell setzten die Liberalen auf die Kräfte des Marktes und wollten Eingriffe des Staates möglichst reduzieren. Chamberlain hingegen betrieb eine aktive

Kommunalpolitik, erwarb Land für die Stadt, übernahm die Gas- und Wasserwerke in kommunale Regie, führte soziale Reformen durch und ergriff zahlreiche andere Maßnahmen, die unter dem Begriff des «Munizipalsozialismus» auch in Deutschland Nachahmer fanden. Zusätzlich schuf er eine neue und schlagkräftige Parteiorganisation, um die Wähler effektiver anzusprechen, und gehörte zu den Liberalen, die eine stärkere Rolle des Staates forderten und um 1900 zunehmend an Bedeutung gewannen.

1876 ließ sich Chamberlain ins Unterhaus wählen, um seine Politik auf nationaler Ebene fortzusetzen. Er galt als Radikaler, hatte jedoch Erfolge und gewann neue Wähler, so dass er 1882 ins Kabinett kam, die Leitung des *Board of Trade* erhielt und in diesem Amt die Wettbewerbsfähigkeit der britischen Wirtschaft fördern wollte. 1886 trat er wegen Gladstones *Home Rule*-Politik zurück, führte fortan die liberalen Unionisten und arbeitete mit den Konservativen zusammen. Nach deren Wahlsieg im Jahre 1895 wurde er erneut ins Kabinett berufen, dieses Mal als Staatssekretär für die Kolonien, auch dies keines der klassischen Ämter, das jedoch eine zentrale Stellung für die Empire-Politik besaß.

Chamberlains Aufstieg war ungewöhnlich, denn üblicherweise gingen die Söhne der oberen Schichten auf eine der bekannten *Public Schools*, besuchten die Universitäten von Oxford oder Cambridge, trafen sich in Clubs und verkehrten innerhalb enger Kreise.[88] Gerade die Elite bildete eine erstaunlich homogene Gruppe, was heftige Kämpfe um Einfluss und Macht nicht ausschloss, bei denen das Parlament im Mittelpunkt stand und als exklusivster aller Londoner Clubs eine besondere Attraktion ausübte. Doch eine ernsthafte Bedrohung kannte diese Elite nicht, wohl hingegen unterschiedliche Auffassungen und Strömungen, auch darüber, wie sie die politische Öffentlichkeit beeinflussen und die Schichten gewinnen sollten, die nach und nach das Wahlrecht erhielten.

Öffentlichkeit und soziale Bewegungen

Die politische Öffentlichkeit besaß in Großbritannien eine lange Tradition. Wichtige Zeitungen wie die *Times*, der *Leeds Mercury* oder der *Observer* erschienen bereits im 18. Jahrhundert, hatten lange jedoch geringe Auflagen. Das änderte sich ab den 1840er Jahren, als Neuerungen beim Druck, schneller und billiger Transport, die Gründung von Nachrichtenagenturen und die Verbreitung des Telegraphen Zeitungen aktueller und attraktiver machten. Da zugleich die Kaufkraft stieg, kam es zu zahlreichen Neugründungen (u. a. *News of the World* 1843, *Daily Telegraph* 1855, *Evening News* 1881, *Financial Times* 1888), die zunehmend auch die breite Bevölkerung ansprachen.

Eine weitere Neuerung war die *popular press*, beginnend 1895 in Schottland mit dem *Daily Record* und 1896 in London mit der *Daily Mail*, beide gegründet von den Brüdern Harold und Alfred Harmsworth. Diese Zeitungen erwiesen sich als ein so großer Erfolg, dass die beiden weitere gründeten (*Daily Mirror* 1903) und bestehende Zeitungen aufkauften, darunter 1905 den *Observer* und 1908 als Höhepunkt ihrer Karriere die *Times*. Die populären Zeitungen waren preiswert, mischten seriöse Berichte, Unterhaltung und Klatsch, sprachen vor allem die unteren Mittelschichten an und erzielten große Auflagen, allein 750 000 bei der *Daily Mail*. Zu diesem Erfolg trug der Burenkrieg wesentlich bei, da eine reißerische und nationalistische Berichterstattung viele Leser anlockte. So entstand eine Verbindung von Politik, Unterhaltung, Sensationsberichten und Nationalismus, die für hohe Auflagen sorgte und den Harmsworth-Brüdern nicht nur ökonomischen Erfolg brachte. Als Besitzer großer Zeitungen besaßen sie auch politischen Einfluss und gewannen gesellschaftliche Anerkennung, die schließlich zur Erhebung in den Adelsstand und einem Sitz im Oberhaus führten. Sie zählen zu den großen Pressebaronen des 20. Jahrhunderts und trugen wesentlich zu einer nationalistischen Aufladung britischer Zeitungen bei, wobei ihre Blätter mit teils geradezu hysterisch anti-deutschen Schlagzeilen um Leser warben.[89]

Diese nationalistischen Strömungen riefen Kritik hervor, die in der aufgeheizten Atmosphäre des Burenkrieges aber einen schweren Stand hatte. Deshalb darf das Wahlergebnis vom Herbst 1900 nicht überbewertet werden, denn der Burenkrieg und die von Chamberlain geforderte imperialistische Politik stießen von Beginn an auch auf Ablehnung, sei es aus moralischen Gründen oder wegen der damit verbundenen Kosten. Schon Zeitgenossen bemängelten, dass der Krieg nur einigen Geschäftemachern nutze. Intern teilte Salisbury diese Auffassung und klagte, seine Regierung führe den Burenkrieg im Interesse von Milner und seinen Anhängern. Sie kämpfe «für Leute, die wir verachten, und für eine Gegend, die England keine Macht und keinen Vorteil bringt».[90]

Auch jenseits des Burenkriegs gab es damals eine Vielzahl unterschiedlicher Auffassungen und Strömungen, unter denen Forderungen nach sozialen Reformen um 1900 an Bedeutung gewannen. Entsprechende Bemühungen besaßen eine lange Vorgeschichte und erhielten jetzt durch die erwähnten Untersuchungen von Charles Booth und Benjamin Seebohm Rowntree Auftrieb. Denn beide erhoben empirische Daten und stellten dadurch die alte Diskussion auf eine neue Grundlage. Booth veröffentlichte 1886 den ersten Band seiner Berichte über *Life and Labour of the People in London*, die er 17 Jahre später abschloss. Darin beschrieb er vielfältige Ursachen für die verbreitete Armut, zeigte, dass die Betroffenen daran oft keine Schuld trugen, betonte das Anwachsen der Armut im hohen Alter und forderte höhere Renten, um diese zu bekämpfen. Rowntree wiederum stammte aus einer Unternehmerfamilie, die in York eine berühmte und ertragreiche Schokoladenfabrik betrieb. In dieser Stadt führte er detaillierte Untersuchungen in Arbeiterhaushalten durch, veröffentlichte seine Ergebnisse 1901 unter dem Titel *Poverty: A Study of Town Life*, erregte ebenfalls durch seine wissenschaftliche Beweisführung großes Aufsehen und bekräftigte die Forderung nach Reformen.[91]

Die Arbeiten von Booth und Rowntree waren nur ein Ausdruck der damals zahlreichen sozialen Bewegungen und Debatten. Dazu gehörten die bis heute bestehende *Fabian Society*, die 1884 als Sammelbecken linker Intellektueller entstand und zu ihren Mitgliedern George Bernard Shaw, H. G. Wells und Emmeline Pankhurst zählte; die Frauenbewegung, bei der Pankhurst ebenfalls eine führende Rolle bekleidete und die beim Tode Viktorias zwar wenig aktiv war, in den kommenden Jahren aber großen Zustrom fand; die Arbeiterbewegung mit ihren Gewerkschaften und die Labour Partei, die gerade zu dieser Zeit entstand und in den folgenden Jahren einen raschen Aufstieg erlebte; die Heilsarmee, Pfadfinder, *Navy League*, *National Temperance Federation*, Tierschützer und zahlreiche andere Gruppen, bis hin zur Agitation gegen die Zuwanderung von Juden und Ausländern. Diese Aktivitäten erinnern an die «Neuen Sozialen Bewegungen», die ab den 1970er Jahren in Westeuropa entstanden, tatsächlich aber nicht so neu waren, wie es damals schien. Denn auch die Gruppen, die um 1900 existierten, entstanden neben den etablierten Parteien und Organisationen, verfolgten je spezifische Ziele, beruhten wesentlich auf freiwilligem Engagement und Idealismus und sprachen gezielt die Öffentlichkeit an, vielfach mit spektakulären Aktionen.

Das galt weniger für die *Fabian Society*, eine kleine, elitäre Gruppe, deren Mitglieder hoch angesehen waren und die großen Einfluss besaßen. Elitär gaben sich auch die Eugeniker, die eine Degeneration des britischen Volkes beklagten, eine Zunahme der «Minderwertigen» beschworen und gerade in Großbritannien prominente Vertreter zählten. Dazu zählte T. H. Lawrence, der um 1902 vorschlug, eine Todeskammer von der Größe des Crystal Palace zu bauen: «I'd go out in the back streets and main streets and bring them all in, the sick, the halt, the maimed; I would lead them gently and they would smile a weary thanks.»[92] Der Burenkrieg schien diese Argumente und den verbreiteten Sozialdarwinismus zu bestätigen, da viele britische Freiwillige so krank und schwach waren, dass sie abgewiesen wurden. Die Buren hingegen galten als positives Gegenbild. Sie lebten in freier Natur und auf dem Lande, besäßen dadurch eine körperliche Überlegenheit und könnten deshalb so erfolgreich kämpfen. Die Sorge vor einer Degeneration der britischen «Rasse» war so groß, dass die Regierung eigens eine Kommission einsetzte, um die *physical degeneration* zu untersuchen. Diese Bemühungen fanden breite Zustimmung, jenseits der politischen Strömungen, denn die Eugenik verengte sich erst nach dem Ersten Weltkrieg und dann unter dem Nationalsozialismus zu einer rechten bzw. rechts-radikalen Bewegung. Um 1900 hingegen besaß sie Anhänger von rechts bis links, auch durch wichtige Mitglieder der *Fabian Society* wie Shaw oder Sidney und Beatrice Webb, die in der Eugenik eine wichtige Grundlage ihres wissenschaftlichen Sozialismus sahen.[93]

Auch der Imperialismus besaß Anhänger in allen politischen Parteien und Strömungen. So unterstützte Shaw das Vorgehen Milners gegen die Buren, da diese unfähig seien, mit den Bodenschätzen Südafrikas umzugehen und dem «Fortschritt» im Wege stünden. Es ist deshalb irreführend, zwischen imperialistischer Politik und sozialen Reformen einen Gegensatz zu sehen. Vielmehr ließen sich beide gut miteinander vereinbaren, nicht nur bei Chamberlain, der für soziale Reformen eintrat, um durch bessere Bildung und Gesundheit den Bestand des Empire zu sichern. Vergleichbare Argumente fanden sich über alle Parteien hinweg, vom konservativen bis zum linken Spektrum – während ein anderes, heute zentrales Thema weitgehend unbeachtet blieb: die Situation der Umwelt.

Umwelt

Am Tag der Beerdigung Viktorias war es kalt, über London strahlte die Sonne am blauen Himmel. Das war ungewöhnlich, denn gerade im Winter ließ dichter Nebel, gemischt mit dem Ruß und Rauch zahlloser Schornsteine, die Sonne oftmals nicht durchkommen, so dass die Stadt im Dunkeln lag. 1873 setzte sich der Nebel an drei Dezembertagen so fest, dass 700 zusätzliche Tote beklagt wurden, darunter 19 Ertrunkene, die wegen der schlechten Sicht in die Themse oder in einen der zahlreichen Kanäle fielen. 1892 wurde sogar befürchtet, die Stadt werde wegen Sauerstoffmangels untergehen. In den folgenden Jahren besserte sich die Situation, doch auch in den neunziger Jahren trat jährlich an 70 bis 80 Tagen so dichter und dunkler Nebel auf, dass eine eigens eingesetzte *London Fog Inquiry* (1902–04) dieses Problem untersuchte.[94]

Im Einzelnen wurde der Nebel allerdings sehr unterschiedlich wahrgenommen. Der einflussreiche Maler und Kunsthistoriker John Ruskin sah darin eine Strafe Gottes. Andere reagierten gelassener, darunter Arthur Conan Doyle, dessen Sherlock Holmes ohne den Londoner Nebel nicht denkbar ist. Ähnlich fasziniert waren Touristen, die eigens nach London reisten, um diese Attraktion zu erleben, auch der Maler Claude Monet kam zwischen 1899 und 1901 mehrfach nach London, da ihn der dichte Nebel und die besonderen Lichtverhältnisse beeindruckten.[95] Dass am Tag der Beerdigung die Sonne schien, war deshalb ein Zufall, wenngleich es bereits Hinweise für eine Besserung gab, da in den Jahren zuvor saubere Kohlesorten, neue Öfen und effektivere Feuerungstechniken eingeführt worden waren. Vor allem jedoch zogen Haushalte und Betriebe in die Vorstädte, ballten sich nicht länger in der Innenstadt und produzierten dort weniger verschmutzte Luft – für die 1905 der Begriff «Smog» gebildet wurde, eine Kombination aus *smoke* und *fog*.[96]

Der Rückgang des Smogs bedeutete jedoch allenfalls eine partielle Verbesserung, denn weiterhin waren Themse und Kanalisation verschmutzt, in den Straßen sammelten sich die Abfälle, darunter der Kot der zahllosen Pferde, die für den Transport benötigt wurden.[97] Einiges spricht dafür, dass London damals die weltweit am stärksten durch Schmutz und Schadstoffe belastete Stadt war, allein schon wegen der Größe. Eine eindeutige Aussage hierzu ist allerdings nicht möglich, da weder für London noch für andere Städte die erforderlichen Daten zur Verfügung stehen. Eines hingegen lässt sich feststellen: Sowohl London wie Großbritannien insgesamt erfüllten um 1900 schon lange nicht mehr die Kriterien der Nachhaltigkeit. Dieser heute so wichtige Begriff war damals nicht bekannt, und es fällt weiterhin schwer, ihn exakt zu definieren. Über zwei Merkmale jedoch besteht Konsens: Eine Wirtschaftweise ist dann nachhaltig, wenn sie nicht mehr Ressourcen verbraucht als nachwachsen, und nicht mehr Schadstoffe freisetzt, als die Natur abbauen kann.

Das erste dieser beiden Kriterien traf auf Großbritannien seit längerem nicht mehr zu, denn dessen Industrialisierung beruhte auf dem Einsatz von Kohle und wäre auf der Basis des nachwachsenden Rohstoffes Holz nicht möglich gewesen. Auch andere Ressourcen wurden in größeren Mengen verbraucht als sie in Großbritannien vorhanden waren bzw. dort nachwuchsen, darunter Baumwolle, Öle, Erze und nicht zuletzt Nahrungsmittel, die in großen Mengen importiert werden mussten. Mit anderen Worten: Ohne Kohle und allein mit den im Land vorhandenen Ressourcen hätte Großbritannien keine Industrialisierung erlebt, sondern wäre Ende des 18. Jahrhunderts an deren Schwelle stehen geblieben, mit verheerenden Konsequenzen für die Bevölkerung, die damals rasch wuchs.

Gegen das zweite Kriterium hingegen, den Abbau von Schadstoffen, wurde um 1900 weniger massiv verstoßen. Diese Feststellung mag überraschen, denn nicht nur in London waren Dreck, Rauch und Gestank so deutlich zu spüren. Doch im Vergleich zu heute blieben die Menge der Schadstoffe und die damit verbundenen Eingriffe in Natur und Umwelt gering. Es gab noch keine chemischen Dünger und keine modernen Kunststoffe, nahezu keine Automobile, auch nicht die damit verbundene Zersiedlung des Landes, und kaum Abfälle, da fast alles weiter verwertet wurde. Generell fiel der Verbrauch an Ressourcen und Energie deutlich geringer aus als heute, und Emissionen verursachten keine vergleichbar langfristigen Probleme. Sie verschmutzten Luft und Gewässer und waren deutlich sichtbar, erfolgten jedoch (noch) nicht flächendeckend, sondern konzentrierten sich auf die großen Städte. Zudem bestanden sie weitgehend aus organischen Stoffen, die durch natürliche Prozesse weitgehend abgebaut werden können. Dabei fanden bereits damals weitreichende Eingriffe in die Natur statt, auf die Zeitgenossen hinwiesen. Einer von ihnen war der schwedische Chemiker Svante Arrhenius, der 1896 von einem Anstieg des CO_2 sprach, diesen aber positiv bewertete. Die höheren Temperaturen würden zu einem gleichmäßigeren Klima führen, vor allem in den kalten Zonen, und zum «Nutzen des rasch anwachsenden Menschengeschlechtes» vielfach höhere Ernten erlauben.[98]

Heute sind wir nicht mehr so optimistisch. Die Klimaerwärmung könnte sich als eine größere Gefährdung erweisen als die Belastungen, die um 1900 durch den Londoner Smog oder verdreckte Flüsse entstanden. Deren Schmutz schreckte ab, doch dagegen ließen sich Verfahren und Techniken entwickeln, die nach und nach eine Verbesserung bewirkten, allerdings erst deutlich nach dem Zweiten Weltkrieg. Erst jetzt entstanden die heutigen Umweltprobleme und das moderne Umweltbewusstsein, während bis dahin vor allem konkrete Belastungen von Wasser, Boden oder Luft größere Aufmerksamkeit fanden, die entsprechend lokal oder regional begrenzt blieb. Im Gegensatz dazu besaß das Interesse am Schutz von Natur, Landschaft oder auch Tieren bereits eine lange Tradition und hatte zu eigenen Organisationen geführt. Dazu zählten die *Commons, Open Spaces and Footpaths Preservation Society* aus dem Jahr 1865, die als älteste Umweltgruppe der Welt gilt; die *Royal Society for the Protection of Birds* (1889), der *National Trust* (1895), die *Garden Cities Association* (1899) oder die *Society for the Promotion of Nature Reserves* (1912), aus der 1981 die heutige *Royal Society for Nature Conservation* hervorging.[99]

Nationen und Regionen

Die britische Gesellschaft kannte nicht nur unterschiedliche Schichten und Klassen, sondern auch vier Nationen: Engländer, Waliser, Schotten und Iren. Zwischen diesen bestanden im Lauf der Jahrhunderte unterschiedlich starke Spannungen – besonders gegenüber England, der größten und dominierenden Nation. Am geringsten waren diese um 1900 im Verhältnis zu Schottland, das seit 1707 zusammen mit England das Vereinte Königreich von Großbritannien bildete, dabei aber in Rechtsprechung, Religion und teilweise auch in der Bildung seine Eigenständigkeit bewahrte. Seit 1885 bestand zudem die Position eines *Secretary for Scotland*, dessen Inhaber ab 1892 dem Kabinett in London angehörte, ein Ausdruck des erstarkten schottischen Selbstbewusstseins. Dazu hatten seit dem ausgehenden 18. Jahrhundert vor allem Schriftsteller wie Robert Burns, Walter Scott und Robert Louis Stephenson beigetragen. König Edward, der Nachfolger Viktorias, sah sich schließlich veranlasst, kurz nach seiner Krönung (1901) in Edinburgh und in Glasgow Lehrstühle für schottische Geschichte einzurichten. Beide Städte waren zu dieser Zeit wohlhabend, kulturell lebendig und Teil der schottischen, aber auch der englischen Kultur, obgleich Gälisch weniger als sechs Prozent der Schotten sprachen, die meist in entlegenen Gebieten des Hochlandes lebten.[100]

In Wales hingegen lag der Anteil derjenigen, die walisisch sprachen, deutlich höher und betrug 1901 fast 46 Prozent, darunter etwa 14 Prozent, die nur diese Sprache beherrschten und des Englischen nicht mächtig waren. Deutlich ausgeprägter als in Schottland bestand hier eine eigene Kultur, etwa im *Eisteddfod Festival*, ursprünglich ein Treffen von Dichtern und Sängern, das in Vergessenheit geraten war. Bei der Suche nach walisischen Traditionen wurde es ab 1858 wiederbelebt und mit archaischen Formen angereichert, bis sich um 1880 die bis heute übliche Form herausbildete. Kurz darauf, 1893, entstand in Cardiff die *National University of Wales*, und es gab Überlegungen, parallel zu Schottland einen *Secretary of State for Wales* zu schaffen. Doch dazu kam es nicht, da in Wales das Interesse an politischer oder nationaler Eigenständigkeit zu gering war, weshalb die *Plaid Genedlaethol Cymru* (*National Party of Wales*) erst 1925 entstand. Dominierend waren in Wales vielmehr soziale und vor allem religiöse Auseinandersetzungen zwischen der anglikanischen Staatskirche und den Nonkonformisten. Diese Bezeichnung trugen protestantische Gemeinden, die sich von der Staatskirche gelöst hatten und denen um 1900 fast 80 Prozent der walisischen Bevölkerung angehörten. Zu ihnen zählte Lloyd George (1863–1945), der sich explizit als Waliser und Nonkonformist verstand, aber wusste, dass er eine politische Karriere nur in England machen konnte und dazu nach London umsiedelte. Dort wurde er 1908 Finanzminister der liberalen Regierung und im Krieg sogar Premierminister. Dennoch sah er sich wegen seiner regionalen und religiösen Herkunft als Außenseiter, der es mit dem Establishment aufnehmen musste und dazu nur allzu gerne bereit war – wie die folgenden Kapitel zeigen werden.

Mehr noch als in Wales standen in Irland religiöse Auseinandersetzungen im Vordergrund, hier zwischen Katholiken und Protestanten, die zu den bereits beschriebenen Konflikten und der Forderung nach *Home Rule* führten. Beim Tode Viktorias besaß diese in London keine Chancen auf Erfolg, dazu war die Mehrheit der Unionisten im Parlament zu groß. Auch in Irland hatte sich die Lage beruhigt, nachdem die Londoner Regierung die Situation der irischen Pächter verbessert und damit einen wichtigen Konfliktpunkt entschärft hatte. Die nationalen und religiösen Spannungen waren deshalb aber nicht verschwunden, sondern blieben bestehen und nahmen noch zu, als die eigenständige irische Kultur neu entdeckt und zunehmend populär wurde.

In England hingegen fanden Debatten über die eigene Identität oder die Position innerhalb des Königreiches deutlich weniger Resonanz. Oft handelte es sich hierbei um Reaktionen auf Strömungen in Wales, Irland oder Schottland. Ein Ausdruck davon waren Feiern, die 1896 an den Tod von König Alfred dem Großen im Jahre 896 erinnerten, gefolgt von der Errichtung einer Statue (1901) in Winchester, dem früheren Sitz des angelsächsischen Königreiches. Parallel dazu erlebte die englische Musik mit Elgar und Holst den erwähnten Aufschwung, und es fand eine Rückbesinnung auf das 16. Jahrhundert statt, das mit Elizabeth, Shakespeare, Drake und Raleigh eine besonders beeindruckende Liste historischer Persönlichkeiten hervorgebracht hatte. Entsprechend nahm an Universitäten und Schulen die Zahl der Literaturkurse zu, und ab 1906 bot *Everyman's Library* preiswert Klassiker der Literatur an.

Daneben waren in England, wie in anderen europäischen Ländern, Anfänge einer völkischen Bewegung und eine Wiederbelebung des Brauchtums zu verzeichnen, darunter *Morris Dancing* oder die Errichtung von Maibäumen. Doch diese Ansätze waren nicht sehr verbreitet, wie überhaupt die Begriffe «England» und «Britain» weitgehend synonym gebraucht wurden und das gesamte Königreich meinten. Heute gilt diese Gleichsetzung als Ausdruck englischer Borniertheit oder als entschuldbarer Fehler von Touristen. Damals hingegen war sie üblich, auch unter Schotten, Walisern oder (Nord)Iren, die sich – trotz aller Spannungen – in ihrer großen Mehrheit als Teil der gemeinsamen englischen Gesellschaft und Politik verstanden.[101]

Zu diesem Ineinandergehen von *britishness* und *englishness* trugen viele Faktoren bei, vor allem die gemeinsame Sprache, eine gemeinsame Kultur und die Statistik: 1911 lebten fast 75 Prozent der Bewohner Großbritanniens in England, das allein dadurch eine prägende Kraft besaß. Hinzu kamen die allgemeine Schulbildung, die Verbreitung populärer und preiswerter Literatur oder der Siegeszug der Massenpresse, die allesamt den alltäglichen Gebrauch des Englischen verfestigten. Eine besondere Sogwirkung entfaltete zudem London, das als Hauptstadt und weltweit wichtigster Banken- und Börsenplatz nicht nur Paris, sondern auch Liverpool, Manchester, Edinburgh oder Glasgow hinter sich ließ. Wer in Großbritannien politisch, ökonomisch oder kulturell etwas erreichen wollte, zog nach London.

Nicht weniger wichtig für den wachsenden Zusammenhalt war die Eisenbahn, die Entfernungen schrumpfen ließ und auf allen Gebieten den Austausch förderte; oder das Empire, das durch Berichte, eigene Erlebnisse und geteilte Überzeugungen eine verbindende Klammer bot. Das gilt besonders für die etwa 20 000 Beamten der Kolonialverwaltung und die 146 000 Soldaten, aber auch für viele andere, die in Landwirtschaft, Transport und Forstwesen, als Ingenieure, Lehrer, Missionare, Polizisten oder Ärzte irgendwo im Empire arbeiteten. Nicht zu vergessen schließlich sind die mehr als sieben Millionen Briten, die von 1870 bis 1900 auswanderten.[102] Allein zwischen 1900 und 1914 verließen zusätzlich mehr als fünf Prozent der Bevölkerung jedes Jahr das Königreich, vor allem in die USA.[103] Doch viele blieben im Empire und damit innerhalb der britischen Gemeinschaft, wobei Waliser und Schotten bei der Ausbreitung und Verwaltung des Empire eine besonders große Bedeutung besaßen.

Ein anderes verbindendes Element war der Sport. 1872 fand das erste Fußball-Länderspiel zwischen England und Schottland statt, das bald zum jährlichen Kalender gehörte. Kurz darauf begannen die *Four-Nations* Spiele im Rugby zwischen England, Schottland, Wales und Irland, die bis heute – ergänzt um Frankreich und Italien – ausgetragen werden und äußerst populär sind. Nach und nach wurden auch die weißen Gebiete des Empire in die Wettkämpfe einbezogen, zuerst 1877 Australien im Cricket und später zusammen mit Südafrika und Neuseeland im Rugby. Fraglos förderten diese Begegnungen Animositäten – vor allem zwischen Schotten und Engländern –, trugen jedoch auch zum Zusammenhalt bei und verfestigten das Gefühl, Teil einer gemeinsamen Kultur zu sein, die bis in den Alltag hineinreichte. Begegnungen mit Mannschaften des europäischen Kontinents hingegen blieben rar. Cricket und Rugby waren auf dem Kontinent weitgehend unbekannt, und selbst im Fußball blieben die Kontakte beschränkt. Hier trug die englische Nationalmannschaft bis 1914 außerhalb des Königreichs lediglich zwei Begegnungen aus, beide gegen Österreich-Ungarn. Selbst im Sport war Europa für die meisten Briten deshalb ein Kontinent, mit dem sie wenig verband und der weiter entfernt lag als Kanada oder Australien.[104]

Drinnen und draußen

Insgesamt bot die britische Gesellschaft zur Jahrhundertwende ein kompliziertes und widersprüchliches Bild. Sie zählte vier Nationen, wies ausgeprägte Klassenunterschiede auf, war durch religiöse Konflikte geprägt und kannte sehr unterschiedliche politische Strömungen und Zielsetzungen, aber auch wichtige Gemeinsamkeiten. So lebten fast alle Einwohner in Städten und gehörten einer urbanen Industriegesellschaft an, während die ländliche Welt mit ihren eigenen Orientierungen und Wertvorstellungen nur noch geringe Bedeutung besaß. Als gemeinsame Sprache hatte sich Englisch ebenso durchgesetzt wie die damit verbundene Hoch- und vor allem die populäre Kultur, die den Alltag durchzog. Eine eigene, sozialistische Arbeiterkultur bestand nur in Ansätzen, wie überhaupt die große Mehrheit der Briten sich zwar zu den *working classes* zählte (auch heute noch), aber nur sehr wenige damit ein politisches Klassenbewusstsein verbanden, wie die geringe Unterstützung der Labour Partei zeigte.

Fraglos gab es durch Religion oder soziale Merkmale geprägte Milieus, die sich aber nicht so deutlich voneinander abgrenzten wie im Deutschen Kaiserreich, wo Sozialdemokraten, Katholiken oder Protestanten eigene Lebenswelten besaßen. Auch die religiösen Differenzen waren in England, Schottland und Wales geringer ausgeprägt, wenngleich zwischen der anglikanischen Staatskirche und den Nonkonformisten erhebliche Konflikte bestanden und Schottland eine eigene Kirchenverfassung besaß. Doch diese unterschiedlichen Richtungen teilten gemeinsame protestantische Überzeugungen, während die Zahl der Katholiken zu klein war, um einen tatsächlichen Gegenpol zu bilden. Anders sah es in Irland aus, wo die Spannungen zwischen Protestanten und Katholiken sich immer wieder zuspitzten. Auch blieb das Königreich ein Auswanderungsland und zählte kaum Zuwanderer bzw. Ausländer, insbesondere nicht aus den Kolonien. London schließlich war das unbestrittene Zentrum des politischen, wirtschaftlichen und kulturellen Lebens und der Monarch das Oberhaupt nicht nur Großbritanniens, sondern auch des Empires. Dessen Popularität förderte das ohnehin ausgeprägte Gefühl der Gemeinsamkeit noch zusätzlich, wozu auch die zahllosen Kriege beitrugen, die britische Truppen führten.

Anders ausgedrückt: Wie alle europäischen Staaten wies auch Großbritannien erhebliche Unterschiede und Konflikte auf, unter denen vor allem die Klassengegensätze auffielen, die hier vermutlich besonders ausgeprägt waren. Daneben bestanden aber auch zahlreiche Gemeinsamkeiten, während traditionelle Konflikte – etwa zwischen Stadt und Land oder Agrar- und Industriegesellschaft –, die auf dem Kontinent so folgenreich waren, kaum noch Bedeutung besaßen. Dabei waren die Faktoren, die zum Zusammenhalt beitrugen (Verstädterung, entwickelte Industriegesellschaft, populäre Alltagskulturen) auch in den anderen europäischen Ländern anzutreffen. Doch in Großbritannien waren sie deutlich stärker ausgebildet und ein wichtiger Grund dafür, dass die britische Gesellschaft um 1900 vergleichsweise modern und homogen war.

Die Gemeinsamkeiten trugen wesentlich zur Stabilität des Landes bei, kannten aber auch Diskriminierung und Ausgrenzung. So zählten Frauen nicht als vollwertige Mitglieder der Gesellschaft, besaßen kein Wahlrecht und waren juristisch sowie auf zahlreichen anderen Gebieten benachteiligt. Die Untertanen in den Kolonien gehörten zwar zur großen Empire-Familie, galten aber als Kinder, die noch erwachsen und selbständig werden mussten. Gegner des Burenkrieges wurden in nationalistischen Gegendemonstrationen beschimpft und auch gewalttätig angegriffen. So konnte Lloyd George eine Versammlung nur heil überstehen, weil er als Polizist verkleidet den Ausschreitungen entfloh, die einen Toten und 27 Verletzte forderten.[105] Als ab den 1890er Jahren vermehrt Juden aus Osteuropa zuwanderten, wurde die Gefahr einer fremdländischen Invasion beschworen. Eine Reaktion darauf war die nationalistische *British Brothers League*, die «England for the English» forderte und soviel Druck ausübte, dass das Parlament 1905 den *Alien Act* verabschiedete, um die jüdische Zuwanderung zu begrenzen. Die Anhänger der englischen Folkmusic schließlich klagten darüber, dass die oberen Klassen nur die Musik von Ausländern förderten. Die Opernbühnen würden seit 200 Jahren von ausländischen Sängern monopolisiert, fremde Sprachen hätten das Englische verdrängt, und die Orchester mieden einheimische Komponisten.[106]

Besonders ausgeprägt waren die Abgrenzungen nach außen, traditionell vor allem gegenüber Papst und Katholizismus. Diese verkörperten seit der Reformation das feindliche «Andere», zumal die katholischen Länder Spanien und Frankreich die wichtigsten Gegner beim Aufstieg Großbritanniens gewesen waren.[107] Die Bedrohung durch Spanien spielte um 1900 keine Rolle mehr, während Frankreich bis in die damaligen kolonialen Konflikte hinein ein Konkurrent blieb, so dass anti-französische Ressentiments ebenso zu finden waren wie ein verbreiteter Anti-Katholizismus, der sich mittlerweile vor allem gegen die irische Bevölkerung richtete.

Die Liste dieser Beispiele ließe sich fortsetzen. Schon diese Auswahl zeigt, dass die sprichwörtliche britische Toleranz ihre Grenzen hatte. In der Selbstwahrnehmung war Großbritannien ein Land freier Bürger, die sich unter Kontrolle hatten, Gewalt nur als letztes Mittel einsetzten und das Recht erkämpft hatten, ihre Meinung frei auszudrücken. Diese Beschreibung trifft auf weiße protestantische Männer weitgehend zu. Doch schon die unteren Schichten hätten ihr widersprochen, darunter der Schäfer, der zu drei Jahren Gefängnis und zehn Jahren Sicherheitsverwahrung verurteilt wurde, weil er zwei Shilling aus einer Kirche gestohlen hatte, oder der zwölfjährige Junge, der eine Prügelstrafe hinnehmen und anschließend sechs Jahre in einer Erziehungsanstalt verbringen musste, da er Fisch im Wert von vier Pence mitgenommen hatte.[108]

Auch Frauen hätten widersprochen, ganz zu schweigen von den Bewohnern der Kolonien, den Insassen von Kitcheners Konzentrationslagern oder den Kämpfern des Mahdi.[109] Die Selbstwahrnehmung wies also blinde Flecken auf, was aber wenig daran änderte, dass sie überaus verbreitet und eng mit der Überzeugung verbunden war, dass unter allen Nationen vor allem Briten für Recht und Freiheit kämpften. Das zeigte sich auch beim Begräbnis Viktorias, als britische Zeitungen das Deutsche Kaiserreich wegen seiner Erfolge in Wirtschaft und Wissenschaft als Vorbild sahen. Zugleich stellten sie dort aber autoritäre Traditionen fest und vermissten eine Freiheitsliebe, welche die Deutschen von den Briten lernen könnten.[110]

Das verbreitete Gefühl von der eigenen Überlegenheit trat nicht immer lautstark auf, war aber weithin präsent, auch als Viktorias Sohn und Nachfolger sich für den Königsnamen Edward entschied, den bereits sechs seiner Vorfahren getragen hatten. Die *Times* lobte diese Wahl, denn Edward sei «ein guter alter englischer Name» und dem ausländischen Namen Albert vorzuziehen, den er bei seiner Taufe erhalten hatte.[111] Auch bei anderen Anlässen zeigten sich diese nationalen Gefühle, etwa in dem Marsch *Pomp and Circumstance*, der 1901 entstand, bei der Krönung Edwards erklingen sollte, sofort sehr beliebt war und bis heute eine inoffizielle Nationalhymne ist.[112] Der Text lobt Großbritannien als «Land der Hoffnung und des Ruhmes» und bezeichnet es als «die Mutter der freien Menschen». Die Grenzen des Königreichs, so die Erwartung, würden sich weiter ausdehnen, und Gott, der dieses Land bereits so mächtig gemacht habe, werde es noch mächtiger machen. Dafür stand die fiktive Symbolfigur John Bull. Dieser wirkte sympathisch und abwartend, zeigte aber unverhohlene Aggressivität, wenn er sich angegriffen fühlte – wie der damalige Kriegsheld Kitchener zuerst im Sudan und dann in Südafrika.

Wie in anderen Ländern standen also auch in Großbritannien ganz unterschiedliche, einander oft widersprechende Strömungen und Verhaltensweisen nebeneinander. Liberalität, Toleranz und Bemühungen um weltweiten Frieden waren ebenso zu finden wie ein aufgepeitschter Nationalismus und Fremdenfeindlichkeit; das Streben nach sozialen Reformen fand sich neben erschreckenden Klassengegensätzen; ein aggressiver Imperialismus war mit Kriegsbegeisterung gepaart, während zugleich eine kritische Öffentlichkeit mit reißerischen Massenblättern konkurrierte. Dieser Befund kann angesichts der Größe und Vielschichtigkeit dieses Landes nicht überraschen. Umso wichtiger ist deshalb die Frage, wie diese Strömungen sich in den kommenden Jahren und Jahrzehnten entwickelten und welche davon prägende Bedeutung erlangten.

Das Begräbnis

Anlässlich der Beerdigung trafen sich die Mitglieder zahlreicher Königshäuser und des europäischen Hochadels, mit denen die britische Monarchie aufs engste verbunden war. Viktoria stammte aus dem Haus Hannover, das seit 1714 den Regenten stellte. 1840 hatte sie Prinz Albert aus Sachsen-Coburg und Gotha geheiratet, Wilhelm II. war ihr Enkel, und Vertreter aus fast allen deutschen Adelshäusern nahmen an der Beerdigung teil. Zusätzlich trafen fünf gekrönte Häupter und acht Kronprinzen aus europäischen Monarchien ein, außerdem Prinz Ibrahim von Ägypten – um nur die wichtigsten Personen zu nennen.

Angesichts dieser hochgestellten Personen fiel es nicht leicht, das Begräbnis zu organisieren und das Protokoll zu wahren, denn vergleichbare Beerdigungen hatten in England zuletzt 1830 und 1837 stattgefunden. Um keine Empfindlichkeiten zu verletzen, wurden die alten Aufzeichnungen herangezogen, welche ironischerweise Viktoria selbst hinterlassen hatte.[113] Sie legten fest, dass unmittelbar hinter dem Sarg nur drei Personen folgten: Edward VII., der älteste Sohn und ihr Nachfolger; der Herzog von Connaught und Strathearn, ihr zweiter noch lebender Sohn; und Kaiser Wilhelm II., ihr Enkel. Ihnen schloss sich eine geradezu endlose Reihe weiterer Adliger, Militärs und Vertreter des Empire an. Sie boten ein beeindruckendes Spektakel, ein weiterer Grund für die große Zahl der Zuschauer. Diese wollten nicht nur der Königin ihren Respekt erweisen, sondern auch die berühmten Personen sehen, von denen sie allenfalls die Namen kannten. In Kinos wurden sie noch nicht gezeigt, selbst Fotos in Zeitungen bedeuteten eine Neuigkeit und erschienen selten, so dass die Beerdigung die einmalige Gelegenheit bot, Kaiser, Könige, Prinzen und andere Angehörige des Hochadels sowie die Spitzen des Militärs aus nächster Nähe zu betrachten.

Nach London waren etwa eine Million Personen geströmt, die oft in sechzehn Reihen hintereinander gestaffelt standen, so dass nur wenige etwas erkennen konnten. Als die Kutsche mit dem Sarg vorbei kam, trat Stille ein. Zeitungen verglichen die Stimmung mit der Klage über den Tod der eigenen Mutter. Doch nicht alles verlief an diesem Tag so würdevoll. Anfangs war ein Gerangel um die besten Plätze entstanden, als spät Kommende sich vordrängten und diejenigen verärgerten, die lange gewartet hatten. Außerdem wurden Blumen oder Gestecke aus ihren Befestigungen gerissen, nicht nur um ein Andenken zu besitzen, sondern auch, um mit dem Verkauf dieser Erinnerungsstücke Geld zu verdienen. So war auch dieser ungewöhnliche Tag durch negative Begleiterscheinungen geprägt. Dennoch zählte ihn die *Morning Post* zu den «größten in der Geschichte».[114] Das war übertrieben, doch fraglos waren die Zeitgenossen sehr beeindruckt, aber auch unsicher darüber, was die Zukunft bringen werde.

Fit für die Zukunft?

Die Nachrichten über den Burenkrieg verstärkten diese Unsicherheit, denn er zeigte grundlegende Probleme auf, die seit langem diskutiert wurden: der schlechte Gesundheitszustand der Freiwilligen; überfüllte Schulklassen und Klagen über mangelhafte schulische und berufliche Ausbildung; der wirtschaftliche Aufstieg Deutschlands und der USA; die verbreitete Armut und die großen Klassenunterschiede; Schwächen in der Armee oder die Sorge der Eugeniker vor einer Degeneration der Bevölkerung.

Diese Befunde lösten die erwähnte breite Debatte über *national efficiency* aus, die in den kommenden Jahren die britische Politik prägte. Bei genauerem Hinsehen war jedoch umstritten, wie berechtigt die Sorgen waren, welche besonders drängten und welche Maßnahmen eine Besserung versprachen. Sollte das Militär ausgebaut werden oder das Geld in die Schulen gehen? Sollte der Staat mehr Aufgaben übernehmen und soziale Reformen durchführen oder die traditionelle Zurückhaltung beibehalten? Sollten Frauen mehr Rechte erhalten oder sich auf ihre herkömmlichen Aufgaben beschränken? Sollte das Empire ausgebaut werden oder verschlang es schon jetzt zu viele Steuergelder?

Welche Antworten auf diese Fragen gefunden würden, war beim Tod Viktorias nicht abzusehen. Fest stand lediglich, dass ihr Nachfolger darauf wenig Einfluss nehmen konnte – im Gegensatz zu den Monarchen in Österreich-Ungarn, Deutschland oder Russland, die noch erhebliche Macht besaßen. Als Viktoria starb, war sie eine in der ganzen Welt geachtete Königin, die mit ihren Premierministern regelmäßig über die Regierungsgeschäfte sprach, sich dabei gut behauptete, und ohne deren Unterschrift weder Gesetze noch andere wichtige Anordnungen ergehen konnten. Doch die Anerkennung, die sie als Person genoss, änderte nichts daran, dass die politische Macht in Großbritannien beim Parlament, den Politikern und der Regierung lag, während die Monarchie weitgehend repräsentative Aufgaben ausübte.

Beim Begräbnis entfaltete die Monarchie ihre ganze Pracht und beeindruckte die Öffentlichkeit, doch die Politik berührte der Tod Viktorias nur wenig. Die Regierungsgeschäfte gingen ungehindert weiter, zumal für die Nachfolge eine klare Regelung bestand. Zuständig hierfür war der *Privy Council*, einstmals eine mächtige Institution, die jetzt nur noch formale Aufgaben wahrnahm. Am 23. Januar glänzte sie für einen Tag im alten Ruhm, als seine Mitglieder Edward VII. zum neuen König proklamierten. Dieser nahm die Würde an, hielt eine bewegende Rede und unterzeichnete anschließend zahlreiche Gesetze und Verordnungen, die nach dem Tod Viktorias auf eine Unterschrift warteten. Das war alles.

Wie flexibel das britische Königshaus auf die neuen Anforderungen reagierte, zeigte die Frage der Trauerkleidung. Der Tradition zufolge war für sechs Monate schwarze Kleidung vorgeschrieben, die anschließend nach und nach abgelegt werden konnte. Doch diese Vorschrift versetzte Textilindustrie und Kaufhäuser in Schrecken. Zwar konnten sie für einige Tage gut verdienen, da ein plötzlicher Bedarf an dunkler Kleidung entstand. Doch anschließend drohte eine tiefe Absatzkrise. Denn die Trauerkleidung erlaubte nur geringe Variationen und musste kaum ergänzt oder gar ersetzt werden, während die bunte Sommermode, die weitgehend schon produziert war, keine Abnehmer finden würde.

Die Nation, so der *Economist* einige Tage nach der Beerdigung, sei in Trauer erstarrt. Man gewinne den Eindruck, Beerdigungsunternehmer würden die Zeitungen herausgeben. Doch das Land könne nicht wie eine Witwe handeln und sich dem Luxus von Tränen hingeben, dazu sei es nicht wohlhabend genug: «Das Geschäft drängt und muss erledigt werden.»[115] Der König wurde um ein Eingreifen gebeten, und fand bald eine Lösung. Edward begrenzte die Trauer für die Öffentlichkeit auf sechs Wochen, gefolgt von weiteren sechs Wochen in Halbtrauer. Die heimische Textilindustrie, die damals weltweit führend war, in Großbritannien einen der wichtigsten Wirtschaftszweige stellte und Hunderttausenden ein Einkommen sicherte, reagierte erfreut. Das Sommergeschäft war gerettet und durch die Trauerkleidung zudem ein zusätzlicher Absatzmarkt entstanden. Die Presse lobte die Entscheidung des Königs. Zeigte Edward VII. doch, dass er die Zeichen der Zeit verstanden und die Bedeutung von Wirtschaft, Konsum und Arbeitsplätzen erkannt hatte. Sein Verhalten fand umso mehr Beachtung, als Viktoria nach dem Tod ihres Ehemanns Albert am 14. Dezember 1861 geradezu einen Trauerkult betrieb und über fast vier Jahrzehnte nur schwarze Kleidung trug. Im Vergleich dazu war die Abkürzung der offiziellen Trauer auch ein symbolisches Zeichen für den erforderlichen Neuanfang. Denn die Briten befanden sich – so die *Times* – «in einer weniger gesicherten Situation, als uns lieb ist, und in geringerer Distanz zu den Problemen unserer Zeit, als wir sie haben sollten».[116]

Sie besaßen allerdings gute Voraussetzungen, um diese Probleme zu bewältigen: eine selbstbewusste Elite und eine Tradition allmählicher Reformen; zwei etablierte Volksparteien und einen unangefochtenen Vorrang des Parlaments; die stärkste Flotte der Welt und eine leistungsfähige Wirtschaft; trotz großer Armut und Klassengegensätze den höchsten Lebensstandard in Europa; ein riesiges Empire und weltweite Verbindungen; breite, politisch aktive Mittelschichten, eine junge Arbeiterpartei und starke Gewerkschaften; eine lebhafte Öffentlichkeit und nicht zuletzt eine Vielzahl gemeinsamer Erfahrungen und Orientierungen, die gerade im Alltag verankert waren.

Anders ausgedrückt: Großbritannien war ein vergleichbar stabiles, homogenes und modernes Land. Doch das bedeutete keine Garantie für die Zukunft, denn die Wirtschaft zeigte Schwächen; das Empire erforderte Verbündete; die Arbeiter und die Frauenbewegung radikalisierten sich; die Ruhe in Irland war trügerisch, und neue Wählerschichten traten auf, verbunden mit einer zunehmend aufgeheizten politischen Öffentlichkeit. Fortwährend fanden also Veränderungen statt. Es kam darauf an, sich darauf einzustellen und die erforderlichen Entscheidungen zu treffen.

2. Von der Jahrhundertwende bis zum Ersten Weltkrieg

Neuer Imperialismus und Schutzzölle (Tariff Reform)

In der allgemeinen Verunsicherung, die der Burenkrieg auslöste, schien vor allem eine Option eine gesicherte Zukunft zu versprechen: die Stärkung des Empire. Diese Meinung vertrat nicht nur Cecil Rhodes, der in Südafrika ein Vermögen erworben und den Burenkrieg forciert hatte. Um die 40 Millionen Bewohner des Vereinten Königreichs «vor einem blutigen Bürgerkrieg zu schützen», so erklärte er bereits 1895, «müssen wir Staatsmänner in den Kolonien neues Land erwerben, dort die überschüssige Bevölkerung ansiedeln und neue Märkte für die Güter schaffen, die sie in den Fabriken und Bergwerken herstellen. Das Empire ist, wie ich immer gesagt habe, eine Brot-und-Butter-Frage. Wer einen Bürgerkrieg verhindern will, muss Imperialist werden.»[1]

Diese Auffassung war verbreitet, nicht nur in Großbritannien, sondern auch in anderen europäischen Staaten, die miteinander konkurrierten, um möglichst große Gebiete zu gewinnen. Doch sie fand auch Widerspruch, insbesondere nach dem Burenkrieg, mit dem Rhodes seinen Zielen einen Bärendienst erwies. Denn als die Jubelfeiern um Mafeking abebbten und die Brutalität sowie vor allem die Kosten dieses Krieges deutlich wurden, mussten die Steuerzahler einspringen, deren Begeisterung für imperiale Visionen deutlich nachließ, zur großen Enttäuschung von Rhodes und anderen Imperialisten. Ihre so hochfliegenden Pläne drohten an der Knauserigkeit und dem Kleinmut der Wähler zu scheitern – so jedenfalls ihre Sicht. Sie wurden deshalb in den kommenden Jahren nicht müde, für ihre Ziele zu werben und besaßen dabei einen wichtigen Verbündeten in Joseph Chamberlain. Dieser war seit 1895 in der Regierung Salisbury als Staatssekretär für die Kolonien zuständig, hatte den Konflikt mit den Buren angeheizt und den triumphalen Wahlerfolg der Konservativen und ihrer liberalen Verbündeten im Herbst 1900 ermöglicht.[2]

Als der Krieg schließlich erfolgreich beendet war, in Irland Ruhe herrschte und sich auch sonst keine größere Bedrohung abzeichnete, sprach vieles dafür, politisch abzuwarten und keine Risiken einzugehen. Diese Meinung vertrat die Mehrheit der Konservativen, insbesondere diejenigen, welche die Ausweitung des Wahlrechts auf die unteren Schichten mit Misstrauen beobachteten und dem Wahlsieg von 1900 nicht so recht trauten. Dieser zeigte zwar, dass auch eine konservative Regierung die neuen Wähler ansprechen und eine aggressive Propaganda betreiben konnte. Doch damit mobilisierte sie Kräfte, die schwer einzuschätzen waren und möglicherweise einen aktiveren Staat wollten.[3]

Andere Konservative, allen voran Chamberlain, betrachteten die neuen Wählerschichten nicht so skeptisch. Generell plädierten sie für einen grundlegenden Kurswechsel und wollten vor allem höhere Zölle einführen, um aus dem Empire einen großen, geschützten Wirtschaftsraum zu machen. Das lag nahe, denn die wachsende internationale Konkurrenz und der Verlust der britischen Dominanz führten sie darauf zurück, dass andere Industriestaaten ihre Wirtschaft mit Schutzzöllen förderten, während Großbritannien am Freihandel festhalte und damit der Konkurrenz ausgeliefert sei. Höhere Zölle hingegen würden das Empire als riesigen Markt etablieren, in dem Großbritannien seine Industrieprodukte absetzen und im Gegenzug landwirtschaftliche Erzeugnisse und Rohstoffe aus dem Empire abnehmen sollte. Entsprechende Forderungen kursierten seit längerem, breiteten sich Ende der 1890er Jahre aus und fanden zunehmend Unterstützung, aber auch viele Gegner. Denn der Freihandel war Mitte des 19. Jahrhunderts gegen großen Widerstand eingeführt worden, hatte sich als sehr erfolgreich erwiesen und war zu einem Kennzeichen britischer Politik geworden, über dessen Fortbestand breiter Konsens herrschte. Ein Verstoß dagegen kam einem Frevel gleich – bis der Burenkrieg und die dadurch angeheizte Krisendiskussion die Debatte neu belebte.[4]

Dabei ging es Chamberlain nicht nur um wirtschaftliche Fragen, so zentral diese auch waren. Vielmehr wollte er das Empire auch deshalb stärken, um der Bevölkerung ein gemeinsames Ziel zu geben und die offensichtlichen gesellschaftlichen Spannungen zu mindern. Er verfolgte also ehrgeizige Ziele, besaß jedoch keinen systematischen oder gar umfassenden Plan, um diese zu verwirklichen. Genauere Überlegungen entstanden erst im Frühjahr 1902, als die Skepsis gegenüber seinen Vorschlägen anhielt und zusätzliche Argumente erforderlich wurden, um dafür breitere Unterstützung zu erhalten. In dieser Situation schlug Chamberlain vor, die höheren Zölle zu nutzen, um Altersrenten zu finanzieren. Damit schien eine Quadratur des Kreises gefunden, die eine Lösung für mehrere Probleme versprach: Höhere Zölle sollten die britische Industrie schützen, Arbeitsplätze erhalten, den Zusammenhalt des Empire fördern und die seit langem geforderten Renten finanzieren. Allerdings besaßen sie einen Wermutstropfen. Sie führten zu höheren Preisen, vor allem für Lebensmittel.[5]

Diese Vorschläge gelten als Teil eines *New Imperialism*, der Empire, Wirtschaft und Sozialpolitik eng miteinander verband, dem Staat größere Aufgaben zuwies, nach innen und nach außen offensiv auftrat und durch lautstarke Agitation die Bevölkerung gewinnen wollte. Die Resonanz auf Chamberlains Vorschläge war groß, doch die Regierung konnte sich zu keiner einheitlichen Position durchringen, wobei innerhalb des Kabinetts eine Mehrheit am bewährten Freihandel festhielt. Chamberlain legte deshalb sein Amt nieder und trat der im Juli 1903 gegründeten *Tariff Reform League* bei, die sich in den kommenden Jahren zu einer schlagkräftigen Organisation entwickelte und viel Unterstützung fand, jedoch auch ein ganz unerwartetes Ergebnis zeigte: Sie stärkte die Liberalen. Diese erlebten einen plötzlichen Aufstieg, den sie kaum fassen konnten. Sie hatten sich von der Wahlniederlage im Jahre 1900 noch nicht erholt, waren mit ihrer Forderung nach *Home Rule* von einer Mehrheit weit entfernt und besaßen kein Thema, das sie einen und die Regierung herausfordern konnte – bis die Forderung nach Schutzzöllen sie aus ihrer Not befreite. Die Liberalen agitierten heftig gegen diese Zölle, zeichneten ein wahres Schreckensbild von hohen Lebensmittelpreisen und erlebten einen ungeahnten Aufschwung. Salisbury, der für eine abwartende Politik eingetreten war und im Juli 1902 aus Altersgründen zugunsten von Arthur Balfour zurücktrat, sah seine Befürchtungen bestätigt.

Dabei klangen die Argumente der *Tariff Reform League* plausibel, denn Deutschland und die USA hatten für wichtige Industriezweige Schutzzölle eingeführt. Darüber klagten weite Teile der britischen Industrie und deren Beschäftigte, die um ihre Arbeitsplätze fürchteten. Hinzu kamen nationalistische Argumente, die eine verbreitete Aversion gegen ausländische Einflüsse und Konkurrenten nutzten. Ein Ziel ihrer Angriffe war der deutsche «Herr Dumper», benannt nach dem englischen Wort für Schleuderpreise, ein anderes aus Osteuropa zugewanderte Juden. Als Reaktion verabschiedete das Parlament den *Alien Act* von 1905, der auf die ausländerfeindliche Agitation reagierte, einen Sündenbock suchte und den Zuzug einschränkte.[6]

Davon abgesehen kamen die Befürworter von Schutzzöllen nicht recht weiter, denn bei der konkreten Umsetzung ihrer Forderungen entstanden zahlreiche Probleme. So konnten sie sich nicht darüber einigen, welche Produkte zu schützen waren und wie hoch die Zölle sein sollten. Auch machten sie unterschiedliche Angaben darüber, wie stark die Preise für Lebensmittel ansteigen würden. Um verbreiteten Befürchtungen zu begegnen, wollte Chamberlain niedrige Zölle einführen, doch dann fehlte Geld für die Altersrenten. Hinzu kam, dass sich allenfalls Teile der britischen Wirtschaft in einer Krise befanden und Schutzzölle forderten, während weite Bereiche überaus erfolgreich agierten und keine Zölle benötigten. Schlimmer noch, sie lehnten diese sogar ab, da das Empire nur einen kleinen Teil ihrer Exporte aufnahm. Für sie gefährdeten Schutzzölle wichtige Absatzmärkte, falls die betroffenen Länder Gegenmaßnahmen ergriffen.[7]

Ohnehin hatten Mitglieder des Empire wie Kanada oder Australien derartige Zölle bereits eingeführt, um den Ausbau ihrer Industrien zu fördern. Darauf wollten sie nicht zugunsten britischer Produkte verzichten, so dass Chamberlain auf der *Colonial Conference* von 1902 bei ihnen wenig Unterstützung fand. Daran änderte sich in den folgenden Jahren wenig, denn seine Vorschläge liefen darauf hinaus, die bestehenden Verhältnisse festzuschreiben. Sie hätten die britische Industrie geschützt und die anderen Gebiete des Empires auf die Rolle von Absatzmärkten reduziert, die sich damit zufrieden geben sollten, Rohstoffe und Nahrungsmittel zu liefern.

So blieb die Ablehnung im Empire, in weiten Teilen der Wirtschaft und in der Bevölkerung groß, zumal die Landwirtschaft zu geringe Bedeutung besaß, um eine wirksame Mobilisierung zu erreichen. Gerade sie hätte von Schutzzöllen profitiert und setzte sich in Deutschland erfolgreich dafür ein. In Großbritannien hingegen fanden Schutzzölle zwar eine gewisse Zustimmung, doch es sei, so die *Daily Mail* im September 1903, verrückt, sie ausgerechnet auf Nahrungsmittel zu erheben: «Wir sind ein Industrieland und müssen unser Brot auf dem billigsten Markt kaufen».[8] Für Chamberlain wurde es immer schwieriger, die weitgehend städtische Bevölkerung von dieser «Magensteuer» zu überzeugen, zumal nach 1904 die Arbeitslosigkeit zurückging, die Verheißung sicherer Arbeitsplätze an Bedeutung verlor und es ohnehin strittig blieb, ob Schutzzölle tatsächlich neue Arbeitsplätze schaffen würden. Sicher war nur, dass sie zu höheren Lebensmittelpreisen führten und damit vor allem Arbeiterhaushalte belasteten. Die große Mehrheit der Gewerkschaften und der Labour Partei lehnte sie deshalb ab. Zusammen mit den Liberalen wurden sie nicht müde, auf ihren Plakaten die großen Brotlaibe abzubilden, die Arbeiter jetzt kaufen konnten, und sie mit den kleinen Broten zu vergleichen, die ihnen bei Schutzzöllen verblieben.

Das war fraglos eine populistische Vereinfachung, die aber glaubwürdig wirkte, weil in Großbritannien der Lebensstandard deutlich höher lag als in Deutschland, wo Schutzzölle bestanden. Der Hinweis auf Deutschland wirkte auch in anderer Hinsicht abschreckend, denn beim Freihandel ging es nicht nur um ökonomische Fragen. Für seine Befürworter hingen vielmehr freier Handel, freie Meinungsäußerung und individuelle Freiheit eng zusammen. Diese sahen sie im Vereinten Königreich verwirklicht, nicht hingegen im als autoritär verschrienen Kaiserreich. Zur Debatte standen somit nicht nur ökonomische Aspekte, sondern auch politische Überzeugungen.[9]

Schulen, Religion und die Wahl von 1906

Politische Grundsätze spielten auch im *Education Act* von 1902 eine zentrale Rolle und führten zu erbitterten Kontroversen. Dabei war die Notwendigkeit des Gesetzes unstrittig. Über die Parteien hinaus herrschte Konsens, dass die Volksschulen reformiert werden mussten und einheitliche Standards, mehr Geld und eine bessere Aufsicht benötigten. Doch diese Fragen berührten einen zentralen Konfliktpunkt in Politik und Gesellschaft: das Verhältnis von Kirche und Staat, insbesondere von anglikanischer Staatskirche und Freikirchen.[10]

Die große Mehrheit der Bevölkerung zählte in England zu den Anglikanern und in Schottland zu den Presbyterianern. Von beiden grenzten sich freie Kirchen (Nonkonformisten) ab und besaßen in Wales und den nördlichen Industrieregionen zahlreiche Anhänger, die religiös und politisch sehr engagiert waren.[11] Obgleich diese Glaubensgemeinschaften alle zum Protestantismus zählten, bestanden zwischen ihnen erhebliche Konflikte, wobei die freien Kirchen vor allem darüber klagten, dass die Anglikaner als Staatskirche eine privilegierte Stellung besaßen. Sie forderten ein Ende dieser Sonderrolle (*disestablishment*), fanden dafür vor allem in Wales breite Unterstützung und befürchteten jetzt, die Reform des Schulwesens werde die anglikanische Kirche bevorzugen. Denn ihr unterstanden die meisten Schulen, die nun zusätzliche Gelder erhalten sollten, welche die Nonkonformisten als Steuerzahler mitfinanzieren mussten. Das erschien als Zumutung, zumal die anglikanischen Schulen vielerorts ein Monopol besaßen und zu vermuten war, dass sie die Kinder in ihrem Sinne erziehen würden.

Dieser Konflikt verlief deshalb so heftig, weil Kirchen und Religion nicht nur in der Schulfrage, sondern auch in Politik und Alltag weiterhin überaus präsent waren. Für York ergab die bereits erwähnte Untersuchung von Rowntree, dass 1901 fast 28 Prozent der erwachsenen Bevölkerung sonntags regelmäßig zur Kirche gingen. Deutlich höher war der Anteil der Kirchgänger unter den Nonkonformisten, während die Erhebung keine Angaben zu den einzelnen Schichten erlaubt. Denn sie ging von einem sehr weit gefassten Begriff der *working classes* aus, der etwa 70 Prozent der Bevölkerung abdeckte und die Verarmten oder Ungelernten, die vermutlich selten zur Kirche gingen, nicht eigens erfasste. Rowntree war skeptisch, ob die Kirchen noch eine wichtige «soziale und moralische Kraft» darstellten.[12] Bei den Mitgliedern der Freikirchen war diese Skepsis nicht angebracht, wohl hingegen beim Großteil der Arbeiterschaft – und selbst bei Viktoria, obgleich die Monarchin an der Spitze der Staatskirche stand. Doch als sie im Sterben lag, ließ sie den Bischof von Winchester, der eigens herbeieilte, mehrere Tage warten und bat ihn erst am Morgen ihres Todestages zu sich, um Gebete zu sprechen und die Weihen zu empfangen.[13]

Die persönliche Bindung an die Staatskirche ließ also nach, nicht nur bei der Königin. In der Öffentlichkeit jedoch waren Religion und vor allem die Freikirchen weiterhin von großer Bedeutung. Auch das zeigte die Beerdigung. Viktorias Töchter wählten dafür Lieblingslieder ihrer Mutter aus, von denen eines jedoch als Provokation der nonkonformistischen Kirchen aufgefasst werden konnte. Edward überzeugte deshalb seine Schwestern, darauf zu verzichten, um das «Gewissen der Nonkonformisten» zu beruhigen.[14] Diese Rücksichtnahme war klug, denn die Mitglieder der Freikirchen zeichneten sich nicht nur durch ihren Glauben aus. Viele waren auch erfolgreiche Geschäftsleute und zeigten großes soziales und politisches Engagement, wie Rowntree, ein Quäker. Innerhalb der Bevölkerung bildeten sie eine kleine, aber sehr einflussreiche Gruppe, die äußerst sensibel reagierte, wenn es um die Religion generell und insbesondere um die von ihnen abgelehnte anglikanische Kirche ging.

Weniger umstritten war die Reform der weiterführenden Schulen, die ebenfalls mehr Geld erhalten und die technischen und naturwissenschaftlichen Fächer ausbauen sollten. Das war im Deutschen Kaiserreich und den USA bereits geschehen und galt als wichtiger Grund dafür, dass diese Länder gerade in neuen Industrien (Chemie, Elektrotechnik) große Erfolge erzielten. Doch in England änderte sich wenig, die traditionelle Betonung von Latein und Griechisch blieb bestehen. Auch nach Verabschiedung des *Education Act* im Jahr 1902 war die klassische Bildung weiterhin erforderlich, um die oberen Positionen in Staat, Regierung und Wirtschaft zu erreichen. Das Gesetz setzte die konservative Regierung schließlich gegen die Nonkonformisten durch und erhielt dabei die Stimmen derjenigen liberalen Abgeordneten, die über *Home Rule* ihre Partei verlassen hatten und als Unionisten an der Regierung beteiligt waren, ansonsten aber weiterhin liberale Positionen vertraten. In diesem Fall fiel ihnen die Zustimmung besonders schwer, da sie den Nonkonformisten oft persönlich nahestanden und die wachsende Rolle des Staates bei der Erziehung ebenfalls skeptisch betrachteten. Doch sie wollten die Zusammenarbeit mit den Konservativen über diesen Konflikt nicht gefährden.

Ähnlich ambivalent beurteilten sie den Vorstoß Chamberlains, dessen Kombination von Zöllen und Renten dem Staat mehr Aufgaben zuwies und damit ebenfalls gegen traditionelle liberale Prinzipien verstieß. Auf konservativer Seite wiederum bestanden persönliche Animositäten gegen Chamberlain, den viele als Neureichen und karrierebewussten Aufsteiger sahen, der abrupt seine Partei verlassen hatte – was bei den verbliebenen Liberalen anhaltende Verbitterung auslöste. So stieß seine Kampagne auch aus ganz persönlichen Gründen auf Schwierigkeiten und belastete die Regierung, die sich zu keiner klaren Position durchringen konnte. Als Folge erlitt sie bei Nachwahlen zum Unterhaus mehrfach deutliche Niederlagen, so dass Balfour Anfang Dezember 1905 zurücktrat und die Regierung den Liberalen überließ.

Hierbei leitete ihn offensichtlich die Annahme, die neue Regierung werde nicht lange bestehen. Denn die Liberalen lehnten zwar Schutzzölle einhellig ab, doch es schien fraglich, ob sie darüber hinaus Gemeinsamkeiten besaßen und regierungsfähig waren. Diese Überlegung ging nicht auf. Die Regierung unter dem neuen Premier Henry Campbell-Bannermann zeigte sich vielmehr einig, setzte für Anfang 1906 Neuwahlen an und erzielte dabei einen überragenden Erfolg. Im neuen Parlament stellten die Liberalen 400 Abgeordnete, die irischen Nationalisten 83 und Labour weitere 30, während den Konservativen lediglich 157 Sitze verblieben – gegenüber zuvor 402. Einmal mehr sind diese Zahlen irreführend, da die Stimmabgabe bei weitem nicht so eindeutig ausfiel. Die Liberalen erhielten 49,4 Prozent, Labour 4,8 und die Irischen Nationalisten lediglich 0,6 Prozent, die Konservativen hingegen immerhin 43,4.[15]

Dennoch, das Ergebnis war klar. Die Liberalen besaßen im Parlament eine überwältigende Mehrheit, während die Konservativen ihre vorher so unangefochtene Position verloren hatten. Dazu trugen Fehleinschätzungen, die Persönlichkeit von Chamberlain, der überraschende Zusammenhalt der Liberalen und andere Faktoren bei, darunter ein erbitterter Streit über den Einsatz chinesischer Arbeitskräfte in südafrikanischen Bergwerken. Diese waren weitgehend rechtlos und erhielten nur einen Hungerlohn, was vor allem unter britischen Arbeitern zu heftigen Protesten führte und die Befürchtung aufkommen ließ, die Chinesen würden auch in Großbritannien eingesetzt. Doch entscheidend für den Ausgang der Wahl war die Angst vor höheren Zöllen und damit die Tatsache, dass in Großbritannien – im Gegensatz zum Kontinent – die Landwirtschaft und die an Schutzzöllen interessierten Industrien nur wenig Gewicht besaßen. Das Land hatte sich zu einer industriell-urbanen Gesellschaft entwickelt, deren Wirtschaft stark in globale Zusammenhänge eingebunden war. Davon haben nicht alle profitiert, so dass Forderungen nach Schutzzöllen oder Konflikte zwischen Stadt und Land nicht ausblieben. Doch sie verliefen bei weitem nicht so heftig und nicht so polarisierend wie auf dem Kontinent.

Für die britischen Konservativen war das Wahlergebnis ein Desaster. Sie hatten ihre sicher geglaubte Macht verloren und gaben sich in den folgenden Jahren große Mühe, sie zurückzugewinnen. Das fiel jedoch schwer, denn die liberale Regierung erwies sich als ungewöhnlich erfolgreich, was umso bemerkenswerter war, als dieser Erfolg nicht auf klaren Konzepten oder gar auf langfristiger Planung beruhte. Wichtiger waren vielmehr tagespolitische Erfordernisse, Zufälle, die Persönlichkeit führender Politiker und deren Geschick, sich bietende Gelegenheiten zu nutzen. Dabei reagierten sie bedeutend besser als die Konservativen auf veränderte Erwartungen in der Bevölkerung, die dem Staat größere Aufgaben zuwies und Vorstellungen eines neuen, stärker intervenierenden Liberalismus (*New Liberalism*) begrüßte – deutlich zu sehen am Streit um soziale Reformen.

Sozialreform und «The People's Budget»

Vor der Wahl hatten die Liberalen mit dem *Labour Representation Committee* vereinbart, in ausgewählten Wahlkreisen keine eigenen Kandidaten aufzustellen, sondern sich gegenseitig zu unterstützen, so dass die Labour Partei die erwähnten 30 Abgeordneten erhielt und die Liberalen im Ausgleich andere Wahlkreise gewannen.[16] Zusätzlich versprachen sie den Gewerkschaften, durch neue Gesetze das *Taff Vale*-Urteil zu revidieren. Dazu verabschiedete die Regierung noch 1906 den *Trade Disputes Act*, der friedliche Streikposten zuließ und vor allem sicherstellte, dass Gewerkschaften nach Streiks keinen Schadensersatz zahlen mussten. Hinzu kamen weitere Sozialgesetze, darunter die Einführung kostenloser Schulmahlzeiten (1906) und kostenloser medizinischer Behandlung (1907) für bedürftige Kinder, die jedoch nicht verpflichtend waren und deshalb weitgehend wirkungslos blieben. Ebenfalls unbefriedigend verliefen die Bemühungen, das Schulgesetz zu reformieren und gegen den Alkoholkonsum vorzugehen, zwei Themen, die den Nonkonformisten und ihren immerhin 157 Abgeordneten am Herzen lagen.

Vor allem der Kampf gegen den Alkoholkonsum besaß für sie prinzipiell und konkret große Bedeutung. Prinzipiell, da Alkoholismus verbreitet war und große Probleme verursachte. Und konkret, da die Konservativen vor der Wahl auffallend viele Brauereibesitzer geadelt, diesen und Wirtshausbesitzern Zugeständnisse gemacht und von beiden Gruppen erhebliche finanzielle Unterstützung erhalten hatten. Die Nonkonformisten wollten deshalb unbedingt gegen den Alkoholkonsum vorgehen, machten sich damit jedoch nicht sehr beliebt, sondern wurden als Moralisten und Spielverderber dargestellt, gerade gegenüber Arbeitern, die Wirtschaften als wichtige Treffpunkte sahen. Die Regierung behandelte dieses Thema deshalb zurückhaltend, während die Konservativen sich als Verteidiger von Freiheit und vertrauten Gewohnheiten darstellten, damit viel Anklang fanden und zusätzlich auf das Oberhaus setzten, wo sie weiterhin die Mehrheit besaßen.[17]

Diese Strategie drängte sich auf, denn die Mehrheitsverhältnisse im Unterhaus waren so eindeutig, dass bei einer Debatte der liberale Premier einen konservativen Beitrag mit den Worten abfertigte: «Genug von dieser Dummheit.»[18] Balfour und seine Partei, die bis vor kurzem noch unangefochten die Macht ausübten und sich als «natürliche» Regierungspartei betrachteten, konnten diese Situation nur schwer ertragen und setzten deshalb geschickt ihre Mehrheit im Oberhaus ein. Populäre Gesetzesvorlagen wie den *Trade Disputes Act* ließen sie passieren, selbst wenn sie inhaltlich dagegen waren. Vorlagen hingegen, bei denen sie eine öffentliche Ablehnung vermuteten, wiesen sie im Oberhaus zurück. Die Regierung wusste keinen rechten Ausweg, zumal sich die Vermutung bestätigte, dass sie jenseits der Schutzzölle und ihrer Zusagen an die Gewerkschaften kein umfassendes politisches Konzept besaß. Zu ihr gehörten allerdings Personen, die über erheblichen Ehrgeiz verfügten und entschlossen waren, neue Wege zu gehen und diese durchzusetzen, darunter Herbert Asquith, Lloyd George und Winston Churchill. Zusätzlich kam ihnen das Glück zu Hilfe, denn die Regierung geriet in finanzielle Engpässe, die es geradezu erzwangen, radikale Entscheidungen zu fällen.

Asquith (geb. 1852) hatte in Oxford Jura studiert und war seit 1886 Mitglied des Unterhauses, wo er sich als einer der fähigsten liberalen Abgeordneten erwies. 1892 wurde er unter Gladstone Innenminister und besaß wenige Jahre später beste Chancen, Führer der Liberalen zu werden. Doch er lehnte diese Position ab, da sie nur geringe Bezahlung bot und er zu der wachsenden Zahl der Abgeordneten gehörte, die kein großes Vermögen erbten, sondern ihr Einkommen selbst verdienen mussten. Er blieb aber ein prominentes Mitglied seiner Partei und profilierte sich als Unterstützer des Burenkriegs und Gegner der Schutzzölle. In der neuen Regierung übernahm er das Amt des Schatzkanzlers, und als Campbell-Bannermann 1908 starb, folgte er ihm als Premierminister nach. Asquiths Position als Schatzkanzler übernahm Lloyd George, der zuvor als Handelsminister amtiert hatte und ebenfalls Anwalt, genauso begabt und nicht minder ehrgeizig war. Beide verkörperten den neuen Typus des Berufspolitikers, und ihr Aufstieg zeigte, dass die Ära der alten aristokratischen Eliten sich dem Ende näherte.[19]

Gefragt waren mittlerweile Personen, die bestens ausgebildet waren und sich in Parlament, Fraktion und Ministerien durchsetzen konnten. Zusätzlich mussten sie die Fähigkeit besitzen, die neuen Wählerschichten anzusprechen und auf die wachsende Bedeutung der öffentlichen Meinung und speziell der Presse zu reagieren. Diese Eigenschaften zeichneten auch Churchill aus, der Lloyd George als Handelsminister nachfolgte, allerdings aus einer alten aristokratischen Familie stammte und die entsprechende Erziehung genossen hatte. Seine Eltern hatten aber nur wenig Vermögen geerbt, so dass Churchill anschließend seinen Lebensunterhalt selbst verdienen musste und ebenfalls ein *self-made man* war, der seine Karriere bei den Konservativen begann, diese jedoch 1904 über die Zollfrage verließ und sich den Liberalen anschloss. Wie Asquith und Lloyd George besaß auch er ein ausgeprägtes Selbstbewusstsein, ein Gespür für öffentliche Wirkung und ein Interesse an sozialen Fragen. Diese Gruppe stand an der Spitze der Liberalen und löste die größte innenpolitische Krise der neueren britischen Geschichte aus, die das Oberhaus weitgehend entmachtete und die aristokratische Ordnung entscheidend schwächte – ganz wie Salisbury und andere Vertreter der alten Eliten es befürchtet hatten. Verantwortlich dafür waren aber nicht die unteren Schichten oder der von ihnen verachtete Pöbel. Die entscheidenden Akteure stammten vielmehr aus den besten Kreisen und verfolgten keinen langfristigen Plan, sondern reagierten auf Entwicklungen, die sich langsam zuspitzten.

Ausschlaggebend hierfür waren die Blockadepolitik der Konservativen, eine nachlassende Konjunktur und das zögerliche Vorgehen der liberalen Regierung, die ihre Anhänger zunehmend enttäuschte. Diese hatten nach dem erhitzten Wahlkampf von 1906 umfassende Reformen erwartet, auch zur Bekämpfung der Altersarmut. Nach der traditionellen Sichtweise war diese eine Folge mangelnder individueller Vorsorge, denn alle, auch die unteren Schichten, mussten entsprechende Maßnahmen treffen und etwas zur Seite legen. Falls diese Mittel nicht reichten, konnten Bedürftige Hilfe erhalten, waren jedoch vor allem auf das Armenhaus angewiesen, das bewusst abschrecken sollte, um die Selbsthilfe nicht zu untergraben. An dieser Praxis gab es immer wieder Kritik, die jedoch politisch nicht genug Unterstützung fand. Gerade die besser gestellten und politisch aktiven Arbeiter hielten sich in dieser Frage zurück, denn sie hatten sogenannte *Friendly Societies* gegründet, zahlten dort Beiträge ein und erhielten von ihnen Unterstützung. Sie grenzten sich explizit von den *undeserving poor* ab und betrachteten eine Ausweitung staatlicher Eingriffe mit großer Skepsis, da sie diese mit dem Armenhaus und dessen abschreckender Praxis gleichsetzten. Da die Konservativen und vor allem die Liberalen derartige Eingriffe ohnehin ablehnten, blieb die Altersarmut politisch ein Randthema, bis in den 1890er Jahren mehrere Entwicklungen zugleich stattfanden. In der Arbeiterschaft wuchs das politische Bewusstsein, der Burenkrieg unterstrich die Notwendigkeit von Reformen, und die Mittelschichten zeigten ein größeres Verständnis für die soziale Frage.

Dazu trugen die erwähnten Studien von Rowntree und Booth wesentlich bei. Sie zeigten, dass Altersarmut nicht auf vermeintlich Verantwortungslose beschränkt blieb, sondern nahezu alle Arbeiter betreffen konnte, die in der Regel bereits mit 50 Jahren körperlich ausgelaugt waren und nur noch schwer Beschäftigung fanden. Das mussten auch die *Friendly Societies* erkennen, die ab den 1890er Jahren zunehmend in finanzielle Schwierigkeiten gerieten, als unter ihren Mitgliedern die Lebenserwartung und damit die Zahl der Bedürftigen stieg. Hinzu kam nach dem Burenkrieg die Debatte um *efficiency*, die eigentlich nicht die Älteren meinte, da diese nicht mehr arbeiteten und deshalb nicht zur nationalen Leistungsfähigkeit beitrugen. Indirekt bestand gleichwohl ein Zusammenhang, denn Arbeiter zeigten wenig Interesse an Debatten über *efficiency*, wenn ihnen im Alter die sichere Armut drohte. Zudem waren immer mehr Konservative und auch Liberale bereit, dem Staat zusätzliche Aufgaben zu übertragen, um generell den Zustand der Nation und konkret die Situation der unteren Klassen zu verbessern. Dabei spielte auch das deutsche Vorbild eine große Rolle, wo bereits unter Bismarck wichtige Sozialgesetze verabschiedet wurden. Lloyd George fuhr eigens dorthin, um genaue Informationen zu erhalten, und Churchill verwies in einem Schreiben an Asquith ausdrücklich auf die «erfolgreichen Experimente in Deutschland».[20] Schließlich setzte sich in dieser Zeit die Vorstellung durch, dass die Arbeiterschaft keine anonyme, unmoralische Masse bildete. Mehr und mehr wurde sie als Klasse gesehen, die in sich differenziert war, eigene Vorstellungen und Verhaltensweisen besaß und mehr verdiente als nur Almosen.[21]

Vor diesem Hintergrund verabschiedete das Parlament 1908 ein Gesetz zur Einführung von Renten, das die Interessen der unterschiedlichen Gruppen berücksichtigte. Es sicherte die Existenz der *Friendly Societies* und bot ihnen zusätzlich eine finanzielle Entlastung an; außerdem beschränkte es die Zahlungen auf die «wirklich» Bedürftigen, um das Prinzip der Selbsthilfe nicht zu schwächen; und schließlich schloss es Personen aus, die längere Zeit in einem Armenhaus oder Gefängnis gewesen waren und sich oder ihre Familie nicht ernähren konnten. Eigentlich benötigten gerade diese Personen eine Unterstützung, doch die Regelung war erforderlich, um die Wählerstimmen der mittleren Schichten zu sichern, die auf Anzeichen einer «Verschwendung» ihrer Steuergelder allergisch reagierten. Aus demselben Grund gewährte das Gesetz eine Unterstützung erst ab dem 70. Lebensjahr und beschränkte die Zahlungen auf eine Höhe, die nur knapp über der Armutsgrenze lag.[22]

Bald zeigte sich, dass diese Regelungen wenig an der Altersarmut änderten, die tatsächlich erst nach dem Zweiten Weltkrieg effektiv bekämpft wurde. Doch sie bedeuteten einen Durchbruch und etablierten die staatliche Zuständigkeit für diese und andere Bereiche der Sozialpolitik, so dass kurz darauf Gesetze für Krankheit und Arbeitslosigkeit vorbereitet wurden. Deren Leistungen sollten – vor allem hier diente Deutschland als Vorbild – auf Beiträgen von Arbeitern und Unternehmern beruhen, ergänzt durch Zahlungen des Staates. Bald zeigte sich, dass dieser dafür erhebliche Summen aufbringen musste, die jedoch zu einem äußerst ungünstigen Zeitpunkt anfielen. Denn parallel dazu begann ein Wettrüsten mit der deutschen Marine, das den Staatshaushalt ebenfalls erheblich belastete. Um einen Ausweg zu finden schlug Lloyd George 1909 einen der umstrittensten Haushalte vor, der dem Parlament je vorlag und der als *People's Budget* bekannt wurde: Zur Finanzierung wollte er vor allem die Wohlhabenden heranziehen, eine *supertax* bei den Reichen erheben und die großen Grundbesitzer besteuern.

Verfassungskonflikt

Diese Gruppen gehörten zur Elite des Landes, sahen die Konservativen als ihre Hausmacht und besaßen im Oberhaus eine Mehrheit, die Balfour bereits mit Erfolg für seine Opposition einsetzte. Daran knüpfte er an, lehnte die höheren Steuern ab und wollte die Regierung mit seiner Blockadepolitik in die Enge treiben. Doch diese Strategie besaß einen Pferdefuß, denn sie lieferte der liberalen Regierung ein geradezu ideales Konfliktfeld. Sie konnte die Auseinandersetzung zu einem Verfassungskonflikt zwischen dem weitgehend erblich besetzten Oberhaus und dem vom Volk gewählten Unterhaus stilisieren.

Zwischen beiden Parlamenten hatte es immer wieder Spannungen gegeben, aber seit langem keine ernsthaften Konflikte, die vor allem deshalb ausblieben, weil die Abgeordneten in beiden Häusern bis Ende des 19. Jahrhunderts weitgehend aus derselben kleinen Elite stammten. Das war immer weniger der Fall, da zunehmend Abgeordnete wie Lloyd George, Asquith oder Chamberlain in das Unterhaus kamen. Bei den meisten Gesetzen und dem alltäglichen Regierungsgeschäft erwuchsen daraus keine Probleme. Auch war allgemein akzeptiert, dass das Oberhaus bei Finanzfragen keinen Einspruch erhob. Darauf verwiesen die Liberalen und bezeichneten das *People's Budget* als bloßes Finanzgesetz. Die konservative Mehrheit des Oberhauses teilte diese Einschätzung jedoch nicht und beanspruchte das Recht, diejenigen Gesetze abzulehnen, die gravierende Veränderungen bedeuteten. Das war ihrer Meinung nach im aktuellen Konflikt der Fall. Es kam deshalb zur Konfrontation, bei der die Regierung argumentierte, allein das auf Wahlen beruhende Unterhaus drücke den Willen der Bevölkerung aus und dürfe deshalb nicht vom Oberhaus überstimmt werden. Dieses wiederum sah sich als Bewahrer alter Traditionen und bewährter Rechte. Beide Parteien beriefen sich also auf Prinzipien und beide stellten die Machtfrage.

Dafür hatten die Liberalen mit ihrem Vorschlag, die Reichen zu besteuern, eine geschickte Wahl getroffen. Denn er betraf eine Gruppe, deren Vermögen nur teilweise auf eigener Arbeit beruhte – im Gegensatz zu Handwerkern, Anwälten, Ärzten oder Arbeitern, welche die Liberalen als Wähler gewinnen wollten. Vor allem die aristokratischen Grundbesitzer hatten Stellung und Besitz nicht erarbeitet, sondern ererbt, und wollten nun mit Hilfe des Oberhauses ihre Privilegien behaupten. Lloyd George bezeichnete sie als selbstsüchtige Parasiten, die ihren Reichtum bloß verzehrten und selbst keinen schufen. Bei den Lords handele es sich um «500 Männer, ganz gewöhnliche Männer, die durch Zufall aus der Gruppe der Arbeitslosen ausgewählt wurden».[23] Nicht weniger aggressiv argumentierte Churchill, der das Oberhaus als einen Verstoß gegen den Geist der Zeit bezeichnete. Diese Institution sei «einseitig, erblich, überholt, nicht repräsentativ, unverantwortlich und glänze durch Abwesenheit»[24] – eine erstaunliche Aussage für jemanden, der selbst aus der Hocharistokratie stammte.

In dieser aufgeheizten Stimmung fand Anfang 1910 die Wahl zum Unterhaus statt, die einen tiefen Graben offenbarte, der durch die Bevölkerung verlief. Beide Parteien kamen auf nahezu die gleiche Zahl von Abgeordneten (275 zu 273), wobei die Konservativen, die weiterhin als Unionisten antraten, mit 46,8 Prozent sogar mehr Stimmen erhielten als die Regierung (43,5). Diese blieb jedoch im Amt, da sie vorher Absprachen mit Labour (40 Sitze) und den irischen Nationalisten (82 Sitze) getroffen und deren Unterstützung gesichert hatte. In England selbst bekamen die Konservativen eine besonders große Mehrheit der Stimmen und sahen sich durch das Wahlergebnis bestätigt. Das behaupteten allerdings auch die Liberalen, die mit ihren Verbündeten im Unterhaus weiterhin die deutliche Mehrheit stellten.

Keine der beiden Seiten gab nach. Das Oberhaus lehnte vielmehr die Gesetzesvorlagen ab, so dass zwischen den Parlamenten eine Blockade entstand. Noch im selben Jahr ließ die Regierung deshalb das Unterhaus erneut wählen, mit einem noch knapperen Ergebnis. Die beiden großen Parteien erhielten nahezu dieselbe Stimmenzahl und stellten je 272 Abgeordnete. Erneut sahen sich beide als Sieger, doch tatsächlich hatten die Konservativen auch dieses Mal verloren, da die Regierung zusammen mit den irischen und den Labour-Abgeordneten weiterhin eine klare Mehrheit besaß. Zusätzlich drohte sie, so lange neue Mitglieder für das Oberhaus ernennen zu lassen, bis sie dort ebenfalls eine Mehrheit besaß. Dies war ein ungewöhnliches, aber rechtlich mögliches Vorgehen, und Asquith übte auf den neuen König George V. – Edward war im Mai 1910 gestorben – so viel Druck aus, dass dieser bereit war, die Ernennungen notfalls vorzunehmen.

Die konservative Opposition gab sich dennoch nicht geschlagen. Vielmehr war eine radikale, wenngleich kleine Gruppe dazu bereit, den Konflikt zuzuspitzen, und schloss selbst eine Revolte nicht aus.[25] Diese Überlegung war allerdings unrealistisch, und die konservative Mehrheit im Oberhaus sah schließlich ein, dass sie nachgeben und die Gesetzesvorlagen akzeptieren musste. So konnte die Regierung die Steuern erhöhen und kurz danach den *National Insurance Act* von 1911 verabschieden, der die Kranken- und Arbeitslosenversicherung neu regelte. Für Arbeitslose sah das Gesetz vor allem eine bessere Arbeitsvermittlung vor, für die etwa 2,5 Millionen Saisonarbeiter auch eine materielle Unterstützung. Bedeutend anspruchsvoller fiel die Krankenversicherung aus, die für alle Beschäftigten galt und fast 12 Millionen Personen umfasste. Bis auf wenige Ausnahmen blieb sie aber, wie auch die Arbeitslosenversicherung, auf Männer beschränkt.

Diese Regelungen legten den Grundstock des britischen Wohlfahrtsstaats und erlangten eine große Bedeutung. Wohl noch folgenreicher aber war die Reform der Verfassung, die dem Oberhaus wichtige Rechte nahm. Es verlor bei allen Gesetzesvorlagen sein absolutes Veto und musste zudem in Finanzfragen die Vormacht des Unterhauses anerkennen. Fortan konnten die Lords die Verabschiedung von Gesetzen nur noch hinauszögern, diese aber nicht mehr verhindern. Das zeigte sich gleich beim nächsten Vorhaben der Regierung, die in Irland die seit Jahrzehnten diskutierte größere Selbständigkeit (*Home Rule*) einführen wollte.

Home Rule

Dieser alte Streitpunkt hatte nach den gescheiterten Vorstößen in den Jahren 1886 und 1893 an Bedeutung verloren und bei der Wahl von 1906 keine nennenswerte Rolle gespielt. Dazu trug wesentlich bei, dass Regierung und Parlament in London die Landfrage entschärft hatten, indem sie die Rechte irischer Pächter verbesserten und ihnen halfen, Land von britischen Eigentümern zu kaufen. Dadurch entfiel ein wichtiger Konfliktpunkt, doch die Spannungen blieben bestehen, verlagerten sich allerdings auf ein anderes Gebiet: die Frage des irischen Nationalismus. Dieser erlebte durch die Wiederentdeckung gälischer Traditionen, darunter die Gründung der *Gaelic Athletic Association* 1884 und der *Gaelic League* 1893, einen Aufschwung und sprach besonders die städtischen Mittelschichten an. Die Konflikte wurden dadurch emotionaler, und es fiel bedeutend schwerer, Lösungen zu finden als bei den materiellen Forderungen der Pächter und Bauern.

So kam erneut die Forderung nach *Home Rule* auf, die in der Konservativen Partei, den protestantischen Kirchen und im Militär weiterhin auf großen Widerstand stieß. Die Liberalen hingegen waren schon lange dazu bereit und mussten jetzt handeln, da sie seit den Wahlen im Jahre 1910 auf die irischen Abgeordneten angewiesen waren und ihnen entsprechende Zusagen gemacht hatten. 1912 brachten sie eine Gesetzesvorlage ein, die ein eigenes Parlament in Dublin vorsah, das für die inneren Angelegenheiten zuständig sein sollte, nicht hingegen für Militär und Außenpolitik. Eine Ablehnung im Oberhaus war zu erwarten, doch dieses konnte nach den Reformen derartige Vorhaben nur noch verzögern, aber nicht mehr verhindern. Die Einführung der *Home Rule* stand deshalb bevor, doch genau das verschärfte die Auseinandersetzungen: Da das Vorhaben im Parlament nicht mehr aufzuhalten war, radikalisierten sich dessen Gegner und wurden von Andrew Bonar Law unterstützt, der Ende 1911 Balfour als Vorsitzender der Konservativen ablöste, nachdem dieser drei Wahlen in Folge verloren hatte.

Besonders in Nordirland (Ulster) spitzte sich die Situation zu. Während es in Irland insgesamt eine klare katholische Mehrheit gab, lebten hier zahlreiche Protestanten. Diese versammelten sich am 28. September 1912 zu einer großen Kundgebung mit 400 000 Teilnehmern, die feierlich erklärten, eine Regierung in Dublin «mit allen Mitteln» abzulehnen. Einige gingen weiter und schlossen sich der *Ulster Volunteer Force* an, die im selben Jahr gegründet wurde und bald mehr als 100 000 Mitglieder zählte. Viele davon besaßen sogar Waffen und konnten sich auf Bonar Law berufen, der offen seine Sympathie für einen bewaffneten Widerstand in Ulster bekundete. Um dieser breiten und entschlossenen Opposition entgegenzukommen, bot die Regierung den Protestanten in Ulster an, sie könnten sich nach einer Probephase von sechs Jahren vom katholischen Teil Irlands lösen. Außerdem schlug sie vor, die Zahl der irischen Abgeordneten, die weiterhin in Westminster vertreten waren, zu reduzieren und so deren Einfluss zu mindern. Doch die Konfrontation nahm zu, als die katholischen *Irish Volunteers* als Gegengewicht zur protestantischen *Ulster Volunteer Force* entstanden und Kämpfe zwischen diesen bewaffneten Gruppen erste Todesopfer forderten.

Um eine weitere Eskalation zu verhindern, sollten britische Soldaten eingreifen und zumindest verhindern, dass die beiden Gruppen weitere Waffen erhielten. In Curragh bei Dublin führte dieser Auftrag der Regierung zu einer dramatischen Zuspitzung. Dort weigerten sich im März 1914 fast 60 Offiziere, nach Belfast abkommandiert zu werden und dort den Waffenschmuggel zu unterbinden, da sie nicht an Aktionen gegen Mitglieder der protestantischen *Ulster Volunteers* teilnehmen wollten. Ihr Vorgesetzter erhielt vom zuständigen Staatssekretär die schriftliche Zusage, dass die Armee dazu nicht eingesetzt werde. Das bedeutete eine Absage an die Politik der Regierung, die deshalb den Staatssekretär und den verantwortlichen militärischen Oberbefehlshaber zum Rücktritt drängte. Bonar Law hingegen erklärte es für unvorstellbar, dass ein Premierminister den Befehl geben könne, «auf Personen zu schießen, deren einziges Verbrechen in ihrer Weigerung besteht, aus ihrer Gemeinschaft vertrieben zu werden, und das Privileg zu verlieren, britische Bürger zu sein».[26]

In der Presse erschienen seit längerem Anzeigen, die Soldaten dazu aufforderten, im Konfliktfall Seite an Seite mit den *Ulster Volunteers* zu kämpfen. Prominente Konservative, unter ihnen der zum Lord ernannte Milner, hatten heimlich Fonds eingerichtet, um Offiziere zu unterstützen, welche die Politik der Regierung ablehnten und zurücktraten. Es überrascht deshalb nicht, dass die Offiziere in Curragh genau dies taten. Sie verließen die Armee, die Lage spitzte sich zu, und in Irland drohte ein Bürgerkrieg. Doch dazu kam es nicht, denn am 4. August 1914 brach der Erste Weltkrieg aus, der diese Konflikte vorübergehend entschärfte, da die Beteiligten ein Stillhalten vereinbarten. Dabei kam dieser Krieg für die britische Öffentlichkeit überraschend, die mit großer Anspannung die Entwicklung in Irland verfolgte und die Ereignisse auf dem Kontinent wenig beachtete, zumal in Großbritannien eine Welle von Streiks für zusätzliche Anspannung sorgte.

Streiks

Als die Offiziere in Curragh sich weigerten, auf ihre Landsleute zu schießen, überraschte das einen der anwesenden Soldaten. Dieser hatte kurz zuvor erlebt, dass die «aristokratische und plutokratische» Armee gegen streikende Arbeiter eingesetzt wurde und die Offiziere nicht zögerten, zu ihren Waffen zu greifen.[27] Derartige Fälle häuften sich, da vor dem Ersten Weltkrieg die Zahl der Streiks sprunghaft anstieg und die Regierung Truppen einsetzte, wobei mehrere Personen zu Tode kamen.

Beim Wahlsieg der Liberalen im Jahre 1906 war diese Zuspitzung nicht zu erwarten gewesen, zumindest nicht bei der neu gegründeten Labour Partei. Diese war schwach, stellte gerade einmal 30 Abgeordnete und vertrat ihre Interessen vor allem durch Absprachen mit der neuen Regierung. Ihr größter Erfolg war der bereits erwähnte *Trade Disputes Act*, und auch in anderen Bereichen funktionierte die Zusammenarbeit, so dass bei Arbeitern und Gewerkschaften die Zweifel fortbestanden, ob eine eigene Partei überhaupt erforderlich war. Der Sozialist H. M. Hyndman bezeichnete es bereits 1881 gegenüber Marx als hoffnungslos, «hier eine Arbeiterpartei zu gründen. Die Männer sind so gleichgültig, so sehr interessiert an Bier, Tabak und einem allgemeinen Laissez-faire.» Zwanzig Jahre später klagte er erneut «über die Ignoranz und Apathie meiner Landsleute».[28] Hier sprach ein Sozialist, der genaue Vorstellungen davon besaß, was klassenbewusste Arbeiter eigentlich denken und tun sollten. Wer hingegen die Situation offener betrachtete, stellte fest, dass die Arbeiterschaft sich zunehmend politisierte, neue Gewerkschaften aufkamen und das Klassenbewusstsein wuchs.

Zusätzlich zu den traditionellen Gewerkschaften, die in erster Linie Facharbeiter ansprachen und kleinteilig organisiert blieben, entstanden ab den 1890er Jahren Industriegewerkschaften (*New Unions*) im Bergbau, bei den Eisenbahnen, in Häfen, Werften und anderen Zweigen, die expandierten und in großer Zahl an- und ungelernte Arbeiter beschäftigten. Gerade diese waren bisher schwer zu organisieren gewesen, entwickelten nun jedoch zunehmend ein politisches Bewusstsein. Viele radikalisierten sich, und selbst sozialistische Ideen fanden zunehmend Gehör. Die Gründe dafür sind schwer zu benennen. Lange Zeit herrschte die Meinung vor, dass nach 1900 der Lebensstandard stagnierte, vermutlich sogar zurückging und zu wachsender Unzufriedenheit führte. Neuere Untersuchungen kommen zu anderen Befunden und stellen einen anhaltenden, wenngleich langsamen Anstieg fest. Das ändert allerdings nichts daran, dass viele Zeitgenossen zu einer negativeren Einschätzung kamen und einzelne Berufsgruppen ein Zurückbleiben hinter der allgemeinen Entwicklung beklagten, was deren Unzufriedenheit erklärt.[29]

Nicht weniger wichtig war das wachsende Bewusstsein, als Arbeiter gemeinsame Erfahrungen zu machen, gemeinsame Ziele zu haben und sich als Klasse zu sehen. Das führte nur teilweise zu einem sozialistischen Klassenbewusstsein, wohl hingegen zur Bereitschaft, sich stärker zu organisieren, die gemeinsamen Interessen offener zu vertreten und sich auch politisch zu äußern, zumal die Liberalen trotz der Sozialgesetzgebung die wachsenden Erwartungen nicht erfüllten. Dazu sahen diese allerdings auch wenig Anlass, denn ihre Mehrheit im Parlament beruhte nicht auf politisch aktiven Arbeitern, sondern auf bürgerlichen Wählergruppen. Diese betrachteten weiterhin staatliche Ausgaben überaus skeptisch und interessierten sich ohnehin weniger für soziale Fragen als für *Home Rule*, den Konflikt mit dem Oberhaus oder die Stellung von Religion und Kirchen. Diese Themen bestimmten auch die Politik der Regierung, die für ihre Mehrheiten weder auf die Arbeiterschaft noch die Labour Partei angewiesen war und sie entsprechend auch nicht besonders umwarb.

1909 erlitt die Labour Partei sogar einen Rückschlag, als das Oberhaus finanzielle Zuwendungen von Gewerkschaften an Parteien für unzulässig erklärte. Die anderen Parteien waren davon kaum betroffen, während die noch junge Arbeiterpartei in eine bedrohliche finanzielle Lage geriet, da sie kaum eigene Einnahmen besaß und auf diese Zahlungen angewiesen war. Deren Führer Ramsay MacDonald sagte deshalb der Regierung die Unterstützung beim bereits erwähnten *National Insurance Act* zu, wenn diese im Gegenzug Gesetze einbrachte, die Zahlungen von Gewerkschaften an die Labour Partei erlaubten. Zusätzlich sollten Abgeordnete des Unterhauses fortan ein Gehalt bekommen, auf das die Arbeitervertreter dringend angewiesen waren. Beide Seiten hielten sich an das Abkommen, die Liberalen mit einiger Verzögerung, da die oben genannten Probleme dringender schienen. Labour hingegen mit Schwierigkeiten, da die meisten Abgeordneten ihre Skepsis gegenüber den Sozialgesetzen zwar aufgegeben hatten, eine Minderheit diese aber als nicht weitgehend genug ablehnte und sich durch das zunehmende Klassenbewusstsein in der Arbeiterschaft gestärkt sah.

Dafür gab es deutliche Anzeichen, vor allem einen Anstieg der Gewerkschaftsmitglieder von 2,5 Millionen im Jahre 1910 auf mehr als 4,1 Millionen nur vier Jahre später und eine noch größere Zunahme der Streiks. 1909 führten diese zu einem Verlust von 2,7 Millionen Arbeitstagen, 1910/11 bereits zu etwa 10 Millionen und 1912 sogar zur Rekordzahl von 40 Millionen. An den Streiks beteiligten sich fast alle Berufsgruppen und Industrien, insbesondere die neuen Gewerkschaften und die weniger qualifizierten Arbeiter (und Arbeiterinnen). Sie erzielten Erfolge, mussten aber auch – teils nach wochenlangen Streiks – herbe Niederlagen hinnehmen. Die Stimmung war angespannt, zumal vielfach Sympathiestreiks stattfanden, die in dieser Form und Verbreitung ein neues Phänomen darstellten. Sie bestärkten die Hoffnungen, durch Solidarität die eigene Situation zu verbessern und vielleicht sogar den Sozialismus zu erreichen, den freilich weiterhin nur wenige anstrebten. Doch bei Konservativen und Liberalen wuchs das Unbehagen, so bei Churchill. Die radikalen Gewerkschaften sah er als eine neue Kraft, sprach von einem Versagen der alten Führer und beobachtete argwöhnisch die Sympathiestreiks, gegen die etwas geschehen müsse.[30]

Eine wichtige Maßnahme bestand in den Sozialgesetzen, die Churchill durch ein anderes Mittel ergänzen wollte: den verstärkten Einsatz von Polizei und notfalls auch Soldaten. Damit stimmten viele seiner Kollegen überein, zumal Streikbrecher heftige und teilweise gewaltsame Auseinandersetzungen verursachten. Bei zahlreichen Streiks wurden deshalb Soldaten eingesetzt, was unter den Arbeitern zu Todesfällen und zahllosen Verletzten führte. Zeitgenossen bezeichneten die Truppen im walisischen Bergbaugebiet als Besatzungsarmee, und als 1911 bei einem Streik im Hafen von Liverpool der Bürgermeister die Revolution kommen sah, schickte die Regierung 2300 Soldaten und zusätzlich ein Kriegsschiff, dessen Kanonen auf die Stadt gerichtet waren.[31]

Andere Politiker reagierten weniger aufgeschreckt und versuchten, die Situation zu beruhigen. Die Regierung selbst gab sich unbeteiligt, was angesichts des Einsatzes von Truppen aber wenig überzeugend wirkte. Sie bremste Heißsporne wie Churchill, unterstützte insgesamt aber die Unternehmer, wenngleich es auch unter den Liberalen Abgeordnete gab, die mit den Streikenden sympathisierten. Doch der Anspruch der Liberalen, die Interessen der Arbeiter zu vertreten, erschien zunehmend fraglich, so dass diese in wachsender Zahl die Labour Partei wählten und vermehrt radikale und sozialistische Positionen übernahmen.

Frauenbewegung

Ähnlich wie die Irlandfrage hatte um 1900 auch die Auseinandersetzung um das Frauenwahlrecht an Brisanz verloren. Zwischen 1897 und 1904 lagen dem Unterhaus hierzu keine Resolutionen oder Gesetzesvorlagen vor – bis am 16. März 1904 184 Abgeordnete bei 70 Gegenstimmen ein Frauenwahlrecht unterstützten. Doch diese Zustimmung war folgenlos, denn ein konkretes Gesetz lag in weiter Ferne. Dabei besaß das Frauenwahlrecht eigentlich breite Unterstützung. Sobald es jedoch um die Realisierung ging, traten erhebliche Konflikte auf.[32]

Zur Durchsetzung des Frauenwahlrechts existierte seit 1897 die *National Union of Women's Suffrage Societies* (NUWSS), angeführt von Millicent Fawcett, die durch Aufklärung und Druck eine Mehrheit im Unterhaus erreichen wollte. Die Aussichten dafür schienen nach dem Wahlsieg der Liberalen im Jahre 1906 gut, da diese Partei seit längerem zahlreiche Befürworter des Frauenwahlrechts zählte. Die 1903 gegründete *Women's Social and Political Union* (WSPU) war in dieser Frage deutlich skeptischer. Sie setzte weniger auf die Abgeordneten, sondern vor allem auf Mobilisierung der Öffentlichkeit und spektakuläre Auftritte. Dazu gehörten aggressive Zwischenrufe (*heckling*) bei Reden von Politikern, das Anketten an Zäune und andere Aktionen, bei denen Frauen eine Verhaftung nicht nur in Kauf nahmen, sondern gezielt provozierten.[33]

Als im Juli 1909 Marion Wallace Dunlop in Haft saß, begann sie – offensichtlich spontan – den ersten Hungerstreik, ein so neuartiges Verfahren, dass die Verantwortlichen nicht wussten, wie sie damit umgehen sollten. Der zuständige Innenminister, Herbert Gladstone, autorisierte die Zwangsernährung, fand dafür jedoch wenig Sympathie, da hierbei Männer (wehrlosen) Frauen Gewalt antaten. Ein wenig später verabschiedetes Gesetz hat die Situation kaum entschärft. Fortan wurden hungernde Frauen zwar nicht mehr zwangsweise ernährt, sondern entlassen, wenn sie zu geschwächt waren. Sie mussten sich aber schriftlich zu «Wohlverhalten» verpflichten oder wurden erneut inhaftiert, sobald ihr körperlicher Zustand dies erlaubte – weshalb das Gesetz den Namen *Cat and Mouse Act* erhielt.

Dieses Spiel konnte sich wiederholen, schuf Märtyrerinnen und entsprach dem Kalkül des radikalen Flügels der Frauenbewegung, der damit Aufsehen erregte und Unterstützung fand. Davon ermutigt, nahm die Gewaltbereitschaft in den folgenden Jahren zu und führte zur Zerstörung von Gemälden, Briefbomben und Brandanschlägen – u. a. auf ein Haus von Lloyd George. Besonderes Aufsehen erregte der tragische Fall von Emily Wilding Davison, die sich 1913 beim Derby in Ascott vor das Pferd des Königs warf und zu Tode kam. Ihre Tat rief großes Entsetzen hervor, wobei einige Zeitungen jedoch größere Sympathien für das Pferd bekundeten, das verletzt worden war und eingeschläfert werden musste. Die Mehrheit der Frauenbewegung distanzierte sich von diesen Aktionen. Sie schadeten ihren Zielen, waren aber nicht entscheidend dafür, dass die Wahlrechtsforderung bis zum Ausbruch des Krieges im Parlament keine Mehrheit fand. Wichtiger war die Sorge der Parteien, das Frauenwahlrecht werde das Kräfteverhältnis im Parlament verändern, egal in welcher Form es zustande kam.

So wäre es möglich gewesen, das für Männer geltende Wahlrecht auf Frauen auszuweiten. Da dieses aber vom Eigentum abhing, befürchteten die Liberalen, dass vor allem Frauen der mittleren und oberen Schichten und damit die Konservativen davon profitieren würden. Ein weitergehender Vorschlag wollte deshalb das Wahlrecht generell reformieren und es allen Männern und Frauen gewähren. Doch das war zu kühn gedacht. Für eine so weitreichende Reform fand sich in den beiden großen Parteien keine Mehrheit. Hinzu kamen die zahlreichen innenpolitischen Konflikte, die das Frauenwahlrecht als Nebenkriegsschauplatz erscheinen ließen und die Unsicherheit darüber verstärkten, welche Partei davon profitieren werde. Dabei befürworteten ausgerechnet die Führer der Konservativen (Bonar Law, Balfour) persönlich das Frauenwahlrecht, wollten ihre Partei damit aber nicht überfordern und hielten sich zurück. Asquith hingegen lehnte es ab und sah sich durch die Gewaltbereitschaft in Teilen der Frauenbewegung bestätigt. Zudem befürchteten er und andere prominente Liberale Wahlerfolge der Konservativen und sprachen sich gegen entsprechende Initiativen aus, selbst wenn diese in ihrer Partei große Unterstützung fanden.

Die Gewerkschaften wiederum, bei denen enge Vorstellungen von Männlichkeit verbreitet waren, äußerten sich hierzu nur zögerlich, so dass deren Dachverband, der *Trades Union Congress* (TUC) erst 1913 einstimmig das Frauenwahlrecht unterstützte.[34] In der Labour Partei hingegen setzten sich dessen Befürworter schon vorher durch, und Teile der Frauenbewegung sahen hier größere Chancen als bei den Liberalen, gingen Wahlabsprachen ein und schlossen sich dieser Partei an. Noch allerdings war dies ein Wechsel auf die Zukunft, da Labour mit gerade einmal 40 Abgeordneten wenig Einfluss besaß. So blieb die Debatte über das Wahlrecht für Frauen geprägt durch eine Gemengelage von persönlichen Einstellungen, aggressiver Agitation, Gewaltbereitschaft, parteipolitischem Kalkül und Problemen bei der Umsetzung. Die so greifbar erscheinende Mehrheit kam deshalb bis August 1914 nicht zustande, während nach Ausbruch des Krieges in dieser Frage – wie im Irlandkonflikt – ein Stillhalten vereinbart wurde.

Frauen, Männer und Familie

Die Bemühungen um mehr Rechte von Frauen – wie auch von Arbeitern – hingen eng mit dem damaligen Eigentumsbegriff zusammen. Nur wer Eigentum besaß, galt als unabhängig, und nur wer unabhängig war, konnte sich, so die Annahme, eine eigene Meinung bilden, die wiederum verlangt wurde, um gleichberechtigt am öffentlichen Leben teilzuhaben und etwa das Wahlrecht zu erlangen. Entsprechend konnten Arbeiter, die über kein Eigentum verfügten, weiterhin nicht wählen, ebenso Frauen, deren Eigentumsrechte generell beschränkt waren, woraus weitere Nachteile erwuchsen, wenn es um Kinder, Vermögen oder selbst den eigenen Körper ging. So besaßen Männer das «natürliche» Recht über die Kinder und ihnen gehörte das Vermögen der Familie, bis hin zu Kleinigkeiten: Als der bekannten Frauenrechtlerin Millicent Garrett Fawcett im Jahr 1877 der Geldbeutel gestohlen wurde und sie vor Gericht aussagen musste, galt dieser als Eigentum des Ehemannes.[35]

Derartige Fälle erregten großes Aufsehen und stärkten den Ruf nach Veränderungen. So konnten Frauen seit den 1870er Jahren Geld, das sie durch ihre Arbeit verdienten, für sich behalten, Erspartes oder Aktien unter eigenem Namen verwalten oder über ein (kleineres) Erbe selbst verfügen. 1883 fand sogar – zumindest nach Meinung der *Times* – eine «Revolution der Gesetzgebung» statt, denn fortan durften verheiratete Frauen eigenen Besitz haben.[36] Doch Unsicherheit und Benachteiligungen blieben groß. Noch 1899 billigte ein Geschworenengericht einem Ehemann das Recht zu, seine Ehefrau zum Geschlechtsverkehr zu zwingen, obwohl er an fortgeschrittener Syphilis erkrankt war. Das Urteil rief heftige Kritik hervor, denn es widersprach der sonstigen Rechtssprechung und stand in Kontrast zu anderen Entwicklungen, welche die Position der Frauen allmählich verbesserten.[37]

Seit 1900 besaßen Frauen das lokale Wahlrecht, während der Widerstand gegen das nationale Wahlrecht anhielt, auch bei Königin Viktoria, die darin einen «verrückten, bösartigen Unsinn» sah und dafür plädierte, die Führerinnen der Bewegung auszupeitschen.[38] Das konnte sie selbst als Königin nicht durchsetzen, doch Skepsis oder Ablehnung zeigten nicht nur Männer, sondern auch Frauen, sowohl die ältere Generation, zu der Viktoria gehörte, wie auch Jüngere, die in Wahlrecht und Politik nicht ihr wichtigstes Anliegen sahen.[39] Für sie bedeuteten die damals häufigen Schwangerschaften die größte Belastung und in den unteren Schichten zusätzlich die harte, meist schlecht bezahlte Arbeit, der gegenüber die Rolle als Ehefrau attraktiv erschien. Entsprechend zählte unter allen Frauenorganisationen die 1886 gegründete *Mother's Union* die meisten Mitglieder. Sie strebte keine radikalen Neuerungen an, sondern wollte Frauen mehr «Schutz, Würde und Status im Kontext von Heirat, Religion, Mutterschaft und Heim» sichern.[40]

Diese Ziele erinnern an prüde viktorianische Vorstellungen, doch man musste nicht prüde sein, um moralische Auffassungen zu vertreten, die heute engstirnig anmuten. Das gilt etwa für die Initiativen gegen Prostitution und damit verbundene Geschlechtskrankheiten, unter denen die Syphilis geradezu panische Angst hervorrief und zu aggressiven Kampagnen führte, die wahre Schreckensbilder zeichneten. Diese Sorgen waren jedoch begründet, denn die Syphilis hatte verheerende Folgen und effektive Therapien fehlten, so dass strenge moralische Normen den besten Schutz boten – zumal aus Sicht von Frauen, die von ihren untreuen Männern angesteckt werden konnten.[41]

Während bei der Bekämpfung der Prostitution weitgehend Konsens herrschte, bestanden ansonsten sehr unterschiedliche Vorstellungen darüber, welches Verhalten für Frauen und Männer angemessen war, wie sie miteinander umgehen sollten oder welche Bedeutung Familie und Kindern zukam. Gesellschaftlich geächtet waren männliche und weibliche Homosexualität oder Vorstellungen von «freier» Liebe, wenngleich damit vor allem das Recht von Eheleuten gemeint war, ihre Partner frei, d. h. unabhängig von Konventionen und Normen wählen zu können. Auch Bemühungen, Scheidungen zu erleichtern, fanden wenig Unterstützung, so dass pro Jahr in England nur etwa 600 Ehen geschieden wurden. Deutlich verbreiteter war bei Frauen der Wunsch nach Gleichberechtigung, besserer Ausbildung, mehr beruflichen Möglichkeiten und nicht zuletzt nach einem erfüllten Familienleben. Dabei half ein Rückgang der Geburten, der mehr als jede andere Entwicklung ihre Situation erleichterte und ihre Handlungsmöglichkeiten erweiterte.[42]

Es war allerdings äußerst schwierig Schwangerschaften zu vermeiden, denn wirksame Verhütungsmittel standen nicht zur Verfügung und Informationen darüber verletzten ein Tabu. Allgemein üblich waren Enthaltsamkeit und der Versuch, sich biologischen Zyklen anzupassen, die aber nur geringe Sicherheit boten. Geschlechtsverkehr war deshalb stets mit der Sorge um Schwangerschaften verbunden, so dass es einen elementaren biologischen Grund für die verbreitete Doppelmoral gab. Männer konnten ihre Sexualität vor und außerhalb der Ehe schon deshalb ausleben, weil sie persönlich von den unerwünschten Folgen nicht betroffen waren. Frauen hingegen mussten bei unehelicher Schwangerschaft erhebliche soziale Diskriminierungen hinnehmen, so dass für sie Sexualität bis zur Hochzeit untersagt bzw. mit großen Ängsten besetzt war.

Diese Ängste hörten mit der Hochzeit jedoch nicht auf, denn die Sorge vor ungewollten Schwangerschaften blieb bestehen, zumal Abtreibungen gefährlich waren und zu harten Strafen führen konnten. Selbst wenn Ehepartner also aufgeklärt waren, rücksichtsvoll miteinander umgingen und viktorianische Prüderie ablehnten, fiel es ihnen schwer, ihre Sexualität unbeschwert zu genießen. Diese Situation änderte sich nur langsam, so dass Philip Larkin viele Jahre später (nach Einführung der Anti-Babypille) seine berühmten Zeilen schrieb: «Sexual intercourse began in nineteen sixty-three.»[43]

Klassen, Konflikte und Konsum

Am 20. April 1901, wenige Wochen nach der Beerdigung Viktorias, strömten erneut große Menschenmengen nach London. Dieses Mal wollten sie einem ganz anderen Ereignis beiwohnen: dem Finale um den englischen Fußballpokal. Dazu trafen im Stadion von Crystal Palace die Mannschaften von Tottenham Hotspur und Sheffield United aufeinander, unterstützt von 114 000 Zuschauern. Bereits zu dieser Zeit war Fußball die populärste Sportart, füllte Woche für Woche die Stadien und begeisterte die Bevölkerung – jedoch nicht alle. Dieser Sport zeigte vielmehr, dass verbindende wie auch trennende Elemente die britische Gesellschaft durchzogen und dass Ausprägungen von Macht und Herrschaft in den feinsten Verästelungen des Alltags durchschienen.

Der moderne Fußball breitete sich seit etwa 1830 an den *Public Schools* der Eliten aus und erreichte von dort die Universitäten und deren Studenten, entstand aber auch außerhalb davon, insbesondere in der Arbeiterschaft.[44] Seit den 1860er Jahren nahm die Zahl der Mannschaften sprunghaft zu, Pokale wurden ausgespielt, Ligen entstanden, und die Zuschauerzahlen erreichten solche Dimensionen, dass Fußball zu einem Geschäft wurde, das Berufsspielern eine Existenz bot. Mit diesen Entwicklungen war Großbritannien den anderen europäischen Ländern weit voraus und besaß die erforderlichen Voraussetzungen. Früher als auf dem Kontinent bestand hier ein dichtes Eisenbahnnetz, das Fahrten in die Stadien und damit einen Spielbetrieb ermöglichte; Angehörige der Mittelschicht und selbst der Arbeiterschaft verdienten genug, um Eintrittskarten und Zugfahrten zu bezahlen, und sie hatten kürzere Arbeitszeiten erkämpft, so dass sie Fußballspiele überhaupt besuchen konnten. So breitete dieser Sport sich rasch aus und fand bei wichtigen Begegnungen schon um 1900 mehr als 100 000 Zuschauer. Dabei entfernte er sich immer mehr von den oberen Schichten, die ihn lange dominiert hatten, die neue Entwicklung jedoch ablehnten. In ihren Augen wurde der Fußball proletarisch und kommerziell, womit er sich nur noch für die «normale» Bevölkerung (*players*) eignete, nicht jedoch für *gentlemen*, die beanspruchten, höhere Werte und Ideale zu vertreten.[45] Anfangs traten *gentlemen* regelmäßig gegen *players* an und gewannen in der Regel, da sie mehr Zeit für ihren Sport aufbringen konnten. Als der Fußball jedoch populär wurde, die *players* damit Geld verdienten und intensiver trainierten, gewannen sie 1883 erstmals das Pokalfinale und wurden bald so überlegen, dass die Begegnungen aufhörten.

Vergleichbare Entwicklungen fanden auch in anderen Sportarten statt, so im Rugby. Hier entstand die kommerzielle *Rugby Football League*, die Anhänger unter den Arbeitern der nördlichen Industrieregionen besaß, während die Mittelklassen in ihrer *Rugby Union* den Amateurgedanken hochhielten und zugleich den «proletarischen» Fußball von den besseren Schulen verdrängten. Lediglich im Cricket bestanden beide Strömungen nebeneinander, bei einer allerdings ungleichen Machtverteilung. Hier spielten *gentlemen* und *players* nicht nur gegeneinander, sondern auch gemeinsam in denselben Mannschaften, so in der nationalen Auswahl. Doch bis nach dem Zweiten Weltkrieg war es undenkbar, dass ein *player* diese Mannschaft anführte. Diese mussten in den großen Stadien sogar eigene Eingänge und Umkleideräume benutzen, bei ihnen nannten die Anzeigetafeln die Vornamen erst nach dem Namen, und die *Times* veröffentlichte bis 1962 keinen Leserbrief eines *player* – feine Unterschiede, die auf sowohl subtile wie ganz offene Weise zeigten, wie sehr die Klassengegensätze bis in den Sport hinein den Alltag prägten.[46]

Generell traten diese Klassengegensätze bis zum Ersten Weltkrieg offen zutage: bei der höchst ungleichen Verteilung von Einkommen und Vermögen; in Kleidung und Wohnungen; der Konzentration von Arbeitern und der höheren Schichten in eigenen Stadtteilen; oder in der Lebenserwartung bzw. der Säuglingssterblichkeit. Von diesen starben in Arbeitervierteln um 1900 über 25 Prozent im ersten Lebensjahr, gegenüber 15,3 Prozent im nationalen Durchschnitt. In Hampstead, einem Londoner Stadtteil der oberen Schichten, lag diese Zahl mit 7,2 Prozent deutlich niedriger, aber immer noch mehr als zehnmal so hoch wie heute mit weniger als 0,5 Prozent.[47] Bis zum Ersten Weltkrieg ging die durchschnittliche Säuglingssterblichkeit deutlich auf etwa 11 Prozent zurück, was weniger auf medizinischen Erfolgen beruhte, als auf besserer Ernährung, Wohnsituation und Hygiene. Die Lebenserwartung hingegen stieg nur langsam auf 51,5 Jahre für Männer und 55,4 für Frauen, gegenüber heute fast 80 Jahren.[48] (Tabelle 4 und 5)

Die medizinischen Möglichkeiten hingegen blieben beschränkt. Die Narkose steckte in den Anfängen, so dass Operationen schmerzhaft und gefährlich blieben; Antibiotika gab es nicht, wie überhaupt nur wenige wirksame Arzneimittel zur Verfügung standen. Heute banale Verletzungen und Erkrankungen wie ein Knochenbruch oder eine Blinddarmentzündung konnten zu dauerhaften Entstellungen oder zum Tod führen, wie Lloyd George erleben musste. 1907 starb Mair, seine 17-jährige Tochter, nach einer Blinddarmoperation, die zuhause durchgeführt wurde, damals ein übliches Vorgehen, da Krankenhäuser zu Recht als überaus gefährlich galten.[49] Berufsunfälle kosteten fast 4500 Personen das Leben,[50] und «Krüppel» – so der damalige Ausdruck – prägten das Straßenbild. Derartige Gefährdungen betrafen die einzelnen Klassen unterschiedlich, waren jedoch in einem Ausmaß verbreitet, das heute kaum noch vorstellbar ist.

Tabelle 4: Lebenserwartung bei Geburt

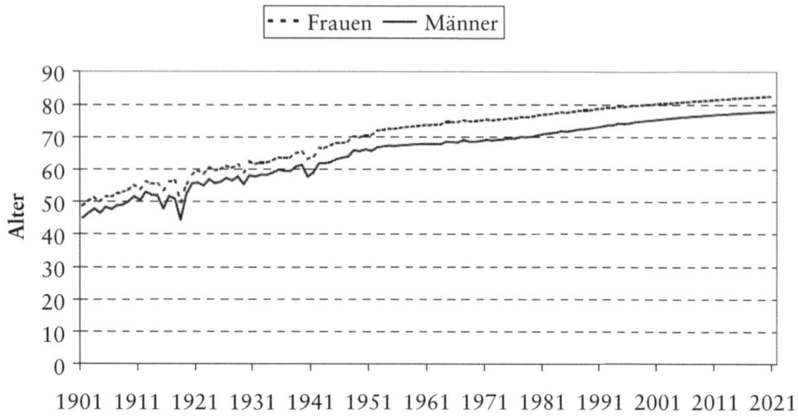

Die Zahlen seit 1996 sind geschätzt.

Tabelle 5: Kindersterblichkeit pro Tausend Geburten

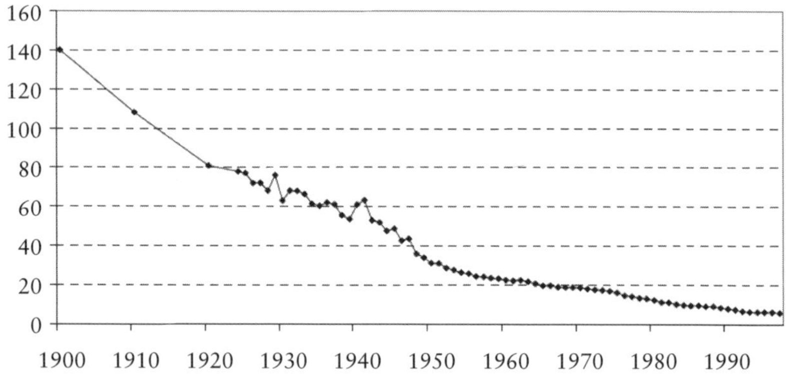

Von 1924 an wurden die Daten jährlich erhoben, vorher alle zehn Jahre. Der Kurvenverlauf von 1900 bis 1924 ist daher interpoliert.
Quelle Tabelle 4 und 5: Hicks/Allen, Century, S. 8.

Besonders deutlich traten Klassenunterschiede im Schulwesen zutage, wo die besseren Schichten großen Wert darauf legten, sich nach unten abzugrenzen. Derartige Abgrenzungen fanden (und finden) in allen europäischen Ländern statt, unabhängig vom jeweiligen Schulsystem, und es ist schwierig zu bestimmen, wo sie ausgeprägter waren. In Großbritannien jedenfalls blieben sie im gesamten 20. Jahrhundert ein wichtiges Thema. Eltern, denen die Ausbildung ihrer Kinder am Herzen lag, bestanden nicht nur darauf, dass diese die richtigen Schulen besuchten, sondern auch darauf, dass sie die korrekte Aussprache erlernten – und den Kontakt zu den unteren Schichten und deren Akzenten möglichst mieden. Sie wollten, so ein Leserbrief aus dem Jahre 1906, auf keinen Fall, dass ihre Kinder mit Schülern von staatlichen Schulen verkehrten, nicht einmal mit «Jungens der eigenen Schicht, die dort ihren ersten Unterricht erhielten. ... Man mag uns snobistisch oder vulgär nennen und sagen, dass wir engstirnig, voreingenommen und töricht sind. ... Doch als Eltern ... wollen wir, dass unsere Kinder genauso untereinander bleiben wie die Kinder der Klassen über uns.»[51]

Die Grenzen zwischen den Klassen verschwanden also nicht, wenngleich verbindende und ausgleichende Elemente an Bedeutung gewannen. Dazu gehörten die Steigerung des Lebensstandards, das Aufkommen neuer Berufe, eine bessere Bildung, soziale Mobilität und zunehmend der Kultur- und Konsumbereich, der ein rasches Wachstum erlebte, selbst wenn große Gruppen der Bevölkerung weiterhin zu arm waren oder zu lange arbeiten mussten, um daran teilhaben zu können. Genannt seien die Massenzeitungen, Zeitschriften und Bücher, die zudem nicht unbedingt gekauft werden mussten, da nach 1900 etwa 60 Prozent der Bevölkerung nahe einer öffentlichen Bibliothek wohnten. Oder Theater, die ersten Kinos und ein breites Angebot an Konzerten, die zwischen populärer und anspruchsvoller Musik das gesamte Spektrum anboten. Charakteristisch für Großbritannien war die große Verbreitung einer *middlebrow*-Kultur, die sich zwischen Hoch- und Alltagskultur bewegt, Elemente von beiden umfasst und sehr populär war – schon aus dem einfachen Grund, dass sich die Bücher, Konzerte oder Theaterstücke weitgehend selbst finanzieren und dazu ein genügend großes Publikum ansprechen mussten.[52]

Dieses legte Wert auf Unterhaltung, die aber Qualität nicht ausschloss, wie in der Literatur bereits Shakespeare gezeigt hatte, der schon zu Lebzeiten kommerziell erfolgreich war. Um 1900 galt dies für Autoren wie Charles Dickens, George Bernard Shaw, Joseph Conrad, Rudyard Kipling, Oscar Wilde, Thomas Hardy oder Arthur Conan Doyle; in der Musik für Edward Elgar, Gustav Holst und Ralph Vaughan Williams, die eine Renaissance der britischen klassischen Musik einleiteten. Daneben fanden sich Groschenhefte, populäre Gassenhauer und andere Elemente einer breiten Massenkultur, die auch in Großbritannien als Zeichen von Verfall und Kommerzialisierung kritisiert wurde. Diese Kulturkritik zog sich – wie in den anderen europäischen Ländern – durch das ganze 20. Jahrhundert, beklagte eine zunehmende Amerikanisierung, einen sittlichen Verfall und eine Tendenz zur Flachheit. Darin traf sie richtige Punkte, doch insgesamt waren solche Befürchtungen weit übertrieben und übersahen, dass die populäre Kultur auch neue gemeinsame Erfahrungen schuf, gut zu sehen an den Promenaden-Konzerten (*Proms*), ein bis heute erfolgreiches Beispiel dieser Kultur.[53]

Begründet hatte diese Konzerte Robert Newman im Jahr 1895, ein Musikveranstalter, der in der neu erbauten Queen's Hall in London ein breites Publikum für klassische Musik gewinnen wollte. Dazu kombinierte er schwierige mit eingängigen Titeln und wollte die steife Atmosphäre üblicher Konzerte überwinden. Um Zuhörer anzulocken und an anspruchsvolle Musik heranzuführen, durften diese während der Aufführungen essen, trinken und rauchen (allerdings keine Streichhölzer anzünden, solange ein Lied vorgetragen wurde), und das Programm umfasste führende Komponisten dieser Jahre wie Richard Strauss, Claude Debussy, Sergej Rachmaninov, Maurice Ravel oder der erwähnte Vaughan Williams. Das Konzept ging auf. Die Konzerte wurden ein Erfolg und fanden ihre Hörer wohl kaum unter Arbeitern, aber doch weit über das Bildungsbürgertum hinaus.

Ein anderer Hinweis auf die Bedeutung der kommerziellen Kultur ist die große Zahl der Berufsmusiker, von denen damals in London vermutlich mehr ihr Geld verdienten als in jeder anderen europäischen Stadt. Einige davon mit klassischer Musik, die weitaus meisten hingegen in Cafés, Theatern, Kinos, Varietés oder den Music Halls. Vor allem Letztere etablierten sich als Treffpunkt der Schichten und Klassen, indem sie ihr Angebot zunehmend professionalisierten, die Qualität steigerten und um die besten Künstler konkurrierten. Wie üblich bei derartigen Entwicklungen haben Kritiker darin einen Verlust an Ursprünglichkeit gesehen, während die Besucher das neue Angebot schätzten, allerdings auch von einem traditionellen Element dieser Etablissements angezogen wurden, wo Prostituierte ihre Kunden suchten.[54]

Allerdings: Viele dieser Möglichkeiten waren Männern vorbehalten, so die Kneipen, die meisten Clubs, Sportarten wie Fußball, Rugby, Cricket und Golf oder die anrüchigen Vergnügungen der Music Halls. Andere hingegen standen auch Frauen offen, darunter Reiten, Tennis oder Radfahren, Cafés, Restaurants und nicht zuletzt die großen Kaufhäuser wie Selfridges. Besonders groß war dieses Angebot in London, das Frauenmagazine als respektables, am Verbraucher orientiertes Freizeitzentrum priesen.[55] Eigens zu nennen sind in diesem Kontext die aufkommenden Kinos, die nicht nur neue und aufregende Unterhaltung boten. Vielmehr konnten sich hier auch unverheiratete Männer und Frauen öffentlich treffen und ihre Freizeit gemeinsam verbringen, was bis dahin weitgehend nur in Cafés, bei Konzerten, Spaziergängen oder im kirchlichen Rahmen möglich war. Auf dem breiten Gebiet der Kultur und des Konsums fanden sich also sowohl Gemeinsamkeiten und egalitäre Merkmale wie auch Ausgrenzungen und feine Unterschiede, wobei insgesamt die verbindenden Elemente an Bedeutung gewannen.

Solche Ambivalenzen zeigten sich auch in den – ebenfalls weitgehend auf Männer beschränkten – Leitbildern, so beim *gentleman*-Ideal, das die Erziehung der britischen Eliten und weit darüber hinaus die Gesellschaft prägte. Es ist – wie alle derartigen Konstrukte – nicht klar zu bestimmen und war wesentlich durch Selbststilisierungen geprägt, lässt sich aber hinreichend genau umreißen. Ein *gentleman* beachtete die Regeln des *fair play*, war Mitglied einer Gruppe und weniger ein Individualist; er zeichnete sich durch Vielseitigkeit und Pragmatismus aus, nicht hingegen durch intellektuelle Brillanz; er war unterschiedlichen Situationen gewachsen und besaß großes Selbstbewusstsein. Eingeübt und vorgelebt wurde dieses Ideal im alltäglichen Verhalten der oberen Schichten, in ihren Clubs und insbesondere in der Erziehung auf den *Public School*s. Diese legten großen Wert auf Mannschaftssportarten wie Cricket oder Rugby, mit Einschränkungen auch Fußball. Denn die Qualitäten, die einen guten Sportler auszeichneten – Wagemut, Ausdauer, körperliches Durchhaltevermögen, Fairness und Pflichtgefühl –, waren «genau die Qualitäten, die ein imperialer Entdecker, Beamter oder Soldat benötigte». Sie galten als «ideale Vorbereitung für den Krieg».[56]

Dabei blieben diese Vorstellungen nicht auf die oberen Schichten begrenzt. Sie sprachen vielmehr auch andere Gruppen an und boten gemeinsame Bezugspunkte, die auf dem Kontinent weniger verbreitet waren – wie schon der Vergleich mit dem deutschen Gegenstück, dem kaiserlichen Reserveoffizier, zeigt. Dieser erlebte seinen Siegeszug nach der nationalen Einigung im Jahr 1871, stand explizit für militärische Werte und verkörperte ein weithin akzeptiertes Symbol der wilhelminischen Gesellschaft. Dabei war auch das britische *gentleman*-Ideal von ausgeprägten Hierarchien durchzogen, allein schon weil Angehörige der oberen Schichten es bedeutend besser verkörpern konnten. Durch Herkunft, Vermögen und Erziehung fiel es ihnen leichter, das nötige Selbstbewusstsein und vor allem den Eindruck der Leichtigkeit zu entwickeln, die unbedingt erforderlich waren, um ein wirklicher *gentleman* zu sein – und sich von den *players* abzuheben, denen man nur zu deutlich ansah, wie sehr sie sich anstrengen mussten, um ihre Ziele zu erreichen.

Ein ungewöhnliches Beispiel für dieses Selbstbewusstsein, die Bedeutung von Hierarchien und deren Akzeptanz lieferten 1910 Virginia Woolf und fünf ihrer Freunde, als sie die *Dreadnought* besuchten, damals das modernste und größte Schiff der britischen Flotte. Sie statteten jedoch keinen gewöhnlichen Besuch ab. Die Gruppe, deren Mitglieder um die 30 Jahre alt waren und aus den oberen Schichten stammten, behauptete, aus Abessinien zu kommen und zusammen mit dem König dieses Landes das Schiff zu besichtigen. Sie meldeten sich mit einem gefälschten Telegramm an, angeblich abgeschickt vom Auswärtigen Amt in London. Keiner von ihnen wusste so recht, wie die Bewohner Abessiniens aussahen und welche Kleidung sie trugen. Deshalb entwarfen sie orientalische Phantasiekostüme und hofften, auf der *Dreadnought* wisse ebenfalls keiner Bescheid. Dort wurden sie feierlich empfangen und bekamen das ganze Schiff erklärt, mussten allerdings noch einen Weg finden, sich untereinander zu verständigen. Englisch schied aus, und die Landessprache beherrschten sie nicht. Da sie nicht die ganze Zeit schweigen konnten, sprachen sie sich nach einigen Brocken Suaheli gegenseitig mit Zitaten von Vergil, Homer und anderen Autoren an, die sie bewusst merkwürdig betonten. Alles ging gut, keiner merkte etwas, auch weil sie abreisten, bevor die Schminke an ihren Gesichtern herunterlief.

Damit sollte die Episode enden. Doch einer aus der Gruppe war so begierig, damit bekannt zu werden, dass er Zeitungen informierte, die nur zu gerne darüber berichteten. Die Reaktionen schwankten zwischen Empörung und Belustigung, selbst das Unterhaus befasste sich kurz damit, doch dann erlosch das Interesse. Offiziere der *Dreadnought* versuchten noch, die Ehre der Marine zu retten, und forderten eine körperliche Bestrafung der Übeltäter.[57] Damit gingen sie zu weit, fanden aber breites Verständnis, denn gerade in diesen Jahren gewannen Tugenden wie männliche Härte, Siegeswillen und militärische Qualitäten an Bedeutung, auch und gerade in den *Public Schools*. Mehr als zuvor schienen sie angesichts der Herausforderungen in Empire und Kolonien erforderlich und wurden von Kriegshelden wie Gordon, Milner oder Kitchener verkörpert. Auch bei John Bull, dem Symbol britischer Tugenden aus dem frühen 18. Jahrhundert, wurden zunehmend die aggressiven und kämpferischen Merkmale betont – um Freiheit und Individualismus zu verteidigen, die als zentrale, durch die Geschichte verbürgte Merkmale des britischen Charakters galten.[58]

Hierbei handelte es sich um eine Selbststilisierung, die wichtige Elemente britischer Geschichte erfasste, andere aber ausklammerte, darunter die verbreitete Aversion gegenüber Katholiken, der Einsatz von Militär bei Streiks, die Benachteiligung von Frauen oder Exzesse in den Kolonien. Doch Selbstwahrnehmungen neigen dazu, negative Elemente auszuklammern, und sie lassen zudem unterschiedliche Deutungen zu. So beriefen sich nicht nur die *Navy League* oder Vertreter eines expansiven Imperialismus auf das Ideal der Freiheit und das Recht des Individuums, sondern auch streikende Arbeiter, die entstehenden Unabhängigkeitsbewegungen in den Kolonien oder selbstbewusste Frauen. Diese veröffentlichten ein Bild mit John Bull, der aus dem Fenster seines Hauses blickte, das den Namen «Villa Wahlrecht» trug und an dessen Tür seine Frau klopfte. Auf die Frage: «Wie lange willst Du diesen Lärm noch machen?», antwortete sie: «Bis du mich herein lässt, John.»[59] Die Ideale konnten also sehr unterschiedlich gedeutet werden und zu Konflikten führen. Doch zugleich boten sie eine Klammer, die nach innen den Zusammenhalt förderte und nach außen zum Überlegenheitsgefühl und dem Führungsanspruch des britischen Empire beitrug.

Überlegenheitsgefühl, Gerüchte und Paniken

Der Burenkrieg und die Konkurrenz der imperialistischen Mächte stellten diesen Führungsanspruch allerdings infrage und lösten eine Verunsicherung aus, die zahlreiche Publikationen noch bestärkten, darunter vor allem die Zeitungen von Alfred Harmsworth (seit 1905 Baron Northcliffe). Zunehmend rückte dabei das Kaiserreich in den Mittelpunkt und gab Anlass für panikartige Bedrohungsszenarien. Bücher beschrieben *How the Germans took London* (1900), dessen Autor vor einer fünften Kolonne warnte; *The Enemy in our Midst* (1906) beklagte die Zuwanderung des «ausländischen Abschaums, der zu dreckig ist, um im eigenen Land zu bleiben». Childers *Riddle in the Sand* (1903) beschrieb eine deutsche Invasion. *Spies of the Kaiser. Plotting the downfall of England* (1909) sprach von 5000 Verrätern, während *The Secret* (1907) gleich von 290 000 Spionen ausging, die in England lebten und ausgebildete Schützen seien. Arthur Conan Doyle spendete Geld für die *Brothers League*, die gegen die Einwanderung agitierte, und beschrieb in Kurzgeschichten finstere deutsche Ärzte, die Münzen fälschten, um Großbritannien zu schaden. Kurz vor Ausbruch des Ersten Weltkrieges erbat Sir John Barlow, liberaler Abgeordneter im Unterhaus, eine offizielle Stellungnahme zum Gerücht, in einem Keller bei Charing Cross seien 50 000 Mauser-Gewehre versteckt.[60] Und schon zuvor hatte die *Daily Mail* einen Journalisten beauftragt, nach Deutschland zu fahren und Berichte über den «geheimen und heimtückischen Gegner» zu verfassen. Dieser enttäuschte seine Auftraggeber nicht und behauptete «Deutschland bereitet sich gezielt darauf vor, das Britische Empire zu vernichten», ohne dass Großbritannien in der Lage sei, sich dagegen zu verteidigen.[61]

Wie drastisch diese Darstellungen ausfallen konnten, zeigen Ausschnitte aus Bart Kennedys *The German Danger* von 1907. Darin beschreibt der Autor auf den ersten Seiten seine Eindrücke vom Rheinland und Köln, dessen Dom er mit großem Lob erwähnt. Doch sofort danach heißt es: «Dieses merkwürdig schöne Land des Rheins war auch ein Land gefüllt mit den Kräften von Tod und Verderben. Vom Morgen bis zur Dunkelheit marschierten Männer, übten sich im Drill und verausgabten sich beim Gebrauch mörderischer Waffen. Überall waren Soldaten. Das schöne Rheinland war zu einem drohenden Vulkan geworden, der jeden Moment ausbrechen kann und Europa zerreißt und spaltet. Im Auftrag einer kleinen Gruppe finsterer Männer, die an einer Hand abzuzählen sind, könnten Millionen Bewaffneter losgeschickt werden, um zu morden und zu verwüsten. ... Friedliebende, liebenswürdige Männer könnten von ihren Familien losgerissen werden ..., um Taten der Gewalt und des Blutes gegen andere Menschen und Leute wie sie selbst zu begehen. ... Diese kleine Gruppe finsterer Gestalten kontrollierte eine mörderische Macht, die sich nicht einmal Attila der Hunne erträumte.»[62]

Viele der genannten Bücher wurden Bestseller, und die Zeitungen von Northcliffe erreichten ein Massenpublikum, so dass dieses Bild des Kaiserreichs große Verbreitung fand. Wie weit es jedoch akzeptiert wurde, ist kaum zu beurteilen, schon weil es grundsätzlich schwerfällt, die Wirkung von Medien zu bewerten. Hinzu kam, dass es auch positive Wahrnehmungen von Deutschland gab. Das deutsche Vorbild hatte großen Einfluss auf die Sozialpolitik; Musik und Musiker aus Deutschland (und Österreich) waren sehr beliebt; in vielen deutschen Städten lebten Engländer, die dort arbeiteten, eine Schule oder Universität besuchten, ihren Urlaub verbrachten oder auch als Pensionäre von den günstigen Preisen profitierten. Gleichzeitig sahen viele Deutsche in Großbritannien ein Vorbild, sei es wegen des Empire, der wirtschaftlichen Führungsrolle, der Vorherrschaft des Parlaments, als Geburtsstätte vieler Sportarten oder als Vorreiter auf zahlreichen anderen Gebieten.

Die fraglos vorhandene Unsicherheit und die hysterischen Berichte dürfen deshalb nicht überbetont werden, zumal es zahlreiche Gründe gab, optimistisch in die Zukunft zu blicken, und Neuerungen stattfanden, die große Begeisterung auslösten. Dazu zählten wissenschaftliche Entdeckungen wie die Begründung der Quantenphysik durch Max Planck, die ersten Veröffentlichungen von Albert Einstein oder die Entdeckung des Unbewussten durch Sigmund Freud – dessen Erkenntnisse in Großbritannien auch als Infragestellung der wissenschaftlichen Rationalität verstanden wurden und zu einer Renaissance des Okkultismus beitrugen, sehr zu Freuds Unwillen.[63]

Im Alltag greifbarer waren die Telegraphenleitungen, die jetzt die ganze Welt verbanden; die Kinos, die völlig neue Erfahrungen und Sehgewohnheiten ermöglichten; die neuen Sportarten, aufregende Freizeitmöglichkeiten und technische Erfindungen wie das Fahrrad, das zu erträglichen Preisen die Mobilität geradezu sprunghaft erweiterte; oder das Auto, das sich allerdings nur sehr Wohlhabende leisten konnten. Doch es übte eine allgemeine Faszination aus, wie die überaus populären Autorennen und Rallyes zeigten. Wohl noch größer war die Begeisterung über die ersten Flugzeuge, die einen alten Traum der Menschheit verwirklichten. Am 25. Juli 1909 überquerte der Franzose Louis Blériot zum ersten Mal den Ärmelkanal, landete in Dover und gewann dafür den Preis von 1000 £, den die *Daily Mail* ausgelobt hatte. Er löste große Begeisterung aus, ließ aber auch erneut Schreckensgeschichten entstehen. Plötzlich wurden überall im Land unbekannte fliegende Objekte gesehen und Bombardierungen befürchtet. Dies ging selbst Northcliffe zu weit. Er befand sich gerade in Deutschland, wo seine Landsleute sich mit ihren Ängsten offensichtlich lächerlich machten, und untersagte weitere Berichte darüber in seinen Zeitungen. Denn Großbritannien, das in Deutschland sonst für seine Gelassenheit und Besonnenheit bekannt sei, würde zunehmend als «Heimat von nervösen Degenerierten gesehen».[64]

Damit sind nur einige der Entwicklungen und Neuerungen genannt, die Großbritannien (und andere europäische Länder) in den Jahren nach 1900 prägten. Sie fielen sehr unterschiedlich aus und lassen sich nicht auf einen gemeinsamen Nenner reduzieren. Vielmehr bestanden Unsicherheit und Zuversicht, Fortschrittsbegeisterung und tiefe Skepsis, Aufbruchstimmung und Niedergangsängste, Lebensfreude und Pessimismus nebeneinander, selbst bei ein und derselben Person. Eine klare Entwicklungslinie ist nicht zu erkennen, insbesondere keine, die mehr oder minder eindeutig zum Ersten Weltkrieg führte. Wohl aber zeigten sich erhebliche Probleme in dem Bemühen, einen internationalen Ausgleich zu finden und den Ausbruch eines Krieges zu vermeiden.

Der Weg in den Ersten Weltkrieg

Als ägyptische Offiziere im Januar 1900 von den britischen Niederlagen gegen die Buren hörten, stachelten sie ihre Soldaten zur Meuterei an und hofften, die Briten aus Ägypten vertreiben zu können.[65] Denn die Nachrichten aus Südafrika zeigten, dass britische Truppen nicht so unbesiegbar waren, wie die letzten kolonialen Konflikte vermuten ließen. Doch die Hoffnung trog. Sie waren weiterhin deutlich überlegen und konnten die Rebellion, an der nur wenige Soldaten teilnahmen, ohne große Mühen niederschlagen.

Größere anti-koloniale und nationale Unabhängigkeitsbewegungen gab es – mit der Ausnahme Irlands – noch nicht, wenngleich Ansätze dafür aufschienen und vielerorts erheblicher Unmut herrschte, nicht nur in Ägypten, sondern verstreut über das Empire. Besonders ausgeprägt war die Unzufriedenheit in Indien und fand sich dort gerade bei Personen, die – wie Mahatma

Gandhi und später Pandit Nehru – eine britische Ausbildung besaßen, mit dem *Indian Civil Service* zusammenarbeiteten oder dort sogar beschäftigt waren. Zunehmend klagten sie über Diskriminierung, fehlende Aufstiegsmöglichkeiten und konkrete politische Entscheidungen, vor allem über die Teilung Bengalens durch Lord Curzon im Jahre 1905. Darin sahen sie einen Versuch, das Land zu spalten, und fühlten sich auch persönlich verletzt, da Curzon in Indien niemanden befragt hatte, auch nicht den *Indian National Congress*, das Sprachrohr der entstehenden nationalen Bewegung und den Vorläufer der späteren Kongress-Partei. So kam es zu heftigen Protesten, und 1911 wurde die Teilung zurückgenommen.

In den Kolonien bestanden also Spannungen, die in London eine gewisse Beunruhigung hervorriefen, jedoch keine ernsthafte Gefährdung bedeuteten – im Gegensatz zu den Auseinandersetzungen zwischen den europäischen Mächten, die wesentlich durch den Imperialismus geprägt waren. Dieser verursachte schon seit längerem Konflikte, die solange begrenzt blieben, wie die Europäer in Afrika und Asien genügend Gebiete unter sich verteilen konnten. Als diese Phase in den 1890er Jahren ausklang, stießen die Expansionsbemühungen der europäischen Mächte immer häufiger aufeinander, insbesondere in Afrika (Karte S. 454/455).

Genauso problematisch war das Verhältnis zu Russland, das vor allem in Asien Gebietsansprüche erhob, sei es in Persien, dem Nahen Osten, China oder an den Grenzen zu Indien, dem Herzstück des Empire. Über eine Strecke von Tausenden von Kilometern konnten Konflikte mit dem Zarenreich entstehen, und es war ausgeschlossen, all diese Gebiete mit britischen Truppen abzusichern. Hinzu kam schließlich das Deutsche Kaiserreich, das einen besonders raschen ökonomischen und militärischen Aufstieg erlebte und ebenfalls «Weltpolitik» betrieb. Dadurch geriet es gegenüber Großbritannien zunehmend in eine Konfrontation, bis beide Länder schließlich im Ersten Weltkrieg aufeinanderprallten. Das war um 1900 nicht unbedingt zu erwarten, denn zwischen ihnen gab es zu dieser Zeit keine ernsthaften kolonialen Konflikte, sie stießen an keiner wichtigen Grenze aufeinander und benötigten einander als Handelspartner.

Doch innerhalb weniger Jahre änderte sich die Situation, wobei erneut der Burenkrieg eine Schlüsselstellung einnahm.[66] Er offenbarte Schwächen der britischen Macht, zeigte aber auch, dass deren Imperialismus zu Erfolgen führte. Denn durch das Empire verfügte das Königreich über zusätzliche Ressourcen, konnte im Burenkrieg Soldaten aus den weißen Siedlerkolonien (Australien, Kanada, Neuseeland) einsetzen und mit deren Hilfe den Krieg gewinnen. Dieser Erfolg, verbunden mit den reichen Gold- und Diamantvorkommen Südafrikas, bestärkte die unter den europäischen

Mächten ohnehin verbreitete Auffassung, dass der Besitz von Kolonien erforderlich sei, um sich auf Dauer behaupten zu können. Schon damals gab es allerdings Hinweise darauf, dass diese Einschätzung nicht zutraf, denn die Kolonien verursachten wirtschaftliche Verluste. Diese trafen allerdings die Steuerzahler, da diese die Kosten für Verwaltung, Militär, Infrastruktur usw. übernahmen, während Firmen oder Privatpersonen durchaus profitable Geschäfte machten.[67]

Diese Kluft zwischen öffentlichen Ausgaben und privaten Gewinnen war ebenso bekannt wie die Tatsache, dass die Industrieländer den größten Teil ihres Handels untereinander abwickelten und wirtschaftlich füreinander die wichtigsten Partner darstellten. Das galt auch für Großbritannien, wo unter den Kolonien lediglich Indien als «Jewel in the Crown» die eigenen Kosten aufbrachte und einen wichtigen Markt bot. Davon abgesehen gingen die britischen Exporte vorwiegend in die Dominions und andere entwickelte Länder, während gerade der Binnenmarkt und hier wiederum der Konsum Wachstumschancen boten, so für Brauereien, Kaufhausketten oder Zeitungen. Diese Zusammenhänge haben Zeitgenossen anders eingeschätzt. Linke Kritiker des Kapitalismus betonten vor allem die ausgeprägte Armut und die großen Klassengegensätze dieses Wirtschaftssystems, das ohne massive Ausbeutung nicht überleben könne. Diese hat fraglos bestanden. Doch wichtiger war die Fähigkeit, den Zugewinn – bei aller Ungerechtigkeit – so zu verteilen, dass eine Nachfrage entstand, die wiederum weiteres Wachstum ermöglichte.

Diese Zusammenhänge unterschätzte auch der Ökonom John A. Hobson, ein früher und einflussreicher Kritiker des Imperialismus. Um 1890 entwickelte er eine Unterkonsumtionstheorie, derzufolge in kapitalistischen Wirtschaften die Produktion schneller wächst als die Nachfrage. Diese Überlegungen führte er weiter und beschrieb 1902 in seinem Buch *Imperialism* diesen als Versuch, Absatzmärkte für überschüssige Waren zu schaffen und neue Investitionsmöglichkeiten zu erschließen.[68] Auf Lenins Theorien und Schriften hatten diese Thesen großen Einfluss. Zeitgenössische Ökonomen hingegen lehnten sie ebenso ab wie Hobsons spätere Vorschläge, die Binnennachfrage durch eine gerechtere Verteilung der Einkommen und eine Verstaatlichung der Monopole zu fördern. Erst Keynes griff die Unterkonsumtionstheorie wieder auf, als er unter dem Eindruck der Weltwirtschaftskrise seine Überlegungen ausarbeitete und in Krisensituationen für eine Steigerung der Nachfrage plädierte.

Die Befürworter der imperialen Expansion wiederum waren von Kolonien und ihren Verheißungen so fasziniert, dass sie diese unbedingt sichern wollten. Angesichts der Schwächen, die der Burenkrieg offenbarte, verstärkte die britische Regierung deshalb die Suche nach Verbündeten und konzentrierte sich dabei auf diejenigen, mit denen die größten Konflikte bestanden. Das klingt paradox, doch es machte Sinn, dort einen Ausgleich zu suchen, wo die größten Gefahren lagen: im Verhältnis zu Russland und zu Frankreich. Mit Frankreich bestanden seit langem Konflikte, welche die Faschoda-Krise 1898 einmal mehr offenbart hatte. Doch diese zeigte sowohl die britische Überlegenheit wie auch die Notwendigkeit, eine weitere Eskalation zu verhindern, so dass es zwischen beiden Ländern zu Absprachen kam. Die wichtigste war die *Entente Cordiale* von 1904, die anfangs lediglich Spannungen zwischen den beiden Ländern beseitigen und einen regelmäßigen Austausch der Militärs etablieren sollte. Ein Bündnis bedeutete diese Absprache nicht, wenngleich die zunehmenden Kontakte dieses langsam entstehen ließen.

Auch das Verhältnis zu Russland besserte sich, als dieses Land 1905 den Krieg gegen Japan verlor, sich dadurch in einer schwachen Position befand und zu Konzessionen bereit war. Ursache für den Krieg waren Gebietsansprüche in der Mandschurei und Korea, die beide Länder gegenüber dem chinesischen Kaiserreich erhoben, das damals zerfiel und sich gegen derartige Ansprüche nicht wehren konnte. Damit befanden sich eine europäische Großmacht und ein scheinbar wenig entwickeltes asiatisches Land im Krieg, dessen Ergebnis eigentlich feststand. Doch gegen alle Erwartungen gewann Japan und überraschte nicht wegen der Erfolge im Landkrieg, die in kolonialen Gefechten auch weniger entwickelte Länder gelegentlich erreichten. Geradezu als Schock wirkten vielmehr die Triumphe der japanischen Marine, die Port Arthur eroberte, zwei russische Flotten zerstörte bzw. erbeutete und sich auf einem Gebiet als überlegen erwies, das den modernsten Stand europäischer Waffentechnik verkörperte. Über Nacht stellte dieser Sieg die Überlegenheit des europäischen Militärs infrage, da offensichtlich auch nicht-europäische Staaten die modernste Technik beherrschen konnten.

Mehr noch als der Burenkrieg elektrisierte dieser Krieg die nationalen Bewegungen in den Kolonien und weckte bei ihnen Hoffnungen, während er in Russland zur Revolution von 1905 führte. Diese konnte der Zar zwar niederschlagen, musste aber seine Schwäche einsehen und arrangierte sich mit Großbritannien. Die Regierung in London befand sich so unvermittelt in einer überaus starken Position. Mit Frankreich und Russland, den beiden wichtigsten Rivalen, erreichte sie Absprachen, die ihre Stellung in Asien und Afrika auf absehbare Zukunft sicherten. Zuvor hatte London bereits die Vormachtstellung der USA in Nord- und Südamerika akzeptiert, in Gebieten, die für das Empire keine große Bedeutung besaßen. Überzeugte Imperialisten sahen darin ein Zeichen der Schwäche, womit sie nicht ganz falsch lagen, denn ein Konflikt mit den USA hätte eine Überforderung des Vereinigten Königreichs bedeutet. Doch tatsächlich stärkte diese Vereinbarung die britische Position, denn anschließend konnte die Regierung ihre Kräfte auf das Empire und die Kolonien konzentrieren.

Offen blieb somit das Verhältnis zu Deutschland, das kaum Gebiete in Afrika und Asien besaß und deshalb bei den kolonialen Vereinbarungen der europäischen Mächte keine nennenswerte Rolle spielte. Doch es erlebte einen raschen ökonomischen und militärischen Aufstieg und sah sich als Großmacht, die einen «Platz an der Sonne» beanspruchte und Weltpolitik betreiben wollte. Dazu verabschiedete der Reichstag nach 1898 mehrere Flottengesetze, die in Großbritannien als Gefahr gesehen wurden und zu einem Wettrüsten führten. Dieses beschleunigte die deutsche Regierung durch ihre offensive, oft ungeschickte Außenpolitik. Damit wollte sie Differenzen zwischen Russland, Großbritannien und Frankreich aufzeigen, hat tatsächlich aber diese drei Staaten fester aneinander gebunden. Hinzu kam ein aggressiver Nationalismus, der sich in der deutschen Öffentlichkeit ausbreitete, allerdings auch in Großbritannien um sich griff.

Hier wurde am 24. Mai 1902, dem Geburtstag der gerade verstorbenen Viktoria, erstmals der *Empire Day* begangen. Der Burenkrieg war noch nicht beendet und mittlerweile stark in die Kritik geraten, so dass es erforderlich schien, die Bevölkerung für das Empire zu begeistern. Politiker wie Chamberlain und Milner klagten darüber, dass dessen Schattenseiten und Kosten zu viel Beachtung fänden. Der *Empire Day* sollte dem entgegenwirken und wurde in den kommenden vier Jahren an 6000 Schulen begangen, auf den ersten Blick eine beeindruckende Zahl, tatsächlich jedoch nur ein kleinerer Teil von ihnen.[69] Daraus folgte nicht, dass das Empire keine Unterstützung besaß, doch die Bereitschaft, dafür zusätzliche Gelder aufzubringen, blieb gering. Daran änderten auch die *Boy Scouts* wenig, die Baden-Powell, ein überzeugter und durch die Verteidigung von Mafeking bekannter Imperialist, 1908 gründete. Bereits ein Jahr später zählten diese 100 000 Mitglieder, wuchsen rasch an und wurden kurz darauf durch die *Girl Guides* ergänzt. Hier sollten die Jugendlichen die Erfolge ihrer Vorfahren kennenlernen und sich als würdige Erben erweisen, bis hin zur Kleidung, die sich an der Khaki-Uniform orientierte, die Baden-Powell bei den Kämpfen in Afrika trug. Ob die Pfadfinder überzeugte Imperialisten wurden, ist bis heute umstritten. Die Attraktion von Zeltlagern, Geländespielen und romantischen Lagerfeuern hat sie vermutlich stärker angezogen.

Eindeutiger nationalistisch und militaristisch wirkten andere Organisationen wie die *National Service League*, die sich für die allgemeine Wehrpflicht einsetzte und 1914 etwa 100 000 Mitglieder zählte; die 1883 gegründete *Primrose League*, die für Gott, Königin und Vaterland eintrat, Atheisten und Gegner des Empire nicht als Mitglieder aufnahm und 1900 bereits die Zahl von 1,5 Millionen erreichte; oder die *Navy League*, die den Ausbau der Flotte forderte und 1914 fast 130 000 Mitglieder zählte.[70] Dabei ging die Bedeutung dieser Organisationen weit über ihre Mitgliederzahl hinaus. Das gilt vor allem für die *Navy League*, die in zahllosen Büchern, Versammlungen, Zeitungsartikeln, Eingaben usw. eine Aufrüstung der Flotte verlangte und großen Druck auf die Regierung ausübte. Als die Agitation 1908 einen Höhepunkt erreichte und das Parlament den Ausbau der Flotte diskutierte, konstatierte Churchill: «Die Admiralität forderte sechs ‹Dreadnoughts›, die Ökonomen boten vier an und als Kompromiss einigten wir uns schließlich auf acht» – so groß war der öffentliche Druck.[71] Bei dieser Agitation haben Presse, Admiralität und Verbände sehr eng und effektiv zusammengearbeitet, dabei auch falsche Informationen lanciert und sich auf die anwachsende anti-deutsche Stimmung gestützt. Diese war mittlerweile ein Dauerthema der populären Massenpresse wie *Daily Mirror*, *Daily Mail* oder *London Evening News*, ergänzt durch die erwähnten reißerischen Romane.

So existierte auch in Großbritannien eine Mischung von Nationalismus und populärem Militarismus, der Soldaten als männliches Ideal zeigte, Schlachten romantisierte und Kriege rechtfertigte. Das war keine schwere Aufgabe, denn Kriege wurden allgemein ebenso akzeptiert wie die Bereitschaft, andere für das Vaterland zu töten bzw. sein eigenes Leben einzusetzen. In Großbritannien bestand zwar keine Wehrpflicht, aber Krieg und Militär waren überaus präsent, allein schon durch die zahlreichen kriegerischen Konflikte, in die britische Truppen immer wieder verwickelt waren.[72] Allein um 1900 kämpften diese nicht nur im Burenkrieg, sondern auch in Omdurman, Malakaland (Afghanistan), an der Grenze zwischen Britisch-Indien und Afghanistan (um den Khaiberpass) und im Gebiet des heutigen Simbabwe, wobei jeweils zahlreiche Soldaten und Siedler sowie eine deutlich größere Zahl der «Aufständischen» starben. Hinzu kamen der Boxeraufstand in China und die Konfrontation in Faschoda, so dass das Vereinte Königreich sich nahezu durchgängig im Kriegszustand befand und entsprechende Berichte die Zeitungen füllten. Dabei waren diese Kriege mit dem Selbstbild einer friedliebenden Nation durchaus zu vereinbaren, denn sie galten als gerecht, wenn nicht als moralische Verpflichtung und Teil des göttlichen Plans.[73]

Die Bedeutung von *Navy League*, Massenpresse oder des populären Militarismus für Entscheidungen der Regierung ist schwer zu erfassen. Fraglos übten sie Druck aus und verringerten deren Handlungsmöglichkeiten. Doch auf grundsätzliche Orientierungen oder konkrete außenpolitische Entscheidungen hatten sie nur wenig Einfluss. Darüber befanden weiterhin engste Kreise, wobei selbst das Kabinett über wichtige Weichenstellungen nicht informiert wurde, geschweige denn daran beteiligt war. So gewannen im Auswärtigen Amt, im Militär und unter Politikern diejenigen an Einfluss, die den deutschen Aufstieg und das harsche, oft aggressive Verhalten der Berliner Regierung mit Skepsis und zunehmend mit Ablehnung betrachteten. Sie setzten sich für die Annäherung an Russland und vor allem an Frankreich ein, die 1904 mit den erwähnten unverbindlichen Gesprächen begann und faktisch zu einem Bündnis führte. So entstanden schließlich zwei Blöcke: auf der einen Seite Großbritannien, Frankreich und Russland und auf der anderen Deutschland mit Österreich-Ungarn.[74]

Die britische Regierung befand sich dadurch am Vorabend des Ersten Weltkrieges in einer beneidenswerten Position. Mit ihren wichtigsten Konkurrenten hatte sie sich arrangiert und besaß außerhalb Europas eine weitgehend unangefochtene Position. Das lag nicht zuletzt daran, dass mit Frankreich und Russland eine Aufgabenteilung bestand. Diese beiden Länder rüsteten ihr Heer auf, während Großbritannien sich auf die Flotte konzentrierte, dadurch die Herrschaft über die Meere sicherte und den Rüstungswettlauf mit der deutschen Marine für sich entschied. 1914 zählte die britische Flotte 24 Schlachtschiffe, 91 Kreuzer und 155 Zerstörer, gegenüber jeweils 16, 41 und 88 in der deutschen Marine.[75]

Der Rüstungswettlauf, die Entstehung fester Blöcke, die anti-deutsche Stimmung und das Anwachsen nationalistischer und imperialistischer Organisationen blieben nicht ohne Kritik. So scheiterten die Bemühungen, den *Empire Day* offiziell zu etablieren, der als zu imperialistisch galt; Baden-Powells Pfadfindern wurde eine militaristische Erziehung vorgeworfen; zahlreiche Personen und Organisationen bemühten sich um ein gutes Verhältnis zu Deutschland; und viele liberale Abgeordnete haben die Außenpolitik der Regierung als zu einseitig kritisiert und vor allem bemängelt, dass nur eine sehr kleine Gruppe die Entscheidungen traf. Doch diese Bemühungen blieben schwach, besaßen weder eine klare Zielrichtung noch durchsetzungsfähige Führungspersonen und boten keine überzeugende Alternative. Dennoch, der Ausbruch des Krieges war nicht zwangsläufig, und selbst in der Regierung blieb die Frage eines britischen Eingreifens bis zum Schluss umstritten.

Faktisch jedoch waren wichtige Weichenstellungen erfolgt, die es immer schwieriger machten, bedrohliche Situationen zu entschärfen und einen Kriegsausbruch zu verhindern.[76] Diesen wollten nur wenige, auch nicht die britische Regierung. Doch sie nahm ihn in Kauf, unternahm zu wenig, um den Frieden zu sichern, und konzentrierte sich darauf, für eine militärische Auseinandersetzung gewappnet zu sein. Selbst dies geschah unzureichend. Denn als der Krieg ausbrach, zeigte sich, wie wenig die politische und militärische Führung in Großbritannien (und den anderen Staaten) tatsächlich darauf vorbereitet war; wie sehr sie dessen Dauer und die Zahl der Opfer unterschätzte; wie schwer es fiel, ihn zu beenden und wie überfordert die Beteiligten waren, anschließend einen dauerhaften Frieden zu schließen, so dass 20 Jahre später ein weiterer Krieg begann.[77]

Diese Feststellungen sind umso bedrückender, als die Politik der großen Mächte weitgehend auf Fehleinschätzungen beruhte. Die umstrittenen Kolonien brachten nur wenige ökonomische Vorteile, sondern verursachten vor allem Kosten, während der Handel zwischen den Ländern, die sich im Krieg als Gegner gegenüberstanden, bedeutend wichtiger war.[78] Ebenso beruhten die politische und ökonomische Macht und damit die Zukunft der am Krieg beteiligten Länder nicht auf der Eroberung zusätzlicher Gebiete oder Völker, sondern auf Technik, Wissenschaft, Bildung oder Infrastruktur. Das kapitalistische Wirtschaftssystem ermöglichte Karrieren wie die von Rhodes, der mit Gold und Diamanten reich wurde, und sie kannte große Klassenunterschiede. Doch schon damals basierten gerade in Großbritannien die neuen Vermögen weniger auf «Ausbeutung», sondern vor allem auf globalem Handel und Investitionen und auf einem beachtlichen Binnenmarkt, dessen Konsum- und Dienstleistungssektor mit seinen Banken, Versicherungen, Zeitungen, Kaufhäusern, Brauereien, Kinos, Vergnügungshallen usw. ungewöhnlich weit entwickelt war.

Gerade hier zeigte sich der zeitliche Vorsprung (bzw. die «Modernität») des Landes, die sich auch in zahllosen anderen Bereichen offenbarte: in der fortgeschrittenen Urbanisierung und ausgeprägten Einbindung in die Weltwirtschaft; der geringen Bedeutung von Landwirtschaft und agrarischen Gegenentwürfen; einer Konsensbildung nicht nur durch Nationalismus oder Feindbilder, sondern auch durch Konsum und Kaufkraft sowie nicht zuletzt im Selbstbewusstsein der Eliten. Diese hatten sich vergleichsweise gut auf die zahlreichen Veränderungen eingestellt. Ihre politische, gesellschaftliche und auch ökonomische Stellung war nicht ernsthaft gefährdet, nicht durch die Frauen- oder Arbeiterbewegung und selbst nicht in Irland, wo allerdings der Krieg eine weitere Zuspitzung verhinderte.

Das schloss nicht aus, dass auch in Großbritannien eine Verunsicherung zu spüren war, dass erhebliche Konflikte bestanden oder dass Regierung und Politiker im Einzelfall ihre Position mit Härte durchsetzten. Doch dabei handelten sie nicht aus dem Gefühl einer fundamentalen Schwäche heraus, sondern eher mit der Absicht, Grenzen aufzuzeigen – wenn etwa Churchill Truppen gegen streikende Arbeiter einsetzte, als wollte er diesen eine Lektion erteilen. Ein vergleichbares Selbstbewusstsein war in den Eliten der anderen europäischen Länder nicht anzutreffen, nicht in Frankreich, Italien oder Russland und zumal nicht in Deutschland. Hier fühlten sich weite Teile der mittleren und oberen Schichten deutlich stärker bedroht und verunsichert, was zum Ausbruch des Ersten Weltkriegs, zu den danach anhaltenden Spannungen und damit zu den großen Katastrophen des 20. Jahrhunderts wesentlich beitrug.

Allerdings war das britische Selbstbewusstsein trügerisch. Großbritannien besaß, wie Chamberlain 1898 feststellte, das größte Empire der Welt.[79] Mehr noch als die anderen europäischen Staaten, war es von seiner globalen Bedeutung überzeugt. Doch es musste sich noch erweisen, ob es tatsächlich eine Weltmacht war. Der Ausbruch des Krieges sprach nicht dafür. Denn ein wichtiges Merkmal einer Weltmacht besteht in deren Fähigkeit, durch ihre Überlegenheit die Rivalen so zu beeindrucken, dass diese einen Krieg gar nicht erst beginnen. Das war 1914 offensichtlich nicht gelungen. Umso mehr war jetzt ein anderes Merkmal einer Weltmacht gefragt: Die Fähigkeit, durch einen raschen Sieg ihre Vorrangstellung zu beweisen.

3. Der Große Krieg und seine Folgen, 1914–1926

Am Abend des 4. August versammelte sich das britische Kabinett in Downing Street 10, dem Sitz des Premierministers, und erwartete voller Spannung, wie die deutsche Regierung auf ihr Ultimatum reagieren würde: Wenn das Kaiserreich seinen Angriff auf Belgien nicht bis Mitternacht beende, werde Großbritannien den Krieg erklären. Die Zeit verrann, Berlin antwortete nicht. Denn in Deutschland waren die Verantwortlichen zu diesem Zeitpunkt genauso zum Krieg entschlossen wie die britische Regierung. So war die Stimmung in Downing Street geprägt von Anspannung und Entschlossenheit. Anspannung, weil nicht sicher war, was der Krieg bringen werde, und Entschlossenheit, ihn an der Seite Russlands und Frankreichs siegreich zu beenden.

Als Premierminister Asquith wenige Stunden zuvor im Parlament die Bereitschaft zum Krieg erklärt hatte, fand er begeisterte Zustimmung, nicht nur bei den Abgeordneten. Vielmehr begrüßten in Großbritannien – wie in den anderen Ländern – jubelnde Menschenmengen den Kriegsausbruch, angestachelt durch einen verbreiteten Nationalismus und in der Erwartung, die Kämpfe seien in wenigen Monaten beendet und würden zu einem glorreichen Sieg führen. Doch nicht alle jubelten. Es gab auch Unsicherheit, Ängste und Gegner des Krieges, selbst innerhalb des Kabinetts. Deren Argumente fanden jedoch nach dem deutschen Angriff auf Belgien kaum noch Gehör. Denn mit Belgien hatte das Kaiserreich ein kleines, neutrales und wehrloses Land angegriffen und damit den Militarismus und die Kriegsbereitschaft bewiesen, die weite Teile der britischen Presse ihm seit längerem unterstellten.[1]

Deren Berichte fielen nun noch extremer aus, als deutsche Soldaten in Belgien die berühmte Bücherei von Löwen in Brand steckten, erhebliche Zerstörungen verursachten und aus Angst vor Hinterhalten oder zur Vergeltung etwa 5500 tatsächliche oder vermeintliche Heckenschützen und unbeteiligte Zivilisten töteten.[2] Dennoch: Die Berichte zeichneten ein verzerrtes Bild, übertrieben die Gräuel und stellten deutsche Soldaten als barbarische Hunnen dar, die Kirchen plünderten, belgische Frauen vergewaltigten oder ermordeten und deren Kinder verstümmelten. Späteren Gerüchten zufolge dienten die Leichen gefallener Soldaten sogar dazu, das kriegswichtige Glyzerin herzustellen.[3]

So rechtfertigte auch in Großbritannien die Propaganda den Krieg, überhöhte die eigene Position moralisch und beschrieb einen Kampf von Gut gegen Böse. Der Bischof von London verglich die Soldaten mit Christus, der für Freiheit, Ehre und Ritterlichkeit gestorben sei: «Unsere Jungens sterben für dieselbe Sache», sie führten einen heiligen Krieg. Der spätere Premier Macmillan und viele andere Politiker sprachen von einem Kreuzzug.[4] Diese Auffassungen waren verbreitet und trugen wesentlich dazu bei, dass der Krieg trotz aller Opfer und Entbehrungen bis zum Ende breite Unterstützung in der Bevölkerung fand. Doch sie zeichneten ein so einseitiges und zugespitztes Bild der Deutschen, dass wenig Raum blieb, sich über einen Frieden zu verständigen, die dafür erforderlichen Kompromisse einzugehen und so den Krieg zu beenden. Selbst das britische Königshaus war davon betroffen, als etwa H. G. Wells George V. 1917 in einem aufsehenerregenden öffentlichen Brief als Ausländer bezeichnete. Dieser Vorwurf war absurd, doch das Königshaus sah sich genötigt, die deutsche Herkunft herunterzuspielen, und übernahm den Namen Windsor.[5]

Die Beendigung des Krieges fiel zusätzlich auch deshalb schwer, weil die Verantwortlichen der beteiligten Staaten anfangs keine klaren Vorstellungen davon hatten, was sie durch einen Sieg erreichen wollten. Die Kriegsziele nahmen vielmehr erst nach und nach Gestalt an und radikalisierten sich so sehr, dass Deutschland schließlich weite Teile Europas beherrschen wollte, während Großbritannien und seine Verbündeten nicht nur anstrebten, das Kaiserreich zu besiegen und dessen Großmachtstellung zu schwächen. Vielmehr wollten sie auch den preußischen Militarismus beseitigen, die autoritäre Monarchie schwächen und letztlich ein anderes Deutschland schaffen – Zielsetzungen, die ebenso wie die deutschen Forderungen einen Kompromissfrieden nicht zuließen. Die Gegner mussten vielmehr kapitulieren, nur dann ließen sich die weitreichenden Pläne verwirklichen. So dauerte der Krieg, der eigentlich Weihnachten beendet sein sollte, vier Jahre und forderte Millionen von Opfern.[6]

Nicht alle haben ein rasches Ende erwartet. Doch die tatsächlichen Auswirkungen hat keiner vorausgesehen. Das betrifft nicht nur die Millionen von Toten und Verwundeten und die enormen Zerstörungen. Vielmehr verursachte der Krieg in allen beteiligten Ländern erhebliche Veränderungen, auch in Großbritannien: Die Aufgaben von Staat und Regierung nahmen rasant zu, um die Bevölkerung zu mobilisieren, die Wirtschaft zu lenken, die Produktion zu sichern und selbst in militärische Belange einzugreifen. Die Parteien orientierten sich neu, unterstützten den Krieg und trugen zu einem Konsens bei, der im britischen Fall das Empire einbezog. Bei aller Einigkeit kam es dabei immer wieder zu Konflikten, die mit der Dauer des Krieges zunahmen. Denn alle Gruppen und Klassen mussten Opfer bringen und leiteten daraus ganz unterschiedliche Erwartungen und Forderungen ab, die von der Einführung des Sozialismus nach Ende des Krieges bis zur Wiederherstellung der Vorkriegsverhältnisse reichten.[7]

Kriegsverlauf I

Diese Auswirkungen waren im August 1914 noch nicht zu erkennen. Anfangs führte vielmehr die Begeisterung dazu, dass sich noch in diesem Monat 350 000 junge Männer, im September weitere 450 000 und bis Anfang 1916 knapp 2,5 Millionen meldeten, die bereit waren, in den Krieg zu ziehen und zu sterben. Das geschah freiwillig, wobei allerdings erheblicher sozialer und teils auch direkter Druck ausgeübt wurde. So brandmarkten Frauen vermeintliche «Drückeberger» durch weiße Federn – als Zeichen der Feigheit – und der Earl of Wey drohte seinen kriegsfähigen Arbeitern die Entlassung an, wenn sie sich nicht zur Armee meldeten.[8] Die Verantwortlichen standen deshalb nicht vor dem Problem, genügend Soldaten zu finden. Die Herausforderung war vielmehr, diese auszubilden und auf den Einsatz an der Front vorzubereiten, denn Großbritannien kannte keine Wehrpflicht und verfügte zwar über eine starke Flotte, aber nur über ein kleines Heer.[9]

Bei Ausbruch des Krieges zählte die Armee etwa 250 000 Offiziere und Mannschaften, von denen allerdings ein Drittel in Indien stationiert war.

Zur Verfügung stand jedoch die *British Expeditionary Force*, die erst seit kurzem existierte und nur wenige (ca. 90 000), aber gut ausgebildete Berufssoldaten umfasste, die wesentlich dazu beitrugen, den Vormarsch deutscher Truppen in Frankreich aufzuhalten. Damit scheiterte der deutsche Plan, im Westen einen raschen Sieg zu erringen, und es begann der Stellungskrieg, der bis zum Sommer 1918 keiner der Seiten größere Geländegewinne, wohl aber zahllose Opfer brachte. Entgegen allen Erwartungen ging der Krieg nicht schnell zu Ende, sondern zeigte, dass die daran beteiligten Nationen ihre Möglichkeiten weit überschätzt hatten, auch die vermeintliche Weltmacht Großbritannien. Sie konnte den Ausbruch des Krieges nicht verhindern und war jetzt nicht in der Lage, einen baldigen Sieg zu erringen. Die Kämpfe wurden vielmehr geprägt durch Schützengräben, Artillerie und Maschinengewehre, die eine überaus wirksame Verteidigung ermöglichten und Offensiven scheitern ließen, trotz des massiven Einsatzes von Soldaten und Waffen und trotz der erschreckend hohen Verluste. In Großbritannien fiel ein Drittel der 19- bis 21-Jährigen, die in den Krieg zogen, und angesichts der hohen Verluste betrug am Ende des Krieges das Durchschnittsalter der Soldaten gerade einmal 19 Jahre.[10] Dennoch – oder vielleicht gerade deshalb – versuchten beide Seiten immer wieder, noch mehr Soldaten einzusetzen, den entscheidenden Durchbruch zu erzielen und den Sieg zu erringen, der all die Opfer rechtfertigen würde.

Für Großbritannien kam dieser Kriegsverlauf besonders überraschend. Hier gingen die Planungen davon aus, dass die Verbündeten den Landkrieg führten. Die britische Aufgabe sollte darin bestehen, mit der Flotte die deutsche Marine zu blockieren, um den Nachschub des Kaiserreichs zu unterbinden und die eigene Versorgung zu sichern. Entsprechend groß war die britische Flotte aufgebaut worden, während für den Landkrieg anfangs nur die erwähnte *British Expeditionary Force* zur Verfügung stand. Da deren Soldaten aber nicht genügten, warb die Regierung jetzt zwar zusätzlich Freiwillige an, ging aber grundsätzlich davon aus, bis zum erwarteten baldigen Sieg mit einer Politik des «business as usual» auszukommen. Doch der Verlauf des Krieges mit seinem immensen Bedarf an Soldaten, Munition und Ausrüstung ließ die anfänglichen Erwartungen schwinden, ein Sieg der eigenen Truppen war trotz aller Opfer nicht zu erkennen. Vielmehr drangen die deutschen Soldaten weit nach Frankreich vor, und im Osten stand die russische Armee unter großem Druck. Um Entlastung zu schaffen, wurde deshalb der Vorschlag gemacht, im östlichen Mittelmeer die Türkei, einen wichtigen Verbündeten des Kaiserreichs, anzugreifen, dort eine zusätzliche Front aufzubauen und Russland so Luft zu verschaffen. Dazu sollten britische und französische Truppen über die Dardanellen nach Konstantinopel vorrücken, was allerdings ein großes Risiko bedeutete und in früheren Planungen verworfen worden war. Ende 1914 jedoch schien dieser Plan vertretbar, um in der bedrohlichen Situation einen Ausweg zu finden.

Im Februar 1915 begann die Bombardierung der Halbinsel Gallipoli, gefolgt von Landungsmanövern, um Brückenköpfe zu sichern. Die erhofften Erfolge traten jedoch nicht ein. Vielmehr besaßen auch hier die Verteidiger einen Vorteil, zumal die türkischen Truppen militärisch bedeutend schlagkräftiger waren, als vorher angenommen. So erlitten beide Seiten hohe Verluste, etwa 150 000 Gefallene und Verwundete auf britischer und französischer und 250 000 auf türkischer Seite, ohne dass eine Entscheidung abzusehen war. Die Angreifer beschlossen deshalb im September 1915, die Operation abzubrechen, und zogen ihre Soldaten bis Anfang 1916 zurück. Militärisch waren diese Ereignisse für den weiteren Verlauf des Krieges ohne größere Bedeutung, wohl hingegen politisch und symbolisch für die beteiligten Länder.

Einer der Befehlshaber der türkischen Truppen war Mustafa Kemal, der später als Atatürk, Gründer der Türkei, bekannt wurde. Die erfolgreiche Verteidigung der Dardanellen begründete seinen Ruhm und trug entscheidend zum entstehenden türkischen Nationalgefühl bei. Eine vergleichbare Entwicklung fand in Neuseeland und Australien statt. Beide Länder stellten innerhalb des *Australian and New Zealand Army Corps* (ANZAC) Soldaten und besaßen den Status von Dominions, die sich weitgehend selbst verwalteten, aber erst in Ansätzen ein eigenes Nationalbewusstsein herausgebildet hatten. Jetzt erfuhr dieses einen Schub, so in Neuseeland, wo patriotische Feiern stattfanden, als die Nachricht eintraf, dass eigene Soldaten am 25. April 1915 bei der Landung in Gallipoli beteiligt waren. Die Regierung erklärte diesen Tag zu einem Feiertag, der später in Australien übernommen wurde und in beiden Ländern bis heute als *Anzac Day* begangen wird.[11]

Für Großbritannien bedeutete das Scheitern des Entlastungsangriffes einen Rückschlag. Als verantwortlich dafür galt Churchill, der sich vehement für diese Operation eingesetzt hatte und als Folge sein Amt an der Spitze der Admiralität verlor. In dieser Krise wollte Asquith ein Zeichen der nationalen Einheit setzen und nahm Vertreter der Konservativen und der Labour Partei in die Regierung auf. Zusätzlich ernannte er Lloyd George zum Rüstungsminister, damit dieser die Umstellung auf die Kriegswirtschaft vorantreibe und die Leistungsfähigkeit von Wirtschaft und Militär erhöhe. Vergleichbare Entwicklungen fanden in den anderen Ländern statt, wo die Regierungen ebenfalls um möglichst breite Unterstützung bemüht waren und ähnliche Zeichen der nationalen Einheit setzten.

Eine entscheidende Wende war allerdings in Großbritannien weiterhin nicht zu erkennen, vielmehr häuften sich die schlechten Nachrichten. Ostern 1916 kam es zu einem Aufstand von irischen Nationalisten in Dublin, und am 1. Juli begann die verhängnisvolle britische Offensive an der Somme. Dieser Angriff war eigentlich gut vorbereitet worden, sollte – einmal mehr – den entscheidenden Durchbruch bringen und setzte mit einem Granatbeschuss ein, der eine Woche dauerte und fast zwei Millionen Granaten auf die deutschen Stellungen niedergehen ließ. Doch diese waren bedeutend weniger geschwächt als erhofft, so dass die britischen Truppen bereits am ersten Tag des Angriffs einen Verlust von 60 000 Soldaten zu beklagen hatten, darunter 21 000 Tote, die meisten davon innerhalb der ersten Stunde. Die Befehlshaber gaben trotzdem nicht auf, sondern setzten in den kommenden Wochen ihre Angriffe fort, bis Dauerregen das Schlachtfeld in einen Morast verwandelte und die Offensive Mitte November abgebrochen werden musste.

Zu diesem Zeitpunkt war die Front an der Somme gerade einmal acht Kilometer vorgerückt – bei 195 000 französischen und 420 000 britischen Verlusten. Seitdem gilt diese Schlacht als Beispiel für das nutzlose Sterben im Ersten Weltkrieg und für das Versagen der britischen Generäle. Deren Verhalten war allerdings nicht ungewöhnlich. Sie wandten vielmehr dieselbe Strategie und Taktik an wie ihre Kollegen in den anderen Armeen, die sich ebenfalls auf die Bedingungen des modernen Krieges mit seinem massenhaften Einsatz von Soldaten und Personal noch nicht eingestellt hatten und ebenso hohe Verluste verursachten. Deshalb konnten die britischen Befehlshaber zur Rechtfertigung ihres Vorgehens darauf verweisen, dass die Deutschen ebenfalls mehr als 600 000 Opfer verzeichneten und zudem an der Somme so viele Truppen einsetzen mussten, dass ihr eigener Angriff bei Verdun scheiterte.[12]

In Großbritannien lösten diese Ereignisse heftige Kritik aus, die sich allerdings weniger gegen die Generäle, sondern vor allem gegen die Regierung richtete, der vorgeworfen wurde, die kämpfenden Truppen nicht genügend zu unterstützen. Sie führte deshalb grundlegende Veränderungen durch, darunter die Einführung der Wehrpflicht, die allerdings gegen liberale Prinzipien verstieß und sehr umstritten war. Zudem bestand das Problem weniger in einem Mangel an Soldaten als in der Notwendigkeit, die Anforderungen von Militär und Industrie aufeinander abzustimmen und sicherzustellen, dass die dringend erforderlichen Facharbeiter in den Betrieben blieben und nicht an die Front geschickt wurden. Denn mittlerweile hatte sich gezeigt, dass der Krieg zwar riesige Mengen an Soldaten erforderte, aber ohne ausreichende Waffen nicht gewonnen werden konnte. Das

Scheitern der Materialschlacht an der Somme stand dazu nicht im Widerspruch. Im Gegenteil, es ließ sich vielmehr argumentieren, dass immer noch nicht genügend Waffen und Munition zur Verfügung stünden, zumal deren Qualität zu wünschen ließ. An der Somme ist nur die Hälfte der eingesetzten Granaten explodiert, Überreste der anderen werden bis heute ausgegraben.

Schon bei den Kämpfen um die Dardanellen war der Regierung ein Mangel an Granaten vorgeworfen worden. Diese Kritik kulminierte im Herbst 1916, die Presse ging zu noch heftigeren Angriffen über, und die Regierung geriet unter großen Druck, zumal mehrere Minister die Kritik teilten, nicht zuletzt Lloyd George, der schnellere Entscheidungen und eine bessere Organisation forderte. Darüber kam es zu einem Konflikt mit Asquith, bei dem sich sachliche Argumente, persönliche Rivalitäten, Eitelkeiten und Missverständnisse vermengten und dazu führten, dass Lloyd George Asquith aus dem Amt drängte und selbst Premierminister wurde. Er stand nun an der Spitze der Regierung, übergab den Konservativen größere Verantwortung, weitete die Eingriffe des Staates erheblich aus und erreichte eine größere Effektivität der Kriegsanstrengungen.

Das lässt sich als Erfolg verbuchen, doch zugleich spaltete Lloyd George die Liberalen in zwei Lager und trug entscheidend zu ihrem Niedergang bei. Auf lange Sicht war dieser wohl unvermeidlich, da Labour wuchs und das britische Wahlrecht keinen Platz für drei große Parteien lässt. Doch der Zeitpunkt kam überraschend, denn die Liberalen stellten seit 1905 die Regierung, hatten die anschließenden Wahlen gewonnen und befanden sich in einer starken Position, die erst der Konflikt zwischen Lloyd George und Asquith untergrub. Dabei spielten persönliche Animositäten eine Rolle. Doch wichtiger für die Schwächung der Liberalen war, dass unter Lloyd George der Staat weitere Aufgaben übernahm, noch stärker in die Wirtschaft eingriff und liberale Prinzipien verletzte – wovon vor allem die Konservativen profitierten. Denn diese konnten mit einem starken Staat gut leben und sich zudem im Krieg als Partei der Patrioten profilieren. So fanden sie unerwartet einen Ausweg aus der Sackgasse, in die sie sich vor Ausbruch des Krieges manövriert hatten.

Empire

Die britische Kriegserklärung war wie selbstverständlich im Namen des gesamten Empire erfolgt. Vereinzelt, vor allem in Indien, rief das Unwillen hervor, doch insgesamt überwog die Bereitschaft, den Krieg zu unterstützen. Das zeigten nicht nur die ANZAC-Truppen, die von Gallipoli nicht nach Hause zurückkehrten, sondern nach Frankreich verlegt wurden und dort noch höhere Verluste erlitten. Mit ihnen kämpften Soldaten aus anderen Gebieten des Empire, aus Kanada, Neufundland, Indien und selbst aus Südafrika, das kurz zuvor noch Schauplatz des Burenkriegs gewesen war. Jetzt hingegen stellte Südafrika nicht nur Soldaten. Jan Smuts, der Ministerpräsident, begab sich vielmehr nach London, wurde Mitglied des Kriegskabinetts und besaß als Vertreter des Empire großen Einfluss. Dabei stellten die Dominions und Kolonien nicht nur Soldaten, deren Zahl beachtlich genug ausfiel: 332 000 aus Australien, 112 000 aus Neuseeland, 136 000 aus Südafrika, 458 000 aus Kanada und 900 000 aus Indien.[13] Hinzu kamen die *Labour Corps* mit mehr als einer Million Personen aus Kolonien in Afrika und Asien, die an den Fronten unterschiedlichste Arbeiten verrichteten, oft in Reichweite der Waffen und teilweise sogar in den Schützengräben. So verloren von den etwa 240 000 Chinesen und Indern, die an der Westfront eingesetzt wurden, mehr als 50 000 im Krieg ihr Leben.

Zusätzlich zu Soldaten und Arbeitskräften stellte das Empire auch Rohstoffe, Lebensmittel, Pferde, Industrieprodukte und Waffen zur Verfügung. Allein Indien lieferte 150 000 Pferde, Ponys und Maultiere, 11 000 Kamele, 1000 Tonnen Nägel, 146 000 Gewehre, 1,4 Millionen Granaten, 3000 Kilometer Eisenbahngleise und viele weitere Produkte.[14] Vergleichbare Lieferungen kamen aus anderen Gebieten des Empire und zusätzlich aus neutralen Ländern wie Brasilien, Paraguay, Argentinien oder Venezuela. Diese gehörten weder zum Empire noch waren sie am Krieg beteiligt. Doch die gegen Deutschland verbündeten Staaten konnten auf deren Industrie und Landwirtschaft zurückgreifen und mit ihren Lieferungen die Fortsetzung des Krieges sichern. Großbritannien war vor allem auf Lebensmittel angewiesen, die es schon vor dem Krieg zum größten Teil importierte und jetzt dringend benötigte, um Krisen wie in Deutschland zu vermeiden. Hier führte die britische Seeblockade zu massiver Unterernährung, an der etwa 800 000 Menschen starben, löste Lebensmittelunruhen aus und trug wesentlich zur Kapitulation bei.[15]

Am Krieg waren somit alle Kontinente beteiligt, doch es handelte sich nicht um einen Weltkrieg, da die Kämpfe weitgehend in Europa stattfanden, selbst wenn in Afrika deutsche Kolonialtruppen anfängliche Erfolge erzielten. Mit größerer Sorge betrachtete die britische Regierung Afghanistan und Persien, wo jedoch keine Kämpfe ausbrachen, im Gegensatz zum Nahen Osten. Dieser gehörte weitgehend zum Osmanischen Reich, das mit Deutschland verbündet war, aber schon vor dem Krieg seine Herrschaft in diesem Gebiet nur mit Mühe behauptet hatte. Hier setzte die britische Führung vor allem indische Soldaten ein und schloss zusätzlich Bündnisse mit arabischen Stämmen, denen sie als Gegenleistung Selbständigkeit und eigene

Territorien nach dem Krieg anbot. Versprechungen, sich in Palästina ansiedeln zu können, erhielten aber auch zionistische Juden, so dass Konflikte vorprogrammiert waren. Diese verschärften sich noch, als Großbritannien und Frankreich im Mai 1916 das geheime Sykes-Picot Abkommen schlossen, mit dem sie Gebiete des Osmanischen Reiches unter sich aufteilten, Palästina internationalisieren wollten und später das zaristische Russland und Italien einbezogen. Auch war die Errichtung arabischer Königreiche vorgesehen, doch Araber selbst wurden bei diesen Gesprächen weder beteiligt noch darüber informiert – bis das Zarenreich zusammenbrach und die Bolschewisten Ende 1917 die Vereinbarungen bekannt gaben, die unter Arabern einen Sturm der Empörung auslösten.

In Irland hingegen, wo im Sommer 1914 ein Bürgerkrieg drohte, hatte sich die Situation vorübergehend beruhigt. Zur Erleichterung der britischen Regierung schob der Kriegsausbruch die Umsetzung der *Home Rule* auf und verhinderte den drohenden Bürgerkrieg. Stattdessen kamen Befürchtungen auf, Deutschland werde die Lage ausnutzen und mit irischen Nationalisten zusammenarbeiten. Doch entsprechende Ansätze erlangten keine größere Bedeutung. Vielmehr fand der Krieg auch in Irland breite Unterstützung, selbst unter Katholiken, von denen sich erstaunlich viele als Freiwillige meldeten. Nennenswerte Aktionen gegen den Krieg hingegen blieben lange Zeit aus, was auch daran lag, dass die britische Regierung vorsichtig agierte. So verzichtete sie darauf, die Wehrpflicht in Irland einzuführen, ein erstaunlicher Beschluss, denn noch gehörte diese Insel zu Großbritannien und seine Bewohner waren Untertanen des Königreichs, mit allen Rechten und Pflichten. Doch die Regierung wollte Unruhe vermeiden – bis Ostern 1916 ein Aufstand ausbrach, der den brüchigen Konsens jäh erschütterte und eine neue Situation schuf, die 1920 zum Bürgerkrieg und schließlich zur Spaltung Irlands führte.[16]

Unterhalb der friedlichen Oberfläche agierten radikale nationalistische Organisationen, darunter als Flügel der *Irish Volunteers* die *Irish Republican Brotherhood*, die schon vor dem Krieg eine revolutionäre Erhebung plante. Nach Kriegsausbruch hoffte sie auf die erwähnte deutsche Unterstützung, erhielt jedoch nur einige Waffen und wollte deshalb im Frühjahr 1916 auf eigene Faust einen Aufstand durchführen. Die britischen Behörden erfuhren davon und verhafteten zahlreiche Beteiligte, so dass die Erhebung nur in Dublin stattfinden konnte. Dort besetzten Aufständische am 24. April (Ostermontag) mehrere strategische Orte und riefen die Irische Republik aus. Kurz darauf trafen britische Truppen ein, die den Aufstand in wenigen Tagen niederschlugen. Beteiligt daran waren etwa 1600 Personen, die eine radikale Splittergruppe vertraten und selbst in Dublin wenig

Unterstützung fanden – bis das Verhalten der britischen Behörden aus den Gefangenen Märtyrer machte.

Denn der zuständige Befehlshaber, der zuvor gegen Aufständische in den Kolonien gekämpft hatte, setzte in Dublin dieselben Methoden ein, die sich seiner Meinung nach bewährt hatten: 15 der Anführer stellte er vor ein Kriegsgericht, das sie zum Tode verurteilte und hinrichten ließ. Dieses Vorgehen war durch das Kriegsrecht gedeckt, löste aber in der bis dahin abwartenden irischen Öffentlichkeit Empörung aus. Die Hingerichteten erschienen als Helden, deren Forderungen nun als nationale Anliegen galten. Die Autorität der britischen Behörden hingegen wurde entscheidend geschwächt, und das Ende ihrer Herrschaft zeichnete sich ab, während die bis dahin kleine Gruppe der radikalen Nationalisten von *Sinn Féin* einen unerwarteten Aufschwung erlebte. Zu ihrem Führer stieg Eamon De Valera auf, der sich am Aufstand beteiligt hatte, wegen seiner amerikanischen Vorfahren aber nicht zum Tode verurteilt wurde und als Überlebender fortan einen besonderen Nimbus genoss.

Klassen und Geschlecht

Eine Gruppe sah dem Krieg mit besonderer Erwartung entgegen: die aristokratische Oberschicht. Sie hatte in den Jahren zuvor ökonomisch und politisch an Einfluss verloren und hinnehmen müssen, dass ihre Bastion, das Oberhaus, entmachtet wurde. Jetzt hingegen schien die Stunde der Bewährung und erneuter Größe gekommen, denn die historischen Ursprünge des Adels lagen in Kriegsdienst und Militär, hier besaß er durch Herkunft und Ausbildung die Fähigkeiten, die jetzt gefragt waren. Davon ist nicht viel geblieben. Vielmehr wurden im Krieg besonders viele Adlige getötet oder verwundet, so dass ihre Familien schmerzliche Verluste erlebten oder sogar ausstarben. Hinzu kamen finanzielle Probleme durch die anhaltende Krise der Landwirtschaft und anfallende Erbschaftssteuern sowie schließlich die verbreitete Auffassung, dass die vorwiegend adligen Befehlshaber für die schrecklichen Verluste verantwortlich seien. Die einfachen Soldaten seien «lions led by donkeys» gewesen und hätten dafür mit ihrem Leben bezahlt.[17]

Die Erfahrungen der in sich heterogenen Mittelschichten waren deutlich widersprüchlicher. Einigermaßen sicher lässt sich nur feststellen, dass Angehörige dieser Schichten einen größeren Anteil der Soldaten und der Opfer stellten als Arbeiter. Das hing zum einen damit zusammen, dass gerade sie den Krieg begeistert begrüßten und sich in größerer Zahl freiwillig meldeten. Zum anderen übten sie nur selten kriegswichtige Berufe aus und wurden deshalb eher eingezogen, so dass etwa 16 Prozent der Londoner

Bankangestellten den Krieg nicht überlebten, gegenüber vier bis fünf Prozent der Fabrikarbeiter. In diesem konkreten Fall fielen die Verluste allerdings ungewöhnlich hoch aus, da die Bankangestellten der Londoner City im Krieg als besonders entbehrlich galten und zu fast 80 Prozent eingezogen wurden, während andere Berufsgruppen deutlich weniger betroffen waren und wieder andere vom Krieg ökonomisch profitierten.[18]

Dazu zählten vor allem diejenigen, deren Produkte für die Versorgung der Bevölkerung und den Krieg benötigt wurden, also Landwirte oder Inhaber von Fabriken, Werkstätten und Geschäften. Besonders traditionelle Industrien wie Kohle, Eisen und Stahl, Textil oder Schiffsbau, die vor dem Krieg unter großem Konkurrenzdruck standen, erlebten einen unerwarteten Aufschwung, da sie Waffen, Uniformen und andere kriegswichtige Produkte herstellten. Auf die unverhoffte Nachfrage reagierten diese Industrien schnell, steigerten die Produktion deutlich und belieferten nicht nur die eigenen, sondern auch die Truppen der Verbündeten. Dabei erzielten sie hohe Gewinne und mussten schließlich eine eigens eingeführte Steuer (*Excess Profits Duty*) zahlen, die jedoch nur einen Teil der Profite abschöpfte.

Einen heftigen Einbruch hingegen erlebten diejenigen, die modische Konsumartikel herstellten, in der Unterhaltungs- und Freizeitindustrie tätig waren oder vom Export abhingen. Ihnen blieb allerdings die Möglichkeit, sich umzustellen, anders als die Bezieher von Renten und anderer fester Einkommen. Da im Krieg die Preise deutlich anstiegen, gehörten sie zu den Verlierern, falls sie nicht Aktien von Firmen besaßen, die ihre hohen Gewinne ausschütteten. Uneinheitlich war die Situation derjenigen, die ein Gehalt erhielten. Einige, darunter Architekten, konnten ihr Einkommen steigern, während es bei den meisten – so im Staatsdienst – hinter den ansteigenden Preisen zurückblieb. Hinzu kamen höhere Steuern, um die Kosten für den Krieg zu finanzieren, so dass die Mittelschichten zwischen 1914 und 1922 einen Rückgang des Lebensstandards von etwa zehn Prozent erlitten.[19] Prinzipiell waren sie bereit, diese Verschlechterung als Folge des Krieges zu akzeptieren. Allerdings staute sich bei ihnen erheblicher Unmut auf, da Arbeiter scheinbar nicht dieselben Opfer brachten.

Für diesen Unmut gab es durchaus Gründe, darunter die Tatsache, dass Arbeiter kriegswichtiger Industrien nicht zur Front mussten, was Ende 1917 auf 2,3 Millionen zutraf. Arbeiter stellten deshalb vergleichsweise wenig Soldaten, wozu allerdings auch beitrug, dass aus Gesundheitsgründen etwa zehn Prozent von ihnen gar nicht eingezogen wurden und weitere 30 Prozent zu schwach waren, um an der Front eingesetzt zu werden. Die Chancen, den Krieg zu überleben, waren also für diejenigen besonders gut, die eine qualifizierte Tätigkeit in einem kriegswichtigen Betrieb verrichteten oder aber so wenig verdienten, dass sie unter schlechten Lebensbedingungen litten und körperlich ungeeignet waren – ein recht fragwürdiger Vorteil der Unterschichten. Trotzdem stellten Arbeiter in absoluten Zahlen die große Mehrzahl der Soldaten und damit auch der Gefallenen, Verwundeten und Invaliden. Außerdem mussten sie lange Arbeitszeiten hinnehmen, waren ebenfalls vom Anstieg der Preise betroffen und litten unter Entbehrungen, konnten aber auch Vorteile verbuchen.

Dazu gehörte ein Rückgang der Arbeitslosigkeit, die anfangs auf 4,2 Prozent anstieg, da der Kriegsausbruch den normalen Wirtschaftskreislauf störte. Bald jedoch nahm der Bedarf an Arbeitskräften so sehr zu, dass die Arbeitslosigkeit auf unter ein Prozent sank. Davon profitierten qualifizierte, vor allem aber ungelernte Arbeiter. Gerade diese konnten höhere Löhne durchsetzen und zudem in Positionen vorrücken, die bis dahin Facharbeiter zusammen mit ihren Gewerkschaften hartnäckig gegen jede Öffnung (*dilution*) für Ungelernte verteidigt hatten. Auch jetzt leisteten diese Widerstand, zeigten sich jedoch kompromissbereit, als sie die Zusage erhielten, dass nach dem Krieg die alten Privilegien wieder hergestellt würden. So konnten Ungelernte aufsteigen und teilweise sogar einen Lohnzuwachs erreichen, der die Inflation übertraf. Zwischen den einzelnen Tätigkeiten gab es dabei erhebliche Unterschiede, doch insgesamt hielt die Arbeiterschaft in etwa den Lebensstandard, den sie bei Ausbruch des Krieges besessen hatte – im Gegensatz zu den Mittelschichten.

Die Gewerkschaften trugen zu dieser Entwicklung bei und profitierten zugleich davon, vor allem durch einen Anstieg der Mitgliederzahlen von 4,1 Millionen im Jahre 1914 auf 7,8 Millionen im Jahre 1919. Die Regierung bemühte sich von Anfang an, ihnen größere Mitsprache einzuräumen, um Unruhen zu unterbinden, und nahm dazu im Mai 1915 Arthur Henderson in das Kabinett auf, der erste Vertreter der Labour Partei in einer Regierung. Im Jahr darauf übernahm Henderson die neu geschaffene Stelle des Arbeitsministers und wurde kurz darauf Mitglied des «Kriegskabinetts», das lediglich fünf Personen umfasste und die eigentliche Regierung stellte. Wie in anderen Ländern erlebten Labour Partei und Gewerkschaften dadurch einen erheblichen Machtzuwachs, gerieten aber auch in die schwierige Situation, dass sie sowohl zum Gelingen des Krieges beitragen als auch die Interessen ihrer Anhänger vertreten mussten. Das war prinzipiell möglich, da die Mehrheit der Arbeiter den Krieg unterstützte und zu Opfern bereit war. Trotzdem entstanden zahlreiche Probleme, wenn etwa die Preise für Lebensmittel in die Höhe schnellten, Privilegien aufgegeben werden sollten oder immer wieder Engpässe auftraten, während zugleich Unternehmer große Gewinne erzielten. Hinzu kamen die Differenzen zwischen einer Mehrheit in Partei und Gewerkschaften, die auf Reformen setzte, und dem radikalen Flügel, der vehement sozialistische Veränderungen forderte. Ihnen kam der Krieg entgegen, denn der Staat griff erheblich in die Wirtschaft ein, leitete zahlreiche Betriebe selbst, baute die Bürokratie aus und übernahm vielfältige Aufgaben, worin die Radikalen den Übergang zu einem staatlich organisierten Sozialismus sahen.

Zurückhaltend verhielt sich demgegenüber die Frauenbewegung, deren extremer Flügel vor dem Krieg Anschläge durchgeführt und eine fundamentalistische Opposition betrieben hatte. Nach Kriegsausbruch war davon keine Rede mehr. Ihre Organisationen (NUWSS und WSPU) beendeten den Einsatz für das Frauenwahlrecht, zumal die Regierung die einsitzenden Suffragetten aus dem Gefängnis entließ. Vorher so radikale Feministinnen wie Emmeline Pankhurst profilierten sich als glühende Patriotinnen, während anderen dieser Wechsel schwerer fiel. Dazu zählte ihre Tochter Christabel, die in einer ersten Reaktion den Krieg als Werk der Vorsehung sah, als Rache der Natur und Gottes, um eine «abscheuliche und grausame, von Männer geschaffene Zivilisation» zu zerstören. Doch bald unterstützte auch sie den Krieg und beschuldigte mit ihrer Organisation (WSPU) die Regierung Asquith mehrfach, nicht genug für den Sieg zu tun. Diese Kritik fiel teilweise so hysterisch aus, dass Asquith ein Verbot der WSPU erwog.[20]

Die allgemeine Situation von Frauen verschlechterte sich zu Beginn des Krieges, denn viele verloren ihre Arbeit, nicht nur in der Konsum- und Freizeitindustrie, sondern auch in bürgerlichen Haushalten, die sparen mussten und ihre Hausangestellten – immer noch der wichtigste Beruf von Frauen – entließen. Allmählich jedoch trat eine Besserung ein, da die Nachfrage nach Arbeitskräften so sehr anstieg, dass Frauen unverzichtbar wurden und in Stellen vorrückten, die ihnen bis dahin verwehrt waren, vor allem in Büros, aber auch in Fabriken – zum Unwillen vieler männlicher Kollegen, die darin eine besonders verpönte Form der *dilution* sahen und mehrfach dagegen streikten. Selbst im Militär verbesserte sich die Position der Frauen. Zusätzlich zu den *Voluntary Aid Detachments* (VAD) und den *Women's Hospital Corps*, die traditionelle Aufgaben der Krankenpflege übernahmen, entstanden 1917 die *Women's Army Auxiliary Corps* (WAAC). Diese unterstützten die kämpfenden Soldaten und standen unter dem Kommando von Frauen, ein wichtiger Durchbruch, der jedoch an Grenzen stieß. Denn weiterhin durften sie nicht Teil des Offizierkorps werden, das ließen Tradition und Vorurteile noch nicht zu.[21]

Entgegen einer lange verbreiteten Ansicht veränderte der Krieg somit zwar die Situation von Frauen, bedeutete aber keinen grundsätzlichen Bruch, sondern setzte vor allem langfristige Veränderungen fort. So stieg der Anteil der weiblichen Erwerbstätigen nur wenig an, da kaum zusätzliche Stellen entstanden. Vielmehr fanden Verschiebungen zwischen den Wirtschaftsbereichen statt, wenn etwa Dienstmädchen oder Verkäuferinnen gering qualifizierte Tätigkeiten in Fabriken übernahmen. In attraktive und moderne Berufe oder gar führende Positionen rückten Frauen hingegen nur selten auf, wenngleich Bilder von Straßenbahnfahrerinnen oder Schaffnerinnen den gegenteiligen Eindruck erwecken. Doch diese Bilder beeindrucken gerade deshalb, weil sie die seltenen Fälle zeigen, wo Frauen in Bereiche vordrangen, die bisher Männern vorbehalten waren. Ohnehin hielten diese daran fest, dass der Krieg eine Ausnahme bedeute und sie anschließend wieder ihre alten Positionen einnehmen würden – was im Sommer 1916 noch in weiter Ferne lag.

Kriegsverlauf II

Der Krieg war 1916 nicht nur durch die verlustreichen Kämpfe an der Somme geprägt, sondern auch durch den deutschen U-Boot Krieg gegen zivile Schiffe, die unter Verdacht standen, kriegswichtige Güter zu transportieren. Die deutschen Militärs griffen diese an, da die britische Seeblockade den Nachschub nach Deutschland weitgehend unterband, während den Alliierten Lieferungen aus der ganzen Welt zur Verfügung standen. Dagegen konnte die deutsche Marine, deren Aufrüstung so wesentlich zum Krieg beigetragen hatte, wenig unternehmen. Nach Kriegsausbruch erwies sie sich vielmehr als unfähig, die Seewege frei zu halten, da die britische Marine sich weit in den sicheren Atlantik zurückzog, dort nicht angegriffen werden konnte und eine effektive Blockade durchführte. Als Ausweg boten sich U-Boote an, die schlecht zu entdecken waren und weit draußen im Atlantik überraschend angreifen konnten.[22]

Der Einsatz von U-Booten war jedoch problematisch, da schwer zu erkennen war, ob Schiffe zivile Passagiere und normale Last oder kriegswichtige Güter transportierten. So wurden mehrfach unbeteiligte Zivilisten getötet, besonders dramatisch beim Angriff auf die *Lusitania* im Mai 1915, als fast 1200 Passagiere ertranken, darunter 127 Amerikaner. Heute wissen wir, dass dieses Schiff auch 173 Tonnen Waffen und Munition transportierte, so dass der Angriff eine gewisse Berechtigung hatte. Damals hingegen löste er große Empörung aus, und die amerikanische Regierung reagierte mit heftigen Protesten, wollte aber nicht in den Krieg hineingezogen werden. Um diese Gefahr zu vermeiden, begrenzte die deutsche Regierung anschließend den Einsatz von U-Booten, geriet angesichts der gespannten militärischen Situation jedoch unter zunehmenden Druck und begann schließlich im Februar 1917 mit dem uneingeschränkten U-Boot Krieg.

Diese Strategie war anfangs erfolgreich. Die deutschen U-Boote versenkten zahlreiche Schiffe, schreckten andere ab und brachten den Transport nach Großbritannien zum Stocken. Im April 1917 gingen dort die Getreidevorräte zur Neige, Hunger drohte, in mehreren Städten kam es zu Streiks, an denen sich bis Mai mehr als 200 000 Personen beteiligten, und die Admiralität erklärte, sie sei den U-Booten nicht gewachsen. Kurz zuvor, im Februar, hatten russische Revolutionäre den Zar gestürzt, und in Großbritannien ließ die Zunahme sozialistischer Forderungen ähnliche Befürchtungen aufkommen. Da außerdem unsicher war, ob die russischen Truppen den Krieg fortsetzen würden, entstand eine äußerst bedrohliche Situation, die sich bald jedoch entscheidend verbesserte. Denn nachdem deutsche U-Boote im März an einem Tag drei amerikanische Schiffe ohne Vorwarnung versenkt hatten, traten am 7. April die USA in den Krieg ein. Damit standen den Alliierten an den Fronten noch keine zusätzlichen Truppen zur Verfügung. Diese mussten vielmehr in den USA erst rekrutiert, ausgebildet und nach Europa verschifft werden – was bis zum Sommer 1918 dauerte. Doch auch ohne eigene Soldaten leisteten die Amerikaner sofort wichtige Hilfe, da sie kurzfristig Schiffe, Fabriken, Werften, Getreide und zusätzliche Kredite zur Verfügung stellten.

Hinzu kam, dass der U-Boot-Krieg auch auf deutscher Seite hohe Verluste verursachte, die nicht lange durchgehalten werden konnten. Denn zunehmend erfolgten Transporte über den Atlantik im Konvoisystem, das lange als risikoreich galt und umstritten war, bis Lloyd George als neuer Premier sich in dieser Frage durchsetzte. Fortan fuhren Schiffe in Gruppen, begleitet von Kriegsschiffen, die wirksamen Schutz boten und die Verluste auf etwa ein Prozent reduzierten. Hinzu kamen neue Minen, Erkennungsflugzeuge und andere technische Verbesserungen, aber auch die sogenannten Q-Schiffe. Nach dem Völkerrecht konnten U-Boote verdächtige Schiffe nicht ohne weiteres angreifen, sondern mussten den Verdacht bestätigen, dazu eventuell auftauchen und die Ladung der Schiffe überprüfen. Einmal aufgetaucht, waren sie jedoch verwundbar, was die britische Admiralität ausnutzte. Sie ließ Kriegsschiffe verkleiden oder falsch markieren, so dass deutsche U-Boote nichts ahnend auftauchten und ein leichtes Opfer wurden, wobei in einzelnen Fällen selbst deren auf dem Wasser treibende Besatzungen beschossen wurden. Für den Ausgang des Krieges waren diese Aktionen nicht entscheidend, selbst zur Versenkung der U-Boote trugen sie nur wenig bei. Doch sie zeigten die Exzesse, die der Krieg verursachte, heizten die gegenseitige Propaganda an und ließen es noch schwieriger werden, ihn zu beenden.[23]

Wichtiger für die britische Kriegsführung waren der Eintritt der USA, die größeren Eingriffe von Regierung und Staat in Wirtschaft, Gesellschaft und Militär, effektivere Planungsmethoden oder die Berufung von Unternehmern an die Spitze von Behörden. Es gab aber auch Rückschläge, darunter vor allem der Zusammenbruch der Ostfront Ende 1917, der es dem deutschen Generalstab erlaubte, Truppen von dort abzuziehen und im März 1918 eine erneute Offensive im Westen zu starten, die aus britischer und französischer Sicht erschreckend erfolgreich war. Bis Mitte Juli rückten deutsche Soldaten mehr als 60 Kilometer vor und standen kurz vor Paris. Der deutsche Plan, vor Eintreffen der amerikanischen Truppen den Sieg zu erringen, schien aufzugehen.[24]

Kriegsende

Bald zeigte sich jedoch, dass die deutsche Heeresleitung einen letzten Kraftakt unternommen und ihre Möglichkeiten überschätzt hatte, zumal ab April amerikanische Soldaten eingriffen und in den folgenden Wochen eine entscheidende Verstärkung bedeuteten. So erlitten die deutschen Truppen bei ihrer letzten Offensive erhebliche Verluste, erhielten keinen ausreichenden Nachschub mehr und waren erschöpft und demoralisiert, als die westlichen Verbündeten im August ihren Gegenangriff begannen. Erst jetzt wendete sich das Blatt, denn Briten und Franzosen standen nicht nur frische amerikanische Truppen zur Verfügung. Sie erhielten auch eine bessere Ausrüstung, konnten auf einen überlegenen Nachschub bauen und hatten schließlich aus leidvollen Erfahrungen mit früheren Offensiven neue Strategien entwickelt, die dem modernen Massenkrieg besser angepasst waren. Dazu gehörte der Einsatz von Panzern, die großen Schrecken verbreiteten, deren Bedeutung aber wegen ihrer geringen Zahl und mangelnder Zuverlässigkeit nicht überschätzt werden darf.

In der Summe jedenfalls führten diese Faktoren zu einer Überlegenheit der westlichen Alliierten, die im August große Erfolge errangen und den deutschen Generalstab davon überzeugten, dass er den Krieg nicht mehr gewinnen konnte. Deshalb wollte er ihn aber noch nicht verloren geben, sondern Gespräche führen, um gute Bedingungen für einen Waffenstillstand zu erreichen. Das lag nahe, denn trotz der wachsenden Unterlegenheit standen deutsche Truppen noch weit in Belgien und in Frankreich. Doch im September griffen bereits mehr als eine Million amerikanische Soldaten in die Kämpfe ein, so dass die Position der Deutschen sich rasch verschlechterte und diese am 11. November den Waffenstillstand unterzeichneten. Die Front befand sich zu diesem Zeitpunkt – mit Ausnahme eines kleinen Abschnittes – außerhalb Deutschlands, und eine Kapitulation war vermieden worden, allerdings nur scheinbar. Denn in den nächsten

Wochen und Monaten zeigte sich, dass die deutsche Seite keinerlei Gegenwehr mehr leisten konnte und im Juni 1919 die Bedingungen des Vertrages von Versailles akzeptieren musste, ohne dass darüber irgendeine Verhandlung stattfand. Faktisch bedeutete also der 11. November eine Kapitulation, eigentlich sogar eine bedingungslose. Das war zu diesem Zeitpunkt aber noch nicht abzusehen, auch nicht in den siegreichen Ländern, die vielmehr auf das Ende des Krieges ebenso wenig vorbereitet waren wie auf dessen Ausbruch.

Bei Ausbruch des Ersten Weltkrieges hatten in Großbritannien die Parteien und Interessengruppen die politisch heiklen Fragen ausgeklammert, darunter *Home Rule* für Irland und das Wahlrecht. Mit Fortdauer des Krieges war jedoch kaum noch zu rechtfertigen, weiterhin Männer und Frauen, die so große Opfer brachten, von den Wahlen auszuschließen. Anfang 1918 verabschiedete deshalb das Parlament ein neues Wahlrecht, das fortan alle Männer ab dem 21. Lebensjahr besaßen und Soldaten bereits mit 19, was unvermeidlich war, da viele in diesem Alter bereits an der Front kämpften.

Frauen hingegen mussten das 30. Lebensjahr erreichen, einen eigenen Haushalt führen, Ehefrauen eines Haushaltsvorstandes sein oder Eigentum besitzen, was selbst bei den über 30-Jährigen mehr als 20 Prozent weiterhin ausschloss. Zu einer weitergehenden Reform waren die Abgeordneten nicht bereit. Sie hielten an den alten Vorstellungen von Eigentum und Selbständigkeit fest, ließen zugleich aber die prinzipiellen Auseinandersetzungen der Vorkriegszeit hinter sich und verabschiedeten das Gesetz mit einer so großen Mehrheit, dass die Suffragetten überrascht und erfreut zugleich reagierten. Ein Wahltermin stand zu diesem Zeitpunkt noch nicht fest. Alle gingen vielmehr zu Beginn des Jahres 1918 davon aus, dass der Krieg noch lange dauern und die nächste Wahl irgendwann in näherer Zukunft stattfinden werde.

Der unerwartet rasche Sieg veränderte die Situation. An die Stelle von Kriegsmüdigkeit und Unsicherheit trat eine geradezu euphorische Stimmung, die Lloyd George nutzen wollte und deshalb bereits für Dezember 1918 Neuwahlen ansetzte. Es gab wenig Zweifel daran, dass seine Regierung dabei triumphieren würde, denn sie hatte den Krieg gewonnen und Lloyd George selbst genoss eine enorme Popularität – wie später erst wieder Winston Churchill. Er galt als Vater des Sieges, der in einer schwierigen Lage das Amt des Premierministers übernommen, die notwendigen Veränderungen durchgeführt und den Erfolg erst ermöglicht hatte. Er teilte diese Beurteilung und trat entsprechend siegesgewiss auf, doch unter der Oberfläche war die Situation sehr viel angespannter.

Die liberalen Anhänger von Asquith fühlten sich verraten, sowohl aus persönlichen wie aus grundsätzlichen Motiven. Denn Lloyd George hatte nicht nur seinen Vorgänger aus dem Amt gedrängt, sondern auch gegen liberale Prinzipien verstoßen und die Grenzen zwischen Politik, Staat und Wirtschaft verwischt. Viele seiner Maßnahmen hatten sich bewährt, andere aber einen schalen Beigeschmack hervorgerufen, so die Ernennung von Lord Beaverbrook zum Informationsminister. Dieser hatte mit den Zeitungen seines Pressekonzerns Asquith zum Rücktritt genötigt, dadurch den Weg für Lloyd George frei gemacht und wurde anschließend mit einem Ministeramt belohnt. Hier war eine Verknüpfung von Amt und privaten Interessen zu erkennen, die an den Marconi-Skandal vor dem Krieg erinnerte. Damals hatte Lloyd George mit Insiderwissen Aktien gekauft, nach dem Urteil eines parlamentarischen Untersuchungsausschusses aber zu wenige, um einen ernsthaften Vorwurf zu erheben.

Auch das Verhältnis zu den Konservativen war belastet. Mit ihnen arbeiteten Lloyd George und sein Flügel der Liberalen Partei während des Krieges gut zusammen, gerieten dabei aber in eine wachsende Abhängigkeit, da nur die Konservativen die Mehrheit im Unterhaus sicherten. Doch die beiden Gruppen hatten zusammen den Sieg errungen, wollten nicht gegeneinander antreten und einigten sich auf gemeinsame Kandidaten, von denen etwa 350 auf die Konservativen und 170 auf die Liberalen entfielen, was dem Kräfteverhältnis der beiden Parteien entsprach. Die ebenfalls an der Regierung beteiligte Labour Partei hingegen hielt sich von diesen Absprachen fern und stellte eigene Kandidaten auf. Dafür sprachen mehrere Gründe. Die Personen, die gerade das Wahlrecht erhalten hatten, stammten vor allem aus der Arbeiterschaft, und es war zu erwarten, dass sie überwiegend für Labour stimmen würden. Zudem war diese Partei an der Regierung beteiligt gewesen, hatte Vertrauen erworben und eine Leistungsfähigkeit gezeigt, die auch bürgerliche Wähler ansprach. Außerdem war Labour mittlerweile gut organisiert, in den meisten Wahlkreisen vertreten und verfügte über genügend sachkundige Kandidaten. Und nicht zuletzt bot diese Partei eine Alternative zu dem Regierungsbündnis und versprach, die großen sozialen Ungleichheiten zu beheben und die dazu erforderlichen Reformen durchzuführen. Wie groß die Erwartungen waren, wusste auch die Regierung. Ihre Aufgabe, so Lloyd George in einer Wahlkampfrede, bestehe darin, «to make Britain a fit country for heroes to live in».[25]

Diese und andere Verheißungen erfüllten ihren Zweck und bescherten der Regierung einen Wahlerfolg, wie er in einer Demokratie eigentlich nicht möglich ist: Sie gewann 523 Sitze und stellte fast 75 Prozent der Abgeordneten. Erneut ist hier allerdings das Wahlsystem zu berücksichtigen, denn der Stimmenanteil lag mit 53,2 Prozent deutlich niedriger als die Zahl der Abgeordneten. Die Liberalen, die Lloyd George ablehnten und eigene Kandidaten aufstellten, erhielten nur 13 Prozent der Stimmen und stellten lediglich 36 Abgeordnete. Ihnen gegenüber erzielte die Labour Partei einen beeindruckenden Erfolg. Mit 20,8 Prozent konnte sie ihren Anteil gegenüber der letzten Wahl (1910) verdreifachen, sich – erneut als Folge des Wahlrechts – mit 57 Abgeordneten anstelle von bisher 42 aber kaum verbessern. In Irland schließlich gewannen die Nationalisten wiederum fast alle Wahlkreise (73), jetzt aber als Mitglieder der radikalen *Sinn Féin*-Partei. Diese verfolgte eine Politik grundsätzlicher Opposition, erkannte das Unterhaus in London nicht an, rief ein eigenes Parlament aus und beschritt einen Weg, der innerhalb weniger Monate zu einem blutigen Bürgerkrieg führte.

Erwartungen, Hoffnungen und Ängste

Damit ist nur einer der schwierigen Konflikte genannt, denen Großbritannien sich am Ende des Krieges gegenüber sah. Wie in den anderen europäischen Ländern herrschte auch hier eine unübersichtliche und angespannte Situation, geprägt durch ganz unterschiedliche Erwartungen, Hoffnungen und Ängste. Auch hier konkurrierten Forderungen nach radikalen Reformen oder gar einer sozialistischen Revolution mit dem Wunsch, möglichst bald zur «Normalität» zurückzukehren und den Zustand vor Ausbruch des Krieges wiederherzustellen. Dabei betrafen die Entscheidungen, die in Großbritannien anstanden, nicht nur das eigene Land, sondern auch Europa, das durch den Krieg gespalten und stark zerstört war, und schließlich das Empire, wo dieser ebenfalls große Veränderungen bewirkt hatte. Gefragt waren also Antworten, die eine internationale Perspektive besaßen. Doch vorherrschend blieb – wie vor dem Ersten Weltkrieg – ein Denken in nationalen Kategorien.

Das zeigte sich schon im Wahlkampf, wo weitreichende Versprechungen gemacht wurden, um die siegreichen Helden zu belohnen. Darüber herrschte unter allen Parteien Konsens, die auch darin übereinstimmten, dass Deutschland die Kosten des Krieges zu übernehmen hatte, notfalls bis an die Grenzen der Belastbarkeit – so Lloyd George. Dabei vertrat dieser vergleichsweise zurückhaltende Positionen, im Gegensatz zu den Massenblättern oder Kollegen wie Schatzkanzler Eric Giddes, der Deutschland auspressen wollte wie eine Zitrone, bis man die «Kerne quietschen hört».[26] Und George Barnes, ein Mitglied des Kriegskabinetts, sprach sich in einer Wahlkampfrede dafür aus, den Kaiser aufzuhängen, eine Forderung, die in der Presse große Zustimmung fand.[27] Es ist allerdings fraglich, wie ernst diese Aussagen gemeint waren, denn sie erfolgten im Wahlkampf, und der

Kaiser befand sich im sicheren holländischen Exil. Doch auch wenn es nur um Wählerstimmen ging: Die Formulierungen ließen sich nicht ohne weiteres zurücknehmen, sondern weckten Erwartungen, die zum einen unvermeidlich enttäuscht werden mussten und zum anderen zum harten Friedensvertrag von Versailles beitrugen.

Die weitreichenden Zusagen verweisen auf die angespannte Lage gegen Ende des Krieges. Nachdem die anfänglichen Hoffnungen auf einen schnellen Sieg verschwunden waren, die Belastungen wuchsen und die Zahl der Verwundeten und Gefallenen immer mehr anstieg, breitete sich auch in Großbritannien ein aggressiver Patriotismus aus. Hier durften allerdings – im Gegensatz zum Kaiserreich – weiterhin Veranstaltungen gegen den Krieg oder für einen Verständigungsfrieden stattfinden, und das Recht auf Kriegsdienstverweigerung blieb bestehen. Doch diese Veranstaltungen wurden zunehmend von Gegendemonstranten gewaltsam unterbrochen bzw. verhindert, wobei die Polizei vielfach nicht eingriff und die Auswüchse faktisch duldete. Auch zensierte die Regierung die Presse und übte auf vielfältige Weise Druck auf linke Abweichler aus, der ab 1917 noch zunahm, als die schlechten Nachrichten von der Front sich häuften und sogar eine Niederlage zu befürchten war.[28]

Zu diesem Zeitpunkt breiteten sich auch Ängste vor einem Übergreifen des Bolschewismus nach Großbritannien aus, die auf den ohnehin bestehenden Ressentiments gegenüber Arbeitern aufbauten. Schon 1915 hieß es, dass die Regierung die Soldaten besteche, damit sie kämpften, und die Arbeiter, damit sie ihre Pflicht erfüllten. Diese nutzten die Situation aus, «arbeiten weniger, sind unabhängiger und erhalten mehr Geld».[29] Außerdem schienen sie immer radikaler zu werden, und unter den mittleren und oberen Schichten griff eine Paranoia um sich, die auch Personen der militärischen und zivilen Führungsschicht zeigten. Neueren Untersuchungen zufolge fanden sich Ende 1918 auch in Großbritannien, besonders im südlichen England, all die giftigen Elemente einer rechtsradikalen Politik: «Unzufriedenheit bei der Mittelklasse und Verbitterung gegenüber Großkapital und Massengewerkschaften, Fremdenfeindlichkeit unter Einschluss von Antisemitismus, Enttäuschung über die parlamentarische Regierung, Verschwörungstheorien und vielleicht sogar eine Tendenz, mit etwas Widerwillen Gewalt zu akzeptieren».[30]

Selbst Elemente einer Dolchstoßlegende lassen sich feststellen, und in einigen Bereichen zeigten sich hier im Sommer 1918 mehr Hinweise «auf faschistische Keime als in Deutschland».[31] Ein Bürgerkrieg schien nicht ausgeschlossen – doch dazu kam es nicht.[32] Die Situation spitzte sich nicht weiter zu, wofür es vor allem einen Grund gab: das siegreiche Ende des

Krieges. Damit verlor die Suche nach Sündenböcken an Bedeutung, Verschwörungstheorien waren nicht länger erforderlich, und der Bedarf an Demagogen ließ nach. All die Opfer des Krieges waren nicht vergeblich gewesen – im Gegensatz zu Deutschland, wo nicht so sehr der Krieg, sondern die Niederlage die Weimarer Republik massiv belastete, zumal sie als Folge eines Dolchstoßes dargestellt wurde.

Nach dem Krieg

Dabei waren auch in Großbritannien zahlreiche Probleme zu lösen, von denen eines gleich bei der Demobilmachung auftrat. Viele Soldaten hatten gerade erst das Wahlrecht erhalten, das sie aber nach Kriegsende aus organisatorischen Gründen nicht ausüben konnten. Dies sorgte für Unmut, der noch zunahm, als diejenigen Soldaten zuerst entlassen wurden, welche die Wirtschaft benötigte. Das schien sinnvoll, doch genau diese Personen waren oft erst spät einberufen worden. Diejenigen hingegen, die seit Jahren an der Front gekämpft und den Kontakt zu ihrer Arbeitsstelle verloren hatten, wurden seltener angefordert und durften nicht heimkehren. Sie hatten jedoch bedeutend größere Opfer gebracht, wollten keine weiteren Verzögerungen akzeptieren und drohten mit Meuterei. Zu den ersten Maßnahmen der Regierung gehörte es deshalb, sie bevorzugt zu entlassen.

Als bedeutend schwieriger erwiesen sich Forderungen nach grundlegenden Reformen, die seit langem bestehende Probleme lösen und für die im Krieg erbrachten Opfer entschädigen sollten. Da Regierung und Staat seit dessen Ausbruch viele zusätzliche Aufgaben übernommen und vor allem in die Wirtschaft eingegriffen hatten, erschien vielen Arbeitern eine Verstaatlichung nur konsequent. Die Labour Partei nahm dieses Ziel 1918 in ihr Parteiprogramm auf (*Clause* 4) und sah sich bestärkt durch die Russische Revolution, radikale Entwicklungen in anderen europäischen Ländern und das Wachstum der britischen Gewerkschaften, die zwischen 1914 und 1920 fast fünf Millionen neue Mitglieder gewannen. Das weckte Hoffnungen, aber auch Ängste. Deutschland war besiegt, doch jetzt – so ein führender Industrieller – beschäftigte alle die Frage, «ob in der Wirtschaft Krieg oder Friede herrschen würde».[33]

Ein Krieg brach nicht aus, doch von einem Frieden kann auch nicht gesprochen werden. Vielmehr kam es zu zahlreichen Streiks, die einen noch größeren Umfang erreichten als in den ohnehin angespannten Krisenjahren vor dem Krieg. Während 1910 und 1911 je etwa zehn Millionen Arbeitstage verlorengingen und 1912 der Höhepunkt bei 40 Millionen lag, stiegen die Zahlen jetzt auf 35 (1919) und dann sogar auf 86 Millionen (1921) an. Um einen politischen Umsturz ging es dabei nur selten, sondern vor allem um höhere Löhne und bessere Arbeitsbedingungen. Ohnehin darf bei den Spannungen zwischen Mittelschichten und Arbeiterschaft nicht übersehen werden, dass in Großbritannien die grundlegenden politischen Strukturen nach dem Krieg bestehen blieben und in Politik, Gesellschaft und Wirtschaft derselbe Personenkreis weiterhin die Macht ausübte. Die Parteien mussten jetzt um eine größere Wählerschicht werben, doch das politische System wurde nicht ernsthaft infrage gestellt, zumal die Wirtschaft anfangs rasch wuchs.[34]

Das Wachstum beruhte weitgehend auf den Produkten, die in den Jahren zuvor als nicht kriegswichtig galten und deshalb nicht hergestellt worden waren. Hinzu kamen die Kriegszerstörungen auf dem Kontinent, die einen Wiederaufbau erforderten, so dass traditionelle Industrien wie Kohle, Eisen, Stahl und Textil, die schon für die Kriegsführung wichtig gewesen waren, einen zusätzlichen Aufschwung erlebten. Schließlich verabschiedete die Regierung neue Sozialgesetze, baute die Arbeitslosenversicherung aus, verbesserte den Mieterschutz und ließ Häuser und Wohnungen errichten, was ebenfalls die Nachfrage steigerte. Der Übergang zur Friedenswirtschaft schien glatt zu verlaufen, doch tatsächlich handelte es sich um einen künstlichen Boom, der die Kriegsschulden und andere Probleme nur verdeckte, bis diese 1921 umso heftiger zutage traten und die Wirtschaft in eine tiefe Depression stürzten. Innerhalb eines Jahres ging die Produktion in Großbritannien um 25 Prozent zurück – stärker als später in der Weltwirtschaftskrise, wo der Rückgang «nur» etwas über 20 Prozent betrug. Zugleich stieg die Zahl der Arbeitslosen abrupt auf mehr als zwei Millionen an und fiel in keinem der Jahre bis zu Beginn des Zweiten Weltkrieges unter eine Million. Dazu trugen mehrere Faktoren bei, die sich gegenseitig negativ verstärkten.

Einer davon war der Aufschwung, den die traditionellen Industrien während des Krieges nicht nur in Großbritannien erlebt hatten. Die Nachfrage nach Waffen, Kleidung und weiteren Produkten war so groß, dass weltweit zusätzliche Kapazitäten entstanden, die der Boom nach Ende des Krieges noch anschwellen ließ. Doch dieser Boom hielt nicht an, zumal französische und deutsche Unternehmen bald selbst wieder produzierten, zunehmend den eigenen Markt versorgten und weltweit als Konkurrenten auftraten, vor allem bei Kohle, Eisen und Stahl. In der Textilindustrie wiederum trafen Lieferungen aus Indien ein, die sich geradezu verheerend auswirkten, weil die englischen Hersteller seit längerem auf Massenware gesetzt und große Summen in neue Maschinen investiert hatten. Im Krieg zahlten sich diese Investitionen aus, da das Militär preiswerte und robuste Stoffe benötigte. Doch anschließend konnte die britische Textilindustrie der bedeutend billigeren Konkurrenz aus Indien wenig entgegensetzen.

In anderen Sektoren fanden vergleichbare Entwicklungen statt und hatten deshalb so weitreichende Folgen, weil während des Krieges die Konkurrenz fehlte, überhöhte Preise gezahlt wurden und wenig Anreize bestanden, die Effektivität zu steigern. Für die Industriegebiete im Norden Englands, in Schottland und Nordirland waren die Konsequenzen verheerend. Hier herrschten die traditionellen, jetzt unter Druck stehenden Sektoren vor, so dass die Arbeitslosigkeit auf Werte zwischen 20 und 30 Prozent anstieg und bis zum Zweiten Weltkrieg kaum zurückging. Gerade in diesen Industrien kam deshalb die Forderung auf, der Staat solle weiterhin in die Wirtschaft eingreifen, etwas gegen die anhaltende Arbeitslosigkeit unternehmen und notfalls die Fabriken verstaatlichen.

Dazu war die Regierung nicht bereit und konnte sich auf ihre Mehrheit bei den Abgeordneten und unter den Wählern berufen. Diese verfolgten ganz andere Ziele und erhoben zudem den Vorwurf, die neuen Sozialgesetze bedeuteten eine Verschwendung von Steuergeldern. Da schon im Krieg die Ansicht verbreitet war, die Arbeiter würden zu große Vorteile genießen, fielen diese Vorwürfe auf fruchtbaren Boden, wurden durch einen Teil der Presse massiv unterstützt und verschärften das politische Klima. Dieses war ohnehin angespannt, da diffuse, weit überzogene Ängste vor einer «bolschewistischen» Revolution kursierten, die durch mehrere Ereignisse Nahrung erhielten. Dazu gehörten die Gründung der Kommunistischen Partei im Jahr 1920, die jedoch eine Splittergruppe blieb, Unruhen in Glasgow und anderen Orten, wo Aufständische die rote Flagge aufzogen und Militär eingesetzt wurde, und nicht zuletzt reißerische Berichte von Zeitungen und selbst der Polizei.

Unter Arbeitern wiederum machte sich Enttäuschung breit, da die Reformen weit hinter den Erwartungen zurückblieben. Stattdessen litten sie unter einer wachsenden Arbeitslosigkeit und schließlich sogar unter Kürzungen der Sozialausgaben. Denn angesichts der wirtschaftlichen Krise gingen die Steuern zurück, während zugleich die Ausgaben stiegen, besonders für die 1919 verbesserte Arbeitslosenunterstützung, deren Kosten geradezu explodierten. Eine Kürzung erschien so kurz nach dem Krieg zu riskant, was wiederum die Mittelschichten verärgerte, die der Regierung Verschwendung vorwarfen und ihr 1921 bei Nachwahlen große Verluste beibrachten. Das Kabinett setzte deshalb im August desselben Jahres eine Kommission ein, um den Haushalt zu überprüfen und Sparvorschläge zu unterbreiten. Deren Bericht erschien wenige Monate später und empfahl empfindliche Kürzungen der Sozialausgaben, die 1923 auch umgesetzt wurden und den Staatshaushalt ausglichen, während die politische Situation angespannt blieb.

Versailles, Irland und Empire

Lloyd George war zu dieser Zeit vor allem auf der weltpolitischen Bühne aktiv. Er wurde als Sieger des Krieges gefeiert und hielt sich anschließend lange in Versailles und anderen Treffpunkten der internationalen Politik auf, um die Nachkriegsordnung mitzugestalten. Neben dem amerikanischen Präsidenten Wilson und dem französischen Ministerpräsidenten Georges Clemenceau zählte er zu den drei Politikern, die darauf entscheidenden Einfluss nahmen. Die Rhetorik des Wahlkampfes ließ er bei diesen Verhandlungen bald hinter sich und zeigte für Deutschland größeres Verständnis als sein französischer Kollege. Doch dabei handelte es sich vielfach um Absichtserklärungen, da die Wahlversprechen und die Stimmung in der Bevölkerung ihm tatsächlich wenig Spielraum ließen. Das zeigte sich deutlich bei den Bemühungen, in Versailles einen Weg zu finden, um die im Krieg entstandenen Schäden und Schulden zu bezahlen.[35]

Die Kosten des Krieges waren hoch, seine Zerstörungen erforderten einen teuren Wiederaufbau. Hunderttausende hatten schwere Verletzungen erlitten und bedurften ebenso der Unterstützung wie Witwen, Waisen und andere Hinterbliebene. Und nicht zuletzt hatten die beteiligten Länder ihre Kriegsausgaben weitgehend durch Kredite finanziert, teils von der eigenen Bevölkerung, aber auch von anderen Ländern, die jetzt auf Rückzahlung drängten. Entsprechend war in Großbritannien die Verschuldung von 600 Millionen £ vor dem Krieg auf 7,7 Milliarden £ bei dessen Ende angestiegen, so dass allein 20 Prozent des Staatshaushaltes zur Bezahlung der Zinsen aufgewendet werden mussten – von einer Rückzahlung ganz zu schweigen. Reparationen waren deshalb ein wichtiges Thema in Versailles.

Traditionell sollten diese einen Ausgleich für erlittene Zerstörungen bieten und fielen begrenzt aus. Das genügte jetzt jedoch nicht, denn zum einen waren die Zerstörungen enorm und zum anderen betrafen sie fast nur Frankreich und Belgien. Die anderen beteiligten Länder wären deshalb weitgehend leer ausgegangen, wenn Reparationen nur Sachschäden abdeckten. Das war angesichts der hohen Verluste und der Länge des Krieges spätestens ab dem Zeitpunkt ausgeschlossen, als die alliierten Regierungen ihren Wählern versprachen, Deutschland werde die Kosten übernehmen. In Großbritannien kam hinzu, dass die Länder des Empire und hier vor allem die Dominions keine Zerstörungen erlitten, aber im Verlaufe des Krieges große Opfer gebracht hatten und einen Ausgleich verlangten. So wurden in Versailles die Forderungen an Deutschland Schritt für Schritt ausgeweitet. Zu bezahlen war schließlich nicht nur für zerstörte Gebäude, Bahnlinien und Straßen, sondern auch für die Renten von Witwen und

Waisen, die Unterstützung von Invaliden, die Behandlung Erkrankter, Schulden bei Lieferanten, die Begleichung von Krediten usw.

Als die Reparationsforderungen so in die Höhe schnellten, wurde es immer dringender, deren Ausmaß zu rechtfertigen. So entstand Artikel 231 des Versailler Vertrages, demzufolge das Kaiserreich den Ausbruch des Krieges allein verschuldet hatte und deshalb auch alle damit verbundenen Kosten übernehmen musste. Dieser Paragraph kam anfangs vor allem aus juristischen Gründen auf, um die Forderungen formal zu rechtfertigen, entfaltete dann jedoch eine verheerende politische Wirkung und belastete die Weimarer Republik wohl schwerer als die eigentlichen Reparationen. Dabei gab es für diese gute Gründe: Deutschland hatte nahezu keine Zerstörungen erlitten; seine Wirtschaft war im Krieg sogar modernisiert worden und die leistungsfähigste in ganz Europa; seine Bevölkerung war fast so groß wie die von England und Frankreich zusammen, und das Kaiserreich hätte ohne die Unterstützung, die Großbritannien und Frankreich durch das Empire und die USA erhielten, den Krieg vielleicht sogar gewonnen. Anders ausgedrückt: Der Krieg hatte die deutsche Großmachtstellung nur wenig geschwächt. Es ist deshalb verständlich, dass die europäischen Mächte auf hohen Reparationen bestanden und harte Bedingungen durchsetzten – selbst wenn wir heute wissen, dass der Versailler Vertrag wesentlich zur Instabilität der jungen deutschen Demokratie beitrug.

Parallel zu den Verhandlungen in Versailles fanden die nicht weniger schwierigen Bemühungen statt, eine Lösung für Irland zu finden. Diese schien eigentlich vorzuliegen, denn das Unterhaus hatte 1914 gegen großen Widerstand die *Home Rule* beschlossen, deren Einführung wegen des Kriegsausbruchs jedoch ausgesetzt worden war und jetzt anstand. Doch während des Krieges war immer deutlicher geworden, dass diese Lösung nicht mehr genügte. Die großen Opfer, die harte Reaktion des britischen Militärs auf den Osteraufstand von 1916 und das weltweite Streben nach einem Selbstbestimmungsrecht der Völker, das sich auf den amerikanischen Präsidenten Wilson berufen konnte, führten dazu, dass der irische Nationalismus sich weiter radikalisierte und dessen Partei (*Sinn Féin*) nach der Wahl vom Dezember 1918 72 Abgeordnete stellte. Diese riefen in Dublin ein eigenes irisches Parlament (*Dáil*) aus, erklärten im Januar 1919 die Unabhängigkeit und appellierten an die Versailler Konferenz, ihre Ansprüche zu unterstützen. Im Vergleich dazu stellten die vorwiegend protestantischen *Irish Unionists* lediglich 27 Abgeordnete und die alte *Nationalist Party* nur noch sieben. Doch erneut täuscht die Verteilung der Abgeordneten, denn beide zusammen erzielten mehr Wählerstimmen als *Sinn Féin* und bestärkten die Regierung in London darin, an der *Home*

Rule festzuhalten. Doch deren Umsetzung wurde immer unwahrscheinlicher.

Um ihren Anspruch auf Unabhängigkeit zu untermauern und Fakten zu schaffen, begann *Sinn Féin* damit, eine eigene Verwaltung aufzubauen, während die Irisch-Republikanische Armee (IRA) zum Guerillakrieg überging. Im Gegenzug bildete die britische Regierung eigene Truppen und setzte heimkehrende Soldaten ein, darunter die berüchtigten *Black and Tans*, benannt nach der Farbe ihrer Uniform. Damit wollte sie die vorhandenen, aber überforderten Polizeikräfte unterstützen, doch tatsächlich kam es zu einer Eskalation der Gewalt. Am 21. November 1920 (*Bloody Sunday*) brachte die IRA 14 britische Offiziere und Informanten um, einige vor den Augen der Ehefrauen. Zur Vergeltung schossen am Nachmittag desselben Tages Mitglieder der *Black and Tans* und der Polizei auf Zuschauer eines gälischen Fußballspiels, von denen zwölf starben und 60 verwundet wurden.[36] Diese Ereignisse, deren Ablauf im Einzelnen umstritten ist, waren Teil einer Reihe von Anschlägen, die zu Explosionen, Bränden und zahlreichen Toten führten. Es ist müßig, hier Schuldzuweisungen vorzunehmen. Vielmehr waren beide Seiten in einer Spirale von Gewalt und Gegengewalt gefangen, die eine Lösung dringend erforderlich machte.[37]

Dazu kam es im Dezember 1921, etwas mehr als ein Jahr nach den Anschlägen des *Bloody Sunday*, als Vertreter von *Sinn Féin* und der britischen Regierung einen Vertrag unterzeichneten, der dem Süden Irlands als *Irish Free State* die faktische Unabhängigkeit zugestand, Nordirland aber beim Königreich beließ. Dieser Teilung des Landes stimmten die irischen Unterhändler nur unter großem Druck zu, doch sie war angesichts der zahlreichen Protestanten im Norden und der britischen Drohung, mehr Militär einzusetzen, unvermeidlich. Radikale irische Nationalisten hingegen bezeichneten den Vertrag als Verrat, und im neuen Staat brach ein blutiger und brutal geführter Bürgerkrieg aus, der sich bis 1923 hinzog, noch mehr Opfer forderte als die Kämpfe gegen die Briten und mit der Niederlage der Radikalen endete. Damit hatte die britische Regierung nichts mehr zu tun. Sie war vielmehr erleichtert darüber, einen Ausweg gefunden zu haben, zumal ihr hartes Vorgehen gegen die Aufständischen und vor allem das Verhalten der *Black and Tans* heftige Kritik im eigenen Lande hervorgerufen hatten. Diese ließ mit dem Vertrag schlagartig nach, ebenso das Interesse der britischen Öffentlichkeit und der Politik an Irland generell. Dieses Thema verschwand für Jahrzehnte in der Versenkung, bis die nordirischen Unruhen der 1970er Jahre es erneut in den Vordergrund rückten.

Bedeutend erfreulicher als in Irland entwickelte sich die Situation im Empire. Im Nachhinein betrachtet entsteht der Eindruck, dessen Niedergang sei bereits damals abzusehen gewesen und Regierung und Eliten hätten es versäumt, angemessen darauf zu reagieren. Dieser Eindruck täuscht, denn bei Kriegsende konnten Zeitgenossen aus gutem Grund annehmen, dass die Zukunft des Empire gesichert war. Dessen Mitglieder hatten den Krieg massiv unterstützt, die Bedrohung durch Deutschland und Russland entfiel, Frankreich war geschwächt, und Großbritannien sicherte sich zusätzliche Gebiete, während in den meisten Kolonien Unabhängigkeitsbewegungen weiterhin wenig Unterstützung erhielten.

Das galt nicht für die weißen Dominions. Diese hatten im Krieg wichtige Hilfe geleistet und erhielten durch die *Balfour Declaration* (1926)[38] und das Statut von Westminster (1931) ihre Selbständigkeit, blieben aber Mitglieder des *British Empire and Commonwealth of Nations*, wie ab 1919 die offizielle Bezeichnung des bisherigen Empire lautete. Zu diesem zählten jetzt auch frühere deutsche Kolonien und Territorien des zerfallenen Osmanischen Reiches im Nahen Osten, darunter vor allem Palästina, das formal dem Völkerbund unterstand und von Großbritannien nur verwaltet, tatsächlich aber von London regiert wurde.[39] Daneben entstanden neue Staaten wie der Irak, der als Verbündeter und Puffer diente; und schließlich musste Ägypten nach einem gescheiterten Aufstand auf die erhoffte Unabhängigkeit verzichten und als Protektorat die britische Vorherrschaft akzeptieren. Vor allem im Nahen Osten baute das Vereinte Königreich dadurch seine Position aus und kontrollierte den Suezkanal, doch auch darüber hinaus konnte Lord Curzon mit gutem Grund feststellen: «The British flag has never flown over a more powerful and united Empire.»[40]

Diese Aussage klang umso plausibler, als die imperialistischen Konflikte zwischen Großbritannien, Frankreich und Deutschland an Bedeutung verloren hatten. Neu war stattdessen die Sorge vor dem revolutionären Russland, wo Lloyd George zugunsten der Weißen Armeen eingreifen wollte, damit aber u. a. am Widerstand der Gewerkschaften scheiterte. Ohnehin zeigte sich bald, dass die Sowjetunion viel zu sehr mit sich beschäftigt war, um Europa oder das Empire ernsthaft zu bedrohen. Das gilt auch für diejenigen Regionen und Kolonien, die nach größerer Unabhängigkeit strebten. Anfänge fanden sich in Ägypten, dem Irak und vor allem in Indien, wo eine einheimische und gut ausgebildete Elite mehr Mitsprache einforderte. Doch noch waren diese Gruppen klein und die Überlegenheit des britischen Militärs zu deutlich, zumal Flugzeuge neue Möglichkeiten boten, britische Interessen durchzusetzen. Diese konnten in kürzester Zeit große Entfernungen überwinden und auch entlegene Gebiete erreichen, ohne dass dort Soldaten stationiert werden mussten. Während diese hohe Kosten verursachten, waren Flugzeuge deutlich billiger und erleichterten es, trotz knapper Kassen das riesige Empire zu kontrollieren, etwa durch Bombenangriffe gegen Aufständische, die dagegen kein Mittel kannten.

Ebenso wehrlos waren etwa 10 000 Inder, die am 13. April 1919 in Amritsar gegen die Kolonialverwaltung protestierten. Britische Truppen schossen auf die Demonstranten, die auf einem engen Platz versammelt waren und nicht fliehen konnten, töteten 379 von ihnen und verwundeten weitere 1200. Anschließend verhängten die Behörden das Kriegsrecht, ließen Verhaftete öffentlich auspeitschen und lösten damit in Indien, aber auch in Großbritannien, Empörung aus. Eine vom Unterhaus eingesetzte Kommission verurteilte den zuständigen General Dyer, der zurückberufen, aber nicht bestraft wurde. Das Oberhaus lobte sogar sein Vorgehen, und die *Morning Post* führte zu seinen Gunsten eine Sammlung durch, die in nur einem Monat die Summe von 26 000 £ einbrachte. Dyer selbst konnte keinerlei Fehler erkennen, sondern bedauerte gegenüber der Parlamentskommission, dass er nicht genug Platz hatte, die auf Lastwagen montierten Maschinengewehre gegen die Demonstranten einzusetzen.[41]

In Indien hinterließen die Ereignisse von Amritsar tiefe Wunden. Sie trugen entscheidend zu Mahatma Gandhis *Non-Cooperation*-Bewegung der Jahre 1920 bis 1922 bei und bestärkten sein Eintreten für Gewaltlosigkeit. Angesichts der britischen Überlegenheit lag diese Strategie nahe, wenngleich die Ereignisse von Amritsar auch in Indien zu heftigen Protesten führten. Doch die Einheimischen besaßen weiterhin keine Möglichkeiten, die britische Stellung ernsthaft zu gefährden. Das gilt auch für die anderen Kolonien, so dass die Aussage von Curzon verständlich war und die britische Weltmachtstellung gefestigter erschien als 1914. Ein ernsthafter Konkurrent war nicht in Sicht – bis in den 1930er Jahren mit Japan, Deutschland und Italien gleich drei Mächte als Herausforderer auftraten und die scheinbar so sichere Position erschütterten.

Lloyd Georges Scheitern und der Durchbruch von Labour

Lloyd Georges Position verschlechterte sich nach seinem grandiosen Wahlsieg vom Dezember 1918 kontinuierlich, von nahezu allen Seiten wurde er kritisiert. Arbeiter waren enttäuscht, weil grundlegende Reformen ausblieben und zudem Kürzungen der ohnehin geringen Zugeständnisse erfolgten; die mittleren und oberen Schichten kritisierten die «Verschwendung» von Steuergeldern; hinzu kam der Vorwurf, er habe die Teilung Irlands zugelassen und gehe im Empire nicht hart genug vor, während andere den Einsatz der *Black and Tans* in Irland und gewaltsame Exzesse im Empire beklagten. Doch letztlich entscheidend für den schwindenden Rückhalt waren zunehmende Vorbehalte unter den konservativen Abgeordneten.[42]

Diese waren im Krieg ohne eigenes Zutun plötzlich an die Regierung zurückgekehrt. Dort angekommen, ließen sie die früheren Konflikte und vor allem ihre radikalen Forderungen hinter sich und erlangten bald eine beherrschende Stellung, zumal die Liberalen sich spalteten. Wie stark sie tatsächlich waren, war allerdings schwer zu erkennen. Lloyd George führte die Regierung an, erwies sich als dominierende Persönlichkeit und errang 1918 den erwähnten Wahlsieg. Doch schon vorher lehnten einzelne Konservative die weitere Zusammenarbeit mit ihm ab. Zunächst setzten sie sich nicht durch, gewannen aber Unterstützung, je lauter die Kritik an seiner Person wurde. Diese hatte seine Karriere von Beginn an begleitet, denn er war Aufsteiger, gehörte als Waliser und Methodist einer Minderheit an, forderte mit seiner Politik mehrfach etablierte Gruppen heraus, neigte zu Provokationen und – schlimmer noch – setzte sich immer wieder durch. Jetzt ließen die Erfolge aber nach, die Angriffe wurden lauter und konzentrierten sich auf den Vorwurf, er würde Orden an Meistbietende verkaufen.

Seit langem beruhten die Verleihung von Orden und selbst die Erhebung in den Adelsstand nicht nur auf Verdiensten, sondern auch auf Zahlungen. Diese Praxis war kein Geheimnis. Vielmehr waren alle Parteien daran beteiligt, bis die große Unzufriedenheit mit der Politik von Lloyd George hieraus ein Problem entstehen ließ. Der Unmut nahm noch zu, als Listen bekannt wurden, die genaue Preise für einzelne Orden und Auszeichnungen nannten und so die Käuflichkeit von Ehrungen offen bekundeten. Und schließlich war nicht ganz klar, wozu das Geld verwendet wurde. Damals beruhte die Finanzierung von Parteien und Wahlkämpfen fast ausschließlich auf Spenden und Einwerbungen, zu denen der Verkauf von Ehrungen gehörte. Dabei waren Grauzonen unvermeidlich, in denen persönliche und politische Interessen und selbst Korruption ineinander übergingen. Solange gewisse, schwer zu bestimmende Grenzen eingehalten wurden, galt dies als akzeptabel, nicht hingegen eine zu offensichtliche Mischung von persönlichen Interessen, politischer Einflussnahme und Bereicherung, die jetzt Lloyd George (nicht ganz zu Unrecht) unterstellt wurde.

Waren während des Krieges seine Dynamik und seine unkonventionellen Methoden positiv gesehen worden, so erschienen sie mittlerweile in einem anderen Licht. Mehr und mehr Konservative wollten sich von Lloyd George trennen, zumal dieser sich im Herbst 1922 in der sog. Chanak-Affäre als imperialer Staatsmann profilieren wollte und die Gefahr eines Krieges heraufbeschwor. Dabei ging es um den Friedensvertrag mit der Türkei, der überaus hart ausgefallen war und den der Nachfolgestaat des Osmanischen Reiches nicht akzeptierte.[43] Unter Atatürk brachen vielmehr Kämpfe aus, in die Lloyd George mit britischen Truppen eingreifen wollte, dafür jedoch keine Unterstützung fand, sondern als Kriegstreiber erschien. Bei einer Fraktionssitzung im Oktober war es dann so weit, der Unmut hatte sich zu sehr aufgestaut. Während des Treffens gingen Meldungen über eine Nachwahl ein, die ein unabhängiger Konservativer gegen einen Kandidaten der Regierung gewann und ihr damit eine weitere Niederlage beifügte. Stanley Baldwin, ein Mitglied des Kabinetts, ergriff das Wort und lobte Lloyd George als «dynamische Kraft», fügte dann aber hinzu, eine solche Kraft könne auch unberechenbar und zerstörerisch sein. Sie habe bereits die Liberalen gespalten, und er sei überzeugt, dasselbe werde auch den Konservativen passieren.[44]

Noch verheerender war die Rede des Parteivorsitzenden Bonar Law, der nach langer Krankheit wieder öffentlich auftrat, deutlich zeigte, wie sehr er Lloyd George ablehnte, und empfahl, bei der nächsten Wahl mit eigenen Kandidaten anzutreten. Zwei Drittel der anwesenden Abgeordneten unterstützten ihn, und noch am selben Nachmittag trat Lloyd George als Premierminister zurück. Sein Nachfolger wurde Bonar Law, der am 15. November 1922 eine Wahl ansetzte, die den Konservativen 344 Abgeordnete von 615 und damit eine klare Mehrheit brachte. Zum ersten Mal seit 1906 stellten sie wieder alleine die Regierung.

Labour und die konservative Dominanz

Erneut täuscht die Sitzverteilung, denn die Konservativen erhielten lediglich 38,5 Prozent der Stimmen. Die Liberalen, die trotz anhaltender Spannungen zwischen Asquith und Lloyd George gemeinsam auftraten, zeigten sich erholt und erreichten 28,3 Prozent. Labour konnte mit 29,7 Prozent eine Zunahme von fast zehn Prozentpunkten erreichen, während Südirland mittlerweile unabhängig war und keine Abgeordneten mehr entsandte. Zusammen besaßen Labour und Liberale somit eine klare Mehrheit von fast 60 Prozent der abgegebenen Stimmen, blockierten sich in den Wahlkreisen aber gegenseitig und gewannen deshalb zusammen lediglich 297 (142 bzw. 155) Sitze.

Nur wenige Monate später, im Mai 1923, musste Bonar Law aus Krankheitsgründen zurücktreten und starb kurz darauf an Krebs. Unverhofft war die Nachfolge zu regeln, für die zwei Kandidaten bereitstanden, der Schatzkanzler Baldwin und Lord Curzon, der frühere Vizekönig von Indien und amtierende Außenminister, der aus einer angesehenen adligen Familie stammte. Doch adlige Herkunft, Wohlstand und ein betont selbstbewusstes Auftreten, Eigenschaften, die vor dem Krieg alle Türen öffneten, galten mittlerweile als Nachteil, wenn es darum ging, die breite Öffentlichkeit zu gewinnen.[45] So setzte Baldwin sich durch, der geradezu das Gegenteil von

Curzon verkörperte, sich bewusst als durchschnittlicher Engländer darstellte und wegen seines unscheinbaren, zurückhaltenden Wesens lange unterschätzt wurde. Tatsächlich jedoch bestimmte er bis Ende der 1930er Jahre die britische Politik, amtierte mehrere Jahre als Premierminister (1923–24, 1924–29, 1935–37) und stand seiner Partei bis 1937 vor. Er trug wesentlich dazu bei, dass diese sich auf rapide gesellschaftliche Veränderungen einstellte, zwischen den Kriegen die wohl erfolgreichste konservative Partei Europas war und Großbritannien die Jahre bis zum Zweiten Weltkrieg besser überstand als die anderen europäischen Staaten.[46]

Der Beginn seiner Amtszeit ließ dies nicht erwarten. Vielmehr verlor Baldwin im Dezember 1923 Neuwahlen, die er kurz nach seinem Amtsantritt ansetzte. Er wollte ein Mandat für höhere Zölle bekommen, um die anhaltend hohe Arbeitslosigkeit zu bekämpfen. Doch Schutzzölle wirkten weiterhin wie ein rotes Tuch und erweckten die alte Koalition zur Verteidigung des Freihandels unverhofft zu neuem Leben. Die Konservativen verloren ihre Mehrheit im Parlament, stellten aber weiterhin die stärkste Partei (258 Abgeordnete). Wie 1906 kam es zu einer Koalition von Liberalen (158) und Labour (191), nur dass jetzt Labour der stärkere Partner war und mit Ramsay MacDonald zum ersten Mal einen Premierminister stellte. Viele Konservative waren darüber entsetzt, fanden jedoch die Alternative, so kurz nach dem Rücktritt von Lloyd George erneut mit den Liberalen zusammenzugehen, noch abschreckender.

Von diesen Animositäten abgesehen kam der Aufstieg von Labour wenig überraschend. In der Partei bestanden radikale Strömungen, doch mehrheitlich vertrat sie seit ihrer Gründung gemäßigte Positionen, war im Krieg an der Regierung beteiligt gewesen, hielt sich auch anschließend mit ihren Forderungen zurück und fand bis in die mittleren Schichten hinein Wähler, die insbesondere MacDonald Vertrauen entgegenbrachten. Dieser wurde 1866 als unehelicher Sohn einer Landarbeiterin geboren, stieg durch eigene Anstrengungen auf und engagierte sich früh in der Arbeiterbewegung, 1900 als Sekretär des neu gegründeten *Labour Representation Committee* und 1911 als Führer der Labour Partei – bis er 1914 von diesem Amt zurücktreten musste, da er als Pazifist den Krieg ablehnte. Wegen dieser Haltung war er bei der Wahl 1918 bösartigen Angriffen ausgesetzt und verlor sein Mandat, kehrte jedoch 1922 ins Unterhaus zurück, da inzwischen die nationalistische Stimmung abgeklungen war und frühere Kritik am Krieg kein so großes Hindernis mehr bedeutete.

MacDonald heiratete 1896 Margaret Ethel Gladstone, eine wohlhabende Frau aus der oberen Mittelklasse, und lernte bei ihr jene «abgeklärte Unabhängigkeit» kennen, welche «die Häuser der wohlhabenden englischen

Mittelklasse umgibt».[47] Dabei vertrat er nicht nur politisch gemäßigte Positionen, sondern verkörperte auch in Kleidung, Auftreten und Habitus das Bemühen seiner Partei um Respektabilität. Dieses prägte auch seine Regierung, die vorsichtig agierte und sich trotz aller vorherigen Kürzungen selbst in der Sozialpolitik zurückhielt. Entsprechend bestand ihre wichtigste Leistung auf diesem Gebiet in einem Wohnungsgesetz, um erschwingliche Häuser für Arbeiter zu bauen. Von weiteren Ausgaben nahm sie Abstand, denn sie war auf die Unterstützung der Liberalen angewiesen, wollte ihre Regierungsfähigkeit beweisen und teilte ohnehin den allgemeinen Konsens, dass der Staat keine Schulden machen dürfe.[48]

Hier bot die neue Regierung somit wenig Angriffspunkte. Größere Probleme bereitete ihr der Vorwurf, sie arbeite den Kommunisten in die Hände – obwohl die Labour Partei sich immer wieder mit fast schon übertriebener Deutlichkeit von diesen abgrenzte. Das Verhältnis zur Sowjetunion hingegen wollte die Regierung entkrampfen und vor allem deren internationale Isolation überwinden, da sie die internationale Situation belaste. Den entsprechenden Verträgen stimmten die Liberalen jedoch nicht zu, so dass die Regierung im Parlament keine Mehrheit mehr besaß und am 25. Oktober 1924 erneut Neuwahlen stattfanden.

Vier Tage vor dieser Wahl druckten mehrere Zeitungen einen Brief ab, der Gregor Sinowjew zugeschrieben wurde, dem Führer der Dritten Kommunistischen Internationalen. Darin forderte dieser die Kommunistische Partei Großbritanniens auf, die Revolution vorzubereiten und Aufstände in der Armee zu organisieren. Heute gilt dieser Brief als Fälschung, doch damals bestätigte das Auswärtige Amt seine Echtheit, so dass die Labour Partei heftigsten Angriffen ausgesetzt war und die Konservativen einen großen Wahlsieg errangen. Dieser ging jedoch nicht zu Lasten von Labour, denn die Partei konnte trotz der Angriffe fast 1,2 Millionen zusätzliche Stimmen und damit eine Zunahme von 25 Prozent erreichen, während die Liberalen einen dramatischen Einbruch erlebten. Sie erzielten nur noch 17 Prozent der Stimmen und stellten lediglich 40 der 615 Abgeordneten. Die Botschaft war eindeutig. Wer Reformen wollte, wählte Labour. Wer hingegen verhindern wollte, dass diese Partei die Regierung stellte, wählte konservativ. Die Liberalen lagen irgendwo dazwischen, und genau darin bestand ihr Problem: Für die Wähler besaßen sie kein klares Profil, was sich schon daran zeigte, dass sie die Labour-Regierung erst unterstützten, dann mit wenig überzeugenden Gründen Neuwahlen herbeiführten und so eine Schaukelpolitik betrieben, die zum Debakel führte.[49]

Es ist allerdings kaum zu sehen, wie die Liberalen sich hätten behaupten können, da die Zugehörigkeit zu Klassen und Schichten für die Politik und das Wahlverhalten eine immer größere Bedeutung gewannen und in den kommenden Jahrzehnten prägend blieben. Davon profitierten Konservative und Labour, die auch die wachsenden Erwartungen an den Staat besser erfüllen konnten als die Liberalen. Hinzu kam, dass die Freikirchen, die bis dahin eine überaus wichtige Basis der Liberalen bildeten, nach dem Ersten Weltkrieg – wie Kirchen und Religion insgesamt – rasch an Bedeutung verloren. Ob der Abstieg der Liberalen deshalb unvermeidlich war, sei dahingestellt, doch von einem «merkwürdigen Tod», den 1936 George Dangerfield beschrieb und der seitdem viel diskutiert wurde, kann nicht gesprochen werden.[50] Vielmehr lässt sich ein anderes «Opfer» dieser Veränderungen benennen: die nationalen Bewegungen in Schottland und Wales. Beide Regionen waren schwerindustriell geprägt und in beiden bestimmten soziale und ökonomische Themen und Konflikte die kommenden Jahrzehnte, so dass Forderungen nach mehr Unabhängigkeit zwar bestehen blieben, aber bis in die 1970er Jahre wenig Gehör fanden.

Jenseits dieser langfristigen Entwicklungen zeigte die eindeutige konservative Mehrheit den Wunsch, zur Situation der Vorkriegszeit zurückzukehren. Nach den Wirren des Krieges, den sozialen Spannungen der Nachkriegszeit und den persönlichen Irritationen, die Lloyd George verursachte, sollten die damaligen Verhältnisse wiederkehren, die tatsächlich zwar äußerst konfliktreich verliefen, im Nachhinein aber als stabil und bewährt verklärt wurden. Dazu stand eine wichtige Korrektur noch aus: Die Rückkehr zum Goldstandard und damit – so die Erwartung – zur alten ökonomischen Bedeutung Großbritanniens. In dieser Frage bestand allgemeiner Konsens, auch bei Labour. Als deshalb Churchill als Schatzkanzler im April 1925 den Goldstandard wieder einführte, fand er breite Zustimmung – mit einer wichtigen Ausnahme: John Maynard Keynes. Dieser hatte bereits 1919 vor den «Economic Consequences of the Peace»[51] gewarnt und die in Versailles verlangten Reparationen als zu hoch bezeichnet. Jetzt warnte er vor den «Economic Consequences of Mr. Churchill».[52] Die Rückkehr zum Goldstandard sei zwar prinzipiell richtig, der festgesetzte Kurs aber zu hoch und bedeute eine Belastung für die ohnehin geschwächte Wirtschaft, deren Exportchancen sich noch verschlechtern würden.

Bis heute ist umstritten, welche Auswirkungen der festgesetzte Kurs hatte, wobei zwischen neuen und alten Industrien zu unterscheiden ist. Die leistungsfähigen neuen Industrien waren vom hohen Kurs kaum betroffen und konnten weiterhin exportieren, während die alten, wenig wettbewerbsfähigen Sektoren darunter litten. Allerdings waren einige davon so wenig konkurrenzfähig, dass es wenig Unterschied machte, ob der neue Pfundkurs etwas höher oder niedriger lag. Zeitgenossen beurteilten diese

Zusammenhänge anders. Das galt vor allem für den Bergbau, wo seit der Vorkriegszeit massive Konflikte zwischen Bergleuten und Zechenbesitzern bestanden und beide Gruppen den hohen Pfundkurs als gravierende Belastung sahen. Die Zechenbesitzer wollten deshalb die Löhne kürzen, um wettbewerbsfähig zu bleiben, während die Bergleute ein Eingreifen der Regierung erwarteten.

Diese besaß seit dem Krieg großen Einfluss im Bergbau und hatte mehrfach Konflikte durch Subventionen entschärft, wollte diese Politik jedoch nicht länger fortsetzen. Auch in dieser Industrie sollten endlich die früheren Verhältnisse wieder einkehren und der Staat sich zurückziehen. So nahm der Konflikt an Schärfe zu. Die Unternehmer beharrten auf Kürzungen, während die Bergleute die Unterstützung anderer Gewerkschaften sicherten und mit einem Generalstreik drohten, der am 8. Mai 1926 ausbrach und die seit langem geforderten Veränderungen erzwingen sollte.

ZWEITER TEIL

1926–1945

4. Großbritannien um 1926

Der Generalstreik

Am Abend des 16. Januar 1926 wurde die BBC mit Anrufen bombardiert. Verstörte Hörer wollten mehr über die Schreckensnachrichten erfahren, die gerade im Radio ausgestrahlt wurden: Aufgebrachte Arbeitslose hätten Trafalgar Square besetzt und die National Gallery geplündert; eine Explosion habe das Savoy-Hotel zerstört, so dass die BBC ihre Musikübertragung von dort abbrach, und Big Ben liege nach schwerem Beschuss in Schutt und Asche. Schlimmer noch: Zwei Minister hätten bereits den Tod gefunden, einer davon aufgehängt an einem Laternenmast auf der Vauxhall Bridge Road.

Nicht nur die BBC erhielt zahllose Anrufe. Hunderte wandten sich auch an das Savoy Hotel, Polizeistationen und Zeitungsredaktionen. Sie wollten wissen, ob das Parlament wirklich in Trümmern lag, ob eine Revolution ausgebrochen war und wie es den Angehörigen und Freunden ging, die sich im Savoy aufhielten. Drohten die Unruhen auf das ganze Land überzugreifen? Die Sorgen waren unbegründet. Denn bei der Sendung handelte es sich um eine Satire, was jedoch viele Hörer – ähnlich wie später bei Orson Welles *Krieg der Welten* – nicht bemerkten. Dabei waren die Hinweise deutlich genug. Die Arbeitslosen führte den Nachrichten zufolge ein Mr. Popplebury an, Sekretär der «Nationalen Bewegung zur Abschaffung von Warteschlangen vor Theatern». Und da Big Ben zerstört war, sollte die Zeitangabe fortan durch die Taschenuhr von Uncle Leslie erfolgen, ein populärer Märchenerzähler aus Edinburgh.[1]

Die BBC war von den Reaktionen völlig überrascht, beruhigte die besorgten Anrufer und entschuldigte sich für die Sendung. So ebbte die Panik ab und wurde bald vergessen, zumal wenige Wochen später ein Ereignis stattfand, das tatsächlich für große Unruhe sorgte: der Generalstreik vom Mai 1926. Daran beteiligten sich Millionen von Briten, legten das Land lahm und lösten sowohl Ängste wie nicht minder große Hoffnungen auf eine radikale politische Wende aus. Doch dazu kam es nicht. Die streikenden Arbeiter erlitten eine Niederlage, und bis heute wird darüber diskutiert, wie der Generalstreik zu bewerten ist. Für die einen, so König George V., bewies er, dass «unser altes Land stolz sein kann». Trotz der großen Beteiligung sei kein Schuss abgefeuert und niemand getötet worden; der Streik habe vielmehr gezeigt, «what a wonderful people we are». Die Sozialistin Beatrice Webb war unsicher, ob sie eine gescheiterte Revolution oder ein bloßes Schauspiel «on a stupendous scale» erlebte.[2] Die radikale Linke wiederum sah (und sieht) den Generalstreik als Ausdruck eines erbitterten Klassenkampfes, bei dem Gewerkschaftsführer ihre Anhänger verrieten und die Regierung fest entschlossen war, die organisierte Arbeiterklasse nicht nur zu besiegen, sondern sie so zu erniedrigen, dass ein derartiges Ereignis sich nicht wiederhole.[3]

Vergleichbare Ereignisse sollte es in Großbritannien in der Tat nicht wieder geben – im Gegensatz zum Kontinent, wo politische Konflikte die 1920er und 1930er Jahren bestimmten und selbst blutige Kämpfe auslösten. Doch auch der Generalstreik von 1926 wurde erbittert ausgetragen, war mit tiefsitzenden Ängsten und nicht minder großen Erwartungen verbunden und besaß eine lange Vorgeschichte, die vor den Ersten Weltkrieg zurückreicht.

Vorgeschichte

Schon vor 1914 hatten Bergleute mehrfach gestreikt, hielten sich nach Ausbruch des Krieges jedoch zurück, da jetzt Kohle dringend benötigt wurde und sich ihre Situation verbesserte. Daran wollten sie nach dem Krieg anknüpfen, forderten weitere Lohnerhöhungen, eine Verkürzung der Arbeitszeit und vor allem eine Verstaatlichung des Bergbaus, die im Krieg weitgehend eingetreten war. Um Konflikte zu vermeiden und Zeit zu gewinnen, setzte Lloyd George im Februar 1919 eine Kommission ein, die einhellig höhere Löhne und eine Verkürzung der Schichtdauer befürwortete. In der Frage der Verstaatlichung hingegen kam die Kommission zu keiner Einigung und sprach sich lediglich mit sieben zu sechs Stimmen dafür aus, was Lloyd George eine Begründung lieferte, den Vorschlag abzulehnen. Da er die anderen Forderungen der Bergleute jedoch erfüllte, unternahmen diese keine weiteren Aktionen.

So entspannte sich die Situation, auch weil die staatlichen Kontrollen und Subventionen aus der Kriegszeit weiter bestanden und ausgleichend wirkten. Als jedoch die Wirtschaft schrumpfte und die Regierung Einsparungen vornehmen musste, kündigte sie im März 1921 ein Ende ihrer Zahlungen an. Die Unternehmer wollten daraufhin die Löhne kürzen, um Kosten zu sparen, und drohten mit Aussperrungen. Erbitterte Auseinandersetzungen standen bevor. Die Regierung rief deshalb den Notstand aus und verlegte Truppen in die Krisengebiete, während die Bergleute auf die

Unterstützung der Transport- und Eisenbahnergewerkschaften bauten, mit denen zusammen sie bereits vor dem Ersten Weltkrieg eine *Triple Alliance* gebildet hatten. Ein großer Streik stand bevor, blieb jedoch aus, da die beiden anderen Gewerkschaften kurz vor dessen Ausbruch die Unterstützung verweigerten. Ihre Mitglieder befürchteten Gegenmaßnahmen und verdienten ohnehin weniger als die Bergleute, da bei ihnen Kürzungen bereits erfolgt waren. So kam es am 23. April 1921 zum *Black Friday*, an dem die *Triple Alliance* zerfiel. Die Bergleute fühlten sich verraten und begannen voller Erbitterung den Streik, den sie verloren und an dessen Ende sie Kürzungen akzeptieren mussten. Doch erneut griff die Regierung ein und bot Subventionen, so dass eine gewisse Entspannung eintrat.

In der Folgezeit blieb die Situation ungeklärt, da Bergleute und Unternehmer zunehmend unvereinbare Positionen vertraten, während die Regierung sich möglichst aus dem Bergbau zurückziehen wollte. Eine vorübergehende Lösung brachte die internationale Politik, genauer der Ruhrkampf von Januar bis September 1923. Da während dieser Zeit die deutschen Bergwerke im Ruhrgebiet keine Kohle förderten, nahm die Nachfrage plötzlich zu, Preise und Löhne stiegen an und die Situation verbesserte sich, bis die deutschen Zechen erneut als Konkurrenten auf den Markt drängten und ihre Kohle preiswerter anboten. Im Vergleich zu ihnen litt der britische Bergbau unter erheblichen Nachteilen, denn er war weder auf wenige Gebiete konzentriert noch durch leistungsfähige Großzechen gekennzeichnet.

Hier fanden sich vielmehr 1500 Betriebe mit 2500 oft kleinen Zechen, die weit über das Land zerstreut lagen und nach Meinung der Besitzer wenig Spielraum für technische Innovation ließen. Ohnehin bildeten Löhne den größten Kostenfaktor, so dass die Unternehmer in deren Kürzung die wichtigste Möglichkeit sahen, wettbewerbsfähig zu bleiben. Zusätzlich wollten sie endlich die staatliche Kontrolle abschütteln und zu den Verhältnissen der Vorkriegszeit zurückkehren. Verschärfend kam im April 1925 die Rückkehr zum Goldstandard hinzu, der Kohleexporte verteuerte und Importe erleichterte, so dass die Zechenbesitzer eine Kürzung der Löhne um 10 Prozent ankündigten. Erneut setzte die Regierung eine Kommission ein, die eine Modernisierung des Bergbaus und einen Mindestlohn empfahl, Kürzungen aber als unvermeidlich bezeichnete.

Zu diesem Zeitpunkt hatte sich die Situation so sehr verhärtet, dass beide Seiten die Vorschläge pauschal zurückwiesen. Die Bergleute wollten über mögliche Lohnkürzungen nicht einmal sprechen, während die Unternehmer Mindestlöhne ablehnten und auf Kürzungen bestanden. So lief alles auf einen Streik hinaus, dieses Mal als Generalstreik, da die anderen Gewerkschaften ihre Unterstützung zugesagt hatten. Das Scheitern am

Black Friday hatte bei ihnen ein Schuldgefühl hinterlassen und zu einer Neuorganisation geführt, insbesondere zu einer Stärkung des Dachverbandes der Gewerkschaften, des *Trades Union Congress* (TUC). Dessen Leitung unterstützte die Bergleute und war zu einem Generalstreik bereit, der am 31. Juli 1925 beginnen sollte.

Diese Entwicklung hatte die Regierung erwartet und sich auf eine Konfrontation gut vorbereitet, schreckte jetzt aber davor zurück. Dazu trug wesentlich bei, dass die Bergleute eine harte und gefährliche Arbeit verrichteten und sich großer öffentlicher Sympathien erfreuten, während die Zechenbesitzer als hartherzige Kapitalisten galten. So lenkte die Regierung im letzten Moment ein und erklärte sich bereit, für weitere neun Monate Subventionen zu bezahlen. Die Unternehmer mussten daraufhin die angekündigten Kürzungen und Aussperrungen zurücknehmen. Eine weitere Kommission sollte bis zum 1. Mai 1926 einen Bericht erstellen, um – so die Hoffnung – einen Ausweg zu finden.

Die Regierung unter Baldwin gab also nach und verstieß damit sowohl gegen Prinzipien ihrer Politik wie auch gegen eigene Ankündigungen. Die konservative Presse und weite Teile der Partei reagierten entsetzt. Die *Daily Mail* beklagte einen «Victory for Violence»,[4] während die Gewerkschaften ihren Sieg feierten, den sie aus Zufall an einem Freitag errangen, so dass dieser *Red Friday* den schmählichen *Black Friday* vergessen ließ. Doch tatsächlich war nur Zeit gewonnen, eine Lösung stand noch aus. Angesichts der verhärteten Positionen schien es unwahrscheinlich, dass die neue Kommission einen Vorschlag finden würde, der alle zufriedenstellte. Die Anspannung hielt an, und es galt, sich auf die Auseinandersetzung vorzubereiten, die offensichtlich nur aufgeschoben war und für den Mai 1926 erwartet wurde.

Zuspitzung

Bei der Vorbereitung konnte die Regierung auf langjährige Erfahrungen zurückgreifen, denn sie hatte schon vor 1914 bei Streiks eingegriffen und dabei auch Soldaten eingesetzt. Nach dem Krieg baute sie ihre Möglichkeiten aus, stützte sich neben der Polizei weiterhin auf das Militär, bildete spezielle Ausschüsse, unterteilte das Land in Distrikte und war schon für den 1925 bevorstehenden Generalstreik gut gerüstet. Nachdem dieser abgesagt wurde, verstärkte sie ihre Bemühungen. Sie ließ Vorräte anlegen, zog Unternehmer als Berater hinzu, verlegte Militär in kritische Gebiete und traf vor allem Vorkehrungen, um Transport und Versorgung bei einem Streik zu sichern. Zusätzlich entstanden private Zusammenschlüsse wie die *Organisation for Maintenance and Supplies* (OMS) und andere Freiwilligenverbände, die sich ebenfalls auf den Streik vorbereiteten. Allein in

Liverpool zählten diese 20 000 Personen, von denen nicht wenige in den Bergleuten und Gewerkschaftern Bolschewisten sahen, die sie bekämpfen wollten.[5]

Diese Angst vor Bolschewisten war in Großbritannien nach dem Krieg weit verbreitet und hatte unter anderem zum Sinowjew-Brief vom Oktober 1924 geführt, der wesentlich zum Wahlsieg der Konservativen beigetragen hatte. Jetzt schien der Gewerkschaftskongress vom Sommer 1925 diese Ängste zu bestätigen, da die Kommunisten mehr Delegierte stellten als in den Jahren zuvor und radikale Beschlüsse durchsetzten. Kurz danach standen linke Bergleute in Wales vor Gericht, und im Oktober wurden Räume der Kommunistischen Partei durchsucht und zwölf ihrer führenden Mitglieder verhaftet, denen Verschwörung und Anstiftung zum Aufruhr vorgeworfen wurde. Vor Old Bailey, dem zentralen Strafgerichtshof in London, fand ein Verfahren statt, dass alle Angeklagten für schuldig erklärte und Strafen von sechs bzw. zwölf Monaten verhängte, was eine breite Solidaritäts- und Protestbewegung unter Arbeitern auslöste.[6] Parallel dazu erfolgten umfangreiche Lohnkürzungen, und die Zahl der Arbeitslosen wuchs. Vor diesem Hintergrund strahlte die BBC die anfangs erwähnte Sendung aus, die bei vielen Zuhörern die schlimmsten Befürchtungen bestätigte.

Es fällt schwer zu beurteilen, wie viele Hörer tatsächlich in Panik verfielen. Denn dafür lagen eigentlich keine Gründe vor, insbesondere nicht bei der Labour Partei, die sich immer wieder von Kommunisten distanzierte, so gerade erst auf ihrem Parteitag im September 1925. In den Gewerkschaften besaßen Kommunisten einigen Einfluss, doch die Labour Partei bekräftigte auf dem Parteitag ihre Politik, diejenigen auszuschließen, die zugleich Mitglieder der *Communist Party* (CP) oder einer ihr nahestehenden Organisation waren. Es bereitete Probleme, diesen Beschluss in jedem einzelnen Ortsverein durchzusetzen. Doch die Stoßrichtung war eindeutig und wurde von einer großen Mehrheit getragen. Besonders von Ramsay MacDonald, der sich als Fraktionsvorsitzender und (kurzzeitiger) Premierminister von radikalen Tendenzen distanzierte und großen Wert darauf legte, Labour als eine *respectable party* zu präsentieren, die auch für die mittleren und oberen Schichten wählbar war. Entsprechend brachten er und die Mehrheit der Labour-Abgeordneten wenig Sympathie für das Vorgehen der Bergarbeiter und den drohenden Generalstreik auf. Über das Nachgeben der Regierung am *Red Friday* waren sie nicht minder entsetzt als konservative Abgeordnete, da es den radikalen Kräften in Partei und Gewerkschaft Aufwind gab. Aus dem bevorstehenden Konflikt zwischen Staat, Unternehmern und Bergleuten wollten sie sich möglichst heraushalten.

Während bei der Labour Partei eine deutliche Distanz zum geplanten

Generalstreik vorherrschte, ist das Verhalten der Gewerkschaften schwerer zu beurteilen. Im Prinzip unterstützte der *General Council* des TUC die Forderungen der Bergleute, unternahm jedoch im Gegensatz zur Regierung wenig, um Vorkehrungen für den Streik zu treffen. Später bezeichneten Bergleute und radikale Linke die mangelnde Vorbereitung als Verrat und machten dafür die konservativen Gewerkschaftsführer verantwortlich. Doch davon kann keine Rede sein. Vielmehr beruhte das Verhalten des TUC sowohl auf ganz praktischen Problemen wie auch auf grundsätzlich unterschiedlichen Auffassungen.

Zu den praktischen Problemen gehörte die organisatorische Schwäche des Dachverbandes. Auf dem Papier war er den anderen Gewerkschaften übergeordnet, besaß aber kaum Mittel und Personal. Denn die einzelnen Gewerkschaften, insbesondere die großen unter ihnen, legten Wert darauf, weiterhin eigenständig zu handeln und ihre Kompetenzen zu behalten. Prinzipiell befürworteten sie ein gemeinsames Vorgehen und eine Stärkung des TUC, doch faktisch wurde er an der kurzen Leine gehalten, konnte nur begrenzt eigenständig handeln und entsprechend kaum Vorbereitungen treffen. Hinzu kam, dass die große Mehrheit der Gewerkschaftsführer und -mitglieder die Bergleute zwar grundsätzlich unterstützte, den Generalstreik jedoch mit Skepsis betrachtete, da er eine zu große Konfrontation mit Unternehmern und Regierung bedeutete und aus mehreren Gründen kaum zu gewinnen war: Die Regierung konnte ihn als Herausforderung des Parlamentes, d. h. als Machtfrage darstellen und damit eine harte Haltung rechtfertigen; die Situation im Bergbau war so verfahren, dass sich keine Lösung abzeichnete; und schließlich litten zwar viele Arbeiter unter der hohen Arbeitslosigkeit und sinkenden Löhnen, so dass Solidarität angebracht erschien; doch zwischen den einzelnen Industrien und Berufsgruppen bestanden erhebliche Unterschiede, die ein gemeinsames Vorgehen erheblich erschwerten, zumal es den Bergleuten (noch) relativ gut ging.

Der Streik

Die am *Red Friday* 1925 von der Regierung eingesetzte Kommission präsentierte im März 1926 ihren Bericht und entwickelte mehrere Vorschläge, um den Bergbau effektiver zu organisieren, die Produktivität zu steigern und das Verhältnis zwischen Bergleuten und Unternehmern zu verbessern. Dazu sollten Zechen zusammengelegt, moderne Technologien entwickelt, tarifliche Verbesserungen vorgenommen und nationale Lohnvereinbarungen getroffen werden. Auf lange Sicht konnten diese Maßnahmen die Lage des Bergbaus verbessern. Doch kurzfristig halfen sie nicht weiter und enttäuschten vor allem die Gewerkschaften. Denn die Kommission lehnte eine

Verstaatlichung des Bergbaus ebenso eindeutig ab wie weitere Subventionen, die «nie wieder vorkommen sollten».[7] Schlimmer noch: Aus der Ablehnung von Subventionen zog die Kommission den naheliegenden Schluss, dass Löhne gekürzt werden müssten. Wie zuvor wollten die Bergleute darüber gar nicht erst verhandeln, während die Unternehmer auf Kürzungen bestanden und darin der Kommission zustimmten. Ansonsten lehnten aber auch sie den Bericht ab und wollten vor allem nationale Lohnvereinbarungen ebenso wenig akzeptieren wie die vorgeschlagenen Eingriffe in ihre Betriebe.

Die Regierung hingegen konnte mit den Vorschlägen leben. Die Kommission bestärkte sie darin, sich aus dem Bergbau zurückzuziehen und in den Konflikt nicht einzugreifen. Direkt angesprochen war sie nur in dem Vorschlag, die Nutzungsrechte zu verstaatlichen, die in Großbritannien diejenigen besaßen, unter deren Boden sich Kohleflöze befanden. In anderen Ländern – so in Deutschland und Frankreich – lagen diese Rechte traditionell beim Staat, doch die britische Regierung wollte hier nicht eingreifen, da sie hohe Entschädigungszahlungen befürchtete. Auch die Neuorganisation des Bergbaus betrachtete sie mit Skepsis, stimmte entsprechenden Vorschlägen prinzipiell jedoch zu – sofern Gewerkschaften und Unternehmer sie ebenfalls akzeptierten. Das war allerdings ausgeschlossen, trotz der zahlreichen Gespräche, die in den folgenden Tagen und Wochen stattfanden. Für eine Einigung lagen die Positionen zu weit auseinander, zumal die Regierung zwar vermitteln, aber keine Subventionen mehr zahlen wollte, die bis dahin die Konflikte entschärft hatten. So rückte der Generalstreik näher. Nachdem letzte Gespräche in Downing Street am Nachmittag des 2. Mai scheiterten, begann er wenige Stunden später um Mitternacht.

Bei den Gewerkschaften war für dessen Durchführung der *General Council* des TUC verantwortlich, der erst wenige Tage zuvor mit ernsthaften Vorbereitungen begonnen und diejenigen Bereiche benannt hatte, die zuerst streiken sollten: das Transport- und Druckwesen, die Eisen- und Stahlindustrie, Kraftwerke, das Baugewerbe und die chemische Industrie. Hier erwartete die Streikleitung die größten Auswirkungen und hielt deshalb die Arbeiter in anderen Industrien (Maschinen- und Schiffsbau, Textil) als Reserve zurück. Die Resonanz war überwältigend. Zwischen 1,5 und 1,75 Millionen Streikende legten bereits am ersten Tag die Arbeit nieder, um die eine Million Bergleute zu unterstützen, welche die Unternehmer ausgesperrt hatten. Vor allem der Transport kam zum Erliegen. Im ganzen Land fuhr fast kein Zug, in London nicht einer der 4000 Busse und nur 15 der 315 U-Bahnen. Außerdem wurden Kraftwerke stillgelegt, Zeitungen eingestellt, Hafenanlagen blockiert und zahlreiche andere Maßnahmen ergriffen, so dass die Wirtschaft weitgehend stillstand.[8]

Dagegen konnte die Regierung wenig unternehmen. Sie konzentrierte sich vielmehr darauf, die Versorgung sicherzustellen, worauf sie vorbereitet war – und zusätzlich von einer technischen Neuerung profitierte. Die öffentlichen Eisenbahnen und Busse wurden zwar bestreikt, doch jetzt standen genügend private Lastkraftwagen und Pkw zur Verfügung, die einen Ersatz boten, so dass keine ernsthaften Engpässe auftraten. Dazu trug auch bei, dass die Streikleitung die öffentliche Versorgung nicht gefährden wollte und deshalb wichtige Transporte ebenso zuließ wie den weiteren Betrieb einzelner Kraftwerke, Hafenanlagen, Krankenhäuser usw. Dieses Entgegenkommen konnte zu Missbrauch führen, wenn Transporte fälschlich als notwendig bezeichnet wurden, was die ohnehin angespannte Situation weiter anheizte. Mehrfach kam es zu Zusammenstößen, auch zu Verhaftungen, vor allem in den großen Industriestädten. Insgesamt blieb die Stimmung jedoch erstaunlich friedlich, nicht nur in Plymouth, wo Streikende und Polizisten gegeneinander Fußball spielten und die Ehefrau des örtlichen Polizeipräsidenten das Spiel eröffnete.

Die Hardliner auf Regierungsseite waren über solche Zeichen der Aussöhnung nicht erfreut. Zu ihnen zählte Winston Churchill, der im Auftrag der Regierung eine eigene Zeitung herausgab und dafür sorgte, dass sie keinen Bericht über das Fußballspiel abdruckte. Churchill wollte eine bedingungslose Kapitulation der Streikenden und unterdrückte deshalb jeden Hinweis darauf, dass der Streik erfolgreich verlief oder sogar Zustimmung fand. Entsprechend fielen die Berichte in seiner Zeitung einseitig aus und widersprachen den tatsächlichen Verhältnissen so offenkundig, dass sie vermutlich nicht die erhoffte Wirkung erzielten. Auch die Streikenden gaben eine eigene Zeitung heraus, die nicht ganz so einseitig berichtete, aber aus einem anderen Grunde wenig Bedeutung erlangte: Ihre Verteilung war so schlecht vorbereitet, so dass sie kaum Leser fand.[9]

Auch in anderen Fällen erwiesen sich die Vorkehrungen des TUC als unzureichend, wobei jedoch das große Engagement der Streikenden und kurzfristig entstehende örtliche Ausschüsse einen wirksamen Ausgleich schufen. So verlief der Streik effektiv, diszipliniert und insgesamt ohne größere Auseinandersetzungen. Das Militär kam ebenso wenig zum Einsatz wie die meisten Freiwilligen, die sich der Regierung anboten. Das lag allerdings nicht nur am friedlichen Verlauf. Hinzu kam, dass sie oft aus den besseren Schichten stammten und nur selten die Fähigkeiten mitbrachten, die jetzt gefragt waren: Sie konnten weder Lokomotiven noch Lastwagen fahren und vor allem kein komplexes Bahnnetz steuern.

Obwohl die Streikenden eine beeindruckend große Solidarität zeigten, wurde bald deutlich, wie gering ihre Erfolgschancen tatsächlich waren. So konnten sie fast keinen Druck auf die Zechenbesitzer ausüben, da die Gruben ohnehin stillstanden und die Bergleute bereits ausgesperrt waren. Zudem wollten die Gewerkschaften – mit Ausnahme der Bergarbeiter – gegenüber Regierung und Öffentlichkeit den Anschein vermeiden, der Streik verfolge politische Ziele. Entsprechende Vorwürfe wiesen sie mehrfach mit Nachdruck zurück, engten dadurch aber ihre Handlungsmöglichkeiten empfindlich ein, denn angesichts der verfahrenen Situation konnte nur ein Eingreifen der Regierung eine Lösung bringen. Dazu war diese jedoch nicht bereit, auch der Generalstreik stimmte sie nicht um. Eine Option für die Gewerkschaften bestand deshalb darin, ihre Aktionen auszuweiten und so noch größeren Druck auszuüben. Doch das hätte den Vorwurf bestätigt, sie wollten die Autorität von Regierung und Parlament infrage stellen und für politische Ziele streiken. Die zuständigen Gewerkschaftsführer sahen deshalb nach nur neun Tagen keine andere Möglichkeit, als den Ausstand zu beenden.

Dieser Beschluss kam überraschend. Bei den Streikenden war kein Einbruch zu bemerken. Ihre Solidarität hielt vielmehr an, und die Ausweitung der Kämpfe auf weitere Industrien war beschlossen. Die Gewerkschaftsführer wurden deshalb beschuldigt, sie hätten die Streikenden im Stich gelassen und die Arbeiterbewegung auf Jahre geschwächt. Doch tatsächlich analysierten sie die Situation zutreffend, beendeten eine aussichtslose Konfrontation und haben die Arbeiterbewegung nicht geschwächt, sondern größeren Schaden vermieden, wie die darauf folgenden Entwicklungen zeigten.

Nachwirkungen

Der Streik endete mit einer Niederlage. Daran gibt es keinen Zweifel, denn er hatte seine Ziele nicht erreicht, selbst wenn die Bergleute nicht aufgaben und ihren Arbeitskampf fortsetzten. Sie erhielten jedoch immer weniger Unterstützung und waren schließlich so geschwächt, dass sie im November kapitulieren und die Bedingungen der Unternehmer weitgehend akzeptieren mussten. Diese Niederlage bedeutete nicht nur für die Bergleute, sondern auch die Gewerkschaften generell einen Rückschlag. So war die Regierung nicht bereit, sich für diejenigen einzusetzen, die sich daran beteiligt hatten. Auch versuchten anschließend nicht wenige Unternehmer, niedrigere Löhne oder längere Arbeitszeiten durchzusetzen. Und schließlich gab es Streikende, die nicht wieder beschäftigt wurden. Doch es ist schwer zu bestimmen, inwieweit dies eine Folge des Ausstandes oder nicht vielmehr der schlechten wirtschaftlichen Lage war. Diese bestand unabhängig vom Arbeitskampf und schwächte seit Jahren die Gewerkschaften, die sich insbesondere in den traditionellen Industrien in der Defensive befanden.

Trotzdem schienen die meisten Streikenden keine nennenswerten Nachteile erlitten zu haben. Das galt vor allem für die modernen Industrien, wo seit längerem ein relativ entspanntes Verhältnis zwischen Unternehmern und Beschäftigten bestand. Hinzu kam, dass Gewerkschaften auch weiterhin mit Streiks drohen und dadurch wirksam Druck ausüben konnten. Denn der Generalstreik hatte zwar nicht den gewollten Erfolg gehabt, aber dennoch bewiesen, wie ausgeprägt die Solidarität und Streikbereitschaft der Arbeiter waren. So wurden in den kommenden Jahren immer wieder Kompromisse gefunden, und die Zahl der Auseinandersetzungen blieb begrenzt.

Insgesamt bedeutete der Generalstreik deshalb weniger eine pauschale Schwächung der Arbeiterschaft, sondern zeigte, dass Streiks, die radikale und vor allem politische Ziele verfolgten, wenig Erfolgsaussichten besaßen. Diejenigen Gewerkschaften, die entsprechende Strategien schon vorher abgelehnt und den Generalstreik ohne große Begeisterung unterstützt hatten, sahen sich bestätigt – ebenso wie Ramsay MacDonald und die Labour Partei. Diese ging gestärkt aus dem Konflikt hervor, weil die Gewerkschaften noch deutlicher die Notwendigkeit sahen, im Unterhaus eine starke politische Vertretung zu besitzen. Denn letztlich scheiterte der Generalstreik daran, dass sie hier nicht genügend Unterstützung erfuhren, um die Regierung unter Druck zu setzen und sie zu einem Umdenken zu bewegen.

Klassen und Strukturen

Die massenhafte Beteiligung von Arbeitern am Generalstreik, die ausgeprägte Bereitschaft in den Mittelschichten, als Streikbrecher aufzutreten, die harte Haltung der Zechenbesitzer, aber auch der Regierung oder die Panik nach der BBC-Sendung zeigen, welche Spannungen zu dieser Zeit die britische Gesellschaft noch prägten. Dabei hatten diese gegenüber der unmittelbaren Nachkriegszeit bereits abgenommen, als Sir Hugh Trenchard, Chef der *Royal Air Force*, 1921 der Regierung anbot, mit Flugzeugen und Bomben gegen «industrielle Unruhen und Aufstände» vorzugehen.[10]

Die innenpolitischen Konflikte, die nach dem Ersten Weltkrieg auf dem Kontinent herrschten, fanden sich auch in Großbritannien. Doch in England, Schottland und Wales führten sie nur vereinzelt zu gewalttätigen Auseinandersetzungen und stellten vor allem das politische System nicht grundsätzlich infrage. Dafür gab es zahlreiche Gründe, die teils weit zurückreichten, wie die lange Tradition parlamentarischer Regierungen und die Dominanz von zwei bzw. seit 1918 drei Parteien. Doch nicht weniger bedeutend waren aktuelle Faktoren, darunter die vergleichsweise günstige wirtschaftliche Entwicklung und die Tatsache, dass Großbritannien den Krieg als Siegermacht beendet hatte.

Es klingt banal, doch die Bedeutung des Kriegsausgangs kann kaum unterschätzt werden. Das zeigt schon der Blick auf Russland, Österreich oder Deutschland, wo die Niederlage zu Umstürzen und Revolutionen führte. Im siegreichen Frankreich blieben diese aus. Doch dieses Land sah seine Existenz während des Krieges mehrfach gefährdet, musste enorme Zerstörungen hinnehmen und blieb auf Jahre traumatisiert sowie politisch und gesellschaftlich gespalten. Demgegenüber hielten sich in Großbritannien die Auswirkungen des Krieges in Grenzen. Auch hier forderte er zahllose Verwundete und Gefallene, verursachte eine hohe Staatsverschuldung und beschwor 1918 die Gefahr einer gewaltsamen Eskalation herauf. Doch dazu kam es nicht. Denn Großbritannien gewann den Krieg, so dass die Opfer gerechtfertigt erschienen, während zugleich seine Stellung als Großmacht erhalten blieb und der koloniale Besitz sogar vermehrt wurde.

Zur größeren Stabilität trug auch bei, dass die Landwirtschaft nur noch die erwähnte geringe Bedeutung besaß und gerade einmal sechs Prozent der Bevölkerung beschäftigte – im Gegensatz zu Deutschland, wo dieser Anteil fast 30 Prozent betrug, und noch höheren Quoten in anderen europäischen Ländern.[11] Hieraus ergaben sich zwischen den beiden Weltkriegen erhebliche politische Belastungen, denn gerade die Landwirtschaft erlebte ökonomische Krisen, die sich in der Weltwirtschaftskrise zuspitzten. Dabei kannte dieser Sektor auch in Großbritannien wirtschaftliche Probleme, die unter anderem dazu führten, dass Adlige weite Teile ihres Landbesitzes verkaufen mussten und eine «Revolution im Landbesitz» stattfand, wie zuletzt bei der normannischen Eroberung fast 1000 Jahre zuvor.[12]

Damit verlor der Adel weiter an Bedeutung, jedoch in Grenzen, da viele Familien durch Anleihen, Aktien oder eigene Betriebe ihre ökonomische Basis bereits erweitert hatten. Diese Strategie blieb weitgehend erfolgreich und erlaubte es, politische sowie ökonomische Privilegien und nicht zuletzt die hohe gesellschaftliche Anerkennung zu behaupten.[13] Auf dem Kontinent hingegen betrafen diese Krisen nicht nur Aristokraten oder landbesitzende Eliten, sondern auch Bauern und die Landbevölkerung, die sich – meist rechts, teilweise aber auch links – radikalisierten und Massenbewegungen unterstützten, die in Italien zum Aufstieg des Faschismus und in Deutschland zur Machtergreifung der Nationalsozialisten wesentlich beitrugen.

Hier liegt einer der wichtigen Gründe dafür, dass in Großbritannien derartige Belastungen ausblieben. Ein anderer war die vergleichsweise günstige wirtschaftliche Entwicklung, wenngleich es anfangs nicht danach aussah. Denn auf die gute Konjunktur unmittelbar nach Ende des Krieges folgte 1921/22 der erwähnte Einbruch. Die Produktion ging rapide zurück, die Arbeitslosigkeit schnellte in die Höhe und fiel bis zum Ausbruch des Zweiten Weltkriegs nicht mehr unter eine Million. Doch das war nur eine Seite der Medaille. Denn parallel dazu wuchs die Wirtschaft, und die Zahl der Automobile stieg ebenfalls auf mehr als eine Million, ein Hinweis darauf, dass Krise und Aufschwung eng nebeneinander lagen.

Leidtragende dieser Entwicklung waren vor allem die Beschäftigten der alten Industrien, die im Krieg einen Aufschwung erlebt hatten und danach kurzzeitig expandierten. Dann aber gerieten sie in eine Krise, die bis zum Ausbruch des Zweiten Weltkriegs anhielt und allein drei Viertel der Arbeitslosen in Großbritannien verursachte. Andere Branchen wie Banken, Finanzwesen, Unterhaltung und der weite Bereich des Konsums hingegen konnten sich behaupten, während zusätzlich neue Sektoren entstanden wie Chemie, Elektrotechnik oder Autoindustrie. So erreichte die Industrieproduktion 1924 wieder den Stand von 1913, und die Reallöhne lagen trotz aller Kürzungen sogar höher, da wegen der Deflation die Preise stärker fielen als die Löhne. Insgesamt ergab sich dadurch ein wirtschaftlicher Aufschwung, der vor allem denjenigen Industrien zugute kam, die für den Binnenmarkt produzierten.[14]

Dieser Aufschwung ließ zusätzliche Arbeitsplätze und neue Berufe entstehen und veränderte allmählich auch gesellschaftliche Strukturen und Mentalitäten. Weiterhin beschäftigte der Bergbau mit knapp über 1,3 Millionen die meisten Personen, wie überhaupt die traditionellen Wirtschaftszweige und Berufe trotz aller Krisen ihre Bedeutung behielten.[15] Das gilt für Männer wie für Frauen, von denen viele auch nach dem Krieg darauf angewiesen blieben, ihr Geld als Dienstmädchen, Köchin oder durch andere Tätigkeiten in bürgerlichen Haushalten zu verdienen. Diese stellten ein Drittel aller weiblichen Arbeitsplätze, doch allmählich ergaben sich Veränderungen, die vor allem die Mittelschichten betrafen. Hier verloren die kleinen Gewerbetreibenden und Ladenbesitzer an Bedeutung, die traditionell Eingriffe des Staates und höhere staatliche Ausgaben ablehnten, der Arbeiterbewegung weitgehend feindlich gegenüberstanden und seit dem ausgehenden 19. Jahrhundert die konservative Partei unterstützten.

Demgegenüber wuchs die Zahl der Beschäftigten in Dienstleistungen, Handel und Industrie, der Ärzte, Techniker, Anwälte oder Architekten und nicht zuletzt derjenigen, die im expandierenden Staatssektor, in Schulen und Universitäten, bei Versicherungen, Krankenkassen und vergleichbaren Institutionen arbeiteten. So verdienten 1911 etwa 1,7 Millionen Personen ihr Gehalt als Angestellte, 1931 hingegen bereits 4,2 Millionen.[16] Schon aufgrund ihrer Tätigkeit standen sie staatlichen Ausgaben und einer Expansion des öffentlichen Sektors eher positiv gegenüber. Auch zeigten sie größeres Verständnis für die Situation der Arbeiterschaft, zumal die Labour Partei bewusst zurückhaltend auftrat, gezielt diese Gruppen ansprach und damit bei den Wahlen zunehmend Erfolge erzielte.

Baldwin und die Konservativen

Diese Entwicklungen verliefen langsam und weichten die Klassen- und Schichtgrenzen nur allmählich auf, wie schon die zahlreichen Streiks nach dem Krieg zeigten. Doch nach und nach entspannte sich die Situation, als die Wirtschaft sich erholte und der Umsturz ausblieb. An die Stelle von Angst und Unsicherheit traten ein größeres Gefühl der Sicherheit und der Wunsch nach Ausgleich, der auch im Generalstreik zu sehen war. Denn diesen prägten nicht nur die Freiwilligenverbände, die sich als Streikbrecher anboten, oder die harte Haltung der Regierung. Die Streikenden fanden vielmehr auch breite Sympathie. Das galt selbst für Baldwin, der einerseits jeden Anschein von Sozialismus bekämpfte, andererseits aber eine Politik der Annäherung vertrat und schon durch seine Persönlichkeit die neuen Stimmungen geradezu ideal verkörperte.[17]

Baldwin stammte aus einem mittelgroßen Betrieb, übertrug die dort herrschenden engen persönlichen Beziehungen auf die Politik und suchte das Gespräch, auch zu den Abgeordneten der Labour Partei. Er betonte seine Erfahrungen als Unternehmer, distanzierte sich aber von deren egoistischen Vertretern. So spendete er nach dem Krieg, der auch seiner Firma erhebliche Gewinne bescherte, freiwillig 100 000 £, um die hohen Staatsschulden zu mindern. Diese Zahlung erfolgte privat, wurde durch gezielte Indiskretion jedoch bald allgemein bekannt. Auch klagte er darüber, dass 1918 hartgesottene Geschäftsleute neu ins Parlament kamen und «aussahen, als habe der Krieg ihnen sehr gut getan».[18] Ob er diese Aussage tatsächlich machte, ist nicht belegt. Doch sie wurde ihm zugeschrieben und hat ihm ebenso wenig geschadet wie seine Abneigung gegenüber dem umtriebigen und geschäftstüchtigen Lloyd George, zu dessen Sturz er entscheidend beitrug.

Im Vergleich zu Lloyd George galt Baldwin geradezu als Biedermann und wurde lange Zeit unterschätzt, zumal er die erste Wahl als neuer Premierminister verlor. Außerdem zeigte er für die Bergleute mehrfach Verständnis und gab ihnen 1925, als erstmalig ein Generalstreik drohte, sogar nach. Dieses Verhalten rief viel Kritik hervor und schien seine Schwäche zu verdeutlichen. Doch seine Politik des Ausgleichs fand auch breite Zustimmung. Besser als andere Politiker reagierte er auf Stimmungen in der Bevölkerung, etwa in den Reden *On England*, die im April 1926, also kurz vor dem Generalstreik, als Buch erschienen und ein idyllisches, geradezu poetisches Bild zeichneten. Bei England denke er an «den Schlag des Hammers auf den Amboss des Dorfschmiedes, die Wachtel an einem taufrischen Morgen, das Geräusch der Sichel am Wetzstein und den Blick auf ein Pfluggespann, das über den Rand des Hügels kommt». Er beschwor wilde Anemonen im April, die letzte Heuernte an einem dunklen Abend im Herbst oder den Geruch eines offenen Feuers. Daraus erwachse die Liebe zu Gerechtigkeit, Wahrheit und einer umfassenden Menschlichkeit, die Engländer so charakterisiere und noch bestehen werde, wenn das Empire längst vergessen sei.[19]

Diese Aussagen wurden viel zitiert und nicht weniger oft belächelt, mit der angespannten Situation am Vorabend des Generalstreiks hatten sie wenig gemein. Doch Baldwin äußerte sich nicht zu den aktuellen Zuständen, sondern beschrieb ein Land, das ihm und vielen seiner Landsleute vorschwebte. Es war geprägt durch Traditionen und langsame Veränderungen; durch Bewohner, die allgemeine Werte höher schätzten als individuelles Gewinnstreben; durch das Handeln ganz normaler Menschen und die Ablehnung großer politischer Entwürfe, harter Konfrontation oder persönlichen Ehrgeizes. In diesem England teilten die Klassen ein Gefühl von Gemeinsamkeit und Nachbarschaft, hielten sich an *fair play* und hegten Sympathie für den *under-dog*.

Mit diesen Formulierungen sprach Baldwin ein breites Bedürfnis an und gewann nach Meinung eines hohen Beamten die Öffentlichkeit schon kurz nach seinem Amtsantritt für sich: «Seine Gelassenheit, sein Pragmatismus (*common sense*), sein ausgleichendes Wesen, seine Bescheidenheit und seine offensichtliche Aufrichtigkeit veranlassten die Leute zu sagen: ‹Das ist der Mann, ein typischer Engländer, auf den wir so lange gewartet haben. Wir haben die Waliser und Anwälte leid, die schlauen Köpfe und Supermänner.[20] Wir wollen den traditionellen englischen Staatsmann, der fair, verständnisvoll und verantwortungsbewusst ist, und nicht denjenigen, der zu clever ist und weiter denkt als alle anderen›.»[21]

Als unerwünscht galten aber nicht nur ehrgeizige Anwälte, sondern alle radikalen Positionen, darunter vor allem sozialistische. Wer, so Baldwin, die eigene Geschichte betrachte, sich auf den britischen *common sense* verlasse und tief in seine Landsleute hineinschaue, werde sich weder vom deutschen Sozialismus, noch vom russischen Kommunismus oder dem französischen Syndikalismus verführen lassen.[22] Entsprechend hart trat er während des Generalstreiks auf, bemühte sich ansonsten aber, auch Arbeiter für die Konservativen zu gewinnen.

Das war eine wichtige Aufgabe, denn seit dem Krieg besaßen alle Männer und die meisten Frauen das Wahlrecht. Die Liberalen und Konservativen befürchteten, Labour werde unaufhaltsam wachsen und bald die Regierungsmacht übernehmen. Die Wahlen zeigten jedoch, dass dies nicht der Fall war. Vielmehr erlangten die Konservativen im Oktober 1924 einen geradezu triumphalen Sieg und stellten 419 der insgesamt 615 Abgeordneten, wozu Baldwin wesentlich beitrug. Er verstand es, die Konservative Partei neu auszurichten und ihre radikalen Strömungen einzudämmen, die etwa gegenüber den Bergleuten und Gewerkschaften ein härteres Vorgehen verlangten.[23] So gelang es der Partei, sich auf die Veränderungen der Nachkriegszeit einzustellen, neue Schichten und Wählergruppen anzusprechen, ohne die traditionelle Basis zu verlieren, und zwischen 1918 und 1945 – von kurzen Unterbrechungen abgesehen – an der Macht zu bleiben. Vergleichbare Erfolge erzielte in Europa keine andere konservative Partei, denen es schon schwer fiel, unterschiedliche Gruppen zu erreichen, geschweige denn Mehrheiten zu gewinnen. Aber auch keine andere demokratische Partei – egal welcher politischen Ausrichtung – konnte sich in Europa so erfolgreich behaupten wie die Konservativen unter Baldwin.

Die Konservativen setzten somit ihre Tradition als Volkspartei fort und sprachen weiterhin auch Arbeiter an, was den Liberalen weit weniger gut gelang. Das lag zum Teil am persönlichen Konflikt zwischen Lloyd George und Asquith, doch wichtiger war, dass sie kein eindeutiges Profil entwickeln konnten, das sie sowohl von den Konservativen wie von Labour abhob. Erstere standen für allmähliche Veränderungen und lehnten radikale Zumutungen ab, während Labour sich als Partei der Reformen profilierte, die zwar radikale Strömungen besaß, sich aber sehr um Respektabilität bemühte. Diese Politik sprach deutlich größere Wählergruppen an als die radikaleren sozialistischen Parteien auf dem Kontinent. Doch auch Labour konnte keine eigene Mehrheit erringen. Dazu waren in Großbritannien die Spannungen zwischen den Klassen und Schichten weiterhin zu groß, zumal die Partei vor allem als Interessenvertretung der Arbeiterschaft galt und durch anhaltende Konflikte zwischen dem gemäßigten und dem radikalen Flügel geprägt blieb.

Andere radikale Strömungen der Vorkriegszeit hingegen verloren nach 1918 an Bedeutung. Das gilt vor allem für die Frauenbewegung, die ihr wichtigstes Ziel, das Wahlrecht, erreicht hatte. Als die ersten Frauen ins Parlament gelangten, nach und nach rechtliche Benachteiligungen abgebaut wurden, neue Berufe entstanden und sich die Situation insgesamt besserte, schien eine aktive Frauenbewegung nicht mehr erforderlich zu sein. Ebenso groß war der Bedeutungsverlust der Freikirchen, die viele Mitglieder und noch mehr an politischem Einfluss verloren, wozu mehrere Faktoren beitrugen. Ihre politische und ökonomische Basis lag in den alten Industriegebieten, die sich in einer Dauerkrise befanden; wie die Liberalen wurden auch sie durch den Aufstieg der Labour Partei an den Rand gedrängt; und schließlich verloren die Kampagnen gegen Alkoholmissbrauch ebenso an Unterstützung wie ihre religiösen Überzeugungen oder die Kirchen generell. Das schloss nicht aus, dass die Reform des anglikanischen *Common Prayer Book* in den 1920er Jahren das Parlament mehr beschäftigte als jedes andere Thema.[24] Hier handelte es sich um eine hochsymbolische Debatte, die innerhalb des Establishments und in Teilen der Öffentlichkeit große Aufmerksamkeit fand, während ansonsten die Bindung an die anglikanische Kirche und damit verbundene Lebenswelten weiter nachließ – im Gegensatz zu anderen alltäglichen Erfahrungen, die bereits vor dem Krieg bestanden und wesentlich zu dem Konsens beitrugen, an den Baldwin so überzeugend appellierte.

Alltag und Erfahrungen

Wichtige Grundlagen für diesen Konsens boten das Leben in den neuen Vororten, die Arbeitsplätze in den modernen Industrien oder im Dienstleistungssektor, der steigende Lebensstandard und nicht zuletzt die Zunahme von Konsum und Freizeit. So entstanden neue alltägliche Erfahrungen und Gemeinsamkeiten, die J. B. Priestley in seiner *English Journey* scharfsinnig beschrieb: «In diesem England brauchst Du Geld, aber Du brauchst nicht viel Geld. Man könnte fast Woolworth als dessen Symbol akzeptieren. ... Vor vielen Jahren hat das demokratische und geschäftstüchtige Blackpool ... dies alles angefangen. Das moderne England blackpoolisiert sich rapide.»[25]

Ein markanter Ausdruck dieser neuen, gemeinsamen Kultur war das Radio, das sich ab 1922 unter dem Monopol der BBC rasch verbreitete. An deren Spitze stand John Reith, der die Anstalt bis 1938 prägte und den Hörern die Werte und Werke der Hochkultur vermitteln wollte – auch gegen deren Willen. Entsprechend bot die BBC ein anspruchsvolles Programm, das anfangs vorwiegend aus klassischer Musik und Vorträgen bestand und nur allmählich populäre Sendungen wie Tanzmusik aus dem Savoy Hotel anbot. Diesem «Massengeschmack» konnte Reith wenig abgewinnen. Vielmehr wollte er dem neuen Medium Anerkennung verschaffen und ging dabei so weit, dass ab 1926 die Nachrichtensprecher, die ja keiner der Radiohörer sehen konnte, korrekte Abendbekleidung tragen mussten.[26]

Ebenso wichtig war es Reith, die politische Unabhängigkeit der BBC zu erreichen. Beim Generalstreik gelang dies nicht, denn der Erzbischof von Canterbury durfte im Radio nicht dazu aufrufen, den Streik abzubrechen, vorübergehend Subventionen zu zahlen und die Lohnkürzungen zurückzunehmen. Damit hätte er die Regierung kritisiert, die großen Druck ausübte und verhinderte, dass er seine Ansprache halten konnte. Zur Rechtfertigung führte Reith später an, er habe nur durch dieses Nachgeben die vollständige Übernahme der BBC verhindert, die Churchill und andere Konservative forderten. Bald danach erreichte er, dass die BBC nur noch dem Parlament gegenüber verantwortlich war und so nach und nach die Unabhängigkeit aufbauen konnte, die ihr Markenzeichen wurde.

Beim Generalstreik existierten bereits etwa zwei Millionen Radio-Lizenzen. Diese Zahl wuchs in den kommenden Jahren rasch an, und die BBC etablierte sich als nationale Institution, nicht nur wegen ihrer politischen Zurückhaltung und der hohen Qualität ihrer Sendungen. Ebenso wichtig war das BBC-Englisch: ein Akzent der Mittelschichten, der keine offensichtlichen Klassenmerkmale aufwies, im Gegensatz zum Oxford-Englisch der Oberschicht oder den Dialekten und Slangs der Arbeiterschaft. Ihnen gegenüber wirkte das BBC-Englisch neutral, etablierte tatsächlich aber die Aussprache der Mittelschichten als verbindlichen Standard.[27] Gemeinsame Erfahrungen, die schon vor dem Krieg bestanden, gewannen dadurch weiter an Bedeutung und wurden zusätzlich durch neue Entwicklungen gefördert. Neben dem neuen Medium Radio gehörten dazu die nationalen Zeitungen, deren Auflagen weiter stiegen; etablierte Sportarten wie Golf, Cricket oder Fußball, deren Popularität noch zunahm, als die BBC 1927 begann, darüber live zu berichten; oder die mittlerweile unangefochtene Stellung Londons. So glichen sich die Ernährungs-, Kleidungs- und allgemeinen Konsumgewohnheiten einander an, gefördert durch höhere Einkommen, serielle Massenproduktion oder den Siegeszug großer Kaufhausketten.

Eng damit verbunden war die weitere Ausbreitung der *middle-brow* Kultur, besonders gut zu sehen am Beispiel der Kinos, die zugleich auf den großen amerikanischen Einfluss verwiesen. Die große Mehrheit der Kinobesucher, so der *Daily Express* im März 1927, «talk America, think America, dream America» und sei vorübergehend amerikanischer Staatsbürger.[28] Priestley sah wenige Jahre später in Amerika den eigentlichen Geburtsort des neuen England.[29] Diese Feststellung war etwas übertrieben. Doch sie hatte einen richtigen Kern, da in den USA Fragen von Schicht und Klasse weniger wichtig waren als im britischen Königreich. Hier entstanden Filme, in denen Klassengrenzen eine viel geringere Rolle spielten und die auch in Großbritannien begeisterte Zuschauer fanden.[30]

Diese Filme wollten ihr Publikum nicht belehren, sondern es unterhalten, und riefen die unvermeidlichen Kulturkritiker auf den Plan, erreichten davon abgesehen jedoch nahezu alle Bevölkerungsgruppen. Das gelang auch deshalb, weil die großen Kinos in Architektur und Einrichtung bewusst aufwändig gestaltet wurden, um an Theater zu erinnern und auch die besseren Schichten anzusprechen. Dennoch waren sie nicht elitär und boten vor allem Frauen eine neue Möglichkeit, am öffentlichen Leben teilzuhaben. Die ansonsten populären Kneipen, Music Halls oder Fußballplätze blieben Reservate für Männer, während die Kinos eine weithin akzeptierte und zugleich spannende Alternative für beide Geschlechter boten. Das galt vor allem für junge Paare, die ansonsten wenig Gelegenheit besaßen, sich ohne Aufsicht zu treffen, während die dunklen Kinos, so die Klage des damaligen Innenministers, zu einem «unerwünschten Verhalten bei den Besuchern» führten.[31]

Auch über das Kino hinaus verbrachten Männer und Frauen mehr Zeit gemeinsam. Familie und Häuslichkeit gewannen an Bedeutung, wozu kürzere Arbeitszeiten, sinkende Kinderzahl, steigender Lebensstandard und bessere Wohnverhältnisse entscheidend beitrugen. Auch dies war keine neuartige Entwicklung, sondern besaß weit zurückreichende Vorläufer, erlangte jetzt jedoch eine solche Verbreitung, dass von einer zunehmenden «Feminisierung» der Gesellschaft gesprochen werden kann.[32] Damit ist nicht nur gemeint, dass Frauen wählen durften, mehr Rechte besaßen, in neue Berufe vorrückten, in der Öffentlichkeit stärker präsent waren oder das Leitbild der «modernen», sportlichen Frau aufkam. Vielmehr erlangten auch Werte und Bereiche, die als «weiblich» galten – wie Familie, Heim und Kinder – einen größeren Stellenwert, während das aggressive Männerbild und damit verbundenen Verhaltensweisen, wie sie John Bull oder Kitchener verkörperten, an Akzeptanz verloren.[33]

Parallel dazu veränderten sich auch die Einstellungen zum Empire, das ökonomisch und für berufliche Karrieren weniger wichtig wurde, im britischen Alltag aber größere Präsenz erlangte. So schrumpfte in Indien der Anteil der britischen Importe von ca. 65 Prozent im Jahre 1914 auf nur noch acht Prozent zu Beginn des Zweiten Weltkriegs, während es zugleich schwieriger wurde, geeignete britische Bewerber für die dortige Kolonialverwaltung zu gewinnen. Denn verglichen mit den gut bezahlten Berufen, die der expandierende Finanz- und Dienstleistungssektor in Großbritannien schuf, verlor der Dienst in Indien und anderen Kolonien an Attraktivität. Die Zahl der hohen indischen Beamten nahm deshalb zu, was den Wunsch nach Unabhängigkeit stärkte.

Die stärkere Präsenz des Empire im Alltag beruhte auf mehreren Faktoren, darunter vor allem verbesserte Transport- und Kommunikationsmöglichkeiten. Überseekabel, Flugzeuge und schnellere Schiffe erleichterten die Kontakte zwischen Familien und Verwandten, ermöglichten einen raschen

Austausch von Nachrichten, verbilligten Reisen, verkürzten deren Dauer und intensivierten auch den sportlichen Austausch. So trugen Cricket- oder Rugbymannschaften im gesamten Empire Begegnungen aus, die zudem live im Radio übertragen wurden. Geradezu legendäre Bedeutung erlangten die *Body-Line*-Spiele der englischen Cricket-Mannschaft 1932/33 in Australien. Ihr wurde eine überharte, unfaire Spielweise vorgeworfen, die monatelang hitzige Diskussionen auslöste und bis heute nicht vergessen ist. Die sportlichen Begegnungen konnten also zu erheblichen Spannungen führen, schufen aber vor allem mehr Kontakte und Begegnungen innerhalb des Empire und förderten dessen Zusammenhalt.

Dazu trugen auch die Weihnachtsansprachen des Monarchen bei, die seit 1932 von der BBC über den *Empire Service* nahezu weltweit ausgestrahlt wurden und das Bild einer *Imperial Monarchy* festigten. Zusätzlich boten britische Geschäfte vermehrt Produkte aus dem Empire an, gefördert durch den preiswerten Transport und das 1926 gegründete *Empire Marketing Board*, das den Handel im Empire förderte und nicht müde wurde, zum «Buy Empire» aufzufordern. Hinzu kamen die beiden großen Empire-Ausstellungen 1924 und 1925 in Wembley, die 27 Millionen Besucher lockten, auch durch das eigens gebaute Empire Stadion, das später als Wembley Stadion zu einer Ikone des englischen und des Weltfußballs wurde.[34]

Jenseits dieses gestiegenen öffentlichen Interesses fiel es jedoch schwer, die einzelnen Mitgliedsländer des Commonwealth fester aneinander zu binden und aus dem Empire eine gemeinsame politische bzw. ökonomische Einheit zu machen. Dazu waren die Interessengegensätze weiterhin zu groß und die jeweiligen Länder zunehmend in andere globale Zusammenhänge eingebunden. So besaßen Kanada, Australien und mittlerweile auch Indien eigene Industrien und waren noch weniger bereit, sich gegenüber Großbritannien auf die Lieferung von Rohstoffen und Nahrungsmitteln zu konzentrieren. Auch wollten sie keine Zollschranken errichten oder den Mitgliedern des Empire nennenswerte Privilegien gewähren, um den Handel mit anderen Ländern nicht zu gefährden. Das galt auch für Großbritannien selbst, wo die modernen Industrien und der Banken- und Finanzsektor größeren Wert auf wirtschaftliche Beziehungen zu den USA und den entwickelten Industrieländern legten und dem *Empire Marketing Board* nicht viel abgewinnen konnten.

Decent Englishman

Viele der hier beschriebenen Veränderungen erfolgten langsam, insbesondere in der Sozialstruktur, auf dem Arbeitsmarkt, dem Verhältnis der Geschlechter zueinander, dem Konsumverhalten oder der Wohnsituation.

Entsprechend schwer fällt es, deren Auswirkungen auf Wertvorstellungen oder gar auf das konkrete Wahlverhalten zu bestimmen. Feststellen lässt sich allerdings, dass Angleichungen in Richtung einer breiten Mitte stattfanden, die sowohl traditionelle wie neuartige Elemente aufwies. Daraus entstanden sehr unterschiedliche Mischungsverhältnisse, die sich zudem fortwährend änderten und keine eindeutigen Zuordnungen zulassen. Alison Light spricht deshalb von einer «konservativen Moderne», ein Begriff, der ebenso ambivalent ist wie die Entwicklungen, die er beschreibt. Als deren zentrales Merkmal sieht Light die Bereitschaft, sowohl die neuen Möglichkeiten zu nutzen als auch sich mit den bestehenden politischen und gesellschaftlichen Verhältnissen zu arrangieren.[35] Ein Beispiel hierfür ist John Hobbs, bis weit nach dem Zweiten Weltkrieg ein äußerst beliebter Sportler, dessen Ansehen nicht nur auf seinen sportlichen Erfolgen beruhte, sondern auch darauf, dass er geradezu idealtypisch den von Baldwin beschworenen «decent englishman» verkörperte.

Hobbs (1882–1963) entstammte als eines von zwölf Kindern aus einer armen Familie, war im Cricket sehr erfolgreich und wurde als erster Berufsspieler in den Adelsstand erhoben. Er bestritt 61 Spiele für die Nationalmannschaft, stellte mehrere Rekorde auf und trug 1926 (kurz nach dem Generalstreik) in einem bis heute legendären Spiel entscheidend dazu bei, die australische Mannschaft zu besiegen und die begehrten *Ashes*[36] zu sichern. Doch diese Erfolge begründeten nur einen Teil seiner Popularität. Hinzu kam, dass er beispielhaft die Verbindung von traditionellen und modernen Tugenden verkörperte und dafür bis heute gelobt wird: Hobbs habe immer ehrlich gespielt und Entscheidungen der Schiedsrichter akzeptiert, selbst wenn diese falsch waren. Er blieb bescheiden und gelassen, ging regelmäßig zur Kirche, trank keinen Alkohol und beachtete die bestehenden Vorschriften und Gewohnheiten, selbst wenn diese dazu dienten, überkommene Privilegien zu verteidigen.

Hobbs verdiente sein Geld mit dem Sport und war der beste Cricketspieler seiner Generation. Doch er und die anderen Berufsspieler nahmen hin, dass die deutlich schlechteren Amateure der *Public Schools* weiterhin das Spiel bestimmten, eigene Eingänge besaßen und das alleinige Recht beanspruchten, als Kapitän an der Spitze der Nationalmannschaft zu stehen. Hobbs hat diese Grenzen, die heute schwer verständlich sind, akzeptiert. Als allerdings bei einem Spiel sämtliche Amateure der Oberschicht erkrankten, führte er für einen kurzen Moment die Nationalmannschaft an, was noch heute als «revolutionäre Entwicklung» gilt. Doch Hobbs stand gerade nicht für revolutionäre Veränderungen. Er bot vielmehr, so eine aktuelle Darstellung, «einen allgemein akzeptierten Orientierungspunkt für eine Gesellschaft ..., die sich abmühte, in den brodelnden Wellen und Veränderungen der Nachkriegszeit eine traditionelle Ordnung aufrechtzuerhalten».[37]

Im Vergleich zu den anderen europäischen Staaten ist dies in Großbritannien weitgehend gelungen, wobei das mit Hobbs verbundene Bild nur teilweise der tatsächlichen Situation entsprach. Diese war außerdem geprägt durch die beschriebenen Spannungen, eine verbreitete Angst vor «Bolschewisten» oder ausgeprägte Klassengegensätze. Schließlich beruhte die soziale und politische Stabilität auch darauf, dass die Arbeiter der traditionellen Industrien zwar gegen die Verschlechterung ihrer Situation aufbegehrten, den Verlust ihrer Arbeitsplätze aber nicht verhindern konnten und zunehmend demoralisiert wurden.[38] Die Berichte über Hobbs sind deshalb mit Vorsicht zu betrachten, markieren aber wichtige Veränderungen gegenüber John Bull und den Kriegshelden der Vorkriegszeit.

Vergleichbare Veränderungen waren auch im Empire zu beobachten, wo Politik und Verhaltensweisen von Kolonialbehörden und weißen Siedlern liberaler und humaner wurden. Dafür gab es zahlreiche Gründe: einen weiteren Anstieg in Selbstbewusstsein, Bildungsgrad und Organisationen der Kolonisierten; eine kritische Öffentlichkeit nicht nur in den Kolonien und in Großbritannien, sondern auch durch den Völkerbund oder die Internationale Arbeitsorganisation, die 1919 bei den Beratungen in Versailles gegründet wurde und sich hier zuständig sah; oder den größeren Einfluss von Labour Partei, Gewerkschaften und anderen Institutionen, die das Empire prinzipiell unterstützten, dessen Auswüchse aber zunehmend kritisierten. Als Folge gingen die Exzesse zurück, allerdings nur langsam, wie das Massaker in Amritsar zeigte. Auch im Alltag erwiesen sich traditionelle Verhaltensweisen als langlebig, insbesondere in den afrikanischen Kolonien.

1923 beauftragte in Kenia ein wohlhabender Farmer (und Sohn des Bischofs von Norwich) einen schwarzen Arbeiter, ein Pferd vom Bahnhof abzuholen. Als der Farmer hörte, der Schwarze sei auf dem Pferd geritten, stellte er ihn zur Rede und empfand die Antworten als derart unverschämt, dass er ihn auspeitschte. Da der Farmer bald ermüdete, befahl er anderen Schwarzen, ihn abzulösen, trat schließlich den bereits schwer Verletzten vor den Kopf und ließ ihn über Nacht an einen Bettpfosten binden. Am kommenden Morgen war der Schwarze tot. Er starb, so Dane Kennedy, «weil er auf dem Pferd eines Europäers geritten war». Dieses Recht war «ein Symbol der sozialen Stellung und Autorität, das für Europäer reserviert war. Indem der afrikanische Arbeiter auf dem Pferd ritt, verletzte er unabsichtlich eine symbolische Grenze, welche die beiden Rassen unterschied und voneinander abgrenzte. Dadurch löste er das explosive Verhalten des europäischen Farmers aus.»[39]

Dieser wurde vor Gericht gestellt, und der Fall erregte großes Aufsehen, auch in Großbritannien, wo die prominente Herkunft des Angeklagten für zusätzliches Interesse sorgte. Ganz so ungestraft wie vor dem Krieg blieb ein derartiges Verhalten nicht mehr. Doch auch jetzt wurde der Angeklagte nicht wegen Mordes und selbst nicht wegen Totschlags verurteilt. Das Gericht stellte nur eine schwere Körperverletzung fest und ahndete diese mit zwei Jahren Gefängnishaft.[40]

5. Ruhe vor dem Sturm, 1926–1939

Mit dem Generalstreik endete in Großbritannien eine unruhige Phase, die vor dem Ersten Weltkrieg eingesetzt hatte und durch große Hoffnungen, aber auch Befürchtungen gekennzeichnet war. Beide erwiesen sich als überzogen, denn für grundlegende Reformen fehlten die finanziellen Mittel und das Votum der Wähler, während die Gefahr einer sozialistischen Revolution allenfalls ein Schreckgespenst war. Daran änderte sich in den folgenden Jahren wenig, obwohl die wirtschaftlichen Probleme anhielten, mit der Weltwirtschaftskrise die Zahl der Arbeitslosen auf fast 3,5 Millionen stieg, die Sicherung des Empires große Probleme aufwarf und in Europa die Gefahr eines erneuten Krieges drohte. Vor diesem Hintergrund erlebten links- und vor allem rechtsradikale Bewegungen wie die *British Union of Fascists* einen Auftrieb, doch sie waren keine Bedrohung für das politische System – im Gegensatz zum europäischen Kontinent, wo Mussolini in Italien bereits seit 1922 an der Macht war, Hitler diese 1933 errang, in Frankreich wenig später ein Bürgerkrieg drohte, und autoritäre Regierungen sich ausbreiteten.[1]

Im Vergleich dazu blieb Großbritannien eine politisch stabile Demokratie, die auch wirtschaftlich positive Entwicklungen aufwies. Hier entstanden in den 1920er und 1930er Jahren neue Industrien, der Lebensstandard nahm zu und vor allem der Konsum expandierte, deutlich zu sehen an der Zahl der Pkw, die 1938 etwa doppelt so hoch lag wie in Deutschland. Doch diese Entwicklungen besaßen einen schalen Beigeschmack, da es in diesem Jahr nicht nur fast 1,4 Millionen Pkw, sondern auch ebenso viele Arbeitslose gab.[2] In Wales betrug deren Anteil etwa 35 Prozent und erreichte in einem Ort wie Jarrow bei Newcastle sogar fast 70 Prozent, so dass der Regierung vorgeworfen wurde, sie habe in dieser wichtigen Frage versagt. Als noch größeres Versagen galt (und gilt) die Appeasement-Politik gegenüber Hitler. Diese sollte einen Krieg verhindern, ist jedoch gescheitert, und die zuständigen Politiker wurden schon 1940 als *guilty men* bezeichnet, die im

Inneren bei der Bekämpfung der sozialen Not und nach außen in der Einschätzung der Kriegsgefahr versagt hätten. Ein Urteil, das bis heute verbreitet ist.[3]

Diese Beurteilung ist allerdings umstritten. Für die Zeit zwischen dem Ende des Generalstreiks und dem Beginn des Zweiten Weltkriegs liegen sehr unterschiedliche Darstellungen vor.[4] Das ist verständlich, denn die Befunde könnten kaum unterschiedlicher ausfallen: hohe Arbeitslosigkeit, Armut und wirtschaftliche Krisen auf der einen und ein Anstieg von Lebensstandard und Konsum auf der anderen Seite; eine parlamentarische Demokratie, die sich trotz aller Krisen als stabil erwies, zugleich aber kein Mittel gegen die verbreitete Armut fand; Regierungen, die Hitler falsch einschätzten, und schließlich ein Empire, das seine Ausdehnung zwar noch einmal vergrößerte und Großbritanniens Stellung als Großmacht festigte, tatsächlich jedoch eine trügerische Sicherheit vermittelte. Denn in seinem Inneren, vor allem in Indien, nahmen die Spannungen zu, während außen mit Japan, Deutschland und Italien drei Mächte als Konkurrenten auftraten, die den Status Quo herausforderten und die Schwäche der britischen Macht offenbarten. Zeitgenossen allerdings haben dies (zu) spät erkannt und standen den Auswirkungen der Weltwirtschaftskrise weitgehend hilflos gegenüber. Vereinzelt trafen sie bei wirtschaftlichen Problemen allerdings richtige Entscheidungen, diese jedoch eher aus Zufall.

Vom Generalstreik bis zum National Government

Bei Ende des Generalstreiks stand Premierminister Baldwin als Sieger da. Seine Strategie, den Bergleuten nicht nachzugeben, war aufgegangen. Doch schon bald zeigte sich, dass dieser Sieg trügerisch war, denn die hohe Arbeitslosigkeit hielt an, innerhalb der Konservativen Partei bekämpften sich unterschiedliche Richtungen, und Baldwin selbst hatte widersprüchliche Erwartungen geweckt.[5]

Seine Popularität beruhte wesentlich darauf, für Ausgleich und Kompromiss einzutreten. Er sei, so Baldwin während des Generalstreiks, ein Mann des Friedens. Eine Lösung sei erreichbar, sobald die Gewerkschaften den Streik beendeten, dann wolle er sich für einen fairen Vergleich einsetzen.[6] Doch als sich die Gewerkschaftsführer vor Beendigung des Streiks mit ihm trafen, erhielten sie keine Zusagen, weder für die Bergleute noch für die anderen Arbeiter, die am Streik teilgenommen hatten und Nachteile befürchteten. Auch gelang es Baldwin nicht, die Zechenbesitzer zu Zugeständnissen zu bewegen, noch konnte er verhindern, dass 1927 der *Trades Dispute Act* verabschiedet wurde, der Generalstreiks verbot und es den Gewerkschaften erschwerte, für ihre Mitglieder Beiträge an die Labour Partei zu entrichten.

Zwei Jahre zuvor hatte Baldwin ein vergleichbares Gesetz noch verhindert.[7] Jetzt hingegen stärkte der Generalstreik diejenigen Konservativen, die seit längerem offensiver gegen Gewerkschaften und Labour Partei vorgehen wollten. Doch auch diese Hardliner sahen sich enttäuscht, denn die Regierung nahm – abgesehen vom *Trades Dispute Act* – eine vermittelnde Position ein und wollte die Gewerkschaften nicht grundsätzlich schwächen. Es gäbe, so Baldwin, kein größeres Unglück als Anarchie bei den Gewerkschaften. Die Wirtschaft brauche Organisationen, «die für beide Parteien sprechen und sie zusammenhalten».[8] Zusätzlich verabschiedete seine Regierung wichtige Sozialgesetze und setzte mehrere Reformen durch: Witwen, Waisen und Rentner bekamen höhere Leistungen; ab 1928 durften alle Frauen ab 21 Jahren wählen; der *Local Government Act* erweiterte die Zuständigkeiten der Gemeinderäte, und Zahlungen an Arbeitslose erfolgten ohne zeitliche Begrenzung. Dies bedeutete eine Verbesserung, doch zugleich wurden die Zahlungen gekürzt und der Nachweis verlangt, ernsthaft nach Arbeit zu suchen, was den Behörden einen erheblichen Ermessensspielraum ließ.

Diese mäßigende Politik stieß auch bei Unternehmern auf Zustimmung, die ebenfalls das Gespräch mit den Gewerkschaften suchten. 1928 fanden dazu die *Mond-Turner*-Gespräche statt, wesentlich auf Initiative des TUC, der nach dem Scheitern des Streiks und dem *Trades Dispute Act* die Beziehungen zu den Unternehmern verbessern wollte. Unter Führung von Alfred Mond, dem Chef der *Imperial Chemical Industries*, und Ben Turner, dem Vorsitzenden einer Textilarbeitergewerkschaft, sprachen die Beteiligten nicht nur über Löhne oder Arbeitsbedingungen, sondern auch über allgemeine Themen wie Gesundheit, Wohnen, Bildung oder die Arbeitslosenversicherung, erreichten jedoch keine verbindlichen Ergebnisse.

Diese Bemühungen um Konsens änderten nichts daran, dass die hohe Arbeitslosigkeit anhielt und zunehmend der Regierung angelastet wurde, die dagegen offensichtlich kein Mittel wusste. Die verbesserten sozialen Leistungen boten allenfalls einen geringen Trost und verhinderten nicht, dass bis in die Mittelschichten hinein Unzufriedenheit aufkam, während zugleich die alte Angst vor der Labour Partei schwand. Das zeigte die Wahl vom Mai 1929, bei der die Stimmen der Konservativen um 10 Prozentpunkte auf nur noch 38,1 Prozent und die Zahl ihrer Abgeordneten auf 260 zurückgingen. Die Liberalen hingegen konnten ihr Ergebnis auf fast 24 Prozent erhöhen und den größten Zugewinn erzielen. Doch erneut litten sie unter dem britischen Wahlsystem und stellten im Parlament lediglich 59 von insgesamt 614 Abgeordneten. Gewinner war die Labour Partei, die ihren Stimmenanteil um vier Prozentpunkte auf 37,1 Prozent ausbaute. Sie lag knapp hinter den Konservativen, besaß aber mehr Abgeordnete (287 gegenüber 260), stellte eindeutig die größte Fraktion im Unterhaus und bildete deshalb die Regierung. Wie 1923 besaß sie keine Mehrheit im Parlament und war auf die Duldung der Liberalen angewiesen. Doch jetzt war Labour deutlich stärker, und Ramsay MacDonald, der erneut als Premierminister amtierte, stieß nicht mehr auf das ausgeprägte Misstrauen, das seine erste Amtszeit scheitern ließ. Die neue Labour-Regierung befand sich dadurch in einer besseren Ausgangssituation, sah sich bald jedoch mit einem Ereignis konfrontiert, das sie in eine tiefe Krise stürzte: Die Weltwirtschaftskrise, die kurz nach dem Wahlsieg ausbrach und die Zahl der Arbeitslosen auf fast 3,5 Millionen ansteigen ließ.

Als im Dezember 1929 die Aktienkurse in New York zusammenbrachen, war das Ausmaß der Krise nicht abzusehen. Die große Mehrheit der Zeitgenossen in Großbritannien, Europa und den USA gingen vielmehr von einer der üblichen wirtschaftlichen Schwankungen aus. Entsprechend verbesserte die neue Labour-Regierung zwar die Leistungen für Arbeitslose, ergriff aber keine weiteren Maßnahmen. So spitzte sich die Krise zu, und die Zahl der Arbeitslosen wuchs ebenso sprunghaft an wie die Ausgaben, die einen ausgeglichenen Haushalt nicht mehr zuließen. Die Regierung setzte deshalb die nach ihrem Vorsitzenden benannte May-Kommission ein, deren Bericht im Juli 1931 erschien. Er sah ein schnell wachsendes Defizit voraus und schlug umfangreiche Einsparungen vor, darunter eine Kürzung der Arbeitslosenunterstützung um zehn Prozent. Diese hatte die Regierung jedoch gerade erst erhöht, so dass der Kürzungsvorschlag – wie ähnliche Vorhaben in Deutschland – erbitterte Kontroversen auslöste. Die Gewerkschaften lehnten ihn vehement ab, und nach einer stürmischen Kabinettssitzung stimmten zehn der 21 Labour-Minister dagegen, so dass die Regierung tief gespalten war. MacDonald bot deshalb dem König seinen Rücktritt an, erhielt zur allgemeinen Überraschung jedoch umgehend den Auftrag, eine Allparteien-Regierung zu bilden. Dazu war nur eine Minderheit der Labour-Partei bereit, im Gegensatz zu den Konservativen und Liberalen, die das neue *National Government* unterstützten, das am 24. August gebildet wurde und im Parlament eine große Mehrheit besaß.[9]

Die Labour-Partei, die größtenteils eine Beteiligung am *National Government* ablehnte, befand sich in einem Schock, warf MacDonald und seinen Anhängern ein abgekartetes Spiel vor und schloss sie aus der Partei aus. Die Regierung war davon nicht berührt. Sie setzte mit ihrer Mehrheit die umstrittenen Kürzungen durch und glich den Haushalt aus, wusste jedoch kein Mittel gegen den wirtschaftlichen Rückgang und die wachsende Arbeitslosigkeit. Der Druck auf die britische Währung nahm dadurch zu und erreichte im September 1931 ein solches Ausmaß, dass die Regierung keinen anderen Ausweg sah, als vom Goldstandard abzurücken und den Kurs freizugeben, was zu einer Abwertung von fast 25 Prozent führte – eine geradezu unerhörte Entwicklung, denn der Goldstandard verkörperte die britische Weltmacht. Seit dem Krieg hatten alle Regierungen versucht, ihn wieder einzuführen, und die Kürzungen, die wenige Monate zuvor die Labour-Regierung scheitern ließen, waren nicht zuletzt erfolgt, um den Kurs des Pfundes zu sichern.

Jetzt jedoch blieb die Kritik aus, dazu war die Krise zu bedrohlich. Bei den Wahlen, die kurz darauf im Oktober stattfanden, errang das *National Government* sogar einen überwältigenden Erfolg. Labour erhielt zwar fast 31 Prozent der Stimmen, stellte aber nur noch 52 Abgeordnete, das *National Government* hingegen 554.[10] Seine Mehrheit war eindeutig und ebenso die Aufgabe: Es sollte endlich etwas gegen die verheerende wirtschaftliche Situation unternehmen. Das war keine einfache Aufgabe, denn für die Krise gab es zahlreiche Gründe, die je unterschiedliche Lösungen verlangten, während nicht minder viele Vorschläge existierten, die einander oft widersprachen, in ihrer Begründung zudem Schwächen aufwiesen und bei ihrer Umsetzung die Situation teils noch verschlechterten.

Wirtschaftliche Probleme

Ein wesentlicher Faktor für die wirtschaftlichen Probleme war die strukturelle Krise der alten Industrien, die bis zu 75 Prozent der Arbeitslosigkeit verursachte und nur schwer zu bekämpfen war, zumal unter dem Goldstandard. Dieser führte nicht nur zu einem hohen Wechselkurs und schlechten Exportchancen. Zusätzlich erforderte er hohe Zinsen, um die Stabilität des Pfundes zu sichern, was wiederum die Wirtschaft belastete, denn die Zinsen verteuerten Investitionen und reduzierten die Nachfrage. Diese litt auch unter dem Streben nach einem ausgeglichenen Haushalt, das Kürzungen der Ausgaben und höhere Steuern erforderte, so dass die hohen Zinsen des Goldstandards und die Kürzung der Staatsausgaben sich gegenseitig verstärkten, die Nachfrage minderten und zur Deflation beitrugen – eine damals akzeptierte Entwicklung. Denn ein Rückgang von Preisen und Löhnen sollte zu einem neuen Gleichgewicht führen und die Grundlage für erneutes Wachstum legen.[11]

Soweit die Theorie, deren Schwächen in der Krise deutlich wurden. Denn die Wirtschaft ging zurück, ohne das postulierte Gleichgewicht und ein davon ausgehendes Wachstum zu erreichen. Dazu trugen auch ein Mangel an Devisen und Schwächen des Welthandels bei, die eine erhebliche Belastung bedeuteten. Bis zum Ausbruch des Ersten Weltkrieges beruhte die globale

Wirtschaft auf dem Pfund, das als Leitwährung fungierte und zur Bezahlung internationaler Transaktionen diente. Um diese durchführen zu können, mussten ausreichende Mengen an britischem Pfund zur Verfügung stehen, was damals geradezu automatisch geschah. Denn als globales Finanzzentrum organisierte London Jahr für Jahr umfangreiche Investitionen im Ausland, gab Anleihen aus und stellte Kredite zur Verfügung, die jeweils auf dem Pfund beruhten, das deshalb in ausreichender Menge zirkulierte. Hinzu kamen weitere Mechanismen, die so komplex und den Zeitgenossen so wenig bewusst waren, dass Keynes das weitgehend reibungslose Funktionieren der Weltwirtschaft bis 1914 als eine «außerordentliche Episode in der wirtschaftlichen Entwicklung der Menschheit» bezeichnete und befürchtete, dieses System werde die Folgen des Ersten Weltkriegs nicht überleben.[12]

Diese Befürchtung trat ein. Denn Großbritannien war am Ende des Krieges hoch verschuldet und konnte nicht mehr als weltweiter Finanzier agieren. Stattdessen waren die USA zur wirtschaftlichen Führungsmacht aufgestiegen und hätten diese Aufgabe übernehmen sollen, was jedoch vor allem aus drei Gründen scheiterte: Gegenüber Großbritannien und den anderen verschuldeten Ländern bestanden die USA auf der Rückzahlung der Schulden, belasteten dadurch deren Wirtschaft und entzogen dem Welthandel Devisen; außerdem besaß die amerikanische Industrie weltweit einen Vorsprung und erzielte einen Exportüberschuss, der ebenfalls Devisen abzog; schließlich vergaben die Banken und Unternehmen der USA zwar internationale Kredite und nahmen ausländische Investitionen vor, die aber deutlich zu gering ausfielen.

Diese Zusammenhänge der Weltwirtschaft, die vor 1914 – als genügend britische Pfund zur Verfügung standen – zum Aufschwung beitrugen, in der Nachkriegszeit aber eine gravierende Belastung bedeuteten, haben die Zeitgenossen nur in Ansätzen verstanden. Die große Bedeutung von ausreichender Liquidität und einer funktionierenden Leitwährung wurde unterschätzt und stattdessen der frühere Erfolg vor allem auf den Goldstandard zurückgeführt. Dieser sollte deshalb wiederhergestellt werden – insbesondere in Großbritannien. Darin stimmten alle Parteien überein, auch Labour, und sie waren bereit, die erforderlichen Maßnahmen zu ergreifen. Dazu gehörte vor allem ein ausgeglichener Haushalt, selbst wenn dieser eine Kürzung staatlicher Ausgaben erforderte; auch wurden höhere Zinsen akzeptiert, um das internationale Ansehen des Pfundes zu sichern. Beide Maßnahmen minderten die Nachfrage, verteuerten Investitionen und verschärften die wirtschaftlichen Probleme. Doch nach herrschender Auffassung geschah dies nur kurzfristig, während auf Dauer eine Verbesserung eintreten und Londons Stellung als globales Finanzzentrum gestärkt werde.

Teilweise traten die gewünschten Veränderungen ein, denn mit dem Rückgang von Löhnen und Preisen stieg die Wettbewerbsfähigkeit der britischen Wirtschaft. Doch die erhoffte Besserung blieb weitgehend aus, so dass konservative Hardliner weitere Kürzungen durchsetzen wollten. Für sie waren Löhne und staatliche Ausgaben weiterhin zu hoch, um das erforderliche Gleichgewicht zu erreichen. Doch auch nach dem Generalstreik fanden sie wenig Unterstützung, zumal die Zweifel wuchsen, ob die wirtschaftlichen Theorien und Erklärungen noch zutrafen. Der Kompass so Churchill, der als Schatzkanzler für die Wirtschaft zuständig war und die Rückkehr zum Goldstandard umsetzte, sei zerstört, «die Karten sind nicht mehr aktuell».[13] Es gab deshalb zahlreiche Bemühungen, neue Wege zu finden, darunter das Wahlprogramm der Liberalen aus dem Jahre 1929 mit dem Titel *We Can Conquer Unemployment*.

Alternative Konzepte

Verfasser dieses Programms war Lloyd George, der vorschlug, durch den Bau von Häusern und Straßen und ein erweitertes Telefon- und Stromnetz mehrere hunderttausend Personen zu beschäftigen. Ähnlich argumentierte kurz darauf ein Ausschuss, den die neue Labour-Regierung eingesetzt hatte und dem unter anderem George Lansbury vom linken Labour-Flügel und Oswald Mosley angehörten, ein ehrgeiziger, nach neuen Wegen suchender Politiker. Mosley kam 1918 als jüngster Abgeordneter für die Konservativen ins Unterhaus, warf seiner Partei jedoch bald überholte Auffassungen vor und verließ sie 1922. Danach amtierte er vorübergehend als Unabhängiger, zog 1926 für Labour ins Parlament, gehörte der 1929 gewählten Regierung als Minister ohne Geschäftsbereich an und setzte sich in der Kommission für weitreichende Maßnahmen ein. Beeinflusst von Keynes, der damals seine neue Theorie entwickelte, und vom Programm der Liberalen, forderte Mosley nicht nur Beschäftigungsprogramme. Vielmehr solle die Regierung auch in Industrie und Banken eingreifen, Schutzzölle erlassen und Pensionen sowie Sozialleistungen erhöhen, um die Nachfrage anzukurbeln. Das Kabinett, das an den herrschenden ökonomischen Theorien festhielt, lehnte diese Vorschläge jedoch ab, so dass Mosley von der Regierung zurücktrat und seine Vorschläge im Oktober 1930 auf dem Labour-Parteitag zur Abstimmung stellte. Dabei verlor er – wenngleich nur knapp – mit einer Million Stimmen gegenüber 1,25 Millionen Gegenstimmen.

Unterstützung erhielt er vor allem von den Gewerkschaften, die im Jahr darauf die Kürzungsvorschläge der May-Kommission ablehnten und stattdessen höhere öffentliche Ausgaben forderten. Das Kabinett war gespalten, die Regierung scheiterte. MacDonald wurde aus der Partei ausgeschlossen und als Parteivorsitzender durch Lansbury abgelöst. Mosley wiederum sah sich durch die hohe Stimmenzahl auf dem Parteitag bestätigt, verließ im März 1931 Labour und gründete die *New Party*. Deren Aussichten schienen glänzend zu sein, denn seine Vorstellungen fanden von links bis rechts Zustimmung, so bei Aneurin Bevan, einem führenden Vertreter der Labour-Linken, oder bei Harold Macmillan, dem späteren konservativen Premierminister (1957–63). Auch die *Daily Mail* unterstützte Mosley, doch als bereits im Oktober 1931 ein Wahlkampf stattfand, war seine Partei darauf noch nicht vorbereitet und konnte keinen Wahlkreis erringen, selbst Mosley scheiterte. Er hatte schon vorher Sympathien für Mussolini und dessen starken Staat gezeigt, driftete nach der Niederlage weiter nach rechts und gründete 1932 die *British Union of Fascists*. Auch hierfür fand er Unterstützung, bei der *Daily Mail*, dem *Daily Mirror* und quer durch die Bevölkerung, denn er versprach Lösungen, zu denen sich die großen Parteien nicht durchringen konnten und die auch in anderen europäischen Ländern Zustimmung fanden.[14]

Die Weigerung der britischen Regierungen, die Vorschläge von Mosley, Lloyd George und anderen aufzugreifen, ist seitdem viel kritisiert worden, zumal sie der Wirtschaftspolitik entsprachen, die Keynes kurz danach ausformulierte und die sich nach 1945 weltweit durchsetzte. Im Vergleich dazu erscheint das Verhalten von Konservativen und Labour als borniert und verfangen in überkommenen Vorstellungen, eine einmalige Chance wurde offensichtlich vertan. Doch diese Sichtweise beruht auf heutigen Kenntnissen, während damals mehrere Argumente gegen die neuen Vorschläge sprachen. So ging die herrschende Lehre davon aus, dass höhere staatliche Ausgaben kaum zusätzliche Arbeitsplätze schaffen würden. Sie würden vielmehr mit dem privaten Sektor um die vorhandenen Geldmittel konkurrieren und diesen verdrängen, denn die zur Verfügung stehenden Mittel seien begrenzt und zusätzliche staatliche Ausgaben würden einen Teil davon abziehen. Um diese zu finanzieren, müsse die Regierung zudem entweder die Steuern erhöhen oder zusätzliche Kredite aufnehmen. Dadurch würde sie Investitionen erschweren, Unternehmer und private Verbraucher belasten, den Konsum drosseln und einen Verdrängungseffekt auslösen. In der Krise von 2008/09 haben Regierungen und Notenbanken die Geldmenge massiv vermehrt, um dieses Problem zu lösen. Doch entsprechende Konzepte fehlten damals und besaßen vor allem keine theoretische Rechtfertigung, da Keynes' entscheidende Untersuchung erst 1936 erschien.[15]

Hinzu kam, dass die damals geforderten Ausgaben zu gering waren, um nennenswerte Wirkungen zu erzielen, während sich das Vorbild Mussolini bald als kontraproduktiv erwies. Dessen Regime und Wirtschaftspolitik standen mittlerweile für eine bürokratische Diktatur, die abschreckte und allenfalls bei der kleinen Zahl britischer Faschisten Unterstützung fand. Dieselbe Abneigung herrschte gegenüber Vorschlägen, der Staat solle stärker in die Wirtschaft eingreifen, da dies mit Sozialismus und Bolschewismus gleichgesetzt wurde. Ohnehin war unklar, wie solche Eingriffe aussehen sollten, denn es gab dafür weder die notwendigen Institutionen noch nähere Vorstellungen einer Wirtschafts- oder Industriepolitik, die jedoch erforderlich waren, um tatsächlich Wirkung zu erzielen. Entsprechende Ansätze hatten zur Jahrhundertwende bestanden, als Sorgen vor der deutschen Konkurrenz aufkamen und der Staat aufgefordert wurde, stärker in die Wirtschaft einzugreifen. Doch diese Bemühungen ebbten ab, als die wirtschaftliche Entwicklung nach 1905 wieder positiv verlief, und sie kamen ganz zum Erliegen, nachdem Deutschland den Krieg verloren hatte und auf absehbare Zeit als Konkurrent ausfiel. So blieben staatliche Eingriffe in den Bergbau begrenzt und wurden ansonsten von Regierung und Unternehmern prinzipiell abgelehnt, während die Gewerkschaften sie zwar positiver beurteilten, darunter jedoch vor allem weitere Subventionen verstanden und keine weitergehenden Konzepte entwickelten.

So fanden die alternativen Vorschläge selbst in der Weltwirtschaftskrise wenig Gehör. Sie widersprachen der herrschenden Lehre, besaßen keine überzeugende Begründung, verfügten über kein institutionelles Gerüst und wurden zudem vor allem von Personen vorgeschlagen, die sich – wie Mosley und Lloyd George – persönlich ins Abseits gestellt hatten. Deshalb überrascht es nicht, dass auch die Nationale Regierung an der traditionellen Politik festhielt, mit einer Ausnahme: Sie wertete im September 1931 das Pfund ab. Das geschah aus der Not heraus, doch ohne es zu wissen, tat die Regierung das Richtige. Über Nacht wurde das Pfund zu einer attraktiven Währung, da eine weitere Abwertung, die in anderen Ländern noch drohte, nicht mehr zu erwarten war; Gelder kehrten nach London zurück und die Zinsen sanken. Vorher waren sie bewusst hoch gehalten worden, um das Vertrauen in diese Währung zu stärken. Das war jetzt nicht mehr nötig, so dass Kredite billiger wurden und Investitionen sowie privater Konsum zunahmen.

Zu anderen, vergleichbar radikalen Maßnahmen war das *National Government* nicht bereit, insbesondere nicht zu vermehrten Ausgaben, um Arbeitsplätze zu sichern – abgesehen vom *Special Areas Act* aus dem Jahre 1934. Damit wollte sie besonders betroffene Gebiete in Schottland, Wales und dem Norden Englands fördern, doch die dazu eingesetzten Mittel blieben gering und das Gesetz eine Ausnahme.[16] Auch hier erwies sich die Forderung nach ausgeglichenen Haushalten als Hürde, wenngleich die Regierung ein Tabu brach, das seit Chamberlains Forderungen nach einer *Tariff Reform* heftige Konflikte verursacht hatte: Sie erhob einen Schutzzoll von zehn Prozent, um die heimische Industrie zu schützen, und traf Absprachen mit dem Empire, um den gegenseitigen Absatz zu fördern und Konkurrenten zu behindern.

Dazu fand 1932 in Ottawa die *British Empire Economic Conference* statt. Dort wurden Zölle vereinbart und andere Beschlüsse gefasst, die jedoch hinter den britischen Erwartungen zurückblieben, da die Beteiligten weiterhin zu unterschiedliche Interessen verfolgten. Wie zuvor wollten die Dominions (Kanada, Australien, Neufundland, Südafrika, Irland und Neuseeland), aber auch Indien, den Aufbau eigener Industrie fördern und sie nicht der britischen Konkurrenz aussetzen, während die britischen Landwirte Schutz gegen deren Agrarprodukte suchten. Mit den Kolonien allerdings wuchs der britische Handel. 1910 stammten von dort 25 Prozent der Importe, während diese 36 Prozent der Exporte erhielten. Kurz vor Ausbruch des Zweiten Weltkrieges lagen diese Zahlen bei 40 bzw. 50 Prozent.[17]

Die in Ottawa vereinbarten Zölle und Schutzmaßnahmen bedeuteten eine Abkehr von der britischen Freihandelspolitik, etablierten aber nicht den erhofften gemeinsamen Wirtschaftsraum und schufen nur eine gewisse Linderung. Das galt auch für die anderen Entscheidungen der Regierung, die ebenfalls keine grundlegende Besserung brachten und insbesondere gegenüber der Zahl der Arbeitslosen versagten, die bei Ausbruch des Zweiten Weltkrieges immer noch etwa zwei Millionen betrug. Die Situation blieb bedrückend. Zeitgenossen erlebten die 1930er Jahre als eine «low dishonest decade» – so eine viel zitierte Aussage des Dichters Wystan Hugh Auden.[18]

Lebensstandard

Auf viele Briten traf die Aussage von Auden zu, jedoch nicht auf alle und nicht einmal auf alle Arbeitslosen. Vielmehr verbesserte sich deren Situation gegenüber der Zeit vor dem Ersten Weltkrieg, während weite Teile der Bevölkerung sogar einen deutlichen Aufschwung erlebten. Dafür gibt es zahlreiche Gründe, darunter die banale Feststellung, dass selbst bei einer Arbeitslosigkeit von 20 Prozent immer noch 80 Prozent eine Beschäftigung hatten. Außerdem war die Arbeitslosigkeit innerhalb des Landes nicht gleichmäßig verteilt, und schließlich fanden trotz der anhaltenden Krise auch reale Verbesserungen statt, so dass es sowohl Wirtschaftswachstum wie Arbeitslosigkeit gab (Tabelle 6).

Besonders problematisch blieb die Lage im Bergbau, der Stahl- und Eisenindustrie und dem Textilgewerbe, deren Betriebe sich im Norden Englands,

Tabelle 6: Arbeitslosigkeit und Bruttosozialprodukt in Großbritannien 1919–1938

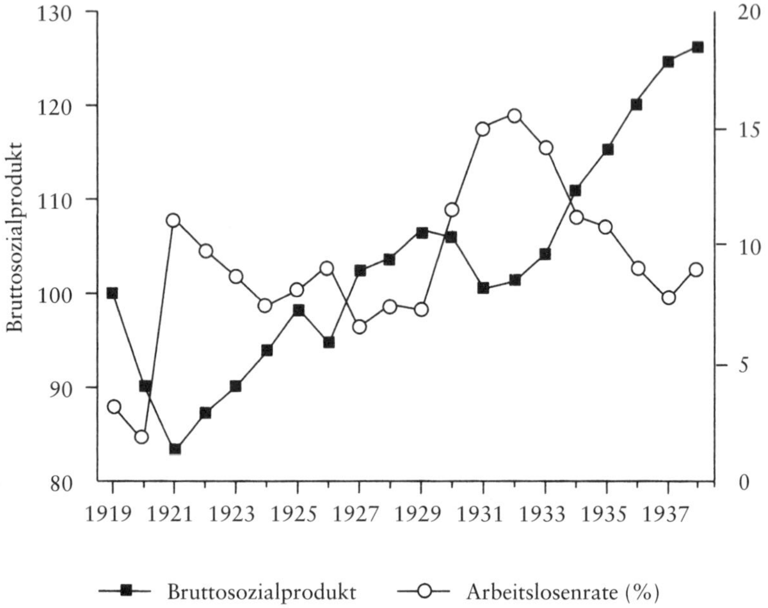

Quelle: Charles H. Feinstein, Statistical Tables of National Income, Expenditure and Output of the UK, 1855–1965, Cambridge 1972, T22, T126.

im südlichen Schottland, in Wales und in Nordirland konzentrierten. Verheerend wurde die Situation, wenn Orte von nur einem Betrieb abhingen, wie in Crook, eine Bergarbeitergemeinde bei Durham, in der 1936 die Arbeitslosenquote 71 Prozent betrug.[19] Vergleichbare Verhältnisse fanden sich in anderen Orten, wo die Arbeitslosigkeit über Jahre anhielt und eine Besserung nicht zu erkennen war. In anderen Teilen des Landes hingegen herrschten deutlich bessere Verhältnisse. Das galt für das mittlere England um Birmingham und Sheffield und insbesondere für den Großraum London, wo Handel und Dienstleistungen, Bank- und Finanzwesen, der Bildungssektor oder die öffentliche Verwaltung expandierten und neue Industrien entstanden. Diese profitierten von der weltweiten Konjunktur der Jahre 1925 bis 1929, die auch den traditionellen Industrien Erleichterung brachte – wie überhaupt festzustellen ist, dass diese trotz aller Krisen weiterhin die britische Wirtschaft prägten und die meisten Arbeitsplätze stellten, darunter der Bergbau, der im Jahre 1935 noch etwa eine Million Personen beschäftigte.[20]

Diese Zahl war allerdings gegenüber 1918 um fast 300 000 zurückgegangen, und allmählich verschob sich das Gewicht hin zu denjenigen Industrien, die im weiteren Sinne Konsumgüter und Dienstleistungen anboten – eine Entwicklung, die Staaten wie Deutschland oder Frankreich erst mit erheblicher Verzögerung vollzogen. In Großbritannien hingegen besaß sie eine lange Tradition und erfuhr nach der Abwertung im September 1931 einen zusätzlichen Schub, als die Zinsen auf etwa 2 Prozent sanken, Kredite billiger wurden und die Nachfrage anstieg, besonders in der Bauwirtschaft. Schon in den vergleichsweise guten Jahren nach 1925 wurden jährlich 120 000 bis 140 000 neue Häuser gebaut. Jetzt stieg diese Zahl bereits 1933 auf knapp über 200 000 und in den folgenden Jahren auf mehr als 250 000 an. Ebenso rasch wuchs der Erwerb von Radioapparaten, Küchengeräten oder Automobilen, wozu auch beitrug, dass ab den 1920er Jahren die Möglichkeit des Ratenkaufs bestand.

Hinzu kam ein Rückgang der Lebensmittelpreise. Diese waren in Großbritannien schon seit Jahrzehnten billiger als auf dem Kontinent, da sie zum größten Teil importiert wurden und die Preise auf dem Weltmarkt niedriger lagen. Diese gingen in der Weltwirtschaftskrise weiter zurück, denn der globale Rückgang des Handels betraf vor allem landwirtschaftliche Produkte, wo die Konkurrenz besonders groß war. In ganz Europa verschärfte sich dadurch die seit langem bestehende Agrarkrise und führte zu aggressiven Protestbewegungen – auch in Großbritannien. Doch hier war die Landwirtschaft seit langem wirtschaftlich zweitrangig und politisch schwach. Die 1931 gegründete *Agricultural Party* und die agrarische Protestbewegung blieben zu klein, um einen nennenswerten Schutz durchzusetzen oder gar eine politische Bedrohung darzustellen (Tabelle 2). Das Land und damit verbundene Lebenswelten hatten ihre eigenständige politische Bedeutung verloren und boten den Städtern kaum mehr als eine romantische Idylle. Die Briten seien, so der populäre Historiker und Kolumnist Arthur Byant im Jahre 1934, seit zwei oder drei Generationen vom Land abgeschnitten.[21] So gingen die Lebensmittelpreise stark zurück und boten nicht nur einen Ausgleich für die ebenfalls gesunkenen Löhne, sondern ermöglichten sogar einen Anstieg der Reallöhne und setzten Mittel für den Konsum frei.[22]

Zugleich nahm die soziale Ungleichheit ab, da nach dem Krieg das oberste Sechstel der Bevölkerung etwa 30 Prozent seiner Kaufkraft an die anderen Schichten verlor. Davon gelangte nur ein kleinerer Teil nach ganz unten, doch auch die Armen und Arbeitslosen profitierten von den geringeren Kosten für Lebensmittel. Hinzu kamen höhere Leistungen des Staates und der Kommunen, etwa bei der Unterstützung für Arbeitslose, die im internationalen Vergleich gut abschnitt. Die Zahlungen, die eine Familie mit vier Personen erhielt, stiegen von 1920 bis 1931 real um 240 Prozent, so dass die unteren Schichten trotz der Krise in den 1930er Jahren einen höheren Lebensstandard genossen als vor dem Ersten Weltkrieg.[23] Einer Studie von Rowntree zufolge lag dieser 1936 um etwa 30 Prozent höher als 1899,[24] und für den Historiker Rubinstein überschritt das durchschnittliche Einkommen in der Arbeiterschaft um 1930 zum ersten Mal in der britischen Geschichte das Subsistenzniveau.[25]

Dies war ein beachtlicher Erfolg, der aber auch zeigt, wie kärglich bis dahin die Lebensverhältnisse vieler Briten waren. Auch jetzt konnte von einem allgemeinen Wohlstand keine Rede sein, insbesondere nicht bei den Arbeitslosen und ihren Familien, zumal deren Unterstützung mehrfach gekürzt und an verschärfte Bedingungen geknüpft wurde. Dazu zählte vor allem der sogenannte *means test*, der feststellen sollte, ob Arbeitslose über zusätzliches Einkommen oder etwas Besitz verfügten. In der Regel war nichts vorhanden, doch schon die Überprüfung wurde als Schikane erlebt und löste Erbitterung aus. Die Opfer der Arbeitslosigkeit fühlten sich zusätzlich drangsaliert, mussten Einblicke in ihr Privatleben hinnehmen und Kürzungen akzeptieren, wenn etwa Söhne oder Töchter im Haushalt lebten und etwas verdienten. Diese Kontrollen fielen örtlich unterschiedlich aus, wobei die Behörden in Arbeiterorten weniger rigide vorgingen. Vor allem aber bestanden hier soziale und persönliche Netzwerke, die es erleichterten, die oft jahrelange Arbeitslosigkeit zu ertragen.

Weiterhin existierten also große Ungleichheiten, die von Alter, Geschlecht, Region, Beruf, Ausbildung oder Besitz abhingen. Doch generell stieg der allgemeine Lebensstandard und trug – neben zahlreichen Veränderungen in Alltag, Familie und Beruf – dazu bei, die Kluft zwischen den Klassen und Schichten zu verringern.

Klassen und Kulturen

Diese Feststellung mag überraschen, denn die politischen Konflikte nahmen Anfang der 1930er Jahre zu, nachdem die Labour-Regierung gescheitert war, die Konservativen im *National Government* faktisch die Regierung übernahmen und die wirtschaftlichen Probleme anhielten. Doch daneben setzten sich Prozesse der Angleichung und größerer Gemeinsamkeit fort, wesentlich gefördert durch den wachsenden Lebensstandard, der zusätzliche Ausgaben ermöglichte, etwa für Kinobesuche, die jetzt zu einem Massenphänomen wurden. Während 1926 etwa 3000 Kinos existierten, lag deren Zahl 1938 bei fast 5000, die noch größer und prächtiger ausfielen und 1940 etwa eine Milliarde Eintrittskarten verkauften, mehr als 20 pro Einwohner.[26] Selbst Arbeitslose strömten in die Kinos, wenngleich vor allem in die billigen Vorstellungen, die eine Alternative zum Herumstehen auf der Straße boten und weniger Geld kosteten als der Besuch von Kneipen. Selbst wenn sie am Essen sparen mussten und hungerten, bezahlten vor allem alleinstehende Arbeitslose den Eintritt, «um der schrecklichen Kälte eines Winternachmittages zu entkommen». Schätzungen zufolge gingen etwa 80 Prozent der Arbeitslosen mindestens einmal pro Woche ins Kino, 25 Prozent sogar mehrfach.[27]

Eine vergleichbare Bedeutung hatten Radiogeräte, die sich 1937 in fast 80 Prozent der Haushalte fanden.[28] Die BBC war fast überall zu empfangen, wenngleich der elitäre Anspruch von Reith ihrer Breitenwirkung im Wege stand. Doch mittlerweile übertrug sie auch Tanzmusik und ab 1927 Live-Berichte von Sportereignissen. Im selben Jahr übernahm die BBC die erwähnten Promenadenkonzerte und strahlte ab 1932 die Weihnachtsansprache des Monarchen in das ganze Empire aus. Unter den Sportarten sprach weiterhin vor allem Cricket die verschiedenen Klassen an, während Fußball deutlich mehr Zuschauer anzog, aber ein Sport der Arbeiter blieb. Doch analog zur wirtschaftlichen Entwicklung verlagerte sich dessen Schwerpunkt von den traditionellen Industriegebieten des Nordens in den prosperierenden Süden, wo die Erfolge von Arsenal London verstärkt die Mittelschichten ansprachen – und selbst die Königin begeisterten, was allerdings ein streng gehütetes Geheimnis blieb.[29]

Generell haben vor allem die mittleren Schichten vom steigenden Lebensstandard, den neuen Berufen und den wachsenden Möglichkeiten profitiert, ein eigenes Profil entwickelt und die neuen Trends gesetzt. Dazu gehörten häufigere Urlaubsreisen, vorwiegend im eigenen Lande, wo 1937 in Skegness die ersten Feriencamps (*Butlin*) entstanden; die rasche Verbreitung von Vereinen und Verbindungen wie Rotarier, Lions-Clubs, Handelskammern oder Golf-Clubs, in denen neue und alte Mittelschicht aufeinandertrafen und religiöse oder politische Unterschiede ausklammerten; eine modische, aber preiswerte und im Alltag taugliche Kleidung; oder populäre Kriminalromane, deren Kommissare nicht mehr aus der Oberschicht stammten – so bei Agatha Christie. Ihre Heldin war Miss Marple, eine unauffällige, aber resolute ältere Dame, die zusammen mit ihren nicht weniger durchschnittlichen Helfern die schwierigsten Fälle löste und dabei die professionellen Kommissare in den Schatten stellte.

Es ist problematisch, Kriminalromane als Spiegelbilder einer Gesellschaft zu sehen, doch in den Büchern von Agatha Christie finden sich interessante Parallelen zu realen Entwicklungen. In den Romanen spielen die Mittelschichten eine zentrale Rolle und zeigen ein Selbstbewusstsein, das tatsächlich angewachsen war, nachdem die Konfrontation der Nachkriegszeit nachgelassen und auch ihre materielle Situation sich verbessert hatte.[30] Die Hauptpersonen dieser Romane waren keine Helden, sondern verhielten sich «normal» und zeigten *common sense*, wie Baldwin oder Hobbs. Soziale Konflikte schließlich fehlten in den Romanen, was fraglos eine Wunschvorstellung war. Doch tatsächlich hatten diese im Vergleich zu den 1920er Jahren abgenommen, so dass es den Mittelschichten leichter fiel, größeres Verständnis für die Situation der Arbeiterschaft und deren Probleme aufzubringen. Ein Ausdruck davon waren Dokumentarfilme, die in den 1930er Jahren entstanden und das alltägliche Leben darstellten, oder die Cartoons von Sidney Strubs, die den «Kleinen Mann» behandelten. Der *Left Book Club* sprach ab 1936 Leser an, die ein ausgeprägtes Interesse an sozialen Fragen besaßen, und er beauftragte George Orwell zu seinem Roman *The Road to Wigan Pier*. Die Bewegung *Mass Observation* hielt durch teilnehmende Beobachtungen ab 1937 den Alltag der breiten Bevölkerung in schriftlichen Aufzeichnungen fest, während 1938 erstmals die *Picture Post* erschien und eine enorme Auflage erzielte, nicht nur weil sie als erste Illustrierte reich mit Fotos bebildert war, sondern auch wegen ihrer sozialkritischen Ausrichtung.

Dieses Interesse an sozialen Fragen bedeutete keine Unterstützung des Sozialismus. Im Gegenteil, dafür sprach sich selbst in der Arbeiterschaft nur eine Minderheit aus. Politisch dominant waren stattdessen die Konservativen, die im *National Government* eine klare Mehrheit besaßen und ihre Ansichten auch mithilfe der Zensur durchsetzten. So erschien 1933 der Roman *Love on the Dole* von Ronald Gow und Walter Greenwood, der am Beispiel einer Familie die Folgen der Arbeitslosigkeit schilderte und zahlreiche Auflagen erreichte. Im folgenden Jahr entstand daraus ein Theaterstück, das in wenigen Monaten fast eine Million Zuschauer fand, vor allem in den Mittelschichten. Die Zensurbehörde gab jedoch keine Erlaubnis, den Roman zu verfilmen, denn es handele sich um eine «sehr schäbige Geschichte in einer sehr schäbigen Umgebung».[31]

1937 stellte Lord Tyrell, Präsident der britischen Zensurbehörde, fest: «Wir können stolz auf die Feststellung sein, dass heute in London nicht ein einziger Film gezeigt wird, der eines der aktuell brennenden Probleme behandelt.»[32] Das Verständnis für soziale Fragen stieß also an Grenzen, und die Ausbreitung der *middle-brow* Kultur verweist nicht nur auf eine breitere Mitte. Damit waren auch Ausgrenzungen verbunden, wenn etwa Programme der BBC die unteren Schichten ausschlossen, oder Angehörige der Mittelschichten nicht besonders erfreut darüber waren, in den Kinos Arbeiter anzutreffen. Sie drängten deshalb darauf, für diese eigene Warteschlangen einzurichten. Auch bestanden Unterschiede im Geschmack, denn Arbeiter bevorzugten Western und Kriminalfilme, die mehr Spannung boten als die staatlich geförderten britischen Filme.[33]

Besonders gering blieb die Toleranz, wenn es um Schule und Ausbildung ging. Weiterhin reagierten Eltern der oberen Schichten entsetzt, wenn höhere Schulen begabte Jungen oder Mädchen aus den unteren Schichten aufnahmen, denn sie befürchteten, dass ihre Kinder «deren Akzent übernahmen».[34] Eltern, so hieß es an anderer Stelle, die für ihre Kinder das Beste wollten, könnten sie nicht auf eine öffentliche Grundschule schicken. Denn diese würde eine Prägung hinterlassen, «die keine spätere Erziehung, wie exzellent sie auch immer sei, ohne großen Aufwand beseitigen kann».[35] So blieben die Privilegien der *Public Schools* und der Universitäten in Oxford und Cambridge bestehen, deren Absolventen 1939 76 Prozent der wichtigen Stellen in Banken, Eisenbahn, Kirche und Staat besetzten.[36] Die erwähnten Dokumentarfilme und Romane belegen deshalb nicht nur ein Interesse an sozialen Fragen. Sie zeigen vielmehr auch, dass die Mittel- und Oberschichten mit den unteren Klassen oft nur oberflächliche Berührungspunkte besaßen. Sie wussten wenig darüber, wie diese wirklich lebten, und interessierten sich für Stücke oder Bücher wie *Love on the Dole* und *Road to Wigan Pier* auch deshalb, weil sie mehr erfahren wollten.

Ganz andere Fragen griff Marie Stopes auf, die 1921 in London die erste Klinik für Familienberatung eröffnete, dort auch Verhütungsmittel anbot und bereits 1918 ihr Buch *Married Love* publiziert hatte. Es erschien bei einem kleineren Verlag, da die größeren es als zu riskant ablehnten. Denn das Buch ging auf die sexuellen Bedürfnisse von Frauen ein, plädierte für eine gleichberechtigte Beziehung der Ehepartner und vertrat andere feministische Positionen. Diese wurden allgemeiner akzeptiert, als die etablierten Verlage angenommen hatten, so dass das Buch bis 1931 in 19 Auflagen und 750 000 Exemplaren erschien und zeigte, wie sehr der Stellenwert von Familie und Heim zugenommen hatte. Männer und Frauen verbrachten mehr Zeit miteinander und mit ihren Kindern – nicht nur zuhause, sondern auch beim Einkaufen, im Urlaub oder im Kino, das gerade Frauen neue Möglichkeiten bot. So waren 70 Prozent der Kinobesucher weiblich und kamen nicht nur, um Filme zu sehen, sondern auch, weil deren Cafes einen der wenigen akzeptierten Orte boten, sich in der Öffentlichkeit zu treffen.[37]

Die Aufwertung von Familie, Erziehung und Mode zeigten auch zahlreiche neue Zeitschriften, die ab Mitte der 1920er Jahre erschienen, darunter *Woman's Journal* 1927, *Woman's Own* 1932, *Woman's Illustrated* 1936 oder *Woman* 1937, die das Bild der «Neuen Frau» verbreiteten, das in allen Industrieländern aufkam. Es bezeichnete junge Frauen, meist aus der Arbeiterschaft und der unteren Mittelschicht, die in Büros, Läden oder

Fabriken arbeiteten und früh Geld verdienten, das sie für Kosmetik, Kinos, Tanzhallen oder Kleidung ausgeben konnten. So entstand ein eigener Lebensstil, wie überhaupt vermehrt Merkmale einer Jugendkultur zu erkennen waren, an der auch junge Männer teilhatten. Zeitgenössische Beobachter betrachteten diese Entwicklungen vielfach mit großer Skepsis, beklagten einen Verlust traditioneller Werte und befürchteten den Zerfall der Familien, von denen die finanziell unabhängigen jungen Männer und Frauen sich abwenden würden.[38]

Solche Befürchtungen waren weit überzogen, allein schon weil die neuen Berufe, die entstehende Jugendkultur oder das neue Frauenbild sich nur begrenzt durchsetzten. So arbeiteten weiterhin die meisten Frauen als Dienstmädchen oder Köchinnen, wenngleich immer weniger von ihnen in den Haushalten ihrer Herrschaften wohnten und nur zum Arbeiten dorthin gingen. Weiterhin engten zudem die anhaltende Arbeitslosigkeit, der oft geringe Lohn oder die Notwendigkeit, mit dem verdienten Geld Eltern oder Familie zu unterstützen, die Handlungsmöglichkeiten empfindlich ein. Dennoch wurden ab Mitte der 1920er Jahre Verhaltensweisen, Einstellungen und Selbstwahrnehmungen zunehmend durch Einkommen und Konsum geprägt, während traditionelle Distinktionsmerkmale wie Herkunft, Akzent oder Kleidung an Bedeutung verloren – Veränderungen, die nach dem Zweiten Weltkrieg noch wichtiger wurden. Parallel dazu weichten traditionelle Grenzen zwischen den Geschlechtern auf, weibliche Vorstellungen und Prägungen erhielten größeres Gewicht. Insbesondere die aggressiven und militaristischen Männerbilder, die vor dem Ersten Weltkrieg so verbreitet waren, verloren an Akzeptanz, und mit ihnen die Bereitschaft, für das Empire Kriege zu führen – oder auch nur Tätigkeiten in den Kolonien zu übernehmen.[39]

Empire

Aus dem Ersten Weltkrieg ging das britische Empire sowohl gestärkt als auch geschwächt hervor. Auf den ersten Blick beeindruckt vor allem die größere Stärke, da die früheren Rivalen entfielen oder erheblich geschwächt waren, während zugleich neue Gebiete hinzukamen. Dazu zählten frühere deutsche Kolonien, meist in Afrika, und vor allem Regionen im Nahen Osten, die bis dahin zum Osmanischen Reich gehörten und deshalb so wichtig waren, weil sie den Zugang zu Indien sicherten. Diese Gebiete wurden dem Empire nicht direkt zugeschlagen, sondern blieben formal selbständig (Ägypten) oder wurden von Großbritannien lediglich als Mandate des Völkerbundes verwaltet, wie Irak, Palästina und Tanganjika. Faktisch jedoch unterstanden sie der britischen Regierung, die damit über ein nochmals vergrößertes Empire herrschte. Ihre Stimme, so Edward Carson am 18. November 1918 im Oberhaus, besaß nie zuvor «größeres Gewicht im Rat der Nationen oder bei den Entscheidungen über die Zukunft der Menschheit».[40]

Diese Aussage ist verständlich, denn von den europäischen Großmächten war faktisch allein Großbritannien übrig geblieben, während die USA sich nach dem Krieg weitgehend aus der internationalen Politik zurückzogen und dadurch als Konkurrent entfielen – aber auch als Verbündeter. Das sollte sich als fatal erweisen, denn jenseits der beeindruckenden Zunahme ging Großbritannien geschwächt aus dem Krieg hervor, allein schon wegen der hohen Schulden, welche die Handlungsfähigkeit der Regierungen erheblich einschränkten. Hinzu kamen die anhaltenden wirtschaftlichen Probleme, insbesondere der Verlust der früheren industriellen Überlegenheit, während die internationalen Bedrohungen zunahmen und sich in den 1930er Jahren zuspitzten, als mit Japan, Italien und Deutschland gleich drei Staaten eine aggressive Außenpolitik betrieben und damit in Europa, dem Mittelmeerraum, dem Nahen Osten und in Asien das Empire herausforderten. In den Kolonien wiederum häuften sich die Forderungen nach mehr Mitsprache, vor allem in Indien, wo sie schon länger bestanden und jetzt auf Zusagen verwiesen, die im Krieg gemacht worden waren. Besondere Probleme verursachten diese im Nahen Osten, da mehrere Zusagen existierten, die einander eklatant widersprachen: Juden verwiesen auf die Balfour-Erklärung vom November 1917, die sie als Versprechen verstanden, in Palästina einen Staat zu erhalten; auf arabischer Seite bestand die Erwartung, als Gegenleistung für die militärische Hilfe im Krieg eigene Staaten gründen zu können; und mit Frankreich hatte England 1916 im (geheimen) Sykes-Picot-Abkommen vereinbart, diese Gebiete unter sich aufzuteilen.

Auf den ersten Blick scheinen diese unterschiedlichen Zusagen Ausdruck einer besonders ungeschickten Politik zu sein. Doch tatsächlich zeigten sie die bedrohliche Position, in der sich beide Staaten während des Krieges befanden, die deshalb fieberhaft nach Verbündeten suchten und ihnen unterschiedliche Versprechungen machten. Dabei verhielten sie sich wie traditionelle Kolonialmächte, die ihre Einflussbereiche sichern und erweitern wollten, insbesondere im Nahen Osten. Da abzusehen war, dass das Osmanische Reich den Krieg nicht überleben würde, teilten sie dessen Gebiete unter sich auf, überließen einige davon auch Italien und Griechenland sowie anfangs dem zaristischen Russland. Entsprechend wurde der neu entstehende türkische Staat nach Ende des Krieges im Vertrag von Sèvres (10. August 1920) auf ein kleines Rumpfgebiet reduziert und verlor jeden Zugang zum Meer. Dagegen rief Mustafa Kemal Atatürk, der Gründer der

Türkei, zum Widerstand auf, und besiegte in heftigen Kämpfen französische, armenische und vor allem griechische Truppen. Anschließend setzte er im Juli 1923 in Lausanne einen neuen Vertrag durch, der – einmalig für die Pariser Friedensverträge – die von den Großmächten 1920 diktierten Regelungen revidierte und einen deutlich größeren türkischen Nationalstaat etablierte.

Zuvor, im September 1922, war Lloyd George in der Chanak-Krise bereit gewesen, Truppen einzusetzen, um die internationale Kontrolle über die Dardanellen zu sichern, die in Sèvres gegen den Willen der Türkei beschlossen worden war. Seine Kriegsbereitschaft isolierte ihn jedoch weitgehend und trug wesentlich zu seinem Rücktritt bei, der wenig später, am 19. Oktober, erfolgte. So kurz nach Ende des Weltkrieges wollten weder die Konservative Partei noch die Öffentlichkeit in einen größeren Krieg hineingezogen werden. Das schloss aber nicht aus, dass sie in anderen Fällen eigene Interessen mit allem Nachdruck durchsetzten. So missachtete die britische Regierung im Nahen Osten nicht nur Zusagen, die sie Arabern gemacht hatte. Auch auf Frankreich nahm sie wenig Rücksicht. Dieses Land konnte als Mandatsmacht seinen Einfluss über Syrien und den Libanon zwar sichern, war aber durch den Krieg so geschwächt, dass es aus Palästina verdrängt wurde, obwohl Großbritannien im Sykes-Picot-Abkommen hierfür eine internationale Kontrolle zugesagt hatte.

Dabei hatte der Weltkrieg nicht nur die militärischen und ökonomischen Möglichkeiten des Vereinten Königreichs gemindert. Vielmehr gewannen die Unabhängigkeits- und Nationalbewegungen zunehmend an Bedeutung, während die traditionelle Kolonialpolitik sich mehr als zuvor rechtfertigen musste, so gegenüber den Vereinigten Staaten, der kommenden Weltmacht, oder dem Völkerbund. Doch diese Entwicklungen waren bei Ende des Krieges erst in Umrissen abzusehen. Damals überwog das Gefühl der Stärke. Traditionelle Machtmittel erwiesen sich weiterhin als wirksam und jetzt standen zusätzlich Flugzeuge zur Verfügung, die eine neuartige Möglichkeit boten, mit geringen Kosten in den oftmals riesigen und wenig erschlossenen kolonialen Gebieten militärische Macht zu sichern.

So bombardierten britische Flugzeuge 1919/20 Aufständische im Sudan, in Somalia und im Irak und verursachten dabei auch unter der Zivilbevölkerung erhebliche Opfer. Doch die Aufstände wurden niedergeschlagen, und das *Foreign Office* betonte die geringen Ausgaben, die der Einsatz von Flugzeugen erforderte. Um die Herrschaft im Empire dauerhaft zu sichern, waren allerdings weiterhin Bodentruppen notwendig, wie Anfang 1919 eine Rebellion in Ägypten gezeigt hatte, bei der 1500 Ägypter umkamen, oder im April desselben Jahres die Ereignisse im indischen Amritsar, wo der zuständige Offizier das erwähnte Massaker anrichtete. So konnten die alten Verhältnisse wieder hergestellt werden, jedoch nicht überall und insbesondere nicht auf Dauer.[41]

Das galt vor allem für Indien. In dieser Kolonie bestanden seit langem eigene Traditionen, Kulturen und Machtzentren, welche die britische Herrschaft nur oberflächlich überlagerte. Allerdings hatte sich noch kein tragfähiges indisches Nationalbewusstsein entwickelt, dazu war Indien zu heterogen. Dieses Land bestand aus zahlreichen Fürstentümern und Königreichen, Schichten und Kasten und zählte mehrere Religionsgemeinschaften, unter denen die Hindus und Muslime die größten stellten. Eine einheitliche Nation oder gemeinsame Forderungen nach mehr Mitsprache und Unabhängigkeit entstanden dadurch nur langsam, zuerst innerhalb der Eliten, die oft in der britischen Verwaltung arbeiten, zunehmend eine qualifizierte Ausbildung besaßen und bereits 1885 den *Indian National Congress* gegründet hatten. Anfangs organisierte dieser nur jährliche Treffen, entwickelte jedoch allmählich feste Strukturen und politisierte sich, als Forderungen nach größerer Mitsprache nicht erfüllt wurden. Diese wurden im Ersten Weltkrieg lauter, als Indien fast 1,5 Millionen Soldaten und Hilfstruppen stellte und erheblich zur Kriegsfinanzierung beitrug. Die britische Regierung debattierte deshalb Vorschläge für ein *self-government*, rief jedoch im eigenen Land soviel Widerspruch hervor, dass sie im August 1917 lediglich ein *responsible government* versprach.[42]

Selbst diese vorsichtigen Zusagen blieben lange ohne Folgen. Erst 1927 wurde die *Simon Commission* nach Indien entsandt, um Reformmöglichkeiten zu erkunden. Ihr gehörten sieben britische Abgeordnete an, jedoch kein Inder, was Empörung auslöste, zumal in Indien inzwischen unter der Führung von Mahatma Gandhi eine breite Protestbewegung entstanden war. Der *Indian National Congress* beschloss, die *Simon Commission* zu boykottieren, und Gandhi rief zu zivilem Ungehorsam auf, der allerdings nicht immer so friedlich blieb, wie es ihm vorschwebte. 54 000 Personen, die den Aufruf befolgten, wurden verurteilt und 23 000 saßen Ende 1930 im Gefängnis, als die *Simon Commission* ihren Bericht veröffentlichte. Dieser führte 1935 zum *Government of India Act*, der den Provinzen weitgehende Regierungsgewalt übertrug, auf nationaler Ebene aber nur eng begrenzte Selbständigkeit gewährte – was nicht nur an britischen Machtansprüchen lag. Vielmehr gab es auch unter den indischen Eliten, insbesondere den Fürsten und Maharajas, Personen und Gruppen, die ihre Stellung durch Gandhis Massenbewegung bedroht sahen und deshalb Reformen ablehnten. Und schließlich nahmen die religiösen Spannungen zwischen Hindus und Muslimen zu, so dass ein Ausgleich immer schwieriger wurde.

In Großbritannien wiederum formierte sich im Umfeld der Konservativen Partei eine Gruppe, die derartige Reformen hartnäckig ablehnte, darunter Winston Churchill. In Gandhi sah er einen «aufrührerischen, halbnackten Fakir», beschrieb als Folge des *India Acts* «Gemetzel und Verwirrung» und verließ über diese Frage das Schattenkabinett.[43] Doch mit solchen Aussagen disqualifizierte Churchill sich selbst und manövrierte sich in den 1930er Jahren ins politische Abseits, zumal er in anderen Fragen ebenfalls radikale Positionen vertrat, seine Meinungen sprunghaft wirkten und sein Urteilsvermögen mehrfach versagte. So stießen seine Vorschläge fast schon prinzipiell auf Ablehnung, selbst wenn sie eigentlich bedenkenswert waren – wie bei der Appeasement-Politik.

In anderen Gebieten des Empire blieben die Konflikte geringer. In Afrika gab es Ansätze von Unabhängigkeitsbewegungen, die jedoch erst nach dem Zweiten Weltkrieg nennenswerte Bedeutung erlangten, während in den weißen Dominions Reformen schon seit langem stattfanden. Faktisch bildeten diese nach dem Ersten Weltkrieg selbständige Staaten und erreichten 1931 im *Statute of Westminster*, dass diese Position offiziell anerkannt und sie zu gleichberechtigten Mitgliedern des *British Commonwealth of Nations* wurden. Dessen genaue Bedeutung und Funktion sind schwierig zu erklären – bis heute. Einerseits legten und legen die früheren Dominions und Kolonien großen Wert auf ihre Eigenständigkeit. Andererseits jedoch verbindet sie ein gemeinsames Band von Traditionen, Sprache, Kultur und Wirtschaftsbeziehungen – eine Ambivalenz, die im Ersten Weltkrieg und danach gut zu erkennen war. Denn dieser zeigte einerseits den Zusammenhalt des Empire auf und bestärkte andererseits den Wunsch nach Unabhängigkeit.

Vergleichbare Ambivalenzen bestanden auch in anderen Bereichen. Die Transport- und Kommunikationsmöglichkeiten innerhalb des Empire nahmen rapide zu, und die Kolonien und Dominions erlangten im britischen Alltag zunehmende Präsenz, während zugleich ihre ökonomische Bedeutung zurückging und die Spannungen wuchsen. Doch weiterhin gab es keine grundsätzliche Kritik am Empire, keine nennenswerte Unterstützung der Unabhängigkeitsbewegungen oder gar die Forderung, es abzuschaffen. Dafür waren die Beziehungen zu eng, die Gemeinsamkeiten zu groß und die generelle Zustimmung zu verbreitet. Dabei verursachte das Empire erhebliche Kosten und zeigte immer wieder die Grenzen britischer Macht auf – mit fatalen Konsequenzen in der Außenpolitik der 1930er Jahre.

Appeasement

Am 15. September 1938 bestieg Neville Chamberlain zum ersten Mal in seinem Leben ein Flugzeug. Seit zwei Jahren führte er als Nachfolger von Baldwin die Regierung an, war mit fast 70 Jahren nicht mehr der Jüngste, und der Flug fiel ihm nicht leicht. Doch Chamberlain nahm diese Anstrengung auf sich, denn er wollte Hitler treffen, um einen Krieg zu verhindern, der über die Sudetenfrage auszubrechen drohte. Diese war infolge des Versailler Vertrages entstanden, der zur Gründung der Tschechoslowakei geführt hatte. Doch auf deren Gebiet lebten mehrere Millionen Deutsche, die größere Selbständigkeit und jetzt – angeheizt durch Hitler – eine Abspaltung derjenigen Teile forderten, in denen sie eine Mehrheit stellten. Dazu war Chamberlain bereit und traf Hitler eine Woche später erneut, um ein entsprechendes Abkommen zu schließen. Doch dieser verschärfte seine Forderungen, und Chamberlain kehrte ohne Einigung nach London zurück. Dort ordnete er die Mobilmachung der Marine an, allgemein wurde der Ausbruch eines Krieges erwartet.

In dieser angespannten Situation erklärte Chamberlain vor dem Unterhaus, er sei bereit, noch einmal nach Deutschland zu fliegen und Hitler ein drittes Mal zu treffen. An diesem Treffen nahmen auch Mussolini und der französische Ministerpräsident Édouard Daladier teil, und nach langwierigen Verhandlungen unterzeichneten sie am 30. September 1938 das Münchener Abkommen. Hierin nahm Hitler einige Forderungen zurück, setzte allerdings seine Ansprüche auf das Sudetenland durch, das die Tschechoslowakei abtreten musste. In einem separaten Brief bekundete er zudem seinen Wunsch, dass Deutschland und Großbritannien nie wieder Krieg gegeneinander führen sollten. Mit diesem Brief flog Chamberlain zurück, zeigte ihn in London einer jubelnden Menge, sprach von einem «peace for our time» und wurde begeistert gefeiert, denn er hatte den sicher scheinenden Krieg verhindert. Doch die Erleichterung hielt nicht lange an. Bereits im März des kommenden Jahres besetzte Hitler die noch verbliebenen tschechischen Regionen und wandelte die Slowakei in einen deutschen Vasallenstaat um. Am 1. September schließlich brach mit dem deutschen Angriff auf Polen der Krieg aus, den Chamberlain hatte verhindern wollen. Einige Monate hielt er sich noch im Amt, musste dann jedoch im Mai 1940 zurücktreten und Platz für Churchill machen, der zuvor die als *appeasement* bezeichnete Außenpolitik immer wieder angegriffen hatte.

«Der Held von München» zählte jetzt – so ein damaliger Buchtitel – zu den *guilty men*, die den Ausbruch des Zweiten Weltkrieges nicht verhindert hatten. Der Begriff *appeasement* war zu einem Schimpfwort geworden – eine verständliche Reaktion, denn diese Politik war gescheitert. Doch zugleich kam die Kritik überraschend und zeichnete ein verzerrtes Bild. Denn Chamberlain hatte seine Politik nicht nur mit einigen *guilty men* betrieben, sondern dafür breite Zustimmung besessen; auch ließ die Kritik die Frage offen, ob es dazu realistische Alternativen gegeben hatte; und schließlich war eine Politik des Appeasement nicht Chamberlains Erfindung, sondern seit langem ein fester Bestandteil nicht nur der britischen Außenpolitik. Der Begriff bezeichnete vielmehr allgemein das Bemühen, eine Zuspitzung von Konfrontationen und vor allem Kriege durch Entgegenkommen und Beschwichtigung zu verhindern. Entsprechend prägte eine Appeasement-Politik auch das riesige britische Empire, das nur teilweise auf militärischer Macht beruhte. Vielmehr hatten die Regierungen in London immer wieder Entgegenkommen gezeigt, sowohl gegenüber den anderen europäischen Mächten als auch gegenüber einheimischen Eliten in den Kolonien. Ohne Appeasement wäre das Empire nicht entstanden. Eine grundsätzliche Kritik an Chamberlains Vorgehen oder gar an der Appeasement-Politik generell klammert diese Tatsache aus. Zu fragen ist deshalb, ob im konkreten Fall die gegenüber Hitler gezeigte Kompromissbereitschaft zu weit ging, welche Alternativen bestanden und wie realistisch diese waren.

Vor allem die letzte Frage ist bis heute schwer zu beantworten, denn die britischen Politiker mussten zahlreiche Probleme zugleich lösen und hatten nur beschränkte Handlungsmöglichkeiten. So wurden die Regelungen des Versailler Vertrages schon bald kritisiert und vor allem gegenüber Deutschland als zu hart angesehen; in der Bevölkerung gewannen pazifistische Strömungen an Gewicht, die ein erneutes Massensterben wie im Ersten Weltkrieg verhindern wollten; mit Japan, Italien und Deutschland erhoben in den 1930er Jahren drei Staaten ihre Forderungen, die den internationalen Status quo und insbesondere die britische Vormachtstellung herausforderten; und nicht zuletzt ließen die ökonomischen Krisen und der überforderte Staatshaushalt wenig Geld für höhere Rüstungsausgaben.[44]

Innerhalb dieses komplexen Geflechts sah die innenpolitische Situation in Großbritannien vergleichsweise überschaubar und stabil aus. Das *National Government* wurde durch die Wahl vom Oktober 1931 bestätigt und besaß im Parlament mit 60,5 Prozent der Stimmen und etwa 90 Prozent der Abgeordneten eine überwältigende Mehrheit, während die zerrissene Labour Partei fast 20 Prozentpunkte verlor. Im Gegensatz dazu waren die Konservativen geeint, dominierten die Regierung und stellten ab Juni 1935 mit Baldwin auch den Premier. Im November darauf fand die nächste Wahl statt, die mit 53,3 Prozent zwar einen Stimmenverlust für die Regierung brachte, ihr aber eine nahezu unangreifbare Mehrheit der Abgeordneten ließ. Im Jahr darauf musste sie allerdings eine ungewöhnliche Krise bewältigen, als Edward VIII. die bereits zweimal geschiedene Amerikanerin Wallis Simpson heiraten wollte. Das widersprach den Grundsätzen der anglikanischen Kirche, der er als Monarch vorstand. Da zudem Wallis Simpson Sympathien für Hitler hegte, musste Edward im Dezember 1936 zurücktreten. Labour war in der Zwischenzeit nach links gerückt, hatte sich von der Katastrophe der letzten Wahl erholt und erzielte mit 38,1 Prozent das bisher beste Ergebnis bei einer Wahl. Auf den ersten Blick sah das erfreulich aus, doch tatsächlich besaß die Partei keine Aussicht, in absehbarer Zeit wieder die Regierung zu stellen. Sie konnte ihre Anhänger mobilisieren, darüber hinaus aber kaum zusätzliche Wähler gewinnen, vor allem nicht in der politischen Mitte. Eine Mehrheit war so nicht zu erreichen, zumal die starke Stellung der Konservativen gerade darauf beruhte, dass diese Sicherheit gegen eine erneute und zudem nach links gerückte Labour-Regierung boten.

Generell spielten radikale Strömungen keine nennenswerte Rolle, trotz der hohen Arbeitslosigkeit und der Protest- und Hungermärsche der 1930er Jahre. Die Kommunistische Partei wollte diese als Vehikel nutzen und erreichte einigen Erfolg. Doch selbst unter den Arbeitslosen fand sie wenig Zustimmung, während die Labour Partei weiterhin kommunistische Einflüsse zurückdrängte und sich von der radikalen Linken abgrenzte. Ebenfalls geringe Bedeutung besaß die radikale Rechte. Anfangs hatte Mosley einige Beachtung gefunden, doch als seine Hoffnungen enttäuscht wurden, radikalisierte er sich und gründete 1932 die erwähnte *British Union of Fascists*. Ähnlich wie Mussolini und Hitler präsentierte er sich als «modern», versprach eine autoritäre Alternative zu Liberalismus und Demokratie und wollte deren Zaudern durch Tatkraft überwinden.

In Großbritannien fand er dafür nur wenige Anhänger, da hier der Erste Weltkrieg und die Weltwirtschaftskrise bedeutend weniger Verwerfungen verursacht hatten als in Deutschland oder Italien. Insbesondere die Mittelschichten und weite Teile der Arbeiterschaft konnten ihre Position behaupten und sahen keinen Grund für eine autoritäre Alternative, auch nicht als Schutz gegen linksradikale Strömungen, die viel zu wenig Zuspruch erhielten. Hinzu kam, dass die anfänglichen Sympathien für Mussolini und Hitler rasch abklangen, je mehr über deren Innen- und Außenpolitik bekannt wurde. Als schließlich die britischen Faschisten ähnlich aggressiv auftraten, antisemitische Parolen verkündeten und bei Versammlungen gewaltsam gegen Andersdenkende vorgingen, rückten sie noch mehr ins Abseits. Die Regierung verhängte Verbote, und abgesehen von wenigen lokalen Hochburgen blieb diese Bewegung bedeutungslos.[45]

So gab es für die Konservativen keinen Grund, ihre Politik zu ändern.

Insbesondere am Ziel des ausgeglichenen Haushalts hielten sie fest und schränkten nicht nur in der Wirtschafts- und Sozialpolitik, sondern auch bei der Rüstung die Ausgaben ein. Diese hatte die Regierung bereits nach Ende des Krieges erheblich gekürzt und anschließend eingefroren, da Analysen wiederholt feststellten, dass in den kommenden zehn Jahren kein größerer Krieg zu erwarten sei. Das schloss mehrfache militärische Einsätze in den Kolonien oder dem Nahen Osten nicht aus, doch diese blieben überschaubar und verursachten begrenzte Kosten.

Langsam jedoch änderte sich die Situation, vor allem in Asien. Hier war nach dem Krieg die britische Herrschaft gefestigt, da die Russische Revolution zwar diffuse Ängste vor dem Bolschewismus auslöste, tatsächlich aber die neue Sowjetunion erheblich geschwächt war und als Konkurrent ausschied. Stattdessen rief das Vorgehen Japans wachsende Unruhe hervor, sowohl in London wie vor allem in Australien und Neuseeland, die sich schon aufgrund ihrer geographischen Nähe unmittelbar bedroht sahen. Denn der industrielle Aufstieg Japans war mit einer aggressiven Außenpolitik verbunden, die 1931 zum Krieg mit China über die Mandschurei führte. Diesen gewann Japan und weitete anschließend seine Einflusssphäre aus, so dass Großbritannien mit erheblichen Summen den Hafen von Singapur ausbaute, um die Verbindungswege im Pazifik zu sichern.

Hinzu kamen Probleme in Europa, wo Hitler und Mussolini ebenfalls eine zunehmend aggressive Außenpolitik betrieben, die im Falle Deutschlands unterschiedlich bewertet wurde. Da in Großbritannien die Bedingungen des Versailler Vertrages mittlerweile als zu hart galten, nahm die Bereitschaft zu, deutschen Wünschen nach einer Revision entgegenzukommen. Zudem litt Deutschland besonders stark unter den Folgen der Weltwirtschaftskrise und bedeutete ökonomisch und militärisch vorerst keine Bedrohung, zumal die deutsche Armee noch im Jahr 1939 weniger Soldaten zählte als die französische. Hitler rüstete zwar massiv auf, war aber auch zu Abkommen bereit, so 1935 zu einem Vertrag mit Großbritannien über die Begrenzung der Marine. Allerdings hatte er bereits im Oktober 1933 den Völkerbund verlassen und Abrüstungsverhandlungen abgebrochen. Doch beide Schritte waren schwer zu bewerten. Der Völkerbund hatte seine Bedeutung bereits weitgehend eingebüßt und sich als unfähig erwiesen, ernsthafte Konflikte zu lösen. So blieb er 1931 bei dem japanischen Angriff auf China untätig und erwies sich 1935 erneut als wirkungslos, als Italien Äthiopien überfiel. In diesem Fall verhängte er zwar Sanktionen, konnte deren Durchsetzung aber nicht sicherstellen. Dazu waren die Interessenlagen der Mitgliedsländer zu widersprüchlich und ihre Handlungsmöglichkeiten zu begrenzt.[46]

Die britische Regierung hielt sich zurück, da sie befürchtete, sie könnte den Nahen Osten und den Mittelmeerraum nicht gegen italienische Truppen verteidigen und würde durch ein Eingreifen die Verbindung nach Indien gefährden. Außerdem wollte sie, ebenso wie die französische Regierung, Mussolini als Partner gegen Hitler gewinnen, so dass die Außenminister der beiden Länder, Samuel Hoare und Pierre Laval, im Dezember 1935 mit Italien ein Abkommen trafen, in dem sie Mussolini beträchtliche Gebiete in Äthiopien zusprachen und dadurch seinen Angriff rechtfertigten. Als diese Zusagen bekannt wurden, brach breite öffentliche Kritik aus, die britische Regierung distanzierte sich. Hoare musste als Außenminister zurücktreten und wurde persönlich für das Abkommen verantwortlich gemacht, das tatsächlich die begrenzten britischen Möglichkeiten verdeutlichte.

Es war ausgeschlossen, dass Großbritannien gegen Japan, Italien und Deutschland zugleich Kriege führen konnte, und es war fraglich, ob es selbst gegen eines dieser Länder ausreichend gerüstet war. Die Rüstungsausgaben waren zwar inzwischen gestiegen, doch es würde Jahre dauern, bis die neuen Waffen und Einheiten zur Verfügung standen. Entsprechend stuften die Oberbefehlshaber noch 1938, dem Jahr des Münchener Abkommens, die Handlungsmöglichkeiten der Armee als gering ein. Sie konnten nicht erkennen, dass das britische Militär in absehbarer Zukunft «stark genug sein wird, um unser Gebiet, unseren Handel und vitale Interessen gegen Deutschland, Italien und Japan gleichzeitig zu schützen». Es könne nicht genug betont werden, wie wichtig es sei, die «Zahl möglicher Feinde zu vermindern oder die Unterstützung möglicher Verbündeter zu erhalten» – für Chamberlain wichtige Gründe, das Münchener Abkommen zu unterzeichnen.[47]

Hinzu kam ein verbreiteter Pazifismus in der Bevölkerung, der am Ende des Ersten Weltkrieges erst in Ansätzen vorhanden war. Damals wurde zwar breite Kritik geäußert, die jedoch weniger den Krieg selbst, als die hohen Verluste, einzelne Fehlentscheidungen oder das Verhalten von Politikern und Generälen betraf. Allmählich änderten sich die Ansichten, und Ende der 1920er Jahre wurde eine verbreitete Kritik am Krieg laut, oft in Gedichten und Romanen, unter denen Erich Maria Remarques «Im Westen nichts Neues» auch in der englischen Übersetzung ein Bestseller wurde.[48] Noch größeres Aufsehen erregte 1933 die *Oxford Union*, der traditionsreiche Debattierclub der Studenten dieser Universität, in dem sich die kommende Elite traf. Bei einer Diskussion erklärte die große Mehrheit der Anwesenden: «This House would under no circumstances fight for its King and country.» Die Reaktionen auf das pazifistische Manifest fielen heftig aus. Zahlreiche prominente Mitglieder der *Oxford Union* reagierten entsetzt und versuchten, eine Rücknahme der Erklärung durchzusetzen, hatten aber keinen Erfolg.

In dieselbe Richtung wies eine Befragung, die 1935 die *League of Nations Union* in Großbritannien durchführte. Diese Gruppierung war 1918 entstanden, unterstützte den Völkerbund, trat für eine internationale Verständigung ein und verteilte jetzt Fragebögen, die fast 11,7 Millionen Personen ausfüllten. Eine überwältigende Mehrheit davon befürwortete die Mitgliedschaft ihres Landes im Völkerbund, sprach sich für eine internationale Abrüstung sowie ökonomische und nicht-militärische Sanktionen gegen Staaten aus, die andere angriffen – ein deutlicher Verweis auf die Äthiopienkrise und ein Beleg für den verbreiteten Friedenswunsch. Doch dieser hatte Grenzen, denn fast 6,8 Millionen plädierten dafür, bei Aggressionen notfalls auch militärische Maßnahmen zu ergreifen. Diesen Notfall sahen Chamberlain, seine Regierung und ein großer Teil der Bevölkerung in München nicht gekommen, wie die allgemeine Begeisterung zeigte. Sie glaubten, mit Hitler ein verlässliches Abkommen getroffen zu haben.[49]

Wenige Monate später, im März 1939, wurde diese Hoffnung enttäuscht, als Hitler seine in München gegebene Zusage brach. Jetzt trat Chamberlain entschlossener auf und schloss mit Polen einen Vertrag, der im Falle eines deutschen Angriffs militärische Unterstützung zusagte. Zusätzlich erhöhte die britische Regierung die Rüstungsausgaben und führte mit der Sowjetunion Gespräche, um angesichts des drohenden Krieges Unterstützung zu erhalten. Diese Gespräche kamen jedoch nur langsam voran und wurden von den Ereignissen überholt, als Hitler selbst ganz überraschend mit Stalin ein Abkommen schloss. Damit befand sich Großbritannien in einer deutlich schlechteren Lage als zu Beginn des Ersten Weltkrieges. Denn jetzt fiel Russland nicht nur als Verbündeter aus, sondern stand sogar auf deutscher Seite, was von Italien ebenfalls erwartet wurde. Großbritannien und Frankreich waren auf sich gestellt, unterstützt lediglich von kleinen Staaten wie Polen. Hier griff Hitler am 1. September an, wenige Tage nach dem Abkommen mit der Sowjetunion, und seitdem wird viel darüber diskutiert, warum die britische Regierung diesen Zusammenschluss der Diktatoren nicht verhindert und selbst einen Vertrag mit der Sowjetunion abgeschlossen hatte.[50]

Schon bei den Münchener Gesprächen über die Sudetenfrage war die Sowjetunion nicht beteiligt gewesen – wie übrigens auch keine Vertreter der Tschechoslowakei. Dieses Verhalten gegenüber der Prager Regierung, um deren Territorium es ja ging, mutet heute unglaublich an, doch es entsprach dem traditionellen Verhalten von Großmächten, die es gewohnt waren, wichtige Konflikte unter sich zu regeln. Das galt auch für die Sudetenfrage, für Chamberlain «a quarrel in a far-away country between people of whom we know nothing».[51] Dafür wollten er und viele seiner Landsleute keine britischen Soldaten opfern. Die Sowjetunion wiederum bezogen Frankreich und Großbritannien nicht ein, da sie als zumindest genauso große Bedrohung galt wie das nationalsozialistische Deutschland. Seit der Oktoberrevolution fürchteten sich die westlichen Demokratien vor einem Ausgreifen des Bolschewismus, so dass sich faktisch zwei Lager gegenüberstanden, die einander zutiefst misstrauten, ideologische Gegner waren und im Sommer 1939 keine Einigung fanden. Dabei waren die Gegensätze zwischen Hitler und Stalin nicht geringer, dafür aber ihr Zynismus und ihre Bereitschaft größer, ein Zweckbündnis einzugehen, dem sie keine Dauer gaben.

Die Chancen für ein Bündnis mit der Sowjetunion waren somit gering, was umso drängender die Frage nach der britischen Rüstungspolitik aufwirft. Zeitgenossen wie Churchill beklagten immer wieder, die Regierung wende dafür nicht genügend Mittel auf, zeichneten damit jedoch ein zu einfaches Bild. So fuhr Großbritannien nach dem Ersten Weltkrieg die Rüstungsausgaben zwar zurück, gab dafür aber in den 1920er Jahren mehr Geld aus als jeder andere Staat. Noch höhere Ausgaben ließen sich angesichts der allgemeinen Sparpolitik nicht rechtfertigen, zumal wiederholte Studien, deren Schlussfolgerungen Churchill lange teilte, auf Jahre keinen Krieg erwarten ließen. Mit der japanischen Invasion in der Mandschurei im Jahr 1931 änderte sich die Situation, und 1934 kündigte die Regierung größere Rüstungsanstrengungen an.[52] Zahlreiche Kritiker gaben sich damit nicht zufrieden, sondern verwiesen auf die deutschen Militärausgaben und forderten weitere Mittel. Doch Chamberlain ließ sich davon wenig beeindrucken, sondern vertraute auf seine Fähigkeiten, Hitler richtig einzuschätzen und so einen Krieg zu verhindern. Im Oktober 1937 sprach er in einem Brief von «den weitreichenden Plänen, die ich für das Appeasement in Europa & Asien und für die endgültige Kontrolle des Wettrüstens habe».[53] Er übernahm selbst die Außenpolitik und kam nicht nur dem deutschen Diktator in München entgegen, sondern machte auch unzutreffende Angaben über die eigene Rüstung.[54]

Zu diesem Verhalten trug auch bei, dass die Gruppe derjenigen, die höhere Rüstungsausgaben forderten, lange klein blieb und Zweifel an ihren Motiven bestanden. So lehnten Labour Partei und Gewerkschaften höhere Ausgaben lange vehement ab, forderten dann aber ein Eingreifen zugunsten der Linken im Spanischen Bürgerkrieg und befürworteten später eine Aufrüstung gegenüber den Nationalsozialisten, was leicht als ideologisches Manöver zurückgewiesen werden konnte. Churchills Motive waren kaum überzeugender und seine Urteilsfähigkeit fragwürdig. Er war zunehmend als Hardliner aufgetreten und hatte sich politisch so sehr ins Abseits manövriert, dass seine Forderung nach mehr Rüstungsausgaben als radikale Rhetorik abgetan wurde und geradezu kontraproduktiv wirkte. Hinzu kam, dass er keine einheitliche Linie vertrat, sondern die Appeasement-Politik teilweise unterstützte. Auch konnte er sich nicht entscheiden, ob Hitler oder Mussolini der gefährlichere Gegner war und wo genau die Schwerpunkte der Aufrüstung liegen sollten. Diese mussten aber festgelegt werden, denn eine gleichzeitige Aufrüstung von Heer, Marine und Luftwaffe war ausgeschlossen.

Die größte Angst bestand vor Flugzeugen. Diese, so eine Schrift aus dem Jahr 1925, würden aus der Ferne gesteuert Städte angreifen, ihre mit Gas gefüllten Bomben abwerfen und in wenigen Minuten alles Leben vernichten. Diese Befürchtungen waren weit überzogen, doch Flugzeuge bewiesen in den Kolonien ihre tödliche Kraft, weshalb Baldwin 1932 formulierte: «The bomber will always get through.»[55] Entsprechend wurde vor allem die *Royal Airforce* gefördert, was sich im Zweiten Weltkrieg als kriegswichtig erweisen sollte, da deren Flugzeuge eine Invasion deutscher Truppen verhinderten. Ebenfalls große Summen erforderten die Befestigung von Singapur und der Ausbau der Marine, um die Seewege im Pazifik zu sichern, während das Heer deutlich zu kurz kam. Das schien jedoch gerechtfertigt, denn wie vor dem Ersten Weltkrieg konzentrierte sich Großbritannien auf hochtechnologische Waffensysteme und erwartete, die französische Armee werde auch dieses Mal die Hauptlast der Bodenkämpfe tragen, so dass erst nach dem Münchener Abkommen das Heer ausgebaut wurde.

Zu erwähnen sind außerdem Spannungen zwischen Großbritannien und Frankreich, die ein gemeinsames Vorgehen erschwerten, während die USA sich unter dem Druck der Bevölkerung aus der internationalen Politik weitgehend heraushielten. Die große Mehrheit der amerikanischen Wähler wollte nicht erneut in einen europäischen Krieg hineingezogen werden und dabei ein zweites Mal das Leben ihrer Söhne aufs Spiel setzen – eine nachvollziehbare Haltung. Denn die europäischen Staaten, die den Ersten Weltkrieg verursacht hatten, waren anschließend nicht in der Lage, ihre Konflikte zu lösen, und drohten, erneut die ganze Welt in ihre Kämpfe hineinzuziehen.[56]

Die Gräuel des Ersten Weltkriegs waren auch in Frankreich und Großbritannien nicht vergessen. Hier erinnerten sich die Überlebenden nur zu gut daran, dass er 1914 nicht zuletzt deshalb ausgebrochen war, weil alle Seiten ein rasches Ende erwartet und die tatsächlichen Opfer nicht vorhergesehen hatten. Jetzt hingegen herrschte genau die gegenteilige Überzeugung vor. Basierend auf den Erfahrungen des letzten Krieges wurde allgemein angenommen, dass er dieses Mal genauso lange dauern und ebenso viele Opfer fordern werde. Politiker wie Chamberlain glaubten deshalb nicht, dass Hitler dazu bereit war und all die Opfer riskieren würde. Sollte dieser Fall aber dennoch eintreten, erwarteten sie erneut einen Stellungskrieg. Wie im Ersten Weltkrieg werde keine der beteiligten Armeen in der Lage sein, einen raschen Sieg zu erringen. Sie würden sich vielmehr in Gräben und Befestigungen verschanzen und einander hohe Verluste zufügen, ohne entscheidende Vorteile zu erringen. Dieses Patt werde schließlich zu Gesprächen und dann zu einem Ende der Kämpfe führen – ein weiterer Grund, weshalb die Rüstungsausgaben nicht früher anstiegen. Denn für einen erneuten Stellungskrieg sahen sich Großbritannien und Frankreich ausreichend vorbereitet.

Einen deutschen Sieg hingegen, und zumal einen so raschen, wie ihn die Wehrmacht im Sommer 1940 erringen sollte, erwarteten weder Chamberlain noch seine Berater oder die große Mehrheit der anderen Politiker. Das gilt auch für die deutschen Generäle und selbst für Hitler. Auch deshalb schien es sinnvoll, in München nachzugeben, da das Abkommen mit Deutschland die befürchtete Herausforderung an mehreren Fronten verhinderte und es erlaubte, das Empire und die britische Großmachtstellung zu wahren. Doch nur auf dem Papier. Denn wie überfordert Großbritannien tatsächlich war, zeigte sich in aller Deutlichkeit, als der Zweite Weltkrieg tatsächlich ausbrach.

6. Großbritannien um 1942: A People's War?

Kriegsausbruch

Am 1. September griff Hitler Polen an. Chamberlain, der mit so viel Einsatz versucht hatte, den Krieg zu verhindern, war gescheitert, und sein Rücktritt lag nahe – zumindest aus heutiger Perspektive. Damals hingegen blieb er nicht nur im Amt, sondern genoss weiterhin hohes Ansehen, sowohl in der Öffentlichkeit wie vor allem unter den konservativen Abgeordneten, die im Unterhaus eine Mehrheit von mehr als 180 Stimmen besaßen und ihn weiterhin unterstützten.

Wie die meisten Briten orientierten sie sich am Ersten Weltkrieg und erwarteten einen erneuten Stellungskrieg, der lange andauern, auch jetzt keinen eindeutigen Sieger hervorbringen und schließlich zu einem Kompromissfrieden führen werde. Eine deutsche Übermacht war nicht zu erkennen. Allein die französische Armee war etwa gleich stark, hatte sich auf einen Abwehrkrieg gut vorbereitet und konnte zusätzlich auf die Truppen der

Verbündeten bauen. Die britische Marine wiederum besaß weiterhin ein eindeutiges Übergewicht und sollte die Nachfuhr nach Deutschland unterbinden, während bei der Luftwaffe zwischen den Beteiligten in etwa eine Pattsituation bestand. Bei genauer Analyse war deshalb eine Niederlage nicht zu erwarten, insbesondere ein Angriff auf Großbritannien schien ausgeschlossen. Denn der erforderte eine Invasion über den Ärmelkanal, die eine Überlegenheit der deutschen Marine und Luftwaffe voraussetzte. Diese war nicht zu erkennen.

Zugleich löste der Ausbruch des Krieges massive Ängste aus und führte zu vermehrter Kritik an der Regierung, die jedoch begrenzt blieb, weil die Appeasement-Politik auf einem breiten Konsens beruht hatte. Daran änderte sich wenig, und Chamberlain sah mit seinem Kabinett keinen Grund für einen raschen Kurswechsel, systematische Planungen oder umfassende Eingriffe in die Wirtschaft. Selbst die Kriegserklärung erfolgte mit leichter Verzögerung erst am 3. September. Allerdings verabschiedete die Regierung rasch Notstandsgesetze, schuf neue Ministerien und ergriff weitere Maßnahmen, um sich auf den Krieg einzustellen. Doch viele Beschlüsse wurden nur langsam umgesetzt. Insbesondere die konsequente Umstellung auf eine Kriegswirtschaft blieb aus, da ein baldiger deutscher Angriff nicht erwartet wurde.[1]

So blieb vieles beim Alten, wenngleich eine Entscheidung große Aufmerksamkeit erregte: die Aufnahme von Churchill in die Regierung, wo er – wie im Ersten Weltkrieg – die Admiralität anführte. In den Jahren zuvor hatte Churchill Chamberlain immer wieder vehement angegriffen und mit seiner Kritik Recht behalten, so dass es nur konsequent war, ihm ein wichtiges Amt zu übertragen. Doch einen Triumph bedeutete diese Ernennung nicht. Churchill blieb vielmehr in der Konservativen Partei ein unbeliebter Außenseiter, und Chamberlain berief ihn vor allem deshalb in die Regierung, um seinen wichtigsten Gegenspieler einzubinden. Dieses Kalkül ging auf. Churchill hielt sich anschließend mit seiner Kritik zurück, da er wusste, wie sicher Chamberlain weiterhin im Sattel saß.

Während so die Politik am «business as usual» festhielt, breitete sich die Angst vor deutschen Bomberangriffen aus. Welche Verwüstungen sie anrichten konnten, hatte 1937 der Spanische Bürgerkrieg gezeigt, als deutsche Flugzeuge Guernica bombardierten, woraufhin Picasso sein berühmtes Bild malte. Dieselben Zerstörungen wurden jetzt in Großbritannien befürchtet, und zur Beruhigung hatte die Regierung vor Ausbruch des Krieges 1,4 Millionen Gashelme für Kinder unter zwei Jahren in Auftrag gegeben, die Kopf, Schultern und Arme abdeckten.[2] Jetzt ließ sie hastig fast eine Million Kinder aus Großstädten evakuieren, verteilte Gasmasken und räumte Krankenhäuser, um auf einen Angriff vorbereitet zu sein. Glücklicherweise blieb dieser aus, so dass ab Anfang 1940 die meisten Kinder nach Hause zurückkehrten und eine gewisse Beruhigung eintrat. Diese schien gerechtfertigt, denn die deutschen Truppen hatten zwar Polen in nur fünf Wochen besiegt, anschließend aber nicht im Westen angegriffen, da sie nicht darauf vorbereitet waren. So herrschte eine gespenstische Ruhe, ein *phoney war*, der diejenigen bestätigte, die keinen dramatischen Kriegsverlauf erwartet hatten.

Das galt nicht für den Osten Europas, wo die Sowjetunion als Verbündeter Hitlers die östlichen Teile Polens besetzte und am 30. November 1939 Finnland angriff, dort aber auf hartnäckigen Widerstand stieß. In Frankreich und Großbritannien kam die Forderung auf, den Finnen zu helfen. Allerdings waren beide Länder kurz zuvor nicht in der Lage gewesen, Polen beizustehen. Auch jetzt sahen die Militärs keine Möglichkeit, Finnland wirksam zu entlasten oder gar Truppen zu schicken – so sehr Churchill auch drängte und seine Kollegen mit entsprechenden Vorschlägen geradezu nervte. Da ein solches Eingreifen zum Krieg mit der Sowjetunion führen konnte, blieb als Ausweg, norwegische Häfen zu besetzen und Seewege zu verminen, um den Transport schwedischer Erze nach Deutschland zu verhindern. Auch diesen Plan unterstützte Churchill vehement und setzte ihn durch. Doch das deutsche Militär kam den Alliierten zuvor und griff am 9. April 1940 Dänemark und Norwegen an. Kurz darauf, am 12. April, landeten britische und französische Truppen in Norwegen, erlitten jedoch herbe Niederlagen und mussten durch eine hastige Evakuierung in Sicherheit gebracht werden.

Die Ernennung von Churchill zum Premierminister

Diese Niederlage war für Großbritannien ein Debakel, nun nahm die Kritik an Chamberlain sprunghaft zu. Denn jetzt zeigte sich deutlich, wie schlecht das Land auf einen Krieg vorbereitet war. Auch im Unterhaus häuften sich die Angriffe, so dass Chamberlain am 8. Mai die Vertrauensfrage stellte, die er mit 281 zu 200 Stimmen gewann. Das sah nach einer soliden Mehrheit aus, doch zahlreiche Abgeordnete der Regierung enthielten sich der Stimme und 40 stimmten sogar gegen ihn, so dass der Sieg tatsächlich eine moralische Niederlage bedeutete. Chamberlain trat deshalb zurück, und George VI. ernannte am 10. Mai Churchill zum Premierminister.[3] Das schien folgerichtig, denn das Debakel in Norwegen hatte drastisch die Fehler der Appeasement-Politik gezeigt und Churchills Kritik bestätigt. Dennoch war seine Ernennung keineswegs zwangsläufig. Trotz aller Kritik unterstützte immer noch die Mehrheit der konservativen Abgeordneten Chamberlain und empfing Churchill im Unterhaus mit demonstrativer Kühle, so dass dieser als Geste der Versöhnung seinen Vorgänger in das neue Kabinett berief. Das war auch deshalb erforderlich, weil Churchill mit seiner Kritik zwar Recht behalten hatte, weiterhin aber für sein sprunghaftes Verhalten und sein schlechtes Urteilsvermögen bekannt war – zuletzt beim Norwegen-Debakel. Hier hatte er massiv die Entsendung von Truppen gefordert und musste eigentlich die Verantwortung tragen. Erinnerungen an Gallipoli kamen auf, doch Churchill hatte das Glück, dass die Kritik sich auf Chamberlain konzentrierte und ausgerechnet die Labour Partei seine Ernennung verlangte.

Unter den konservativen Abgeordneten bevorzugte eine Mehrheit Lord Halifax, der die Appeasement-Politik lange unterstützt, das Münchener Abkommen jedoch abgelehnt hatte. Halifax zögerte, sich um die Nachfolge Chamberlains zu bewerben, doch auch ein entschlossenes Auftreten hätte ihm wenig geholfen, da die Labour Partei ihn nicht akzeptierte. Deren Haltung war entscheidend, denn die neue Regierung sollte alle Parteien umfassen, insbesondere Labour. Ohne diese Partei, die Arbeiter und ihre Gewerkschaften war der Krieg nicht zu gewinnen, wie schon der Erste Weltkrieg gezeigt hatte. Das wussten auch die Führer der Labour Partei und der Gewerkschaften, die dieses Mal keine Nebenrolle akzeptieren wollten. Sie bestanden vielmehr darauf, wichtige Ämter selbst zu übernehmen, forderten grundlegende Änderungen und lehnten Halifax ab.

Dennoch war überraschend, dass sie als Premier ausgerechnet Churchill favorisierten, der sich mehrfach – so im Generalstreik – gegenüber der Arbeiterbewegung als Hardliner erwiesen hatte. Doch Churchill hatte die 1930er Jahre als Außenseiter verbracht und konnte für die Politik der konservativen Regierung nicht verantwortlich gemacht werden. Das bedeutete nun einen Vorteil, denn die Labour Partei warf den Konservativen nicht nur die Appeasement-Politik vor, sondern auch die hohe Arbeitslosigkeit und die Enttäuschungen, die ihre Anhänger nach dem Ersten Weltkrieg erlebt hatten. Ob Churchill die ideale Wahl war, um Reformen im Innern durchzuführen, musste sich zeigen. Doch er verkörperte einen Bruch mit dem politischen Establishment und strahlte Zuversicht und Siegesbewusstsein aus – Eigenschaften, die angesichts der schwierigen Lage Großbritanniens dringend erforderlich waren.

Kriegsbeginn im Westen

Churchill gab in seinen Erinnerungen an, er habe bei der Ernennung zum Premierminister die Vorsehung auf seiner Seite gespürt. Das mag der Fall gewesen sein, doch tatsächlich gab es im Mai 1940 keine Anzeichen für deren Eingreifen. Vielmehr verschlechterte sich die ohnehin schwierige Lage dramatisch, als am Tag seiner Ernennung der deutsche Angriff im Westen begann. Darauf schienen die Alliierten gut vorbereitet zu sein. Sie hatten mehr Soldaten und Waffen, konnten sich hinter gut ausgebauten Verteidigungslinien verschanzen und wussten vom Ersten Weltkrieg, wie schwer und verlustreich es war, derartige Verteidigungslinien zu überwinden. Doch dieses Mal kam alles ganz anders. In wenigen Wochen errangen die deutschen Truppen einen überwältigenden Sieg, besetzten nach kurzer Zeit Belgien und die Niederlande, und am 25. Juni, gut sechs Wochen nach Beginn des Angriffs, kapitulierte Frankreich. Übrig blieb nur Großbritannien, das von dieser Entwicklung völlig überrascht wurde.

Wie im Ersten Weltkrieg beruhte die britische Stärke auf der Marine. Zusätzlich kämpften auch dieses Mal an der Westfront britische Truppen, im Mai 1940 fast 400 000 Personen. Doch die Hauptlast lag bei den 2,2 Millionen Soldaten aus Frankreich und weiteren Truppen aus Belgien und den Niederlanden, so dass die Westalliierten zusammen über 3,3 Millionen Soldaten in 144 Divisionen verfügten, gegenüber 141 der Wehrmacht. Außerdem besaßen sie mehr Geschütze und Panzer, allerdings weniger Flugzeuge. Auf dem Papier waren die Truppen somit in etwa gleich stark, wobei die Alliierten einen unschätzbaren Vorteil genossen, da sie nicht angriffen, sondern verteidigten und sich hinter einen gut ausgebauten Verteidigungswall, die Maginot-Linie, zurückziehen konnten.

Als am 10. Mai die Kämpfe begannen, zeigte sich jedoch, dass tatsächlich keine Gleichheit bestand. Viele deutsche Waffen waren moderner und die Soldaten besser ausgebildet. Vor allem jedoch waren Strategie und Taktik weiter entwickelt, da die deutschen Befehlshaber es vermochten, die Einsätze von Soldaten, Panzern und Flugzeugen bedeutend besser zu koordinieren als ihre Gegner. So konnten sie den überraschenden Angriff über die Ardennen durchführen, die Verteidigungslinien umgehen und die alliierten Truppen bald zurückdrängen – auch die britischen Einheiten, die anfänglich Erfolge erzielten, bald jedoch ihre Defizite in Ausbildung und Ausrüstung offenbarten und in die Defensive gerieten. Viel verheerender jedoch war, dass Belgien und Holland bereits nach wenigen Tagen kapitulierten und vor allem die französischen Truppen, die den weitaus größten Teil der alliierten Soldaten, Panzer und Flugzeuge stellten, dem deutschen Ansturm nicht gewachsen waren.

Am 23. Mai, nur vierzehn Tage nach Beginn der Kämpfe, beschloss deshalb General Gort, der Kommandant der britischen Truppen, die Kämpfe einzustellen und seine Soldaten an den Ärmelkanal zurückzuziehen. Damit missachtete er die Zusagen gegenüber dem französischen Verbündeten und ließ diesen faktisch im Stich, sah angesichts der verzweifelten Situation jedoch keine andere Möglichkeit, seine Truppen zu retten. Dazu begann drei Tage später, am 26. Mai, *Operation Dynamo*, die hastige Evakuierung von nahezu 340 000 britischen Soldaten aus Dünkirchen, die am 4. Juni abgeschlossen war. Diese Aktion galt als logistische Meisterleistung und ermöglichte die Fortsetzung des Krieges, denn die britischen Soldaten wären ansonsten gefallen oder in Gefangenschaft geraten. Doch sie mussten alle Waffen zurücklassen und kehrten mit bloßen Händen nach Hause zurück. Von einem britischen Heer konnte zu diesem Zeitpunkt kaum noch gesprochen werden. Die verbliebenen französischen Truppen wiederum standen nun ganz alleine und fühlten sich verraten, zumal von Dünkirchen anfangs nur britische Truppen evakuiert wurden, die französischen hingegen weiter kämpfen sollten, um *Operation Dynamo* überhaupt zu ermöglichen. Französische Soldaten, die dennoch versuchten, Boote zu besteigen, wurden sogar beschossen – bis alle britischen Truppen abtransportiert waren. Erst danach konnten immerhin noch 53 000 französische Soldaten Dünkirchen verlassen.[4]

Diese Entwicklung war ein Schock, gerade für die britische Bevölkerung. Auch sie hatte einen langen Krieg erwartet und wurde über die raschen Erfolge der deutschen Soldaten anfangs nur unzureichend informiert – bis die Situation so verzweifelt war, dass die Regierung dazu aufrief, bei der Evakuierung von Dünkirchen zu helfen. Damit löste sie eine Massenbewegung aus, denn neben Kriegsschiffen, Frachtern und Fähren kamen zahllose Fischkutter, Jachten und kleine Segelboote zum Einsatz und halfen beim «Wunder von Dünkirchen», wie der Rücktransport der Soldaten schon bald hieß. Deren Rettung galt als Verdienst der kleinen Leute, die tatsächlich keinen großen Beitrag leisteten. Aber es war gut für die Moral, normale Briten als Helden zu sehen, die den Nazis widerstanden und die eigenen Truppen gerettet hatten. Denn die Situation wurde immer dramatischer, jede gute Nachricht half. Die britische Regierung bekniete die französische Seite sogar, die Kämpfe auch alleine fortzusetzen. Von London aus empfahl sie einen Guerilla-Krieg, da die Deutschen eine riesige Stadt wie Paris nur mit großen Opfern einnehmen könnten. In seiner Verzweiflung beschloss das britische Kabinett schließlich am Nachmittag des 16. Juni, dass ab sofort Frankreich und Großbritannien nicht länger zwei Staaten seien, sondern eine Union bildeten – eine ebenso dramatische wie nutzlose Geste. Denn noch am selben Tag übernahm in Frankreich Petain die Regierung und befürwortete eine Kapitulation. Weitere Kämpfe gegen die deutschen Truppen betrachtete er als zwecklos, der von London gewünschte Widerstand fordere nur unnötige französische Opfer. Dafür fand er in Bevölkerung und Militär breite Unterstützung, die Schlacht um Frankreich war verloren. Jetzt besaß Großbritannien keine Verbündeten mehr und sah sich in einer verzweifelten Lage.

Their finest Hour

Diese Verzweiflung war überall zu spüren, auch im Unterhaus, wo sich zwei Tage später, am 18. Juni 1940, die Abgeordneten drängten, die nach den französischen Niederlagen eine deutsche Invasion und damit den Sieg Hitlers befürchteten. Die Situation war viel bedrohlicher als jemals während des Ersten Weltkrieges, denn jetzt stand Großbritannien dem übermächtigen Gegner alleine gegenüber. Die Verbündeten (Frankreich, Belgien, Niederlande) waren besiegt; Mussolini hatte sich Hitler angeschlossen, und selbst die Sowjetunion stand auf dessen Seite, während die USA nicht erneut in einen europäischen Krieg hineingezogen werden wollten. Hilfe von außen war nicht zu erkennen – so die damalige Wahrnehmung, die allerdings das Empire mit seinen Dominions und Kolonien ausklammerte. Diese leisteten im Verlaufe des Krieges wichtige Unterstützung und brachten große Opfer, lagen aber weit entfernt und konnten in der konkreten Situation nicht helfen.

Die angespannte Stimmung im Unterhaus war deshalb verständlich und erfasste das ganze Land, wo teilweise Hysterie herrschte. Italiener und Deutsche galten pauschal als Spione und wurden in Lager eingesperrt, selbst diejenigen, die vor Hitler geflohen oder bereits in Großbritannien geboren waren; Gerüchte von bereits einmarschierten deutschen Soldaten machten die Runde. Die Erwartungen an Churchill waren deshalb hoch, der ja nicht zuletzt deshalb die Regierung anführte, um Zuversicht zu verbreiten. Entsprechend vorbereitet betrat er das Unterhaus und hielt die wohl berühmteste Rede seiner langen Laufbahn. Dabei konnte er keine guten Nachrichten verkünden. Die militärische Katastrophe der letzten Wochen war zu offensichtlich, die Kapitulation Frankreichs stand unmittelbar bevor. Doch die Schlacht um Großbritannien, so Churchill, beginne erst. Dazu besitze das Land die erforderlichen Truppen, eine mächtige Marine und eine starke Luftwaffe, die zusammen eine deutsche Invasion verhindern würden. Großbritannien sei bereit und werde auch alleine weiterkämpfen. Denn der Kampf gegen Hitler sei kein normaler Krieg. Es gehe um das Empire und die Existenz Großbritanniens, um seine traditionellen Institutionen und letztlich um das Überleben der christlichen Zivilisation:

«Die Schlacht um Frankreich ist vorbei. Ich erwarte, dass die Schlacht um Britannien beginnen wird. ... Hitler weiß, dass er uns auf dieser Insel besiegen muss, oder er verliert den Krieg. Wenn wir ihm widerstehen, kann ganz Europa wieder frei sein und die Welt kann wieder in weite, sonnendurchflutete Höhen aufsteigen. Aber wenn wir versagen, wird die ganze Welt – unter Einschluss der USA und all der Dinge, die wir kennen und die uns etwas bedeuten – in den Abgrund eines dunklen Zeitalters sinken, das durch die Kraft einer pervertierten Wissenschaft noch düsterer und vielleicht noch langlebiger sein wird. Lasst uns deshalb unsere Pflicht erfüllen und zusammenstehen, damit die Menschen – selbst wenn das Britische Empire und das Commonwealth noch tausend Jahre fortbestehen – dereinst sagen werden: ‹Dies war ihre größte Stunde›.»[5]

Die Abgeordneten reagierten so begeistert, dass die BBC Churchill ins Studio bat und die Rede an die ganze Nation ausstrahlte. Dabei richtete die Ansprache sich nicht nur an die britische Bevölkerung oder das Parlament, wo Churchill immer noch bei konservativen Abgeordneten auf Skepsis traf. Sie hatte zahlreiche weitere Adressaten und übermittelte ihnen je eigene Botschaften: Hitler gegenüber stellte die Rede klar, dass Großbritannien nicht zu einem Friedensvertrag bereit war, sondern kämpfen wollte, bis deutsche Truppen die eroberten Gebiete im Osten und Westen Europas räumten. Der eigenen Bevölkerung wollte Churchill Hoffnung geben und ihr gegenüber Entschlossenheit demonstrieren. Und schließlich sollten die USA vom britischen Kampfeswillen erfahren, da deren Unterstützung unentbehrlich war. Denn auf sich gestellt konnte Großbritannien allenfalls eine Invasion verhindern, Hitler jedoch nicht besiegen. Das Eingreifen der USA war allerdings nicht abzusehen. In der amerikanischen Regierung bestand dazu eine gewisse Bereitschaft, nicht hingegen in weiten Teilen der Bevölkerung. Bei einer Umfrage im Oktober 1939 hatten 40 Prozent angegeben, die USA seien im Ersten Weltkrieg ein Opfer der Propaganda geworden und für «eigennützige Interessen» missbraucht worden. Das sollte nicht noch einmal geschehen, zumal den alten Kolonialmächten unterstellt wurde, ihnen ginge es erneut lediglich um ihr Empire. Dieses wollten sie verteidigen, brächten aber zu wenig Kampfbereitschaft auf, sondern hätten (wie Frankreich) rasch kapituliert, oder (wie Großbritannien) ihre Truppen lieber in Sicherheit gebracht.[6]

Es gab deshalb für Churchill zahlreiche Gründe, die feste Entschlossenheit im Kampf gegen Hitler zu betonen, auf die gemeinsame christliche Zivilisation zu verweisen und vor allem hervorzuheben, dass dieser Krieg keine Angelegenheit der Eliten sei. Vielmehr stehe das ganze britische Volk zusammen und bewähre sich in seiner größten Stunde – wie das «Wunder von Dünkirchen» gezeigt hatte. So argumentierte wenig später auch ein Buch, das die damalige Stimmung auf den Punkt brachte und bis heute nachwirkt: *Guilty Men*, verfasst von drei Journalisten, unter ihnen Michael Foot, der drei Jahrzehnte später die Labour Partei anführen sollte (1979–83). Die Idee zu diesem Buch entstand im Mai, als die Wehrmacht ihre raschen Erfolge errang. Zwei Monate später lag es vor, und bis Oktober waren bereits mehr als 200 000 Exemplare erschienen. Es hatte eine klare Botschaft: Schuldig an der bedrohlichen Situation waren die Konservativen und das *National Government*, also Chamberlain, Baldwin, MacDonald und andere Politiker der 1930er Jahre. Diese Schuldzuweisung ließ sich griffig formulieren und entsprach einer verbreiteten Meinung. Sie schuf den Mythos von einigen schuldigen Männern, klammerte aber vieles aus und verdrängte anderes, so den Konsens, auf dem die jetzt so kritisierte Appeasement-Politik beruht hatte; das Verhalten der Labour Partei, die in den 1930er Jahren selbst bescheidene Aufrüstungen vehement abgelehnt hatte, oder den verbreiteten Pazifismus.[7]

Davon war jetzt keine Rede mehr. Stattdessen setzte sich eine Sichtweise durch, die fraglos einseitig war. Aber sie erlaubte es, die «Schuldigen» auszugrenzen, die Kontroversen der 1930er Jahre auszublenden und an deren Stelle die Gemeinschaft aller Briten zu setzen. Auf diese Stimmung reagierte Churchill und förderte sie, indem er von der «finest hour» sprach, das gemeinsame Gefühl der Bedrohung beschwor und den Krieg als «People's War» bezeichnete. Auch die *Times* konnte sich dieser Stimmung nicht entziehen und schrieb am 1. Juli 1940: «Wenn wir von Demokratie sprechen, meinen wir nicht die Demokratie, die das Recht zu wählen beinhaltet, aber das Recht vergisst, zu arbeiten und zu leben. Wenn wir von Freiheit sprechen, meinen wir keinen abweisenden (*rugged*) Individualismus, der soziale Organisation und ökonomische Planung ausschließt. Wenn wir von Gleichheit sprechen, meinen wir keine politische Gleichheit, die durch soziale und ökonomische Privilegien zunichte gemacht wird. Wenn wir vom wirtschaftlichen Wiederaufbau sprechen, denken wir weniger an maximale Produktion (obwohl auch diese erforderlich ist), sondern an gleiche Verteilung.»[8]

The Battle of Britain

Im Juni 1940 und den folgenden Monaten lag diese bessere Welt noch in weiter Ferne. Vorerst ging es darum, den Krieg zu überleben und eine deutsche Invasion zu verhindern. Darauf war aber nicht nur das britische, sondern auch das deutsche Militär schlecht vorbereitet. Hitler suchte deshalb einen Ausgleich mit Großbritannien, scheiterte jedoch, denn die britische Regierung lehnte einen Friedensvertrag ab. Dieser hatte durchaus Befürworter, doch nach der französischen Kapitulation setzte sich – unterstützt von Labour – die ablehnende Haltung Churchills durch, der nicht verhandeln wollte, solange Großbritannien sich in einer derart schwachen Position befand. So begannen in Deutschland Planungen für eine Invasion, die zwei Voraussetzungen hatte: Sie musste vor Beginn der Herbststürme erfolgen, und es musste gelingen, die britische Luftwaffe auszuschalten. Denn bei Stürmen war eine Überquerung des Ärmelkanals zu gefährlich und sie war geradezu selbstmörderisch, wenn die Schiffe aus der Luft angegriffen wurden. Erforderlich war also eine möglichst totale Lufthoheit. Falls jedoch, so Hitler am 31. Juli, die Ergebnisse des Luftkriegs unbefriedigend sind, «wird die Vorbereitung angehalten».[9] Damit begann der Luftkampf über England, die *Battle of Britain*, die nach Dünkirchen einen weiteren Mythos schuf. Doch dieser hatte seine Berechtigung, denn tatsächlich verhinderte der Sieg über die Luftwaffe eine Invasion.

Deutsche Flugzeuge griffen ab Mitte Juni England an, führten den ersten Großangriff am 13. August durch und begannen damit einen Luftkrieg, auf den Großbritannien sich erst spät vorbereitete hatte. Wegen der enormen Bedeutung, die Luftangriffe in Militär und Öffentlichkeit besaßen, waren lange Zeit vor allem Bomber gebaut worden, um Vergeltungsangriffe durchführen zu können. Die Produktion von Jagdflugzeugen hingegen, die Bomber abwehren konnten, erhielt erst Anfang 1938 höchste Priorität, so dass wenig Zeit verblieb, genügend Maschinen zu fertigen, Piloten auszubilden, die nötige Infrastruktur von Flughäfen, Meldeposten und Kommunikationsnetzen zu etablieren und das gerade erst entwickelte Radar einzusetzen. Allerdings gelang es, militärische Codes der Deutschen zu entschlüsseln. Berühmt hierfür wurde die *Government Code and Cypher School* in Bletchley Park, die in den folgenden Jahren zahlreiche weitere Erfolge erzielte und einen wichtigen Beitrag zum Sieg der Alliierten leistete. So besaß die deutsche Luftwaffe zu Beginn der Kämpfe mehr Flugzeuge und war auf dem Papier überlegen, doch sie kannte das Radar nicht, traf auf eine effektive Gegenspionage und musste zudem andere Nachteile in Kauf nehmen.

So litt der Einsatz deutscher Flugzeuge darunter, dass sie lange Strecken zurücklegen mussten, bevor sie England erreichten. Um anschließend heimkehren zu können, durften auch die modernsten Jagdflugzeuge nicht länger als 30 Minuten über britischem Boden kämpfen. Bei Beschädigungen mussten sie zudem dort notlanden, so dass deutsche Flugzeuge und Piloten verlorengingen, während beschädigte Maschinen der *Royal Air Force* repariert werden konnten und die Piloten weiterhin zur Verfügung standen. Diese konnten zudem Radar einsetzen und verfügten teilweise über modernere Maschinen, so dass in diesem Fall die Auseinandersetzung nicht so einseitig verlief wie bei den Kämpfen an der Westfront. Auch hatte die *Battle of Britain* wenig mit den verlustreichen und blutigen Materialschlachten dieses Krieges gemein. Hier standen sich nur wenige hundert Piloten gegenüber, die hoch in der Luft Kämpfe austrugen, die an Duelle früherer Zeiten erinnerten. Daran orientierten sich deutsche Piloten offensichtlich stärker als ihre britischen Gegner. Während Letztere mit Disziplin kämpften und sich entschlossen und skrupellos zeigten, kultivierten deutsche Piloten individuellen Elan und eine Kultur der Jagd, die sie verwundbarer machte.[10]

Ausschlaggebend für den Verlauf der Kämpfe waren jedoch nicht solche Mentalitätsunterschiede, sondern die bereits erwähnten Vorteile von Technik, Infrastruktur und Standort. Hinzu kam die rasch ansteigende Produktion von Flugzeugen, so dass die *Royal Air Force* im September 665 einmotorige Flugzeuge einsetzen konnte, die Luftwaffe hingegen nur noch 276.[11] Das lag auch an der Hilfe von Piloten aus Polen und dem Empire sowie am schlechten Wetter, das den britischen Soldaten mehrfach Zeit für Erholung und Reparaturen verschaffte und die *Battle of Britain* schließlich zu ihren Gunsten entschied. Churchill war davon schon am 20. August überzeugt und verkündete den Sieg: «Never in the field of human conflict was so much owed by so many to so few.»[12] Das war voreilig, denn die Angriffe hielten an und endeten erst Ende Oktober, als frühe Dunkelheit, Nebel und unbeständiges Wetter den Deutschen zunehmend schlechtere Bedingungen boten. Ihr Ziel, durch Ausschaltung der *Royal Air Force* eine Invasion zu ermöglichen, war gescheitert. Hitler, der ebenfalls schon am 20. August die Situation skeptisch betrachtete, gab diese Pläne auf und konzentrierte sich auf sein nächstes Ziel, den Angriff auf die Sowjetunion.[13]

Damit war die größte Gefahr vorerst abgewehrt, doch der Krieg noch lange nicht vorüber. Insbesondere die Bombardierungen aus der Luft hörten nicht auf. Denn nach Angriffen britischer Flugzeuge am 2. September auf Berlin, gab Göring den Befehl, Großbritannien großflächig zu bombardieren. Diese als *Blitz* bezeichneten Bombardierungen betrafen nahezu alle größeren Städte und hielten bis Mai 1941 an. Sie verursachten große Zerstörungen, kosteten 43 000 Zivilisten das Leben und verwundeten fast 140 000 von ihnen. Doch ihr Ziel, die Moral der Bevölkerung zu brechen und die Regierung zu einem Friedensvertrag zu zwingen, haben sie nicht erreicht. Im Gegenteil, im Kampf gegen die deutschen Angriffe wuchs die Bevölkerung zusammen, denn Bomben konnten jeden treffen, selbst die königliche Familie. Bei ihren ersten Besuchen im zerstörten East End wurde die Königin ausgebuht. Als auch Buckingham Palace getroffen wurde, soll sie geradezu erleichtert reagiert und gesagt haben: «I'm glad we've been bombed. It makes me feel I can look the East End in the face.»[14]

Niederlagen, Katastrophen und Hoffnung

Trotz dieses ungewöhnlichen Gemeinschaftsgefühls war ein Sieg nicht abzusehen. Die Bombardierungen hielten an, Angriffe deutscher Schiffe und U-Boote erschwerten die Versorgung, und aus Griechenland und Afrika häuften sich die schlechten Nachrichten, die eines klar vor Augen führten: Großbritannien konnte allenfalls sich selbst verteidigen. Doch die frühere Weltmacht war zu schwach, um Deutschland zu besiegen, und musste zudem in Asien einen Krieg mit Japan befürchten, der sie vollends überfordern würde. «Ich glaube», so der Abgeordnete Harold Nicolson im November 1940, «dass wir es geschafft haben, eine Niederlage zu verhindern. Wenn ich aber darüber nachdenke, wie in aller Welt wir den Krieg gewinnen wollen, verlässt mich meine Phantasie.»[15]

Dazu sah die britische Regierung, allen voran Churchill, nur eine Möglichkeit: die Unterstützung der USA. Roosevelt war zu Hilfe bereit, doch mehrere Gesetze verpflichteten seine Regierung zur Neutralität, um nicht erneut in einen europäischen Krieg hineingezogen zu werden. Hinzu kam die Befürchtung, London werde den Krieg verlieren oder einen Friedensvertrag schließen, so dass amerikanische Lieferungen eventuell Hitler zugute kommen würden. Vor allem jedoch standen in den USA im November 1940 Wahlen an, die angesichts der öffentlichen Stimmung jedes militärische Eingreifen ausschlossen. Als Roosevelt die Wahl eindeutig gewonnen hatte, konnte er anschließend im März 1941 im Kongress zwar nicht die Entsendung von Truppen, wohl aber das *Lend-Lease*-Abkommen durchsetzen, das Großbritannien unbegrenzten Kredit bot, um in den USA Waffen, Lebensmittel und andere Waren zu kaufen. Formal blieben die USA damit neutral, doch jetzt erhielt Großbritannien die dringend erforderliche Hilfe, die bis 1945 einen Gesamtwert von etwa 30 Milliarden Dollar erreichte.

Wichtiger für Großbritannien und entscheidend für den Ausgang des Zweiten Weltkriegs waren jedoch der deutsche Angriff auf die Sowjetunion am 22. Juni 1941 und die japanische Bombardierung von Pearl Harbour am 7. Dezember 1941. Denn fortan kämpften die beiden wirklichen Weltmächte, die USA und die UdSSR, auf britischer Seite. Wie überfordert Großbritannien ohne sie war, zeigte sich wenig später, als japanische Truppen am 15. Februar 1942 das als uneinnehmbar geltende Singapur eroberten. Dies bedeutete eine Katastrophe, denn in dem Bemühen, am Empire festzuhalten, die Kolonien in Asien zu schützen und die Seewege zu kontrollieren, hatte die britische Regierung in den 1930er Jahren Singapur zu einem zentralen Stützpunkt ausgebaut – und dafür so große Summen aufgebracht, dass ein härteres Auftreten gegenüber Hitler erschwert wurde und die Appeasement-Politik nahelag. Doch trotz der hohen Ausgaben erwiesen sich die Vorbereitungen als ungenügend, zumal sie darauf abzielten, einen Angriff über See abzuwehren. Die japanischen Truppen hingegen, die zuvor bereits Malaysia erobert hatten, griffen auf dem Lande an, sicherten nach kurzen Kämpfen die Lufthoheit und eroberten in gerade einmal acht Tagen Singapur, wo sie etwa 80 000 indische, australische und britische Soldaten gefangen nahmen.[16]

Das Debakel war noch größer als in Dünkirchen. Die Niederlage bedeutete für Churchill «das schlimmste Desaster und die größte Kapitulation in der britischen Geschichte».[17] Eine Besserung war nicht in Sicht, zumal auch der Versuch scheiterte, am 19. August 1942 die französische Hafenstadt Dieppe zu erobern, um die Möglichkeit zu erkunden, im Westen eine Front zu eröffnen und dadurch die Sowjetunion zu entlasten. Doch dieses Scheitern hatte keine größeren Auswirkungen, weil daran lediglich etwa 6000 Soldaten beteiligt waren, von denen allerdings fast 4000 fielen, verwundet wurden oder in Gefangenschaft gerieten. Eins jedoch war deutlich geworden: Jeder Versuch, auf dem Kontinent zu landen und dort eine Front zu errichten, erforderte sorgfältige Vorbereitung und eine massive Konzentration von Soldaten, Schiffen, Flugzeugen und Waffen. Trotz anhaltenden Drängens von Stalin, der unbedingt eine Entlastung an der Ostfront brauchte, waren diese Voraussetzungen erst zwei Jahre später gegeben, als die Alliierten am 6. Juni 1944 in der Normandie landeten.

Die britischen Bemühungen, Erfolge zu erringen und der eigenen Bevölkerung trotz der Rückschläge Hoffnung zu geben, führten 1942 zu vermehrten Bombenangriffen auf Deutschland, die gezielt Feuerstürme entfachten und große Zerstörungen anrichteten. Davon abgesehen konnte die Regierung nur vermelden, dass in Nordafrika italienische Truppen zurückgedrängt wurden. Doch auch hier häuften sich die schlechten Nachrichten, als Anfang 1941 das Afrikakorps unter Rommel weite Gebiete eroberte und erst beim Vormarsch auf Kairo scheiterte. Damit war Rommel weit über seinen Auftrag hinausgegangen und hatte seine Truppen überfordert, denen es zunehmend an Nachschub und Unterstützung fehlte, da für Hitler der Krieg gegen die Sowjetunion höchste Priorität besaß. Die britischen Truppen hingegen wurden verstärkt und errangen im November 1942 in El Alamein einen wichtigen Erfolg, als sie Rommel in Personal, Waffen und Nachschub deutlich überlegen waren und ihn besiegten. Endlich konnte Churchill den so lange erhofften ersten Sieg über deutsche Truppen verkünden, der von höchster psychologischer Bedeutung war und große Erleichterung schuf. Es war allerdings zugleich der letzte Sieg, den Großbritannien selbst errang. Denn bei den folgenden Schlachten kämpften britische Truppen als Juniorpartner unter dem Oberbefehl der USA bzw. der UdSSR.

Der Beveridge-Report

Im Dezember 1942, einen Monat nach dem Erfolg von El Alamein, veröffentlichte William Beveridge einen ziemlich trockenen Text unter dem Titel *Social Insurance and Allied Services*. Eigentlich sollte er zusammen mit anderen Fachleuten nur Verbesserungen für die damals bestehenden Sozialversicherungen vorschlagen. Doch er ging weit über seinen Auftrag hinaus und verfasste den später nach ihm benannten *Beveridge-Report*, um fünf zentrale soziale Probleme zu beheben: Not, Arbeitslosigkeit, Wohnungsnot, Krankheit und Unwissen.[18] Diese hatten seit Menschengedenken die unteren Schichten geplagt und sollten endlich bekämpft werden, nachdem entsprechende Vorschläge zwar seit langem existierten, bisher aber wenig erreicht hatten. Eigentlich, so 1939 eine populäre Artikelserie in der *Times*, sollte kein Krieg erforderlich sein, um Slum-Kindern einen Urlaub auf dem Lande zu ermöglichen und Briten dazu zu bringen, «auf den Bussen miteinander zu reden ... oder ein einfaches Leben zu führen». Tatsächlich jedoch «war dafür ein Krieg erforderlich und dies ist die schlimmste Kritik, die gegen unsere Zivilisation erhoben werden kann».[19]

Diese Meinung war weit verbreitet und führte zu zahlreichen Vorschlägen, darunter der *Plan for Britain*, den die *Picture Post* im Januar 1941 veröffentlichte, eine populäre Illustrierte mit einer Auflage von ca. 1,5 Millionen Exemplaren. In ihrem Plan forderte sie einen Mindestlohn, Vollbeschäftigung, Kindergeld, einen nationalen Gesundheitsdienst, Bodenreformen und eine grundlegende Änderung des Erziehungssystems. Der *Beveridge-Report* griff also bekannte Argumente und Überlegungen auf, die er aber zuspitzte und systematischer formulierte. Vor allem jedoch beruhte er auf den Erfahrungen von Experten und hohen Beamten, was ihm besonderes Gewicht verlieh. Denn im Gegensatz zu vielen wortreichen Plänen der Vergangenheit wirkten ihre Vorschläge realistisch und glaubwürdig. Entsprechend groß war die Resonanz. Der Bericht wurde zu einem Bestseller, der schnell eine Auflage von 260 000 erreichte – und das mitten im Krieg. Zusätzlich erschien eine gekürzte Fassung, so dass nach kurzer Zeit fast 650 000 Exemplare zirkulierten, nicht nur in Großbritannien, sondern auch unter den Soldaten an der Front.

Nicht alle lasen den Bericht mit Begeisterung. Die Mehrheit der Konservativen, darunter Churchill, lehnte ihn ab, denn erst einmal müsse der Krieg gewonnen werden. Die wirtschaftliche Situation nach dessen Ende sei unklar, Beveridge wecke unrealistische Hoffnungen. Vorerst könnten weder konkrete Maßnahmen ergriffen noch Zusagen gemacht werden. So die Kompromissformel des Kabinetts, das die Empfehlungen des Berichts damit zwar nicht ablehnte, aber auch wenig unternahm, um sie umzusetzen. Dagegen sprach sich vor allem Churchill aus, der in privaten Gesprächen Beveridge als «fürchterlichen Schwätzer (*windbag*) und Träumer bezeichnete»,[20] – eine folgenreiche Fehleinschätzung. Denn Beveridge war ein überaus erfahrener Wissenschaftler, der zuvor mehrere Kommissionen und die *London School of Economics* geleitet hatte, über eine große Portion Ehrgeiz verfügte und geschickt die Medien einsetzte, um seine Vorschläge bekannt zu machen. Zustimmung fand er dabei nicht nur bei Arbeitern und Armen, sondern auch weit in die mittleren und oberen Schichten hinein und selbstverständlich bei der Labour Partei und den Gewerkschaften. Diese wollten unbedingt vermeiden, am Ende des Krieges erneut mit leeren Händen dazustehen wie im Jahr 1918. Der *Beveridge-Report* kam ihnen deshalb wie gerufen, da er nicht nur eine Vision, sondern auch konkrete Vorschläge bot, um ihre Forderungen und Ziele umzusetzen.

A People's War?

Ohne die Gemeinschaftserfahrungen des Krieges wäre der *Beveridge-Report* wohl nicht erschienen, zumindest nicht unter einer konservativen Regierung. Und ohne diese Erfahrungen wären die Chancen zu seiner Umsetzung deutlich geringer gewesen. Der Krieg hingegen veränderte die Situation. Er bedrohte alle, überdeckte die Klassenunterschiede und ließ die Bereitschaft wachsen, Opfer zu bringen, sich für die Front zu melden, in Fabriken hart zu arbeiten, evakuierte Kinder aufzunehmen oder in Dünkirchen mit eigenen Schiffen zu helfen. Als Außenminister Anthony Eden am 14. Mai 1940 in einer Radioansprache Freiwillige suchte, um die Küste gegen eine Invasion zu sichern, meldeten sich innerhalb von 24 Stunden 250 000 Personen, in kurzer Zeit waren es mehr als eine Million.[21] Und als parallel dazu Geld gesammelt wurde, um für die *Battle of Britain* Flugzeuge zu finanzieren, schrieb ein trauernder Vater aus einem kleinen Dorf: «Ich kann Ihnen keinen ritterlichen Sohn mehr schicken. Mein einziger Sohn ist gefallen. Aber ich möchte, dass sie vom Dorf Michaelston-le-Pit einen Scheck von 5000 £ akzeptieren, um eine Spitfire zu kaufen.»[22]

Dieses Gemeinschaftsgefühl prägte Politik und Gesellschaft in Großbritannien weit über den Krieg hinaus und ist bis heute zentraler Bestandteil der Erzählungen über und Erinnerungen an den Zweiten Weltkrieg. Wie alle Erinnerungen sind auch diese selektiv, und dadurch zwar nicht falsch, aber beschönigend. Denn die Evakuierungen zeigten nicht nur die Bereitschaft, Kinder aufzunehmen. Sie machten auch deutlich, wie groß die Unterschiede zwischen den verschiedenen Schichten und wie gering die Kenntnisse voneinander waren. Als Kinder aus dem Londoner East End zu bessergestellten Familien kamen, wussten viele von ihnen nicht, dass es Tische gab, um daran zu essen; dass man sich in ein Bett legte und nicht darunter – weil zuhause die Betten den Eltern vorbehalten oder keine vorhanden waren; oder dass es eigens Bettdecken gab, um sich damit zuzudecken. Andere kannten keine Unterwäsche, besaßen nur ein Kleidungsstück oder trafen verlaust ein. Nicht wenige Angehörige der mittleren und oberen Schichten waren über diese Zustände erschüttert und gaben an, von solcher Armut in ihrem Lande nichts gewusst zu haben – so selbst Chamberlain. Als Premier sollte er eigentlich gut informiert sein, bekannte aber: «Ich wusste überhaupt nicht, dass solche Verhältnisse existierten. Ich schäme mich dafür, so wenig über meine Nachbarn zu wissen.»[23] Die Evakuierungen führten, so ein Bericht aus dem Jahre 1940, der Landbevölkerung und den wohlhabenden Schichten «plötzlich und schmerzhaft vor Augen, welche große und beschämende Armut heute in den reichen Städten Englands besteht».[24]

Doch nicht alle schämten sich. Andere bemühten sich, selbst keine Kinder aufzunehmen, sondern die Evakuierten auf die Ärmeren abzuladen; Golfclubs pflügten nicht immer – wie in Erinnerungen behauptet – ihr Gelände zu Äckern um, sondern verteidigten die gepflegten Anlagen oft hartnäckig; bessere Hotels wiesen selbst bei Bombenangriffen Ärmere ab, die einen sicheren Unterschlupf suchten; Arbeiter hatten das Gefühl, zu lange arbeiten zu müssen und zu wenig Lohn zu erhalten; Nancy Mitford, die bekannte Schriftstellerin und Tochter eines Lords, wurde 1940 von den anderen Mitgliedern ihrer Feuerwehreinheit gebeten, diese zu verlassen, weil sie ihren Akzent unerträglich fanden; und ein Leserbrief an den *Windsor Express* empfahl, Evakuierte nicht auf Familien zu verteilen, sondern sie in *concentration camps* zu sammeln.[25] Immer wieder wurde deutlich, dass die Folgen des Krieges nicht alle in gleicher Weise betrafen. Entsprechend kam es zu zahlreichen Spannungen und Konflikten, zu denen auch beitrug, dass Dünkirchen nicht nur als Wunder, sondern auch als Beleg dafür galt, dass die alten Regierungen und Eliten versagt hatten. Eine zentrale Herausforderung bestand deshalb darin, Staat und Wirtschaft effizienter zu organisieren und der neuen Regierung größere Aufgaben zu übertragen.

Das erinnerte an den Ersten Weltkrieg. Doch jetzt kamen diese Forderungen früher auf, man konnte Erfahrungen nutzen und sich auf eine Bürokratie stützen, die in den Jahren zuvor erheblich angewachsen war und zahlreiche hochqualifizierte Fachleute beschäftigte. Auch dieses Mal wurden einzelne Personen mit besonderen Aufgaben betraut, so Lord Beaverbrook, der Presse-Zar und Freund Churchills, der ihn noch im Mai 1940 zum Mitglied des Kriegskabinetts und Minister für die Flugzeugproduktion ernannte. In diese Aufgabe stürzte sich Beaverbrook mit großem Elan und konnte die Produktion der Flugzeuge deutlich steigern, worüber seine

Zeitungen gerne berichteten.[26] Auch bekannte Gewerkschaftsführer wurden herangezogen, die, anders als im Ersten Weltkrieg, von Beginn an wichtige Aufgaben übernahmen, in ihren eigenen Organisationen große Erfahrungen gesammelt hatten und sich als sehr durchsetzungsfähig erwiesen. Das galt vor allem für Ernest Bevin, den Führer der *Transport und General Workers Union*, der größten britischen Gewerkschaft, den Churchill ebenfalls im Mai als Minister für *Labour and National Service* in die Regierung holte. Bevin gelang es, die Unterstützung der Arbeiterschaft für die Kriegsführung zu sichern, dabei selbst eine beherrschende Position zu erlangen und die Politik der Regierung zu prägen. Denn das 1940 verabschiedete Notstandsgesetz gab ihm die volle Zuständigkeit über alle männlichen und weiblichen Arbeitskräfte, von denen 1943 fast sieben Millionen für Kriegsaufgaben eingesetzt waren und ihm unterstanden.

Diese Expansion von staatlicher Bürokratie und Planung konnte auf Erfahrungen und Argumente der 1930er Jahre aufbauen. Angesichts der anhaltenden Arbeitslosigkeit und der wirtschaftlichen Probleme gerieten damals vor allem kleine Betriebe in den Verdacht, sie würden nicht effizient arbeiten und stünden der erforderlichen Rationalisierung im Wege. Großbetriebe hingegen galten als überlegen. Deren weitere Konzentration, die Bildung von Kartellen und selbst staatliche Planung fanden vermehrt Befürworter. Zu ihnen zählte der konservative Abgeordnete Harold Macmillan, der 1938 in seinem Buch *The Middle Way* drei Stadien industrieller Entwicklung beschrieb. In der dritten würde das Profitmotiv einer Integration und Planung im Wege stehen und stärkere Eingriffe des Staates erfordern.[27]

Dafür gab es somit bei Beginn des Krieges Vorüberlegungen und eine stärkere Bereitschaft, hingegen keine langjährigen oder gar systematischen Planungen. Die Eingriffe erfolgten vielmehr als Reaktion auf die neuen Anforderungen des Krieges und glichen einem riesigen Experiment. Fehler und Kontroversen waren deshalb ebenso unvermeidlich wie gegensätzliche Auffassungen zwischen Labour und Konservativen darüber, wie weit die Eingriffe des Staates gehen und wie sehr dieser in die Rechte von Betrieben und Arbeitern eingreifen sollte. Hier vertraten die beiden politischen Richtungen nahezu entgegengesetzte Positionen, wobei Bevin und die Gewerkschaften für die Fortführung des Krieges so wichtig waren, dass sie sich weitgehend durchsetzten. Das fiel ihnen umso leichter, als sie auf die gestiegene Produktion verweisen und ihre Forderungen zudem damit begründen konnten, dass Streiks erheblich seltener erfolgten als im Ersten Weltkrieg.[28]

Besonders große Veränderungen ergaben sich bei der staatlichen Planung, nicht nur weil die Zahl der dafür eingesetzten Personen so rasch zunahm. Vielmehr erfolgte diese jetzt systematischer, entwickelte geeignete

Instrumente und erhielt eine solide empirische Basis. Ein Signal dafür war die Ernennung von Keynes zum Sonderberater des Finanzministeriums im Juli 1940. Jetzt fanden seine Argumente deutlich mehr Gehör, und er konnte einen neuen Haushaltsplan durchsetzen, der nicht bloß die Einnahmen und Ausgaben der Regierung auflistete. Er übernahm vielmehr das Verfahren und die Daten, auf denen bereits die Volkswirtschaftliche Gesamtrechnung beruhte.[29] Dies waren kleine Schritte, die jedoch nach und nach die Möglichkeiten für Planungen und staatliche Eingriffe verbesserten und wichtige Grundlagen dafür legten, nach 1945 den Wohlfahrtsstaat zu etablieren.

Dazu trug auch bei, dass die Maßnahmen offensichtlich wirkten. Nicht nur die Zahl der hergestellten Flugzeuge nahm deutlich zu. Die Kriegsproduktion generell stieg erheblich an, die Versorgung der Bevölkerung blieb gesichert, und soziale Spannungen fielen geringer aus als im Ersten Weltkrieg. Die Kombination von systematischer Planung und staatlichen Eingriffen schien zu funktionieren und konnte zudem ab Frühjahr 1941 auf ein Land verweisen, das ganz überraschend als Vorbild diente: die Sowjetunion. Seit der Oktoberrevolution war sie ein abschreckendes Beispiel gewesen. Der Vorwurf, mit Kommunisten zusammenzuarbeiten, hatte eine öffentliche Brandmarkung bedeutet und 1924 zum Scheitern der ersten Labour-Regierung beigetragen, während Stalins überraschender Pakt mit Hitler das ohnehin negative Bild noch verschlechterte. Über Nacht änderte sich die Wahrnehmung. Die Sowjetunion war zu einem Verbündeten geworden, der Hitler standhielt, im Kampf gegen deutsche Truppen die bei weitem größte Last trug und für den Ausgang des Krieges entscheidend war. Während die britische Armee in El Alamein ihre Kräfte bündelte und bei ihrem Sieg elf Divisionen einsetzte, kämpften zur selben Zeit allein in Stalingrad 82 Divisionen der Roten Armee gegen die Wehrmacht und fügten ihr eine der entscheidenden Niederlagen bei.[30] Die Sowjetunion wurde populär, eigene Ausstellungen feierten deren Errungenschaften und zeigten, dass Staat und Planung nicht nur Hitler besiegen konnten, sondern zuvor in Russland bereits Arbeitslosigkeit und Armut bekämpft hatten – so zumindest eine verbreitete Wahrnehmung.

Eine bessere Welt schien nicht nur möglich. Sie war in der Sowjetunion offensichtlich bereits in Ansätzen verwirklicht, während in Großbritannien noch viel zu tun war. Denn der Krieg brachte nicht nur ein Gemeinschaftsgefühl hervor, sondern offenbarte auch Schattenseiten. Dazu gehörten überforderte Politiker und Beamte, unfähige Manager, Ausschreitungen gegen Deutsche und Italiener, ein lebhafter Schwarzmarkt oder Plünderungen nach Bombenangriffen, von denen allein 1941 4585 offiziell registriert wurden.[31] Daneben wurden Farbige weiterhin diskriminiert, insbesondere diejenigen mit schwarzer Hautfarbe. Als Untertanen des Monarchen und Angehörige des Empire kämpften viele von ihnen als Soldaten oder dienten in den zahlreichen Hilfstruppen, doch die alten Rassenschranken wirkten fort. So konnten Schwarze trotz des Mangels an Piloten und geeigneten Soldaten zunächst nicht Mitglieder der *Royal Air Force* werden und sich nicht einmal der *Home Guard* anschließen, eine aus Zivilisten bestehende Hilfstruppe, die eine deutsche Invasion abwehren sollte. Selbst Freiwillige, die aus den Westindischen Inseln auf eigene Kosten nach Großbritannien reisten, wurden abgelehnt, während andere mit «hellerer» Hautfarbe eine Uniform erhielten. Sogar Personen, die in England studiert hatten und sich als Ärzte meldeten, wurden wegen ihrer Hautfarbe abgelehnt. Offiziell war diese Diskriminierung verboten, kam jedoch häufig vor. Selbst das britische Kabinett war erst unter Druck der USA bereit, schwarze amerikanische Soldaten ins Land zu lassen.

Derartige Rassenschranken widersprachen dem Anspruch, Großbritannien bekämpfe den Nationalsozialismus auch wegen dessen Rassenideologie.[32] Zudem war die Unterstützung der Kolonien und seiner Bewohner auch aus materiellen Gründen wichtig, so dass das *Colonial Office* gegen Rassenschranken vorging und trotz Widerständen Erfolge erzielte – auch gegenüber den amerikanischen Verbündeten. Deren Regierung kritisierte das Festhalten am Empire als imperialistisch. Doch britische Beamte und Politiker mussten oft feststellen, dass amerikanische Soldaten «our own colonial people» mit ausgeprägtem Rassismus begegneten. So setzten diese durch, dass in Großbritannien Tanzhallen und Restaurants für Schwarze gesperrt wurden, bis britische Behörden die Verbote aufhoben. Derartige Erfolgte erreichten sie vor allem im britischen Mutterland und auf den europäischen Kriegsschauplätzen, während in Afrika, Asien oder dem Nahen Osten alte Vorurteile und Diskriminierungen bestehen blieben.[33] Das bedeutete nicht, dass britische Offiziere ihre farbigen Untergebenen generell schlecht behandelten. Doch persönliches Wohlverhalten änderte wenig am institutionellen Rassismus, der weit über das Militär hinausreichte und sich etwa darin zeigte, dass weiße Soldaten eigene Offiziersmessen und Krankenhäuser besaßen oder Schwarze nicht in Kinos gehen durften, die Weißen vorbehalten waren.[34]

Auch innerhalb der britischen Gesellschaft bestanden derartige Unterschiede fort, wie die Evakuierungen und zahlreiche andere Bespiele zeigten. Auch im *People's War* befürchteten Eltern der oberen Schichten, dass begabte Kinder aus der Arbeiterschaft Zugang zu höheren Schulen erhielten und durch ihren Akzent das Englisch ihrer Kinder gefährdeten. Die BBC rief die traditionelle Kulturkritik hervor, als sie vermehrt Comedies und populäre Musik ausstrahlen wollte, um die Bevölkerung und insbesondere die Soldaten an der Front zu unterhalten. Davon war selbst Vera Lynn betroffen, «the forces sweet heart» und die beliebteste Sängerin dieser Zeit. Nur gegen erheblichen Widerstand konnte durchgesetzt werden, dass sie eine eigene Radiosendung erhielt, um Botschaften an Soldaten vorzulesen und deren Wunschlieder zu spielen, darunter ihr *We'll Meet Again*.[35]

Im Krieg fanden also zahlreiche Veränderungen statt, oft jedoch nur allmählich, da viele der bestehenden Strukturen, Einstellungen und Gewohnheiten ein großes Beharrungsvermögen bewiesen. Am weitesten gingen die Veränderungen in der Politik, wo Staat, Labour und Gewerkschaften deutlich an Macht gewannen. Kulturelle und gesellschaftliche Normen und Verhaltensweisen hingegen erwiesen sich als hartnäckig und zeigten sehr widersprüchliche Entwicklungen. Das gilt insbesondere für die Erfahrungen von Frauen und das Verhältnis der Geschlechter zueinander. Wie im Ersten Weltkrieg führten auch jetzt die steigende Produktion und die Einberufung von Männern zu einem Mangel an Arbeitskräften.[36] Dadurch stieg die Zahl der beschäftigten Frauen in kurzer Zeit von etwa fünf Millionen im Jahre 1939 auf 7,3 Millionen im Jahr 1943 und ihr Anteil an den Werktätigen von 26 auf 33 Prozent. Viele von ihnen übernahmen Tätigkeiten bei der Flugzeugproduktion, im Maschinenbau, bei der Eisenbahn oder den Werften und lösten erneut die bekannten Beschwerden von Gewerkschaften aus, die eine Verdrängung ihrer männlichen Mitglieder befürchteten. Vergleichbare Entwicklungen hatte es im Ersten Weltkrieg gegeben. Jetzt kam hinzu, dass wegen der großen Nachfrage vermehrt auch verheiratete Frauen angeworben wurden, bis 1944 etwa 900 000, von denen viele kleine Kinder hatten. Für diese errichtete die Regierung mehr als 1500 zusätzliche Kindergärten, damit sie Beruf, Kinder und Familie miteinander vereinbaren konnten. Nach dem Krieg fanden diese Maßnahmen jedoch ein rasches Ende und setzten sich erst in den 1960er Jahren durch – zu groß waren die Vorurteile und zu gering die Hilfe, die Frauen von ihren Männern erhielten.[37]

Wie verbreitet diese Vorbehalte waren, zeigten die zahlreichen Bemühungen, am traditionellen Familienbild festzuhalten. So konnten Frauen, die Kinder unter 14 Jahren versorgten, allein aus diesem Grund von der allgemeinen Dienstpflicht befreit werden, ebenso diejenigen, die häusliche Aufgaben erfüllten – wie die Zubereitung einer Mittagsmahlzeit für ihre Gatten. Männer waren bereit, im Kampf gegen Hitler ihr Leben einzusetzen, kämpften dabei aber nicht nur für abstrakte Ziele wie Freiheit und Demokratie, sondern auch für bestehende Traditionen und vertraute Gewohnheiten. Dazu gehörten auch die unterschiedlichen Entlohnungen.[38] Auf dem Papier sollten Frauen, die Männerarbeit übernahmen, nach und nach deren Lohn erreichen. Doch in der Praxis boten sich zahlreiche Möglichkeiten, diese Regelung zu unterlaufen. Eine bestand darin, die Tätigkeit von Frauen als «weiblich» einzustufen, selbst wenn sie – wie im Maschinenbau – die Arbeit von Männern verrichteten. Als Folge hatten sie keinen Anspruch auf gleichen Lohn und verdienten etwa halb so viel wie ihre männlichen Kollegen.[39]

Auch die Rollenbilder entwickelten sich widersprüchlich. Frauen verrichteten anspruchsvolle technische Arbeiten und wurden in der Luftwaffe als Radarmechaniker oder Funker eingesetzt.[40] Das bedeutete den Einbruch in eine Männerdomäne und gab ihnen ein größeres Selbstbewusstsein. Doch die Wertschätzung der Männer wuchs noch stärker, da sie die «heldenhafteren» Aufgaben übernahmen. Männer stellten die Piloten, die in der *Battle of Britain* eine Invasion verhinderten; nur sie kämpften an der Front und nur sie wurden dazu ausgebildet zu töten bzw. im Kampf zu sterben. Selbst in die *Home Guard* wurden Frauen nur nach großem Widerstand und dann lediglich vereinzelt aufgenommen. Sie übernahmen, so die Historikerin Penny Summerfield, Tätigkeiten, die zuvor für Männer reserviert waren, und verbesserten ihre Situation. Da aber für Männer diejenigen Aufgaben vorbehalten blieben, «die höher angesehen waren als diejenigen, die Frauen dazu gewannen, wurde die auf Geschlecht beruhende Unterordnung nicht wesentlich verändert».[41]

In Erwartung des Sieges

Mit dem Kriegseintritt der USA und der UdSSR auf der Seite Großbritanniens war der Krieg noch nicht entschieden. Doch der Sieg rückte näher, forderte allerdings weiterhin zahllose Opfer. So gingen die deutschen Bombenangriffe auf Großbritannien ab Mai 1941 zwar deutlich zurück, blieben als Bedrohung jedoch bestehen und forderten immer wieder Opfer, zumal im Juni 1944 die Angriffe der V1- und im September der V2-Raketen begannen, die zusammen etwa 12 000 Tote forderten und große Ängste hervorriefen.[42]

Diese Angriffe erfolgten als Reaktion auf die Landung der Alliierten in der Normandie am 6. Juni 1944, die Stalin seit langem gefordert hatte, um die Ostfront zu entlasten. Doch nach dem gescheiterten Versuch von Dieppe und den Erfahrungen an anderen Kriegsschauplätzen bestanden die USA und Großbritannien auf einer sorgfältigen Vorbereitung und einer massiven Konzentration von Truppen und Waffen. Als die Invasion schließlich begann, waren auf britischem Boden etwa zwei Millionen Soldaten versammelt, nahezu 4000 Schiffe und 12 000 Flugzeuge, die bis Ende Juni 850 000 Soldaten, fast 150 000 Fahrzeuge und 570 000 Tonnen Nachschub über den Kanal brachten.[43] Auf alliierter Seite fielen 45 000 Soldaten und 173 000 wurden verwundet, bei zusätzlich 12 000 Toten und Verwundeten unter der französischen Zivilbevölkerung. Doch die Invasion war ein Erfolg, denn die deutsche Armee verfügte über bedeutend weniger Waffen und Soldaten (380 000) und konnte die Alliierten nicht zurückhalten.

Der seit langem gewünschte Brückenkopf auf dem Kontinent war errichtet, bei allerdings hohen Verlusten. Diese waren erwartet worden, und Churchill hatte deshalb in den Jahren zuvor eine Ausweitung der Kämpfe in Nordafrika und einen Angriff auf Italien favorisiert. Nach langen Debatten landeten schließlich die Amerikaner am 3. September 1943 in Sizilien. Aber die Kämpfe in Italien erwiesen sich als sehr verlustreich, obwohl die italienische Regierung bereits am 8. September kapitulierte. Doch die Wehrmacht setzte den Krieg fort, und das bergige Gelände erleichterte es, Angriffe der Alliierten abzuwehren, die deshalb nur langsam vorrückten. Diese Probleme waren absehbar gewesen, weshalb die Amerikaner einen Angriff auf Italien mit Skepsis betrachtet hatten, während in Großbritannien Regierung und Militär sich aus mehreren Gründen dafür einsetzten. Das Mittelmeer gehörte zum traditionellen britischen Einflussgebiet, dem sie deshalb Priorität einräumten; sie wollten Stalin die geforderte Entlastung bieten, denn ein schneller Vorstoß über Italien in den Norden sollte einen Keil zwischen die deutsche West- und Ostfront treiben; und schließlich unterschätzten die britischen Befehlshaber die Schwierigkeiten des Geländes. So rückten die alliierten Truppen nur langsam vor, und die Kämpfe in Italien blieben zweitrangig gegenüber der Landung in der Normandie.

Als diese erfolgte, besaßen die Alliierten die Lufthoheit und überzogen Deutschland mit Bomberangriffen. Wie zuvor die Luftwaffe wollten sie damit die deutsche Kriegsproduktion treffen und die Bevölkerung zur Aufgabe zwingen. Das erste Ziel haben die Angriffe erreicht, das zweite hingegen verfehlt. Denn sie verbreiteten zwar Angst, Schrecken und Resignation, konnten jedoch das Regime nicht entscheidend schwächen oder gar eine Revolte verursachen. Vielmehr erzeugten sie – wie zuvor in Großbritannien – vor allem ein Gefühl der gemeinsamen Bedrohung. Das überraschte die Verantwortlichen in London, die eine solche Reaktion dem britischen «Charakter» zuschrieben. Diesen besitze die deutsche Bevölkerung nicht und werde deshalb weder die nötige Gelassenheit noch den erforderlichen Humor aufbringen. Beide Annahmen trafen nicht zu.

Die britische Bevölkerung wiederum zeigte nicht nur die sprichwörtliche stoische Ruhe, sondern auch Hysterie, vor allem im Sommer 1940, oder

Panik angesichts der anhaltenden Bombenangriffe, so im März 1943 in der Bethnal Green U-Bahnstation, die als Luftschutzkeller diente. Dort suchten so viele Menschen Schutz, dass erst ein Gedränge entstand, die Situation dann eskalierte und schließlich mehr als 170 Tote zu beklagen waren. Die Regierung unterdrückte die Berichte über das Ereignis und die Zahl der Opfer, um Unruhe zu vermeiden, zumal Gerüchte kursierten, dass ausländische Juden dafür verantwortlich seien.[44] Deutsche wiederum setzten auch Witz und Sarkasmus ein, um die Angriffe zu ertragen, die bedeutend größere Zerstörungen und eine viel höhere Zahl an Toten und Verwundeten verursachten.[45] Während die deutschen Angriffe etwa 68 000 Zivilisten[46] das Leben kosteten, kamen allein bei den Angriffen auf Dresden (13.–15. Februar 1945) zwischen 25 000 und 35 000 und auf Hamburg (24. Juli–02. August 1943) etwa 45 000 Personen um. Die Gesamtzahl der Toten aller Bombenangriffe wird auf 750 000 bis eine Million geschätzt, die der Verwundeten lag mehrfach höher.[47]

Diese Zahlen waren so hoch, weil die Alliierten die Lufthoheit besaßen, täglich Angriffe flogen, eine vielfach größere Bombenlast abwarfen und Verfahren entwickelten, die möglichst große Verluste verursachten. Bei einzelnen Angriffen – so auf Hamburg und Dresden – entfachten sie Feuerstürme, die kaum zu bekämpfen waren, riesige Verwüstungen anrichteten und Zehntausende von Toten forderten. Die Feuer erzeugten Temperaturen von fast 1000 Grad, ein enormer Sog entstand, Bäume wurden entwurzelt und Menschen in die Flammen geschleudert, während andere an Sauerstoffmangel erstickten und ihre Körper in der Hitze zu Asche zerfielen. Dieses Vorgehen wurde schon während des Krieges kritisiert. Die Debatten darüber halten bis heute an, und weiterhin ist eine Bewertung schwierig. Wie soll die Zahl der Toten aufgerechnet werden mit der Zerstörung von Infrastruktur und Betrieben, die den Krieg verkürzte? Hätten diese Ziele sich auch bei geringeren Verlusten für die Zivilbevölkerung erreichen lassen? Und ist es nicht verständlich, dass die britischen Befehlshaber angesichts der Zerstörungen im eigenen Land Deutschland ebenfalls mit Bombenangriffen überzogen und damit ihre Landsleute beruhigen wollten, die ja den Krieg nicht begonnen hatten? «Wir wollen nur wissen», so ein Bewohner Londons nach den ersten deutschen Luftangriffen, «ob wir Berlin bombardieren. Wenn sie in Berlin so viel oder noch mehr abkriegen wie wir, können wir es aushalten.»[48]

Wie schwierig ein Urteil war und ist, zeigten die Reaktionen Churchills. Den Angriff auf Dresden, der nach langen Beratungen beschlossen wurde, befürwortete er, um die russische Offensive zu unterstützen, die aus dem Osten fliehende Bevölkerung zu demoralisieren und die Verlagerung deutscher Truppen an die Ostfront zu erschweren. Als jedoch die Konsequenzen des Angriffs deutlich wurden, äußerte er Zweifel und sprach sich dafür aus, weitere Bombardierungen sorgfältig zu prüfen. Das wiederum rief die Kritik des zuständigen Generals, Arthur Harris, hervor. Die Einsätze seien gerechtfertigt, solange sie den Krieg verkürzten und das Leben seiner Soldaten schonten. Für ihn seien alle verbleibenden deutschen Städte nicht «die Knochen eines einzigen britischen Grenadiers wert».[49] Dabei waren die Luftangriffe auch für die Besatzungen der britischen Flugzeuge sehr gefährlich. Von den 125 000 Bomber-Besatzungen, die sich alle freiwillig gemeldet hatten, fielen 55 000; fast 10 000 gerieten in Gefangenschaft und nahezu 8500 wurden verwundet, so dass Harris auch wegen der eigenen hohen Verluste umstritten war.[50] Dennoch: Andere Generäle und das Oberkommando unterstützten ihn, so dass Churchill seine Kritik zurücknahm. Die Alliierten wollten zwar kein völlig zerstörtes Land übernehmen, aber aktuell hatte ein möglichst rasches Kriegsende Vorrang.[51]

Empire und Kolonien

Der Kriegseintritt der USA und UdSSR entschied dessen Ausgang, doch Bedeutung und Beitrag des Empire dürfen darüber nicht vergessen werden. Das galt schon für den Kriegsausbruch, den Großbritannien vor allem deshalb nicht verhindern konnte, weil es zwar als Weltmacht agierte, tatsächlich aber überfordert war, gleichzeitig die Herausforderungen in Europa (Deutschland, Italien) und Asien (Japan) anzunehmen. Im Krieg selbst trat diese Überforderung noch deutlicher zutage, als britische Truppen an beiden Kriegsschauplätzen verheerende Niederlagen erlitten, unter denen die Kapitulation von Singapur die größte seit den amerikanischen Unabhängigkeitskriegen bedeutete. Bei nur 5000 eigenen Gefallenen legte die japanische Armee die Schwäche des britischen Empire offen. Die Botschaft war eindeutig: Großbritannien war besiegbar, vielleicht schon bald durch die Kolonien.

Diese Hoffnungen erhielten zusätzlichen Auftrieb durch die neuen Weltmächte USA und UdSSR, die beide die traditionelle europäische Kolonialpolitik ablehnten. Ein deutliches Zeichen dafür war die *Atlantic Charta*, die Großbritannien und die USA auf Drängen des amerikanischen Präsidenten Roosevelt im August 1941 unterzeichneten und die allen Völkern das Recht zusprach, ihre Regierung selbst zu wählen. «Ich kann», so Roosevelt im August 1941 gegenüber Churchill, «nicht glauben, dass wir einen Krieg gegen faschistische Sklaverei führen und nicht gleichzeitig dafür arbeiten, in der ganzen Welt die Menschen von einer rückständigen Kolonialpolitik zu befreien.»[52] Während des Krieges war davon nicht viel zu spüren, im

Gegenteil. Die britische Politik in den Kolonien verhärtete sich eher, als etwa 1942 der britische Hochkommissar den Palast von König Farouk in Ägypten mit Truppen umstellte, da dieser einen gegenüber Großbritannien kritischen Premier ernannt hatte. Farouk musste nachgeben, und die Erbitterung in Ägypten war groß, während in London dieses Eingreifen als Zeichen der Stärke gelobt und der Hochkommissar zum Lord erhoben wurde.[53]

Derartige Demonstrationen der Stärke waren verbreitet und verdrängten vielerorts die Bereitschaft zu Annäherung und Kompromissen, welche in den 1920er und 1930er Jahren zugenommen hatte. Doch die Kriegssituation bestärkte bestehende Ängste und ließ zusätzliche aufkommen, so dass ein härteres Auftreten erforderlich schien. Tatsächlich aber wirkte es kontraproduktiv, insbesondere wenn Taktlosigkeit und Arroganz hinzukamen – wie gegenüber König Farouk und vor allem in Indien. Hier hatte der *Government of India Act* von 1935 indische Forderungen erfüllt, den Regierungen der Provinzen größere Selbständigkeit übertragen, die Position einheimischer Politiker gestärkt und die Zahl indischer Beamter deutlich ansteigen lassen. Doch all diese Erfolge erschienen hohl, als der britische Vizekönig Lord Linlithgow im September 1939 ohne jede Konsultation erklärte, Indien befände sich im Krieg mit Deutschland. Dieses Verhalten war verfassungsgemäß, widersprach jedoch der zuvor gezeigten Kooperationsbereitschaft und der tatsächlichen Stärke Großbritanniens, das auf die enge Zusammenarbeit mit den indischen Eliten angewiesen war. Aus Protest verweigerte die Kongresspartei fortan ihre Mitarbeit, die Regierungen der Provinzen brachen zusammen, und die britischen Behörden mussten auf Notgesetze und Formen direkter Herrschaft zurückgreifen, die eigentlich schon überwunden waren. In der Kongresspartei setzten sich daraufhin die radikalen Kräfte durch, die für zivilen Ungehorsam eintraten und eine *Quit India*-Kampagne starteten, die zur Verhaftung fast aller führenden Politiker führte.

Durch ihr hartes Eingreifen konnten die britischen Behörden ihre Herrschaft in Indien ebenso sichern wie den Beitrag dieser Kolonie zum Krieg, der erneut beeindruckende Dimensionen erreichte. Indien lieferte Waffen, Lebensmittel, Textilien sowie zahlreiche andere Güter und stellte mehr als 2,5 Millionen Soldaten, die in Asien, Afrika, dem Nahen Osten und selbst in Europa zum Einsatz kamen. Die Kosten hierfür trug letztlich Großbritannien, jedoch nicht alle und teils erst nach Ende des Krieges. Zu Beginn erhöhte vielmehr die Kolonialverwaltung in Indien die Steuern und belastete damit die Bevölkerung zusätzlich, die bereits über steigende Preise und Versorgungskrisen klagte. Um diese zu bekämpfen und die Kriegsproduktion zu sichern, griffen die Behörden immer stärker in die Wirtschaft ein, überwachten die Preise, führten Rationierungen ein und versuchten, den Lebensmittel- und Getreidemarkt zu kontrollieren. Dabei erzielten sie Erfolge, gerieten aber zunehmend an ihre Grenzen und waren weitgehend hilflos, als 1942/43 in Bengalen eine Hungersnot ausbrach, die etwa 3 Millionen Personen nicht überlebten. Dazu trugen verschiedene Faktoren bei: ausbleibende Reisimporte aus Burma, das japanische Truppen besetzt hatten; ein zusammenbrechendes Transportsystem; Abzweigung von Getreide für Truppen und den Export; Panikkäufe; Spekulation und schließlich eine Kolonialverwaltung, die im Innern überfordert war und sich nach außen gegenüber London nicht durchsetzen konnte. In Kanada und Australien stand genügend Getreide zur Verfügung, doch dessen Transport erforderte Schiffsraum, den Whitehall nicht gewährte. Hier besaß die Kriegsführung höhere Priorität. Hungernde Inder waren nicht so wichtig wie Griechen, die als Verbündete gebraucht und mit den knappen Schiffen unterstützt wurden.[54]

Trotz dieser Katastrophen gab es in Indien keinen nennenswerten Widerstand gegen die britische Herrschaft, auch nicht gegen den Krieg. Das zeigte schon die große Zahl der Soldaten, die sich – meist allerdings gegen Bezahlung – freiwillig meldeten und den Krieg gegen Deutschland und Japan weitgehend als eigenes Anliegen betrachteten. Lediglich vereinzelt fanden sich Anhänger Hitlers, auch die von Japan unterstützte und aus Kriegsgefangenen rekrutierte *Indian National Army* zählte nur wenige tausend Soldaten. Vorherrschend blieb ein Zugehörigkeitsgefühl zum Empire, doch deutlich wurde auch, dass bei Kriegsende Änderungen erforderlich waren. Dazu hatten die Jahre autoritärer Herrschaft zu viele Wunden hinterlassen, der Krieg zu große Entbehrungen verursacht und sein Verlauf die militärische und ökonomische Schwäche Großbritanniens zu deutlich aufgezeigt. Wie es jedoch weitergehen würde, war unklar, auch wegen des Verhaltens der Kongresspartei. Diese verweigerte die Mitarbeit, um gegen die von oben verkündete Kriegserklärung zu protestieren. Das bedeutete aber eine ungewollte Schwächung, denn an Regierung und Verwaltung war sie nicht länger beteiligt, so dass die Muslim-Liga an Bedeutung gewann, gefördert von den britischen Behörden, die einen Partner brauchten, der zudem viele Soldaten stellte.

Trotz solcher Schwierigkeiten war nicht nur in Indien, sondern auch generell der Fortbestand des Empire nicht gefährdet. Doch vielfach gelang es nur, die britische Herrschaft für den Moment zu behaupten, während tatsächlich die Probleme zunahmen, wobei zwischen den einzelnen Kolonien erhebliche Unterschiede bestanden. Pauschal lässt sich festhalten, dass während des Krieges die britische Herrschaft direkter und autoritärer ausfiel;

dass in den meisten Kolonien eine Bereitschaft bestand, Großbritannien zu unterstützen und das Empire zu verteidigen; und dass nationale Unabhängigkeitsbewegungen schwach blieben, Spannungen aber zunahmen, Erwartungen geweckt wurden und die Grenzen britischer Macht zutage traten.

Der Weg zum Sieg

Als George VI. am 6. Juni 1944, dem Tag der Invasion in der Normandie, über die BBC zur Nation sprach, hörten ihm 80 Prozent der Bevölkerung zu. Eine derart intensive nationale Gemeinschaft hatte es in Großbritannien bis dahin nicht gegeben – und wohl auch nicht seitdem.[55] Sie beruhte auf den Erfahrungen des Krieges mit seinen Ängsten, Entbehrungen und Hoffnungen, aber auch auf Eingriffen von oben, denn Großbritannien war zu dieser Zeit die wohl am stärksten durchgeplante und reglementierte Gesellschaft Westeuropas.[56] Das zeigte sich auf vielfache Weise: in den Notstandsgesetzen, der allgemeinen Dienstpflicht für Männer und Frauen oder im deutlichen Ausbau der Bürokratie. Der Staat griff tief in die Wirtschaft ein, kontrollierte Löhne, Arbeitszeit und Preise, schuf neue Instrumente der Planung, zensierte und überwachte Zeitungen, Briefe, Bücher oder Telefonate und steuerte die Versorgung mit Lebensmitteln und anderen wichtigen Gütern. Dabei konnten Staat und Regierung sich auf einen breiten Konsens stützen. Der Krieg gegen Hitler rechtfertigte diese Maßnahmen, zumal sie schließlich zum Sieg führten.

Wie im Ersten Weltkrieg profitierten auch jetzt vor allem die unteren Klassen, da ihre Arbeitskraft erneut sehr gefragt war. Die Arbeitslosigkeit fiel auf etwa 100 000, und die unteren Löhne stiegen überdurchschnittlich an, während Wohlhabende höhere Steuern zahlen mussten und bei Extra-Gewinnen ein Satz von 100 Prozent anfiel.[57] Schätzungen zufolge verlor das oberste Sechstel der Bevölkerung etwa 30 Prozent seiner Kaufkraft. Die anderen Schichten verzeichneten einen Anstieg um 25 Prozent, zu dem vor allem beitrug, dass die Lebensmittelpreise zwischen 1938 und 1946 geringer anstiegen (42 Prozent) als das persönliche Einkommen (68 Prozent).[58] Dies war eine Folge der Rationierung, die nicht nur den Preisanstieg bremste. Vielmehr erhielten die armen Haushalte jetzt eine Grundversorgung mit Käse, Milch oder Fleisch, die sie bis dahin kaum oder gar nicht bezahlen konnten, so dass der Gesundheitszustand der Bevölkerung vermutlich besser war als je zuvor.

Erneut führten diese Entwicklungen zu Unmut bei den Mittelschichten. Ohnehin verhinderte der *People's War* nicht, dass im Alltag die erwähnten Spannungen ausbrachen; für einfache Soldaten und Offiziere weiterhin getrennte Kasinos bestanden oder trotz Bevins Bemühungen Streiks ausbrachen. Eigentlich waren diese verboten, fanden aber statt und nahmen im Verlaufe des Krieges sogar zu. Meist allerdings dauerten sie nur kurz und betrafen vor allem die vier traditionellen Industrien (Metallverarbeitung, Maschinenbau, Schiffsbau, Bergbau), die seit langem für das schlechte Verhältnis zwischen Arbeitern und Unternehmern bekannt waren und wo die hohe Arbeitslosigkeit der Nachkriegszeit viel Verbitterung hinterlassen hatte.

Hinter dem *People's War* verbargen sich somit zahlreiche Konflikte. Das war angesichts der großen Gegensätze, die in der britischen Gesellschaft weiterhin existierten, nicht anders zu erwarten. Doch zugleich entstand ein verbreitetes Gemeinschaftsgefühl, das nicht zuletzt auf der Überzeugung beruhte, einen gerechten Krieg zu führen. Diese Überzeugung hatte schon im Ersten Weltkrieg bestanden, war damals allerdings stärker von Zweifeln durchzogen gewesen. Denn bei aller Schuldzuweisung an die Deutschen hatten der Ausbruch des Krieges, die Rolle der Generäle oder die zahllosen Opfer zu kritischen Fragen geführt. Vergleichbare Fragen wurden auch jetzt gestellt, so nach dem Debakel von Dünkirchen oder der Kapitulation in Singapur. Doch hier ging es um einzelne Fehlentscheidungen, während moralisch kein Zweifel daran bestand, dass Großbritannien für eine gute Sache kämpfte.

Die Gewissheit, für eine gerechte Sache zu kämpfen, zeigte sich auch darin, dass während des Krieges die Zahl der Deserteure gering blieb und die Propaganda nicht so hysterisch ausfiel wie im Ersten Weltkrieg. Großbritannien befand sich im Krieg, doch John Bull verlor weiter an Bedeutung, während das zivile und friedliche Männerbild des *little man* sich weiter durchsetzte und mit ihm die Wertschätzung von Häuslichkeit und Familie.[59] Diese Entwicklungen waren nicht neu, erfuhren jetzt aber Verstärkungen und erlaubten es, sich von den fanatischen, machtbewussten und gewaltbereiten Nazis abzugrenzen. Gerade im Krieg erfanden Briten sich neu «als Mitglieder einer zurückhaltenden Nation, als ruhige, private und normale Leute, definiert durch ihre Bescheidenheit, ihre Freundlichkeit gegenüber anderen, ihre Loyalität, Ehrlichkeit, Aufrichtigkeit und Einfachheit».[60] Sie waren bereit, die Opfer hinzunehmen, die der Krieg brachte; sie akzeptierten die Eingriffe des Staates in ihren Alltag, und nicht wenige wollten diese auch im Frieden beibehalten, um die erhoffte bessere Gesellschaft zu erreichen.

Dazu gründete die Regierung schon während des Krieges Arbeitsgruppen, um die Pläne von Beveridge aufzugreifen. Deren prinzipielle Berechtigung akzeptierten auch die Konservativen, doch konkrete Vorschläge lösten erhebliche Konflikte aus, da Labour die Gunst der Stunde nutzen wollte, während die Konservativen auf Zeit setzten. So wurde von allen Reformvorschlägen während des Krieges nur der *Education Act* (1944) realisiert, die anderen hingegen verschoben, wozu Churchill wesentlich beitrug. Er lehnte Planungen und mehr staatliche Eingriffe weiterhin grundsätzlich ab und konnte innenpolitischen Themen ohnehin wenig abgewinnen. Viel lieber konzentrierte er sich auf den Krieg und die Weltpolitik, wo wichtige Entscheidungen für die Nachkriegsordnung anstanden. Churchill und die westlichen Alliierten interessierte vor allem die Frage, wie weit der Machtbereich der Sowjetunion reichen solle, die bis nach Berlin vordrang, hohe Verluste erlitt und als Kompensation sowie zur eigenen Sicherheit die gewonnenen Gebiete beanspruchte. Bis heute ist umstritten, ob eine frühere Invasion der westlichen Alliierten den Vormarsch der Roten Armee weiter östlich gestoppt und dadurch Mittel- und Osteuropa deren Zugriff entzogen hätte. Im Nachhinein klingt diese Überlegung plausibel, doch angesichts der damaligen Möglichkeiten war eine frühere Invasion in der Normandie unrealistisch und hätte enorme zusätzliche Opfer gekostet.

Dennoch, das Kriegsende rückte näher, und es galt sich darauf vorzubereiten. Churchill wollte die Koalition fortsetzen, doch in der Labour Partei hatte sich angesichts der ausbleibenden Reform erheblicher Unmut aufgestaut, so dass eine Mehrheit Neuwahlen verlangte. Dies war riskant, denn mehr noch als Lloyd George nach dem Ersten Weltkrieg galt jetzt Churchill als Vater des Sieges, und es war zu erwarten, dass er einen ebenso grandiosen Wahlsieg erringen würde. Wichtige Führer der Labour Partei empfahlen deshalb, den Wahltermin zu verschieben, bis die Begeisterung über den Sieg abgeklungen war und andere Fragen in den Vordergrund rückten. Doch so lange wollten die meisten Abgeordneten nicht warten, nicht nur aus Unwillen, sondern auch weil die Konservativen bei mehreren Nachwahlen schlecht abschnitten. Dies waren allerdings bloße Hoffnungsschimmer, und die Aussichten für Labour verdüsterten sich erheblich, als Churchill nach der deutschen Kapitulation begeistert gefeiert wurde und auf dem Höhepunkt seines Ansehens stand. Die Bevölkerung verehrte ihn, und nur zwei Monate später fand die Wahl statt, deren Auszählung einige Tage dauerte. Als das Ergebnis am 25. Juli vorlag, war die Sensation perfekt. Die Wähler gaben Labour 393 Sitze und damit eine Mehrheit von 146 Abgeordneten, während die Konservativen nur noch 210 Vertreter im Unterhaus zählten. Diese Niederlage überraschte alle, nicht zuletzt Churchill, der gerade an der Potsdamer Konferenz teilnahm. Hier, unter den Mächtigen der Welt, fühlte er sich zuhause. Doch jetzt musste er als Verlierer abreisen und seinen Platz für Attlee freimachen, den neuen Premierminister.

Im Nachhinein ist das Wahlergebnis nicht ganz so überraschend, sondern Ausdruck des Gemeinschaftsgefühls, das zahlreiche Brüche aufwies, aber dennoch bestand, gerade zu Ende des Krieges. Hinzu kam, dass Planung und Bürokratie einen Ausbau erlebt und sich offensichtlich bewährt hatten. Es lag deshalb nahe, diese Politik nach dem Krieg fortzusetzen, denn die erhofften Reformen standen noch aus und sollten endlich umgesetzt werden. Dies traute eine große Mehrheit der Wähler Attlee und seiner Partei eher zu als den Konservativen. Churchill hatte den Krieg gewonnen, doch sie bezweifelten, dass er auch die geeignete Person war, um im Frieden die anstehenden Aufgaben zu erledigen.

So wählten sie eine Regierung, die sowohl konkrete politische Maßnahmen wie auch einen Traum versprach, den Traum einer besseren und gerechteren Welt. Dieser Traum reichte weit zurück, doch es hatte lange gedauert, bis eine Mehrheit der Bevölkerung bereit war, sich darauf einzulassen, die Dominanz der Konservativen zu brechen und Labour zu wählen. Dazu musste ihr Land Jahre der Arbeitslosigkeit erleben, die Weltwirtschaftskrise durchstehen und die Herausforderungen des Krieges meistern. Bereits 1940, so die Beobachtung eines Pfarrers, dachten die Soldaten «an eine Welt, die bessere Chancen für jeden bietet und größere ökonomische Sicherheiten als sie seit den frühen Zeiten der Menschheit bestanden.»[61] Jetzt wählten sie eine Labour-Regierung, um diese Erwartungen zu erfüllen.

DRITTER TEIL

1945–1979

7. You never had it so good, 1945–1961

Aufbruchstimmung

Am 8. Mai glich Großbritannien einem Tollhaus. Seit Tagen warteten alle auf das Ende des Krieges, und als Churchill im Radio die deutsche Kapitulation verkündete, brach Jubel aus. Überall feierten die Menschen den Sieg, sie tanzten auf den Straßen von London, Manchester, Cardiff und Glasgow oder in einem der kleinen Dörfer. Der Krieg mit seinen jahrelangen Entbehrungen, den verheerenden Bombenangriffen und den zahllosen Toten war endlich zu Ende. Großbritannien hatte gewonnen, was wenige Jahre zuvor fast unmöglich schien. Vom Juni 1940 an stand das Land für ein Jahr alleine den deutschen Truppen gegenüber, eine verheerende Niederlage drohte. Diese Gefahr war jetzt vergessen, nun gab es Grund zu feiern, selbst wenn neben der Freude Unsicherheit darüber bestand, was die Zukunft bringen werde. Die Älteren erinnerten sich an den Ersten Weltkrieg und ihre großen Erwartungen, die bitter enttäuscht wurden. Hinzu kamen die 1930er Jahre, die für Armut und Arbeitslosigkeit standen und noch frisch in Erinnerung waren. Diese Erfahrungen sollten sich nicht wiederholen, sondern eine bessere Welt, ein «Neues Jerusalem», entstehen.[1]

Diese Hoffnungen wurden weitgehend erfüllt. Auf das Ende des Krieges folgten geradezu goldene Jahre, in denen der Wohlfahrtsstaat entstand, Vollbeschäftigung herrschte, Erziehung und Bildung expandierten, Männer und Frauen anders miteinander umgingen, Moralvorstellungen einen grundlegenden Wandel erfuhren und ein zuvor unbekannter Wohlstand entstand. Diese Veränderungen stellten sich nicht von alleine ein, sondern waren mit heftigen Auseinandersetzungen verbunden. Auch zeigt ein genauer Blick, dass viele Probleme nicht gelöst wurden und neue entstanden. Dennoch: Verglichen mit der ersten Hälfte des 20. Jahrhunderts bedeuten die politischen und gesellschaftlichen Veränderungen nach 1945 eine Erfolgsgeschichte. Diese Feststellung gilt nicht nur für Großbritannien, sondern für ganz Westeuropa und – mit Einschränkungen – selbst für die Staaten des Ostblocks. Und sie meint nicht nur Entwicklungen innerhalb der europäischen Staaten, sondern auch deren Verhältnis zueinander.

Mit der deutschen Kapitulation endete im Mai 1945 auch der 30-jährige europäische Krieg, der 1914 begonnen, Millionen von Toten gefordert und die ganze Welt in seinen Sog gerissen hatte. Die verheerenden Konflikte zwischen den europäischen Staaten, von denen keiner mächtig genug war, die anderen zu dominieren oder auch nur Kriege zu verhindern, spielten fortan keine Rolle mehr. An ihre Stelle traten internationale Vereinbarungen und schließlich die europäische Einigung, die zurecht als das Ergebnis eines bitteren Lernprozesses gesehen wird, als die Konsequenz zweier Weltkriege, die endlich die Bereitschaft schufen, einander nicht länger zu bekämpfen. Doch es war nicht nur Einsicht, welche die europäischen Staaten leitete. Vielmehr hatte der Zweite Weltkrieg sie nahezu ruiniert und ihren Weltmachtambitionen, auch den britischen, die Basis entzogen. Fortan bestimmten nur zwei Staaten die internationale Situation, die USA und die UdSSR. Diese erhoben nicht nur den Anspruch, Weltmächte zu sein. Sie besaßen auch die dafür erforderliche militärische, wirtschaftliche und politische Stärke.[2]

Damit war der Frieden noch nicht gesichert. Vielmehr bestanden die ideologischen Konflikte zwischen Kapitalismus und Kommunismus fort. Die Zeit nach dem Zweiten Weltkrieg blieb geprägt durch eine atomare Bedrohung und den weltweiten Kalten Krieg, der mehrfach zu eskalieren drohte. Zudem fanden in Asien, Afrika und Lateinamerika zahllose «kleinere» Kriege statt, die Millionen von Opfern forderten. Ein erneuter Weltkrieg jedoch brach nicht aus, wenngleich diese Gefahr mehrfach bestand und gelegentlich Glück erforderlich war, um eine atomare Katastrophe zu verhindern. Auch bemühten sich die europäischen Staaten weiterhin, international Einfluss zu nehmen. Doch nun agierten sie als Juniorpartner der beiden wirklichen Weltmächte. Europäische Konflikte entfalteten nicht mehr die verheerende Sprengkraft wie in der ersten Hälfte des 20. Jahrhunderts, die bis 1945 von Europa ausgehende Gefahr war weitgehend gebannt.

Das war am 8. Mai 1945 noch nicht abzusehen. An diesem Tag endeten die Kämpfe in Europa, doch in Asien hielten sie an, bis Japan nach den verheerenden amerikanischen Atombombenangriffen auf Nagasaki und Hiroshima am 15. August kapitulierte. Selbst danach herrschte hier, im Nahen Osten und weiten Teilen Afrikas kein Frieden. Vielerorts war die europäische Kolonialherrschaft durch den Krieg geschwächt, und Unabhängigkeitsbewegungen kämpften für die Freiheit ihrer Länder. Doch damit wollten sich die europäischen Kolonialmächte nicht abfinden, sondern traten weiterhin als globale Akteure auf – zwar nicht gegenüber den USA und der UdSSR, wohl aber gegenüber den Kolonien. Diese hielten sie nach wie vor für unreif und wollten ihre Herrschaft noch auf Jahre behalten, notfalls auch mit Gewalt.

Während nach außen versucht wurde, frühere Verhältnisse wieder herzustellen, zeichnete sich im Innern ein deutlicher Bruch ab. Die hohe Arbeitslosigkeit der Zwischenkriegszeit, ihre Armut und die großen sozialen Spannungen, die zum Versagen gegenüber Hitler beigetragen hatten, sollten sich nicht wiederholen. Nicht nur in Großbritannien, sondern in ganz Europa galt diese Zeit als abschreckendes Beispiel, und die Verantwortung dafür wurde den damaligen Eliten zugeschrieben. Allgemein, so Charles de Gaulle, fand während des Krieges «ein großer Wandel in den Köpfen der Menschen statt. Überall erschien für viele das Desaster von 1940 als Versagen der herrschenden Klasse und des herrschenden Systems.»[3]

Diese Schuldzuweisung fiel einseitig aus, erlaubte es aber gerade dadurch, die eigene Mitverantwortung ebenso auszublenden wie die großen politischen Gegensätze der 1930er Jahre oder das Verhalten während des Krieges, als in vielen Ländern eine Bereitschaft zum Arrangement und selbst zur Kollaboration mit den deutschen Besatzern bestand. Diese negativen Merkmale der jüngsten Vergangenheit wurden verdrängt, die Schuld einigen wenigen zugeschrieben und der Mythos vom breiten Widerstand und der nationalen Gemeinschaft geschaffen. Das gilt auch für Großbritannien, wo sich bereits im Sommer 1940 die These von den *guilty men* durchgesetzt hatte, zugleich jedoch ein wichtiger Unterschied zu den anderen europäischen Ländern bestand.

Die Briten, so Jean Monnet in seinen Memoiren, mussten nach 1945 keine bösen Geister vertreiben: «Sie kannten das Trauma der Besetzung im Kriege nicht, sie waren nicht erobert worden, ihr System schien intakt.»[4] Nur in Großbritannien existierten weiterhin dieselben Parteien, Gewerkschaften, Verbände oder Behörden. Nur hier bestimmten die Personen, die schon in den 1930er Jahren und dann im Krieg das Land regierten, weiterhin dessen Geschicke. So ergab sich eine ungewöhnliche Situation: Einerseits schien in Großbritannien ein Neuaufbau nicht erforderlich, da Institutionen und Personen sich im Krieg bewährt hatten. Andererseits jedoch waren gerade dadurch die Voraussetzungen für Veränderungen besonders gut, denn hier standen erfahrene Beamte, Experten und Politiker zur Verfügung; zusätzlich wurden im Krieg neue Institutionen geschaffen, die wichtige Aufgaben übernommen und diese erfolgreich erledigt hatten; und schließlich gab es Pläne, um die seit langem erhofften Reformen durchzuführen. Damit beauftragte eine große Mehrheit der Wähler die Labour Partei, die zwei große Ziele verfolgte: die Errichtung des Wohlfahrtsstaates und eine effektive Steuerung der Wirtschaft. Mit anderen Worten: das Verhältnis von Staat, Wirtschaft und Gesellschaft sollte neu justiert werden.

Von der Wiege bis zum Grab. Die Begründung des Wohlfahrtsstaates

Am 3. Juli 1948 kündigte die *Daily Mail* ihren Lesern die Geburt des Wohlfahrtsstaates an: «Montag morgen werden Sie in einem neuen Britannien aufwachen, in einem Staat, der seine Bürger sechs Monate vor ihrer Geburt ‹übernimmt›, der ihnen Betreuung und kostenlose Leistungen bei der Geburt ebenso bietet wie während ihrer Kindheit, der Schulzeit, bei Krankheit und Arbeitslosigkeit, im Witwenstand und im Rentenalter. All dies ist verbunden mit kostenloser ärztlicher Versorgung, Zahnarzt und Medikamenten – sogar einem kostenlosen Rollstuhl, falls erforderlich.»[5] Um diese Leistungen zu ermöglichen, hatte die Labour-Regierung den nationalen Gesundheitsdienst (*National Health Service*) gegründet und den *National Insurance Act* verabschiedet, der am 5. Juli in Kraft trat. Fortan bot der Staat Leistungen bei Krankheit, Arbeitslosigkeit und im Alter, unterstützte Witwen und leistete Zahlungen an Waisen. Außerdem führte das Parlament ein Kindergeld ein, etablierte Regelungen bei Arbeitsunfällen und schloss Versorgungslücken. Da zudem bereits 1944 das Schulwesen reformiert worden war, hatte die Regierung zentrale Ziele verwirklicht und den Wohlfahrtsstaat etabliert, ungeachtet der Einsprüche von Interessengruppen, unter denen vor allem die Ärzte hartnäckigen Widerstand leisteten, da sie um ihre Selbständigkeit fürchteten.[6]

Einige der Leistungen hatte der Staat schon zuvor geboten, für andere bestanden private Versicherungen oder freiwillige Organisationen. Es gab also Kontinuitäten, aber auch grundlegende Neuerungen. Denn fortan bestand für die Leistungen ein Rechtsanspruch, und sie galten für die gesamte Bevölkerung – für Arm und Reich, für Arbeiter, Beamte und selbst den Premierminister. Zur Finanzierung zahlten alle Beschäftigten denselben Beitrag (vier *shilling* und elf *pence*), der vom Lohn einbehalten wurde, für Arbeiter eine durchschnittliche Belastung von fünf Prozent bedeutete und allen dieselben Leistungen bot. Diese Gleichheit nicht nur der Leistungen, sondern auch der Zahlungen war ein wichtiges Ziel der Labour-Regierung. Es entsprach ihren sozialistischen Prinzipien und trug wesentlich zur Popularität des Wohlfahrtsstaates bei, schuf aber auch Probleme. Denn der Beitrag musste niedrig sein, damit ihn auch diejenigen aufbringen konnten, die wenig verdienten. Entsprechend gering fielen die Einnahmen aus, so dass der Staat über Steuern Zuschüsse leisten musste, um die umfangreichen Leistungen zu finanzieren. Selbst dann war lediglich eine Grundversorgung gesichert, insbesondere für Rentner, die von den Zahlungen kaum leben konnten.

Damit lag im britischen System die Hauptlast beim Staat und dessen Steueraufkommen – im Gegensatz etwa zur Bundesrepublik, wo sich ein anderes Verfahren durchsetzte. Hier bezahlten (und bezahlen) die Beschäftigten keinen festen Betrag, sondern einen prozentualen Anteil ihres Einkommens an die Kranken-, Renten- und Arbeitslosenversicherungen, so dass Gutverdienende mehr einzahlen. Entsprechend erhalten sie höhere Renten und mehr Arbeitslosengeld, während die medizinische Versorgung der gesetzlichen Kassen nicht von den individuellen Zahlungen abhängt, sondern für alle gleich ist. Diese Unterschiede mögen belanglos erscheinen, haben tatsächlich jedoch erhebliche Auswirkungen. In Großbritannien führen höhere Ausgaben für den Wohlfahrtsstaat zwangsläufig zu höheren Steuern, welche das Parlament bewilligen muss. Da Parteien aber nicht gerne für höhere Steuern eintreten, insbesondere nicht vor Wahlkämpfen, verursacht die Finanzierung der Ausgaben bis heute Konflikte und finanzielle Engpässe.[7]

Diese Probleme waren 1948 bei der Einführung des Wohlfahrtsstaates nur in Ansätzen zu erkennen. Die Reaktionen fielen vielmehr begeistert aus, besonders in den unteren Schichten, deren Versorgung sich entscheidend verbesserte, denn selbst die nicht gerade üppige Grundversorgung bot ihnen Leistungen, die zuvor unerschwinglich waren. Nun konnten sie bei Krankheiten Ärzte aufsuchen, ihre Zähne behandeln lassen oder eine Brille erhalten – und dies kostenlos. Vor allem besaßen sie einen gesetzlichen Anspruch und mussten nicht länger als Bittsteller auftreten – eine Neuerung, deren Bedeutung kaum überschätzt werden kann. In den Mittelschichten hingegen gab es neben Zustimmung auch Ablehnung, da diese bereits durch private Versicherungen geschützt waren. Tatsächlich aber profitierten gerade sie von den Vorzügen des Wohlfahrtsstaates, dessen Grundversorgung wegen der niedrigen Beiträge deutlich billiger kam als die privaten Versicherungen. Wer damit nicht zufrieden war, konnte private bzw. betriebliche Zusatzversicherungen abschließen, so dass der Wohlfahrtsstaat bald in allen Schichten populär wurde. Den Ärmeren bot er Leistungen, die sie bis dahin nicht bezahlen konnten, während die mittleren und oberen Schichten schon vorher abgesichert waren, jetzt aber dafür weniger aufwenden mussten, so dass sie – und nicht die unteren Schichten – die eigentlichen Nutznießer waren.[8]

Wirtschaftlicher Aufbau und Verstaatlichungen

Die bessere soziale Absicherung bildete nur einen Teil des Reformprogramms von Labour. Genauso wichtig war eine leistungsfähige Wirtschaft, um eine hohe Beschäftigung zu erreichen und die Steuereinnahmen zu sichern – zwei zentrale Voraussetzungen des Wohlfahrtsstaates, unter denen die Bekämpfung der Arbeitslosigkeit oberste Priorität besaß. Dafür bot sich vor allem ein Mittel an: die staatliche Lenkung der Wirtschaft.

Mit dieser Meinung standen Labour Partei und Gewerkschaften nicht alleine. Vielmehr hatte bereits in den 1930er Jahren nicht nur die Linke die anhaltende Arbeitslosigkeit als ein Zeichen dafür gesehen, dass die Wirtschaft versagte. Weit darüber hinaus galten vor allem kleinere und mittlere Betriebe als uneffektiv und sollten durch größere Unternehmen ersetzt werden, selbst wenn das die Gefahr von Kartellen oder Monopolen hervorrief. Zudem sollte der Staat stärker in die Wirtschaft eingreifen, selbst Verstaatlichungen, insbesondere des Bergbaus und Transportwesens, fanden überraschende Befürworter – so 1938 im bereits erwähnten Buch *Middle Way* des konservativen Abgeordneten und späteren Premierministers (1957–63) Harold Macmillan, der darin ein folgerichtiges Merkmal des hochentwickelten Kapitalismus sah. Hinzu kamen die Erfahrungen des Krieges, als der Staat massiv in die Wirtschaft eingegriffen hatte und damit sehr erfolgreich war. Es sprach also viel dafür, diese Eingriffe auszubauen und die Rolle des Staates zu stärken, um das Wirtschaftswachstum zu fördern, die Vollbeschäftigung zu sichern und die Finanzierung des Wohlfahrtsstaates zu ermöglichen.

Ein wichtiges Mittel dazu waren Verstaatlichungen (Tabelle 7). Die Regierung übernahm in kurzer Zeit die Bank von England, den Bergbau, die drei bestehenden Fluggesellschaften, die Strom- und Gasversorgung, die Eisenbahn, Kanäle sowie größere Teile des Straßentransports und bereitete entsprechende Maßnahmen für die Eisen- und Stahlindustrie vor. Im Ergebnis unterstanden ihr etwa 20 Prozent der Industrie und acht Prozent der insgesamt Beschäftigten, doch tatsächlich hat sich weniger verändert, als die Zahlen vermuten lassen. Denn die wichtigsten Industrien (Bergbau, Stahl und Eisen) standen schon während des Krieges unter staatlicher Kontrolle, während die meisten Strom- und Gaswerke sich in kommunalem Besitz befanden und die anderen Verstaatlichungen lediglich kleinere Betriebe oder Sektoren betrafen. So konnte die Regierung ihr Programm ohne größere Kontroversen durchsetzen, zumal die bisherigen Besitzer großzügig entschädigt wurden und die anderen Unternehmer in der Verstaatlichung der genannten Betriebe ein Bauernopfer sahen, das ihre eigene Position schützte.[9]

Davon abgesehen hatte die Regierung den schlechtesten Zeitpunkt gewählt, um ihre Reformen durchzuführen. Denn der Krieg hinterließ erhebliche wirtschaftliche Probleme, darunter vor allem Schulden, die Großbritannien weltweit angehäuft hatte. Wichtigster Gläubiger waren die USA, die durch das *Lend-Lease*-Programm Waffen und andere Waren im Wert von ca. 30 Milliarden Dollar geliefert hatten und dieses Programm am 2. September 1945 abrupt beendeten. Das lag nahe, denn der Krieg war

Tabelle 7: Verstaatlichung nach Branchen

Branche	Jahr	Beschäftigte (1950)
Bank of England	1946	6700*
Bergbau	1947	730 000
Telefon/Telegraf	1947	9500*
Transport	1948	890 000
Strom	1948	170 000
Gas	1949	140 000
Eisen und Stahl	1951	235 000

Quelle: Catherine R. Schenk, Austerity and Boom, in: Johnson, Britain, S. 300–319, hier S. 310.
* Beschäftigte im Jahr 1951

vorüber, doch für die britische Regierung kam dieser Beschluss wie ein Schock. Fortan erfolgten Lieferungen nur noch gegen Bezahlung, und – schlimmer noch – Washington bestand auf einer Rückzahlung der Schulden, wozu Großbritannien nicht in der Lage war. Denn zusätzlich zu diesen Verpflichtungen musste die Regierung den Wohlfahrtsstaat finanzieren, die Wirtschaft auf Friedensproduktion umstellen und die Verstaatlichungen durchführen. Außerdem fielen erhebliche militärische Kosten an, da britische Truppen auch nach Ende des Krieges in Griechenland, Burma und Malaysia kämpften und in Indien, Ägypten und Palästina für Ruhe und Ordnung sorgen sollten. Schließlich verursachte die britische Zone im besetzten Deutschland hohe Kosten, schon um die Bevölkerung zu ernähren. Diese erhielt allein im ersten Halbjahr 1946 Lieferungen von 112 100 Tonnen Weizen und 50 000 Tonnen Kartoffeln, zu deren Finanzierung die Labour-Regierung amerikanische Kredite aufnehmen musste.[10]

1946 fielen die Lieferungen deswegen so hoch aus, weil ein ungewöhnlich harter Winter ganz Europa erfasste – auch Großbritannien. Die Regierung musste die Brotversorgung rationieren, was während des Krieges nicht nötig gewesen war. Jetzt jedoch sah sie sich zu dieser Maßnahme gezwungen – ironischerweise auch, um die besiegten und besetzten Deutschen zu unterstützen. Dazu musste die Regierung den privaten Verbrauch beschränken, die Rationierungen ausweiten und zusätzlich die Steuern erhöhen. Nur so konnte sie die erforderlichen Investitionen in der Wirtschaft finanzieren, die Importe drosseln, die Exporte steigern, die benötigten Devisen erhalten und die erheblichen Kosten für das Militär aufbringen. Der Krieg war zwar vorbei. Doch die Labour-Regierung gab auch danach für das Militär deutlich mehr Geld aus als die Konservativen in den 1930er Jahren.[11]

Die Bevölkerung musste also Opfer bringen, wozu in den ersten Jahren nach dem Krieg eine große Mehrheit bereit war. Eine Erleichterung boten die USA, die nach langen Verhandlungen im März 1946 die Rückzahlung der Schulden streckten und erneut Kredite gewährten, dafür aber auf der freien Konvertierbarkeit des Pfundes bestanden. Damit wollte Washington den weltweiten Handel fördern, verkannte aber die ökonomische Schwäche Großbritanniens, das schon nach wenigen Wochen den freien Tausch seiner Währung wieder einstellen musste. Die amerikanische Regierung verkündete daraufhin 1947 den Marshallplan, um den Dollarmangel zu beheben, unter dem die Weltwirtschaft insgesamt und insbesondere die europäischen Länder litten. Für Westdeutschland besitzt dieser Plan eine geradezu legendäre Bedeutung, denn er trug wesentlich zum «Wirtschaftswunder» bei. Außerdem nutzte ihn die amerikanische Regierung als Druckmittel, um die Wiederaufnahme Westdeutschlands in die internationale Gemeinschaft zu erreichen. Der größte Empfänger allerdings war Großbritannien, das alleine 3,6 der insgesamt 13,3 Milliarden $ des Marshallplans erhielt, gegenüber «nur» 1,4 Milliarden $ für Westdeutschland. Doch die Schwäche der britischen Wirtschaft hielt an, so dass die Regierung das Pfund 1949 um etwa 30 Prozent abwerten musste, was als negatives Zeichen galt, tatsächlich aber die Wettbewerbsfähigkeit der britischen Industrie und die allgemeine wirtschaftliche Lage verbesserte.

Zu dieser Besserung trug auch die Wirtschaftspolitik bei, deren Kombination von höheren Steuern, gelenkten Investitionen, Rationierung und Handelskontrollen zwar erheblichen Verzicht erforderte, schließlich aber Erfolge zeigte. Die Wirtschaft wuchs so stark, dass die heimkehrenden Soldaten Arbeit fanden, Vollbeschäftigung herrschte und der Wohlfahrtsstaat finanziert werden konnte. Nach und nach verbesserte sich auch die Versorgung, wenngleich die Rationierung anhielt und 1951 immer noch etwa 10 Prozent der Konsumausgaben betraf.[12] Aus deutscher Sicht galt dies als Beleg für den ökonomischen Niedergang Großbritanniens, gerade im Kontrast zu den vollen Schaufenstern, die nach der Währungsreform von 1948 zu sehen waren. Doch tatsächlich waren die Schaufenster in Deutschland nicht so voll, wie die Fotos nahelegen, und vor allem konnten die meisten Deutschen die neuen Waren nicht bezahlen. Im Vergleich dazu herrschte in Großbritannien ein deutlich höherer Lebensstandard (Tabelle 1), und die Rationierung war kein Ausdruck eines wirtschaftlichen Niedergangs. Sie erfolgte vielmehr, um Güter des alltäglichen Bedarfs, die in ganz Europa weiterhin knapp waren, kontrolliert zu verteilen. Werden in einer solchen Situation die Preise freigegeben, steigen diese unvermeidlich an, so dass die Ärmeren nicht mithalten können – wie sich in Westdeutschland nach der

Währungsreform zeigte. In Großbritannien hingegen wollte die Labour-Regierung diesen Effekt verhindern und hielt an der Rationierung fest, um die vorhandenen Güter gerechter zu verteilen.

Dieses Vorgehen fand bei den Gewerkschaften ebenso Zustimmung wie die Einführung des Wohlfahrtsstaates und die Verstaatlichungen. Sie hielten sich bei Lohnforderungen zurück, um die ohnehin schwierige Situation nicht zusätzlich zu belasten. Dazu waren ihre Mitglieder bereit, zumal Vollbeschäftigung herrschte und die Versorgung sich zunehmend besserte. Hinzu kam der *Trade Union Act* von 1946, der ein Gesetz revidierte, das die Konservativen nach dem Generalstreik von 1926 verabschiedet hatten. Fortan gehörten Gewerkschaftsmitglieder wieder automatisch der Labour Partei an, sofern sie nicht ausdrücklich widersprachen (*contracting out*). Labour bekam dadurch wichtige Einnahmen, während die Gewerkschaftsführungen erheblichen politischen Einfluss erhielten. Denn auf den Parteitagen stimmten sie mit dem *Block Vote* pauschal für sämtliche Mitglieder ab, die ja auch der Partei angehörten, verfügten dadurch über mehrere Millionen Stimmen und konnten die Abstimmungen dominieren. Dieser große Einfluss der Gewerkschaften auf die Labour Partei führte in den folgenden Jahren mehrfach zu heftigen Auseinandersetzungen, bis dieses Stimmenprivileg 1993 unter Tony Blair und *New Labour* aufgehoben wurde.

Doch zumindest ebenso folgenreich war das Versäumnis, den Gewerkschaften auf betrieblicher Ebene und darüber hinaus mehr Mitbestimmung zu sichern. Darauf legten sie selbst wenig Wert, obgleich durch die Verstaatlichungen gute Voraussetzungen bestanden. Doch sowohl auf nationaler wie vor allem auf betrieblicher Ebene setzten sich in den Gewerkschaften diejenigen durch, die eine enge Interessenvertretung ihrer Mitglieder als wichtiger ansahen. Größere Mitbestimmungsrechte lehnten sie ab, denn dadurch würden sie an Entscheidungen der Unternehmer beteiligt, müssten diese gegenüber ihren Mitgliedern verantworten und könnten in einen Loyalitätskonflikt geraten.[13] Den Unternehmern war diese Haltung nur Recht, während die Labour-Regierung ebenfalls keinen Handlungsbedarf sah, da sie durch die Verstaatlichung bereits großen Einfluss auf die Wirtschaft besaß. Vorerst bewährten sich diese Regelungen, da die günstige wirtschaftliche Entwicklung bis in die 1960er Jahre anhielt und zwischen Gewerkschaften und Unternehmern wenig ernsthafte Konflikte aufkamen. Als jedoch anschließend die wirtschaftliche Lage schlechter wurde und die Spannungen zunahmen, musste sich zeigen, ob die Regelungen der Nachkriegszeit auch für Krisenzeiten geeignet waren.[14]

Insgesamt bedeuteten die Verstaatlichungen somit keine gesellschaftliche Umwälzung. Sie etablierten keine Arbeiterräte und führten nicht zu einer Umverteilung des Eigentums, sondern griffen in erster Linie in die Kommandozentralen der Betriebe ein. Hier wuchs der Einfluss von Regierung und staatlicher Bürokratie, während Manager und andere Verantwortliche weitgehend in ihren Ämtern blieben. Da zudem schon während des Krieges Staat und Wirtschaft eng zusammengearbeitet hatten, fielen die tatsächlichen Veränderungen gering aus und führten vor allem zu weiterer Zentralisierung und Bürokratisierung. Das galt auch für den Wohlfahrtsstaat, in dem ebenfalls zentrale Behörden eine Schlüsselstellung einnahmen. Dadurch gelang es, lokale und regionale Widerstände zu überwinden und eine einheitliche Versorgung zu gewährleisten. Doch zugleich barg diese Zentralisierung die Gefahr von Verkrustungen und Schwerfälligkeit, die zunehmend den Wohlfahrtsstaat belasteten.[15]

Empire, Europa und die Welt

Der Ökonom John Maynard Keynes, der die wirtschaftlichen Schwierigkeiten Großbritanniens genau kannte, stellte kurz vor Ende des Krieges fest: «We are a great nation, but if we continue to behave like a Great Power, we shall soon cease to be a great nation.»[16] Diese Aussage klingt überzeugend und wirft die Frage auf, warum Großbritannien nach dem Krieg nicht auf ihn hörte, sondern weiterhin wie eine Großmacht handelte, weltweit Truppen stationierte und am Empire festhielt, den Anschluss an Europa aber nur allmählich suchte. Doch Keynes' Formulierung ist nur auf den ersten Blick überzeugend. Denn Großbritannien war zwar keine Weltmacht mehr, aber ohne Zweifel weiterhin eine Großmacht und den anderen europäischen Staaten, in denen der Krieg bedeutend mehr Zerstörungen verursacht hatte, deutlich überlegen. Zu klären war deshalb, was es bedeutete, weiterhin eine «große Nation» zu sein, und wie Großbritannien sich gegenüber den neuen Weltmächten USA und UdSSR, den europäischen Staaten und dem Empire verhalten sollte.

Einen möglichen Weg benannten die Teilnehmer des Fünften Panafrikanischen Kongresses, die sich im Oktober 1945 in Manchester trafen und ein Ende von Rassendiskriminierung und Kolonialherrschaft forderten. Zu den Versammelten gehörten William Du Bois, der afro-amerikanische Bürgerrechtler, der schon am Treffen vom Juli 1900 teilgenommen und diese Bewegung wesentlich geprägt hatte; Kwame Nkrumah und Jomo Kenyatta, die späteren Präsidenten von Ghana und Kenia, und zahlreiche andere Führer der afrikanischen Freiheitsbewegungen, die ihre Ziele nach langen Kämpfen erst in den 1960er Jahren erreichen sollten.[17] 1945 hingegen besaßen die Teilnehmer der Konferenz noch wenig Rückhalt in ihren Ländern, vertraten nur kleine Gruppen und wären vermutlich nicht in der

Lage gewesen, funktionierende Regierungen zu stellen. Diese Auffassung vertraten zumindest die zuständigen Beamten und Politiker Großbritanniens (und der anderen Kolonialmächte), die ein Ende der Kolonialherrschaft allenfalls in weiter Ferne sahen, zu Reformen aber bereit waren.

Diese forderte auch die Labour Partei, die seit langem Missstände in den Kolonien kritisiert, nicht jedoch die Kolonialherrschaft oder das Empire grundsätzlich abgelehnt hatte. Daran hielt sie fest, wollte aber in den Kolonien die Situation verbessern. Dazu gründete die Regierung die *Colonial Development Corporation* und die *Overseas Food Corporation*, förderte den Anbau neuer Früchte und ließ die Tsetsefliege bekämpfen, besaß allerdings kein tragfähiges Konzept. Generell plädierte sie für eine Partnerschaft, hielt die Einheimischen aber vorerst für unfähig, sich selbst zu regieren und betrieb eine Politik, die durchzogen war von «erstaunlichen und rätselhaften Widersprüchen».[18]

Grundsätzliche Kritik am europäischen Kolonialismus gab es schon lange in den Vereinigten Staaten, die als erste britische Kolonie ihre Unabhängigkeit erkämpft hatten und sich seitdem als antikoloniale Macht sahen. Entsprechend wollten die amerikanischen Regierungen in beiden Weltkriegen den Vorwurf vermeiden, sie würden die alten Kolonialmächte unterstützen. Den Eintritt seines Landes in den Zweiten Weltkrieg hatte der amerikanische Präsident Roosevelt sogar mit der Absicht verbunden, anschließend die europäische Kolonialherrschaft zu beenden und die bestehenden Kolonien einer internationalen Treuhandschaft zu unterstellen. Unter deren Leitung sollte eine langsame Dekolonialisierung erfolgen und die Kolonien allmählich zu selbständigen Staaten werden. Doch dagegen legte die britische Regierung Einspruch ein. Vor allem Churchill reagierte heftig und erklärte, er sei «nicht der Erste Minister des Königs geworden, um über die Liquidierung des Empire zu präsidieren».[19]

Der Krieg setzte bald andere Prioritäten, und der Kalte Krieg änderte die Situation grundlegend. Fortan kam es den Westmächten vor allem darauf an, das Vordringen der Sowjetunion zu verhindern und koloniale Freiheitsbewegungen zu bekämpfen, hinter denen sie kommunistische Anstifter sahen. Unvermittelt wurden Großbritannien und sein Empire dadurch zum Bollwerk gegen den Bolschewismus, so in Vietnam, wo britische Truppen nach 1945 halfen, die französische Herrschaft gegen den Widerstand der Viêt Minh erneut zu etablieren; in Indonesien, wo sie die Niederlande unterstützten; oder in Malaysia, wo sie ab 1948 für mehr als zwölf Jahre einen kommunistischen Aufstand bekämpften. In diesen Staaten hatten im Zweiten Weltkrieg japanische Angriffe die europäische Kolonialherrschaft zusammenbrechen lassen und Hoffnungen auf Selbständigkeit genährt, zumal europäisches Überheblichkeitsgefühl und Rassismus weiter bestanden. Doch noch war die militärische Überlegenheit des Westens so groß, dass die alten Verhältnisse wieder durchgesetzt werden konnten, wenngleich nach blutigen Kämpfen und mit zahllosen Toten.[20]

In einem Fall hingegen führte das Streben nach Unabhängigkeit zu einem raschen Erfolg: In Indien, wo der Krieg die britische Herrschaft geschwächt und zugleich die Konfrontation zwischen Hindus und Moslems verschärft hatte. Auch hier sollten nach dem Krieg Reformen erfolgen, um die alte Position zu sichern. Doch dieses Kalkül zerbrach bald. Dazu waren die Forderungen nach Unabhängigkeit zu vehement, das Klima zwischen Muslimen und Hindus zu aufgeheizt und die britische Macht zu klein. Dabei ging es weniger um militärische Stärke. In Indien wurde nach dem Krieg vielmehr deutlich, dass die britische Herrschaft vor allem deshalb so lange Bestand gehabt und auf so wenigen Personen beruht hatte, weil der Widerstand gering geblieben war. Als er jetzt weite Teile der Bevölkerung erfasste, zeigte sich, dass 400 Millionen Inder nicht gegen ihren Willen beherrscht werden konnten, vor allem nicht durch ein Land, das vom Zweiten Weltkrieg geschwächt war. Die Fähigkeit, mit einigen tausend Beamten Indien zu kontrollieren, zerbrach, als beide Seiten – Inder wie Kolonialherren – nicht mehr von der britischen Überlegenheit überzeugt waren. Das hatte Churchill schon früh geahnt und 1934 jedes Entgegenkommen abgelehnt, da es zeigen würde, «dass wir eine zerbrochene und bankrotte Macht sind, die das Spiel verloren hat».[21]

In den 1930er Jahren allerdings blieb das Überlegenheitsgefühl bestehen und sicherte nicht nur die britische Herrschaft, sondern erschwerte es auch, Vorbereitungen für einen Übergang und die Zeit danach zu treffen. Dies schien nicht notwendig zu sein, bis der Zweite Weltkrieg die Situation dramatisch veränderte und gerade in Indien den Wunsch nach Unabhängigkeit stärkte. Die britische Regierung hingegen sträubte sich dagegen, auch der Labour-Premier Attlee war entsetzt über die Aussicht, die Macht an eine «braune Oligarchie» abzugeben.[22] Bald jedoch musste London seine militärische und finanzielle Schwäche erkennen und drängte auf eine rasche Lösung. Dazu ernannte die Regierung bereits im März 1947, nicht einmal zwei Jahre nach Ende des Krieges, Mountbatten zum neuen Vizekönig von Indien und beauftragte ihn, möglichst schnell die Unabhängigkeit zu verwirklichen. Dazu benötigte er nur sechs Monate. Am 14./15. August endete nach mehr als 200 Jahren ganz abrupt die britische Herrschaft in Indien. Dieser rasche Verzicht auf das «Juwel in der Krone» des Empires wurde als großer Erfolg gefeiert und als Beleg dafür gesehen, dass Großbritannien klug genug war, die neuen Verhältnisse zu akzeptieren. Das mochte aus britischer Sicht zutreffen, nicht hingegen für Indien, wo zwischen Hindus und Muslimen blutige Konflikte ausbrachen, die zu etwa 1 Million Toten und 12 Millionen Vertriebenen und Flüchtlingen führten.

Diese Konflikte hatten eine lange Vorgeschichte und verschärften sich, als die Kongresspartei der Hindus 1939 in die Opposition ging, während die Muslim-Liga die Briten unterstützte. Und sie gerieten nun außer Kontrolle, als plötzlich die Unabhängigkeit bevorstand. Bis dahin lebten Hindus und Muslime sowohl in eigenen Regionen wie in Gebieten mit unterschiedlichen Mehrheiten. Um hier ein dauerhaftes Zusammenleben zu ermöglichen, gab es Vorschläge, die Macht zwischen Hindus und Muslimen zu teilen, ein entsprechendes Wahlrecht einzuführen und Minderheiten zu schützen. Doch dazu waren die religiösen Spannungen und das gegenseitige Misstrauen inzwischen zu groß, während die indischen Politiker vielfach engstirnig handelten und wenig Kompromissbereitschaft zeigten, so dass die Ausschreitungen fast täglich schlimmer wurden. Als die Lage immer mehr eskalierte, griff Mountbatten eine Forderung der Muslim-Liga auf und schlug vor, zwei Staaten zu bilden, Indien und Pakistan, bestehend aus West- und Ostpakistan (das sich 1971 als Bangladesh unabhängig erklärte).

Diesen Plan wollte er möglichst rasch umsetzen, so dass ganz plötzlich neue Grenzen festgelegt werden mussten. Dazu setzte er eine Kommission ein, an deren Spitze Cyril Radcliffe stand, der eigens eingeflogen wurde, vorher noch nicht in Indien gewesen war und nur einen Monat Zeit bekam.[23] Dadurch geriet die Situation vollends außer Kontrolle. Schon der ursprüngliche Zeitplan war viel zu knapp gewesen, wie Churchill im Unterhaus kritisierte. Er bezeichnete es als unverantwortlich, aus Indien so schnell abzuziehen und einen Krieg zwischen 90 Millionen Muslimen und 200 Millionen Hindus zu hinterlassen: «Wird es nicht eine fürchterliche Schande für unseren Namen und unser Ansehen sein, wenn wir es zulassen …, dass ein Fünftel des Globus … in Chaos und einem Blutbad versinkt?»[24] Diese Befürchtung trat ein. Denn als die Teilung feststand, versuchten Hindus und Muslime, möglichst große Gebiete zu erhalten, vertrieben die Andersgläubigen, lösten riesige Flüchtlingsströme aus und verübten unbeschreibliche Grausamkeiten.[25] Angst, Panik und Terror breiteten sich aus, und etwa eine Million Inder kamen zu Tode, ohne dass die wenigen britischen Truppen dagegen etwas unternehmen konnten oder auch wollten.

Es wäre falsch, die Schuld hierfür allein der britischen Regierung oder ihren Vertretern in Indien zuzuschreiben. Dazu waren solche Fälle «ethnischer Säuberungen» nach dem Zweiten Weltkrieg zu verbreitet und Konflikte zwischen Hindus und Muslimen in Indien zu verfestigt. Diese beiden

Gruppen trugen durch religiösen Fanatismus, Panik, Unfähigkeit, Aberglaube, Fehlinformationen und andere Faktoren wesentlich zur Katastrophe bei. Allerdings verschärfte die britische Regierung die Situation, da sie lange Zeit die Spannungen gefördert hatte, nur unzureichende Vorbereitungen für ein Ende der Kolonialherrschaft traf und dann innerhalb weniger Monate abrupt abzog. So erstickten die Hoffnungen auf einen friedlichen Übergang im Keim, zumal Mountbatten eine Mischung aus Ehrgeiz und Selbstüberschätzung zeigte, persönlich überfordert war und eine ohnehin schwierige Situation noch zusätzlich belastete.

1948, im Jahr darauf, erlangten Ceylon und Burma ihre Unabhängigkeit, die in beiden Ländern zu Spannungen führte. Davon konnte London sich fernhalten – im Gegensatz zur Entwicklung in Palästina. Dieses Gebiet, das 1917 britische Truppen besetzt hatten, war anschließend vom Völkerbund als Mandatsland an Großbritannien übertragen worden. Zuvor hatte die Regierung in London jedoch Arabern und Juden unterschiedliche Zusagen gemacht und außerdem in einem Vertrag mit Frankreich vereinbart, den Nahen Osten untereinander aufzuteilen. So waren Konflikte vorprogrammiert, die sich in der Folgezeit verschärften, als immer mehr Juden nach Palästina einwanderten und ihr Bevölkerungsanteil zwischen 1922 und 1946 von elf auf 33 Prozent anstieg. Um ein Ende dieser Zuwanderung zu erreichen, erhoben sich 1936 die Araber gegen die britische Mandatsmacht. Bei diesem Aufstand, der drei Jahre andauerte, starben 5000 Araber, 200 Briten und 400 Juden, deren Milizen in die Kämpfe eingriffen. Anschließend konnten die Briten die Zuwanderung begrenzen, bis diese dann wegen der Judenverfolgung in Deutschland erneut zunahm, vielfach allerdings illegal erfolgte.

Nach Ende des Zweiten Weltkrieges vergrößerte die britische Regierung die Truppenzahl bis auf etwa 100 000 Soldaten im Jahr 1946, wurde jedoch immer offener von jüdischen Milizen angegriffen und erlitt erhebliche Verluste. Als Lösung schlug die UNO schließlich 1947 eine Teilung Palästinas vor, welche die Juden akzeptierten, nicht hingegen die arabischen Bewohner und die angrenzenden Staaten, so dass im Jahr darauf der erste israelisch-arabische Krieg ausbrach. Zu diesem Zeitpunkt hatten die Briten Palästina jedoch bereits verlassen, da sie die Kosten und zahlreichen Toten nicht länger hinnehmen wollten. Zudem bestanden Konflikte mit den USA, welche die jüdische Zuwanderung befürworteten und sich in Palästina und bald im ganzen Nahen Osten als führende Macht etablierten.[26] Großbritannien konzentrierte sich stattdessen auf Ägypten und den Suezkanal. Dieser hatte mit der Unabhängigkeit Indiens seine traditionelle Bedeutung zwar verloren, erfüllte als internationaler Transportweg und Zugang zum arabischen Öl aber weiterhin eine zentrale Aufgabe.

Mit den USA und dem Empire sind zwei der drei Gebiete genannt, die Churchill in einer berühmten Rede als Kreise bezeichnete, in denen die britische Außenpolitik agiere. Als dritten Kreis sah er Europa, dessen Bedeutung nach Ende des Krieges schwer einzuschätzen war. Einerseits besaß dieser Kontinent eine lange Tradition und wurde zum zentralen Schauplatz des Kalten Krieges, wo der Eiserne Vorhang niederging und die Truppen einander gegenüberstanden. Doch andererseits war das europäische Festland geschwächt, da die Sowjetunion die östlichen Staaten besetzt hatte, während die westlichen sich von den Folgen des Krieges noch erholen und neben der Wirtschaft erst einmal funktionierende und stabile Demokratien aufbauen mussten. Dabei wollte Großbritannien helfen, und Churchill sprach sich bereits 1946 für eine europäische Einigung aus. Darin sah er aber eine Aufgabe der Staaten des Kontinents, die ihre Not überwinden, die Feindschaften vergessen und die Vereinigten Staaten von Europa aufbauen sollten. Bei einigen kleineren Staaten erkannte Churchill zu dieser Zeit bereits erste Fortschritte. Doch in weiten Teilen Europas schauten «große Mengen gepeinigter, hungriger, ausgelaugter und verstörter Menschen auf die Ruinen ihrer Städte und suchen den dunklen Horizont danach ab, ob neues Unheil, Tyrannei oder Terror droht. Unter den Siegern herrscht ein babylonisches Sprachgewirr, unter den Besiegten das trostlose Schweigen der Verzweiflung.»[27] Im Vergleich dazu befand sich Großbritannien in einer starken Position und wollte die Einigung auf dem Kontinent fördern, selbst jedoch nicht Teil des vereinten Europas werden.

Diese Zurückhaltung machte vor allem ökonomisch Sinn. Der Kontinent hatte in den ersten Jahren nach dem Krieg wenig zu bieten. So exportierte allein Großbritannien 1947 mehr als die deutschen Westzonen, Frankreich, Italien, die Benelux-Länder, Norwegen und Dänemark zusammen. Noch 1950 betrug das britische Bruttosozialprodukt das Doppelte des bundesdeutschen und war zweieinhalbmal so hoch wie das französische. Die wichtigen Handelspartner lagen nicht in Europa, sondern in Lateinamerika, den USA und nicht zuletzt im Commonwealth. Vor allem dessen Länder nahmen britische Waren ab und lieferten eigene Produkte, darunter Nahrungsmittel und Rohstoffe, die in der Nachkriegszeit so dringend benötigt wurden. Auch die Kolonien konnten durch ihre Im- und Exporte helfen, die ökonomischen Probleme zu überwinden. So kämpften britische Truppen in Malaysia nicht nur gegen einen kommunistischen Aufstand, sondern sollten auch die Lieferung von Kautschuk sichern. Noch wichtiger erschien das Engagement in Afrika. Die Kolonien dort hatten bis dahin keine größere ökonomische Bedeutung besessen, sollten jetzt jedoch das unabhängige Indien ersetzen.[28]

Die USA befürchteten, das Festhalten an den Kolonien werde die wachsenden Befreiungsbewegungen auf die Seite der UdSSR treiben. Doch so eindeutig waren die Folgen der Kolonialherrschaft nicht. Deren Fortbestehen konnte auch Schutz gegen kommunistische Einflüsse bieten, worauf die Londoner Regierung immer wieder hinwies. Entsprechend schwankte das Urteil der amerikanischen Regierungen, wobei – ungeachtet aller Meinungsunterschiede – Großbritannien und die USA füreinander die wichtigsten Verbündeten darstellten.[29] Dabei befand sich London in einer schwächeren Position und bekam dies mehrfach zu spüren, so beim abrupten Ende der *Lend-Lease*-Lieferungen oder beim Ausschluss britischer Wissenschaftler aus dem amerikanischen Atombombenprogramm. Diese hatten dazu während des Krieges einen wichtigen Beitrag geleistet, doch 1946 stellte die USA die Zusammenarbeit plötzlich ein. Die Labour-Regierung reagierte empört und beschloss, selbst Atombomben zu bauen. «Wir müssen», so eine dem Außenminister Ernest Bevin zugeschriebene Aussage, «das Ding hier haben, was immer es kostet. Wir müssen sicherstellen, dass der verdammte Union Jack auf seiner Spitze weht.»[30]

Bei diesem Wunsch spielte die amerikanische Zurückweisung allerdings nur eine geringe Rolle. Entscheidend war vielmehr das Bemühen, die Großmachtstellung zu erhalten, was ohne Atomwaffen nicht möglich schien – zumal nicht für ein vergleichbar armes Land wie Großbritannien. Deren Herstellung verursachte zwar erhebliche Kosten, aber sie bot einen preiswerten Einstieg in den Kreis der Großen. Allerdings dienten Atombomben vor allem der Abschreckung und waren kein Ersatz für konventionelle Waffen und eine schlagkräftige Armee. Diese wurde deshalb ebenfalls ausgebaut und erreichte eine beeindruckende Stärke: 1950 verfügte Großbritannien über Flotten im Atlantik, dem Mittelmeer und im Indischen Ozean sowie über einen permanenten Stützpunkt in China; die *Royal Airforce* zählte 120 Geschwader und besaß Standorte auf allen Kontinenten; britische Truppen standen in Hongkong, Malaysia, dem Persischen Golf, Nordafrika, Triest, Österreich und Deutschland. Zusätzlich konnte die Regierung auf ein globales Netz von Konsulaten, diplomatischen Vertretungen und auch Spionen zurückgreifen und hatte 1946 die allgemeine Wehrpflicht eingeführt, als die Kämpfe in Malaysia zusätzliche Soldaten erforderten.

Die militärische Macht war dadurch größer als zuvor, doch ohne die Unterstützung der USA blieben all diese Bemühungen vergeblich. Dazu war die Zahl der weltweiten Konfliktherde zu groß und die UdSSR ein zu mächtiger Gegner. Die britische Politik wollte deshalb verhindern, dass die USA sich – wie nach dem Ersten Weltkrieg – erneut aus der Weltpolitik zurückzogen. Damit hatte sie Erfolg. Nach 1945 übernahmen die Vereinigten Staaten die westliche Führungsrolle, boten finanzielle und materielle Unterstützung, bestimmten die politische Nachkriegsordnung und halfen bei der Etablierung neuer Institutionen wie UNO, IWF oder dem Bretton-Woods-Abkommen. Vor allem jedoch sicherten sie die militärische Vormachtstellung und gründeten am 4. April 1949 die NATO, die aus britischer Sicht drei klare Aufgaben hatte. Sie sollte, so Lord Ismay, ihr erster Generalsekretär, die Russen draußen halten, die Amerikaner drinnen und die Deutschen unten.[31]

Kolonien und Mutterland

Die Unabhängigkeit Indiens bedeutete nicht das Ende des Empire, vermutlich nicht einmal eine ernsthafte Schwächung. Denn ohne Indien fiel es leichter, die Kräfte zu bündeln, sich auf das Wesentliche zu konzentrieren und den Zusammenhalt des *British Commonwealth of Nations* zu festigen, das 1946 die Bezeichnung «British» verlor, um die Gleichberechtigung der Mitglieder zu unterstreichen. Burma allerdings trat 1946 aus und Irland 1949, während Indien im selben Jahr eine Republik wurde und sich damit vom britischen Monarchen lossagte. Das schuf ein Problem, da dieser an der Spitze des Commonwealth und damit auch der Mitgliedsländer stand. Doch nach komplizierten Verhandlungen gelang es, einen Ausweg zu finden und den Austritt Indiens zu verhindern.

Das Commonwealth wirkte gefestigt, wozu auch der *British Nationality Act* aus dem Jahr 1948 beitragen sollte, der nicht nur die Bewohner Großbritanniens sondern auch der Kolonien als britische Staatsbürger bezeichnete und ihnen das Recht gab, in das Vereinte Königreich frei ein- und auszureisen. Dies war eine wichtige Geste. In einer Welt, so 1954 Henry Hopkinson, Minister für koloniale Angelegenheiten, «in der Beschränkungen der persönlichen Bewegungsfreiheit und Einwanderung zugenommen haben, sind wir stolz auf die Tatsache, dass ein Mann sagen kann: *civis Britannicus sum*, was immer seine Farbe ist, und wir sind ebenso stolz darauf, dass er in sein Mutterland kommen will und kann.»[32] Besonders stolz war das Mutterland, dass im Zweiten Weltkrieg Bewohner der Kolonien, darunter mehrere tausend Farbige, nach Großbritannien gekommen waren und es im Kampf gegen Deutschland unterstützt hatten, auch als Soldaten. Dafür erhielten sie großes Lob. Als jedoch am 22. Juni 1948 frühere Soldaten auf dem Schiff *Empire Windrush* im Londoner Hafen eintrafen, fiel der Empfang frostig aus. Sie waren nach dem Krieg auf die westindischen Inseln zurückgekehrt, wo allerdings wirtschaftliche Probleme bestanden. Deshalb wollten sie ihr Glück in England versuchen, stießen aber auf rassistische Vorurteile und hatten Probleme, im «Mutterland» akzeptiert zu werden.[33]

Elf Labour-Abgeordnete sahen in ihrer Ankunft ein derartiges Problem, dass sie eigens einen Brief an ihren Premier Attlee schickten: «Die Bewohner Großbritanniens erfreuen sich einer großen Einheitlichkeit in ihrer Lebensweise und sind gesegnet durch das Fehlen von Rasseproblemen gegenüber Farbigen. Jeder Zustrom von Farbigen, die hier ansässig werden, läuft Gefahr, die Harmonie, Stärke und den Zusammenhalt unseres öffentlichen und sozialen Lebens zu beeinträchtigen und Zwietracht und Unglück unter allen Betroffenen zu verursachen.»[34] Eine Reaktion Attlees ist nicht überliefert und war auch nicht erforderlich. Dazu war 1948 und in den kommenden Jahren die Zahl der farbigen Einwanderer zu gering. 1950 lebten in ganz Großbritannien lediglich 30 000 Schwarze, davon 10 000 in Liverpool, 5000 in London und 5000 in Cardiff – so die Schätzung einer ministeriellen Arbeitsgruppe.[35] Diese sollte Maßnahmen gegen deren Zuwanderung formulieren, dabei allerdings weiße Bewohner des früheren Empire ausklammern, die nach Großbritannien zurückkehren oder dort längere Zeit verbringen wollten. Das war eine schwierige Aufgabe, denn ein Gesetz, das sich nur gegen Farbige richtete, hätte in den Kolonien erheblichen Unmut verursacht und der Gleichberechtigung der britischen Untertanen widersprochen, die der *Nationality Act* so feierlich verkündet hatte.

Die heftige, teils geradezu panikartige Reaktion auf die Zuwanderung Farbiger zeigt, dass Großbritannien immer noch ein vergleichsweise homogenes Land war. Seine Bewohner erfreuten sich – wie es im Brief der Abgeordneten hieß – einer «profound uniformity in their way of life». Sie wanderten seit Jahrhunderten in alle Teile der Welt aus und besiedelten riesige Gebiete, waren es aber nicht gewohnt, selbst eine größere Zahl an Zuwanderern aufzunehmen – abgesehen von den Iren, die jedoch bis zur Gründung eines eigenen Staates im Jahr 1922 britische Untertanen waren und auch danach nicht als «Ausländer» galten. Ansonsten wanderten kleine Gruppen zu, darunter Juden, die schon vor dem Ersten Weltkrieg kamen und später vor den Nationalsozialisten Zuflucht fanden. Das gilt auch für zahlreiche andere Flüchtlinge, die oft in der britischen Armee kämpften und nach dem Krieg nicht in ihre Heimat zurückkehren wollten, vor allem wenn diese unter sowjetische Herrschaft geraten war.[36] Da in diesen Jahren ein Mangel an Arbeitskräften herrschte, warb die Labour-Regierung sogar um *European Volunteer Workers*, die als ideale Zuwanderer galten, weil sie Weiße waren und aus Europa stammten. Allerdings stießen auch sie auf Ressentiments, wenn etwa der *Daily Mirror* Polen vorwarf, sie lebten von «unseren Rationen» und ließen die Zahl der Verbrechen ansteigen, so dass er forderte, sie zusammenzutreiben und nach Hause zu schicken.[37] Noch größer waren diese Ressentiments gegenüber Farbigen, die pauschal als «colour racial problem» galten, so die Abgeordneten im Brief an Attlee. Ihre Formulierung drückte eine verbreitete Meinung aus, die auch in den folgenden Jahren immer wieder geäußert wurde und als Problem lediglich die Zuwanderung von Farbigen bezeichnete, nicht hingegen das Verhalten und die Vorurteile der einheimischen Bevölkerung.[38]

Die Rückkehr der Konservativen

Als 1950 die erste Legislaturperiode nach dem Krieg zu Ende ging, waren die wichtigsten Reformen durchgeführt, die Wirtschaft hatte sich erholt und die Labour-Regierung setzte für den 23. Februar Neuwahlen an. Dabei ging ihr Stimmenanteil von 47,8 auf 46,1 Prozent zurück, doch sie besaß weiterhin eine Mehrheit, da die Konservativen nur 43,5 und die Liberalen lediglich 9,1 Prozent erzielten. Die Wähler waren offensichtlich zufrieden, wenngleich die zuvor komfortable Mehrheit im Unterhaus von 146 auf nur noch fünf Stimmen geschrumpft war. Damit hätte sich regieren lassen, doch in der Bevölkerung wuchs der Unmut darüber, dass so lange nach dem Krieg die Sparpolitik der Regierung immer noch den Alltag belastete, die Rationierungen anhielten und vor den Geschäften Warteschlangen standen.[39] Hinzu kamen Konflikte innerhalb der Labour Partei. Der linke Flügel war mit Tempo und Umfang der Reformen unzufrieden, und die Spannungen eskalierten, als die Regierung nach Ausbruch des Koreakrieges 1951 die Wehrpflicht auf zwei Jahre verlängerte, die ohnehin beträchtlichen Militärausgaben noch einmal drastisch erhöhte und zur Finanzierung einen problematischen Vorschlag machte: Sie wollte nicht nur Steuern erhöhen, sondern auch die medizinische Versorgung kürzen.

Bei der Gründung des staatlichen Gesundheitsdienstes (NHS) hatten Optimisten angenommen, dieser werde die Gesundheit der Bevölkerung verbessern und auf Dauer immer weniger Kosten verursachen. Davon war bald keine Rede mehr. Die Kosten lagen vielmehr 40 Prozent höher als vorgesehen, so dass Kürzungen notwendig erschienen. Viele Labour-Abgeordnete sahen darin jedoch einen Verstoß gegen das Prinzip, eine gleiche und kostenlose Behandlung für alle zu bieten, zumal die eingesparten Gelder einen Krieg finanzieren sollten. Diese Kritik teilten Harold Wilson, der spätere Premier, und Aneurin Bevan, der den NHS durchgesetzt hatte, und beide traten von ihren Ämtern in der Regierung zurück. Daraufhin fanden bereits im Oktober 1951 erneut Wahlen statt, nach denen die Konservativen eine knappe, aber ausreichende Mehrheit von 17 Abgeordneten besaßen. Die Labour-Regierung, die 1945 eine so große Mehrheit im Parlament erlangt und umfangreiche Reformen durchgeführt hatte, war abgewählt worden. Viele Wähler hatten offensichtlich genug von ihr und kehrten zurück zu den Konservativen, die nach dem Krieg so spektakulär verloren hatten.

Für diesen Meinungsumschwung gab es mehrere Gründe. So warf die Umsetzung der ehrgeizigen Reformen mehrfach Probleme auf, etwa im harten Winter von 1946, als ein akuter Mangel an Kohle bestand und die Regierung, die den Bergbau kontrollierte, dafür verantwortlich gemacht wurde. Ebenfalls unzureichend blieb die Versorgung mit Wohnraum, wenngleich zwischen 1945 und 1950 mehr als 800 000 neue Häuser gebaut wurden und zusätzlich 157 000 provisorische Blechhäuser (*pre-fabs*) entstanden. Doch das genügte nicht. In den großen Städten wohnten weiterhin 20 Prozent der Einwohner bei Verwandten oder lediglich in möblierten Zimmern.[40] Hinzu kam die Rationierung, die nicht enden wollte. Vor allem Frauen klagten darüber, dass sie immer noch anstehen mussten und die Annehmlichkeiten des Alltags weiterhin rar blieben.[41] Und schließlich setzte sich in den mittleren und oberen Schichten die Meinung durch, dass vor allem die Arbeiterschaft von den Reformen profitiere. Die Konservativen reagierten auf diesen Unmut, versprachen ein Ende der Bevormundung und traten zur Wahl mit dem Versprechen an «To set the people free».

Dieses Versprechen wirkte, jedoch nicht bei allen und nicht einmal bei der Mehrheit. Denn tatsächlich erzielte Labour im Oktober 1951 mit 48,8 Prozent das beste Ergebnis, das sie je bei einer Wahl errang, und die größte Anzahl von Stimmen die – davor und danach – eine Partei überhaupt gewann. Die Konservativen kamen auf nur 48 Prozent, erhielten aber die erwähnte Mehrheit von 17 Abgeordneten. Erneut zeigten sich hier die Besonderheiten des britischen Wahlsystems, die besonders deutlich zutage traten, weil die Liberalen sich bei der Wahl des Vorjahres verausgabt hatten. Sie waren danach hoch verschuldet und stellten anschließend in vielen Wahlkreisen keine Kandidaten auf, so dass sie nur 2,6 Prozent der Stimmen erhielten, während die anderen zum größten Teil an die Konservativen fielen. So kehrten diese an die Macht zurück, doch es wäre verkehrt, darin eine grundsätzliche Absage an Labour und deren Reformprogramm zu sehen, wenngleich der Wahlkampf äußerst hitzig verlaufen war. Beide Parteien hatten ihre Anhänger mobilisiert und sich gegenseitig aggressiv angegriffen, wobei die Konservativen vor einem sozialistischen Kontrollstaat warnten, während Labour das Ende des Wohlfahrtsstaates prophezeite.

Diese Sorgen schienen sich zu bestätigen, als die neue Regierung die Verstaatlichung der Eisen- und Stahlindustrie rückgängig machte. Doch davon abgesehen blieben größere Veränderungen aus. Churchill kehrte ins Amt des Premierministers zurück, zehrte von seinem Ruhm als Kriegsheld und hatte sich kaum verändert – im Gegensatz zur Konservativen Partei. Diese hatte aus der Niederlage von 1945 gelernt, die Popularität des Wohlfahrtsstaates erkannt und war bereit, ihn grundsätzlich zu akzeptieren. Über dessen Errungenschaften sagte Sam Watson, ein Bergarbeiterführer von Durham, auf dem Labour-Parteitag 1950: «Poverty has been abolished. Hunger is unknown. The sick are tended. The old folks are cherished, our children are growing up in a land of opportunity.»[42] Damit zeichnete er ein verklärtes Bild. Selbst Arbeiter klagten darüber, dass die Eingriffe des Staates zu weit gingen. Sie bemängelten Engpässe in der Versorgung, während Frauen endlich ihre Familien besser ernähren und kleiden wollten und genug von den Warteschlangen hatten. Die Reformen der Nachkriegszeit erforderten also Korrekturen, aber es bestand Übereinstimung, keine grundsätzlichen Änderungen vorzunehmen. Auch die konservative Regierung sah es als ihre Aufgabe an, für Vollbeschäftigung zu sorgen, in die Wirtschaft einzugreifen und den Wohlfahrtsstaat zu erhalten. Für diesen Konsens spielte die Erinnerung an die Kriegsgemeinschaft weiterhin eine große Rolle und wurde jetzt durch den Kalten Krieg verstärkt. Denn dieser bedeutete nicht nur eine militärische Konfrontation, sondern auch eine Konkurrenz der Systeme. Die westlichen Staaten mussten zeigen, dass sie mehr wirtschaftliches Wachstum und größere soziale Sicherung boten als das sozialistische Lager.

Dabei bestanden trotz der grundsätzlichen Übereinstimmung sehr unterschiedliche Auffassungen darüber, wie die Ziele zu verwirklichen waren. Eine Mehrheit in Labour Partei und Gewerkschaften wollte mit der Verstaatlichung fortfahren, die Planung ausbauen und generell dem Staat weitere Aufgaben übertragen, während den Konservativen schon die bestehenden Eingriffe zu weit gingen. Von einem Konsens kann deshalb nur in einem allgemeinen Sinne die Rede sein, weniger hingegen bei konkreten politischen Entscheidungen.[43] Hier gab es selbst bei den Konservativen unterschiedliche Richtungen, von denen eine dafür eintrat, Subventionen und staatliche Ausgaben zu kürzen und niedrigere Löhne durchzusetzen. Damit sollten konkret die wirtschaftliche Leistungsfähigkeit gefördert und grundsätzlich staatliche Eingriffe möglichst weit zurückgedrängt werden – eine Zielsetzung, die in der Konservativen Partei in den folgenden Jahren bestehen blieb, sich aber erst unter Thatcher durchsetzte. Vorerst vertrat diese Forderungen eine Minderheit, denn – so Churchill – «unter einer demokratischen Regierung, die auf allgemeinem Wahlrecht beruht, sind solche brutalen Änderungen der Politik nicht durchführbar».[44]

Sie waren auch nicht notwendig. Die Konservativen befanden sich vielmehr ohne eigenes Zutun in einer günstigen Situation, denn sie profitierten von dem anhaltenden wirtschaftlichen Wachstum, dessen Grundlage Labour gelegt hatte. Und ihnen kam das Ende des Koreakrieges zu Hilfe, das es erleichterte, die Rationierungen abzuschaffen und den privaten Konsum zu steigern. Auch sonst häuften sich die guten Nachrichten, als 1952 mit Elizabeth eine junge Königin den Thron bestieg, 1953 der Neuseeländer Edmund Hillary zusammen mit dem Nepalesen Tenzing Norgay erstmalig den Mount Everest bestieg, und 1954 Roger Bannister in einem *miracle race* die Meile in weniger als vier Minuten lief – Ereignisse, die Aufbruch und Erfolg symbolisierten und zur guten allgemeinen Stimmung beitrugen.

In der Labour Partei hingegen wuchsen die Spannungen, da der linke Flügel zunehmend anti-amerikanische Positionen einnahm und an seinen sozialistischen Zielen festhielt. Den Konservativen waren diese Konflikte nur recht, zumal die wirtschaftliche Entwicklung weiterhin erfreulich verlief. Als der 80-jährige Churchill im April 1955 (endlich) zurücktrat, nutzte sein Nachfolger Anthony Eden die günstige Situation und setzte Neuwahlen an. Diese gewann er im Mai mit 49,7 zu 46,4 Prozent und besaß im Unterhaus eine komfortable Mehrheit von 58 Stimmen. Alles sah bestens aus, Eden konnte sich auf eine lange und geruhsame Amtszeit freuen – bis er im Oktober 1956 britischen Truppen den Befehl gab, im Suezkrieg Ägypten anzugreifen. Damit beendete er nicht nur abrupt seine Amtszeit, sondern zeigte auch die Schwäche der britischen Großmachtstellung und leitete einen Prozess des Umdenkens ein, obwohl zu Beginn des Krieges eigentlich alles für einen Erfolg sprach.

Der Suezkrieg

Der Suezkrieg begann am 29. Oktober 1956, als israelische Truppen Ägypten angriffen. Die ägyptischen Soldaten leisteten heftigen Widerstand, konnten den israelischen Vormarsch auf dem Sinai aber nicht verhindern. Das brachte Großbritannien und Frankreich auf den Plan. Sie betrachteten den Nahen Osten traditionell als ihr Einflussgebiet, bekundeten ihre Sorge um die Nutzung des Suezkanals und forderten Israel und Ägypten auf, die Kämpfe zu beenden und ihre Truppen vom Kanal abzuziehen. Andernfalls würden sie eingreifen und einen Waffenstillstand durchsetzen, den auch die UNO schon gefordert hatte. Doch die Kämpfe hielten an, am 5. und 6. November landeten britische und französische Truppen in Ägypten und besetzten die Kanalzone. Hier trafen sie auf Widerstand, den sie jedoch leicht überwinden konnten. Sie rückten weiter vor, bis die britische Regierung unerwartet am 7. November ein Ende der Kämpfe ankündigte. Ihre Truppen und die französischen Soldaten blieben anschließend in ihren Stellungen und wurden am 23.12.1956 durch eine internationale Schutztruppe der UNO abgelöst.[45]

Die britische Regierung stellte das Eingreifen als Erfolg dar.[46] Ihre Truppen hatten eine Eskalation des Krieges zwischen Israel und Ägypten verhindert, sich auf Wunsch der UNO zurückgezogen und zusammen mit französischen Einheiten die Fähigkeit bewiesen, in Krisengebieten einzugreifen. Alles lief wie geplant, auch wenn ein wichtiges Ziel nicht erreicht wurde: die dauerhafte Kontrolle des Suezkanals durch Großbritannien und Frankreich, die vielmehr bei Ägypten blieb. Zudem hielt Premierminister Eden sich nicht mehr lange im Amt, sondern wurde im Januar durch Macmillan abgelöst. Dieser hatte sich als Außenminister während der Suezkrise bewährt und erhielt jetzt als neuer Regierungschef große Unterstützung. So blieben die Konservativen unangefochten an der Macht und erzielten 1959 einen beeindruckenden Wahlerfolg. Die Suezkrise, so ließe sich schlussfolgern, war nicht gerade ein berauschender Erfolg, aber auch kein Fehlschlag.

Diese Einschätzung könnte nicht falscher sein. Tatsächlich bedeutete der Suezkrieg eine empfindliche Niederlage, wies die politischen, militärischen und ökonomischen Grenzen Großbritanniens auf und hatte erhebliche Folgen. Er bekräftigte die Weltmachtstellung der USA und der UdSSR; ermutigte die Unabhängigkeitsbewegungen der «Dritten Welt»; verwies auf die Bedeutung der blockfreien Staaten; beschleunigte den Abschied vom Empire; demonstrierte den Einfluss einer weltweiten Öffentlichkeit und warf nicht zuletzt mehrere Fragen auf: Warum griff die britische Regierung militärisch in Ägypten ein? Warum ging sie gemeinsam mit Frankreich vor? Welche Ziele verfolgte sie, und weshalb stellte sie nach wenigen Tagen die Kämpfe ein? Um diese Fragen zu beantworten, muss etwas weiter ausgeholt werden. Der Suezkanal, Anlass der Krise, entstand Mitte des 19. Jahrhunderts auf französische Initiative und wurde 1869 eröffnet. Die Kontrolle darüber und über Ägypten übernahm jedoch bald darauf die britische Regierung, die Frankreich aus dieser Region verdrängte und in den folgenden Jahrzehnten den ägyptischen Eliten zwar einige Rechte einräumte, an einer beherrschenden Stellung jedoch festhielt. Dies führte mehrfach zu Konflikten, die sich nach dem Zweiten Weltkrieg verschärften, da auch in Ägypten Forderungen nach nationaler Unabhängigkeit zunahmen, verbunden mit Kritik an den herrschenden Schichten. Gegen diese putschte 1952 eine Gruppe junger Offiziere, deren Anführer Gamal Abdel Nasser 1954 Premier wurde. Er wollte das Land modernisieren, Ägyptens Stellung im Nahen Osten stärken und eine führende Rolle im arabischen Nationalismus sowie in der neuen Gemeinschaft der blockfreien Staaten einnehmen. Dazu stützte er sich auf das Militär, versprach der Bevölkerung eine bessere Zukunft und genoss große Popularität. Seine Stellung schien gefestigt, konnte aber ins Wanken geraten, falls er die hohen Erwartungen nicht erfüllte.

Dafür gab es keine Anzeichen. Vielmehr erzielte er bald nach der Machtübernahme einen großen Erfolg, als die britische Regierung nach Verhandlungen zusagte, im Sommer 1956 die letzten Truppen aus der Kanalzone abzuziehen. Dieses Abkommen traf Nasser mit dem damaligen Außenminister Anthony Eden, der in Oxford arabische Sprachen studiert hatte, die arabische Kultur gut kannte und in den Verhandlungen durchscheinen ließ, dass er bereit war, die neue Situation in Ägypten zu akzeptieren und veraltete Ansprüche aufzugeben. Die britische Regierung zeigte sich also flexibel. Doch zugleich hielt sie an ihrem Führungsanspruch im Nahen Osten fest und wurde zunehmend mit zwei Entwicklungen konfrontiert, die sie nicht nur unterschätzte, sondern auch mit einer gewissen Ignoranz betrachtete: die wachsende Bedeutung der Sowjetunion im Kalten Krieg und der zunehmende arabische Nationalismus. Beide Entwicklungen hingen eng zusammen, denn der Kalte Krieg eröffnete den jungen arabischen Staaten und ihrem Nationalismus Freiräume, da sie das westliche und östliche Lager gegeneinander ausspielen konnten. Auch die ägyptische Regierung nutzte diese Möglichkeit. Sie galt zwar als pro-westlich, baute aber den Handel mit dem Ostblock aus und vereinbarte zudem mit der Tschechoslowakei die Lieferung von Waffen gegen Baumwolle.

Für sein wichtigstes Projekt, den Bau des Assuan-Dammes, benötigte Nasser jedoch die Unterstützung des Westens. Der Damm sollte Elektrizität liefern, die jährlichen Überflutungen des Nils kontrollieren, die Landwirtschaft fördern, die Industrialisierung Ägyptens vorantreiben und so die Erwartungen der Bevölkerung erfüllen. Nassers Vorhaben schien von Erfolg gekrönt, denn die USA und Großbritannien sagten die erforderlichen Kredite zu. Zudem zogen am 13. Juni 1956 die letzten britischen Truppen vom Kanal ab, Jahrzehnte britischer Herrschaft fanden ein friedliches Ende. In der arabischen Welt wuchs dadurch Nassers Ansehen, und in Ägypten wurde er am 23. Juni 1956 mit überwältigender Mehrheit zum Präsidenten gewählt. Alles lief bestens – bis die USA kurz darauf, am 19. Juli, ihre Gelder für den Assuan-Damm zurückzogen, da Ägypten zu enge Beziehungen zur Sowjetunion unterhalte. Hinzu kamen Sorgen über die arabischen Führungsansprüche Nassers und seine feindliche Haltung gegenüber Israel, die allerdings in der arabischen Welt generell vorherrschte.[47]

Die plötzliche Kündigung der Kredite gefährdete nicht nur den Bau des Assuan-Damms, sondern auch Nassers nationale und internationale Position. In Ägypten hatte er große Erwartungen geweckt, die er ohne den Damm nicht erfüllen konnte. Nasser musste ihn unbedingt bauen und sah keine andere Möglichkeit, als den Suezkanal zu verstaatlichen, um mit dessen Einnahmen den Damm zu finanzieren. Diese Reaktion überraschte die amerikanische Regierung, die Nasser persönlich falsch eingeschätzt und nicht bedacht hatte, wie sehr er auf öffentliche Zustimmung und auf vorzeigbare Erfolge angewiesen war.

Noch größer war die Fehleinschätzung Nassers in Großbritannien, wo weniger dessen tatsächliche Situation analysiert als vielmehr ein historischer Vergleich gezogen wurde, der die britische Außenpolitik nach dem Zweiten Weltkrieg prägte und sie mehrfach in eine Sackgasse führte: der Verweis auf die Appeasement-Politik der 1930er Jahre. Die Auffassung, gegenüber Hitler versagt zu haben, wirkte wie ein Trauma und führte zu dem Bemühen, die damalige Nachgiebigkeit möglichst nicht zu wiederholen. Das gilt auch für die Suezkrise, in der Nasser sogleich mit Hitler verglichen wurde, nicht nur von den Konservativen, sondern auch von Hugh Gaitskell, dem Führer der Labour Partei. Diese Einschätzung teilte Eden, der sich auch persönlich getäuscht fühlte. Seit seinem Studium in Oxford sah er sich als Kenner des Orients und hatte noch im Oktober 1954 mit Nasser den Rückzug der britischen Truppen vom Suezkanal vereinbart. Jetzt hingegen bezeichnete er ihn als arabischen Despoten, den er in seine Schranken weisen und dazu bringen wollte, die Verstaatlichung des Kanals zurückzunehmen.

Für seine Politik fand Eden internationale Unterstützung. Vor allem die westlichen Mächte protestierten gegen die Verstaatlichung des Kanals, den sie für den internationalen Handel und insbesondere den Öltransport benötigten. Auch standen erhebliche wirtschaftliche Interessen, nicht zuletzt britischer Firmen, auf dem Spiel. Mehrfach fanden Konferenzen statt, eine eigene *Suez Canal Users Association* entstand, und angesichts des Drucks war Nasser zu Gesprächen bereit, hielt an der Verstaatlichung jedoch fest. Als souveräner Staat hatte Ägypten das Recht zu dieser Maßnahme, zumal eine Entschädigung zugesagt war. Die britische Regierung konnte dagegen eigentlich wenig einwenden, da im eigenen Land nach dem Krieg wichtige Industrien verstaatlicht worden waren. Hinzu kam, dass Nasser die freie Nutzung des Kanals garantierte und daran schon deshalb großes Interesse besaß, weil er auf die Gebühren angewiesen war. Ein hartes Vorgehen gegenüber Ägypten war somit schwer zu rechtfertigen, sandte ein verheerendes Signal an die Gemeinschaft der blockfreien Staaten und drohte, Ägypten in die Arme der Sowjetunion zu treiben. Deren direktes Eingreifen galt als unwahrscheinlich. Doch sie bot ihre Unterstützung an und konnte bei einer Zuspitzung des Konfliktes nur gewinnen.

Diese Argumente überzeugten Eden nicht. Er wollte Nasser demontieren, die britische Führungsrolle bekräftigen und war bereit, auch militärisch einzugreifen. Dazu benötigte er aber Verbündete, für die sich Frankreich und Israel anboten. Die israelische Regierung betrachtete den arabischen Nationalismus allgemein und Nassers Rolle im Besonderen mit wachsender Sorge und wollte beide schwächen. Frankreich wiederum hatte in Algerien mit Aufständen zu kämpfen und beschuldigte Nasser, diese zu unterstützen. Doch für ein militärisches Eingreifen musste es eine überzeugende Begründung geben, die nicht einfach zu finden war. Allein die Verstaatlichung bot keine Rechtfertigung, wie selbst die Rechtsberater der britischen Regierung betonten. Diese befand sich ohnehin in einer ungewohnten Situation, denn traditionell hatten die europäischen Kolonialmächte ihre Machtdemonstrationen nicht weiter begründet. Doch diese Zeiten waren vorbei, nicht nur weil die UNO gegründet und die alte Macht geschwunden war. Vielmehr befanden sich die verbliebenen Kolonialmächte mittlerweile auch moralisch in der Defensive und mussten sich um die Unterstützung der Weltöffentlichkeit bemühen. Dazu trafen sich Briten, Franzosen und Israelis in Sèvres bei Paris und entwarfen einen geradezu absurden Plan, der bis heute Kopfschütteln auslöst: Sie vereinbarten, dass Israel Ägypten angreifen sollte, um Frankreich und Großbritannien die Möglichkeit zu geben, als Friedensstifter aufzutreten und ein Ende der Kämpfe zu fordern. Da dieses nicht zu erwarten war, wollten beide anschließend Truppen schicken und im internationalen Interesse den Suezkanal besetzen.

Der Plan wurde umgesetzt. Am 29. Oktober griff Israel im Sinai Ägypten an und rückte rasch vor. Die Regierungen in London und Paris forderten beide Länder auf, sich zehn Meilen vom Kanal zurückzuziehen, und verlangten von Ägypten außerdem die Zustimmung, diesen vorübergehend besetzen zu können. Wie erwartet, ging Nasser darauf nicht ein. Sein Land war angegriffen worden, und er sollte nicht nur auf dessen Verteidigung verzichten, sondern auch den Suezkanal abtreten. Daraufhin bombardierten Großbritannien und Frankreich ägyptische Flughäfen und setzten am 5. November zusätzlich Fallschirmjäger ein, die wichtige Stützpunkte am Kanal besetzten und rasch vorrückten. Militärisch ging der Plan auf, doch politisch erwies er sich als Katastrophe.

Das Treffen von Sèvres und die dortigen Absprachen kannten nur wenige Personen, die aus verständlichen Gründen größten Wert auf Geheimhaltung legten. Dennoch drängte sich bald der Eindruck auf, dass ein abgekartetes Spiel stattfand, bei dem Ägypten das unschuldige Opfer war. Wie bei früheren Konflikten waren die Kolonialmächte militärisch weit überlegen. Doch jetzt führte ihre Überlegenheit zu weltweiten Sympathien für den Schwächeren, selbst in Großbritannien, wo Demonstrationen gegen den Krieg stattfanden und die anfänglich einhellige Unterstützung der Regierung bröckelte. Das schwächte deren Position, doch entscheidend war das Verhalten der amerikanischen Regierung.

Eden und seine Verbündeten standen mit ihr seit Beginn der Krise in engstem Kontakt, weihten sie in ihre militärischen Pläne jedoch nur teilweise ein, wobei bis heute umstritten ist, was die Regierung in Washington tatsächlich wusste oder ahnte. Eisenhower zumindest warnte ausdrücklich vor einem militärischen Eingreifen, war nach Beginn der Kämpfe entsprechend verärgert und verlangte von London deren sofortiges Ende. Dazu sah er sich schon deshalb genötigt, weil in den USA Wahlen anstanden, und Eisenhower nicht in einen Krieg zugunsten alter Kolonialmächte hineingezogen werden wollte. Wie, so der amerikanische Präsident, «können wir Briten und Frankreich unterstützen, wenn wir dabei die ganze arabische Welt verlieren?»[48] Schlimmer noch: Er musste sogar befürchten, dass Nasser die USA bat, Ägypten gegen einen britischen Angriff zu unterstützen, wodurch er jüdische Wähler verloren hätte. Nicht geringer war die Befürchtung, die blockfreien Staaten und kolonialen Unabhängigkeitsbewegungen an die Sowjetunion zu verlieren. Und schließlich fand genau zur Zeit der Suezkrise der Aufstand in Ungarn statt, den die Sowjetunion blutig niederschlug, was allein auf ungarischer Seite etwa 2500 Tote forderte. Doch die Ereignisse in Ägypten lenkten das Interesse der Weltöffentlichkeit davon ab und erschwerten es der amerikanischen Regierung, die sowjetische Invasion zu verurteilen. Denn ihre wichtigsten Verbündeten griffen einen wehrlosen Staat an, der gerade erst seine Unabhängigkeit erlangt hatte.

Die amerikanische Regierung beließ es deshalb nicht bei ihrer Kritik, sondern übte so großen Druck aus, dass London die Kämpfe bereits am 7. November, also nur zwei Tage nach deren Beginn, einstellte, darüber aber weder Frankreich noch Israel informierte und selbst die eigenen Truppen überraschte. Offensichtlich besaß Washington ein überaus wirksames Druckmittel, das jedoch nicht auf Waffen oder militärischen Drohungen beruhte, sondern die Kräfteverhältnisse der kapitalistischen Weltordnung viel eindeutiger widerspiegelte: Die Regierung in Washington drohte damit, das Pfund nicht länger zu unterstützen, dessen Abwertung zu provozieren und so die ökonomische Schwäche Großbritanniens bloßzustellen. Dieses Szenario erläuterte Macmillan dem Kabinett, das daraufhin die sofortige Einstellung der Kämpfe beschloss. Faktisch erlitt Großbritannien also eine Niederlage, deren Hintergründe jedoch lange verborgen blieben und deren Ausmaß zunächst kaschiert werden konnte. Weder das Abkommen von Sèvres noch die amerikanische Drohung wurden allgemein bekannt, so dass die Regierung sich im Innern behaupten konnte und nach außen die Großmachtstellung Großbritanniens bestehen blieb – allerdings unter bestimmten Bedingungen.

Die wichtigste davon war, in der Außenpolitik fortan keine Alleingänge mehr zu unternehmen, sondern sich mit den USA abzusprechen. So zumindest die Konsequenz, welche die britische Regierung zog – im Gegensatz zu Frankreich. Hier wuchsen vielmehr die Distanz zu den USA und das Misstrauen gegenüber Großbritannien, das schon länger als unzuverlässiger Gehilfe Washingtons galt und diesen Ruf jetzt bestätigte. Von dieser angloamerikanischen Allianz wollten sich die französischen Regierungen befreien. Dazu betrieben sie in den kommenden Jahren eine eigenständige Außenpolitik, bauten eine französische Atommacht auf, gingen auf Distanz zur NATO – und blockierten zweimal den Eintritt Großbritanniens in die EWG. Nach außen bewiesen sie damit ihre Unabhängigkeit, doch bei näherem Hinsehen handelte es sich hierbei um kostspielige, letztlich vergebliche Anstrengungen. Denn tatsächlich konnte auch Frankreich bei zentralen Fragen keine eigenständige Außenpolitik mehr betreiben.

Kennzeichnend für die Suezkrise war deshalb nicht, dass hier zwei Staaten versuchten, ihre Interessen gegenüber Schwächeren militärisch durchzusetzen. Das blieb auch im Kalten Krieg übliche Praxis. Die Krise zeigte vielmehr, dass Großbritannien und Frankreich zwar noch wie Weltmächte auftraten, tatsächlich aber keine mehr waren. Sie mussten ihr Eingreifen rechtfertigen, dazu komplizierte Absprachen treffen und anschließend die Grenzen ihres Handelns akzeptieren – im Gegensatz zu den USA und der UdSSR. Beide haben in den folgenden Jahren wiederholt militärisch eingegriffen, ohne dass ihre Begründungen überzeugender ausfielen. Sie waren aber mächtig genug, sich über internationale Kritik hinwegzusetzen – so die USA kurz darauf in Vietnam und mehrfach in Lateinamerika, die Sowjetunion in Ungarn, der Tschechoslowakei oder später in Afghanistan.

Großbritannien hingegen musste sich nach Suez neu orientieren, überprüfte die eigenen Möglichkeiten und zog die unvermeidlichen Konsequenzen: Die Ausgaben für das Militär wurden gekürzt und die Wehrpflicht abgeschafft. Das Atomwaffenprogramm hingegen baute die Regierung aus, da es bei relativ geringen Kosten die beste Möglichkeit bot, am Großmachtanspruch festzuhalten. Dieser erforderte allerdings, den Vorrang der USA anzuerkennen, was ein Blick auf die Antike erleichterte. Wiederholt verglichen britische Politiker Washington mit dem mächtigen Rom, London hingegen mit dem kleinen, aber klugen Athen, dessen Erfahrungen und Ratschläge unentbehrlich gewesen seien. Doch zutreffender erfassten die Bond-Romane, die nach der Suezkrise ihren Durchbruch erlebten, die tatsächlichen Kräfteverhältnisse und das britische Selbstbild. In ihnen rettet

James Bond die Welt nicht mit militärischer Macht, sondern durch Intelligenz, Charme, eine Portion Snobismus und seine Unwiderstehlichkeit gegenüber Frauen. Gab es eine bessere Möglichkeit für eine frühere Weltmacht, die realen Machtverhältnisse zu überspielen und sich neu zu erfinden? Eden wird das nicht so gesehen haben. Doch es ist ein schöner Zufall, dass er während der Suezkrise Erholung auf den Bahamas suchte und die Zeit im Haus von Ian Fleming verbrachte, das den Namen *Golden Eye* trug – so der Titel eines späteren James-Bond-Films.[49]

Too good to be true?

Am 20. Juli 1957 hielt Macmillan, der im Januar Eden als Premierminister abgelöst hatte, in Bedford eine Rede und formulierte darin einen Satz, der seitdem immer wieder zitiert wird: «Lasst uns ehrlich sein; den meisten von uns ging es noch nie so gut wie heute.» Wo immer seine Zuhörer hingingen, überall würden sie einen Wohlstand sehen, «den wir zu meinen Lebzeiten noch nicht hatten – und auch nicht in der Geschichte dieses Landes».[50]

Fraglos handelte es sich bei dieser Aussage um die Wahlpropaganda eines Politikers, denn vielen Briten ging es weiterhin nicht besonders gut. Dennoch besaß die Aussage einen zutreffenden Kern und drückte vor allem eine verbreitete Zufriedenheit aus, die am 8. Oktober 1959 zu einem triumphalen Wahlsieg der Konservativen führte, die eine Mehrheit von 100 Abgeordneten erhielten. Aus ihrer Sicht konnte die Lage nicht besser sein. Zum dritten Mal nacheinander gewannen sie eine Wahl, während Labour tief gespalten war und keine erkennbare Chance auf eine Mehrheit besaß. Die Konservativen hingegen hatten das Tief von 1945 überwunden. Die Wirtschaft wuchs, es herrschte Vollbeschäftigung und insbesondere der Konsum nahm deutlich zu. Immer mehr Briten besaßen Fernseher und Autos oder konnten sich Urlaubsreisen leisten. Auch technologisch nahm ihr Land eine führende Position ein, zu sehen in der Medizin, bei der Produktion von Flugzeugen und Pkw oder an Calder Hall, dem weltweit ersten kommerziellen Kernkraftwerk, das 1956 ans Netz ging. Zudem gab Großbritannien – nach den USA – mehr Geld für Forschung aus als jedes andere westliche Land.[51] Doch so ganz traute Macmillan seiner eigenen Beschreibung nicht, denn er fügte hinzu: «Einige von uns machen sich Sorgen und fragen: ‹Ist das zu schön um wahr zu sein› oder sollte ich vielleicht sagen ‹Ist das zu schön, um so weiterzugehen!›»[52]

Für die Konservative Partei zumindest ging es nur kurze Zeit so weiter. Sie schien 1959 unangreifbar zu sein, doch die schon abgeschriebene Labour Partei gewann die darauf folgende Wahl (1964) und wiederholte diesen Erfolg zwei Jahre später. Anschließend lösten sich die beiden großen

Parteien an der Regierung mehrfach ab, ein sicheres Zeichen dafür, dass sie vor Herausforderungen standen, auf die sie keine überzeugenden Antworten wussten. Dabei blieb generell die gute Situation bestehen, Macmillans Sorgen bestätigten sich nicht. Der Lebensstandard nahm weiter zu, die Wirtschaft wuchs, die Universitäten expandierten und die Probleme der Vorkriegszeit kehrten nicht zurück. Doch das genügte nicht mehr, die Maßstäbe hatten sich verschoben – so bei den Debatten über Armut. Die existenzielle Armut, die unter Viktoria überall zu sehen war und in den 1930er Jahren die unteren Schichten belastet hatte, war durch den Wohlfahrtsstaat und den wirtschaftlichen Aufschwung fast beseitigt. Bereits 1951 argumentierte Rowntree in einer Studie, dass sie nahezu verschwunden sei.[53]

Doch der traditionelle Armutsbegriff, der nur die schiere materielle Not meinte, galt mittlerweile als unzureichend. Stattdessen wurde gefordert, ihn weiterzufassen und all diejenigen als arm zu betrachten, die zwar nicht mehr hungerten, aber so wenig besaßen, dass sie am «normalen» gesellschaftlichen und politischen Leben nicht teilnehmen konnten. Auch in anderen Bereichen änderten sich die Gewohnheiten, Kriterien und nicht zuletzt die Ansprüche. So herrschte seit Beginn des Krieges Vollbeschäftigung, und von den Regierungen wurde erwartet, diese weiterhin zu sichern. Ebenso sollten sie für ein anhaltendes Wirtschaftswachstum sorgen – zwei Aufgaben, die in der Nachkriegszeit wenig Probleme aufgeworfen hatten. Ab den 1960er Jahren hingegen nahmen diese zu, da zum einen die internationale Konkurrenz wuchs und zum anderen inzwischen Wachstumsraten von vier bis fünf Prozent erwartet wurden.

Heute wissen wir, dass die Erwartungen unrealistisch waren, doch der Boom der Nachkriegszeit hatte sie genährt, angefacht durch aktuelle Statistiken, die ab Ende der 1950er Jahre zur Verfügung standen und es erlaubten, die wirtschaftliche Entwicklung in verschiedenen Ländern zu vergleichen. Dabei schnitt Großbritannien schlecht ab, nicht nur gegenüber Frankreich und Deutschland, selbst Italien verzeichnete höhere Wachstumsraten (Tabelle 8). Diese Zahlen verwiesen auf einen relativen Niedergang, der nicht nur die Wirtschaft betraf. Vielmehr wurden vergleichbare Entwicklungen nahezu überall konstatiert, im Empire, beim Militär, in Forschung und Entwicklung, in Kunst und Kultur, bei den Moralvorstellungen, in der Erziehung oder auch bei Jugendlichen. Entsprechend hitzig verliefen die Debatten, die in den kommenden Jahren die öffentliche Meinung prägten and an der sich fast alle beteiligten: Politiker, Unternehmer, Gewerkschafter, Historiker, Ökonomen, Politologen und Journalisten. Sie alle wollten das Ausmaß des Niedergangs genauer bestimmen, dessen Ursachen ermitteln und Lösungen vorschlagen. Dabei erzielten sie nur

Tabelle 8: Wirtschaftswachstum
Jährliche Wachstumsrate des Bruttoinlandsprodukts pro Kopf 1950–1994

	1951–1973	1970–1980	1980–1990	1990–1994
Großbritannien	2,4	1,9	3,2	0,8
Deutschland	4,8	2,8	2,2	1,1
Frankreich	4,4	3,6	2,4	0,8
Italien	5,5	2,0	2,4	0,7
USA	2,3	3,0	3,0	2,5
Japan	7,9	4,9	4,1	1,2

Quelle: Sidney Pollard, Struktur- und Entwicklungsprobleme der britischen Wirtschaft, in: Hans Kastendiek u. a. (Hg.), Länderbericht Großbritannien, Bonn 1998, S. 295–330, hier S. 320. Die zeitliche Überschneidung zwischen Spalte 1 und 2 rührt aus einer damals vorgenommenen Umstellung der statistischen Berechnungsweise.

in einer Frage einen Konsens: Ein Niedergang fand statt. In allen anderen Punkten gingen die Meinungen weit auseinander.[54]

Es fällt schwer, diese Debatte zu bewerten. Sie war in den Medien überaus präsent, und Politiker aller Richtungen beteiligten sich daran. Doch das allein sollte Grund zur Skepsis sein. Wenn sowohl Vertreter des linken Labour-Flügels wie überzeugte Imperialisten oder Vertreter der Großindustrie einen Niedergang feststellten, beklagten sie offensichtlich ganz unterschiedliche Mängel. Auch ist unklar, inwieweit ihre Kritik die allgemeine Stimmung widerspiegelte und ob sie überhaupt zutraf. Das Magazin *Queen* zumindest, das seit 1862 über die britische High Society berichtete und jetzt um junge Leser warb, war anderer Meinung. Im September 1959 erschien es mit der Schlagzeile *BOOM*, um den Aufschwung in Wirtschaft und Konsum auszudrücken. Im selben Jahr importierte Großbritannien mehr Champagner als jedes andere Land der Welt und war weiterhin wohlhabender als die anderen europäischen Staaten.[55]

8. Wind of Change, 1961–1979

Out of Africa …

Am 3. Februar 1960 hielt Macmillan vor dem Parlament in Kapstadt eine Rede, die seine Zuhörer verstörte. Er beschrieb einen «Wind of Change», der ganz Afrika erfasse und überall zum Wunsch nach Freiheit und Unabhängigkeit führe: «Ob es uns gefällt oder nicht, das Wachstum eines Nationalbewusstseins ist eine politische Tatsache. Wir müssen es als Tatsache akzeptieren und unsere Politik muss sich darauf einstellen.»[1]

Macmillan befand sich auf einer Reise durch Afrika, wo Großbritannien noch mehrere Kolonien besaß. Dort hatte er die Rede bereits mehrfach gehalten und wenig Aufsehen erregt. In Südafrika hingegen reagierten die Zuhörer ablehnend, denn sie betrieben eine Politik, die seinen Empfehlungen diametral widersprach. Hier stellte die *National Party* seit 1948 die Regierung und hatte seitdem das System der Apartheid schrittweise ausgebaut, das die weiße Vorherrschaft sichern sollte und dazu Farbige in allen Bereichen der Politik, Wirtschaft und Gesellschaft benachteiligte. Besonders diskriminiert wurden Schwarze, die zunehmend Widerstand leisteten, vor allem durch den *African National Congress* (ANC), der seit 1912 bestand und am 21. März, einen Monat nach der Rede von Macmillan, in Sharpeville eine friedliche Demonstration organisierte. Doch die Polizei eröffnete das Feuer und erschoss 67 Personen, darunter auch Kinder.

An anderen Orten gab es tatsächlich einen «Wind of Change», so in Nigeria, das noch 1960 die Unabhängigkeit erhielt, oder in Ghana, wo diese bereits seit 1957 bestand. Diese Entwicklungen waren Ende des Krieges nicht zu erwarten gewesen. Damals hatten nur wenige Personen die Unabhängigkeit gefordert, doch schon bald setzten rasche Veränderungen ein, die in den einzelnen Kolonien sehr unterschiedlich ausfielen, aber auch wichtige gemeinsame Merkmale aufwiesen.[2] Zu nennen sind insbesondere ein rascher Anstieg der Bevölkerung und eine zunehmende Industrialisierung, die vor allem die Städte wachsen ließen und zu einem Stadt-Land-Gegensatz führten. Dadurch entstanden neue Schichten, Interessengruppen und Eliten, die ihre Basis in den Städten besaßen und zunehmend in Konflikt mit den traditionellen Herrschern gerieten, mit denen die britischen Behörden bislang zusammenarbeiteten. Und nicht zuletzt wollten weiße Siedler ihre Privilegien behaupten, stellten in den meisten afrikanischen Kolonien allerdings nur kleine Gruppen, da diese durch Hitze, Feuchtigkeit oder Krankheiten unangenehme Lebensbedingungen und wenig ökonomische Anreize boten.[3]

In jeder Kolonie bestanden jeweils eigene Konstellationen, doch vereinfacht lässt sich feststellen, dass die Unabhängigkeit umso schwieriger zu erreichen war, je mehr Weiße dort lebten. Das deutlichste Beispiel dafür ist Südafrika, wo 1960 mehr als zehn Millionen Farbige lebten, hingegen lediglich 2,6 Millionen Weiße, die aber zahlreich und mächtig genug waren, um das System der Apartheid durchzusetzen.[4] Im Gegensatz dazu verlief die Übertragung der Macht in denjenigen britischen Kolonien ohne größere Probleme, die nur wenige weiße Siedler aufwiesen, wie Nigeria, Ghana, Sierra Leone oder Tanganjika. Hier hielten die Gesundheitsrisiken Weiße lange von einer Besiedelung ab, so dass sie erst spät (ab 1880) kolonisiert wurden und auch danach kaum Siedler anzogen. Die britische Herrschaft blieb dadurch oberflächlich, dauerte nur wenige Jahrzehnte und erforderte keine große Bürokratie – im Gegensatz zu Indien. Hier entstand der *Indian Civil Service*, der zusätzlich zu den britischen Kolonialherren eine neue einheimische Elite hervorbrachte, die in der Unabhängigkeitsbewegung eine wichtige Rolle spielte. In den afrikanischen Kolonien hingegen blieben die traditionellen Herrschaftsstrukturen lange bestehen. Neue, durch die Kolonialherrschaft geförderte oder auch unabhängig davon aufkommende Eliten, die politische Forderungen stellten, entstanden nur langsam. Entsprechend gering blieb lange Zeit die Bedeutung des *Pan-African Congress*, der sich aus diesem Personenkreis rekrutierte. Nach dem Zweiten Weltkrieg jedoch nahm die Bedeutung der neuen Eliten rasch zu, der Personen wie Kwame Nkrumah in Ghana oder Jomo Kenyatta in Kenia angehörten. Sie forderten sowohl die traditionellen Herrscher wie auch die britischen Machthaber heraus, fanden zunehmend Unterstützung in der Bevölkerung und erkämpften schließlich die Unabhängigkeit.

Auf diese Veränderungen reagierten die britischen Gouverneure in den einzelnen Kolonien unterschiedlich, unterstützten jedoch nach und nach die neuen Eliten, oft allerdings nach langem Widerstand und heftigen Kämpfen. Ohnehin war die Übertragung der Macht weniger das Ergebnis sorgfältiger Planungen oder langfristiger Absprachen. Sie hing vielmehr vor allem von den begrenzten militärischen und ökonomischen Möglichkeiten Großbritanniens, den jeweiligen lokalen Faktoren und den beteiligten Personen ab. Besonders kompliziert verlief dieser Prozess in Zentralafrika, wo 1953 die *Central African Federation* entstand, bestehend aus Nord- und Süd-Rhodesien und dem Nyasaland bzw. dem heutigen Simbabwe, Sambia und Malawi. Nach außen wurde dieser Zusammenschluss als «multi-racial power sharing» präsentiert. Doch die tatsächliche Zielsetzung bestand darin, die Afrikaner durch Konzessionen in Schach zu halten, die britische Herrschaft zu sichern und die weißen Siedler zu beruhigen.[5]

Auf diese Weise ließ sich Zeit gewinnen, jedoch keine tragfähige Lösung schaffen. Dazu waren die britischen Möglichkeiten zu begrenzt, und die wenigen Weißen boten keine effektive Machtbasis gegen die schwarzen Unabhängigkeitsbewegungen, die stetig an Bedeutung gewannen. Dagegen setzte die britische Regierung Soldaten ein und inhaftierte deren Führer, bis sie schließlich 1963 die Föderation dennoch auflösen und die Unabhängigkeit gewähren musste – mit der Ausnahme von Süd-Rhodesien. Hier herrschte, im Gegensatz zu den anderen Kolonien, ein günstiges Klima und gute ökonomische Bedingungen. In Süd-Rhodesien lebten deshalb viele weiße Siedler, die sich stark genug fühlten, sowohl gegen die Regierung in

London als auch gegen die einheimische Bevölkerung vorzugehen. 1965 erklärten sie ihre Unabhängigkeit und wurden unterstützt von Südafrika, das Verbündete für sein Apartheid-Regime suchte. Doch davon abgesehen war der neue Staat (Rhodesien) international isoliert. In der Folge begann ein blutiger Guerilla-Krieg, den die weiße Regierung verlor, so dass sie 1979 die Macht an Robert Mugabe abgeben musste.

Nicht weniger gewaltsam verlief das Streben nach Unabhängigkeit in Kenia. Hier begann Ende der 1940er Jahre der «Mau-Mau-Aufstand», der ab 1952 eskalierte und in der schwarzen Bevölkerung sowohl Unterstützung wie Ablehnung fand, da Stammeskonflikte, Fragen des Landbesitzes und politische Unterschiede einander überlagerten und erhebliche Spannungen verursachten. Auch bei diesem Aufstand setzte Großbritannien anfangs massiv Truppen ein, verhaftete zahllose Beteiligte, darunter ein Großvater von Barack Obama, der über sechs Monate inhaftiert war und im Gefängnis gefoltert wurde.[6] Außerdem ließ die Kolonialverwaltung mehr als 1000 Personen hinrichten und war militärisch erfolgreich. Doch weltweit und auch in Großbritannien rief dieses Vorgehen heftige Kritik hervor, angeheizt durch Skandale wie die Ermordung von Häftlingen im Hola-Lager im Jahr 1959. Danach distanzierten sich sogar konservative Abgeordnete von den weißen Siedlern und der britischen Kolonialverwaltung.[7] Diese etablierte kurz darauf ein *Legislative Council*, das die Unabhängigkeit Kenias vorbereiten sollte, die unterschiedlichen Gruppen berücksichtigte und Afrikanern 25, Asiaten 15 und Arabern fünf Sitze gab, den Europäern hingegen 35. Dieser Vorschlag sollte die Situation beruhigen, wirkte angesichts der tatsächlichen Verhältnisse jedoch wie eine Farce, da sich unter den etwa 8,6 Millionen Einwohnern lediglich 177 000 Asiaten, 56 000 Europäer und 34 000 Araber befanden. Entsprechend konnte sich der *Council* nicht behaupten oder gar durchsetzen. Die Kämpfe hielten vielmehr an, kosteten weitere Menschenleben und belasteten das internationale Ansehen Großbritanniens, bis Kenia im Dezember 1963 endlich unter Führung von Jomo Kenyatta die Unabhängigkeit errang.[8]

In Südafrika schien zu diesem Zeitpunkt das Apartheid-System unangreifbar, auch wenn innerhalb des ANC ein bewaffneter Flügel entstanden war, den ab 1961 Nelson Mandela anführte. Dieser wurde kurz darauf verhaftet und 1964 zu einer lebenslangen Haftstrafe verurteilt, die er überwiegend auf Robben Island verbrachte. Mit diesen und anderen Unterdrückungsmaßnahmen konnte sich das Regime behaupten, bis auch in Südafrika der internationale Druck so sehr zunahm, dass 1990 Mandela aus dem Gefängnis entlassen und der ANC wieder erlaubt wurde. Dem Commonwealth gehörte Südafrika seit 1961 nicht mehr an, sondern war selbst ausgetreten, auch wegen der internationalen Kritik nach dem tödlichen Polizeieinsatz in Sharpeville. Damit war es offiziell nicht länger Mitglied dieses Bundes, genoss aber weiterhin dessen ökonomische Vorteile und blieb zudem Mitglied im Sterling-Block. Auch auf zahlreichen anderen Gebieten – etwa dem Sport – bestanden enge Bindungen zu den weißen Ländern des Commonwealth, die dadurch faktisch die Apartheid-Politik unterstützten. Forderungen, dagegen einen Boykott zu verhängen, erfüllte erst 1977 die Labour-Regierung unter Callaghan.

Mit der Unabhängigkeit hatten die afrikanischen Staaten ein wichtiges Ziel erreicht, allerdings nicht unbedingt größere Stabilität gewonnen. Vielmehr brachen jetzt Probleme auf, die der gemeinsame Kampf gegen die Kolonialmacht Großbritannien verdeckt hatte.[9] Dazu gehörten Konflikte zwischen traditionellen Herrschern und neuen Eliten, zwischen ländlicher und städtischer Bevölkerung oder zwischen Ethnien und Stämmen, die vielfach erst die britische Herrschaft (vermeintlich) klar voneinander abgegrenzt hatte. Wie zuvor in Europa zeigte sich auch hier, dass es einfacher sein konnte einen Staat zu gründen als eine Nation zu schaffen. Das fiel in Afrika besonders schwer, da hier die Grenzen der neuen Staaten oft künstlich festgesetzt waren und zu wenig Zeit bestand, ein Nationalgefühl heranwachsen zu lassen und tragfähige Institutionen oder Parteien herauszubilden. So ergaben sich labile Konstellationen, wie die neuen Herrscher in Uganda, Kenia und Tanganjika direkt nach der Unabhängigkeit erfahren mussten, als sie britische Truppen benötigten, um einheimische Aufstände niederzuschlagen und ihre so mühsam errungene Macht zu sichern.

Damit ist nur eines der Probleme genannt, vor denen die neuen Staaten standen. Hinzu kamen zahlreiche andere, denn die Unabhängigkeit, die sie so mühsam erkämpft hatten, änderte wenig daran, dass alte Strukturen und Abhängigkeiten bestehen blieben und neue hinzukamen. Viele dieser Staaten waren am Ende der Kolonialzeit durch wirtschaftliche Monostrukturen und einseitige Entwicklungen gekennzeichnet und besaßen nur schwach entwickelte Infrastrukturen. Sie litten zudem unter Handelsbarrieren, Kapitalmangel oder einem Preisverfall ihrer Produkte, so dass die Entwicklungsmöglichkeiten sehr begrenzt waren und es ihnen schwer fiel, sich international Gehör zu verschaffen. Hinzu kamen hausgemachte Probleme, wobei die Gewichtung der jeweiligen Faktoren schwerfällt. Im Ergebnis jedenfalls hinterließen die europäischen Kolonialmächte keine eigenständigen, selbstbewussten und tatsächlich unabhängigen Staaten.

Selbst die politische Unabhängigkeit mussten sie oft mit hohen Verlusten und gegen viel Widerstand erkämpfen. Das gilt auch für die britischen Kolonien in Afrika. In Ländern wie Nigeria und Ghana verlief die Machtübertragung relativ glatt, und generell fielen die Kämpfe nicht so erbittert aus wie in Algerien, wo besonders viele Franzosen wohnten, die dieses Gebiet als Teil Frankreichs betrachteten und deshalb so gewaltbereit waren. Dennoch: Auch im britischen Empire wurde die Macht nicht «bei einer Tasse Tee in netter und freundlicher Atmosphäre übertragen». Sie forderte vielmehr Opfer, die in Kenia und Zentralafrika und vorher schon in Palästina, Burma oder Indien erschreckend groß ausfielen.[10]

... und dem Rest der Welt

Auch von den anderen Stützpunkten und Kolonien zog sich Großbritannien ab den 1960er Jahren rasch zurück, so aus Zypern (1960), den westindischen Inseln (1962), den Bahamas (1973) und anderen Orten, so dass als nennenswerter Besitz schließlich nur Hongkong verblieb (Tabelle 29). In diesen Fällen verlief die Übertragung der Macht ohne größere Probleme und löste in der britischen Öffentlichkeit nur wenig Widerspruch aus. Das Ende des Empire war gekommen, daran gab es keinen Zweifel.

Auch das Ende der britischen Weltmachtstellung zeichnete sich immer deutlicher ab – zumindest aus heutiger Sicht, während damals der Kalte Krieg und das enge Verhältnis zu den USA die Beurteilung erschwerten. Ein gutes Beispiel dafür sind die britischen Atomwaffen, die eigens entwickelt wurden, um eine von den USA unabhängige Außenpolitik betreiben zu können. Zudem schienen sie preiswert, waren es aber nicht wirklich. Denn um Atomwaffen einzusetzen, waren Raketen erforderlich, deren Entwicklung hohe Summen verschlang und deren Einsatz eine kostspielige globale Infrastruktur erforderte. Beides konnte die britische Regierung nicht finanzieren. Sie besaß Atombomben, musste aber bei den USA vorstellig werden, um Raketen zu erhalten, die Kennedy nach langen Gesprächen schließlich 1962 zusagte. Damit war der Anspruch, eine Großmacht zu sein und über eigene Atomwaffen zu verfügen, vordergründig gewahrt, allerdings wurde auch die elementare Abhängigkeit von den USA deutlich. Das gefiel nicht allen, insbesondere nicht dem französischen Präsidenten de Gaulle. Wie schon die Suezkrise bestätigte auch diese Vereinbarung seine Überzeugung, dass Großbritannien lediglich ein «Pudel» Washingtons sei, nicht hingegen ein verlässlicher europäischer Partner. Hinzu kamen die engen Beziehungen zum Commonwealth, so dass de Gaulle gegen die britischen Versuche, der EWG beizutreten, sein Veto einlegte.

Neben den Atomwaffen verursachten vor allem die weltweiten britischen Stützpunkte erhebliche Kosten. Im Kalten Krieg schienen sie erforderlich zu sein, und die britischen Regierungen hielten daran fest, auch Labour. Doch die Kosten liefen davon, und die Bereitschaft der Wähler, dafür aufzukommen oder gar selbst Wehrdienst zu leisten, schwand. Deshalb beendete schon die konservative Regierung Macmillan 1960 die Wehrpflicht, kürzte den Militäretat und zog britische Truppen in den folgenden Jahren nach und nach auf europäische Stützpunkte zurück – eine Politik, welche die ab 1964 amtierende Labour-Regierung fortsetzte. Als Ersatz entstanden neue Bündnisse, vor allem in Asien. Hier übernahmen Australien, Neuseeland und Japan, aber auch Singapur und Malaysia zusätzliche Verpflichtungen, doch in erster Linie wurde die britische Hegemonie durch die US-amerikanische ersetzt. Als besonders kontrovers erwies sich hierbei der Vietnam-Krieg, für den die amerikanische Regierung Unterstützung aus London einforderte, diese aber nur begrenzt erhielt. Trotz hartnäckigen Drängens weigerte sich die Labour-Regierung unter Wilson, Truppen zu stellen. So weit ging die Abhängigkeit von den USA nicht, zumal die wirtschaftliche Situation sich verschlechterte und die Handlungsmöglichkeiten noch enger wurden. Vor allem das Pfund geriet unter Druck und musste 1967 trotz aller Bemühungen abgewertet werden. Die Labour-Regierung erlebte dies als Niederlage, führte eine weitere Bestandsaufnahme durch und beschloss, die Truppen von «East of Suez», d. h. aus Südostasien abzuziehen. Die britischen Großmachtambitionen waren nun auch offiziell an ihr Ende gekommen.

Wirtschaft, Politik und Niedergang

Als Indien 1947 unabhängig wurde, bemerkte der südafrikanische Premier J. C. Smuts: «Das Römische Empire brauchte 500 Jahre, um zu sterben. Jetzt erleben wir einen vergleichbaren Prozess fast in Monaten.»[11] Ganz so schnell erfolgte der Abschied vom Empire dann doch nicht, aber er verlief erstaunlich rasch und folgenlos – zwar nicht für die Kolonien, wohl aber für Großbritannien. Hier wurde in den 1950er Jahren immer deutlicher, dass sich das Empire politisch, moralisch und nicht zuletzt ökonomisch überlebt hatte. Die Kosten stiegen und ließen sich immer weniger rechtfertigen, zumal gerade zu dieser Zeit ein Niedergang der britischen Wirtschaft befürchtet wurde, der Politik und Öffentlichkeit mehr beschäftigte und kontroversere Diskussionen auslöste als der Abschied vom Empire.

Debatten über einen Niedergang hatte es zuvor mehrfach gegeben, etwa um die Jahrhundertwende oder in den 1930er Jahren. Dabei hatte der Vergleich mit den USA und Deutschland eine große Rolle gespielt – so auch jetzt. Ab Ende der 1950er Jahre standen internationale Statistiken zur Verfügung, die über die wirtschaftliche Entwicklung verschiedener Länder informierten. Großbritannien schnitt nicht gut ab, zumal nicht im Vergleich zu Deutschland, das den Krieg verloren hatte und weitgehend zerstört war, jetzt aber sein «Wirtschaftswunder» erlebte. Dabei fiel in den fünfziger Jahren das Wachstum auch in Großbritannien mit jährlich etwa 2,5 Prozent hoch aus – zumindest in langfristiger Perspektive.[12] Die Zahlen waren besser als in den Jahrzehnten zuvor, doch die erfreuliche Entwicklung nach dem Krieg ließ neue Erwartungen entstehen, die zwischen 1960 und 1964 zunächst auch erfüllt wurden, als die Wirtschaft pro Jahr um etwa vier Prozent wuchs.

Die Krisen der 1930er Jahre waren überwunden und durch ein Wachstum abgelöst worden, das nunmehr seit 1945 andauerte und sich offensichtlich noch steigern ließ. Für diese Annahme gab es mehrere Gründe: Die Verantwortlichen konnten auf Konzepte von Keynes und anderen Ökonomen zurückgreifen; sie hatten positive Erfahrungen mit Eingriffen des Staates gesammelt; und sie besaßen wirtschaftspolitische Instrumente, die genaue Steuerungen versprachen und jährliche Wachstumsraten von vier oder gar fünf Prozent als realistisch erscheinen ließen – sofern die Regierungen Staatsausgaben und Steuern richtig festlegten und die Zinssätze flexibel handhabten. Diese Möglichkeiten wurden genutzt, die erhofften Ziele jedoch nur teilweise erreicht. Denn zum einen waren die erwarteten Wachstumsraten viel zu hoch angesetzt. Zum anderen war die Wirtschaftspolitik nicht so effektiv wie angenommen, sondern verursachte ungewollte Konsequenzen und trug zu einem *Stop-and-Go*-Zyklus bei, in dem sich Phasen der Abkühlung (*Stop*) und Überhitzung (*Go*) abwechselten.

Diese Folgen waren kaum zu vermeiden, da das Wirtschaftswachstum der 1950er Jahre auf Entwicklungen beruhte, die sich nur schwer durch ökonomische Feinsteuerungen beeinflussen ließen. Dazu gehörten die hohen Ausgaben des Staates, der nicht nur erhebliche Summen für das Militär und den Wohlfahrtsstaat aufbrachte, sondern auch für den Bau von Wohnungen, Straßen oder Schulen. Parallel dazu bestand nach dem Krieg weltweit ein Nachholbedarf, der die Industrieproduktion und damit die Zahl der Arbeitsplätze ansteigen ließ, was wiederum den privaten Konsum forcierte. So wirkten staatliche Leistungen, Export und expandierender Binnenmarkt zusammen, verstärkten einander und ließen die Nachfrage wachsen. Die Folgen lagen auf der Hand: ein Anstieg von Preisen und Importen sowie eine aufgeheizte Wirtschaft, die zudem deutliche Schwankungen zeigte.

In dieser Situation verlangten die ökonomischen Theorien und Konzepte, dass die Regierungen gegensteuerten, die Zinsen erhöhten, ihre Ausgaben kürzten und höhere Steuern erhoben, um die Nachfrage zu dämpfen und die Überhitzung der Wirtschaft zu verhindern. Wenn diese Maßnahmen erfolgreich waren und eine zu große Abkühlung drohte, sollten die

Regierungen sich genau gegenteilig verhalten und die Wirtschaft ankurbeln. Dieses Vorgehen konnte das Auf und Ab der wirtschaftlichen Entwicklung nicht ganz verhindern, sollte aber die Schwankungen in engen Grenzen halten. Doch tatsächlich fielen diese erheblich aus, da die Eingriffe nicht die erhoffte Wirkung zeigten und vor allem ihre Umsetzung große Probleme aufwarf. Denn es fiel leicht, bei abnehmender Nachfrage die staatlichen Ausgaben zu steigern. Wenn es hingegen darum ging, eine Überhitzung zu vermeiden und dazu Steuern zu erhöhen oder Leistungen zu streichen, kam erheblicher Widerstand auf.

Den geringsten Widerspruch fanden Kürzungen des Militärhaushalts, die deshalb auch konservative Regierungen vornahmen, selbst wenn dies zur Aufgabe von Stützpunkten und zum Rückzug aus dem Empire führte. Größere Probleme bereiteten Kürzungen von Sozialausgaben oder höhere Steuern, da diese zwangsläufig einzelne Personen oder Gruppen und damit Wähler betrafen. Sollten diese Maßnahmen vor allem zulasten der oberen Einkommensgruppen gehen, wie Labour vorschlug? Oder sollten auch soziale Leistungen gekürzt werden, da diese zu Missbrauch führten und die Eigeninitiative schwächten, wie viele Konservative und Liberale argumentierten? Eine andere Möglichkeit bestand darin, Löhne und Preise zu kontrollieren und dadurch die Wirtschaft zu steuern. Doch das bedeutete, in grundlegende Rechte von Unternehmern und Gewerkschaften einzugreifen. Um so wichtiger war es deshalb, bei diesen Eingriffen keine der beiden Gruppen gegen sich aufzubringen – wie die konservative Regierung 1961 feststellen musste, als sie im Juli eine Lohnpause festsetzte, um auf eine Krise der Zahlungsbilanz zu reagieren. Diese Maßnahme hatte kurzfristig Erfolg, bot aber keine langfristige Perspektive, denn sie betraf nur die Löhne, war nicht mit den Gewerkschaften abgesprochen und stieß auf heftige Kritik. Daher entstand 1962 das *National Economic Development Council* (NEDC), in dem Vertreter der Regierung zusammen mit Unternehmern und Gewerkschaftlern die weitere Entwicklung der Wirtschaft besprechen und planen wollten.

Die Hoffnung, diese durch Absprachen und Planung besser steuern zu können, bestand damals nicht nur in Großbritannien, sondern in den westlichen Industrieländern generell. Dafür gab es gute Gründe. Im Krieg hatten sich vermehrte Staatseingriffe und Planungen bewährt. Die Länder, die daran anknüpften, erzielten ein besonders hohes Wirtschaftswachstum, so die Bundesrepublik und Frankreich. Und schließlich galt die Sowjetunion weiterhin als der beste Beweis für eine erfolgreiche staatlich gelenkte Wirtschaft. Sie hatte im Krieg Deutschland besiegt, und als sie 1957 noch vor den Amerikanern mit dem Sputnik den ersten Satelliten ins Weltall schickte, schien die Leistungsfähigkeit der sowjetischen Planwirtschaft bewiesen. Im Gegensatz dazu verlief die Entwicklung in Großbritannien schleppend. Es lag deshalb nahe, hier ebenfalls mehr staatliche Planung einzuführen, zumal der private Wohlstand zunahm, bei öffentlichen und gemeinschaftlichen Aufgaben hingegen ein Defizit konstatiert wurde – so der amerikanische Ökonom John Kenneth Galbraith in seinem Buch *The Affluent Society*, das 1958 erschien und weltweit großen Einfluss erlangte. Dessen Argumente fanden umso mehr Gehör, als parallel dazu neue Studien zeigten, dass der Wohlstand höchst ungleich verteilt und die Armut nicht – wie bis dahin angenommen – beseitigt war.[13]

Diese Entwicklungen gaben in ganz Europa sozialdemokratischen Parteien Auftrieb, auch in Großbritannien, wo die Konservativen nach dem Wahlsieg von 1959 anscheinend so fest im Sattel saßen. Das lag allerdings auch an der Labour Partei, die zu diesem Zeitpunkt gespalten war. Deren linker Flügel forderte mehr Verstaatlichungen, pflegte seinen Anti-Amerikanismus und setzte 1960 auf dem Parteitag sogar die Forderung nach einseitiger Abrüstung durch. Im Jahr darauf konnte die Parteiführung mit Hilfe der Gewerkschaften diesen Beschluss revidieren, der den Austritt aus der NATO erfordert und die ohnehin schlechten Wahlchancen ganz zunichte gemacht hätte. Auch auf anderen Gebieten versuchten die Gemäßigten um Hugh Gaitskell, der seit 1955 Labour anführte, die Partei zu modernisieren und sozialdemokratische Positionen durchzusetzen – vergleichbar mit dem Godesberger Programm der SPD (1959) und Entwicklungen in den anderen europäischen Ländern. Überall ging es darum, sich auf die Veränderungen einzustellen, die das lange Wirtschaftswachstum gebracht hatte. Der Wohlfahrtsstaat sorgte für eine Grundsicherung, und der private Wohlstand nahm stetig zu. Selbst Anhänger von Labour kamen zur Auffassung, dass die Konzepte der 1930er Jahre und der Nachkriegszeit, die vor allem mehr Staat forderten und den Sozialismus anstrebten, nicht länger eine überzeugende Perspektive boten.

Labour übernimmt

Für eine sozialdemokratische Ausrichtung von Labour trat vor allem Gaitskell ein, der jedoch 1963 überraschend verstarb, so dass Harold Wilson die Partei anführte und ihr einen zusätzlichen Schub gab. Wilson hatte schon 1947 der Attlee-Regierung angehört und seitdem viele Erfahrungen gesammelt, zählte jedoch gerade erst 46 Jahre (geb. 1917) und galt wie John F. Kennedy (geb. 1917) oder Willy Brandt (geb. 1913) als Vertreter einer neuen, dynamischen Generation – anders als sein konservativer Gegenspieler Alec Douglas-Home (geb. 1903). Dieser übernahm ebenfalls 1963 die

Nachfolge von Macmillan und befand sich beim Wahlkampf im Jahr darauf in der Defensive. Die Konservativen regierten seit 1951 und wirkten verbraucht, so dass Labour von «dreizehn vergeudeten Jahren» sprach und in Douglas-Home ein dankbares Opfer fand. Dieser hatte in Eton und Oxford eine «klassische» politische Karriere begonnen, dort auch als exzellenter Cricket-Spieler beeindruckt und stammte aus der Hocharistokratie. Mittlerweile jedoch bedeutete das nicht nur einen Vorteil. Wilson stellte vielmehr öffentlich die Frage, ob der vierzehnte Graf eines alten Geschlechts ein modernes Land führen könne.

So verlor Douglas-Home im Oktober 1964 die Wahl, allerdings überraschend knapp. Labour besaß eine Mehrheit von nur vier Abgeordneten, was unterstreicht, dass die oft geäußerte Unzufriedenheit und der Wunsch nach Veränderungen nicht allgemein geteilt wurden, zumal die Wirtschaft gerade zwischen 1960 und 1964 Wachstumsraten von ca. vier Prozent aufwies. Viele Wähler waren mit den Konservativen weiterhin zufrieden. Doch zugleich traten die Folgen der *Stop-and-Go*-Politik offen zutage: Die Inflation nahm zu, die Zahlungsbilanz rutschte ins Defizit, und die Wirtschaft überhitzte. Vor diesem Hintergrund trat Wilson als Modernisierer an, versprach eine bessere Wirtschaftspolitik, mehr Planung und eine «white heat of [the technological] revolution». Außerdem schlug er der Königin nach dem Wahlsieg vor, den Beatles einen Orden[14] zu verleihen, ein weiterer Versuch, sein Image als junger, dynamischer Politiker zu unterstreichen. So gewann der neue Premier an Popularität und ließ bereits im März 1966 Neuwahlen durchführen, die dieses Mal Labour mit 48 Prozent der Stimmen und 364 Abgeordneten gegenüber 41,9 Prozent bzw. 253 Abgeordneten für die Konservativen einen klaren Sieg brachten.[15]

Diese Mehrheit sollte ein ruhiges Regieren erlauben. Doch tatsächlich fiel es auch Labour schwer, die gestiegenen Erwartungen zu erfüllen. Die Regierung sollte die soziale Ungerechtigkeit mindern, wirtschaftliches Wachstum sichern, die Gesellschaft modernisieren und bei all dem zwischen Unternehmern, Gewerkschaften und den verschiedenen Interessengruppen vermitteln. Diese Aufgabe war schon prinzipiell kaum lösbar und wurde noch schwieriger, als im Oktober 1964, direkt nach dem ersten Wahlsieg, die Zahlungsbilanz ein bedrohliches Defizit aufwies und die Abwertung des Pfundes nahelag, um Importe zu verteuern und Exporte zu erleichtern. Doch Abwertungen galten als Zeichen der Schwäche, welche die neue Regierung mit ihrer Mehrheit von nur vier Abgeordneten nicht zeigen wollte. Sie sah deshalb keine andere Möglichkeit, als Steuern und Zinsen zu erhöhen, zusätzliche Beiträge zur Finanzierung des Wohlfahrtsstaates zu verlangen, Importe zu belasten und einen Kredit beim Internationalen

Währungsfonds zu beantragen. Um ihre Wähler nicht vollends zu enttäuschen, erhöhte sie als Ausgleich die Renten und strich Rezeptgebühren, damit zumindest die ärmeren Schichten entlastet wurden.

Eine dauerhafte Lösung war damit nicht gefunden. Die Regierung reagierte vielmehr unter dem Druck einer unerwarteten Notlage, nicht hingegen auf der Basis der versprochenen systematischen Planung. Diese ließ auch in den kommenden Jahren auf sich warten, da zu viele akute Probleme anstanden, die kurzfristige Maßnahmen erforderten, während zugleich die Kooperationsbereitschaft bei Unternehmern und Gewerkschaften zu wünschen ließ. Das bereits unter den Konservativen begründete *National Economic Development Council* blieb wirkungslos, die damit angestrebte bessere Lenkung der Wirtschaft wurde nicht erreicht. Vielmehr spitzten sich die Probleme so zu, dass die Regierung 1968 trotz aller Bemühungen das Pfund um 15 Prozent abwerten musste, weitere Kredite beim IWF aufnahm, Zinsen und Steuern erhöhte und Löhne sowie Preise einfror. Zusätzlich kürzte sie Militärausgaben, zog die *East of Suez* stationierten Truppen zurück und schätzte die finanzielle Situation als so schwierig ein, dass sie sogar die geplante Verlängerung der Schulpflicht zurücknahm. Diese sollte lediglich um ein Jahr verlängert werden und fortan mit 16 Jahren enden, doch selbst das galt als eine zu große Belastung.

Angesichts dieser Schwierigkeiten veröffentlichte Barbara Castle, Staatssekretärin für Beschäftigung und Produktivität, 1969 ein Weißbuch mit dem Titel *In Place of Strife*. Dieses sah vor, bei Arbeitskämpfen neue Regeln einzuführen und vor Streiks Abstimmungen und eine Abkühlungsphase vorzuschreiben – Maßnahmen, die später Margaret Thatcher durchsetzen sollte. Castle hingegen scheiterte, und seitdem wird viel darüber diskutiert, ob ein Erfolg ihrer Bemühungen die spätere Konfrontation mit den Gewerkschaften und den Aufstieg von Thatcher verhindert hätte. Diese Vermutung geht etwas weit, doch festhalten lässt sich, dass Castle sehr viel auf einmal versuchte und ihr Vorgehen schlecht vorbereitet hatte. Die Gewerkschaftsführungen hatte sie kaum eingebunden und fand bei ihnen entsprechend wenig Unterstützung; das Kabinett wollte sich in diesem heiklen Fall nicht zu sehr engagieren; weite Teile der Labour Partei lehnten das Weißbuch als zu unternehmerfreundlich ab, und vor allem lokale Betriebsräte machten dagegen mobil, so dass Castles Empfehlungen nur in verwässerter Form umgesetzt wurden und wirkungslos blieben.

Die Konservativen und Edward Heath

Kurz darauf, im Juni 1970, fanden erneut Wahlen statt, welche die Konservativen unter Edward Heath gewannen. Dieses Ergebnis kam unerwartet, denn trotz der genannten Schwierigkeiten beeindruckte Wilson als geschickter Taktierer, und die Wirtschaft erwies sich bei allen Schwankungen als erstaunlich robust, wenngleich die Arbeitslosigkeit leicht anstieg und das Wirtschaftswachstum sich seit 1968 verlangsamte. Davon profitierte Heath, der eine neue Politik versprach. Um ein höheres Wachstum zu erreichen, wollte er den *Stop-and-Go*-Zyklus überwinden, die Eingriffe des Staates reduzieren, sich aus Lohnkonflikten möglichst heraushalten und eine «quiet revolution» bewirken. Das überzeugte viele Wähler, so dass die Konservativen mit 46 Prozent der Stimmen (330 Abgeordnete) eine solide Mehrheit über Labour (43 Prozent bzw. 287 Abgeordnete) erhielten. Doch Heaths Versprechen, die Rolle des Staates zurückzufahren, stieß auf unerwartete Probleme, als zwei besonders delikate Konkurse drohten: bei Rolls-Royce und Werften in Glasgow. In beiden Fällen zeigte sich, dass seine Vorschläge prinzipiell zwar Unterstützung fanden, weite Teile der Öffentlichkeit aber in besonderen Fällen ein Eingreifen der Regierung erwarteten.[16]

Rolls-Royce war ein Vorzeigeunternehmen, das nicht nur die bekannten Luxuswagen herstellte, sondern vor allem Flugzeugmotoren und -turbinen, die den größten Teil der Geschäftstätigkeit ausmachten. Während des Zweiten Weltkriegs war etwa die Hälfte der alliierten Flugzeuge mit Rolls-Royce-Motoren ausgestattet. Danach baute das Unternehmen seine Produktion aus, übernahm andere Firmen, bot Ende der 1960er Jahre weltweit das umfassendste Triebwerksprogramm an und war technologischer Marktführer – bis 1971 ganz überraschend der Konkurs drohte, da die Entwicklung eines neuen Triebwerks zu hohe Kosten verursachte. Aus prinzipiellen Gründen wollte die konservative Regierung nicht eingreifen, doch tatsächlich stand nationales Prestige auf dem Spiel. Heath musste deshalb handeln, verhinderte mit erheblichen Steuergeldern den Zusammenbruch und verstaatlichte Rolls-Royce – eine Maßnahme, die eigentlich nur noch die radikale Linke forderte.

Die beste Zeit der Werften in Glasgow hingegen lag lange zurück. Vor 1914 befand sich hier das weltweite Zentrum des Schiffbaus, das in beiden Kriegen einen Aufschwung erlebt hatte, seitdem aber schwierige Zeiten durchmachte und 1971 ebenfalls vor dem Konkurs stand, der etwa 8000 Arbeitsplätze gefährdete. Um deren Verlust abzuwenden, war ein Kredit von 6 Millionen £ erforderlich, den die Regierung nicht aufbringen wollte. Das schien auch deshalb gerechtfertigt, weil es sich bei den Werften nicht um Vorzeigeunternehmen handelte. Doch ihre lange Tradition und die alte

Größe waren ein symbolisches Kapital, das die Beschäftigten geschickt mobilisierten. Außerdem entwickelten sie eine ungewöhnliche Taktik: Anstatt zu streiken, beschlossen sie ein *work-in*, um die noch bestehenden Aufträge zu erfüllen und zu zeigen, dass sie nicht die Arbeit verweigerten, sondern für den Erhalt ihrer Arbeitsplätze kämpften. Auf diese Weise appellierten sie an die Öffentlichkeit, veranstalteten zusätzlich Protestkundgebungen und fanden breite Unterstützung in Medien und Bevölkerung, so dass die Regierung schließlich auch hier eingriff und die Werften ebenfalls übernahm.

Die Konservativen befanden sich in einer Zwickmühle. Sie wurden wegen ihres wirtschaftsliberalen Kurses gewählt, mussten aber in zwei prominenten Fällen dagegen verstoßen und eine Kehrtwende (*u-turn*) vornehmen, zumal nicht nur öffentlicher Druck und politische Argumente für ein Eingreifen sprachen, sondern dieser auch sachlich zu rechtfertigen war. Denn bei Rolls-Royce handelte es sich um ein leistungsfähiges und technologisch führendes Unternehmen, das nur aufgrund besonderer Fehlentwicklungen in eine vorübergehende Finanzkrise geraten war. Demgegenüber erlebten die Werften zwar eine Dauerkrise, erhielten aber weiterhin Aufträge und benötigten eine vorübergehende Unterstützung, um den bereits stattfindenden Anpassungsprozess erfolgreich fortzusetzen. Es sprach also in beiden Fällen wenig dafür, Eingriffe des Staates in die Wirtschaft aus Prinzipientreue abzulehnen – zumal die weitere Entwicklung die Entscheidung von Heath bestätigte. Rolls-Royce konnte die Finanzkrise überwinden und sich bei Triebwerken als globaler Marktführer behaupten (während die Automarke mittlerweile deutschen Firmen gehört). Die Werften wiederum wurden erfolgreich umgebaut und stellen bis heute Schiffe her.

Andere Industrien warfen größere Probleme auf, vor allem der Bergbau. Hier waren die Arbeitsplätze von 900 000 im Jahre 1957 auf nur noch 300 000 im Jahr 1972 zurückgegangen, wobei die Verstaatlichung sich als Vorteil erwies. Denn dadurch waren die Gewerkschaften eingebunden und konnten den Abbau der Arbeitsplätze abfedern, mussten dafür aber geringe Lohnerhöhungen in Kauf nehmen. Da zugleich in den anderen Bereichen die Löhne deutlich anstiegen und außerdem die Inflation zunahm, gerieten die Bergleute ins Hintertreffen. Als Ausgleich forderten ihre Gewerkschaften deshalb 1971 eine drastische Lohnerhöhung, riefen einen Streik aus und blockierten durch fliegende Streikposten (*flying pickets*) die Versorgung von Kraftwerken mit Kohle. Wie die Werftarbeiter erfuhren auch sie breite öffentliche Unterstützung, wozu nicht nur die harten Arbeitsbedingungen unter Tage und der Rückstand bei den Löhnen beitrugen. Hinzu kamen Erinnerungen an die 1920er und 1930er Jahre, als gerade Bergleute von Arbeitslosigkeit und niedrigen Löhnen betroffen waren und im Generalstreik von 1926 eine empfindliche Niederlage erlitten hatten. Diese Zeiten galten eigentlich als überwunden, schienen jetzt jedoch zurückzukommen. Da zudem die Blockade der Kraftwerke erfolgreich verlief, die Energieversorgung gefährdet war und die Wirtschaft eine Drei-Tage-Woche einführen musste, gab Heath nach und akzeptierte eine Lohnerhöhung von 16 Prozent, die doppelt so hoch ausfiel wie die Inflationsrate. Damit kehrte jedoch keine Ruhe ein. Vielmehr sahen sich die Bergleute durch ihren großen Erfolg ermutigt und streikten zwei Jahre später erneut. Auch jetzt kam es zu einer Drei-Tage-Woche, und wiederum setzten sie massive Lohnerhöhungen durch.

Vergleichbare Auseinandersetzungen fanden in anderen britischen Industrien statt – und in anderen Ländern Europas. Überall heizten sich damals Inflation und Lohnforderungen gegenseitig an und führten zu einer Lohn-Preis-Spirale. Diese nahm noch zu, als die abrupte Erhöhung des Ölpreises im Jahr 1973 zu weiteren Lohnforderungen führte. Außerdem griffen die Regierungen bei drohenden Stilllegungen und nachlassender Konjunktur in die Wirtschaft ein und erhöhten ihre Ausgaben, was die Spirale zusätzlich antrieb. Das zeigte sich auch in Großbritannien, wo die konservative Regierung 1972 einen expansiven Haushalt verabschiedete, um die Wirtschaft zu beleben und ihre Aussichten für die 1974/75 bevorstehende Wahl zu verbessern. Das Kalkül ging auf. Das Wachstum schoss von zwei auf 7,3 Prozent in die Höhe, doch zwangsläufig überhitzte die Wirtschaft, und die Inflation stieg auf mehr als 20 Prozent an.[17]

Wie zuvor Labour stand damit auch die konservative Regierung vor der Aufgabe, Löhne und Preise zu kontrollieren. Das war prinzipiell nicht einfach und wurde konkret dadurch erschwert, dass die Konservativen vor der Wahl die Lohn- und Preispolitik explizit abgelehnt hatten. Eine gewisse Hilfe bot der *Industrial Relations Act*, den die Regierung 1971 verabschiedete. Dieses Gesetz verbot wilde Streiks, machte den Gewerkschaften Auflagen und richtete den *National Industrial Relations Court* ein, der bei Konflikten vermitteln sollte. Doch erneut fühlten sich die Gewerkschaften nicht früh genug eingebunden und lehnten das Gesetz ab, zumal die Basis angesichts der galoppierenden Inflation Lohnminderungen befürchtete und erheblichen Druck auf die eigenen Funktionäre ausübte. Die Konservativen konnten sich deshalb nicht durchsetzen. Löhne und Preise stiegen weiter an, und die Streiks nahmen zu. Heath regte deshalb Verhandlungen zwischen Unternehmern, Gewerkschaften und Regierung an, um freiwillige Lohnvereinbarungen zu erreichen.[18]

Statt sich, wie versprochen, aus der Wirtschaft zurückzuziehen, griff die

Regierung damit erneut in zentrale Bereiche ein. Nach den Subventionen für Rolls-Royce und die Werften sowie dem inflationären Haushalt unternahm sie eine weitere Kehrtwende. Schlimmer noch: Als die Verhandlungen scheiterten, fror Heath am 6. November 1972 für 90 Tage alle Preise, Renten, Löhne und Gewinnausschüttungen ein. Anschließend konnten diese wieder steigen, jedoch unter Kontrolle der Regierung. Intern erntete er dafür Kritik, doch nach außen trugen die Konservativen dieses Vorgehen, auch Margaret Thatcher. Sie hatte Vorbehalte, vertrat damals jedoch noch nicht die mit ihrem Namen verbundene Politik, die sich radikal von den Kompromissen absetzte, die Heath einging. Die beiden wurden erbitterte Gegner, und Thatcher lehnte als Premierministerin jede als *u-turn* bezeichnete Kehrtwende mit der Aussage ab: «This Lady is not for turning». Bis dahin vergingen noch einige Jahre. Aktuell spitzten sich die Konflikte zu und Heath setzte für den 28. Februar 1974 Neuwahlen an, die er unter die Frage stellte: «Who governs Britain?»[19]

Die Wähler gaben darauf keine klare Antwort. Sie konnten sich offensichtlich nicht eindeutig entscheiden. Denn die Konservativen erhielten zwar etwas mehr Stimmen (37,9 Prozent) als Labour (37,1 Prozent), besaßen aber im Parlament vier Abgeordnete weniger. So kam Wilson zurück an die Macht, ließ jedoch angesichts der knappen Mehrheit nicht einmal acht Monate später erneut wählen. Dieses Mal war der Abstand größer (39,2 zu 35,8 Prozent) und betrug 319 gegenüber 277 Abgeordneten. Die tatsächliche Mehrheit fiel jedoch sehr knapp aus, denn in diesen Jahren erlebten die nationalen Parteien in Nordirland und Schottland einen Aufschwung und zogen neu ins Parlament ein, wo sie 26 Abgeordnete stellten. Hinzu kamen 13 Liberale, so dass die Mehrheit für Wilson nur drei Stimmen betrug. Er musste deshalb die kleineren Parteien auf seine Seite ziehen und ihren Forderungen nach größerer Selbständigkeit entgegen kommen. Vor allem jedoch musste er die wirtschaftlichen Probleme besser lösen als sein Vorgänger. Das ging nicht ohne die Gewerkschaften und ihre Mitglieder, wie die zahlreichen Konflikte der letzten Jahre und das Scheitern von Heath gezeigt hatten. Labour, so die Annahme der Wähler, stand diesen näher, sollte sie einbinden und mit ihnen konsensfähige Lösungen finden.

Großbritannien, Europa und die Welt

Während sich die Wirtschaftspolitik als Minenfeld erwies, erzielte Heath auf einem anderen Gebiet einen großen Erfolg: 1973 trat Großbritannien der EWG bei. Dabei war dieser Beitritt nicht weniger umstritten als seine Lohn- und Preispolitik, Befürworter und Gegner standen sich vehement gegenüber.

Diese unterschiedlichen Einstellungen hatten schon die ersten Schritte zur europäischen Einigung begleitet, die britische Politiker nach dem Zweiten Weltkrieg unterstützten, an denen sie sich selbst aber nicht beteiligen wollten. Die Einigung sahen sie vielmehr als Aufgabe der anderen westeuropäischen Staaten, die erst einmal stabile Demokratien etablieren mussten und für den Wiederaufbau einander sowohl politisch wie ökonomisch benötigten. Im Vergleich dazu war Großbritannien ein Hort der Stabilität und besaß seine wichtigsten Wirtschaftspartner außerhalb Europas. Entsprechend gering blieb deshalb das Interesse an der 1957 gegründeten EWG, wozu aber auch Fehleinschätzungen beitrugen. Der neue Zusammenschluss, so ein verbreitetes Urteil, werde keine Dauer haben. Dazu seien die Mitgliedsländer zu schwach und deren Interessen zu unterschiedlich. Bald jedoch zeigte sich, dass die EWG gut funktionierte und die Wirtschaft der Mitgliedsländer rascher wuchs als erwartet. Auch der britische Handel mit den Ländern der EWG nahm zu und war bereits 1960 wichtiger als mit den traditionellen Partnern Australien und Neuseeland. Diese lieferten weiterhin preiswertes Fleisch und Getreide, doch für die britischen Konsumenten war es wichtiger geworden, vom Kontinent günstige Kühlschränke und Pkw zu importieren.[20]

Kurz darauf bemühte sich Macmillan um einen Beitritt, der allerdings die Frage aufwarf, welche Folgen sich hieraus für die Länder des Commonwealth ergeben würden. Denn diese lieferten traditionell Lebensmittel nach Großbritannien, während der gemeinsame Agrarmarkt, der sich zum Kernstück der EWG entwickelte, durch Zölle geschützt war und Importe erschwerte. Entscheidender war jedoch das französische Veto, das oftmals auf persönliche Animositäten de Gaulles zurückgeführt wird. Diese spielten fraglos eine Rolle, aber auch unabhängig davon bestanden in Frankreich erhebliche Vorbehalte. Nicht vergessen waren der Zweite Weltkrieg, als Großbritannien aus Dünkirchen abzog und die französischen Truppen alleine zurückließ; der Suezkrieg, wo der britische Rückzug nicht mit Frankreich abgesprochen war; oder das Raketenabkommen mit Kennedy, das die britische Abhängigkeit von den USA unterstrich. Hinzu kam die Orientierung auf das Commonwealth, die der frühere amerikanische Außenminister Dean Acheson im Dezember 1962 mit den Worten beschrieb, Großbritannien habe «ein Empire verloren, aber noch keine neue Rolle gefunden».[21] Dieser Meinung war auch de Gaulle, der eine zu große Bindung an die USA und zu wenig echtes Engagement für Europa sah und durch Aussagen britischer Politiker bestärkt wurde. So lehnte Gaitskell, der Führer von Labour, auf dem Parteitag 1962 den Beitritt ab, da er das Ende seines Landes als unabhängiger europäischer Staat zur Folge habe: «Er bedeutet das Ende von tausend Jahren Geschichte. Ihr könnt sagen: Lass sie enden. Doch, du meine Güte, das ist eine Entscheidung, die etwas Sorgfalt und Nachdenken erfordert.»[22]

Auch de Gaulle betrachtete den Antrag als voreilig und legte 1963 sein Veto ein. Doch bereits vier Jahre später bemühte sich die britische Regierung, jetzt angeführt von Labour, erneut um einen Beitritt, um wiederum an de Gaulle zu scheitern. Die Situation war festgefahren, bis die Pariser Studentenrevolte von 1968 zu Hilfe kam. Über deren Bedeutung wird viel diskutiert, doch eine Folge lässt sich eindeutig festhalten, selbst wenn die Studenten diese nicht beabsichtigten: Ihr Aufstand führte zum Rücktritt von de Gaulle und ermöglichte dadurch den britischen Beitritt. Sein Nachfolger Georges Pompidou signalisierte Zustimmung, so dass Heath einen erneuten Anlauf unternahm und dafür eine breite Mehrheit fand, besonders unter den konservativen Politikern und Wählern, aber auch bei Teilen der Labour Partei.

Dieses Bündnis mag überraschen, doch die heterogene Gruppe begrüßte den Beitritt vor allem aus innenpolitischen Gründen. Er sollte einen Schutz gegen die radikale Linke bieten, deren Streiks und Einfluss sowohl Labour unter Wilson wie auch der Regierung Heath große Probleme bereiteten. Und er sollte die in Großbritannien anstehenden Reformen erleichtern, um die wirtschaftliche Wettbewerbsfähigkeit des Landes zu verbessern, das gegenüber den europäischen Staaten auf dem Kontinent zurückfiel. Entsprechend kam die deutlichste Kritik von der Linken, welche in der EWG einen kapitalistischen Zusammenschluss sah, der einseitig die Unternehmer begünstige. Da diese Kritik sehr lautstark geäußert wurde, versprach Wilson vor der Wahl vom Februar 1974, anschließend ein Referendum durchzuführen – ein Novum in der britischen Politik. Hier war das Parlament die entscheidende Instanz, dessen Souveränität weder eine Verfassung noch ein separater oberster Gerichtshof infrage stellten – und erst recht keine Volksabstimmung. Angesichts der Tragweite der Entscheidung und des heftigen Widerstands fand im April 1975 dennoch ein Referendum statt, das eindeutig ausfiel: Zwei Drittel der Wähler sprachen sich für einen Beitritt aus.

Damit trat Großbritannien einer EWG bei, die mittlerweile seit fast 20 Jahren bestand und Merkmale herausgebildet hatte, die für das neue Mitglied Probleme aufwarfen. Dazu zählten die fest etablierte Zusammenarbeit von Bonn und Paris, die wenig Raum für britische Einflussnahme ließ; die starken Brüsseler Behörden und nicht zuletzt die gemeinsame Agrarpolitik, welche damals fast 70 Prozent der Ausgaben verursachte. Gerade diese bedeutete einen erheblichen Nachteil für Großbritannien. Zum einen produzierte dessen Landwirtschaft seit Jahrzehnten effektiver und preiswerter als in den anderen Ländern der EWG; zum anderen waren die Interessen von Neuseeland und Australien zu berücksichtigen. Wie beim ersten Beitrittsversuch mussten auch jetzt für beide Länder Vereinbarungen getroffen werden. Doch wichtiger war, dass die britische Landwirtschaft wegen ihrer hohen Leistungsfähigkeit kaum Subventionen erhielt, so dass Großbritannien mehr in die EWG einzahlte als es zurückbekam. Damit subventionierte ausgerechnet das Land, das Ende der 1970er Jahre ökonomisch als «armer Mann» Europas galt, andere Mitglieder der EWG, die zwar in der Landwirtschaft Schwächen aufwiesen, insgesamt aber wirtschaftlich erfolgreicher abschnitten.

Diese britischen Zahlungen führten zunehmend zu Konflikten, die unter Thatcher schließlich aufbrachen, bis heute fortwirken und den britischen Europaskeptikern reichlich Nahrung gaben und noch geben. Die damit verbundenen hitzigen Debatten dominierten die Medien, vermittelten allerdings auch den falschen Eindruck, Europa habe in Großbritannien vor allem zu Kontroversen geführt. Denn parallel dazu fanden zahlreiche andere Entwicklungen statt, die den europäischen Gedanken förderten und ihm gerade im Alltag Bedeutung verliehen. Dazu gehören die wachsenden wirtschaftlichen Verflechtungen und der expandierende Tourismus, aber auch italienische Eisdielen oder Kaffeebars, die nicht nur in Großbritannien faszinierten. Hinzu kamen Lebensmittel, Restaurants oder Kochrezepte aus Frankreich, Spanien, Griechenland und anderen Ländern; Kleidermoden oder der Sport, wenn Mannschaften aus England, Wales, Schottland oder Nordirland an europäischen Wettbewerben teilnahmen und ihre Anhänger auf Landkarten nach Städten suchten, von denen sie vorher nicht einmal gehört hatten. Das mag trivial erscheinen, hat jedoch ebenso zur europäischen Einigung beigetragen wie Verträge und Konferenzen.

The Empire strikes back?

Parallel zur britischen Hinwendung nach Europa erfolgte die Abkehr vom Empire, zumindest in der Wirtschaft, wo der Handel mit den Ländern des Kontinents an Bedeutung gewann. Doch die Veränderungen vollzogen sich langsam. Noch in den 1960er Jahren warnten zahlreiche Politiker davor, zu sehr auf Europa zu starren und die etablierten Absatzmärkte im Commonwealth zu vernachlässigen.[23] Vergleichsweise rasch erfolgte in diesen Jahren der militärische Rückzug, als die begrenzten finanziellen Mittel zu offensichtlich wurden. Politisch schließlich blieben auch nach der Unabhängigkeit viele Bindungen bestehen, während im britischen Alltag das Empire immer präsenter wurde, vor allem durch die Zuwanderungen, die nach 1950 deutlich zunahmen und Politik und Gesellschaft erheblich veränderten.[24]

Wie bereits erwähnt, verabschiedete das Unterhaus 1948 den *British Nationality Act*, der alle Bewohner der Kolonien als britische Staatsbürger bezeichnete und ihnen das Recht gab, in das Vereinigte Königreich frei ein- und wieder auszureisen. Diese Möglichkeit nutzten traditionell fast nur Weiße, die aus den Kolonien oder Dominions zurückkehrten, während erst nach dem Zweiten Weltkrieg Farbige in größerer Zahl nach Großbritannien kamen. Anfangs handelte es sich um kleine Gruppen, doch selbst diese lösten Befürchtungen in der einheimischen Bevölkerung aus. Die Regierung zeigte dafür Verständnis, hielt jedoch vorerst daran fest, dass alle Untertanen der Königin die gleichen Rechte besaßen und im Commonwealth eine große Gemeinschaft bildeten. Jeder Versuch, gezielt die Zuwanderung Farbiger zu erschweren, hätte diesem Anspruch widersprochen und das Festhalten an den Kolonien erschwert.

Diese abwartende Haltung wurde jäh erschüttert, als im August 1958 in Notting Hill, ein Stadtteil von London, Rassenunruhen ausbrachen. Weiße Jugendliche griffen Zuwanderer aus der Karibik an, selbst in deren Häusern. Die Polizei schritt ein, doch die Unruhen zogen sich über mehrere Tage hin. Insgesamt wurden etwa 140 Personen verhaftet und 108 von ihnen angeklagt, davon 36 Farbige und 72 Weiße, darunter zahlreiche *Teddy Boys*. Diese entstammten der Arbeiterschaft, bildeten eine Variante der damaligen Jugendbewegung, trugen besondere Kleidung, hörten Rock'n Roll und bildeten oft Banden, die an rassistischen Ausschreitungen beteiligt waren. Zur Abschreckung erhielten einige der verhafteten weißen Jugendlichen besonders harte Strafen (vier Jahre Gefängnis), während der Polizei vorgeworfen wurde, sie habe im Vorfeld der Unruhen Berichte über rassistische Angriffe nicht ernst genommen. Auch anschließend versicherte sie, rassistische Motive hätten bei den Ausschreitungen keine oder nur eine geringe Bedeutung gehabt und verwies damit auf ein Problem, das bis heute besteht. Immer wieder beschwerten (und beschweren) sich farbige Briten darüber, dass die Polizei das tatsächliche Ausmaß des Rassismus unterschätze und sich selbst rassistisch verhalte. Sie spiele Angriffe von Weißen herunter, unternehme zu wenig dagegen und diskriminiere ihrerseits Farbige.[25]

Auch ein anderes Merkmal der damaligen Unruhen blieb präsent. Als Ursache der Spannungen wurde die Zuwanderung von Farbigen genannt, nur selten hingegen das Verhalten der weißen Bevölkerung. Entsprechend zielten die Bemühungen der kommenden Jahre vor allem darauf ab, das Recht auf Zuwanderung einzuschränken und entsprechende Gesetze zu erlassen. Das erste wurde 1962 verabschiedet und schränkte die bisherigen Möglichkeiten erheblich ein. Fortan besaßen Untertanen der Königin nicht mehr das grundsätzliche Recht, nach Großbritannien zu kommen, sondern mussten Berechtigungsscheine erwerben, deren Zahl sich steuern ließ. Eine weitere Verschärfung im Jahr 1968 begrenzte die Zuwanderung auf diejenigen, die «substantielle Verbindungen» zu Großbritannien besaßen, d. h. die Eltern oder Großeltern angeben konnten, die in Großbritannien geboren waren.[26]

Afrikaner oder Asiaten konnten derartige Verbindungen nur selten vorweisen und waren damit faktisch ausgeschlossen – aber nicht ganz. Denn diejenigen von ihnen, die bereits in Großbritannien lebten, besaßen das Recht auf Familienzusammenführung, auf das sich in den 1960er Jahren immerhin 50 000 Personen pro Jahr beriefen. Außerdem zeigte sich, dass es nicht so einfach war, Verpflichtungen abzuweisen, die sich aus dem Empire ergaben. So sollte 1968 die Zuwanderung weiter erschwert werden, weil in früheren afrikanischen Kolonien (vor allem Uganda und Kenia) Asiaten lebten, die von den neuen einheimischen Machthabern drangsaliert und vertrieben wurden und eine neue Heimat suchten. Gesetzlich ließ sich deren Einreise beschränken, doch politisch und moralisch wurde der Druck auf die Regierung so groß, dass sie sich verpflichtet sah, die Asiaten aufzunehmen.[27]

So ergab sich ein widersprüchliches Bild. Auf der einen Seite wurde per Gesetz die Zuwanderung erschwert und die frühere Gleichstellung aller Untertanen der Königin beseitigt. Auf der anderen jedoch stieg die Zahl der Zuwanderer an, wofür es mehrere Gründe gibt. Das wirtschaftliche Wachstum in Großbritannien schuf einen Bedarf an Arbeitskräften, so dass Unternehmer an ihnen interessiert waren und Behörden nicht immer genau hinschauten; billigere Flüge und Schiffsreisen reduzierten die Fahrtkosten; die USA erließen härtere Gesetze für Einwanderer, für die Großbritannien eine Alternative bot; und hier entstanden zunehmend Netzwerke, die Anlaufstellen und Hilfe bereitstellten. Daneben sind die zahlreichen Bemühungen zu erwähnen, das Verhältnis von Weißen und Farbigen zu verbessern und den vorhandenen Rassismus zu bekämpfen – auch in Notting Hill.

Dort rief Claudia Jones 1959 als Antwort auf die Unruhen den *Notting Hill Carnival* ins Leben, um durch ein gemeinsames Fest die Rassenspannungen zu entschärfen. Jones stammte aus Trinidad, engagierte sich über Jahre in den USA und in Großbritannien als Feministin, schwarze Nationalistin und Journalistin und erzielte mit dem *Notting Hill Carnival* einen phänomenalen Erfolg. Dabei waren die Anfänge dieses jährlich stattfindenden Festes von Schwierigkeiten überschattet, doch nach und nach wurde seine Mischung aus Musik, Tanz, Kostümen und Umzug immer populärer. Heute zieht der Karneval jedes Jahr Hunderttausende an, gilt selbst in der Weltstadt London als eine der großen Attraktionen und ist im Establishment angekommen, wie die Feiern zum fünfzigsten Krönungstag von Elizabeth II. im Jahr 2003 zeigten. Aus diesem Anlass fand ein großer Umzug statt, an dem Gruppen des *Notting Hill Carnival* an prominenter Stelle teilnahmen.

Zu diesem Erfolg trugen auch politische Maßnahmen bei, darunter das bereits 1958 gegründete *Institute of Race Relations*, mehrere anschließende Gesetze gegen rassische Diskriminierung (1965, 1968 und 1976) und vielfältige Initiativen von Regierung, Behörden, Institutionen und Privatpersonen. Deren Aufgabe war nicht einfach, denn sie mussten gegen viele Vorurteile und einen alltäglichen Rassismus kämpfen, der in der Bevölkerung, der Polizei und auch bei Politikern verbreitet war. Zu ihnen zählte Enoch Powell, ein führender Konservativer und Mitglied des Schattenkabinetts von Edward Heath. Am 20. April 1968, kurz nach Verabschiedung eines *Race-Relations*-Gesetzes, warnte Powell in einer Rede vor weiterer Zuwanderung und beschrieb ein wahres Schreckenszenario. Schon in wenigen Jahren würden Farbige und deren Kinder mehrere Millionen zählen und in einzelnen Regionen oder Städten die Mehrheit bilden. Die Nation sei verrückt, diese Entwicklung zuzulassen. Sie müsse endlich handeln, die Zuwanderung stoppen und die Rückwanderung fördern, sonst – so Powell – käme es zu Verhältnissen wie im antiken Rom, wo der «Tiber mit Blut überschäumte».[28]

Die Rede führte zu heftigem Protest. Heath entließ Powell, der ohnehin sein Rivale war, aus dem Schattenkabinett, und in der Politik blieb er fortan Außenseiter. Doch Powell fand auch Zustimmung, so bei Londoner Hafenarbeitern, die zu seiner Unterstützung streikten und an zahlreichen Protesten gegen das *Race Relations*-Gesetz teilnahmen. Auch in den folgenden Jahren wiederholten sich diese Demonstrationen und andere öffentliche Aktionen, an denen sich jedoch nur kleine, wenngleich lautstarke Gruppen beteiligten. Bereits im Wahlkampf von 1962 hatten sie gegen die Zuwanderung mit Plakaten protestiert, auf denen es hieß: «If you want a nigger neighbour, vote Labour or Liberal.»[29] Andere Formen des Protestes und der Diskriminierung waren verbreiteter und verliefen unauffälliger, was jedoch nichts daran änderte, dass sie äußerst wirksam und nur schwer zu bekämpfen waren. So verloren Häuser an Wert, wenn Farbige in der Nachbarschaft einzogen; Weiße verließen danach Straßenzüge und ganze Stadtteile oder sorgten dafür, dass die Schulen ihrer Kinder möglichst wenige Zuwanderer aufnahmen. Andere warfen Bischöfen der anglikanischen Kirche vor, durch ihr Verständnis für Zuwanderer gegen Gottes Wille zu verstoßen: «No sincere and genuine Christian would go against God's will and encourage integration and mixed marriages like you are doing.»[30] Der *Daily Express* schließlich zeigte in einer Karikatur den Erzbischof von Canterbury, der mit wehender Fahne und der Aufschrift «Keep Britain Brown» in das Büro von Wilson und Callaghan stürmte.[31]

So war und blieb das Verhältnis zwischen Weißen und Farbigen spannungsgeladen – wie in anderen westeuropäischen Ländern auch. In einer Hinsicht allerdings bestand ein erheblicher Unterschied, vor allem gegenüber Deutschland. In Großbritannien waren die meisten Zuwanderer britische Staatsbürger und besaßen alle politischen Rechte, vor allem das Wahlrecht. Deshalb zeigten die Parteien an ihnen schon deshalb ein Interesse, um mögliche Wähler zu gewinnen. Außerdem sprachen die Zuwanderer meist Englisch und waren nicht nur mit der britischen Kultur vertraut, sondern prägten diese auch zunehmend. Das gilt bekanntermaßen für Mode, Musik und Sport, aber auch für Filme, Radio oder Fernsehen, wo sie oder ihre Kinder vermehrt wichtige Stellen bekleideten. Genannt seien Moira Stewart, eine Tochter afro-karibischer Eltern, geboren 1949 in London, die später eine prominente Nachrichtensprecherin der BBC wurde; oder Trevor McDonald, der aus der Karibik stammt, beim Sender ITV ebenfalls die Nachrichten präsentierte, mehr Auszeichnungen erhielt als jeder andere Nachrichtensprecher und 1999 als Sir Trevor in den Adelsstand erhoben wurde.

In Deutschland sind vergleichbare Karrieren bis heute eine seltene Ausnahme, während sich in Großbritannien zahlreiche weitere Männer oder Frauen nennen ließen, die als Journalisten, Wissenschaftler oder Schriftsteller bekannt wurden, wichtige Preise erhielten und internationalen Ruhm erlangten. Dazu trug nicht nur bei, dass sie aus dem britischen Kulturraum stammten, die englische Sprache beherrschten und politisch gleichberechtigt waren. Wichtig war auch, dass die Zuwanderer nach Großbritannien aus sehr unterschiedlichen Schichten stammten. Viele verfügten über keine besondere Ausbildung und fanden nur schlecht bezahlte Tätigkeiten. Andere hingegen stammten aus den Mittelschichten oder sogar den Eliten, besuchten in Großbritannien die besten Schulen und Universitäten und gewannen entsprechenden Einfluss. So waren die farbigen Zuwanderer und ihre Kinder nicht nur Opfer von Gesetzen und Diskriminierung. Mehr als in anderen europäischen Ländern waren sie auch Akteure, die ihre Interessen vertraten, sich auf vielfältige Weise einbrachten und Großbritannien erheblich veränderten. Dies geschah vor allem ab den 1960er Jahren, als das frühere Empire politisch und wirtschaftlich rasch an Bedeutung verlor. Doch parallel dazu wuchs in Großbritannien die Zahl der Farbigen so sehr an, dass tatsächlich kein Abschied vom Empire stattfand. Dieses hat nicht, wie ein viel zitierter Satz behauptet, zurückgeschlagen, ist aber auf ganz unerwartete Weise in Großbritannien angekommen.

Winter of Discontent

Die Labour-Regierung kam 1974 ins Amt, um die zunehmenden wirtschaftlichen Probleme zu lösen und vor allem ein weiteres Ansteigen der Streiks zu verhindern. Diese hatten verschiedene Gründe: Der anhaltende Niedergang der traditionellen Industrien (Kohle, Stahl, Schiffbau, Textilien), die durch billigere Importe und alternative Rohstoffe (Öl, Gas) immer mehr Arbeitsplätze verloren; die mühsame Suche nach neuen Industrien und Arbeitsplätzen; der dramatische Anstieg des Preises für Erdöl, der einen wichtigen Rohstoff drastisch verteuerte, Industrie und privaten Konsum belastete und Kapital in arabische Länder abzog; wachsende Staatsverschuldungen, mehrfach überhitzte Konjunkturen und überzogene Erwartungen, den wirtschaftlichen Zyklus steuern zu können; und nicht zuletzt Verteilungskämpfe zwischen Unternehmen, Beschäftigten und Staat, die sich hochschaukelten und die vorhandenen Steuerungsmechanismen überforderten.

1974 traute eine knappe Mehrheit der Wähler eher Labour als den Konservativen zu, hier Lösungen zu finden. Doch überzeugende Vorschläge besaß keine der beiden Parteien, allenfalls besonders radikale, sowohl bei den Rechten wie den Linken. Auf der Rechten forderten vereinzelte Personen und Gruppen seit längerem eine Abkehr vom Wohlfahrtsstaat, wollten staatliche Eingriffe in die Wirtschaft minimieren und zu einem möglichst ungehinderten freien Markt zurückkehren. Sie fanden aber weiterhin nur wenig Unterstützung, wenngleich ihre Argumente angesichts der zunehmenden Krisen an Überzeugungskraft gewannen und schließlich 1979 Thatcher an die Regierung brachten.

Einflussreicher waren zunächst die radikalen Linken, denen die Reformen der Nachkriegszeit nicht weit genug gingen und die auf Nachbesserungen drängten. Dazu wollten sie die Eingriffsmöglichkeiten des Staates ausbauen, weitere Industrien verstaatlichen, diese durch Schutzzölle unterstützen und so Beschäftigung und Wachstum erreichen. Anders ausgedrückt: Sie vertraten eine Variante des Sozialismus in einem Land, die jedoch scheiterte, als 1973 eine deutliche Mehrheit der Wähler den Beitritt zur EWG unterstützte und nationalen Alleingängen einen Riegel vorschob. So blieben die Forderungen nach mehr Staat und vor allem nach höheren Löhnen, die schon länger eine verhängnisvolle Spirale in Gang gesetzt hatten und 1975 zu einer Inflation von 24 Prozent führten. Im Gegenzug stiegen die Löhne im selben Jahr um 23 Prozent, was oberflächlich einen Ausgleich bot, die Lage aber nur verschärfte. Denn im Jahr darauf waren 1,25 Millionen Personen arbeitslos, die Zahlungsbilanz rutschte tief in die roten Zahlen, die Inflation erreichte 16 Prozent, und die Zinsen betrugen 15 Prozent. Zugleich nahm das Haushaltsdefizit erschreckend zu, da sowohl Konservative wie Labour in den Jahren zuvor zahlreiche Zusagen gemacht hatten. Deren Finanzierung erforderte hohe Steuereinnahmen, die wiederum ein rasches Wachstum der Wirtschaft verlangten. Dieses betrug in den «Goldenen Sechzigern» noch jährlich drei Prozent, schrumpfte jetzt hingegen auf 1,5 Prozent, so dass der Staat zu wenig Geld einnahm. Das Haushaltsdefizit wuchs, der Druck auf die Währung nahm zu, und 1976 musste die Regierung erneut um einen Kredit beim IWF bitten.[32]

Derartige Kredite erhielten ansonsten Länder der Dritten Welt, die dafür harte Bedingungen akzeptieren mussten. Mit diesen befand sich Großbritannien jetzt auf einer Stufe, was geradezu als Schande galt. Um den Kredit zu erhalten, verpflichtete sich die Labour-Regierung, die Ausgaben zu kürzen, und versuchte zusätzlich, eine weitere Eskalation der Löhne zu verhindern. Dazu begrenzte sie die Lohnerhöhungen im öffentlichen Dienst und traf in den anderen Sektoren Absprachen mit den Gewerkschaften. Außerdem kontrollierte sie die Geldmenge und schwenkte auf eine monetaristische Wirtschaftspolitik um, schon bevor Thatcher sie zu ihrem Markenzeichen erklärte. Diese Maßnahmen hatten Erfolg. Es gelang, den Anstieg von Löhnen und Preisen zu begrenzen und die Inflation von zuvor über 20 auf acht Prozent im Jahr 1978 zu senken. Dabei half der Regierung, dass an der Spitze der großen Gewerkschaften moderate Führer standen, die ebenso wie weite Teile der Öffentlichkeit die Lohn-Preis-Spirale beenden wollten. Das führte jedoch zu großen Belastungen.[33]

Eine davon war ein realer Einkommensverlust. In den Jahren zuvor waren die Löhne stärker angestiegen als Inflation und Produktivität. Für kurze Zeit profitierten die Beschäftigten davon, doch das Missverhältnis führte zwangsläufig zu höheren Inflationsraten, gegen die nur ein Rückgang der Löhne half – oder ein konsequenter Sozialismus, wie ihn die radikale Linke forderte. Eine andere Folge der Sparpolitik war eine höhere Arbeitslosigkeit. Lange Zeit konnten die Unternehmer wegen der rasanten Inflation steigende Löhne auf die Preise abwälzen, dadurch Entlassungen vermeiden und unangenehme Entscheidungen aufschieben. Diese Möglichkeit hatte sich erschöpft, neue Maßnahmen waren erforderlich. Diese ließen sich jedoch nur behutsam umsetzen, da weiterhin erwartet wurde, die Regierung könne durch Erhöhung ihrer Ausgaben und Steuerung der Zinsen die Wirtschaft lenken und Arbeitslosigkeit vermeiden.[34]

Diese Form der Wirtschaftspolitik hatte über mehrere Jahre die gewünschte Wirkung gezeigt, doch mittlerweile waren ihre negativen Folgen allzu deutlich geworden. 1976 trat deshalb Wilson zurück, auf den James Callaghan folgte, ein erfahrener Politiker, der alle großen Ministerien geleitet hatte. Callaghan galt als Konsenspolitiker, doch ihm war klar, dass angesichts der verfahrenen Situation Opfer unvermeidlich waren. Auf dem Labour-Parteitag im Herbst 1976 formulierte er die bittere Konsequenz der zurückliegenden Jahre: «Wir glaubten, dass wir durch höheren Konsum aus einer Rezession herauskommen können und mehr Beschäftigung erhalten, wenn wir die Steuern senken und die Staatsausgaben steigern. Ich sage Euch in aller Offenheit, dass diese Option nicht länger besteht. Und wenn sie jemals überhaupt bestand, hat sie jedes Mal nur dadurch funktioniert, dass sie der Wirtschaft eine größere Dosis Inflation verpasste, gefolgt von höherer Arbeitslosigkeit als nächstem Schritt.»[35]

Unter Ökonomen war diese Erkenntnis seit langem verbreitet, und mehr und mehr akzeptierten sie auch die Gewerkschaften, allerdings nicht unbedingt deren Folgen. Hier ist es allerdings schwierig von «den» Gewerkschaften zu sprechen. Diese waren in Großbritannien traditionell sehr zahlreich, unterschieden sich erheblich voneinander und zeichneten sich durch konkurrierende Richtungen aus. Vereinfacht lässt sich sagen, dass die Gewerkschaftsführungen zu Opfern bereit waren, während in den Betrieben radikale Strömungen an Bedeutung gewonnen hatten, die es erschwerten, verbindliche und durchsetzungsfähige Vereinbarungen zu treffen. Diese Radikalisierung beruhte auf betrieblichen Vertrauensleuten, den sogenannten *shop stewards*, die vor Ort die Interessen der Beschäftigten vertraten und zunehmend linksradikale Positionen vertraten.

Die bereits genannte Barbara Castle hatte 1969 mit ihrem Weißbuch *In Place of Strife* vergeblich versucht, genaue Regeln für Streiks zu etablieren und den Einfluss der *shop stewards* zu mindern. Auch Heath erzielte anschließend keinen Erfolg. Als jetzt unter Callaghan Lohnkürzungen anstanden, erfolgte eine weitere Radikalisierung, begünstigt durch die Regelungen, die direkt nach dem Zweiten Weltkrieg erfolgt waren. Damals hatte die Labour-Regierung zusammen mit den Gewerkschaften darauf verzichtet, weitreichende Formen der Mitbestimmung einzuführen. In gewissen Grenzen waren die Gewerkschaften dazu bereit gewesen, wollten sich grundsätzlich jedoch darauf konzentrieren, die engeren Interessen ihrer Mitglieder zu vertreten und vor allem höhere Löhne durchzusetzen. Da diese meist in den einzelnen Betrieben vereinbart wurden, gewannen in den kommenden Jahren die örtlichen *shop stewards* großes Gewicht. Ihre Zahl stieg von 175 000 (1968) auf 350 000 (1979), sie radikalisierten sich und kämpften gerade unter Callaghan für höhere Löhne und den Erhalt der Arbeitsplätze. Darauf hatten die Gewerkschaftsführungen nur begrenzt Einfluss, zumal kaum gesetzliche Regelungen oder Vereinbarungen mit den Betrieben bestanden, die mäßigend wirkten bzw. zu langfristigen Absprachen führten.[36]

So entstand eine spannungsgeladene Situation, die sich 1978 noch verschärfte, als die moderaten Gewerkschaftsführer durch radikalere abgelöst wurden und die Löhne hinter den Preisen zurückblieben. Das allein war für die Labour-Regierung eine große Herausforderung, die sie nur mit Mühe bewältigen konnte. Hinzu kam ein ganz anderes, nicht weniger schwieriges Problem: das Aufkommen nationaler Bewegungen in Schottland, Nordirland und – weniger ausgeprägt – in Wales. Besonders folgenreich verliefen diese Entwicklungen in Nordirland, das seit der Unabhängigkeit Irlands im Jahre 1922 aus dem Blickfeld der Londoner Politik geraten war und sich jetzt erneut als ein brisanter Unruheherd erwies. Die wichtigste Ursache hierfür waren zunehmende Spannungen zwischen Katholiken und Protestanten, von denen Letztere in Nordirland die Mehrheit besaßen und Katholiken auf verschiedene Weise diskriminierten, so bei der Vergabe von Wohnungen, Arbeitsplätzen oder öffentlichen Leistungen.

Damit fanden sich die Katholiken in den 1960er Jahren immer weniger ab und wurden durch die Erfolge der amerikanischen Bürgerrechtsbewegung ebenso ermutigt wie durch den weltweiten studentischen Protest. Zugleich gerieten die traditionellen Industrien Nordirlands, vor allem der Schiffsbau, in eine tiefe Krise, was die Konflikte um Arbeitsplätze verschärfte. Und schließlich hatte Nordirland eine eigene Regierung, die zwar auf einer protestantischen Mehrheit beruhte, jedoch zu Reformen bereit war, damit aber Protest bei ihren Wählern hervorrief. Dieser nahm noch zu, als die Labour-Regierung in London 1970 Teile der *Royal Ulster Constabulary* auflöste, die als Polizei eigentlich neutral agieren sollte, tatsächlich aber überwiegend aus Protestanten bestand und zu deren Gunsten handelte. Die Situation eskalierte, und Wilson schickte Soldaten nach Nordirland. An dieser Politik hielten die Konservativen fest. Nach seinem Wahlsieg ließ Heath zudem (mutmaßliche) Anhänger der IRA ohne Prozesse einsperren, und am 17. Januar 1972 eröffneten britische Soldaten das Feuer auf eine Versammlung von Katholiken (*Bloody Sunday*) und verwundeten 27 Personen, von denen 14 verstarben. Unruhen mit Hunderten von Verletzten und Toten folgten, das nordirische Parlament wurde aufgelöst, und ein Abkommen zur Teilung der Macht scheiterte. In dieser Situation übernahm die britische Regierung selbst die Macht und übte sie mit Unterbrechungen bis 2006 aus.[37]

In Schottland und Wales hingegen spielten religiöse Fragen keine Rolle. Hier gewannen vielmehr traditionelle nationale Bewegungen an Bedeutung, die lange wenig Anhänger besaßen, ab den 1960er Jahren aber Zulauf erhielten. Wie in zahlreichen anderen Teilen Europas fanden zu dieser Zeit auch in Schottland und Wales regionale Kulturen größere Unterstützung und mehr Wähler, wobei im Einzelnen sehr unterschiedliche Gründe vorlagen. In Schottland und Wales erlebten Kohle und Schiffsbau einen Niedergang, die ohnehin bestehenden wirtschaftlichen Probleme verschärften sich und es entstand der Eindruck, von London vernachlässigt zu werden. So erhielten die *Scottish National Party* (SNP) und *Plaid Cymru*, die bis dahin wenig Beachtung gefunden hatten, bei den Wahlen von 1970 in ihren Regionen elf bzw. zehn Prozent der Stimmen. Vier Jahre später überholte die SNP in Schottland mit 30 Prozent sogar die Konservativen (16 Prozent) und stellte im Londoner Unterhaus elf Abgeordnete, auf die Labour zunehmend angewiesen war.[38]

Als Gegenleistung forderten SNP und *Plaid Cymru* mehr Unabhängigkeit für Schottland und Wales, so dass am 1. März 1979 ein Referendum stattfand. In Wales unterstützte nur eine Minderheit diese Forderung, in Schottland hingegen die Mehrheit. Vorher hatte das Unterhaus jedoch festgelegt, dass die bloße Mehrheit der abgegebenen Stimmen nicht ausreichen würde, sondern 40 Prozent der Wahlberechtigten erreichen musste. Angesichts der in Großbritannien traditionell geringen Wahlbeteiligung bedeutete das eine geradezu unüberwindbare Hürde, an der jede der nach 1945 siegreichen Parteien gescheitert wäre. Beim Referendum in Schottland betrug die Quote lediglich 33 Prozent, so dass es trotz der erzielten Mehrheit scheiterte. Die SNP sah sich getäuscht und entzog Labour die Unterstützung.

Das geschah zu einem für die Regierung ganz ungünstigen Zeitpunkt. Die Mehrheit von vier Abgeordneten, die sie 1974 nach der Wahl besaß, war in Nachwahlen verloren gegangen, so dass Labour die Stimmen anderer Parteien benötigte. Zugleich brachen im Herbst 1978 heftige Streiks aus, vor allem im öffentlichen Dienst. Die Versorgung von Patienten war gefährdet, Züge fuhren nicht, und auf den Straßen sammelte sich der Müll. Großbritannien erlebte einen *Winter of Discontent*. Die Hoffnung, Labour werde zusammen mit den Gewerkschaften einen Ausweg finden, wurde enttäuscht. Stattdessen behauptete ein Plakat der Konservativen: «Labour isn't Working» und spielte darauf an, dass zum einen die Regierung ihre Aufgabe nicht erledige und zum anderen viele Briten keine Arbeit fanden. Dabei war eine Besserung in Sicht. Inflation und Löhne gingen zurück, das Wachstum nahm langsam zu, und das seit kurzem geförderte Nordseeöl versprach zusätzliche Einnahmen.

Callaghan überlegte, diese Hoffnungsschimmer zu nutzen und im Oktober 1978 vorzeitige Neuwahlen durchführen zu lassen. Zu diesem Zeitpunkt besaß er realistische Siegeschancen, konnte sich jedoch nicht entscheiden. Als dann die Streiks ausbrachen und auf den Straßen Chaos herrschte, schwanden alle Hoffnungen, die Geduld mit der Labour Partei erschöpfte sich. Kurz darauf, im Frühjahr 1979, waren die Wahlen nicht mehr zu vermeiden, da Labour nach dem Referendum im Unterhaus keine Mehrheit mehr besaß. Callaghan wusste, dass er nicht gewinnen konnte. Dazu waren die Enttäuschung bei den Wählern und das Entsetzen über die schier endlosen Streiks zu groß. In dieser Situation kam es nicht mehr darauf an, was die Konservativen machten, solange sie keine groben Fehler begingen und sich nicht zu sehr festlegten. Beides vermieden sie, errangen einen überwältigenden Sieg und wurden von einer Person geführt, die einen grundlegenden Wechsel versprach: Margret Thatcher. Was genau sie vorhatte, war allerdings nicht ganz klar – nicht einmal ihr selbst.

9. Großbritannien um 1965: Swinging Sixties?

Lady Chatterley's Lover

Am 2. November 1960 endete vor dem Old Bailey ein denkwürdiger Prozess. Angeklagt war der Penguin-Verlag, der zu seinem 25. Jubiläum eine preiswerte Ausgabe von Klassikern der Literatur plante, darunter *Lady Chatterley's Lover* von D. H. Lawrence. Dieser Roman stammte aus dem Jahr 1928, galt jedoch als unmoralisch und durfte in Großbritannien nicht erscheinen. Noch 1955 verurteilten die Gerichte einen Ladenbesitzer zu zwei Monaten Gefängnis, bei dem die Polizei dieses Buch gefunden hatte. Der Penguin-Verlag ging also ein Risiko ein, wenngleich seit 1959 ein neuer *Obscene Publications Act* galt, der größere Toleranz und Offenheit versprach und den Verlag veranlasste, 200 000 Exemplare des Buches zu drucken. Da Unsicherheiten darüber bestanden, was genau das Gesetz erlaubte, schickte Penguin vorab einige Exemplare an den Generalstaatsanwalt, berief sich auf die neue Situation und erhoffte eine Freigabe. Diese erfolgte nicht. Denn nach Meinung des Staatsanwaltes verstieß das Buch weiterhin gegen das Gesetz. So kam es zur Anklage, über die jetzt vor dem Old Bailey verhandelt wurde.

Für den Prozess bot die Verteidigung 35 prominente Zeugen auf, darunter namhafte Schriftsteller wie Rebecca West und E. M. Forster. Die Anklage hingegen benannte lediglich den Polizisten, dem das Buch zugeschickt worden war. Sie fand zwar Prominente, die ihren Standpunkt teilten. Aber diese befürchteten, sich durch eine Aussage im Kreis der Schriftsteller zu isolieren, und wollten nicht vor Gericht erscheinen. Nach außen gab der Staatsanwalt deshalb an, er wolle keine Debatte über die literarische Qualität des Buches führen. Dieses müsse vielmehr verboten werden, weil es unmoralisch sei. Davon musste er die Geschworenen überzeugen und argumentierte dazu möglichst anschaulich, machte sich aber in aller Öffentlichkeit lächerlich. Es sei wichtig, so führte er aus, ganz unvoreingenommen das Buch zu lesen. Jeder müsse sich fragen, ob er «damit einverstanden sei, dass seine jungen Söhne und jungen Töchter – denn Mädchen können genauso gut lesen wie Jungen – dieses Buch lesen. Ist es ein Buch, das Sie zuhause herumliegen lassen würden? Würden Sie wollen, dass sogar ihre Frau oder ihre Dienstboten dieses Buch lesen?»[1]

So gefragt, fiel den Geschworenen die Antwort leicht. Sie berieten nur drei Stunden und verwarfen die Anklage, der Verlag konnte das Buch ausliefern. Nach nur einem Tag hatte er alle 200 000 Exemplare verkauft, innerhalb von einem Jahr sogar zwei Millionen. Dabei half der Prozess, auf den der Verlag verwies und das Buch zum Kauf empfahl, weil es «einen Konflikt der Generationen und Klassen» ausdrücke.[2] Diese Meinung war verbreitet. Das Urteil galt als ein wichtiger Erfolg im Kampf gegen rigide Moralvorstellungen, beruhte allerdings auf etwas künstlichen Frontstellungen. Denn der Staatsanwalt lebte offensichtlich in einer eigenen Welt, wenn er eigens betonte, dass Mädchen lesen konnten und Ehefrauen oder Dienstboten besonders zu schützen seien.

Im Prozess fiel es leicht, diese Argumente zurückzuweisen und klare Position zu beziehen. Doch ansonsten verliefen die Debatten über Moral und Toleranz überaus widersprüchlich und waren nicht durch spektakuläre Durchbrüche gekennzeichnet. Veränderungen erfolgten nur allmählich, wie ein Bericht zeigte, der kurz vor dem Prozess erschien und die Regelungen beschrieb, die an den Universitäten für Studentinnen galten. Diese mussten bis 23.00 Uhr in ihre Wohnheime zurückkehren und durften männlichen Besuch während der Woche gar nicht und samstags sowie sonntags nur zwischen 14.00 und 18.00 Uhr empfangen – im ersten und zweiten Studienjahr zudem nicht alleine, sondern nur in Gruppen. Für die Autoren des Berichtes war es an der Zeit, «dass die Haltung der meisten Autoritäten gegenüber den Studenten eine radikale Veränderung erfährt. Wir mögen es bedauern oder begrüßen, doch wir leben nicht im Viktorianischen Zeitalter», selbst wenn viele Universitätsleitungen das noch glaubten.[3]

Diese mussten allerdings nicht im Viktorianischen Zeitalter leben, um an den strengen Regeln festzuhalten. Denn ihre Studentinnen und Studenten waren noch nicht volljährig, da die Grenze dafür erst 1970 auf 18 Jahre herabgesetzt wurde. Bis dahin waren die Universitäten anstelle der Eltern für sie verantwortlich, mussten sich notfalls gegenüber diesen rechtfertigen und sahen gute Gründe für strenge Besuchsregelungen. Noch in den *Swinging Sixties* führten diese Bestimmungen immer wieder zu Konflikten, so

1968 in Keele, wo die Universität auch nach heftigen Protesten an den Vorschriften gegen «Unzucht» festhielt, oder 1969 in Liverpool und Manchester, wo *sit-ins* Änderungen erzwingen sollten.[4]

Normen und Regeln veränderten sich also nur allmählich, während die materielle Besserung, vor allem der zunehmende Wohlstand, geradezu mit Händen greifbar war. Es kann, so der Historiker John Burnett, nur wenig Zweifel daran geben, «dass die englische Bevölkerung in den Jahren von 1945 bis 1975 wohlhabender war als in jeder vergleichbaren Periode in der Vergangenheit, dass sie einen höheren Lebensstandard, bessere Wohnungen, Kleidung und Ernährung, mehr Freizeit und mehr materiellen Besitz erreichte als je zuvor». Diese Verbesserungen des Lebensstandards, so fuhr er fort, «waren in der Arbeiterschaft besonders groß, die von Vollbeschäftigung, einem gut entwickelten System der sozialen Sicherheit und Löhnen profitierte, die stärker anstiegen als die relativ niedrige Inflation».[5]

Derartige Aussagen provozieren zum Widerspruch, denn die positiven Entwicklungen betrafen nicht alle und zudem nicht in gleichem Maße. Insbesondere Arbeitslose, Ältere, Alleinerziehende, Behinderte oder Angehörige von Minderheiten blieben benachteiligt. Auch bestanden Unterschiede zwischen einzelnen Berufsgruppen und Regionen oder den Geschlechtern, so dass bei näherer Betrachtung Brüche zu erkennen sind. Dennoch: Der Anstieg des Lebensstandards fiel zwar unterschiedlich aus, war im historischen Vergleich aber ungewöhnlich hoch. Mehr noch, zusammen mit den Leistungen des Wohlfahrtsstaates verbesserte das anhaltende Wirtschaftswachstum nicht nur den Lebensstandard, sondern führte in vielen Bereichen zu grundlegenden Veränderungen. Die Gesellschaft wurde homogener, Klassenschranken verloren weiter an Bedeutung, Gemeinsamkeiten im Alltag nahmen zu, die Rollenerwartungen an und Verhaltensweisen von Männern und Frauen änderten sich und eine eigene Jugendkultur entstand – um nur die wichtigsten Entwicklungen zu nennen. Ob diese immer positiv zu bewerten sind, sei dahingestellt, wie überhaupt zu betonen ist, dass bei allem Wandel auch Kontinuitäten fortlebten und vor allem soziale Ungleichheiten und Benachteiligungen aufgrund von Rasse und Geschlecht weiter bestanden.

Jugendkultur und Massenkonsum

Besonders auffällig waren die Veränderungen in der Jugendkultur. Vorläufer gab es bereits um 1900 und vor allem zwischen den Weltkriegen, als eine wachsende Zahl junger Männer und zunehmend auch Frauen genügend Geld verdiente, um ins Kino zu gehen, besondere Kleidung zu kaufen oder andere Verhaltensweisen zu zeigen, die sie als eigene Altersgruppe kennzeichneten. Nach dem Zweiten Weltkrieg beschleunigten sich diese Entwicklungen, da die Zahl der Jugendlichen deutlich anstieg und die neuen Industrien viele junge Arbeitskräfte suchten, die keine besonderen Qualifikationen besitzen mussten. Die Einkommen von Jugendlichen wuchsen dadurch zwischen 1945 und Ende der 1950er Jahre um etwa 50 Prozent, ihr frei verfügbarer Teil verdoppelte sich sogar, so dass sie immer mehr Sachen kaufen konnten, die nicht unbedingt nötig waren, sie aber von anderen abhoben.[6] Das wesentliche Merkmal der *Teenage Revolution*, so der Titel einer Studie aus dem Jahre 1965, ist «ökonomischer Natur. Sie geben eine Menge Geld für Kleidung, Schallplatten, Konzerte, Make-Up, Zeitschriften aus. All die Gegenstände, die unmittelbare Befriedigung bringen, aber wenig dauerhaften Nutzen».[7]

Da die Teilhabe an dieser Jugendkultur Geld erforderte, entstand sie vor allem unter jungen männlichen Arbeitern, die bereits früh ein eigenes Einkommen hatten – wie die *Teddy Boys*, die erstmalig 1953 in einer Zeitung erwähnt wurden und sich durch ihre Kleidung auszeichneten, die auf edwardianische Vorbilder verwies. Andere Gruppen folgten ihnen, darunter zunehmend junge Frauen, die nicht länger auf eine Tätigkeit als Dienstmädchen oder Haushaltshilfe angewiesen waren, sondern ebenfalls von den Arbeitsplätzen der neuen Industrien profitierten. Mit deren Löhnen konnten die bürgerlichen Haushalte nicht konkurrieren und mussten sich jetzt selbst helfen, so dass u. a. der Absatz von Kochbüchern sprunghaft stieg. Die Jugendlichen aus den Mittelschichten hingegen verfügten erst in den 1960er Jahren über genügend Geld, um in nennenswerter Zahl an der neuen Jugendkultur teilzuhaben und sich wie *teenager* zu verhalten – so der neue Ausdruck für diese Gruppe, der Anfang der 1940er Jahre in den USA aufkam und sich zuerst im Marketing durchsetzte.[8]

In Großbritannien wurden Teenager als wichtiger Markt erst Ende der 1950er Jahre entdeckt. Bis dahin blieben das Einkommen und die Zahl der Jugendlichen, die genug Geld hatten, zu gering, um eine ausreichende Nachfrage zu erzeugen – im Gegensatz zur Berichterstattung in der Presse und der öffentlichen Reaktion. Diese fiel von Beginn an intensiv aus und fand viel zu kritisieren: die Schlägereien «verfeindeter» Gruppen, Krawalle bei Rockkonzerten, die in den Berichten ein bedrohliches Ausmaß annahmen, oder der Konsum «unnützer» Gegenstände. Damit konnten die besseren Schichten wenig anfangen. Von rechts und links hagelte es Kritik, die in der Ablehnung dieser als «Amerikanisierung» bezeichneten Veränderungen übereinstimmte. Einer der Kritiker war Richard Hoggart, ein prominenter Zeuge der Verteidigung im *Lady Chatterley*-Prozess, der 1957 ein einflussreiches Buch über die Lesegewohnheiten von Arbeitern veröffentlichte. Früher hätten diese eine blühende Lesekultur besessen, die jedoch verfallen und ersetzt sei durch die kulturelle Armut der «juke box boys». Mit ihren drapierten Anzügen, bebilderten Krawatten und amerikanischen Schlapphüten würden sie ihre Abende in kaum erleuchteten Milchbars verbringen und Münze um Münze in den Schallplattenapparat werfen. Ihre Kultur verkörpere eine «besonders oberflächliche und farblose Form der Genusssucht».[9]

Die politische Linke tat sich mit dieser Form der Jugendkultur und der zunehmenden Konsumgesellschaft besonders schwer. Der Aufbau des Sozialismus stand noch aus und rückte in immer weitere Ferne, nicht nur wegen des Widerstandes der Konservativen. In ihren Augen erlagen vielmehr wachsende Teile der Arbeiterschaft dem Konsum, zeigten nur geringes politisches Bewusstsein und waren an weitergehenden Zielen nicht interessiert. Viele linke Theoretiker und Historiker befassten sich mit dieser Entwicklung, suchten Gründe für das «falsche» Bewusstsein und klagten über die «verdammte Bescheidenheit der Forderungen britischer Arbeiter».[10]

Von rechts kam ebenfalls eine breite Kulturkritik, doch die Konservative Partei reagierte insgesamt pragmatisch und versicherte den Wählern mit Stolz, sie hätten es noch nie so gut gehabt.[11] Diese Botschaft kam an, was nach und nach auch die Labour Partei erkannte. Deutlich zu sehen war dies bei Harold Wilson, der die jugendlichen Wähler im Blick hatte, als er 1964 die Beatles für einen Orden vorschlug. Eine offizielle Anerkennung durch die bessere Gesellschaft hatten diese bereits im Jahr zuvor erfahren, als die Band in der *Royal Variety Performance* vor Mitgliedern der königlichen Familie auftrat und John Lennon die Zuhörer bat: «Können die Leute auf den billigen Plätzen bitte mitklatschen? Beim Rest reicht es, wenn Sie einfach mit den Juwelen klimpern.»[12]

Zu diesem Zeitpunkt befanden sich auch zahlreiche andere britische Gruppen auf einem globalen Siegeszug, dessen Zentrum in «Swinging» London lag, wo – so die französische Zeitung *L'Express* – «der Wind von heute am stärksten weht».[13] Das galt nicht nur für die Musik, sondern auch für Kleidung, Filme und andere Bereiche der populären Kultur, in denen Großbritannien weltweit eine führende Position einnahm. Dabei halfen auch hier die besonderen Beziehungen zu den USA. Denn der Erfolg der britischen Bands beruhte nicht zuletzt darauf, dass sie aus Amerika Entwicklungen der Blues-, Soul- und Jazzmusik aufnahmen und weiter entwickelten, so dass die Melodien eingängiger wurden und Jugendliche in aller Welt ansprachen. Deren Eltern sahen darin vielfach «Neger- und Affenmusik». Doch tatsächlich erlebten die Beatles, die Rolling Stones und andere Gruppen nicht zuletzt deshalb ihren Durchbruch, weil sie die Musik von Schwarzen aufgriffen, selbst jedoch Weiße waren und deshalb leichter weiße Jugendliche ansprechen konnten, welche die bei weitem größte Käufergruppe stellten.[14]

In den sechziger Jahren brachten Musik, Mode, Zeitschriften und andere Produkte einen riesigen Markt hervor, dessen wirtschaftliche Bedeutung rasch wuchs. Auch hier hatte Großbritannien einen Vorsprung gegenüber den anderen europäischen Ländern, allein schon deshalb, weil der Lebensstandard immer noch höher lag und eine größere Kaufkraft schuf. Hinzu kamen die engen Kontakte zu den USA, die weltweite Verbreitung der englischen Sprache und eine Generation ungewöhnlich begabter Musiker und Künstler. Dabei wurden die neuen wirtschaftlichen Entwicklungen und Möglichkeiten lange unterschätzt. So sprach Wilson zwar gezielt die jungen, an der Popmusik interessierten Wähler an. Doch seine Regierung führte noch Ende der 1960er Jahre eine Sondersteuer auf Dienstleistungen ein, um die produzierenden Industrien zu fördern, die «richtige» Arbeit leisteten und «sinnvolle» Produkte herstellten. Die Jugendlichen konnten mit dieser Unterscheidung wenig anfangen, sondern folgten eigenen Kriterien und Vorlieben, so dass Musik, Filme und Mode aus Großbritannien zu Exportschlagern wurden und die chronisch schwache Handelsbilanz aufbesserten – oftmals mit Botschaften, die Protest ausdrückten.

Dieses Nebeneinander von Konsum und Revolte erscheint paradox, bezeichnet jedoch ein zentrales Merkmal der Jugendkultur. Hier gingen politischer Unmut und Aufruhr sowie Kommerz, Vergnügen und ständig neue Modewellen eine untrennbare Mischung ein, gefördert durch die Medien, die über diese Entwicklungen nicht nur berichteten, sondern sie auch unterstützten oder sogar erst hervorbrachten. Diese Widersprüchlichkeit fand sich auch bei der 68er-Bewegung, dem Musterbeispiel einer aufrührerischen und rebellischen Jugend, die gegen «Konsumterror» und Verschwendung protestierte. Doch zusätzlich forderten die «68er» auch Selbstverwirklichung und mehr Individualität, propagierten neue Bedürfnisse, veränderten den Geschmack in Musik, Kleidung, Wohnen oder bei Urlaubsreisen und trugen letztlich zum wachsenden Konsum bei. Jenseits aller politischen Forderungen waren deshalb auch sie Teil einer globalen Bewegung, die wesentlich durch ihren Konsum geprägt war.[15]

Die Ausbreitung der Konsumgesellschaft war von neuen Spaltungen begleitet, da nicht alle genügend Geld besaßen, um die jeweils aktuellen Moden mitmachen zu können.[16] Auch gewannen «feine Unterschiede» (Bourdieu) in Geschmack und Verhalten an Bedeutung, die bestehende gesellschaftliche Grenzen bestätigten und neue entstehen ließen. Doch zugleich nahmen gerade jetzt die Gemeinsamkeiten im Alltag zu, wie George

Orwell bereits im Krieg vorhersagte, als dieser Männer und Frauen aus verschiedenen Schichten beim Militär, in den Fabriken oder in der *Home Guard* zusammenführte. Diese Entwicklung, so Orwell, werde sich nach dem Krieg fortsetzen. Dann würden die Unterschiede zwischen den Arbeiter- und Mittelschichten noch weiter abnehmen und diese bald zusammengehen. Für die unteren Schichten werde es bessere Wohnungen geben, und zusätzlich entstehe ein nationaler Verbrauchermarkt mit preiswerten und standardisierten Waren, der zusammen mit Radio, Kino und Massenzeitungen zu einer klassenlosen Gesellschaft führe: «Weitere zehn Jahre allgemeiner Rationierung, praktischer Kleidung, hoher Einkommenssteuer und allgemeiner Wehrpflicht können diesen Prozess ein für allemal abschließen.»[17]

Diese Einschätzung traf weitgehend zu, der von Orwell vorhergesagte Markt mit preiswerten und standardisierten Waren entstand. Immer mehr Personen verdienten genug, um sich zwar nicht dieselben, aber doch sehr ähnliche Produkte und Gewohnheiten zu leisten. Die Waren der großen Kaufhausketten wie Woolworth oder Marks & Spencer konnten nicht nur die mittleren, sondern auch die unteren Schichten bezahlen. Hier erhielten sie zu erschwinglichen Preisen Erzeugnisse von guter Qualität. Kritiker beklagten die Ähnlichkeit der Produkte, wenn Männer geradezu uniform die sprichwörtlichen grauen Anzüge trugen. Doch gerade in der Uniformität lag die Attraktion. Sie vermittelte die Sicherheit, korrekt angezogen zu sein und sich überall präsentieren zu können, sei es im Büro, beim Arztbesuch oder bei einem Spaziergang mit der Familie.

Frauen, Männer und Familie

Direkt nach dem Krieg sorgten Frauen sich weniger um Familienspaziergänge und korrekte Kleidung, sondern befürchteten, ihre Arbeitsplätze wie nach dem Ersten Weltkrieg an die heimkehrenden Männer zu verlieren. Doch dieses Mal hielt das Wirtschaftswachstum an, und der Bedarf an Arbeitskräften nahm zu, so dass die meisten Frauen berufstätig blieben und zudem ihr Anteil in den kommenden Jahren deutlich anstieg (Tabelle 9).

Die Zunahme der Erwerbstätigkeit von Frauen fand nach dem Zweiten Weltkrieg in ganz Europa statt. Am geringsten fiel sie bei unverheirateten Frauen aus, von denen viele schon zuvor eine Beschäftigung ausübten, während Ehefrauen, insbesondere der besseren Schichten, traditionell mit der Geburt von Kindern auf den Haushalt beschränkt waren. Das änderte sich nach dem Krieg nicht abrupt, doch immer mehr von ihnen wollten wieder arbeiten gehen, wenn die Kinder alt genug waren. Zunehmend geschah dies in Teilzeit, da Kindergärten und andere Formen der Betreuung lange fehlten. Frauen blieben also benachteiligt, auch in den neuen Industrien und

Tabelle 9: Frauen und Erwerbstätigkeit, 1951–1981 (in Prozent)

	1951	1961	1971	1981
Anteil aller Erwerbstätigen	31	33	37	40
Unter Frauen zwischen 20–64	36	42	52	61
Teilzeit als Anteil aller Erwerbstätigen	12	26	35	42
Anteil aller verheirateten Frauen von 15–59 unter Erwerbstätigen	26	35	49	62

Quelle: Pat Thane, Women since 1945, in: Johnson, Britain, S. 392–410, hier S. 393.

dem expandierenden Dienstleistungsbereich, die zwar Arbeitsplätze boten, oft jedoch nur geringe Qualifikation erforderten und schlecht zahlten.[18]

Vor allem die ungleiche Bezahlung wurde zunehmend als Skandal empfunden und führte zu harten Auseinandersetzungen, bis der *Equal Pay Act* im Jahr 1970 diese offiziell verbot. Damit verschwanden die Lohnunterschiede aber nicht, wenngleich sie nur noch selten bei gleicher Arbeit vorkamen. Doch es gab Möglichkeiten zur Manipulation, wenn etwa Tätigkeiten von Männern mit mehr oder minder fadenscheinigen Gründen als schwieriger eingestuft wurden, um Lohnunterschiede zu rechtfertigen. Auch diese Fälle ließen nach, während strukturelle Probleme bestehen blieben: Viele Frauen besaßen und besitzen geringe Qualifikationen und müssen zudem viele Hindernisse überwinden, um beruflich aufzusteigen, so dass sie bis heute weniger verdienen und in den Führungsetagen kaum vertreten sind.[19]

Die beruflichen Möglichkeiten von Frauen wurden schon dadurch eingeschränkt, dass sie ihre Zeit zwischen Familie und Arbeit aufteilen mussten. Nach dem Krieg galt es weiterhin als selbstverständlich, dass Frauen für den Haushalt zuständig waren. Diese Aufgabe übernahmen sie nicht immer freiwillig, doch es fehlte an Betreuungsmöglichkeiten, und noch war es geradezu undenkbar, diese Aufgaben gleichberechtigt zu teilen. Es wäre allerdings verfehlt, die Entscheidungen für Haushalt und Familie lediglich auf Zwang zurückzuführen. Vielmehr verlangte in den 1950er und 1960er Jahren die große Mehrheit der Frauen von sich aus Teilzeitarbeit, wofür es vor allem zwei Gründe gab.[20] Zum einen waren die möglichen Tätigkeiten – etwa in Fabriken oder Kaufhäusern – nicht so attraktiv, dass eine schnelle Rückkehr in den Beruf oder ein acht- bis zehnstündiger Arbeitstag besonders erstrebenswert waren (Tabelle 10). Zum andern erfuhren Familie und Haushalt gerade nach dem Zweiten Weltkrieg eine Aufwertung. Immer mehr Männer verbrachten – wohl zum ersten Mal seit der Industrialisierung – ihre freie Zeit lieber zuhause als mit Kollegen oder in einer Kneipe.

Tabelle 10: Zahl der Frauen in Teilzeitbeschäftigung

1951	779 000
1961	1 851 000
1971	2 757 000
1981	3 781 000

Quelle: Ian Cawood, Britain in the Twentieth Century, London 2004, S. 348.

Dazu trugen zahlreiche Gründe bei, darunter die geringere Kinderzahl; größere und komfortablere Wohnungen; der steigende Lebensstandard; zusätzliche Verdienste der Ehefrauen oder Erleichterungen bei der Hausarbeit durch Waschmaschinen, Kühlschränke oder Staubsauger. Bis heute lässt sich darüber streiten, ob dadurch die Belastungen von Frauen abnahmen, sich lediglich auf andere Bereiche verschoben oder sogar anstiegen, da zusätzliche Aufgaben anfielen. Doch zumindest die körperlichen Anstrengungen gingen zurück, und es blieb mehr Zeit, vor allem für die Erziehung der Kinder. Deren Zahl ging schon seit Jahrzehnten zurück, lange vor der Anti-Babypille, die erst ab 1962 zur Verfügung stand. Diese bedeutete keinen grundsätzlichen Bruch, bot aber eine praktikable Alternative zu den vorhandenen Methoden, die überaus kompliziert waren und von den Eheleuten immer wieder erforderten, ihre sexuellen Gefühle füreinander zu unterdrücken. Auch waren sie unsicher und konnten zu ungewollten Schwangerschaften führen, so dass als Ausweg vielfach nur eine Abtreibung blieb. Diese war bis 1967 gesetzlich verboten, doch jährlich kam es zu Zehntausenden illegaler Abtreibungen, die oft erhebliche gesundheitliche Schäden verursachten bzw. zu entwürdigenden Prozessen führten.[21]

Oftmals dachten Frauen nicht an sich, wenn sie weniger Kinder wollten, wie eine von ihnen nach dem Krieg festhielt: «Ich habe andere Vorstellungen für die Kinder. Ich möchte, dass sie alle Möglichkeiten erhalten, damit wir stolz auf sie sein können.»[22] Für deren Erziehung wollten sie genügend Zeit aufwenden, ebenso für sich und ihren Ehemann. Mit ihm gingen sie ins Kino oder zum Einkaufen, blieben aber auch vermehrt zuhause. Dort arbeiteten sie im Garten, lasen Bücher und Zeitungen, deren Gesamtauflage Ende der 1950er Jahre 16,6 Millionen betrug, und sahen vor allem fern. Ende 1954 gab es in Großbritannien mehr als vier Millionen Fernsehgeräte (deutlich unter 100 000 in der Bundesrepublik), und 1967 besaßen fast 90 Prozent der britischen Haushalte einen Apparat.[23] Deren Attraktivität war so groß, dass die Besucherzahlen von Fußballspielen und Kinos und später auch die Auflagen der Zeitungen einen deutlichen Rückgang verzeichneten.

Zum Erfolg des Fernsehens trug die BBC anfangs wenig bei, da sie nach dem Krieg an ihrem gehobenen Bildungsauftrag festhielt und nur allmählich populären Programmen mehr Platz gab. Das geschah weitgehend auf Druck des privaten Senders ITV, der 1954 gegen viel Widerstand die Lizenz erhielt und sich als Konkurrent etablierte. Da er keine Gebühren erhielt, musste er sich selbst finanzieren, dafür Zuschauer anziehen und attraktive Programme bieten. Als diese immer beliebter wurden, gründete die BBC neue Kanäle (BBC 2 im Jahr 1962 und zwei Jahre später BBC 3) und erweiterte ihr Angebot um politische Magazine und Dokumentationen, populäre Serien (*Coronation Street*, 1960), Familien- und Sportsendungen und nicht zuletzt Unterhaltungsprogramme wie *Hancock's Half Hour* (1956), *Morecambe & Wise* (1961/68), *Dad's Army* (1968), oder *Monty Python's Flying Circus* (1969).

Wahrnehmung und Selbstwahrnehmung

Unter diesen Sendungen verdient *Dad's Army* besondere Erwähnung, nicht nur weil sie erstaunlicherweise bis heute in Deutschland unbekannt ist. Sie lief bei der BBC über neun Jahre, zählte 80 Episoden, darunter drei *Christmas Specials*, wird immer noch wiederholt und belegte jüngst bei einer Abstimmung Platz 13 unter den besten 100 britischen Fernsehsendungen. Doch es gibt gute Gründe, warum deutsche Fernsehzuschauer *Dad's Army* bis heute nicht zu sehen bekamen. Die Serie behandelt zwar nur die britische Heimatfront und selbst von dieser lediglich einen kleinen Ausschnitt. Doch sie spielt im Zweiten Weltkrieg und zeigt Episoden und Personen, die lächerlich und oft absurd komisch wirken. Angesichts der Gräuel und Verbrechen, die Deutsche in diesem Krieg verübten, würde eine Ausstrahlung durch hiesige Sender unangemessen wirken. In Großbritannien hingegen bestehen solche Vorbehalte nicht. Hier brachte der Zweite Weltkrieg zwar ebenfalls viel Leid und Opfer, führte aber nur in Ansätzen zu der Kritik oder Enttäuschung wie die Ereignisse von 1914 bis 1918. Die britische Teilnahme am Zweiten Weltkrieg wurde von Beginn an viel positiver gesehen, denn das Land bekämpfte ein verbrecherisches Regime, und die Opfer dienten einer guten Sache.[24]

Diese Sicht des Krieges führte in Großbritannien zu zahlreichen konventionellen Heldenfilmen, die den Krieg glorifizierten und bis heute regelmäßig wiederholt werden wie *Dambusters* (1954), der Fliegerangriffe auf Staudämme behandelt, oder *Desert Rats* (1953), der in Nordafrika spielt. Doch allmählich entstand parallel und in Konkurrenz dazu eine distanzierte, ironische Sichtweise, die einen Höhepunkt mit *Dad's Army* erlebte. Ihr Erfolg beruhte weitgehend auf den Charakteren, den Leistungen der

Schauspieler und der brillanten Umsetzung, aber auch auf der ungewöhnlichen Darstellung des Krieges. Im Mittelpunkt der Serie stehen Angehörige der *Home Guard*, die in einem fiktiven Dorf Vorkehrungen gegen eine deutsche Invasion treffen. Ihr Anführer ist ein überaus ehrgeiziger örtlicher Bankmanager, der jedoch ebenso überfordert ist wie seine Truppe von Freiwilligen, die zahlreiche absurde Abenteuer erleben und sich immer wieder lächerlich machen, dabei aber durchweg sympathisch erscheinen.

Anders ausgedrückt: Die Serie zeigt durchschnittliche Briten, die gegen ihren Willen Krieg führen und bereit sind, dafür alles zu geben. Auf ihre Weise trugen sie zum *People's War* bei, so die verbreitete Wahrnehmung des Zweiten Weltkrieges, die direkt nach dessen Ausbruch einsetzte, in Reden, Radiosendungen, Liedern oder Filmen verbreitet wurde und nach Kriegsende noch an Akzeptanz gewann. Daran knüpfte die Serie an und spitzte diese Sichtweise noch zu, da sie die Briten nicht nur als sympathische Personen, sondern auch als überforderte Amateure darstellte. Damit erfuhr die fortwährende Neuerfindung der Nation eine weitere Wendung, die sich deutlich unterschied von der aggressiven Selbstwahrnehmung vor dem Ersten Weltkrieg. Es dürfte kein Zufall sein, dass *Dad's Army* zu einem Zeitpunkt erschien, als die britische Wirtschaft sich in großen Schwierigkeiten befand, allgemein vom Niedergang die Rede war und die Verantwortlichen ebenfalls wie überforderte Amateure wirkten. Es ist schwierig, Zusammenhänge zwischen Fernsehserien und Stimmungen in der Bevölkerung nachzuweisen. Doch der enorme Erfolg der Serie spricht dafür, dass viele Zuschauer sich oder zumindest ihr Land darin wiedererkannten.

Auch die Rollenbilder und Verhaltensweisen von Männern oder Frauen änderten sich, ohne dass traditionelle Konzepte, Klischees und Benachteiligungen plötzlich verschwanden. Das zeigte schon die geringere Bezahlung von Frauen, die auch ein Misstrauen in ihre Fähigkeiten ausdrückte, führende Positionen zu übernehmen. Zudem lebten Vorstellungen davon fort, wie sich ein «richtiger» Mann zu verhalten habe. Doch diese Leitbilder büßten an Bedeutung ein, sei es in der Familie, wo sich in den 1950er Jahren der Begriff «Partnerschaft» als neues Losungswort durchsetzte; in der Arbeitswelt, wo traditionelle männliche Berufe und damit verbundene Verhaltensweisen schon deshalb an Bedeutung verloren, weil sich ihre Basis in der Schwerindustrie langsam aber sicher auflöste; oder in der populären Kultur, wo Sänger wie David Bowie oder Marc Bolan gekonnt mit Geschlechterrollen spielten. Wie weit Verhaltensweisen sich tatsächlich änderten, ist schwer zu beurteilen, zumal traditionelle Rollen in neuer Form wieder auftauchten, so in den von Mick Jagger oder Marlon Brando verkörperten Männerbildern. Diese gaben sich nicht mehr martialisch, stilisierten aber ebenfalls einen männlichen Führungsanspruch und Eroberungswillen. Dennoch, die Unterschiede zur Vorkriegszeit oder zum Viktorianischen Zeitalter sind nicht zu verkennen. Das Verhältnis der Geschlechter zueinander wurde offener und gleichberechtigter, gerade im Alltag. Das zeigte eine Umfragen aus dem Jahr 1968, in der 68 Prozent der Frauen in den Mittelschichten und 56 Prozent in der Arbeiterschaft angaben, in ihrer Ehe unabhängiger und selbständiger zu sein als ihre Mütter.[25]

Schichten und Klassen

Der steigende Lebensstandard nach dem Zweiten Weltkrieg verbesserte vor allem die Situation der unteren Schichten. Rowntree, der seit Jahrzehnten deren Lage untersuchte, kam 1951 zu dem Ergebnis, Armut sei nahezu verschwunden. Insgesamt gingen die Unterschiede der Einkommen zurück (Tabelle 11), wovon vor allem die Mittelschichten profitierten, während die Spitzenverdiener einen Rückgang erlebten. Die untere Hälfte der Bevölkerung wiederum erfuhr eine geringe Verbesserung, verschlechterte sich dann allerdings unter Thatcher deutlich, im Gegensatz zu den oberen zehn Prozent, die erst Verluste verzeichneten, dann aber in wenigen Jahren ihren Anteil erheblich vergrößerten.

Auch beim persönlichen Vermögen fand eine Angleichung statt, allerdings

Tabelle 11: Anteil am Gesamteinkommen vor und nach direkten Steuern (in Klammern)

	1949	1975–76	1984–85
Obere 1 Prozent	11,2 (6,4)	5,6 (3,6)	6,4 (4,9)
Obere 10 Prozent	33,2 (27,1)	25,8 (22,3)	29,4 (26,5)
Nächste 40 Prozent	43,1 (46,4)	49,9 (50,3)	48,3 (48,6)
Untere 50 Prozent	23,7 (26,5)	24,3 (27,4)	22,2 (24,9)

Quelle: R. Lowe, Postwar Welfare, in: Johnson, Britain, S. 356–73, hier S. 367.

Tabelle 12: Anteil am Gesamtvermögen

	1911–13	1936	1951	1960	1970	1980	1990	1995
Oberste 1 Prozent	65,5	56,0	42,0	37,6	29,6	19	18	19
Oberste 5 Prozent	86,0	81,0	56,7	63,6	54,4	36	35	38
Oberste 10 Prozent	90,0	88,0	79,8	76,1	70,1	50	47	50
Oberste 20 Prozent		94,0	89,0					
Oberste 25 Prozent				93,1	92,9	73	71	73

Quelle: Butler/Butler, Political facts, S. 426.
Die Zahlen für 1911, 1936 und 1951 beziehen sich nur auf England und Wales.

weitgehend innerhalb der wohlhabenden 25 Prozent der Bevölkerung, die 1970 immer noch fast 93 Prozent des gesamten Vermögens besaßen und erst danach Abstriche hinnehmen mussten (Tabelle 12). Dazu trugen höhere Steuern bei, vor allem jedoch der gestiegene Wohlstand, der insbesondere den unteren Schichten zugute kam.

Weiterhin bestanden also erhebliche Ungleichheiten, die allerdings leichter zu akzeptieren waren, da alle Gruppen ihre Lage verbesserten. Die Armut allerdings war nicht verschwunden. Das zeigten zahlreiche Studien in den 1960er Jahren, die Armut nicht auf die Fälle begrenzten, wo Hunger herrschte und die Grundversorgung nicht ausreichte. Nach einer Definition des *Social Science Research Council* aus dem Jahre 1968 galten vielmehr diejenigen als arm, die «von den Möglichkeiten, dem Lebensstandard und der Selbstachtung ausgeschlossen sind, die in der Gesellschaft, in der sie leben, als normal gelten».[26] Diese Definition hat sich mittlerweile international durchgesetzt, wobei allerdings unterschiedlich beurteilt wird, was als «normal» gilt. Meist wird damit ein Einkommen bezeichnet, das 60 Prozent des Durchschnitts beträgt. Wer weniger zur Verfügung hat, gilt als arm, in den 1960er und 1970er Jahren etwa zwölf Prozent der britischen Bevölkerung. Dabei ist Armut statistisch kaum zu vermeiden, da es zwangsläufig Personen gibt, die weniger als 60 Prozent des Durchschnitts erhalten. Die Aufgabe besteht deshalb darin, deren Zahl gering zu halten und möglichst vielen genügend Unterstützung zu bieten, damit sie am «normalen» Leben teilhaben können. Das fiel in den 1960er Jahren vor allem Arbeitslosen, Alten und nicht zuletzt Kindern schwer, von denen etwa ein Drittel als arm galt.[27]

Zu dieser Zeit gaben in Großbritannien 67 Prozent der Bevölkerung an, zur Arbeiterschaft zu gehören. Weitere 29 Prozent rechneten sich zur Mittelklasse und nur ein Prozent zur Oberschicht, während der Rest ungenaue Angaben machte.[28] Diese Selbstzuschreibung ist aufschlussreich, denn sie drückte das Bewusstsein aus, in einer Klassengesellschaft mit klaren Zuordnungen zu leben. Danach gab es mit der Arbeiterschaft und der Mittelschicht nur zwei große Klassen, die anscheinend genügend Gemeinsamkeiten aufwiesen, obgleich tatsächlich in der Binnenstruktur erhebliche Unterschiede in Beruf, Verdienst, Qualifikation, Verhaltensweisen oder politischer Überzeugung bestanden. Doch für die Befragten war es wichtiger, nur diese beiden Klassen zu unterscheiden, deren zentrales Merkmal die abhängige Beschäftigung war und die sich ihrer Meinung nach klar voneinander abgrenzen ließen.

Dafür gab es Gründe, denn jenseits der Angleichungen, die Wirtschaftswachstum, Wohlfahrtsstaat und Konsum bewirkten, blieben die Gegensätze zwischen den Klassen greifbar. Weiterhin kam es darauf an, das «richtige» Englisch zu sprechen; Betriebe besaßen getrennte Umkleide- und Speiseräume für Arbeiter und Vorgesetzte, die zudem in je anderen Stadtteilen wohnten und ihre Kinder zu unterschiedlichen Schulen schickten. Selbst im Sport bestanden die feinen Unterschiede fort, wenn beim Cricket *amateurs* und *professionals* derselben Mannschaft immer noch getrennt zu den Spielen fuhren und bis 1962 nur Erstere Kapitän der Nationalmannschaft sein durften.[29]

Angesichts der anhaltenden Klassengegensätze überrascht es nicht, dass die Gewerkschaften große Unterstützung erhielten. 1951 zählten sie etwa 7,7 Millionen Mitglieder, organisierten 56 Prozent der männlichen und etwa 25 Prozent der weiblichen Arbeitnehmer und hatten die tiefe Krise der 1930er Jahre überwunden. In den folgenden Jahren erreichten sie bei Frauen einen Anstieg auf knapp über 30 Prozent, verteidigten ihre Stellung und boten wichtige Hilfe. Denn weiterhin erkrankten Arbeiter und ihre Angehörigen öfter, starben früher und lebten in größerer Unsicherheit. Nur wenige erreichten einen sozialen Aufstieg, zu dem das Bildungssystem wenig beitrug.[30]

Bildung und Ausbildung

In England, so die *Picture Post* im Januar 1941, existiere immer noch eine Erziehung «für die Armen und eine andere für die Reichen. ... Es sollte nur ein Erziehungssystem für alle geben. ... Wir müssen das radikal ändern.»[31] Dazu gab es Vorschläge, etwa von Richard H. Tawney, einem bekannten sozialistischen Historiker und Freund von Beveridge, der die privaten Eliteschulen abschaffen oder sie alternativ durch Quoten für alle Schichten öffnen wollte. Damit kam er nicht durch, und die Frage der privaten Schulen ist bis heute ein wichtiges Thema in Großbritannien, da ihre Absolventen weiterhin die wichtigen Stellen in Politik, Bürokratie und Wirtschaft größtenteils unter sich ausmachen. Diese Schulen heißen zwar *Public Schools*, sind tatsächlich jedoch nicht öffentlich, sondern privat und höchst selektiv, sowohl durch die hohen Kosten wie durch ihre Aufnahmeverfahren. Bewerben kann sich jeder, doch Kinder der obersten Schichten haben deutlich bessere Chancen, vor allem wenn Mitglieder ihrer Familie dort bereits Schüler waren.

Einige dieser Schulen sind besonders prominent wie Eton, Harrow, Winchester oder Rugby, wo Tawney selbst Schüler war, und die Gebühren verlangen, die nur eine kleine Minderheit aufbringen kann. 2010, um eine aktuelle Zahl zu nennen, kostete Rugby pro Jahr 27 225 £ (ca. 31 000 €) und die anderen Schulen in etwa dieselbe Summe.[32] Dafür erhalten die

Schüler einen exzellenten Unterricht, knüpfen wichtige Kontakte und gehen anschließend an eine der guten Universitäten, idealer Weise nach Cambridge, Oxford oder zur *London School of Economics* (LSE). Wer diese Ausbildung genießt, kann eine steile Karriere erwarten. Noch in den 1980er Jahren hatten 89 Prozent der obersten Richter, etwa 80 Prozent der führenden Manager, 50 Prozent der hohen Beamten und 62 Prozent der konservativen Abgeordneten[33] eine *Public School* besucht, die meisten von ihnen anschließend Oxford oder Cambridge. Neben James Callaghan war John Major der einzige Premierminister der Nachkriegszeit, der weder eine *Public School* noch eine der beiden Universitäten absolviert hatte, während von den 21 Ministern seines Kabinetts 17 Schüler einer *Public School* und 19 Studenten in Oxford bzw. Cambridge waren.[34] Eine Ausnahme ist auch Gordon Brown, seit 2007 Premierminister, der eine «normale» Schule und anschließend die angesehene Universität von Edinburgh besuchte, während Major ganz aus dem Rahmen fiel, da er auch nicht studiert hat.

In den 1930er und 1940er Jahren fiel dieser Zusammenhang von Herkunft, Ausbildung und Karriere noch eindeutiger aus und war schon daran zu sehen, dass nur etwa zwei Prozent eines Jahrganges studierten. Reformen wurden deshalb seit langem gefordert und galten als so dringend, dass sie – im Gegensatz zu den Sozialgesetzen – noch während des Zweiten Weltkriegs unter der Regierung von Churchill erfolgten. Die Änderungen waren allerdings nicht gerade radikal. Der *Education Act* von 1944 erhöhte das Schulentlassungsalter auf 15 Jahre, vereinheitlichte das System und führte drei Schulformen ein: *Grammar Schools* (Gymnasien) für die besonders Begabten; *Secondary Technical Schools* für die Gruppe darunter und die *Secondary Modern Schools* als Regelschule für den großen Rest. Um die Schüler zu verteilen, mussten diese am Ende der Grundschule im Alter von elf bis zwölf Jahren den sogenannten *11-plus-Test* absolvieren. Dieser sollte Begabungen exakt messen, zeigte tatsächlich jedoch, wie sehr der Schulbesuch von der Herkunft abhing. Von 100 Kindern, deren Väter unqualifizierte körperliche Arbeit verrichteten, besuchten in den 1950er Jahren nur zehn eine *Grammar School*, hingegen etwa 80 Prozent der Kinder von Selbständigen und leitenden Angestellten (*professional and managerial classes*). Insgesamt ging etwa ein Viertel eines Jahrgangs auf eine *Grammar School* und weniger als fünf Prozent zu einer *Secondary Technical*. Alle anderen mussten mit einer *Secondary Modern* vorliebnehmen.[35]

Grundlegende Reformen waren also ausgeblieben, und die Kritik am Schulsystem wuchs, zumal ab Mitte der 1950er Jahre Untersuchungen zeigten, dass die Auswahl im elften Lebensjahr zu früh erfolgte und die bestehenden Benachteiligungen verfestigte.[36] Mittlerweile stellten jedoch die

Konservativen die Regierung und waren zu grundlegenden Reformen nicht bereit. Diese erfolgten deshalb schrittweise und auf lokaler Ebene, da Gemeinden für die Schulen verantwortlich waren und eigene Wege gehen konnten. Einzelne von ihnen führten *Comprehensives* (Gesamtschulen) ein, die zunächst jedoch wenig Bedeutung erlangten. Das änderte sich erst, als Labour 1964 die Wahl gewann und diese Schulen allgemein durchsetzte. Die Konservativen unter Heath konnten daran wenig ändern, so dass es 1974 bereits 2000 Gesamtschulen gab, die etwa die Hälfte aller Schüler besuchten.[37] Insbesondere die *Grammar Schools* wurden kritisiert, da der Zugang zu ihnen weiterhin auf dem *11-plus-Test* beruhte und die unteren Schichten benachteiligt blieben. Die Labour-Regierung entzog ihnen deshalb die staatlichen Zuschüsse, so dass in den 1970er Jahren die meisten in Gesamtschulen aufgingen, einige aber auch in *Public Schools* umgewandelt wurden, die sich als Privatschulen dem Zugriff der Regierung entzogen.

Infolge dieser Veränderungen besuchten 1980 etwa 90 Prozent der Schülerinnen und Schüler eine Gesamtschule, so dass die erstrebte Chancengleichheit eigentlich erreicht war. Doch tatsächlich zeigte sich, dass Schulen allenfalls begrenzt in der Lage waren, bestehende gesellschaftliche Benachteiligungen auszugleichen oder sie gar verschwinden zu lassen. Das gilt bis heute. Allein schon das familiäre Umfeld und die von den Eltern gewährte – oder auch fehlende – Unterstützung können Schulen kaum beeinflussen. Zudem bemühen Eltern sich weiterhin, ihre Kinder in den Schulen unterzubringen, die einen guten Ruf genießen. Das war (und ist) in Großbritannien viel wichtiger als etwa in Deutschland, da Absolventen dieser Schulen bedeutend bessere Chancen haben, an den guten Universitäten oder gar in Oxford, Cambridge oder der LSE zugelassen zu werden und anschließend Karriere zu machen. Zwangsläufig war der Andrang auf diese Schulen groß und wurde vor allem dadurch reguliert, dass Eltern in einem genau festgelegten Einzugsgebiet wohnen mussten, um ihre Kinder dort anmelden zu können. Als Konsequenz waren (und sind) Häuser in diesen Gebieten besonders teuer, was einerseits in den Städten die ohnehin bestehende Trennung der Schichten verstärkte und anderseits dazu führte, dass auch weiterhin der Zugang zu den guten Schulen vom Einkommen der Eltern abhing. Das galt ohnehin für die *Public Schools*, die durch die Einführung der Gesamtschulen noch an Bedeutung gewannen. Sie waren zwar teuer, boten aber die Aussicht auf einen guten Studienplatz, so dass wohlhabende und besonders motivierte Eltern sich und ihre Kinder zunehmend aus dem staatlichen System zurückzogen.

Veränderungen im Bildungssystem erwiesen sich also als schwierig, soziale Herkunft und Vermögen behielten ihre zentrale Bedeutung. Das lag am Beharrungsvermögen einmal etablierter Institutionen und Strukturen; dem Wunsch privilegierter Eltern, die Bildungschancen ihrer Kinder zu verteidigen; der Annahme, dass Bildungschancen weniger von der Herkunft, sondern vor allem von Noten und Leistungen abhingen; aber auch an der guten wirtschaftlichen Entwicklung, die genügend Arbeitsplätze und einen steigenden Lohn bot, so dass eine bessere Ausbildung nicht so wichtig erschien. Und schließlich hat sich das Bildungssystem nach langen Anläufen doch noch geöffnet. Insbesondere die Zahl der Studierenden nahm seit den 1960er Jahren in Großbritannien – wie in ganz Europa – deutlich zu.

Direkt nach dem Krieg besuchten nur zwei Prozent der Altersgruppe eine Universität und selbst 1962 gerade einmal vier Prozent. Wenn diejenigen addiert werden, die eine Lehrerausbildung absolvierten oder auf (meist technische) *Colleges* gingen, betrug der Anteil acht Prozent. Damit hatte sich seit den 1920er Jahren wenig geändert, und hier schien ein wichtiger Grund für den Niedergang zu liegen, der Anfang der 1960er Jahre allgemein beklagt wurde. Die konservative Regierung Macmillan setzte deshalb eine Kommission ein, die 1963 eine sofortige Expansion der Hochschulen vorschlug. In kurzer Zeit entstanden zahlreiche neue Universitäten und Polytechnische Hochschulen, Studenten erhielten Unterstützung, und ihre Zahl stieg von 1954/55 (122 000) bis 1970 (382 000) um mehr als das Dreifache an, was zahlreiche gewollte und einige ungewollte Konsequenzen hatte, darunter die Studentenbewegung.[38]

Protest und Reform

Die 68er- oder Studentenbewegung hat in zahlreichen Ländern der westlichen Welt großes Aufsehen erregt und gilt bis heute als entscheidender Motor für viele Veränderungen. Dafür sprechen die spektakulären Aktionen dieser Bewegung und ihr enormes Medienecho. Dieses hält bis heute an, wirft allerdings auch die Frage auf, in welchem Verhältnis Echo und tatsächliche Bedeutung zueinander stehen. Für Großbritannien ist die Antwort eindeutig: das Medienecho war bedeutend größer als die Studentenbewegung.[39] Im Vergleich zu Deutschland, Frankreich oder den USA blieb sie klein und ihre damaligen Führer sind heute nahezu unbekannt, im Gegensatz zu anderen Idolen der 1960er Jahre, darunter Mick Jagger, der weltweit als Symbol der rebellischen Jugend galt. Es ist vielleicht kein Zufall, dass Uschi Obermaier sich 1968 nach einem Konzert der Rolling Stones mehr für ihn interessierte als für ihren Freund, Rainer Langhans, ein Idol der deutschen Studentenbewegung. Langhans war in der Bundesrepublik durch mehrere Aktionen als Sponti bekannt geworden, vor allem jedoch als Mitglied der Kommune 1, die eine freiere Sexualität propagierte und großes Aufsehen erregte – bis Jagger sich als die größere Attraktion erwies.[40]

Diese Episode zeigt, wie eng in den 1960er und 1970er Jahren studentischer Protest, Jugendkultur, Kommerzialisierung und Medien miteinander verbunden waren und wie schwer sich bestimmen lässt, worum es jeweils ging. Hier vermischten sich unterschiedlichste Themen, Vorstellungen und Ziele, die oft in dieselbe Richtung wiesen, aber auch unabhängig voneinander bestanden oder sich sogar widersprachen. Doch ein gemeinsames Kennzeichen lässt sich benennen: der Protest. Dieser richtete sich gegen Politiker und Parteien, Eltern und Lehrer, bestehende Institutionen oder das kapitalistische System. Die Beteiligten griffen Moralvorstellungen und sexuelle Normen an, thematisierten Ungleichheit und Unterdrückung ebenso wie rassistische Vorurteile, den Vietnamkrieg oder – in Großbritannien besonders wichtig – das Apartheid-Regime in Südafrika. Entsprechend vielfältig waren die Aktivitäten, deren Vorläufer zumindest bis in die 1950er Jahre zurückreichten, unter ihnen die *Campaign for Nuclear Disarmament* (CND) und die *Angry Young Men*, aber auch der Rock'n Roll.[41]

Die CND entstand 1958 auf dem Höhepunkt des Kalten Krieges, als Großbritannien zusätzlich zu den bestehenden Atomwaffen die noch bedrohlichere Wasserstoffbombe baute. Parallel dazu veröffentlichte die Regierung ein Weißbuch zur Verteidigung, gegen das die Linke protestierte und dabei eine schmerzliche Enttäuschung erlebte. Denn Aneurin Bevan, ihr wohl prominentester Vertreter in der Labour Partei, lehnte 1957 auf deren Parteitag überraschend die einseitige Abrüstung ab, die er bis dahin befürwortet hatte. Aus Protest entstand die CND, die noch im Jahr darauf einen Demonstrationszug von Trafalgar Square nach Aldermaston organisierte, dem Zentrum der britischen Atomwaffenforschung, das etwa 80 Kilometer westlich von London liegt. Anschließend veranstaltete die CND jährliche Ostermärsche, die nun in Aldermaston begannen, auf dem Weg zur Hauptstadt immer größer wurden und diejenigen Merkmale aufwiesen, die auch spätere Protestbewegungen zeigten: Die Märsche erregten Aufsehen, fanden ein breites Echo in den Medien, sprachen vor allem junge Leute an und erhielten Unterstützung durch Intellektuelle und andere Prominente, im Fall der Ostermärsche durch Edward P. Thompson, Bertrand Russell, Benjamin Britten oder Michael Foot. Außerdem boten sie denjenigen Linken eine Plattform, die seit langem von Labour enttäuscht waren, nach dem Ungarnaufstand von 1956 auch der britischen CP den Rücken kehrten und eine neue politische Heimat suchten. Schließlich sprachen sie vor allem die gebildete Mittelschicht an und beruhten auf informellen, lockeren Organisationsformen, die vielfältige Arten des Protests zuließen.

So nahmen in den folgenden Jahren bis zu 150 000 Personen an den Ostermärschen teil, die jedoch nach 1963 abebbten, als die Regierungen in Washington, Moskau und London einen Stopp der Atomwaffentests vereinbarten.

Nicht weniger wichtig für die Bereitschaft zum Protest waren der Rock'n Roll und die damit verbundene Jugendkultur, wenngleich diese in der Regel keine politischen Ziele verfolgten. Sie erreichten aber bedeutend mehr Personen als alle politischen Aktionen zusammen genommen, wobei eine Gegenüberstellung von politischen Bewegungen und populärer Jugendkultur wenig sinnvoll ist. Denn in beiden gab es Personen oder Gruppen, die sich explizit politisch äußerten, wie überhaupt die Grenzen zwischen diesen Bereichen unscharf waren. Prägend für beide war eine teils offene, teils diffuse Rebellion, die in der Musik einen gemeinsamen Nenner fand, der Schicht, Herkunft, Geschlecht oder unterschiedliche politische Ziele vergessen ließ und fast alle Jugendlichen ansprach. Grundsätzlich ging es um ein Lebensgefühl, um Stil, Mode und Verhaltensweisen, um Abgrenzungen von Eltern, Lehrern oder Vorgesetzten, und vor allem um Protest. Was genau dieser anstrebte, war nicht immer klar, wie schon die *Angry Young Men* zeigten.

Mit dem Begriff bezeichneten Journalisten in den 1950er Jahren eine Gruppe von Dramatikern und Schriftstellern, die insbesondere mit dem Theaterstück «Blick zurück im Zorn» von John Osborne aus dem Jahr 1956 Aufsehen erregten. Dessen Hauptpersonen waren Jimmy, der aus der Arbeiterschaft stammte, aber eine Universität besuchte, und seine Freundin Alison aus der Oberschicht, deren Vater einen hohen Rang beim Militär bekleidete. Gegen den Willen ihrer Eltern lebten die beiden zusammen, und der Klassengegensatz war ein wichtiges Thema des Stückes, neben dem problematischen Mann-Frau-Verhältnis der beiden Hauptdarsteller. Doch eine klare Aussage oder Stoßrichtung war nicht zu erkennen, lediglich eine allgemeine Unzufriedenheit. Ihr Vater, so Alison, sei verletzt, weil sich alles verändert habe, während Jimmy darüber klage, dass alles gleich geblieben sei. Dieser zählte sich zur Linken, doch sein Aufbegehren blieb ziellos: «Leute unserer Generation können nicht mehr für eine gute Sache sterben. ... Es gibt keine guten, heldenhaften Anliegen mehr.»[42]

James Dean, weltweites Idol der damaligen Jugendlichen, machte eine vergleichbare Aussage, die der Titel seines berühmtesten Films *Rebel without a cause* prägnant ausdrückte.[43] Hier ging es um einen Generationenkonflikt zwischen Eltern und Sohn und um Auseinandersetzungen zwischen Jugendlichen, die tragisch endeten. Auch diese Rebellion blieb ohne eindeutige politische Botschaft, förderte aber ebenso wie zahlreiche andere

Filme, Bücher und Konflikte die Bereitschaft, gegen Konventionen zu verstoßen und Hierarchien infrage zu stellen. Darauf bauten die Bewegungen der kommenden Jahre auf, die sich zusätzlich aus anderen Wurzeln speisten, darunter die Ostermärsche, die zwar 1963 abklangen, aber die öffentliche Wirkung derartiger Protestformen gezeigt hatten; oder die Unzufriedenheit der Linken mit Labour, die noch zunahm, als die Partei 1964 wieder die Regierung stellte und teilweise die konservative Politik fortsetzte. So erschwerte auch sie die Zuwanderung und unternahm kaum mehr etwas gegen das Apartheid-Regime in Südafrika.

Gerade dieses Thema trug in Großbritannien zur Politisierung der diversen Strömungen bei und führte zu heftigen Auseinandersetzungen, als der neue Direktor der linksorientierten LSE ausgerechnet aus Rhodesien kam. Im März 1967 wurde die LSE neun Tage lang besetzt, etwa die Hälfte der 2800 Studierenden beteiligte sich daran, meist allerdings nur vorübergehend. Mehr Resonanz fanden die Demonstrationen gegen den Vietnamkrieg, von denen die größte im Oktober 1968 etwa 100 000 Teilnehmer zählte. Gegenüber der Bundesrepublik, Frankreich und vor allem den USA fanden sie jedoch weniger Unterstützung, verliefen friedlicher und brachten keine vergleichbaren Mythen hervor.[44]

Ohnehin ist zu betonen, dass in Großbritannien wichtige Reformen bereits diskutiert wurden oder sogar schon umgesetzt worden waren, bevor die Studentenbewegung entstand. Dazu zählen die Abschaffung der Todesstrafe 1965, die Legalisierung der Abtreibung und die Straffreiheit der Homosexualität 1967, die Strafrechtsreform ab 1967, die *Race Relations*-Gesetze von 1965 und 1968, das neue Scheidungsgesetz von 1969 und der bereits erwähnte *Equal Pay Act* aus dem Jahre 1970. Diese Gesetze erforderten die üblich lange Vorlaufzeit, reagierten auf langfristige Veränderungen und wurden vielfach von engagierten Politikern durchgesetzt, die ein, wenn nicht zwei Generationen älter waren als die rebellierenden Studenten. Besonders zu nennen ist Roy Jenkins (geb. 1920), der als Innenminister viele dieser Gesetze verantwortete und mit ihnen vermutlich gegen den Willen der «schweigenden Mehrheit» verstieß.

Diese fand eine Sprecherin in Mary Whitehouse, die 1963 ihre *Clean Up TV Campaign* begann, den Direktor der BBC als Hauptverantwortlichen für den moralischen Kollaps des Landes bezeichnete und ihren Kampf zur Rettung der Moral bis in die 1990er Jahre fortsetzte. Sie wurde aber immer weniger ernst genommen und erhielt zwar noch die Unterstützung von Thatcher, doch im liberalen Spektrum galt es geradezu als Auszeichnung, von ihr kritisiert zu werden. Im Establishment selbst fanden die Reformen zahlreiche Befürworter, unter ihnen William Rees-Mog (geb. 1928), der die bewährte Elitelaufbahn mit Charterhouse, einer berühmten *Public School*, und Balliol College in Oxford absolviert hatte und 1967 zum Herausgeber der *Times* aufstieg. Im selben Jahr kritisierte er in einem Leitartikel den Staatsanwalt für sein hartes Vorgehen gegen Mick Jagger, der wegen des Besitzes von Cannabis angeklagt war. Sein bis heute berühmter Beitrag trug die Überschrift: *Who breaks a butterfly on a wheel*, frei übersetzt: Mit Gewehren auf Spatzen schießen.[45] Hier schrieb er: «Wenn wir jeden Fall zu einem Konflikt zwischen den bewährten traditionellen britischen Werten und dem neuen Hedonismus erklären, müssen wir sicherstellen, dass zu den bewährten traditionellen Werten auch Toleranz und Gleichheit (vor dem Gesetz) gehören» – ein weiterer Hinweis darauf, dass gerade in Großbritannien nicht erst die Studentenbewegung die Reformen der ausgehenden 1960er Jahre hervorbrachte. Diese beruhten vielmehr auf einer erheblich breiteren Basis und besaßen zahlreiche Vorläufer.

Frauenbewegung

Die öffentliche Unterstützung, die männliche Popstars selbst von der *Times* erhielten, hätte auch die Frauenbewegung gerne genossen. Nach ihrem Höhepunkt vor dem Ersten Weltkrieg hatte diese erheblich an Bedeutung verloren, da ihr wichtigstes Ziel, das Wahlrecht, durchgesetzt war. Auch danach fanden weitere Verbesserungen statt, die jedoch weniger auf staatlichen Eingriffen und Gesetzen als auf strukturellen Veränderungen und langfristigen Prozessen beruhten. So übten immer mehr Frauen eine bezahlte Tätigkeit aus, rückten in neue Berufe vor und gewannen an Selbstbewusstsein, vor allem während des Krieges, als sie dringend benötigt wurden. Eine Folge davon war, dass die Labour-Regierung 1946 die Vorschrift aufhob, wonach Frauen, die im öffentlichen Dienst arbeiteten, nach der Heirat ihren Beruf aufgeben mussten. Banken und Versicherungen schlossen sich in den 1950er Jahren an. Weitere Verbesserungen folgten, als Frauen auf qualifizierten Stellen zuerst des öffentlichen Dienstes (1955) und dann auch als Krankenschwestern und Lehrerinnen denselben Lohn wie Männer erhielten. 1967/68 schließlich wurden das bereits erwähnte Abtreibungs- und das Scheidungsgesetz verabschiedet und 1970 die gleiche Bezahlung gesetzlich vorgeschrieben.[46]

Die Gründung des Wohlfahrtsstaates zeigte allerdings, dass sich das Verhältnis der Geschlechter zueinander nur allmählich veränderte und traditionelle Vorstellungen lange fortbestanden. Denn dessen Familienbild ging davon aus, dass Männer ihre Familien ernährten, und die neuen Gesetze verfestigten diese Annahme, da sie wichtige Leistungen an Vorstellungen koppelten, die «männlich» geprägt waren, insbesondere die Rente. Männer und die – meist unverheirateten – Frauen, die einen Beruf ausübten, zahlten den Normalbeitrag, während verheiratete Frauen bis 1975 weniger einzahlten und entsprechend geringere Renten erhielten. Das war insofern konsequent, als weibliche Erwerbsarbeit weiterhin als zweitrangiger Beitrag zum Familieneinkommen galt. 1953 ging ein Bericht über *Child Care and Growth of Love*, den der britische Kinderpsychiater John Bowlby für die UNO erstellte, einen Schritt weiter. Er bezeichnete es als schädlich für Kinder, wenn ihre Mütter arbeiteten und länger abwesend waren. Heute wissen wir, dass die empirische Basis dieser Aussagen dubios war. Doch der Bericht erschien bei Penguin, erzielte hohe Auflagen und erzeugte bei berufstätigen Müttern, die ohnehin unter einer Doppelbelastung litten, ein schlechtes Gewissen und die Angst, sie würden ihre Kinder vernachlässigen.[47]

In wichtigen Fragen war somit allenfalls allmählicher Fortschritt zu erkennen. Die ungleiche Bezahlung bestand ebenso fort wie Benachteiligungen in Schule und Arbeit; traditionelle Rollenbilder erwiesen sich als hartnäckig; die Verbindung von Beruf, Familie und Haushalt schuf zusätzliche Belastungen; und die staatliche Unterstützung durch Kindergärten oder Schulbetreuung nahm nur langsam zu. Daran änderte die Studentenbewegung wenig, an deren Spitze meist Männer standen, die wenig Interesse für diese Themen zeigten und sich oft verhielten wie ihre Väter. Die Verärgerung über dieses Verhalten trug dazu bei, dass eine neue Frauenbewegung entstand, die *National Women's Liberation Movement* (NWLM), die ihre erste Konferenz im Jahr 1970 abhielt. Die Teilnehmerinnen sprachen mit der radikalen Rhetorik dieser Zeit, forderten aber auch ganz pragmatisch gleichen Lohn, gleiche Möglichkeiten und gleiche Bildung, weitreichende Kinderbetreuung, kostenlose Verhütungsmittel und Abtreibung auf Wunsch.[48]

Wie vor dem Ersten Weltkrieg stammten auch die Mitglieder der neuen Frauenbewegung überwiegend aus der gebildeten Mittelschicht und setzten sich vor allem für Ziele ein, die ihnen nahestanden, darunter bessere Aufstiegsmöglichkeiten in Ausbildung und Beruf und stärkere Präsenz in Politik und Öffentlichkeit. Hier bestanden erhebliche Defizite, so im Unterhaus, das damals lediglich 26 weibliche Abgeordnete (von insgesamt 639) zählte, darunter Margaret Thatcher. Die neue Frauenbewegung brachte allerdings keine markanten Führungspersonen hervor und baute keine schlagkräftige nationale Organisation auf, so dass die nächste nationale Konferenz der NWLM erst 1978 stattfand. Das war nicht unbedingt ein Manko. Vielmehr beruhte die Stärke der Bewegung auf lokalen Zusammenschlüssen und Aktivitäten sowie auf einer Vielzahl von Ansätzen und Forderungen. Zusammengehalten wurden sie vom Begriff der *sisterhood*, der Frauen als Einheit sah, die in gleicher Weise benachteiligt und unterdrückt seien. So fand sich eine Klammer, die aber viele der Unterschiede verdeckte, die tatsächlich zwischen gemäßigten und sozialistischen Positionen, zwischen Frauen der Mittelschicht und der Arbeiterschaft oder bei der Bewertung lesbischer Positionen bestanden.

Unabhängig von und schon vor der neuen Frauenbewegung organisierten sich Arbeiterinnen, die 1968 bei den Fordwerken in Dagenham für gleichen Lohn streikten und mit diesem Streik wesentlich zum *Equal Pay Act* von 1970 beitrugen. Fünf Jahre später wurde der *Sex Discrimination Act* verabschiedet, der die Situation von Frauen weiter verbessern sollte. Dazu trugen auch andere Entwicklungen bei, so die rasch steigende Zahl der Studentinnen, die 1980 ca. 40 Prozent aller Studierenden stellten; oder die zunehmende Erwerbsquote von Frauen, die mehr als zuvor auch Gewerkschaften beitraten und Ende der 1970er Jahre einen Organisationsgrad von 40 Prozent aufwiesen.[49]

Umwelt

Im Vergleich dazu blieb das Interesse an Umweltfragen gering. Die schon um 1900 bestehenden Ansätze zum Schutz von Landschaft und Natur sprachen weiterhin nur kleine Gruppen an. Eine Ausnahme bildete der Tierschutz, der seit Anfang des 19. Jahrhunderts breite Unterstützung fand und mit der *Society for the Prevention of Cruelty to Animals* (SPCA, 1824) eine eigene Organisation hervorgebracht hatte. Umweltfragen im heutigen Sinne erlangten erst 1953 größere Bedeutung, als von Dezember 1952 bis März 1953 ein besonders giftiger Smog London bedeckte, mehrere tausend Todesfälle verursachte und den Anstoß zum *Clean Air Act* von 1956 gab.[50] Dieser sah vor, innerhalb von zehn Jahren die Emissionen um 80 Prozent zu verringern, doch dieses Ziel wurde weit verfehlt. Schädliche Substanzen wie Schwefeldioxid verzeichneten sogar einen Anstieg, der vor allem deshalb nicht zu erneuten Smog-Katastrophen führte, weil höhere Schornsteine die Schadstoffe über größere Gebiete verteilten und dadurch verdünnten. Das *Clean Air Yearbook* von 1966/67 konstatierte resigniert, dass bisher wenig Fortschritt erzielt worden sei und es wohl noch zwei Jahrzehnte dauern werde, das längst überfällige Programm umzusetzen.[51]

Öffentlicher Druck für eine konsequentere Umweltpolitik kam in Großbritannien, wie in anderen Ländern Westeuropas, erst in den 1970er Jahren auf und war wesentlich durch amerikanische Vorbilder beeinflusst, darunter die *Friends of the Earth*, die 1969 in San Francisco entstanden und etwa ein Jahr später nach Großbritannien gelangten; oder *Greenpeace*, die 1977/78 erstmalig in London aktiv waren. Zu diesem Zeitpunkt bestand bereits die *Ecology Party*, die erste Umweltpartei Europas, die 1973 als

People Party gegründet wurde, 1975 ihren neuen Namen erhielt und seit 1985 als *Green Party* antritt. Großbritannien war damit Vorreiter in Europa und besaß zahlreiche weitere Umweltorganisationen, die große Mitgliederzahlen aufwiesen, bei den Parlamentswahlen jedoch im Durchschnitt gerade einmal ein Prozent der Stimmen erzielten. Das lag weitgehend am Wahlsystem, das neuen Parteien nahezu keine Chance lässt, einen Wahlkreis zu gewinnen. Genauso wichtig war jedoch, dass die *Green Party* und ihre Vorläufer von Beginn an harte ökologische Positionen vertraten und damit zwar ihre Mitglieder zufrieden stellten, die Wähler aber abschreckten.

Weltweites Aufsehen erregte 1972 der Bericht des Club of Rome mit dem Titel «Grenzen des Wachstums». Dessen Autoren schilderten in dramatischen Formulierungen, dass ein weiteres Wachstum von Bevölkerung und Wirtschaft die Umwelt massiv belasten und vor allem den Vorrat an Rohstoffen erschöpfen werde. Diese Aussagen waren nicht neu, beruhten jetzt jedoch auf Modellrechnungen mit modernsten Computern und wirkten deshalb nicht wie Warnungen rechter und linker Kulturkritiker, sondern wie wissenschaftlich harte Fakten. Andere Wissenschaftler wiesen daraufhin, dass die Modelle zu grob und die Voraussagen problematisch seien, doch die Warnungen des Club of Rome fanden viel Resonanz. Mittlerweile wissen wir, dass sie alles andere als exakt waren. Auch besteht das globale Umweltproblem nicht so sehr darin, dass Rohstoffe zur Neige gehen, sondern in Eingriffen in komplexe Ökosysteme. Es könnte gelingen, zusätzliche Rohstoffquellen zu erschließen bzw. Alternativen zu entwickeln und die Grenzen des Wachstums hinaus zu schieben. Doch eine dauerhafte Lösung wäre damit nicht unbedingt gefunden. Denn das anhaltende Wachstum kann zu vermehrten Eingriffen in die Umwelt führen und vor allem wachsende Mengen an CO_2 freisetzen, das als zentrale Ursache der globalen Erwärmung gilt.

Diese Prozesse finden seit der Industrialisierung statt, als der Übergang zu fossilen Energien erfolgte. Doch gerade hier markieren die Entwicklungen nach dem Zweiten Weltkrieg einen entscheidenden Umbruch. In den 1950er Jahren erfolgte der Wechsel von Kohle zu Öl und Gas und damit zu billiger Energie; die Konsumgesellschaft führte zu einem deutlich höheren Verbrauch an Ressourcen und vermehrten Eingriffen in die Umwelt; neue, auf Öl basierende Industrien und Produkte drangen vor, darunter chemische Dünger, PVC und zahlreiche andere Plastikverbindungen; der Individualverkehr nahm drastisch zu und ermöglichte das ausufernde Wachstum der Städte; schließlich erfuhr der Prozess des weltweiten Austausches von Rohstoffen und Waren einen neuen Schub, wobei die sozialen, politischen und ökologischen Konsequenzen dieser Entwicklungen erst jetzt deutlich werden.[52]

Wertewandel?

Ebenso wie beim Umweltthema fällt es auch bei den anderen Bereichen und Entwicklungen, die dieses Kapitel behandelt, schwer, sie einzuordnen und zu bewerten: die Frauen- und Studentenbewegung, die Jugend- und Popkultur oder die zahlreichen Formen des Protests. Sie verursachten weitreichende Änderungen und waren selbst ein Ausdruck davon, zu sehen an dem neuen Stellenwert von Jugend und Jugendkultur, der Hinterfragung traditioneller Autoritäten, einer größeren sexuellen Freizügigkeit, dem wachsenden Drogenkonsum oder der liberaleren Gesetzgebung zu Schwangerschaft, Ehescheidung oder Homosexualität. Diese Beispiele lassen vermuten, dass ab den 1960er Jahren Gewohnheiten, Anschauungen und Normen einen sowohl grundlegenden wie auch raschen Wandel erlebten. Bald wurde von einem Wertewandel, ja sogar von einer «stillen Revolution» gesprochen und insbesondere eine größere Bedeutung nicht-materieller Werte konstatiert.[53] Eine genauere Betrachtung hingegen ergibt ein widersprüchliches Bild, gut zu sehen am Umgang mit Umweltproblemen.

Heute besitzen Belastungen der Umwelt in Öffentlichkeit und Politik einen bedeutend größeren Stellenwert als in den 1960er Jahren, wenngleich die *Green Party* in Großbritannien weiterhin enttäuschende Wahlergebnisse erzielt. Doch mittlerweile haben alle Parteien «grüne» Themen übernommen und machen bei Wahlen entsprechende Zusagen, die Medien berichten nahezu täglich darüber, und in Umfragen wird der Umwelt höchste Priorität eingeräumt. Als Folge wurden in den letzten Jahren zahlreiche Gesetze verabschiedet und Verfahren eingeführt, welche die Belastung von Boden, Wasser und Luft deutlich reduzierten. Aktuell versucht die britische Regierung, sich in den weltweiten Initiativen gegen die Gefahr eines «Global Warming» zu profilieren, und wird dabei von der Opposition unterstützt, die selbst großen Aufwand betreibt, um ihre grüne Glaubwürdigkeit nachzuweisen. Dazu flog David Cameron, der Führer der Konservativen, eigens zu einem norwegischen Gletscher und ließ sich mit Schlittenhunden fotografieren. Die Fotos erzielten die erhoffte Medienresonanz, doch der Flug von Cameron, seinen Helfern und den Journalisten nach Norwegen verschlang viel Energie und produzierte erhebliche Mengen an CO_2, dessen Anstieg ja gerade verhindert werden soll.

Diese Feststellung mag als kleinlicher Einwand erscheinen, verweist jedoch auf ein zentrales Merkmal des Umweltthemas. In den letzten Jahren gingen die Emissionen zurück, und das Umweltbewusstsein nahm zu. Doch gestiegen ist auch der Verbrauch von Ressourcen, vor allem wegen des deutlich größeren Wohlstandes. Seit den 1960er Jahren nahm nicht nur die Motorisierung stark zu, sondern auch die Größe der Wohnungen, die Zahl von

Urlaubsreisen, der Gebrauch elektrischer Geräte oder die Ausstattung mit all den wichtigen und unwichtigen Gegenständen des Alltags. Ungeachtet aller Bekenntnisse zum Schutz der Umwelt stiegen der private Konsum und die Ausstattung mit allerlei Gegenständen viel rascher an als jemals zuvor. Ein Bedeutungsverlust materieller Werte ist – abgesehen von kleinen Gruppen, symbolischen Gesten und Lippenbekenntnissen – nicht zu erkennen.

Auch bei anderen Werten fällt es schwer, einen grundlegenden Wandel zu konstatieren. So war es keine Überraschung, dass nach den neuen Ehegesetzen die Zahl der Scheidungen zunahm, wobei die bis dahin geringere Zahl allerdings kein Beleg dafür war, dass Ehen zuvor besser funktionierten. Auch mag die traditionelle Ehe an Bedeutung verloren haben, doch der Wunsch, einen festen Partner zu finden und in welcher Form auch immer einen Bund fürs Leben zu schließen, hat weiterhin einen sehr hohen Stellenwert. Dieser ist sogar so hoch, dass in den letzten Jahren Homosexuelle gegen heftigen Widerstand das Recht durchsetzten, ebenfalls heiraten zu können. Vergleichbare Befunde ergeben sich bei der Frage der beruflichen oder schulischen Leistungsbereitschaft, ebenfalls ein traditioneller «materieller» Wert. Auch dieser verlor nicht an Bedeutung. Wenn überhaupt stieg er seit den 1960er Jahren, wie schon die größere Zahl der Abiturienten und Studierenden oder die allgemein akzeptierte Notwendigkeit zeigen, sich im Beruf fortwährend weiterzubilden.

Es fällt schwer, einen grundlegenden Wertewandel zu konstatieren – nicht nur, weil es sich bei vielen der Phänomene, die in den 1960er und 1970er Jahren zu beobachten waren, um kurzfristige Schwankungen und Modewellen handelte. Wichtiger ist, dass sich die Werte selbst wenig änderten, wohl aber das Spektrum der Verhaltensmöglichkeiten deutlich zunahm. So entstanden zusätzlich zur weiterhin verbreiteten Eheschließung andere Lebensgemeinschaften, die ebenfalls akzeptiert wurden; junge Leute verstießen nicht länger gegen verbindliche Normen, wenn sie unverheiratet zusammenlebten; und Mütter mussten sich weniger rechtfertigen, wenn sie Haushalt, Familie und Beruf miteinander vereinbaren wollten.

Es erweiterten sich aber nicht nur die Handlungsspielräume. Hinzu kam, dass früher eindeutige Zuordnungen brüchig wurden. Damit Kinder behütet aufwuchsen, mussten ihre Eltern nicht verheiratet sein; erfolgreiche Unternehmer mussten nicht länger einen Anzug oder gar den *Bowler*-Hut tragen, sondern konnten, wie Richard Branson, mit langen Haaren auftreten, Krawatten ablehnen und sich betont unkonventionell geben, wobei in Branchen wie den Medien oder der Softwareindustrie ein legeres Auftreten geradezu Pflicht wurde; Musiker wie Mick Jagger oder Eric Clapton zeigten – nachdem sie ihre Drogenphase überwunden hatten – ein ausgeprägtes

Leistungs- und Pflichtbewusstsein, ohne das ihre lange Karriere nicht möglich gewesen wäre. Und schließlich verloren auch die neuen Botschaften und Verhaltensweisen ihre Eindeutigkeit, so die Rockmusik. Lange Zeit stand sie für Protest, verlor diesen Nimbus aber stetig, trotz aller Bemühungen etwa des Punk oder vergleichbarer Strömungen. So präsentiert das alternative Vorzeigefestival in Glastonbury auch heute die jeweils aktuellen Bands und Musiker und bietet Jugendlichen weiterhin den ersehnten Freiraum, doch mehr und mehr finden sich dort Familien ein, um das Ereignis gemeinsam zu genießen.[54]

Darauf verwies John Lennon bereits 1970, als er in einem Interview mit dem amerikanischen Magazin *Rolling Stone* darüber klagte, dass sich nichts geändert habe. Jetzt würden lediglich «eine Menge Jugendlicher aus der Mittelklasse mit langen Haaren und in modischen Klamotten herumlaufen, und Kenneth Tynan (ein berühmter Dramatiker) hat eine Menge Geld mit dem Wort ‹fuck› gemacht».[55] Daniel Bell sprach etwas später von einer «Moral des Vergnügens» und konnte in der Gegenkultur kaum mehr als einen «Pop-Hedonismus» erkennen.[56] Hier schwingt vielleicht die Enttäuschung eines Linksliberalen mit. Doch die Aussage trifft insofern zu, als es in den Debatten der 1960er Jahre weniger um grundlegende Werte oder gar deren Abschaffung ging, sondern vor allem um Konventionen und Verhaltensweisen, die damit in Verbindung gebracht wurden. Es war, wie sich zeigen sollte, durchaus möglich, die Konventionen über Bord zu werfen und dabei die Eltern zu ärgern, aber zugleich an den Werten festzuhalten. Genau genommen war dies sogar erforderlich, um größere Gleichheit zwischen Männern und Frauen zu ermöglichen oder Zuwanderer mit ihren je eigenen Gewohnheiten und Verhaltensweisen zu akzeptieren.

Eine Gruppierung allerdings erlebte diese Veränderungen als Verlust: die anglikanische Staatskirche. Bei ihr ging seit den 1960er Jahren die Zahl der Gottesdienstbesucher, Taufen und Trauungen ebenso deutlich zurück wie der Einfluss der Kirche generell. So wurden 1957 in England und Wales weiterhin 72 Prozent aller Ehen in einer Kirche geschlossen, 1998 hingegen nur noch 39 Prozent; die Taufe erhielten 1956 noch etwa 60 Prozent der Neugeborenen, 1997 hingegen weniger als 25 Prozent, einen Gottesdienst besuchten im Jahr 2000 lediglich acht Prozent der Bevölkerung gegenüber etwa 40 Prozent im Jahr 1960.[57] Parallel dazu verloren Bischöfe und Kirche an politischem Einfluss, selbst in Fragen der Moral finden sie immer weniger Gehör. Doch diese Zahlen und Entwicklungen sind nicht so eindeutig, wie es auf den ersten Blick scheint. Denn im Gegensatz zum Rückgang der Anglikaner behielten die Kirchen von Zuwanderern ihre Bedeutung oder expandierten noch, so christliche Gemeinschaften unter Farbigen, aber auch islamische Richtungen, die mittlerweile über eine große Zahl von Gläubigen und Moscheen verfügen. Auch kennzeichnete 1995 das *UK Christian Handbook* 65 Prozent der Briten als Christen, während in aktuellen Umfragen etwa der gleiche Prozentsatz die Bedeutung christlicher Werte betont.[58] Doch es bleibt unklar, was genau die Befragten, die ja nur selten einen Gottesdienst besuchen oder ihre Kinder taufen lassen, unter christlichen Werten verstehen. Ob also von einem «Death of Christian Britain» gesprochen werden kann, ist umstritten. Das gilt auch für die Frage, ob es sich dabei um einen langfristigen Prozess handelt, der mit der Industrialisierung einsetzte und seitdem andauert, oder ob Großbritannien bis in die 1960er Jahre ein christliches Land blieb und diese Eigenschaft erst danach und dann sehr schnell verlor.[59]

Ansonsten aber herrscht Konsens, dass die in diesem Kapitel behandelten Auseinandersetzungen und Veränderungen nicht nach dem Zweiten Weltkrieg und schon gar nicht erst in den 1960er Jahren einsetzten, sondern eine lange Vorgeschichte besaßen. Doch nach 1945 breiteten sie sich besonders rasch aus, wofür es vor allem einen Grund gab: der markante Anstieg des Wohlstandes, der zahlreiche neue Handlungsmöglichkeiten schuf. Das galt und gilt für alle Bereiche des Alltags und des Konsums, für den Zugang zu Bildung, die rasche Verbreitung der Jugendkultur, die Ausdifferenzierung unterschiedlichster Lebensstile oder die große Bedeutung von Nischen, wie schon ein Blick auf die zahllosen Fachzeitschriften zeigt, die jeweils sehr spezielle Klientelgruppen ansprechen.

Es spricht einiges dafür, in diesen Entwicklungen eine zunehmende Individualisierung und Pluralisierung zu sehen. Doch es gibt auch gegenläufige Tendenzen, darunter die weltweite Verbreitung derselben Konsumgüter, Filme, Kaufhaus- und Fast-Food-Ketten oder Musikrichtungen; die standardisierte Freizeitkleidung mit ihren Jeans, T-Shirts oder Turnschuhen; oder die allgemeine Verbreitung der Erwerbsarbeit. Fraglos eröffnete diese gerade Frauen zusätzliche Möglichkeiten, wurde aber auch zur verbindlichen Norm mit ihren eigenen Zwängen. Verstärkt mussten sich diejenigen rechtfertigen, die keiner Erwerbsarbeit nachgingen oder ihr nicht die ganze Energie widmeten – wie diejenigen Frauen und (endlich!) auch Männer, die sich um die Erziehung ihrer Kinder kümmern und deshalb beruflich kürzer treten wollten. Selbst die «Amateure» der oberen Schichten mussten dieser Entwicklung Tribut zollen und sich auf ihren Beruf konzentrieren. Die hohen Einkommen, die sie im Finanzsektor und anderen Berufen erzielten, erforderten einen großen Einsatz und ließen nur wenig Zeit für Cricket oder Rugby. Zugleich verlangten diese Sportarten immer höhere Leistungen, so dass in den angesehenen Wettbewerben und Mannschaften, die sie so lange angeführt hatten, kein Platz mehr für sie war. Die traditionelle Mischung von Beruf und Hobby und das damit verbundene Ideal des *gentleman* hatten sich überlebt.[60]

Diese Entwicklungen prägten auch die 1970er Jahre, die allerdings in der damaligen und späteren Wahrnehmung vor allem durch zahllose Streiks, hohe Inflation oder wachsende Arbeitslosigkeit gekennzeichnet waren. Dies ist ein einseitiges Bild. Denn es gab auch eine Aufbruchstimmung, etwa bei Frauen, die mehr Rechte, ein höheres Einkommen und neue Karrieremöglichkeiten durchsetzten; bei der wachsenden Zahl der Abiturienten und Studierenden; in der Popmusik, wo britische Bands stilbildend und weltweit erfolgreich blieben; oder bei Zuwanderern aus der Karibik, deren Selbstbewusstsein wuchs, unterstützt durch die Musik von Bob Marley oder den legendären Sieg, den die west-indische Cricket-Mannschaft – und dies noch dazu in England – im Jahr 1976 errang.

So waren die 1970er Jahre eine ereignisreiche Dekade und bieten ein vielschichtiges Bild, von dem jedoch vor allem der *Winter of Discontent* im Jahr 1978/79 in Erinnerung geblieben ist. Das ist verständlich, denn dieser Winter war geprägt durch schier endlose Arbeitskämpfe, das Scheitern der Labour-Regierung und die Versprechen der Konservativen, endlich einen Wechsel herbeizuführen. Öffentliche Einrichtungen und Dienstleistungen brachen zusammen, die Müllberge wuchsen, und selbst in den Gewerkschaften brachen Konflikte darüber aus, ob die zahlreichen Streiks sinnvoll waren. Die Bevölkerung hingegen blieb erstaunlich gelassen, hatte aber genug von den Konflikten und wählte im Mai 1979 die Konservativen. Selbst in der Arbeiterschaft war die Unzufriedenheit so groß, dass Thatcher auch hier zahlreiche Wähler fand und einen deutlichen Wahlsieg errang.[61] Ihr Auftrag war klar. Sie sollte die Streitigkeiten beenden und die Blockaden aufbrechen. Jetzt kam es darauf an, wie sie vorgehen würde.

VIERTER TEIL

1979–2010

10. Thatcher und Major, 1979–1997

Das Ergebnis der Wahl vom Mai 1979 war eindeutig: Die Wähler straften die Labour Partei ab, die nur noch 36,9 Prozent der Stimmen und 269 Abgeordnete erhielt. Stattdessen entschieden sie sich für die Konservativen, die auf fast 44 Prozent und 339 Abgeordnete kamen, ein Anstieg um jeweils mehr als 20 Prozent. Unter dieser Konfrontation der beiden großen Parteien litten die kleineren und verloren Stimmen, so dass die Konservativen eine komfortable Mehrheit von 43 Sitzen besaßen.

An der Spitze der neuen Regierung stand Margaret Thatcher, die Änderungen versprochen hatte. Wie radikal diese im Laufe ihrer Amtszeit ausfallen würden, ahnte damals keiner. Noch war nicht abzusehen, dass Thatcher neue Rekorde setzen würde. Sie war die erste Frau, die an der Spitze einer Partei stand, und führte als erste Premierministerin eine Regierung; sie gewann drei Wahlen in Folge, was zuletzt Lord Palmerston (1784–1865) Mitte des 19. Jahrhunderts gelungen war; mit elf Jahren stand sie länger an der Spitze einer Regierung als jeder andere Premierminister des 20. Jahrhunderts – übertroffen lediglich von Lord Liverpool, der zwar 15 Jahre (1812–1827) amtierte, aber nur einen sehr kleinen Wählerkreis überzeugen musste; und schließlich ist Thatcher die wohl einzige demokratisch gewählte Politikerin, deren Name ein Programm bezeichnet: der «Thatcherismus», der bis heute weltweit als Vorbild dient, allerdings nicht minder heftige Ablehnung hervorruft.

Entsprechend groß ist die Zahl der Veröffentlichungen über Margaret Thatcher und ihre Politik, die allerdings kein klares Bild ergeben. Bei ihr stoßen Zustimmung und Ablehnung so hart aufeinander, dass ein distanziertes Urteil schwer fällt. Das gilt umso mehr, als Person und Inhalte schwer zu trennen sind und Thatcher schon durch ihr persönliches Auftreten polarisierend wirkte. Zudem sind seit ihrer Amtszeit erst wenige Jahre verstrichen. Mao Tse Tung hat auf die Frage nach den Auswirkungen der Französischen Revolution einmal gesagt, dass es für eine Antwort zu früh sei. Das mag etwas übertrieben sein, doch bei Thatcher ist es für fundierte Bewertungen tatsächlich noch zu früh. Insbesondere die Folgen ihrer Wirtschaftspolitik, die zentrale Bedeutung besaß, sind noch unklar. Lange Zeit schien es sich dabei um eine Erfolgsgeschichte zu handeln, doch die tiefe wirtschaftliche Krise, die 2007 in Großbritannien einsetzte, lässt Zweifel daran aufkommen.

Dabei fällt es schwer, die Politik und den Begriff des Thatcherismus genauer zu bestimmen. Margaret Thatcher, darin sind sich alle einig, hatte kein klares theoretisches oder politisches Konzept. Allenfalls lassen sich allgemeine Überzeugungen erkennen, darunter das Ziel, Staat und Gewerkschaften zurückzudrängen, dem freien Markt eine Schlüsselstellung zu geben und «viktorianische» Werte neu zu beleben. Doch diese Vorstellungen waren wenig konkret, änderten sich im Laufe der Amtszeit mehrfach, besaßen je unterschiedliches Gewicht und hatten zudem oft Konsequenzen, die der eigentlichen Zielsetzung widersprachen. So wollte Thatcher die Rolle des Staates reduzieren, stieß jedoch auf so viel Widerstand, dass sie die politische Entscheidungsgewalt zentralisierte. Dadurch konnte sie in der Wirtschaft den staatlichen Einfluss zurückdrängen, stärkte ansonsten aber die Macht von Regierung und zentraler Bürokratie.

Zusätzlich erschwert wird eine Beurteilung dadurch, dass zentrale Konzepte des Thatcherismus wie der Monetarismus sich bald als wenig wirksam erwiesen und aufgegeben wurden. Und schließlich wurden – und werden – Entwicklungen und Entscheidungen Thatcher zugeschrieben, die weder für ihre Politik noch für Großbritannien spezifisch waren, sondern sich auch in den anderen westlichen Industrieländern fanden, darunter ein Niedergang traditioneller Industrien, der Bedeutungsverlust von Gewerkschaften, Finanzprobleme im Gesundheitswesen oder Schwierigkeiten bei der Alterssicherung. Damit mussten sich alle westlichen Länder auseinandersetzen, wobei die Regierung Thatcher oftmals besonders radikale Lösungen wählte, die für weite Teile der Bevölkerung erhebliche Belastungen bedeuteten. In dieser Beurteilung herrscht Konsens. Umstritten ist hingegen, welche Alternativen zu dieser Politik bestanden; ob die gewünschten Erfolge eintraten und ob die Belastungen gerechtfertigt waren – wobei zusätzlich zu bedenken ist, dass bei Thatchers Entscheidungen Zufälle eine große Rolle spielten.

Der Weg ins Amt

Der erste Zufall ermöglichte ihre Wahl an die Spitze der Konservativen Partei im Jahr 1975. Heath hatte wenige Monate zuvor seine dritte Unterhauswahl verloren und war entsprechend umstritten, kandidierte jedoch erneut als Parteivorsitzender. Die Wiederwahl schien sicher zu sein, denn trotz allen Unmutes scheuten sich die bekannten konservativen Politiker gegen ihn anzutreten – im Gegensatz zu Thatcher, die nicht zum Partei-Establishment gehörte und wenig Einfluss besaß. Doch sie spürte die Unruhe unter den Abgeordneten, kandidierte gegen Heath und bekam zur allgemeinen Überraschung im ersten Wahlgang die meisten Stimmen, allerdings keine ausreichende Mehrheit.[1] Heath trat daraufhin zurück, und im zweiten Wahlgang kandidierte mit William Whitelaw einer der bekannten Politiker, doch dafür war es zu spät. Er galt als Zauderer, während Thatchers Risikobereitschaft belohnt wurde. Sie gewann die Wahl und führte als erste Frau nicht nur die Konservativen, sondern überhaupt eine der großen britischen Parteien an.

Dieser Erfolg bedeutete einen persönlichen Triumph, aber ein Wahlsieg über Labour war keinesfalls ausgemacht, da Callaghans Politik anfänglich Erfolge erzielte und Zustimmung fand – bis zum *Winter of Discontent*, der als zweiter Zufall Thatcher den Wahlsieg nahezu schenkte. Angesichts der aufgeheizten Stimmung war die Wahl für Labour verloren, bevor sie überhaupt stattfand. Die Konservativen mussten nur abwarten. Entsprechend handelte Thatcher und hielt sich mit ihren Aussagen zurück. Dabei gehörte sie seit längerem zu einer kleinen und radikalen Gruppierung unter den Konservativen, die grundlegende Veränderungen forderte. Sie wollte den Einfluss der Gewerkschaften mindern, die Rolle des Staates reduzieren, die mit Keynes verbundene Wirtschaftspolitik durch den erwähnten Monetarismus ersetzen und den Wohlfahrtsstaat zurückdrängen. Anders ausgedrückt: Diese Gruppierung wollte den Konsens aufkündigen, der sich mit dem Wahlsieg von Labour im Jahre 1945 durchgesetzt und in ihren Augen zum Niedergang des Landes geführt hatte. Kritik daran hatte es bereits in den 1950er Jahren gegeben, doch sie blieb lange vereinzelt und fand erst in den wirtschaftlichen Krisen der 1970er Jahre vermehrt Unterstützung. Das gilt nicht nur für Großbritannien, sondern für alle westlichen Industrieländer, insbesondere für die USA, wo kurz nach Thatchers Wahlsieg mit Ronald Reagan ein Präsident (1981) gewählt wurde, der ähnliche Ansichten vertrat.

Thatcher war also Teil einer internationalen Strömung, die aber in Großbritannien auch nach ihrer Wahl noch eine Minderheit darstellte, selbst in der eigenen Partei. Diese führte sie zwar seit vier Jahren an, gehörte aber weiterhin nicht zum Establishment der führenden konservativen Politiker. Diese befürworteten ebenfalls Veränderungen, wollten aber behutsam vorgehen und stellten die meisten Mitglieder des neuen Kabinetts. Darauf musste Thatcher Rücksicht nehmen, besaß aber dennoch einen großen Handlungsspielraum. Denn die verheerenden Erfahrungen im *Winter of Discontent* hatten nicht nur ihren Wahlsieg ermöglicht, sondern auch die Bereitschaft gefördert, radikale Maßnahmen zu akzeptieren.

Erste Schritte

Klare Pläne existierten nicht. Allerdings bestand Einigkeit darüber, den Keynesianismus und seine an der Nachfrage orientierte Wirtschaftspolitik aufzugeben. Diese hatte bereits Callaghan auf dem Labour-Parteitag von 1976 zurückgewiesen,[2] doch Thatcher äußerte die Kritik viel grundsätzlicher und forderte, konsequent von der Angebotsseite auszugehen: Der Staat sollte nicht mehr in die Wirtschaft eingreifen, indem er die Nachfrage steuerte, Löhne und Preise beeinflusste, Subventionen zahlte, Firmen übernahm oder ganze Industrien lenkte. Er sollte sich vielmehr darauf beschränken, bessere Rahmenbedingungen zu schaffen, die wirtschaftlichen Aktivitäten von Firmen und Individuen zu fördern, hemmende Schranken abzubauen, Steuern zu senken und nicht zuletzt den Einfluss der Gewerkschaften zu reduzieren. Dabei sollte sich die konkrete Wirtschaftspolitik am «Monetarismus» orientieren und vor allem die Geldmenge kontrollieren. Deren Wachstum galt als Hauptursache für die galoppierende Inflation, die wirtschaftliche Krise und die hohe Arbeitslosigkeit der 1970er Jahre, die ein rigider Arbeitsmarkt und Eingriffe des Staates noch verschärft hätten.

Als Zeichen für den Rückzug des Staates senkte die Regierung gleich zu Beginn die Einkommenssteuer. Damit fehlten allerdings Einnahmen, so dass sie als Ausgleich die Mehrwertsteuer von acht auf 15 Prozent erhöhte und damit eine Umverteilung von unten nach oben vornahm, die zu einem Merkmal der konservativen Politik wurde. Denn von einer Senkung der Einkommenssteuer profitierten vor allem diejenigen, die gut verdienten und entsprechend viel Steuern zahlten. Eine höhere Mehrwertsteuer hingegen belastete gerade die unteren Gruppen, die zur Sicherung des Lebensunterhaltes fast ihr gesamtes Einkommen für Einkäufe oder andere Zahlungen ausgaben und dabei jeweils die höhere Mehrwertsteuer entrichten mussten. Gekoppelt war dieses Vorgehen mit dem Monetarismus, der sich als Steuerungsinstrument auch deshalb anbot, weil er einfacher zu handhaben schien als die bis dahin betriebene Wirtschaftspolitik mit ihren Subventionen und den Lohn- und Preiskontrollen. Diese waren nicht nur schwierig umzusetzen, sondern erforderten von der Regierung immer wieder, politisch kontroverse Entscheidungen zu treffen. Demgegenüber erschien es vielversprechend, lediglich die Geldmenge zu kontrollieren, sich aus konkreten Entscheidungen herauszuhalten und diese dem Markt zu überlassen.

In der Praxis jedoch erwies es sich als schwierig, die tatsächlich vorhandene Geldmenge zu ermitteln oder sie auch nur exakt zu definieren. Hierzu zählten nicht nur die im Umlauf befindlichen Noten und Münzen, sondern auch Gelder, die auf Giro- oder Sparkonten kurzfristig verfügbar waren; außerdem langfristige Anlagen und Kredite, die Banken sich untereinander oder Konsumenten und Betrieben gewährten; Schulden, die Regierungen, staatliche Institutionen und Gemeinden aufnahmen; der internationale Zahlungsverkehr und zahlreiche andere Geldarten. Es erwies sich als nahezu unmöglich, einen genauen Überblick über die verschiedenen Geldarten zu erhalten, ihre Menge zu bestimmen und sie zu kontrollieren, zumal die Regierung gleich zu Beginn den Finanzsektor liberalisierte und dazu Kontrollen des Kapitalverkehrs aufhob. Diese Liberalisierung war zentraler Bestandteil ihrer Wirtschaftspolitik, hat aber – wenngleich ungewollt – faktisch den Überblick so sehr erschwert, dass der Monetarismus bereits 1982 aufgegeben wurde.

Das änderte nichts an dem Ziel, die Inflation zu begrenzen. Diese war unter Callaghan vorübergehend auf acht Prozent zurückgegangen, stieg dann jedoch wieder an und erreichte unter den Konservativen im Jahr 1980, also ein Jahr nach der Wahl, sogar 21,9 Prozent. Das lag vor allem an Lohnerhöhungen, gegen die Thatcher zu Beginn ihrer Amtszeit aus mehreren Gründen nicht einschritt. Im öffentlichen Dienst musste sie höhere Löhne akzeptieren, weil sie im Wahlkampf entsprechende Zusagen gemacht hatte. Den Forderungen der Bergleute gab sie nach, da sie deren Stärke kannte und sich so kurz nach der Wahl für einen Konflikt zu schwach fühlte. Und schließlich kam die drastische Erhöhung der Mehrwertsteuer hinzu, die direkt zu höheren Preisen führte. Als Konsequenz stieg die Inflation steil an, und die Regierung erhöhte die Zinsen auf 19 Prozent, um die Nachfrage und damit die Preise zu senken. Erst einmal trat aber ein anderer Effekt ein. Denn die hohen Zinsen boten eine attraktive Anlage, zogen ausländisches Kapital an und führten zur Erhöhung des Pfundkurses um fast 25 Prozent.

Die Folgen für die Wirtschaft waren verheerend, vor allem für den Export, da durch die Kombination von Inflation und Aufwertung die Exportpreise britischer Produkte um fast 50 Prozent anstiegen, während Importe entsprechend billiger wurden. Doch auch der Binnenmarkt litt unter hohen Zinsen, reduzierten Staatsausgaben und Steuererhöhungen, so dass eine tiefe Rezession einsetzte. Von 1979 bis 1981 ging das Bruttosozialprodukt um fünf Prozent zurück, in der verarbeitenden Industrie sogar um 15 Prozent. Diese erholte sich anschließend, kürzte aber ihre Investitionen um ein Drittel, so dass die Erholung nur langsam erfolgte und die industrielle Basis des Landes weiter geschwächt wurde, was bis heute zu spüren ist. Eine andere Folge war der rasante Anstieg der Arbeitslosigkeit auf mehr als drei Millionen (12,4 Prozent) im Jahr 1983, wobei der tatsächliche Wert vermutlich höher lag. Denn unter Thatcher wurden die Kriterien für Arbeitslosigkeit nicht weniger als 28-mal geändert, oft mit der Absicht, den Kreis der betroffenen Personen zu reduzieren und bessere Zahlen zu präsentieren.[3]

Bis zu Thatchers Amtsantritt galten Arbeitslosenzahlen von einer Million als untragbar und führten in den 1970er Jahren dazu, dass sowohl konservative wie Labour-Regierungen eingriffen. Das wurde auch jetzt gefordert, zumal die Arbeitslosigkeit in den Industriegebieten des Nordens, unter Jugendlichen und vor allem bei Farbigen 30 Prozent oder mehr betrug und damit Werte erreichte, die an die Weltwirtschaftskrise und die 1930er Jahre erinnerten. Entsprechend häuften sich die Konflikte und führten 1981 in Brixton (London) und Toxteth (Liverpool) zu Rassenunruhen, bei denen es zu gewalttätigen Ausschreitungen kam und Häuser in Brand gesteckt wurden. Eine tiefe Spaltung durchzog das Land, doch Thatcher hielt an ihrer Politik fest und sah die Rezession als notwendig an, um die Wirtschaft wettbewerbsfähiger zu machen und die Grundlagen für langfristiges Wachstum zu legen. Der Weg dahin war allerdings noch weit und wurde durch unerwartete Hindernisse erschwert, darunter die bereits erwähnten Probleme des Monetarismus. Außerdem gingen die staatlichen Ausgaben nicht zurück, wie es geplant war, sondern stiegen deutlich an, weil die große Arbeitslosigkeit zu höheren Sozialausgaben führte. In dieser Situation kam Thatcher ein weiterer Zufall zu Hilfe: Die wachsenden Einnahmen aus dem Nordseeöl, die den Haushalt ebenso entlasteten wie der Vorschlag, staatliche Betriebe zu privatisieren und dadurch weitere Einnahmen zu erzielen.

Privatisierungen

Der Verkauf staatlicher Betriebe und öffentlichen Eigentums wurde zu einem Markenzeichen des Thatcherismus und fand weltweit Nachahmer. Fast überall privatisierten Staaten und Kommunen Post- und Telefonkonzerne ebenso wie Gas-, Wasser und Stromversorger, Eisenbahnen, Krankenhäuser oder selbst Gefängnisse. Aber auch bei dieser Politik verfolgten die britischen Konservativen keinen langfristigen Plan, sondern begannen in kleinen, vorsichtigen Schritten und weiteten diese erst aus, als die Möglichkeiten der Privatisierungen deutlich wurden. So verkaufte die Regierung zwar bereits 1979 Anteile von British Petroleum, jedoch lediglich fünf Prozent, und anschließend weitere, nicht besonders große Firmen. Die eigentliche Privatisierung von staatlichen Unternehmen begann erst 1984, als in wenigen Jahren zahlreiche und vor allem bedeutende Betriebe an die Börse gingen und hohe Summen einbrachten. Dabei ging es mittlerweile nicht bloß um den Verkauf staatlichen Eigentums und die damit verbundenen Einnahmen. Die Privatisierungen steigerten vielmehr Thatchers Popularität, da die Regierung die Aktien bewusst günstig anbot und die Käufer in wenigen Tagen erhebliche Kursgewinne erzielten. Zusätzlich konnten die Konservativen auf diese Weise den Aktienbesitz breit streuen und ihrem Ideal einer «property owning democracy» näher kommen.

Dazu diente vor allem der Verkauf von *council houses*, die sich im Besitz von Gemeinden befanden und etwa 30 Prozent aller in Großbritannien vorhandenen Häuser umfassten.[4] Die Regierung legte bereits im Dezember 1979, wenige Monate nach der Wahl, ein Gesetz vor, das mehrere Ziele zugleich verfolgte: Der Verkauf der Häuser sollte Geld einbringen; zusätzlich wollte die Regierung proletarische Mieter in konservative Eigentümer umwandeln; und schließlich nahm sie der Labour Partei ein wichtiges Instrument, da diese in vielen Kommunen die Mehrheit besaß, die Vergabe der Häuser kontrollierte und dadurch die Wähler beeinflussen konnte. Entsprechend groß war der Widerstand, weshalb die Regierung überaus attraktive Angebote machte. Wer in einem *council house* länger als drei Jahre wohnte, erhielt auf den Kaufpreis eine Ermäßigung von 33 Prozent, die bei längerer Dauer bis auf 80 Prozent ansteigen konnte. Dieses Angebot war so verführerisch, dass von 1979 bis 1989 etwa eine Million dieser Häuser verkauft wurden. Die Zahl der Hauseigentümer insgesamt stieg in diesem Zeitraum um drei Millionen, so dass 1988 ca. 64 Prozent der Bevölkerung in den eigenen vier Wänden lebten, eine der höchsten Zahlen für Industrieländer.[5] Das lag nur teilweise an der Privatisierungspolitik von Thatcher und beruhte vor allem auf Entwicklungen, die auch in den anderen Ländern stattfanden. Da Europa nach 1945 von Kriegen verschont blieb und der allgemeine Wohlstand zunahm, stieg auch die Zahl der Personen deutlich an, die als Erben oder durch eigenen Verdienst ein Haus bzw. eine Wohnung erwerben konnten.[6]

Dennoch wurde der Verkauf der *council houses* zu einem zentralen Element von Thatchers Privatisierungspolitik, das gerne übersehen wird, da der Börsengang von Unternehmen wie Rolls-Royce, British Gas oder British Telecom beeindruckender ist. Die Regierung sprach etwas vollmundig von einer «der wichtigsten sozialen Revolution des Jahrhunderts»[7], doch auch jenseits dieser Rhetorik erwies sich der Verkauf der Häuser als äußerst populär und ergab bis 1988 höhere Einnahmen als alle bis dahin privatisierten Industriebetriebe. Hinzu kam ein Rückgang der Kosten, denn viele dieser Häuser verursachten Verluste, da die Mieten aus politischen Gründen niedrig gehalten wurden, so dass kaum Geld für Investitionen oder Reparaturen blieb und die Qualität der Häuser litt.[8] Jetzt hingegen waren die neuen Eigentümer bereit, die Ausgaben für Renovierungen selbst zu übernehmen; und nicht wenige von ihnen haben anschließend die Konservativen gewählt, die offensichtlich die Stimmung in der Bevölkerung besser einschätzten als Labour.

Opposition

Auch abgesehen von den Privatisierungen besaßen die Konservativen ein gutes Gespür für Strömungen in der Arbeiterschaft, wie bereits die Wahlen von 1979 zeigten. Hier wechselten mehr Facharbeiter und Gewerkschaftsmitglieder von Labour zu den Konservativen als Angestellte der Mittelschicht.[9] Diese neuen Wähler umwarb Thatcher mit großem Erfolg, so dass acht Jahre später (1987) 43 Prozent der Facharbeiter für ihre Regierung stimmten, nur 34 Prozent Labour wählten und weitere 24 Prozent die sozialliberale Allianz.[10] Die Labour Partei, die von Beginn an ihre Basis in der Arbeiterschaft besessen hatte, zunehmend andere Wähler ansprach und gerade in den 1960er Jahren als junge und dynamische Partei auftrat, galt nun als veraltet. Sie stand für eine untergehende Zeit, für die Arbeiter in der überlebten Schwerindustrie und für den von Krisen geschüttelten Norden. Hier erzielte sie weiterhin große Mehrheiten und hielt ihre beherrschende Position, doch auf die alten Industriegebiete in Wales, im Norden Englands und in Schottland konnten die Konservativen verzichten. Um ihre Mehrheit zu sichern, war es sinnvoller, sich auf die Wähler im wohlhabenden Süden zu konzentrieren, wo die Reformen früh Erfolge zeigten und die Konservativen fast alle Wahlkreise gewannen. Das reichte für eine Mehrheit, so dass sie die industriellen Gebiete fast komplett Labour überließen – ein Zeichen für die tiefe Spaltung des Landes.

So wiederholte Thatcher 1983 ihren Wahlerfolg und erhielt im Unterhaus eine beeindruckende Mehrheit von 144 Abgeordneten. Doch erneut fiel dieser Vorsprung nur wegen des Wahlsystems so eindeutig aus, denn die Konservativen bekamen lediglich 42,4 Prozent der Stimmen und verzeichneten sogar einen Rückgang von 1,5 Prozentpunkten. Bei Labour fiel dieser allerdings noch drastischer aus, der Stimmenanteil ging von 36,8 Prozent auf nur noch 27,6 Prozent zurück. Die Partei war nach der Niederlage von 1979 weiter nach links gerückt und sah darin die richtige Antwort auf die wachsende Zahl der Arbeitslosen und die wirtschaftliche Rezession. Damit sprach sie allerdings nur den engen Kreis der Stammwähler und die überzeugten Linken an, die in den Parteiorganisationen und Gewerkschaften ihre Macht ausbauten. Besonders bekannt wurde die *Militant Tendency*, eine trotzkistische Gruppe, die radikale Forderungen vertrat. Deren Mitglieder schloss die Labour Partei zwar 1982 offiziell aus, konnte ihren Einfluss aber nur allmählich zurückdrängen. Tatsächlich war dieser gering, doch schon durch ihren Namen bot die Gruppierung Thatcher und den konservativen Zeitungen eine willkommene Gelegenheit, Labour anzugreifen und das Schreckbild einer «lunatic left» zu beschwören.[11]

Zwischen derart extremen Gruppierungen und einem gemäßigten Flügel bewegte sich die Parteilinke, deren Forderungen kaum weniger radikal waren. Unter der Führung von Tony Benn trat sie für eine einseitige Abrüstung, den Austritt aus der EWG und umfangreiche Verstaatlichungen ein. Diese Forderungen waren völlig unrealistisch, schwächten die Partei und verschärften ihre ohnehin bestehende Spaltung. Der rechte Labour-Flügel organisierte sich unter Denis Healey, der 1980 für den Parteivorsitz kandidierte und damit zwar einen Erfolg der Radikalen verhinderte, selbst jedoch keine Mehrheit errang, sondern Michael Foot unterlag. Dieser war erstmals 1940 mit dem Pamphlet *Guilty Men* hervorgetreten, bekleidete anschließend in der Partei mehrere wichtige Funktionen, zählte mittlerweile 67 Jahre und gehörte zur gemäßigten Variante des linken Flügels.

Von außen waren die einzelnen Flügel schwer zu erkennen. Foot wurde vielmehr pauschal der Linken zugerechnet und galt als wenig durchsetzungsfähig. Persönlich weckte er durchaus Sympathien, wirkte aufgrund seines Alters jedoch gebrechlich und zu schwach, um es mit Thatcher aufnehmen oder sich gegenüber den radikalen Strömungen durchsetzen zu können. Diese Meinung teilten prominente Mitglieder des rechten Labour-Flügels, die deshalb 1981 die Partei verließen, die *Social Democratic Party* (SDP) gründeten und sofort viel Unterstützung erhielten. Denn Thatchers Politik hatte bis dahin vor allem zu Rezession, Inflation und Arbeitslosigkeit geführt, während die versprochenen Erfolge ausblieben.[12]

Die Erfolgsaussichten der neuen Partei wuchsen noch, als sie mit den Liberalen zusammenging und die *SDP-Liberal Alliance*, kurz *Alliance*, ins Leben rief. Dieses Bündnis war bei Nachwahlen sehr erfolgreich und erhielt bei Umfragen mehr als 50 Prozent Zustimmung. Dieses Hoch hielt nicht an, doch bei der Wahl im Jahre 1983 gewann die *Alliance* 25,4 Prozent der Stimmen und lag nur knapp hinter Labour mit 27,6 Prozent, für eine neue Partei ein geradezu unglaublicher Erfolg. Aber nicht wirklich. Denn tatsächlich spaltete die *Alliance* die Opposition und verhalf den Konservativen zu ihrer großen Mehrheit, da sie Labour Stimmen wegnahm und selbst lediglich 23 Abgeordnete stellte. Allerdings hätte Thatcher die Wahl vermutlich auch ohne diese Unterstützung gewonnen. Denn 1983 war die Arbeitslosigkeit mit 14 Prozent zwar weiterhin hoch, und viele Briten litten unter gekürzten Staatsausgaben oder höheren Steuern. Doch 86 Prozent hatten weiterhin eine Beschäftigung, während sich zugleich erste Erfolge der Wirtschaftspolitik abzeichneten. Thatcher hätte deshalb wohl auch ohne die

Spaltung der Opposition genügend Stimmen erhalten, zumal der *Winter of Discontent* noch in frischer Erinnerung war und die Privatisierungspolitik große Zustimmung fand. Dass der Erfolg dann so hoch ausfiel, lag aber wesentlich daran, dass ihr ein weiterer Zufall zugute kam: der Falklandkrieg.

Falklandkrieg

Am 2. April 1982 besetzten argentinische Soldaten die Falkland-Inseln, die 600 Kilometer entfernt von der südlichen Spitze ihres Landes im Atlantik liegen und seit 1833 von Großbritannien beansprucht wurden. Diesen Anspruch hatte Argentinien von Beginn an bestritten und nach dem Zweiten Weltkrieg mehrfach darüber Gespräche geführt, die zu keiner Einigung, aber auch zu keinem ernsthaften Konflikt führten. Dazu waren die Inseln zu unwichtig. Jetzt jedoch ließen die argentinischen Generäle, die seit 1976 das Land diktatorisch regierten, diese besetzen und wurden dafür einhellig kritisiert, auch durch eine Resolution der UNO. Die britische Regierung verhandelte mit Argentinien, kam jedoch zu keinem Ergebnis und beschloss, die Inseln zurückzuerobern. Am 1. Mai begannen die Kämpfe, die am 15. Juni mit der Kapitulation der argentinischen Kräfte endeten und 750 (Argentinien) bzw. 236 (Großbritannien) Tote forderten. Die Inseln waren befreit, ein Erfolg, der in Großbritannien begeistert gefeiert wurde und im Jahr darauf wesentlich zu Thatchers großem Wahlerfolg beitrug.[13]

Für Außenstehende war diese Begeisterung schwer zu verstehen. Als seine Beamten, so der damalige amerikanische Außenminister Alexander Haig, von der Krise auf den Falkland-Inseln erfuhren, reagierten sie belustigt «auf diesen Kampf über eine Schafweide zwischen einem cholerischen John Bull und einem komischen Diktator in einer protzigen Uniform».[14] Die Schafweide lag auf einer kalten und ungemütlichen Inselgruppe, die lediglich 1800 Bewohner zählte und so geringe Bedeutung besaß, dass die *Royal Navy* 1981 ihre letzten Einheiten von dort abgezogen hatte. Generell war das britische Militär auf einen Krieg an diesem abgelegenen Ort nicht vorbereitet. Während des Empire waren derartige Konflikte häufig vorgekommen und hatten zu einer entsprechenden Bewaffnung geführt, doch jetzt setzte der Kalte Krieg neue Schwerpunkte und erforderte Raketen oder U-Boote. Diese eigneten sich aber nicht für eine Invasion der Falkland-Inseln, die Flugzeuge und Soldaten erforderte. Dazu musste die Regierung den Verkauf eines Flugzeugträgers an Australien rückgängig machen, ihre Soldaten angemessen ausrüsten und zusätzlich viel Zeit aufwenden, um an dieser entlegenen Stelle eingreifen zu können. Fatalerweise hatten die argentinischen Generäle die neuen Schwerpunkte der britischen Militärpolitik und den Rückzug von den Falkland-Inseln falsch verstanden und darin einen Hinweis gesehen, dass London deren Besetzung akzeptieren werde. Das Gegenteil war der Fall.

Als die Nachrichten von der Besetzung Großbritannien erreichten, reagierten Öffentlichkeit und Politiker empört und forderten ein Eingreifen der Regierung. Diese unverhoffte Gelegenheit kam Thatcher wie gerufen. Sie nutzte sie entschlossen und erklärte sich zu Verhandlungen bereit, ordnete aber sofort an, einen militärischen Eingriff vorzubereiten. Diesen unterstützte selbst Michael Foot, der Führer der Labour Partei, der in den Jahren zuvor eine einseitige Abrüstung gefordert hatte.[15] Doch wie viele Briten war auch Foot vom Appeasement-Trauma geprägt, hatte 1940 die dafür Verantwortlichen als *guilty men* bezeichnet und sah Großbritannien erneut durch Diktatoren herausgefordert, denen man nicht nachgeben dürfe. Er beschwor den Anspruch seines Landes, in der ganzen Welt die Freiheit der Menschen zu verteidigen, nicht nur auf den Falkland-Inseln. Großbritannien müsse vielmehr grundsätzlich sicherstellen, «dass nirgendwo in der Welt widerliche und brutale Aggression erfolgreich ist. Andernfalls besteht nicht nur für die Falkland-Inseln eine Gefahr, sondern für alle Menschen auf diesem gefährlichen Planeten.»[16]

So argumentierte auch Thatcher, zeigte im Konflikt ihre ganze Entschlossenheit und errang den erwähnten Sieg, der nur geringe Verluste kostete. Dabei hatte sie allerdings Glück, denn die Zahl der Toten hätte deutlich höher ausfallen können, da mehrfach argentinische Bomben nicht explodierten oder britische Schiffe Angriffe glimpflich überstanden. Zudem bestehen bis heute völkerrechtliche und moralische Zweifel am britischen Vorgehen, wobei sich wichtige Entscheidungen weiterhin nicht eindeutig beurteilen lassen. Dazu gehört die Frage, ob die Versenkung des argentinischen Kriegsschiffes *Belgrano* dem Kriegsrecht entsprach. Der offiziellen Darstellung zufolge ordnete der zuständige britische Offizier den Beschuss dieses Schiffes an und beachtete dabei das internationale Recht, während Kritikern zufolge die Regierung selbst eingriff und das Schiff, das sich auf dem Rückzug befunden habe, versenken ließ, um mögliche Verhandlungen zu unterminieren.[17]

Entsprechend strittig werden weiterhin die Chancen für eine friedliche Lösung beurteilt, da die erforderlichen Unterlagen noch nicht zugänglich sind. Thatcher jedenfalls glaubte nicht daran und konnte Gründe nennen. In Argentinien herrschte seit 1976 eine brutale Militärdiktatur, die Todesschwadrone einsetzte und 1981 linke Guerilla-Gruppen blutig niederkämpfte. Diese Kämpfe zerrütteten das Land, die Inflation erreichte 140 Prozent, und General Leopoldo Galtieri, der im Dezember 1981 in einer internen Auseinandersetzung die Macht errang, wollte durch die Besetzung der Falkland-Inseln von dieser schwierigen Situation ablenken. Kurzfristig ging seine Überlegung auf, die Aktion wurde jubelnd unterstützt. Doch als die Truppen kapitulierten, kam es zu heftigen Demonstrationen, und Galtieri musste zurücktreten. Im Gegensatz dazu profitierte Thatcher vom Krieg, der auch für sie in einer schwierigen innenpolitischen Situation stattfand. Doch der Sieg festigte ihre Position und schuf in ihren Augen ein neues nationales Selbstbewusstsein, das sie triumphierend beschrieb:

«Wir sind nicht länger eine Nation auf dem Rückzug. Stattdessen haben wir ein neues Selbstbewusstsein gefunden – geboren in den wirtschaftlichen Schlachten zuhause und erprobt und bestätigt 8000 Meilen von hier. ... Wir frohlocken, dass Britannien den Geist wiederbelebt hat, der es seit Generationen anfeuerte und der heute wieder so hell leuchtet wie zuvor. Britannien hat sich im Südatlantik wiedergefunden und wird nach dem errungenen Sieg nicht nach hinten schauen. Als wir dort draußen begannen, gab es die Zauderer und Mutlosen; diejenigen, die dachten, wir könnten nicht länger die großen Dinge tun wie früher; diejenigen, die glaubten, unser Niedergang sei unabänderlich, dass wir nie mehr diejenigen sein würden, die wir einmal waren; dass Britannien nicht länger die Nation war, die ein Empire errichtete und ein Viertel der Welt regierte. Nun, sie hatten Unrecht.»[18]

Mit anderen Worten: Für Thatcher ging es nicht nur um eine Schafweide im Atlantik. Sie hätte die Beschreibung von Alexander Haig, ein kämpferischer John Bull zu sein, vermutlich als Lob aufgefasst. Jedenfalls hielt sie entsprechende Reden und benutzte aggressive, kriegerische Formulierungen. Viele Briten übten daran Kritik. Andere hingegen unterstützten Thatcher begeistert und teilten ihre Überzeugung, sich in einem entscheidenden Kampf zu befinden, nicht nur gegenüber den argentinischen Diktatoren. Derartige Kämpfe sah Thatcher auch im eigenen Lande und sprach in ihrer Rede deshalb von «wirtschaftlichen Schlachten». Die wichtigste davon stand ihr noch bevor: der Bergarbeiterstreik von 1984/85.

Bergarbeiterstreik und Gewerkschaften

Seit Jahrzehnten war der britische Bergbau für das schlechte Verhältnis zwischen Arbeitern, Gewerkschaften und Unternehmern bekannt. Streiks waren häufig, darunter der Generalstreik von 1926, den die Bergleute verloren hatten. Doch sie hielten an dem Ziel fest, ihre Industrie zu verstaatlichen, was 1947 schließlich gelang. Anschließend arbeiteten Gewerkschaften, Staat und Unternehmer zusammen und federten die Schrumpfung des Bergbaus ab. Doch ihr Verhältnis verschlechterte sich ab den

1960er Jahren erneut, als die Löhne dieser Industrie hinter der allgemeinen Entwicklung zurückblieben, radikale Kräfte an Bedeutung gewannen und die Bergleute 1972 und 1974 in großen Streiks massive Lohnerhöhungen durchsetzten.

In diesen Jahren wurden auch andere Industrien häufig bestreikt, und es gab mehrfach Bemühungen, neue Formen der Zusammenarbeit von Unternehmern, Staat und Gewerkschaften zu finden. Dazu gehörten das Weißbuch *In Place of Strife* der Regierung Wilson im Jahre 1969 oder die Gesetzgebung unter seinem Nachfolger Heath, die jedoch scheiterten. Beide Vorhaben verfolgten ehrgeizige Ziele, waren jedoch schlecht abgestimmt. So riefen sie großen Widerstand hervor und wurden vor allem von den *shop stewards* (betriebliche Vertrauensleute) bekämpft, während die Gewerkschaftsführer Kooperationsbereitschaft zeigten. Wie groß das Problem geworden war, zeigte der *Winter of Discontent*, der eine Lösung sowohl dringlicher wie auch einfacher machte. Dringlicher, weil die verheerende Wirkung der zahllosen Streiks offensichtlich geworden war, und einfacher, weil die Notwendigkeit von Reformen weithin akzeptiert wurde, selbst von Gewerkschaftsmitgliedern, von denen viele Thatcher wählten.

Die Voraussetzungen für neue Gesetze waren also gut, doch zugleich hatten sich die Fronten verhärtet. Auf der einen Seite standen die radikalen Strömungen in den Gewerkschaften, die unter den Bergleuten großen Rückhalt besaßen; auf der anderen ihre Gegner, darunter Thatcher, die sich in einer Schlacht wähnte. Sie zeigte wenig Kompromissbereitschaft, hatte allerdings aus dem Scheitern ihrer Vorgänger gelernt, die zuviel auf einmal wollten, und ging in kleinen Schritten vor. Anstelle eines großen Wurfes verabschiedete das Parlament nach und nach mehrere Gesetze, die schrittweise die Handlungsmöglichkeiten der Gewerkschaften einschränkten. Diese sahen darin einen Generalangriff auf ihre Rechte, eine Auffassung die damals weit verbreitet war, im Rückblick aber schwer nachzuvollziehen ist. Denn im Ergebnis wurden Regelungen eingeführt, die in anderen Ländern – etwa in Deutschland – schon länger bestanden und sich dort bewährt hatten: Gewerkschaftsführer mussten regelmäßig und geheim gewählt werden; Streiks durften nur ausgerufen werden, wenn vorher eine Abstimmung stattgefunden hatte; Gewerkschaften, die diese Regelungen nicht beachteten, mussten Schadensersatz leisten, da sie gegen Gesetze verstießen; und *closed shops*, d. h. Betriebe, die nur Gewerkschaftsmitglieder beschäftigen durften, wurden weitgehend abgeschafft. Außerdem wurde verboten, Streikposten vor Betrieben aufzustellen, die mit der Auseinandersetzung nichts zu tun hatten. Damit hatten vor allem die Bergleute große Wirkung erzielt, die in den Streiks von 1972/74 Kraftwerke blockierten und die Anlieferung von Kohle verhinderten. Als daraufhin Lücken in der Stromversorgung auftraten und die Wirtschaft die Drei-Tage-Woche einführte, gab Heath nach und erfüllte die Lohnforderungen.[19]

Heute erscheinen die neuen Gesetze vertretbar. Doch damals brachen sie mit etablierten Rechten und wurden von den Gewerkschaften, die ohnehin Mitglieder einbüßten, als Bedrohung wahrgenommen. Deren Situation war schwierig genug, da die Arbeitslosigkeit zunahm und die alten Industrien wie Werften, Bergbau oder Stahl, wo traditionell die Stärke der Gewerkschaften lag, langsam aber sicher schrumpften. In diesen Sektoren verzeichneten die Betriebe hohe Verluste und wollten grundlegende Veränderungen durchsetzen, so bei British Steel, an dessen Spitze Margaret Thatcher 1980 Ian MacGregor berief. Dieser stammte aus Schottland, arbeitete nach dem Krieg in der US-Stahlindustrie, erwarb dort den Ruf eines harten Managers und sollte jetzt die britische Stahlindustrie sanieren, die seit Ende der 1960er Jahre unter staatlicher Lenkung stand und sich im Niedergang befand. Um diesen aufzuhalten, nahm MacGregor Einsparungen vor, modernisierte die Betriebe und entließ in kurzer Zeit Zehntausende Arbeiter. Bei seiner Ernennung beschäftigte der Konzern 160 000 Personen, drei Jahre später nur noch 71 000. Doch er produzierte in etwa die gleiche Menge Stahl, so dass der Verlust von 1,8 Milliarden £ auf 256 Millionen £ zurückging. Kurz darauf erzielte British Steel sogar einen Gewinn, so dass 1988 die Privatisierung erfolgte. Daher gab es für den Abbau des Personals ein gewisses Verständnis, zumal die Entlassenen Abfindungen erhielten. Doch angesichts der hohen Arbeitslosigkeit konnten nur wenige neue Arbeitsplätze finden, da die Stahlwerke meist in traditionellen Industriegebieten lagen, die wenig Alternativen boten.

Dieselbe Entwicklung drohte im Bergbau, der ebenfalls erhebliche Verluste verzeichnete und noch größere Probleme aufwarf. Denn viele Zechen befanden sich in Orten, die fast ganz von ihnen abhingen und bei Schließungen vor dem wirtschaftlichen Ruin standen. Entsprechend war hier erheblicher Widerstand zu erwarten, insbesondere nachdem MacGregor 1983 an die Spitze des *National Coal Board* wechselte, um im Bergbau ebenfalls die Verluste zu reduzieren. Für Thatcher hatte er bei British Steel große Erfolge erzielt, für seine Kritiker hingegen vor allem unerbittliche Härte bewiesen. Entsprechend heftig reagierten sie auf seine Ernennung, die jedoch allenfalls ein bereits randvolles Fass zum Überlaufen brachte. Denn im Bergbau war die Situation ohnehin verfahren, spätestens seit Heath nach dem Streik von 1972 die Wahl verlor. Anschließend hatten sich die Bergleute 1974 auch gegen Labour durchgesetzt und waren so gut organisiert, dass selbst Thatcher sich zu Beginn ihrer Amtszeit für einen Streik zu schwach fühlte und ihnen höhere Löhne gewährte. Umso sorgfältiger bereitete sie sich auf die nächste Auseinandersetzung vor, die sie auch persönlich sehr wichtig nahm – wie ihr Gegenspieler Arthur Scargill.

Scargill stammte aus einer Bergarbeiterfamilie, arbeitete selbst als Bergmann, war früh in der Gewerkschaft aktiv, wurde 1973 Führer der Bergarbeiter von Yorkshire und spielte im großen Streik des darauf folgenden Jahres eine wichtige Rolle. Hier setzte er fliegende Streikposten (*flying pickets*) ein, die hochmobil waren, ganz überraschend auch nicht beteiligte Betriebe blockierten und wesentlich zum Erfolg der Bergleute beitrugen. In den kommenden Jahren baute er seinen Einfluss aus, wurde 1981 Präsident der britischen Bergarbeitergewerkschaft (NUM) und sah seine wichtigste Aufgabe darin, die Löhne und Arbeitsplätze seiner Mitglieder zu sichern und Schließungen zu verhindern. Doch das war nicht alles. Als überzeugter Sozialist war er auch ein grundsätzlicher Gegner von Thatcher und schien mit seiner starken und kampferprobten Gewerkschaft das richtige Mittel zu besitzen, gegen sie vorzugehen – zumal die Labour Partei geschwächt war und gegen die Konservativen offensichtlich versagte. Entsprechend sah er in der Ernennung von MacGregor eine Kriegserklärung: «Die Ziele der Regierung sind klar – sie wollen den Bergbau vernichten und die NUM».[20] Scargill beschrieb einen Klassenkampf, den die Bergleute nur gewinnen könnten, wenn sie selbst den Krieg erklärten und die Volkswirtschaft lahmlegten.[21]

In seinen Formulierungen war Scargill also nicht weniger martialisch als Thatcher, und die Auseinandersetzung der beiden glich einem Duell, bei dem es zwangsläufig zu einem *show down* kommen musste. Darauf bereitete Thatcher sich gründlich vor. Die bereits erwähnten Gesetze verboten *flying pickets* und die Blockade von Kraftwerken, die ihrerseits reichhaltige Vorräte anlegten. Zusätzlich erhielt die Polizei mehr Personal, eine bessere Ausrüstung und erweiterte Rechte, gegen Streikende vorzugehen. Selbst der für das Inland zuständige Geheimdienst MI 5 wurde eingeschaltet und eine aufwendige Medienpolitik betrieben, um die öffentliche Meinung für die Regierung zu gewinnen.

Das war keine leichte Aufgabe, da die Bergleute wegen der harten Arbeit und ihrer sprichwörtlichen Solidarität traditionell große Sympathie besaßen. Außerdem kam ihnen zugute, dass bereits hohe Arbeitslosigkeit herrschte, die Stahlindustrie zahllose Arbeitsplätze verloren hatte, Thatcher zunehmend polarisierte – und die Erinnerung an den Generalstreik von 1926 geweckt werden konnte. Darauf baute Scargill und stellte den Konflikt als eine Auseinandersetzung dar, bei der es nicht nur um die Bergarbeiter, sondern auch um die konservative Wirtschaftspolitik und schließlich die Regierung selbst ging. Auch er spitzte den Konflikt also zu und fand breite Unterstützung, rief aber auch Ablehnung hervor, da viele zwar Verständnis für die Forderungen der Bergleute aufbrachten, seine radikalen Positionen aber zurückwiesen. So musste sich zeigen, wer auf den Konflikt besser vorbereitet war, die bessere Taktik besaß, die überzeugenderen Argumente vorbringen konnte und größere öffentliche Unterstützung erhielt.[22]

Der Streik begann Anfang März, als der *National Coal Board* die Schließung von 20 Bergwerken ankündigte und damit Angst und Empörung auslöste. In den betroffenen Zechen kam es zu Protesten, spontanen Streiks und örtlichen Abstimmungen, die Arbeit niederzulegen. Diese Unruhe nutzte Scargill und rief am 12. März einen nationalen Streik aus – ohne eine allgemeine Abstimmung durchzuführen. Diese war mittlerweile vorgeschrieben, so dass die streikenden Bergleute und ihre Gewerkschaft (NUM) gegen das Gesetz verstießen und gleich zu Beginn in mehrfacher Hinsicht ihre Position schwächten. Gegenüber Politikern, Medien und den anderen Gewerkschaften, deren Unterstützung sie dringend benötigten, mussten sie rechtfertigen, warum sie keine Abstimmung durchgeführt hatten; zusätzlich wurden gegen Scargill und die Gewerkschaft erhebliche Strafen verhängt; und schließlich erhielten die Streikenden keine Sozialhilfe oder vergleichbare staatlichen Leistungen, da sie illegal die Arbeit niedergelegt hatten.

Auf diese Zahlungen waren sie allerdings angewiesen, da die Gewerkschaft ihr Vermögen ins Ausland gebracht hatte. Damit war es dem Zugriff der Behörden entzogen, und die verhängten Strafen konnten nicht eingetrieben werden. Doch zugleich fehlten die Gelder, um Streikende zu unterstützen. Diese befanden sich deshalb bald in einer schwierigen Lage, trotz der großen Spendenbereitschaft in der Bevölkerung. Der Regierung wiederum kamen der Gesetzesverstoß und die fehlende Abstimmung wie gerufen. Mit dem Hinweis darauf konnte sie ihr Verhalten rechtfertigen und nicht nur die Mehrheit der Medien auf ihre Seite ziehen. Selbst der TUC, der Dachverband der Gewerkschaften, unterstützte aus diesen Gründen den Streik nicht. Hinzu kam, dass die Bergleute selbst gespalten waren, da zum einen die radikalen Positionen Scargills auch hier polarisierten und zum anderen nicht alle Bergwerke von Schließungen bedroht waren. In vielen Zechen wurde weiterhin Kohle gefördert, und als Konkurrenz zur NUM entstand eine neue Gewerkschaft, die *Union of Democratic Mineworkers*.

Die streikenden Bergleute rückten in dieser schwierigen Situation noch enger zusammen und erhielten durch Spenden, Sammlungen und zahllose Solidaritätsaktionen breite Unterstützung. Zugleich aber schwanden die Aussichten auf Erfolg, denn Regierung und *National Coal Board* hatten sich auf den Streik sehr gut vorbereitet, die erwähnten Kohlelager angelegt, die Zahl der Polizisten vermehrt und weitere Maßnahmen ergriffen, um Industrie und Kraftwerke mit genügend Kohle zu versorgen. So wuchs die Erbitterung, und es kam zu gewaltsamen Auseinandersetzungen, selbst zu Todesfällen, für die beide Seiten verantwortlich waren. Thatcher sprach von einem Feind im Inneren und verglich in einer Rede am 19. Juli 1984 den Streik mit dem Falklandkrieg: «Wir mussten den äußeren Feind auf den Falkland-Inseln bekämpfen. Wir müssen immer auf der Hut sein vor dem Feind im Inneren, der schwieriger zu bekämpfen und gefährlicher für die Freiheit ist.»[23]

Im Herbst schöpften die streikenden Bergleute noch einmal Hoffnung, als die Gewerkschaft der höheren Zechenangestellten (NACODS) sich dem Streik anschließen wollte. Da diese für den Betrieb der Bergwerke unentbehrlich waren, hätte ihre Beteiligung einen Durchbruch bedeutet. Doch dafür fand sich keine Mehrheit, zur großen Enttäuschung der Streikenden, die anschließend noch einige Monate aushielten, obwohl die Unterstützung bröckelte, die Versorgung schlechter wurde und ihre Familien Not litten. Immer mehr Bergleute nahmen deshalb die Arbeit wieder auf, die Streikfront brach langsam zusammen, und am 3. März 1985, nach fast einem Jahr, endete der Streik auch offiziell. Thatcher hatte gewonnen, nicht nur gegen die Bergleute, sondern auch gegen die Gewerkschaftsbewegung insgesamt.

Die anderen Gewerkschaften hatten versucht, sich aus diesem Streik herauszuhalten, doch auch sie litten unter den Folgen der katastrophalen Niederlage und erholten sich jahrelang nicht davon, zumal die anhaltende Arbeitslosigkeit sie ohnehin schwächte. Außerdem verloren sie auch andere Arbeitskämpfe, darunter den erbitterten Streik der Drucker im Londoner Stadtteil Wapping. Diese wollten die Einführung neuer Drucktechniken und -maschinen verhindern, die ihre Arbeitsplätze und alte Privilegien gefährdeten, darunter den *closed shop*. Dazu versuchten sie mehr als ein Jahr (Januar 1986 bis Februar 1987), eine neue Druckerei zu blockieren, die Rupert Murdoch, der Besitzer der *Times* und zahlreicher anderer Zeitungen, in Wapping errichtet hatte. Wie bei den Bergleuten handelte es sich auch hier um einen grundsätzlichen Konflikt, bei dem seit langem bestehende Rechte und Gewohnheiten zur Debatte standen. Er verlief ebenso erbittert und fand nicht minder großes Interesse – bis auch hier die Streikenden kapitulieren und die neue Situation akzeptieren mussten.

Europa und die Welt

Während des Bergarbeiterstreiks war Thatcher auf einem ganz anderen Gebiet ebenfalls erfolgreich. Im Juni 1984 setzte sie eine Kürzung des britischen EWG-Beitrages durch, angeblich mit den Worten: «I want my money back». Diese Formulierung hat sie vermutlich nicht benutzt, doch sie gibt sehr gut Thatchers Überzeugung wieder und gilt als Beleg für eine britische Europa-Politik, die nationale Interessen verfolgt, gemeinsame europäische Ziele hingegen missachtet. Diese Sichtweise hat zutreffende Elemente, zeichnet insgesamt aber ein falsches Bild – so verbreitet dieses auch ist.

Um einen geringeren Beitrag für Großbritannien und im Zusammenhang damit eine Reform des EWG-Haushaltes zu fordern, musste Thatcher nicht egoistisch sein. Dafür gab es vielmehr gute Gründe, denn als sie ihr Amt antrat, dienten etwa 70 Prozent des Brüsseler Haushaltes dazu, die europäische Landwirtschaft zu subventionieren, deren Rückgang abzufedern und dabei vor allem die französischen Bauern politisch ruhig zu stellen. Die Bauern in Großbritannien hingegen bekamen nur wenig Unterstützung, da sie effektiver arbeiteten, während die britischen Steuerzahler trotz der wirtschaftlichen Probleme, die in ihrem Lande herrschten, jährlich etwa eine Milliarde £ mehr an Brüssel zahlten als ihr Land zurückerhielt. Angesichts dieses Missverhältnisses erreichte Thatcher bereits 1980 eine erste Ermäßigung und 1984 die Kürzung, die bis heute fortbesteht. Mittlerweile hat sich die britische Wirtschaft erholt und zählt zu den stärksten in Europa. Doch weiterhin benutzt die Regierung in London, auch unter Labour, diesen Rabatt als Druckmittel und will höheren Zahlungen an Brüssel nur zustimmen, wenn Reformen des EU-Haushaltes erfolgen, der weiterhin vor allem die Landwirtschaft unterstützt.

Nicht minder heftig lehnte Thatcher Forderungen nach mehr Kompetenzen für die EWG ab, die in ihrem Kabinett aber auch Befürworter hatten. Diese setzten sich nach heftigen Auseinandersetzungen schließlich durch, und Großbritannien stimmte 1986 dem *Single European Act* zu, der eine engere Zusammenarbeit etablierte und die Grundlagen für den Vertrag von Maastricht (1992) legte. In Maastricht wurde ein gemeinsames Währungssystem (EMS), eine europäische Zentralbank und als dritte Stufe eine gemeinsame Währung vereinbart, der Großbritannien nicht beitrat. Dennoch wurden durch diese Verträge weitere Kompetenzen nach Brüssel verlagert, und bis heute ist umstritten, ob Thatcher die Konsequenzen des *Single European Act* erkannte, da sie derartige Entwicklungen mit tiefem Misstrauen betrachtete. Immer wieder lehnte sie eine engere Zusammenarbeit ab, sah darin einen europäischen «Superstaat» und trat stattdessen für eine Zusammenarbeit unabhängiger, souveräner Staaten ein.

Mit der Brüsseler Bürokratie und dem dortigen Parlament konnte sie wenig anfangen, sondern sah Europa als einen lockeren Zusammenschluss, den sie über die damalige Staatengemeinschaft hinaus erweitern wollte, unter Einbeziehung von Warschau, Prag und Budapest.[24] Da diese Städte damals noch im Machtbereich der Sowjetunion lagen, erschien ihre Vorstellung als bloße Phantasie, ist in der Zwischenzeit jedoch Realität geworden. Heute gehören diese Städte zur Europäischen Union, die deutlich mehr Mitglieder zählt und viel heterogener ist als das ursprüngliche «Kerneuropa» der Gründungsmitglieder. Der von Thatcher befürchtete europäische Superstaat ist in weite Ferne gerückt, während ihre Vorstellung eines lockeren Verbundes eine Bedeutung gewonnen hat, die sie wohl selbst nicht erwartet hatte.

Die Aufforderung, Warschau oder Budapest in die EWG aufzunehmen, wurde als Äußerung einer «Kalten Kriegerin» gesehen, die nicht bereit war, die Teilung Europas und den sowjetischen Machtblock zu akzeptieren. Darin stimmte sie mit Ronald Reagan überein, der seit 1981 als Präsident der USA viele ihrer politisch-ideologischen Überzeugungen teilte und ihr wichtigster Verbündeter war. Ohnehin fühlte Thatcher sich stärker zu den Vereinigten Staaten hingezogen als zum europäischen Kontinent, da die amerikanische Gesellschaft für sie die wirtschaftliche Freiheit, das Konkurrenzprinzip und das Erfolgsdenken verkörperte, die sie auch in ihrem Land verwirklichen wollte. Entsprechend eng kooperierte sie mit Reagan, insbesondere in der Außenpolitik, wo allerdings der amerikanische Präsident die führende Rolle einnahm. So unterstützte Thatcher die Stationierung der *Cruise Missiles* in Europa; als einziger Staat der EWG gab Großbritannien amerikanischen Flugzeugen die Erlaubnis, Lybien von den eigenen Flughäfen aus zu bombardieren, und gegenüber der UdSSR, dem «evil empire», vertrat Thatcher eine ähnliche harte Position.[25] Gerade in den Konflikten des Kalten Krieges handelte sie aus ideologischer Überzeugung, die sie mehrfach öffentlich bekräftigte, selbst auf Staatsbesuchen in Osteuropa, wo sie Reformen forderte und in der Bevölkerung – so ihre eigene Einschätzung – großes Ansehen «als starker, antikommunistischer politischer Führer» besaß.[26]

Die engen Beziehungen zur amerikanischen Regierung schlossen Konflikte nicht aus. So befahl Reagan die Invasion Grenadas, obgleich der Inselstaat zum Commonwealth gehörte und Thatcher sich dagegen aussprach. Auch beurteilte sie seine *Star Wars*-Initiative skeptisch, doch grundsätzlich überwogen die Übereinstimmungen, bis hin zum britischen Festhalten an einer eigenen Atombewaffnung. Dazu bestellte die Regierung Anfang der 1980er Jahre in den USA die überaus kostspieligen *Trident*-Interkontinentalraketen, deren Einsatz nicht minder teure U-Boote erforderte. Hier lebte der Kalte Krieg fort, doch allmählich verbesserte sich das Verhältnis zur Sowjetunion, vor allem nachdem Michael Gorbatschow die Macht übernommen hatte, den Thatcher als Politiker bezeichnete, «you can do business with». Mit ihm wollte sie sich schließlich sogar verbünden, um die deutsche Wiedervereinigung zu verhindern. Auf diese reagierte sie mit tiefsitzenden Vorurteilen, hat sich damit aber international – und selbst gegenüber dem eigenen Außenminister – isoliert. Vor allem der amerikanische Präsident George Bush, der Reagan Anfang 1989 ablöste, ließ sich nicht irritieren und förderte die Wiedervereinigung, wie auch Gorbatschow, der die Entwicklung viel sachlicher einschätzte.[27]

Ein besonders schwieriges Problem ergab sich gleich zu Beginn von Thatchers Amtszeit, als in Süd-Rhodesien die weißen Siedler, die 1965 einseitig die Unabhängigkeit erklärt hatten, im anschließenden Guerilla-Krieg den schwarzen Befreiungsbewegungen unterlagen. 1980 fanden freie Wahlen statt, die einer ihrer Führer, Robert Mugabe, gewann, sehr zum Unwillen von Thatcher. Sie lehnte ihn als radikalen Marxisten ab, akzeptierte jedoch das Wahlergebnis und die Unabhängigkeit des neuen Staates Simbabwe, dessen Aufbau sie anschließend förderte. Noch geringer waren die Handlungsmöglichkeiten im Konflikt um Hongkong. Seit dem Vertrag von Nanking aus dem Jahre 1842 unterstand dieses Gebiet der britischen Krone, allerdings nur bis 1997. Die Bemühungen, den Vertrag zu verlängern und politische oder gar demokratische Garantien für die Bewohner Hongkongs zu erreichen, scheiterten, dazu waren die chinesischen Kommunisten nicht bereit. Allerdings zeigte sich auch die britische Regierung in dieser Frage nicht besonders interessiert. Sie wollte keinen Konflikt mit der Großmacht China riskieren und die künftigen Wirtschaftsbeziehungen nicht gefährden.

Hinzu kam die Befürchtung, die drei Millionen Bewohner Hongkongs, die einen britischen Pass besaßen, würden ihr Recht auf Zuwanderung nutzen. Ob diese das wirklich wollten, ist schwer zu beurteilen. In Großbritannien jedenfalls warnten Zeitungen vor einer wahren Einwandererflut, und das Parlament erließ Gesetze, wonach nur 50 000 Bewohner Hongkongs einwandern durften, die als Unternehmer und hoch qualifizierte Fachkräfte gesucht waren. Für Hongkong selbst vereinbarten die britische und die chinesische Regierung 1984 eine Übergangsregelung für 50 Jahre. Auch nach der Rückkehr zu China am 1. Juli 1997 behielt die Stadt eine gewisse Autonomie, und zusätzlich blieben zahlreiche Gesetze sowie einige politische Freiheiten bestehen.

Höhepunkt und Probleme

Abgesehen vom Vertrag über Hongkong aus dem Jahr 1984, der bestenfalls als akzeptabler Kompromiss gelten kann, war Thatcher in dieser Zeit äußerst erfolgreich. Sie siegte im Falklandkrieg, setzte den geringeren Beitrag für die EWG durch, triumphierte über die Bergarbeiter und konnte endlich das lange versprochene Wirtschaftswachstum verkünden. Die Wirtschaft wuchs zwischen 1985 und 1989 um vier bis fünf Prozent im Jahr, die Arbeitslosigkeit ging auf etwa fünf Prozent zurück, und die Inflation lag noch darunter. Angesichts dieser Zahlen gewann Thatcher im Juni 1987 ihre dritte Wahl und stellte damit einen weiteren Rekord auf. Im Parlament besaß sie eine Mehrheit von 102 Abgeordneten, bei allerdings erneut nur 42,3 Prozent der Stimmen.

Auch dieses Mal profitierte sie vom britischen Wahlsystem und einer zerstrittenen Opposition. Wie zuvor traten *Alliance* und Labour getrennt an und nahmen sich gegenseitig Stimmen weg, wobei Labour einen kleinen Anstieg auf 30,8 Prozent (vorher 27,6) verzeichnete. Es wäre allerdings ein Irrtum anzunehmen, ohne die Konkurrenz der *Alliance* hätte Labour die Wahl gewonnen. Dazu misstrauten immer noch zu viele Wähler der Partei, befürchteten eine zu große Nähe zu den Gewerkschaften, lehnten deren Forderung einer einseitigen Abrüstung ab und erwarteten eine klare Abkehr von den alten Programmen. Damit tat Labour sich jedoch schwer, während Thatcher einen Aufwind verspürte und ihre Ziele noch konsequenter umsetzen wollte. Die Privatisierungen beschleunigten sich und erfassten ab 1984 auch große Betriebe wie British Telecom, Jaguar, Land Rover und Rolls-Royce, British Airways, British Gas, British Steel und zahlreiche Unternehmen der Strom- und Wasserversorgung (Tabelle 13). Die Gewerkschaften wurden weiter zurückgedrängt, und die Wirtschaft erhielt zusätzliche Freiheiten. Doch daneben gab es Gebiete, in denen die konservative Regierung ihre Ziele nicht so leicht umsetzen konnte, während schließlich vermehrt persönliche Animositäten aufkamen, die in den kommenden Jahren zu einer erheblichen Belastung wurden.

Besonders schwierig war es, die angestrebten Reformen im staatlichen Gesundheitsdienst zu verwirklichen. Dabei sollten sie eigentlich gerade hier erfolgen, denn der NHS verursachte hohe Kosten und bildete das Kernelement des Wohlfahrtsstaates, den die Regierung unbedingt umbauen wollte. Zugleich war der NHS aber auch sehr beliebt, so dass die Konservativen grundlegende Eingriffe vermieden, allerdings auch im Gesundheitswesen versuchten, mehr Wettbewerb und Markt durchzusetzen. Dafür gab es gute Gründe, denn das staatliche Gesundheitssystem war eine riesige und schwerfällige Bürokratie geworden, beeinflusst von gut organisierten

Tabelle 13: Privatisierungen

Jahr	Firma / Industrie	Einnahme (Millionen £)
1979	British Petroleum	290
1980	–	–
1981	British Aerospace	373
1982	Amersham International (med. Forschung)	455
1983	–	1139
1984	British Telecom Jaguar	2050
1985	–	2706
1986	British Gas	4458
1987	British Airways Rolls-Royce British Airports Authority	5140
1988	British Steel	7069
1989	10 regionale Wasserwerke	4226
1990	12 regionale Elektrizitätswerke	5346
1991	–	7923
1992	–	7962

Quelle: Ian Cawood, Britain in the Twentieth Century, London 2004, S. 364.

Interessengruppen – was einerseits Reformen erforderte, es andererseits aber schwierig machte, diese tatsächlich durchzuführen.

Faktisch bildeten Krankenhäuser und Ärzte Kartelle, die den Wettbewerb weitgehend ausgeschaltet hatten. Patienten konnten zwischen ihnen nicht frei wählen, sondern mussten sich auf einen der niedergelassenen Ärzte festlegen und durften nur das benachbarte Krankenhaus aufsuchen. Diese Gängelung der Patienten bestand seit Einführung des NHS und war so etabliert, dass keine ernsthafte Kritik aufkam. Diese richtete sich vielmehr gegen zunehmende Mängel bei der Versorgung, denn die Regierung nahm Einsparungen vor, während zugleich die Bevölkerung älter wurde und neue, aufwendige Medikamente und Behandlungsmethoden aufkamen, so dass die Kosten stiegen.

Höhere Ausgaben waren erforderlich, doch es stand zu befürchten, dass diese nur teilweise den Patienten zukamen und ansonsten irgendwo im riesigen NHS versickerten. Hier sollten Kontrollen Abhilfe schaffen, die allerdings noch mehr Bürokratie bedeuteten. Eine Alternative bestand darin, verstärkt Marktelemente einzuführen und etwa eine Konkurrenz zwischen Ärzten und Krankenhäusern zuzulassen. Diesen Weg beschritt die Regierung und führte sogenannte interne Märkte ein, auf denen Gesundheitsbehörden, Krankenhäuser und Ärzte größere Selbständigkeit erhielten und bestimmte Leistungen anbieten bzw. voneinander kaufen sollten. Das gefährdete allerdings Grundelemente des NHS und rief heftigen Widerstand hervor. Außerdem ergaben sich erhebliche praktische Probleme, wenn versucht wurde, Bürokratie und Marktelemente miteinander zu verbinden und einen tatsächlichen Markt zu erzeugen. So fehlte es oft an wirklicher Konkurrenz, während zugleich viele medizinische Leistungen so komplex ausfielen, dass sie sich nur schwer eindeutig berechnen ließen. Folglich nahm die Bürokratie zu, was gerade nicht beabsichtigt war.

Diese Beobachtung gilt nicht nur für Großbritannien, sondern für alle Industriestaaten, die allesamt vor denselben Problemen standen und in leichten Variationen dieselben Lösungswege erprobten – bis heute. In Großbritannien war (und ist) allerdings die Zentralisierung besonders ausgeprägt. Das galt nicht nur für das Gesundheitswesen, sondern für die Reformbestrebungen von Thatcher generell. Diese trat eigentlich für das freie Spiel der Kräfte ein und wollte den Staat zurückdrängen, stärkte ihn tatsächlich jedoch, da ihre Politik auf lokaler und regionaler Ebene oder bei Interessengruppen immer wieder auf Widerstand traf. Um diesen zu überwinden, zentralisierte die Regierung Entscheidungen und Befugnisse, auch im Erziehungswesen, wo ebenfalls Markt und Konkurrenz größere Bedeutung erlangen sollten.

Auch dafür ließen sich gute Gründe nennen, doch gerade bei der Bildung stellte sich die Frage, wie sinnvoll Marktmechanismen sind. Denn diese orientieren sich am Preis und bieten denjenigen die beste Ausbildung, die am meisten zahlen können. Zudem sind Inhalte oder Ergebnisse von Bildung und Erziehung nicht eindeutig messbar. Die konservative Regierung hatte diese Bedenken nicht, sondern führte nationale Curricula ein, damit alle Schulen dieselben Inhalte vermittelten, diese nach festgelegten Kriterien abprüften und so miteinander verglichen werden konnten. Dabei interessierte Thatcher sich besonders für den Geschichtsunterricht, der ihrer Meinung nach ein zu negatives Bild von Großbritannien vermittelte. Um dem abzuhelfen, sollten Experten verbindliche Inhalte und Ziele festlegen, die jedoch keine Einigung erzielten, so dass schließlich flexible Richtlinien verabschiedet wurden.[28]

In anderen Fragen setzte die Regierung sich durch. Der *Education Act* aus dem Jahr 1988 etablierte ein nationales Curriculum, schrieb zusätzlich vier Prüfungen vor, die im Laufe der Schulzeit erfolgen mussten, und führte schließlich zu Tabellen, in denen alle Schulen nach den erzielten Noten aufgelistet wurden.[29] Die Folgen waren abzusehen: Die ohnehin bestehenden

Unterschiede zwischen erfolgreichen und weniger erfolgreichen Schulen waren jetzt schwarz auf weiß nachzulesen und wurden durch die Auflistungen noch verstärkt. Mehr als zuvor bemühten sich Eltern, ihre Kinder auf den Schulen unterzubringen, die gut abschnitten. Wer eben konnte, schickte sie auf *Public Schools*, die weiterhin sehr viel Geld kosteten, aber kleinere Klassen und eine bessere Betreuung boten und die besten Resultate erzielten. Am unteren Ende der Tabelle fanden (und finden) sich die Schulen aus problematischen Stadtteilen. Hier sammelten sich Immigranten, wenig motivierte Schüler, desinteressierte Eltern und überforderte Lehrer, die Jahr für Jahr in den Listen bestätigt bekamen, wie schlecht sie abschnitten. Eltern, die auch nur ein bisschen Ehrgeiz für ihre Kinder verspürten, gaben sich die größte Mühe, sie andernorts unterzubringen, was die negative Spirale nur verstärkte.

Parallel zu den Reformbemühungen im Gesundheits- und Schulsystem wurde der persönliche Umgang mit Thatcher zunehmend schwieriger. Das war in gewisser Weise unvermeidlich, denn sie hatte als Außenseiterin begonnen, umstrittene Entscheidungen durchgesetzt, viel Kritik erfahren und große Erfolge errungen. Darin sah sie eine Bestätigung ihrer Positionen und wurde für Ratschläge und Warnungen immer weniger empfänglich. Das galt vor allem für die Europapolitik, wo mehrere Mitglieder ihres Kabinetts ein größeres Entgegenkommen forderten und die erwähnte Zustimmung zum *Single European Act* (1986) und dem Europäischen Wechselkurs-System (1990) durchsetzten, ansonsten aber wenig erreichten. Hinzu kamen diffuse persönliche Spannungen unter den führenden konservativen Politikern, wie sie nach einer langen Regierungszeit unvermeidlich sind, auch wenn die wichtigen Posten mittlerweile mit Anhängern Thatchers besetzt waren. Diejenigen Konservativen, die eigene Ansichten vertraten, fühlten sich ausgegrenzt und mussten das Kabinett teils gegen ihren Willen verlassen. Oberflächlich wurde Thatchers Stellung dadurch gestärkt, doch bei näherem Hinsehen zeigten sich Brüche, die deutlicher wurden, als die wirtschaftlichen Daten sich dramatisch verschlechterten. Das Wachstum, das 1988 noch über vier Prozent betrug, kam 1990 fast zum Stillstand, und im Jahr darauf ging das BSP sogar um etwa drei Prozent zurück. Die Inflation erreichte wieder fast zehn Prozent, und die Zahl der Arbeitslosen nahm ebenfalls rasch zu.

Das waren herbe Rückschläge. Der Thatcherismus baute vor allem auf seine Wirtschaftspolitik, die offensichtlich nicht so erfolgreich war wie angenommen. Dazu hatte Thatchers Schatzkanzler beigetragen, der nach der Wahl von 1987 die Steuern drastisch senkte und dadurch eine überhitzte Konjunktur verursachte, die anschließend umso deutlicher zusammenbrach. Die nächste Wahl stand erst 1992 an, doch die Aussichten verschlechterten sich, die Kritik an Thatcher wurde lauter. Diese hatte bis dahin unter den Konservativen wenig Gehör gefunden, denn Thatcher hatte drei Wahlen in Folge gewonnen, Labour und die Gewerkschaften zur Bedeutungslosigkeit verdammt und vielen konservativen Abgeordneten und Ministern die Karriere erst ermöglicht. Diese schien nun gefährdet, die Warnsignale häuften sich – jedoch nicht für Thatcher, die weiterhin ihren politischen Instinkten vertraute und an einer sehr umstrittenen Reform festhielt: Sie wollte ihre Politik auch in den Gemeinden durchsetzen, deren Steuern reformieren und dazu die sogenannte *Poll Tax* einführen.

Das schien eigentlich nicht mehr erforderlich, denn die Gemeinden hatten während ihrer Amtszeit schon viel Macht verloren.[30] Doch gerade hier hielten die Bemühungen an, Thatchers Politik zu unterlaufen und etwa höhere Sozialleistungen zu bieten als die Regierung in London vorsah. Dazu hatten die Gemeinden einen gewissen Handlungsspielraum, denn sie konnten eigene Steuern erheben, insbesondere bei denjenigen, die ein Haus besaßen. Deren Zahlungen bildeten seit langem ihre wichtigste Einnahmequelle und richteten sich nach dem Wert der Häuser, so dass Wohlhabende mehr zahlten – eigentlich ein ganz normales Verfahren. Bei Thatcher jedoch löste diese Steuer zunehmend Unmut aus. Denn viele Gemeinden wurden von Labour kontrolliert und nutzten in ihren Augen diese Steuer, um soziale Leistungen zu finanzieren, die vor allem den unteren Schichten und damit den Labour-Wählern zugute kamen. Das empörte Thatcher umso mehr, als diese selbst wenig Steuern zahlten, da sie keine oder nur billige Häuser besaßen. Alternativ wollte sie deshalb eine Steuer einführen, die nicht von Einkommen oder Besitz abhing, sondern für jede Person gleich hoch sein sollte. Als diese Pläne bekannt wurden, befürchteten Hilfsarbeiter, dieselbe Summe zahlen zu müssen wie Millionäre, oder eine vielköpfige Arbeiterfamilie das Mehrfache eines wohlhabenden Single-Haushaltes. Entsprechend groß war der Protest. Die Opposition, die bisher zersplittert war und sich auf kein gemeinsames Vorgehen verständigen konnte, hatte plötzlich ein Thema, das sie einte und weite Teile der Bevölkerung mobilisierte. Thatcher hingegen war erstmals in ihrer Amtszeit weitgehend isoliert, und immer mehr konservative Abgeordnete befürchteten, bei der kommenden Wahl ihren Platz im Unterhaus zu verlieren.

Thatcher geht, Major kommt

Im November 1990 wählten die Abgeordneten der Konservativen Partei wie jedes Jahr den Parteivorsitzenden. Thatcher und ihre engen Vertrauten sahen dies als Routinevorgang und trafen keine weiteren Vorbereitungen.

Doch unter der Oberfläche brodelte es, wegen der *Poll Tax*, wegen Thatchers Abneigung gegen die europäische Integration und wegen ihres Führungsstils. So hatte sie kurz zuvor zwei wichtige Verbündete verloren, die eine positivere Haltung gegenüber Europa forderten: Geoffrey Howe, den sie im Juli 1989 als Außenminister entließ, und Nigel Lawson, der bald darauf als Schatzkanzler zurücktrat. Howe kritisierte sie anschließend in einer Aufsehen erregenden Rede, doch insgesamt hielten sich beide zurück – im Gegensatz zu Michael Heseltine, der 1986 als Verteidigungsminister im Streit das Kabinett verlassen hatte und jetzt in der Wahl um den Parteivorsitz gegen sie antrat.

Seine Chancen standen nicht schlecht, denn trotz des Streits mit Thatcher galt Heseltine als eine der großen Hoffnungen der Konservativen Partei. Es kam zur Abstimmung, und er erreichte 152 Stimmen, Thatcher hingegen 204. Das schien ein klares Ergebnis zu sein, doch die Regeln erforderten eine Zweidrittel-Mehrheit, die Thatcher verfehlte. Wichtiger noch: Mehr als 40 Prozent der Abgeordneten sprachen sich gegen die amtierende Premierministerin aus. Sie befand sich damit in derselben Situation wie Heath im Jahr 1975, als sie gegen ihn angetreten war. Erneut galt die Abstimmung als Misstrauensvotum, und auch Thatcher sah keine andere Möglichkeit, als zurückzutreten. Wie Heath konnte sie diese Niederlage nicht verwinden, sondern sah darin für den Rest ihres Lebens einen Putsch egoistischer Abgeordneter, die anonym eine Politikerin zu Fall brachten, die bis dahin alle Wahlen gewonnen hatte.

Um den Sieg von Heseltine zu verhindern, unterstützte Thatcher im zweiten Wahlgang John Major, der zur allgemeinen Überraschung gewann und ihr Nachfolger wurde. Als erster Premier überhaupt hatte er keine der berühmten Universitäten besucht, nicht studiert und nicht einmal das Abitur gemacht. Er stammte aus den sprichwörtlichen «einfachen» Verhältnissen, sein Vater war sogar in Music Halls aufgetreten. Major hatte die mittlere Reife abgelegt, nach einigen Umwegen eine Bankausbildung begonnen, diesen Beruf mit Erfolg ausgeübt und sich früh in der Konservativen Partei engagiert, die er ab 1979 im Parlament vertrat. Dort rückte er langsam nach oben und bekleidete kleinere Ämter, bis er 1989 ganz überraschend Karriere machte und nach Howes Entlassung erst Außenminister wurde und kurz danach Lawson als Schatzkanzler nachfolgte. Noch überraschender kam, dass er nur ein Jahr später an der Spitze der Regierung stand. Zu diesem Zeitpunkt hatte Major nur wenig politische Erfahrung gesammelt und erhielt vielleicht deshalb Thatchers Unterstützung, weil sie durch ihn oder auch an ihm vorbei weiterhin großen Einfluss ausüben wollte. Damit unterschätzte sie ihn jedoch. Major zeigte Stehvermögen und erwies sich auch persönlich als Kontrast zu seiner Vorgängerin. Er trat kompromissbereiter auf, teilte nicht ihr Sendungsbewusstsein und besaß ein Gespür für soziale Probleme.

Allerdings hatte Major von Beginn an einen sehr schweren Stand. Denn Thatchers Rücktritt erboste nicht nur sie persönlich, sondern nicht minder ihre weiterhin zahlreichen Anhänger. Major machten sie wegen seiner überraschenden Wahl keinen Vorwurf, erwarteten aber, dass er an Thatchers Politik festhielt. Das war teils einfach (Privatisierungen), teils schwierig (Europa) und teils unmöglich (*Poll Tax*). Hinzu kam, dass die Konservativen seit 1979 die Regierung stellten und nicht nur Anzeichen von Ermüdung, sondern zunehmend auch von Machtmissbrauch zeigten. Das stärkte die Opposition, insbesondere die Labour Partei, die endlich die überfälligen inneren Reformen durchführte, ein neues Programm erstellte und mit Neil Kinnock (geb. 1942) einen jungen, attraktiven Vorsitzenden besaß. Ihre Wahlchancen standen gut, zumal die SDP an Unterstützung verlor. Major stieß also auf Schwierigkeiten in der eigenen Partei, fand eine erstarkte Opposition vor und musste zusätzlich mit den Folgen der wirtschaftlichen Krise umgehen.

Zu seinen ersten Maßnahmen gehörte, die *Poll Tax* aufzugeben und Heseltine damit zu beauftragen, eine Alternative zu entwickeln, die sich weitgehend an der traditionellen Besteuerung des Hausbesitzes orientierte. Die Privatisierungspolitik setzte seine Regierung fort und verkaufte vor allem Versorgungsunternehmen (Strom, Gas, Wasser), das Telefonwesen und die Eisenbahn. Dabei entstand allerdings ein neuartiges Problem, denn diese Unternehmen glichen Monopolen, deren Kunden in der Regel nicht unter mehreren Anbietern wählen konnten. Nur im Telefonsektor konkurrierten bald mehrere Unternehmen miteinander, während sich in den anderen Bereichen das freie Spiel der Kräfte, das die Privatisierung stärken sollte, nicht einstellte. Hier waren deshalb zahlreiche Regelungen und Auflagen erforderlich, um einen Ausgleich zu schaffen – bis heute mit sehr gemischten Ergebnissen.

In Europa zeigte Major deutlich größere Kompromissbereitschaft als Thatcher, da er die europäische Integration nicht grundsätzlich ablehnte und in der Zusammenarbeit einen wirksamen Weg sah, britische Interessen zu vertreten. Entsprechend stimmte seine Regierung 1992 dem Maastricht-Vertrag zu, setzte aber wichtige Ausnahmen durch. Großbritannien war nicht an die Sozial-Charta gebunden und lehnte vor allem die gemeinsame Währung ab. Trotzdem sahen die Anhänger Thatchers in der Zustimmung nahezu einen Verrat, kritisierten Major vehement und untergruben seine Stellung. Hinzu kam die anhaltende wirtschaftliche Krise, wenngleich erste

Zeichen für eine Besserung zu erkennen waren. Dennoch: 1992 standen Wahlen an, und die Aussichten waren schlecht – bis das Ergebnis alle überraschte. Major erhielt 41,9 Prozent der Stimmen, nur etwas weniger (0,4 Prozent) als Thatcher vier Jahre zuvor und besaß eine Mehrheit von 21 Abgeordneten. Labour hingegen verzeichnete zwar einen Anstieg auf 34,4 Prozent, lag damit aber immer noch deutlich unter dem Ergebnis von 1979, als Callaghan trotz des *Winter of Discontent* und vor Beginn der Thatcher-Ära 39,2 Prozent erreicht hatte. Die Krise der Partei hielt an.

Labour in der Krise

Nach dem *Winter of Discontent* rückte Labour unter Foot zuerst nach links und erhielt 1983 nur noch 27,6 Prozent der Stimmen, so dass Neil Kinnock ihn als Parteivorsitzenden ablöste. Kinnock gehörte ebenfalls zum linken Flügel, übernahm aber zunehmend gemäßigte Positionen und setzte einen großen Teil seiner Energie dafür ein, die radikalen Kräfte zurückzudrängen. Die «harte Realität der Wahlen», so Kinnock, lasse keine andere Möglichkeit. Wenn Labour wieder eine Regierung stellen wolle, könne die Partei sich nicht nur «auf die Verarmten (*dispossessed*), die ‹traditionelle› und zunehmend fragmentierte Arbeiterklasse und Minderheiten stützen».[31] Entsprechend gab die Partei alte Forderungen auf. Sie trat nicht länger für Verstaatlichungen ein, versprach den Gewerkschaften keine Rückkehr zu früheren Rechten, hielt nicht an einer einseitigen Abrüstung fest und akzeptierte Großbritanniens Verbleib in der EWG.

So wuchs Ende der 1980er Jahre die Zustimmung für Labour, zumal Thatcher sich mit der *Poll Tax* selbst ins Abseits manövrierte. Die Wahlaussichten stiegen, in Umfragen lag die Partei vor den Konservativen. Daran änderte der Rücktritt von Thatcher wenig. Auch danach sah es nach einem Sieg für Kinnock aus, doch die Wahl im April 1992 endete mit einer herben Enttäuschung und verlangte Erklärungen. Labour, so einige Kommentatoren, habe eine zu große Siegesgewissheit gezeigt und dadurch auf die Wähler abstoßend gewirkt. Andere beschuldigten die *Sun*, das konservative Massenblatt von Rupert Murdoch, dessen Schlagzeile am Tag der Wahl lautete: «Wenn Kinnock heute gewinnt, möge die letzte Person, die Britannien verlässt, bitte das Licht ausmachen.»[32]

Die Redakteure der Zeitung waren von der Wirkung dieser Schlagzeile so überzeugt, dass sie nach dem überraschenden Sieg von Major behaupteten: «It's the Sun wot won it». Viele enttäuschte Labour-Anhänger sahen das genauso und argumentierten, ihre Partei könne gegen die konservativ dominierten Medien keine Wahl gewinnen. Diese Erklärung, die Kinnock teilte, bot Trost. Doch sie konnte allenfalls eine knappe Niederlage erklären, nicht hingegen den deutlichen Abstand zu den Konservativen. Dafür gab es vor allem einen Grund: Weiterhin zweifelten viele Wähler daran, dass die Labour Partei sich genügend geändert hatte, und wählten lieber die Konservativen und die Liberalen, die zusammen fast 60 Prozent der Stimmen erhielten.

Labour hatte seine Lage somit nur wenig verbessert, und Kinnock, der zwei Wahlen verloren hatte und den Neuanfang offensichtlich nicht glaubhaft genug verkörperte, trat zurück. Den Durchbruch bei den Wählern sollte John Smith bringen, der ihn im Juli 1992 ablöste, jedoch schon im Mai 1994 an einem Herzinfarkt verstarb. Für ihn musste ganz unerwartet ein Nachfolger gefunden werden, wofür sich vor allem zwei Personen große Hoffnungen machten: Tony Blair (geb. 1953) und Gordon Brown (geb. 1951). Beide waren jung, drängten auf rasche Reformen und hatten im Schattenkabinett bereits wichtige Positionen bekleidet. Doch sie zählten zur kommenden Generation und sollten sich eigentlich noch bewähren. Jetzt erhielten sie plötzlich die Chance, die Partei anzuführen und waren Konkurrenten – bis zu einem denkwürdigen Treffen Ende Mai 1994 im Granita Restaurant in London. Dort verzichtete Brown zugunsten von Blair, der eine größere Ausstrahlung besaß und bessere Aussichten bot, die nächste Wahl zu gewinnen.

Dieser Verzicht fiel Brown nicht leicht, da er sich programmatisch und intellektuell gegenüber Blair zumindest ebenbürtig, wenn nicht überlegen fühlte. Doch der mögliche Wahlsieg war wichtiger, so dass Brown verzichtete, allerdings das Amt des Schatzkanzlers beanspruchte. Zusätzlich vereinbarten sie anscheinend, dass Blair nach dem erhofften Wahlsieg einige Jahre als Premierminister amtieren und dann den Platz für Brown frei machen würde. Ob diese Vereinbarung tatsächlich getroffen wurde, ist umstritten, doch aus dem späteren Verhalten der beiden lässt sich schließen, dass sie auch über eine eventuelle Nachfolge gesprochen haben. Denn zwischen ihnen traten mehrfach Spannungen auf und belasteten die Regierungsarbeit erheblich, als der vermeintlich zugesagte Rücktritt ausblieb.

Grabenkämpfe und Zerfall der konservativen Regierung

Der Wahlsieg von 1992 überraschte alle, festigte Majors Stellung aber nur kurzfristig. Denn als das Parlament anschließend über den Maastricht-Vertrag beriet, lehnten diesen so viele konservative Abgeordnete ab, dass Major nur mit großer Mühe eine Mehrheit fand. Im Herbst 1992 erfolgte zudem eine dramatische Abwertung des Pfundes, das seit 1990 Teil des Europäischen Wechselkurs-Systems war. Dagegen hatte Thatcher sich lange gewehrt, kurz vor ihrem Rücktritt aber nachgegeben und durch ihr Zögern dazu beigetragen, dass ein zu hoher Wechselkurs festgesetzt wurde. Diesen verteidigte die Regierung anschließend, nahm deshalb hohe Zinsen in Kauf und brachte erhebliche Summe auf, musste jedoch am *Black Wednesday* (12. September 1992) kapitulieren und das Pfund abwerten.

Wie bei vergleichbaren Krisen zuvor, profitierte die Wirtschaft anschließend von der Abwertung, da die Zinsen sanken und die Exportchancen sich verbesserten. Für Major bot das wenig Erleichterung. Ihm wurde der *Black Wednesday* angelastet, der als Kapitulation und Zeichen britischer Schwäche erschien. Hinzu kam die anhaltende Kritik an seiner Europapolitik, die der Irakkrieg von 1991 nur kurzzeitig überlagerte. Im Gegensatz zum Zweiten Irakkrieg im Jahr 2003 erfolgte dieser im Auftrag der UNO, nachdem Saddam Hussein Kuwait angegriffen hatte. Unter der Führung der USA und bei wesentlicher Beteiligung britischer Truppen entstand eine Koalition von 35 Staaten, die Kuwait befreiten und Teile Iraks besetzten, sich von dort aber bald zurückzogen und nicht den Rücktritt von Hussein erzwangen. Majors Regierung spielte hierbei eine mäßigende Rolle und gewann an Ansehen, das jedoch nicht lange anhielt.

Die Kritik aus den eigenen Reihen ließ nicht nach, während immer mehr Fälle bekannt wurden, in denen konservative Abgeordnete ihre Positionen ausnutzten, Minister gegen eigene moralische Postulate verstießen und der Vorwurf des Filzes (*sleaze*) um sich griff. Major traf dieser nicht. Er wirkte persönlich integer, schien aber den Fehltritten in seiner Partei hilflos gegenüber zu stehen und überfordert zu sein. Die seit fast 20 Jahren anhaltende Herrschaft der Konservativen näherte sich ihrem Ende. Die Skandale häuften sich, selbst konservative Zeitungen wandten sich ab, und der Wunsch nach einem Machtwechsel breitete sich aus.

Diese Skandale waren den Konservativen auch deshalb so unangenehm, weil sie von Beginn ihrer Regierungszeit an den vielfach beklagten Werteverfall stoppen wollten. Die Reformen der Wirtschaft waren für sie wichtig, doch das eigentliche Ziel bestand darin, so Thatcher 1981, «Herz und Seele zu ändern».[33] Sie stimmte Mary Whitehouse zu, in deren Augen die 1960er Jahre «unsere Kultur und Gesellschaft mit ihrem dreckigen Wasser überflutet ... und eine Spur von Verunsicherung und Elend hinterlassen hatten».[34] Norman Tebbit, ein besonders getreuer Gefolgsmann von Thatcher und ihr ideologischer Wadenbeißer, äußerte mehrfach seine tiefe Verachtung dieser Zeit und bezeichnete sie als eine «unerträgliche, selbstzufriedene, scheinheilige, naive, schuldbeladene, jämmerliche, rosa-rote Orthodoxie der Heimat drittklassiger Denker und einer drittklassigen Dekade».[35]

Thatcher und ihre Mitstreiter wollten zurück zu den viktorianischen Werten von Sparsamkeit, Anstand, Fleiß und traditioneller Moral. Diese

Vorstellungen entsprachen dem klar konturierten Weltbild, das sie unablässig propagierten und das eindeutige Unterschiede von «richtig» und «falsch» kannte. Sie waren davon überzeugt, die Meinung der «schweigenden Mehrheit» wiederzugeben, und fanden auf den Parteitagen breite Zustimmung. Dort applaudierte Thatcher, wenn die Wiedereinführung der Todesstrafe gefordert wurde, sehr zum Unbehagen ihres Innenministers, der in diesem Punkt nicht ihre Meinung teilte und zudem die öffentliche Meinung anders einschätzte. Ihre Wirtschaftspolitik, das Vorgehen gegen die Gewerkschaften oder der Falklandkrieg fanden hingegen breite Unterstützung. Auch erreichte das Plädoyer für viktorianische Werte zumindest Teile der konservativen Wähler, doch dessen tatsächliche Auswirkungen blieben sehr begrenzt. Denn die neuen Vorstellungen von Moral, Familie, Partnerschaft oder Erziehung, die Kritik an traditionellen Autoritäten oder die Suche nach alternativen Lebensformen, die sich seit den 1960er Jahren verbreiteten, waren ja nicht in den Köpfen radikaler Verführer entstanden, sondern mit grundlegenden gesellschaftlichen Prozessen und Veränderungen verbunden.

Entsprechend blieb auch unter Thatcher die Scheidungsrate hoch, die Zahl berufstätiger Frauen stieg, der Anteil unehelich Geborener erreichte 25 Prozent (die allerdings ihre Mütter und Väter meist zusammen anmeldeten, was auf stabile Beziehungen verwies), der Konsum von Drogen hielt an, und die sexuellen Normen entfernten sich noch weiter von der Welt, die Whitehouse herbeiwünschte. Andere Merkmale des Viktorianischen Zeitalters hingegen erlebten eine Renaissance, so die zunehmende Kluft zwischen Arm und Reich, die Hochschätzung materieller Werte oder das Zurschaustellen des erworbenen Reichtums. Dieser nahm unter den Konservativen insgesamt zu und kam vor allem kleineren Gruppen zugute, darunter die wachsende Zahl der Selbständigen. Während die Beschäftigtenzahl in Großbritannien zwischen 1979 und 1990 in etwa gleich blieb, wuchs die Zahl der Selbständigen um 1,5 Millionen und ihr Anteil von acht auf 15 Prozent.[36] Damit erreichten die Konservativen ein wichtiges Ziel ihrer Politik, doch insgesamt fiel die Bilanz sehr widersprüchlich aus.

Dazu trug auch bei, dass unterschiedliche Vorstellungen darüber bestanden, was genau viktorianische Werte waren und wer diese definierte. So betonten anglikanische Bischöfe die bewährten Traditionen des Ausgleichs, zeigten Verständnis für die unteren Schichten und warnten vor den Folgen der harten Sparpolitik, die 1981 zu den Unruhen in Liverpool und London beigetragen hätten. Erzbischof Robert Runcie erregte den Unmut von Thatcher, als er im Gottesdienst für die Opfer des Falklandkrieges nicht von einem Sieg sprechen und auch der gefallenen Argentinier gedenken wollte. Auf der Linken schließlich begann eine Debatte über Nation, Patriotismus und die Bedeutung von Traditionen, die sie nicht länger den Konservativen überlassen wollten.[37] Diese hatten sich über die Fernsehfassung von Evelyn Waughs *Brideshead Revisited* (1981) gefreut, die eine nostalgische Version britischer Geschichte bot. In kurzen Abständen folgten ähnliche Verfilmungen, Neuauflagen historischer Romane erschienen, und die Produkte von Laura Ashley erzielten einen reißenden Absatz, so dass von einer *heritage industry* gesprochen wurde.[38] Doch auch deren Botschaft war nicht eindeutig. Das wieder erwachte historische Interesse gab vielmehr auch denjenigen Auftrieb, die gegen den Abriss alter Häuser kämpften oder sich für den Erhalt gewachsener Nachbarschaften einsetzten.

Labour reformiert sich

Für die Labour Partei boten sich dadurch zahlreiche Konflikte, Strömungen und Bewegungen an, die sie für sich nutzen konnte. Zuerst musste sie allerdings ihre eigenen Schwächen überwinden und glaubhaft für einen Neuanfang eintreten. Dazu wählte sie am 21. Juli 1994 Blair mit 57 Prozent der Stimmen zum Parteivorsitzenden, gefolgt von John Prescott mit 24,1 Prozent, der anschließend sein Stellvertreter wurde. An dritter Stelle lag Margaret Beckett, die erste und bis heute einzige Frau, die sich um den Vorsitz der Labour Partei bewarb. Noch auf dem Parteitag forderte Blair, einen wichtigen Punkt des Parteiprogramms zu streichen: *Clause IV*, welcher die Partei zur Verstaatlichung von Betrieben verpflichtete.

Dieses sozialistische Ziel hatte Labour 1918 in das Parteiprogramm aufgenommen und anschließend mit großer Überzeugung dafür gekämpft, allerdings ohne Erfolg – bis Attlee 1945 die Wahl gewann und wichtige Industrien verstaatlichte. Doch die schlechten Erfahrungen der 1970er Jahre und vor allem die Erfolge Thatchers zeigten, dass Staatsbetriebe sich nicht bewährten und von der großen Mehrheit der Wähler abgelehnt wurden. Entsprechend spielte *Clause IV* in der Praxis keine Rolle mehr, hatte jedoch große symbolische Bedeutung und wurde trotz aller Einwände beibehalten. Genau dies war der Grund, dass Blair als erste Maßnahme die Abschaffung forderte. Er wollte zeigen, dass Labour sich tatsächlich geändert hatte und bereit war, «heilige Kühe» zu schlachten.

Eine andere Reform hatte sein Vorgänger Smith bereits auf dem Parteitag 1993 durchgesetzt und das *Block Vote* reformiert, das den Gewerkschaften so viele Stimmen gab, wie sie Mitglieder hatten.[39] Auch diese Reform hatte vor allem symbolischen Wert, denn die Gewerkschaften waren zwar einflussreich, verzichteten aber seit langem darauf, mit ihren Mehrheiten die Parteitage zu dominieren. In der Öffentlichkeit allerdings bestand ein anderer Eindruck, weshalb es für Smith so wichtig war, das *Block Vote* zu reformieren und die Unabhängigkeit von den Gewerkschaften zu bekunden. Dasselbe Ziel hatte bereits Kinnock verfolgt, als er ankündigte, seine Regierung werde die Reformen Thatchers weitgehend beibehalten. Blair ging einen Schritt weiter. 1997 lobte er vor der Unterhauswahl das Arbeitsrecht als «das gegenüber Gewerkschaften restriktivste der westlichen Welt» und lehnte jede Änderung ab. Gegenüber der *Sun* erklärte er: «Wir werden von den Gewerkschaften nicht erpresst werden, ... wir werden gegen Streiks Position beziehen. ... Gewerkschaften werden unter einer Labour-Regierung keine Begünstigungen erhalten.»[40]

Dieses Interview war bemerkenswert, nicht nur wegen der eindeutigen Position gegenüber den Gewerkschaften, sondern auch weil Blair es ausgerechnet der *Sun* gab. Diese Zeitung hatte zuvor jahrelang die Konservativen unterstützt, Labour vehement angegriffen und zuletzt gegen Kinnock agitiert. Jetzt gab Blair sich große Mühe, gute Beziehungen zu Rupert Murdoch aufzubauen, der ein internationales Medienimperium beherrschte und in Großbritannien nicht nur die *Sun*, sondern auch die *Times* und den privaten Fernsehsender *Sky* besaß. Dazu flog Blair im Juli 1995 nach Australien, um Murdoch und dessen führende Mitarbeiter davon zu überzeugen, dass die von ihm geführte Labour Partei sich geändert habe. Sein Auftreten muss überzeugend gewesen sein, denn die *Sun* änderte ihre Berichterstattung und erklärte am 18. März 1997 sogar, sie werde bei der bevorstehenden Wahl Blair unterstützen.

Dies war ein spektakulärer Erfolg für *New Labour* – so die Formulierung, die Blair bereits 1994 benutzte um zu zeigen, dass er sich von *Old Labour* und der traditionellen Arbeiterbewegung distanzierte. New Labour sei kein Anhängsel der Gewerkschaften, lehne staatliche Eingriffe in die Wirtschaft ab und werde keine Steuererhöhungen vornehmen. Vor allem die Sorge vor höheren Steuern hatte 1992 zur Niederlage von Kinnock geführt. Um diese Befürchtung gar nicht erst aufkommen zu lassen, verpflichteten sich Blair und Brown, in den ersten beiden Jahren nach einem Wahlsieg auch für Spitzenverdiener die Einkommenssteuer nicht zu erhöhen, und gingen noch einen Schritt weiter. Sie sagten zu, die Haushaltsplanungen der konservativen Regierung zu übernehmen – eine bemerkenswerte Festlegung, denn dadurch konnte eine neue Labour-Regierung in den wichtigen ersten beiden Jahren nur sehr begrenzt Änderungen einführen.[41]

Im Kontrast zu dieser Zurückhaltung stand die Zusage, nach der Wahl das Oberhaus zu reformieren und Abstimmungen über eine größere Selbständigkeit (*devolution*) von Schottland und Wales durchzuführen. Vor allem in Schottland wurde diese seit längerem gefordert, hatte bei der Abstimmung 1978 jedoch nicht die erforderliche Mehrheit erhalten. Anschließend gründeten Labour, Liberale und SNP eine *Campaign for a Scottish Assembly*, die dazu beitrug, dass die Konservativen dort bei der Unterhauswahl von 1987 etwa die Hälfte ihrer Abgeordneten verloren. Deren Unbeliebtheit nahm anschließend noch zu, als Thatcher zuerst in Schottland die *Poll Tax* einführte und auf vehemente Ablehnung stieß. Die große Mehrheit der Hausbesitzer weigerte sich, sie zu bezahlen, und innerhalb von drei Jahren wurden 2,5 Millionen Vollstreckungsbefehle (*warrants*) ausgestellt – bei einer Bevölkerung von etwa fünf Millionen. Vor diesem Hintergrund erhielt die Forderung nach mehr Selbständigkeit weiteren Auftrieb und fand zunehmend Unterstützung bei Parteien, Gewerkschaften und Kirchen, die eine *Constitutional Convention* bildeten. Lediglich die Konservativen, die an der Einheit des Königreiches festhielten, und die SNP, die eine völlige Unabhängigkeit forderte, nahmen daran nicht teil. Die schottische Labour Partei hingegen übernahm eine führende Rolle, und in seiner kurzen Zeit als Parteivorsitzender unterstützte John Smith diese Politik so vehement, dass Blair daran festhielt.

Parallel dazu erlebten die Konservativen im ganzen Land einen dramatischen Niedergang und erreichten bei Umfragen immer neue Tiefstwerte. Sie befanden sich in derselben Situation wie Labour nach dem *Winter of Discontent* und konnten die Wahl nicht mehr gewinnen, solange New Labour keine größeren Fehler beging und glaubhaft einen Neuanfang verkörperte. Darauf legten deren Vertreter großen Wert und sprachen gezielt die politische Mitte an, bis hin zum Versprechen, energisch gegen die Kriminalität vorzugehen. Das war eigentlich ein Thema der Konservativen, doch Blairs Berater wussten um die Sorgen vieler Wähler, so dass er ihnen versprach, «tough on crime, tough on the causes of crime» zu sein.

Diese Formulierung hinterließ großen Eindruck und zeigte, welchen Wert Blair und seine Berater darauf legten, die Öffentlichkeit für sich zu gewinnen. Zu seinen engsten Mitarbeitern gehörten zwei Medienexperten: Peter Mandelson und Alastair Campbell, die Blair sofort nach seiner Wahl zum Parteivorsitzenden ernannt hatte. Beide leisteten hervorragende Arbeit und trugen wesentlich zu den drei Wahlsiegen von Labour bei. Sie hatten nicht nur von Thatcher, sondern vor allem von Wahlkämpfen in den USA und hier von Bill Clinton gelernt. Dessen bemerkenswerte Gabe, die öffentliche Meinung zu beeinflussen, beeindruckte sie sehr. Wie Clinton setzten sie auf möglichst aktuelle Umfrageergebnisse, sprachen einzelne Interessengruppen gezielt an und versuchten auf vielfältige Weise, die Medien zu beeinflussen. Dazu gehörte auch ein hartes, oft zynisches Auftreten, was Mandelson schon früh den Titel *Prince of Darkness* einbrachte, während ihr Vorgehen als *spin* bezeichnet wurde – ein kaum übersetzbarer Begriff, der am ehesten für «Trickserei» steht.

New Labour und *spin* gehörten von Beginn an eng zusammen und entsprechende Vorwürfe kamen früh auf. Doch Blair und Brown beschränkten sich nicht darauf, alte Fehler zu vermeiden und durch effektive Medienarbeit endlich wieder eine Wahl zu gewinnen – so wichtig dies nach fast zwanzig Jahren in der Opposition auch war. Sie stellten vielmehr in Wirtschaft und Gesellschaft grundlegende Veränderungen fest, auf die sich die Politik und vor allem die Labour Partei einstellen müsse. Dazu entwickelten sie verschiedene Vorschläge, die eine nähere Erläuterung verdienen, denn sie reagierten auf Veränderungen, die in ganz Europa stattfanden und eine Suche nach neuen Wegen auslösten.

New Labour und die Wahl von 1997

Eine der großen Veränderungen bestand im anhaltenden Rückgang der Schwerindustrie (Kohle, Stahl, Werften), den die Politik der Konservativen beschleunigte. Er hätte jedoch auch ohne sie stattgefunden, allenfalls etwas langsamer und mit weniger Härten verbunden. Damit verschwanden qualifizierte Arbeitsplätze und wurden durch neue Tätigkeiten im Dienstleistungssektor ersetzt, die oft nur geringe Fähigkeiten verlangten und niedrig entlohnt wurden. Entsprechend wuchs die soziale Ungleichheit, wobei erneut die Politik von Thatcher diese Kluft nicht schuf, sie aber vergrößerte. Ohnehin fanden vergleichbare Entwicklungen in allen Industrieländern statt. Überall verloren traditionelle Industrien und deren Arbeitsplätze an Bedeutung, während die überlebenden bzw. neuen Betriebe und Berufe unter den Druck der Globalisierung gerieten und einem verschärften internationalen Wettbewerb ausgesetzt waren. In Osteuropa, Asien und anderen Regionen wuchs eine Konkurrenz, die in den entwickelten Industrieländern Preise und Löhne senkte und unsichere Arbeitsverhältnisse schuf.[42]

Doch nicht für alle. Vielmehr nahm auch die Zahl derjenigen zu, die eine qualifizierte Ausbildung hatten und gut verdienten. Das galt nicht nur für den Dienstleistungssektor, sondern auch für traditionelle Bereiche wie Chemie, Elektrotechnik, Maschinenbau und selbst die Autoindustrie, die zwar an Bedeutung verlor, aber weiterhin zahlreiche und oft gut bezahlte Arbeitsplätze bot. Ein anderes Zeichen dieser Veränderungen war der wachsende Anteil der Studierenden, die Ende der 1990er Jahre etwa 35 Prozent eines Jahrganges stellten, gegenüber knapp fünf Prozent nach dem Zweiten Weltkrieg. Mit anderen Worten: Wie in allen Industrieländern wuchsen auch in Großbritannien Umfang und Bedeutung der mittleren Schichten, die es als Wähler zu gewinnen galt.

Gegenüber dem Verlust alter Arbeitsplätze und Industrien boten Subventionen oder gar Verstaatlichungen – wichtige Merkmale der «alten» Arbeiterbewegung – allenfalls kurzfristige Linderung, jedoch keine dauerhafte Lösung. New Labour wollte deshalb nicht länger in die Produktion und zugunsten der Produzenten (= Arbeiter) eingreifen, sondern sich auf die Produkte konzentrieren und dafür sorgen, dass diese möglichst allen gleichberechtigt zur Verfügung standen. Dabei bezeichnete der Begriff «Produkt» nicht nur Konsumgüter und andere Erzeugnisse der Industrie, so wichtig diese zur Sicherung des Lebensstandards auch waren. Er ging weit darüber hinaus und meinte alle Angebote und Leistungen, die im Laufe eines Lebens nachgefragt werden, so die Erziehung und Ausbildung in Kindergärten, Schulen oder Universitäten, die Behandlung in Krankenhäusern und Arztpraxen, die Versorgung im Alter, ausreichend Wohnraum usw. Entsprechend trat New Labour für eine möglichst große Vielfalt dieser Produkte und Wahlfreiheit bei deren Nutzung ein, ausgedrückt im Slogan «choice and diversity».

Aus diesen Überlegungen ergaben sich zahlreiche Konsequenzen. Eine davon war die Suche nach neuen Wählerschichten, da die Arbeiterschaft der traditionellen Industrien rapide schrumpfte. Selbst diejenigen, die weiterhin in Fabriken und Betrieben ihr Geld verdienten, wählten nicht zwangsläufig Labour, wie Thatcher gezeigt hatte. Auch gehörten sie nicht unbedingt Gewerkschaften an, deren Mitgliederzahl von 13,2 (1979) auf nur noch sieben Millionen beim Wahlsieg von Blair im Jahr 1997 zurückging. Es war deshalb konsequent, dass New Labour eine zu enge Bindung an diese Arbeiter und ihre Gewerkschaften mied und stattdessen eine enge Zusammenarbeit mit der Wirtschaft suchte, die Blair als «founding principle» der neuen Politik bezeichnete.[43] Das bot sich nicht nur aus wahltaktischen Gründen an. Vielmehr war eine leistungsfähige Wirtschaft dringend erforderlich, um das breite Angebot von Gütern und Dienstleistungen herzustellen, das «choice and diversity» erst ermöglichte. Und sie musste die Arbeitsplätze und Einkommen bieten, um die Güter bezahlen zu können.[44]

Mit anderen Worten: Die Politik von New Labour erforderte einen leistungsfähigen Markt, den Brown und Blair als ein wichtiges Instrument bezeichneten, um das Gemeinwohl zu fördern. Dieses Argument war nicht neu, wurde traditionell aber von Liberalen und Konservativen vertreten, während jetzt die Führer der Labour Partei den Markt ins Zentrum ihrer Überlegungen stellten. Entsprechend heftig fiel die Kritik derjenigen aus, die diesen Ansatz prinzipiell mit Skepsis betrachteten und insbesondere Bereiche wie Erziehung, Ausbildung oder Gesundheit nicht Marktgesetzen überlassen wollten. Die Meinungen gingen und gehen weit auseinander. In den folgenden Jahren kam es immer wieder zu Auseinandersetzungen darüber, welche Vorteile und Schwächen Markt und Staat jeweils besaßen, wie sie verbessert werden konnten oder welche Mischungsverhältnisse von staatlichen und privaten Leistungen sich empfahlen.

Diese Debatten fanden (und finden) nicht nur in Großbritannien statt, sondern in allen Industrieländern. In Großbritannien verliefen sie allenfalls intensiver, wozu wesentlich die radikale Politik von Margaret Thatcher beigetragen hatte. Doch deren Partei taumelte von einer Krise in die nächste, während New Labour große Erwartungen weckte. Als 1997 dann neu gewählt wurde, war Major genauso chancenlos wie Callaghan im Jahre 1979. Auch er musste eigentlich gar nicht antreten. Dennoch kam die Höhe der Niederlage einer Katastrophe gleich. Der Stimmenanteil der konservativen Partei ging von 41,9 auf 30,7 Prozent zurück, im Parlament zählte sie nur noch 165 Abgeordnete, anstatt zuvor 336. Labour hingegen erhielt 43,2 Prozent der Stimmen, gewann 418 Wahlkreise und besaß eine überwältigende Mehrheit. Einen derartigen Erfolg hatte Thatcher selbst auf ihrem Höhepunkt nicht erzielt; zuvor war er nur den Konservativen im Jahr 1923 unter Baldwin gelungen, der sogar über einen Abgeordneten mehr verfügte. Als das Wahlergebnis verkündet wurde, herrschte nicht nur bei Labour, sondern im ganzen Land eine euphorische Stimmung. Es schien, als wollten die Wähler die Thatcher-Ära wie einen bösen Traum abschütteln und ganz neu beginnen – unter Tony Blair, der wenige Tage vor seinem 44. Geburtstag als jüngster Premierminister des 20. Jahrhunderts sein Amt antrat. Die Erwartungen konnten kaum höher sein.

Diese Erwartungen waren aber nicht nur hoch, sondern auch widersprüchlich. Die neue Regierung sollte die Folgen der Thatcher-Ära überwinden und einen Neuanfang machen – konnte die Wahl aber nur gewinnen, weil sie versprochen hatte, an ihren Reformen festzuhalten. Sie sollte Mängel im Gesundheits- und Schulwesen und im öffentlichen Sektor generell beheben, hatte sich aber verpflichtet, möglichst keine Steuern zu erhöhen, die jedoch erforderlich waren, da Schulen und Krankenhäuser deutlich zu wenig Geld erhielten. Zudem sollte sie das individuelle Gewinnstreben der letzten Jahre durch ein neues Gemeinschaftsgefühl ersetzen, zugleich aber auf die Kräfte des Marktes bauen. Und schließlich sollte sie die soziale Ungleichheit bekämpfen, die unter den Konservativen deutlich zugenommen hatte, wollte aber keine höheren Steuern für die oberen Einkommensgruppen einführen – das klassische Mittel der Umverteilung, das als «Old Labour» verpönt war, nicht nur in Großbritannien. Vielmehr wurden damals geradezu weltweit die Einkommenssteuern gesenkt.

Es war nicht ausgeschlossen, diese Gegensätze zu vereinbaren. Die wichtigste Möglichkeit bestand darin, ein hohes Wirtschaftswachstum zu erreichen, das auch ohne Steuererhöhungen die staatlichen Einnahmen vermehrte und Handlungsspielraum für Reformen schuf. Als anderer Weg bot sich an, die eingesetzten Mittel – gerade im Schul- und Gesundheitssektor – effektiver zu nutzen, sei es durch strengere Kontrollen oder durch größere Konkurrenz. Allerdings war zu erwarten, dass es auch für die neue Regierung schwierig sein würde, öffentliche Institutionen, deren Bürokratie und Marktelemente miteinander zu verbinden oder die Beharrungskräfte großer und schwerfälliger Einrichtungen zu überwinden, wie sie das Gesundheits- oder Schulwesen darstellten.

Konflikte waren also vorprogrammiert, zumal Labour fast 20 Jahre in der Opposition gewesen war und keine Erfahrungen in der Regierungsarbeit und der Umsetzung von Reformen besaß. Mehr noch: Keiner der führenden Politiker, auch nicht Brown oder Blair, hatte bis dahin eine große Institution, geschweige denn ein großes Ministerium geleitet. Doch jetzt waren sie gewählt, mussten ihre Vorstellungen im politischen Alltag umsetzen und zeigen ob New Labour zusätzlich zu all dem *spin* auch tatsächlich eine sozialdemokratische Alternative bot.

11. New Labour, New Britain?, 1997–2010

Die Ära Blair

Mit dem Wahlsieg von Tony Blair stellte Labour nach fast 20 Jahren wieder einen Premierminister, der nicht nur eine lange Dürreperiode seiner Partei beendete, sondern – wie zuvor Thatcher – zahlreiche Rekorde aufstellte. Er war der jüngste Premierminister seit Lord Liverpool im Jahre 1812, gewann als erster Labour-Politiker nacheinander drei Wahlen, stand zehn Jahre an der Spitze einer Regierung und amtierte deutlich länger als jeder Vorgänger aus seiner Partei, die bis dahin seit ihrer Gründung im Jahre 1900 insgesamt nur 20 Jahre die Regierung gestellt hatte. Auch persönlich konnten Blair und seine Frau Cherie ein bemerkenswertes Ereignis vermelden: Leo, ihr im Mai 2000 geborener Sohn, war seit mehr als 150 Jahren das erste eheliche Kind eines amtierenden Premierministers – nach Francis Russell, der am 11. Juli 1849 als Sohn des damaligen Premier Lord John Russell zur Welt kam. Auf Blair folgte Gordon Brown, der ihn im Juni 2007 als Premierminister ablöste und zuvor länger als Schatzkanzler amtiert hatte als alle Vorgänger seit Nicholas Vansittart (1812–23). Brown führt zumindest bis 2010 die Regierung an, so dass Labour dann 13 Jahre das Land regiert haben wird, auch dies ein neuer Rekord.

Mit diesen Zahlen waren ereignisreiche Jahre verbunden. Die Regierung versuchte, ihre Vorstellungen in der Wirtschafts- und Sozialpolitik umzusetzen; sie bemühte sich um eine Lösung des Nordirlandkonfliktes; führte eigene Parlamente in Schottland und Wales ein und begann Verfassungsreformen; sie intervenierte mehrfach militärisch und führte Kriege, so in Kosovo, Sierra Leone und dann im Irak; und sie erzielte beeindruckende Wahlerfolge. Nach jeder der drei Wahlen besaß Blair deutliche Mehrheiten im Parlament, was fraglos einen Erfolg bedeutet. Ansonsten fällt es schwer, die Politik von New Labour zu beurteilen.

Ein gutes Beispiel dafür ist die britische Wirtschaft, die zwischen 1994 und 2008 jährlich um 2,8 Prozent und damit fast doppelt so schnell wuchs wie die deutsche (Tabelle 14). Die Inflation betrug lediglich 1,7 Prozent, die Arbeitslosigkeit lag mit 5,3 Prozent deutlich niedriger als auf dem Kontinent, und die britische Wirtschaft verzeichnete in 40 aufeinander folgenden Quartalen ein Wachstum. Das, so verkündete Brown 2007 voller Stolz, habe es seit der Industriellen Revolution nicht gegeben und bedeutet einen neuen Rekord seit dem Beginn verlässlicher Aufzeichnungen im Jahr 1701.[1] Doch wenige Monate später brach die Weltwirtschaftskrise aus, ausgehend

Tabelle 14: Reales Wachstum des Bruttoinlandsprodukts in Deutschland und Großbritannien im Vergleich zum Vorjahr

Jahr	Deutschland	Großbritannien
1994	2,7	4,3
1995	1,9	2,9
1996	1,0	2,8
1997	1,8	3,0
1998	2,0	3,3
1999	2,0	3,0
2000	3,2	3,9
2001	1,2	2,5
2002	0,0	2,1
2003	-0,2	2,8
2004	1,2	3,0
2005	0,8	2,2
2006	3,2	2,9
2007	2,5	2,6
2008	1,3	0,0
Gesamt	24,6	41,8

Quelle 1994–1999: http://www.oecd.org/dataoecd/15/41/38336267.pdf.
Quelle 2000–2008: http://epp.eurostat.ec.europa.eu/tgm/table.do?tab=table&init=1&plugin=1&language=de&pcode=tsieb020.

vom Banken- und Finanzsektor, der neben New York in London das wichtigste Zentrum besaß und bis dahin das Wirtschaftswachstum ermöglicht hatte. Die Regierung musste mit enormen Summen eingreifen, Banken retten und einige verstaatlichen, was in den Jahren zuvor selbst der linke Labour-Flügel nicht mehr gefordert hatte.

Ähnlich schwer zu beurteilen sind Ergebnisse in der Schul-, Gesundheits-, und Sozialpolitik, der öffentlichen Versorgung oder beim Ausbau der Infrastruktur. Hier erforderte die Durchsetzung von Reformen viel Zeit, so dass erst vorläufige Befunde vorliegen. Eindeutiger hingegen fallen die Urteile über die britische Beteiligung am Irakkrieg aus, den die Regierung mit ihrer Mehrheit im Parlament durchsetzte. Dabei traf sie auf großen Widerstand, sowohl unter den Abgeordneten wie vor allem in der Bevölkerung. Die Proteste erreichten am 15. Februar 2003 ihren Höhepunkt, als etwa eine Million Personen in London an der größten Demonstration der britischen Geschichte teilnahmen und in vielen anderen Städten ebenfalls Kundgebungen stattfanden, um die Teilnahme am Irakkrieg zu verhindern.[2] Das ist nicht gelungen. Blair setzte sich durch, errang aber allenfalls einen Pyrrhussieg, da die negativen Folgen des Krieges bald deutlich wurden. Diese sind bis heute eine traumatische Belastung und waren entscheidend dafür, dass Blairs Beliebtheit drastisch zurückging und er schließlich sein Amt als Premierminister verlor. Bei dem triumphalen ersten Wahlsieg von 1997 bewerteten ihn fast drei Viertel der Befragten positiv, zum Ende seiner Amtszeit nur 26 Prozent. Damit war er noch unbeliebter als Callaghan nach dem *Winter of Discontent* und erreichte das schlechteste Ergebnis eines Labour Premiers nach dem Zweiten Weltkrieg.[3]

Im Amt und Wiederwahl

Nach dem Wahlsieg im Mai 1997 war von dieser Enttäuschung noch nichts zu spüren. Anfangs herrschte eine Aufbruchstimmung vor, unterstützt vom *Cool Britannia*-Gefühl, das die internationalen Erfolge britischer Bands, Modemacher und Künstler in den 1990er Jahren widerspiegelte. Einmal mehr, so die amerikanische Zeitschrift *Newsweek*, war London «the coolest capital city» der Welt. Die Wahl von New Labour und des jungen Ministerpräsidenten schien diese Meinung zu bestätigen, zumal dieser kurz nach dem Wahlsieg zahlreiche Vertreter von *Cool Britannia* in seinen Amtssitz in Downing Street 10 einlud. Die Reaktionen fielen unterschiedlich aus. Die einen begrüßten das Treffen von Politik und Popkultur, während die anderen darin einen weiteren Ausdruck des *spin* sahen und Substanz vermissten.

Am 31. August 1997 fand die Aufbruchsstimmung ein jähes Ende, als Lady Diana, die frühere Princess of Wales und geschiedene Ehefrau von Prinz Charles in Paris bei einem Autounfall verstarb. Die ganze Nation schien in Schock und Trauer erstarrt. Hunderttausende legten Blumen an ihrem Haus und vor Buckingham Palace nieder, trugen sich in das offizielle Trauerbuch ein und warteten auf eine Reaktion der Königin. Diese befand sich in Balmoral, ihrem Sommersitz in Schottland, sah den tragischen Todesfall als eine private Angelegenheit und hielt sich auch deshalb zurück, um ihre beiden Enkelkinder vor der Öffentlichkeit zu schützen. Die Medien hatten andere Erwartungen und forderten, Buckingham Palace solle als Zeichen der Trauer halbmast flaggen. Bis dahin war dort die sogenannte *Royal Standard* nur dann zu sehen, wenn der Monarch sich im Palast aufhielt, und sie wurde nie auf halbmast gesetzt, da sie nicht der Person, sondern der Institution galt. Sterben konnte nur der jeweils regierende Monarch, während die Institution fortlebte, da sofort ein Nachfolger das Amt übernahm. Die Öffentlichkeit war über diese Feinheiten nicht informiert, sondern erwartete von der Königin, dass sie ihre Trauer bekundete, nach London kam und halbmast anordnete. «Where is our Queen? Where is her Flag?» lautete die Schlagzeile der *Sun*.[4]

Im Vergleich zum königlichen Hof schätzten Blair und seine Berater die Situation besser ein und fanden die richtigen Worte. Blair bezeichnete die Verstorbene, die durch die Scheidung den Titel Princess of Wales verloren hatte, als «Princess of the People» und überzeugte die Königin davon, sich über das Protokoll hinwegzusetzen. Elisabeth kehrte nach London zurück, hielt eine Ansprache im Fernsehen und ließ zwar nicht die *Royal Standard*, aber dafür die Nationalfahne auf dem Palast auf halbmast setzen. Außerdem fand ein offizielles Begräbnis in Westminster Abbey statt, bei dem in London etwa eine Million Trauernde die Straßen säumten, während weltweit die Fernsehanstalten dieses Ereignis übertrugen. Umfragen zeigten die Monarchie auf einem Tiefpunkt, und in Kommentaren hieß es, deren Fortbestand sei gefährdet. Ganz so dramatisch war die Situation nicht. Blair und seine Berater mussten die Monarchie nicht retten. Doch sie halfen ihr aus einer Krise und zeigten, welches Gespür sie für die öffentliche Meinung besaßen und wie gut sie mit den Medien umgehen konnten.

Selbst unangenehme Nachrichten und Fehler zeigten wenig Wirkung. So entschied die Regierung, dass das Verbot der Tabakwerbung nicht für den Formel-1-Rennsport gelte. Diese Regelung sorgte von Beginn an für Erstaunen und weitete sich zu einem Skandal aus, als Journalisten herausfanden, dass der Chef dieses Sports, Bernie Ecclestone, Monate vorher der Labour Partei eine Million £ gespendet hatte. Im Jahr darauf, Ende 1998, musste Mandelson, ein sehr enger Vertrauter von Blair, als Wirtschaftsminister zurücktreten, da ein Interessenkonflikt drohte. Denn seine Behörde untersuchte Aktivitäten von Geoffrey Robinson, ein reicher Labour-Abgeordneter und inzwischen ebenfalls Mitglied des Kabinetts. Da Mandelson von ihm einen hohen Kredit erhalten hatte, entstand ein unguter Eindruck, zumal Labour im Wahlkampf den Konservativen «Filz» (*sleaze*) vorgeworfen hatte.

Hinzu kam der Millennium Dome. Dieses spektakuläre Gebäude ließ die Regierung errichten, um das neue Jahrtausend zu feiern, in ihm eine nicht minder spektakuläre Ausstellung zu zeigen, einen heruntergekommenen Stadtteil zu erneuern und nicht zuletzt ein Wahrzeichen von New Labour zu hinterlassen. Bei der Eröffnung sprach Blair von einem «Triumph der Zuversicht über Zynismus, Mut über Zaghaftigkeit, Exzellenz über Mittelmaß».[5] Doch tatsächlich erwies sich der Millennium Dome als Desaster. Schon bei der Eröffnung mussten Eingeladene lange anstehen, teils im strömenden Regen. Anschließend kamen viel weniger Besucher als erwartet, und zum Schluss betrug das offizielle Defizit ca. 600 Millionen £.[6] Danach hielten die Probleme an. Das Gebäude stand lange leer und verursachte weitere Kosten, bis es schließlich die Telefonfirma O_2 übernahm und 2007 als Vergnügungskomplex neu eröffnete.

Die Medien berichteten über diese Mißerfolge, was der Regierung jedoch keinen größeren Schaden zufügte. Sie genoss vielmehr weiterhin einen Vertrauensvorschuss und profitierte von der boomenden Wirtschaft, während die Konservativen untereinander zerstritten waren. Als am 7. Juni 2001 die nächste Wahl stattfand, erreichte Labour 40,7 Prozent der Stimmen und verbuchte einen leichten Rückgang. Die Regierung hatte aber weiterhin 412 Abgeordnete und eine Mehrheit von 165 Sitzen, während die Konservativen erneut eine deutliche Niederlage erlitten. Sie konnten ihren Stimmenanteil leicht verbessern, gewannen aber nur einen Abgeordneten hinzu und hatten auch jetzt lediglich 166 Sitze, 246 weniger als Labour.

Auch für die zweite Amtszeit besaß New Labour damit ein deutliches Mandat, um die versprochenen Reformen durchzuführen. Bis dahin war noch nicht viel passiert, was vor allem an der Verpflichtung lag, in den ersten zwei Jahren keine Steuern zu erhöhen. Innenpolitisch bestand dadurch wenig Handlungsspielraum, abgesehen von den Referenden über die größere Selbständigkeit von Schottland und Wales, die vor der Wahl zugesagt waren und bereits im September 1997 stattfanden.

Schottland und Wales

In Schottland war das Ergebnis eindeutig. Hier unterstützten 73,4 Prozent der Beteiligten die Forderung nach einem eigenen Parlament und etwa 60 Prozent stimmten dafür, dass dieses begrenzte Rechte zur Steuererhebung erhielt.[7] Die Umsetzung dieser Ergebnisse erfolgte sehr schnell. Bereits am 6. Mai 1999 fanden die ersten Wahlen für das neue schottische Parlament statt, und am 1. Juli war es soweit: Ein großer Teil der Macht wurde von Westminster dem neuen Parlament (*Pàrlamaid na h-Alba)* und der Regierung in Edinburgh übertragen, die Labour zusammen mit den Liberal-Demokraten bildete. In Wales verlief dieser Prozess strittiger. Hier betrug die Zustimmung nur 50,3 Prozent und beruhte auf einer äußerst knappen Mehrheit von 6712 Stimmen, die zudem erst ganz am Ende der Auszählung feststand. Da die Forderung nach größerer Selbständigkeit eine so schwache Basis besaß, erhielten die Abgeordneten, die ebenfalls am 1. Juli 1999 ihre Arbeit aufnahmen und sich in der *National Assembly for Wales* (*Cynulliad Cenedlaethol Cymru*) trafen, weniger Kompetenzen als in Schottland.

Damit begann ein neuer Abschnitt der britischen Geschichte. Fortan bestanden vier Parlamente: je eines in London, Edinburgh, Cardiff und – bereits seit 1922 – in Belfast, wenngleich dieses seit 1972 wegen der Unruhen in Nordirland nur sporadisch amtierte und die Provinz von London aus regiert wurde. Die Aufgaben der einzelnen Parlamente unterschieden sich erheblich. Die alleinige Zuständigkeit für das ganze Land und die weitaus größte Macht besaß und besitzt weiterhin das Unterhaus in London, das einige Zuständigkeiten abgeben musste, in den wichtigen Fragen jedoch seine Kompetenz behielt, darunter Außenpolitik, Verfassung, Militär, Steuern, Zuwanderung usw. Besonders wenig Macht wurde der *Assembly* in Wales übertragen, die anfangs nicht einmal eigene Gesetze einbringen konnte. Diese Möglichkeit besteht seit 2006, wurde aber auf Bereiche wie Studiengebühren oder die Versorgung Älterer beschränkt. Im Gegensatz dazu konnte das Parlament in Edinburgh von Beginn an bei zahlreichen Themen selbst entscheiden: Gesundheitswesen; Schulen, Universitäten und Bildung; die kommunale Selbstverwaltung; weite Teile der Rechtsprechung und des Straf- und Zivilrechts; Polizei und Umwelt. Es durfte jedoch nur begrenzt eigene Steuern erheben und erhielt die Mittel aus London, was die tatsächliche Selbständigkeit erheblich einschränkte.[8]

Die Folgen dieser Änderungen zeichneten sich erst langsam ab und betrafen verschiedene Aspekte. Einer davon war die Einführung des Verhältniswahlrechtes in Schottland und Wales. Dieses existierte zuvor bereits für die Wahlen zum Europa-Parlament, bedeutete ansonsten aber einen Bruch mit dem Mehrheitswahlrecht, das seit Jahrhunderten für das Unterhaus gilt. Dieses Wahlrecht kann bei den Parteien zu großen Differenzen zwischen dem Stimmenanteil und der Zahl der Abgeordneten führen, so dass es immer wieder Versuche gab, es zu reformieren. Doch die Chancen dafür waren gering, da die jeweils regierenden Parteien vom bestehenden System profitierten. Selbst wenn sie im Wahlkampf Änderungen in Aussicht gestellt hatten, befürchteten sie nach einem Sieg eine Schwächung ihrer Position und verloren ihr Interesse.

Die neuen Parlamente in Cardiff und Edinburgh hingegen mussten in der Bevölkerung erst noch akzeptiert werden, was das Mehrheitswahlrecht erschwert hätte. So hatten die Konservativen 1997 bei den Unterhauswahlen keinen einzigen der schottischen Wahlkreise gewonnen und befürchteten, bei den Wahlen für das schottische Parlament ebenso leer auszugehen. Da es politisch aber erforderlich war, sie in die neuen politischen Verhältnisse einzubinden, bot sich das Verhältniswahlrecht an. Denn dieses bildete die unterschiedlichen Stimmenanteile besser ab – und erschwerte es zudem den schottischen (und walisischen) Nationalisten, Mehrheiten zu gewinnen.

Diese waren mit dem Erreichten ohnehin nicht zufrieden, sondern forderten weitere Rechte für ihre Parlamente und in Schottland zunehmend die völlige Unabhängigkeit, während in London eine ganz eigene Situation entstand. Denn seit den Reformen hatten Schotten, Waliser und Nordiren eigene Parlamente, nicht hingegen die Engländer, die dazu allerdings auch wenig Neigung verspürten. Als 2004 im Nordosten eine Abstimmung darüber stattfand, ob diese Region eine eigene Regierung erhalten sollte, sprachen sich fast 80 Prozent dagegen aus. Entsprechende Versuche in anderen Regionen wurden daraufhin eingestellt und dürften auf absehbare Zeit ebenso wenig Zustimmung finden wie der Vorschlag, ein eigenes Parlament für England zu schaffen. Dadurch entstand allerdings das Problem, dass Schotten, Waliser und Nordiren je eigene Parlamente besitzen und zusätzlich Abgeordnete ins Londoner Unterhaus senden, die nicht nur bei nationalen Angelegenheiten abstimmen, sondern auch bei Fragen, die lediglich Engländer betreffen.

Hierfür gibt es bisher keine Lösung. Als Ausweg wurde vorgeschlagen, dass die Abgeordneten aus Wales und Schottland sich im Londoner Unterhaus bei den Abstimmungen enthalten, die ihre Regionen nicht betreffen. Doch diese Regelung würde den Anspruch des Unterhauses untergraben, für das ganze Königreich zuständig zu sein, und faktisch zu einer Spaltung des Landes führen. Hinzu kam, dass die amtierende Labour-Regierung gerade in Schottland viele Wahlkreise gewann, diese für kommende Wahlen sichern wollte und deshalb den Vorschlag nicht aufgriff. Als Kompromiss zeichnete sich ab, die jetzige Situation beizubehalten und den Abgeordneten aus Schottland das volle Stimmrecht zu belassen, bei kommenden Wahlen aber deren Zahl zu verringern und so ihren Einfluss zu mindern. Für Nordirland besteht diese Regelung bereits, während die Abgeordneten aus Wales wegen ihrer geringen Zahl keine eigene Regelung erforderlich machen.

Parallel dazu wurden andere Aspekte der Verfassung diskutiert, vor allem die seit längerem bestehende Forderung, auch für Großbritannien eine *Bill of Rights* einzuführen und damit Grundrechte festzulegen. Durch die größere Einbindung in die Europäische Gemeinschaft und die Diskussion über eine europäische Verfassung erhielt diese Forderung neue Dringlichkeit, wie überhaupt das Verhältnis von britischem und europäischem Recht fortwährend Veränderungen erfuhr und zahlreiche Fragen aufwarf. Das gilt auch für die Stellung der Monarchie, für die Privilegien der anglikanischen Kirche, die an Mitgliedern verliert, während andere Glaubensgemeinschaften expandieren, und nicht zuletzt für das Oberhaus. Hier besteht seit langem ein Konsens, grundlegende Reformen durchzuführen, doch jeder Vorschlag warf bisher kaum lösbare Probleme auf.[9]

Eine Abschaffung des Oberhauses würde bedeuten, dass dessen Kontrollfunktion entfällt und das Unterhaus die alleinige Macht besitzt. Würden hingegen die Mitglieder des Oberhauses von der Bevölkerung gewählt, entstünde ein zweites Parlament, das sich ebenfalls auf Wahlen berufen und bei abweichenden Beschlüssen äußerst schwierige Konflikte hervorrufen könnte. Der Vorschlag wiederum, nur einen Teil der Mitglieder durch Wahlen zu bestimmen und die anderen zu ernennen, würde denjenigen großen Einfluss geben, die für die Ernennung zuständig sind, und zusätzlich die Frage aufwerfen, welche Legitimität sie für diese Ernennungen besitzen. Hier sind Lösungen möglich, wie zahlreiche Ansätze der letzten Jahre zeigten. Doch ein tragfähiger Kompromiss wurde noch nicht gefunden, allerdings ein wichtiger Zwischenschritt. 1999 beschloss das Unterhaus, die Zahl der erblichen Sitze auf 92 und die aller Mitglieder auf 669 zu begrenzen. Die meisten Mitglieder sind seitdem ernannt, wobei zahlreiche, historisch gewachsene und recht komplizierte Prozesse und Faktoren eine Rolle spielen. Im Ergebnis erfuhr das Oberhaus eine Aufwertung. Die Qualität seiner Abgeordneten, deren Einsatz und ihr Ansehen nahmen zu, zumal sie mehrfach Vorhaben der Regierung ablehnten. Diese konnte im Unterhaus mit ihrer erdrückenden Mehrheit jedes Vorhaben durchsetzen und war von der unerwarteten Opposition nicht begeistert. Doch das Oberhaus übte eine wichtige Kontrollfunktion aus und minderte den Druck, Veränderungen herbeizuführen.[10]

Nordirland

Als die neuen Parlamente in Edinburgh und Cardiff ihre Arbeit aufnahmen, galt die Aufmerksamkeit der Regierung einem anderen Problem: dem Nordirlandkonflikt und dem Waffenstillstand, den die IRA kurz nach der Wahl im Juli 1997 verkündete. Derartige Ankündigungen waren nicht neu und hatten schon mehrfach zu bitterer Enttäuschung geführt, zuletzt 1994, als Major Gesprächsbereitschaft gezeigt hatte, jedoch keine dauerhafte Lösung erreichen konnte. Jetzt gab es Signale, dass in der IRA und ihrer Partei *Sinn Féin* neue Kräfte und Personen nach vorne kamen und für ein Ende der Kämpfe eintraten. Zu ihnen gehörte Gerry Adams, der Vorsitzende von *Sinn Féin*, der in den siebziger Jahren zweimal wegen des Verdachts interniert worden war, an Terroranschlägen beteiligt gewesen zu sein. Entsprechend groß war das Misstrauen bei den Protestanten, deren Parteien anfangs an den Friedensgesprächen, die Mitte September 1997 in Stormont bei Belfast begannen, nicht teilnahmen.

Die Regierung in London musste also Überzeugungsarbeit leisten, auch in England, wo in den Jahren zuvor Anschläge der IRA zahlreiche Menschenleben gekostet hatten. In Nordirland konnte sie die *Ulster Unionist Party*, seit ihrer Entstehung 1904/05 die wichtigste protestantische Partei, bewegen, an den Gesprächen teilzunehmen. Im Oktober, kurz nach Beginn der Gespräche, trafen sich Blair und Gerry Adams zur ersten Begegnung, die seit mehr als 70 Jahren zwischen einem britischen Premierminister und einer *Sinn-Féin*-Delegation stattfand. Und am 10. April 1998 schließlich unterschrieben alle wichtigen Parteien in Nordirland das *Belfast Agreement* – mit Ausnahme von Ian Paisley und seiner radikalen protestantischen *Democratic Unionist Party* (DUP), die jedoch eine Schlüsselstellung besaß und auch in den kommenden Jahren ihre ablehnende Haltung behielt.

Die anderen Parteien verpflichteten sich, nur noch zu friedlichen und demokratischen Mitteln zu greifen, ein Parlament einzurichten und die Macht zu teilen. Um dafür die Zustimmung der nordirischen Bevölkerung zu erhalten, fand kurz darauf, am 23. Mai, eine Abstimmung statt, bei der sich 71 Prozent für das Abkommen aussprachen. Parallel dazu mussten die Bewohner der Republik Irland ebenfalls abstimmen, denn die Verfassung ihres Staates beanspruchte, für ganz Irland zu gelten. Hier stimmten 94 Prozent der Änderung zu. Die Chancen für eine Beilegung der Kämpfe in Nordirland standen besser als seit Jahrzehnten, doch die Verhandlungen waren noch lange nicht am Ziel und mussten zahlreiche Rückschläge überwinden. Dazu gehörte der Anschlag von Omagh, den die *Real Irish Republican Army*, eine Splittergruppe der IRA, am 15. August 1998 verübte. Dabei verletzte sie 200 Personen und tötete 29, unter ihnen Protestanten und Katholiken, Kinder, Männer und Frauen.

Mit diesem Anschlag konnten die Terroristen die Friedensgespräche aufhalten, jedoch nicht mehr zum Scheitern bringen. Dazu war der Wunsch nach Frieden zu groß, zumal Tony Blair sich in Nordirland persönlich stark engagierte und mehrfach erheblichen Druck ausübte, um Blockaden zu überwinden. Nach mehreren Anläufen wurde schließlich am 8. Mai 2007 eine Regierung gebildet, die Jahre zuvor unmöglich schien, jetzt jedoch anhaltenden Frieden versprach. Denn sie wurde von den beiden radikalen Parteien der Katholiken und Protestanten und deren Führern gebildet, die sich vorher erbittert bekämpft hatten: Ian Paisley von der DUP als *First Minister* und Martin McGuiness von *Sinn Féin* als dessen Stellvertreter.

Entgegen aller Erwartungen wurde durch das Engagement in Nordirland und bei weiteren Konfliktpunkten die Außenpolitik zu einem Kernelement der Amtszeit von Tony Blair, bis hin zum Irakkrieg. Dafür gab es pragmatische Gründe, darunter die Haltung von Brown, der die Innenpolitik weitgehend für sich reklamierte und Blair die Außenpolitik überließ. Auch genoss es dieser, wie Regierungschefs generell, auf der Weltbühne zu glänzen und der Mühsal der Innenpolitik zu entkommen. Doch diese Erklärungen greifen zu kurz. Denn auch in der Außenpolitik wollte New Labour neue Akzente setzen und sich stärker als zuvor an moralischen Prinzipien orientieren. Dafür gab es Vorläufer, die weit zurückreichten, wie das Konzept der *civilising mission*, oder neueren Datums waren, wie der Kalte Krieg, den die westlichen Staaten zu einem moralischen Kampf zwischen Demokratie und Diktatur überhöht hatten.

Außenpolitik und humanitäre Intervention

Im Kalten Krieg schienen die Fronten zwischen Demokratie und Diktatur eindeutig, doch tatsächlich stützte sich der Westen oftmals auf problematische Partner, darunter Diktatoren wie Pinochet in Chile, dem Thatcher geradezu freundschaftlich verbunden war und der mehrfach London besuchte. Bei einem Aufenthalt im Jahre 1998 wurde er auf Anordnung eines spanischen Staatsanwaltes verhaftet, da unter seiner Diktatur spanische Bürger gefoltert und ermordet worden waren. Die Labour-Regierung geriet dadurch in eine schwierige Situation. Ihren moralischen Prinzipien zufolge musste sie die Verhaftung Pinochets begrüßen, doch machtpolitisch kam sie ungelegen. Sie stellte deshalb den früheren Diktator erst einmal unter Hausarrest und erlaubte schließlich nach langen Verhandlungen im März 2000, dass er aus gesundheitlichen Gründen nach Chile zurückkehren durfte. Realpolitische Zugeständnisse waren also weiterhin erforderlich, doch der Fall Pinochet galt als Überbleibsel aus der Zeit des Kalten Krieges. Dieser war vorbei. Jetzt, so Blair und sein Außenminister Robin Cook, kam es darauf an, der Außenpolitik neue Ziele zu geben und dafür ethische Maßstäbe zu entwickeln, die Blair am 24. April 1999 in Chicago in einer viel beachteten Rede erläuterte.

Blair forderte dazu auf, «sich aktiv in die Konflikte von anderen Menschen einzumischen».[11] Das bedeutete einen Verstoß gegen das Prinzip der Nichteinmischung, ein Kernelement der traditionellen Außenpolitik. Daran hielt Blair grundsätzlich fest, argumentierte jedoch, dass dieses Prinzip bei Genozid oder massiver Unterdrückung zu hinterfragen sei. Diese Situation bestehe im früheren Jugoslawien, dessen Zerfall zu Vertreibungen, blutigen Kämpfen zwischen den verschiedenen Nationalitäten und Zehntausenden von Toten führte. Besonders groß war die Zahl der Opfer im Kosovo, wo mehrere Lösungsversuche scheiterten, so dass die NATO am 24. März 1998 begann, Serbien zu bombardieren, um Massaker gegen Albaner und ethnische Säuberungen zu verhindern.

Die Bombardierungen richteten große Zerstörungen an, erreichten jedoch nicht ihr Ziel, denn die serbischen Militärs stellten sich darauf ein und setzten die Kämpfe fort. Ein Ende des Konfliktes war nicht in Sicht. Da Angriffe aus der Luft offensichtlich nicht ausreichten, wurde der Einsatz von Bodentruppen gefordert, um Serbien zu besetzen und dadurch die Herrschaft von Slobodan Milošević zu beenden. Hiervor schreckte die Mehrheit der NATO-Länder zurück, da sie hohe Verluste befürchteten, doch Blair war dazu bereit und ordnete die erforderlichen Vorbereitungen an. Da zusätzlich auch die USA und Russland den Druck auf Milošević erhöhten, gab dieser im Oktober 1998 nach, zog die serbischen Truppen größtenteils aus dem Kosovo zurück und akzeptierte dessen faktische Unabhängigkeit. Der Einsatz von Militär und der Eingriff in innere Angelegenheiten eines (zerfallenden) Staates führten also zum Erfolg. Diesen konnte Blair bei der Rede in Chicago noch nicht absehen, verwies aber ausdrücklich auf den Konflikt im Kosovo, rechtfertigte das Eingreifen der NATO und sprach sogar von einem «gerechten Krieg». Zu solchen Kriegen müsse die internationale Gemeinschaft auch künftig bereit sein, dafür geeignete Kriterien festlegen und nicht zuletzt die Handlungsfähigkeit der UNO verbessern.

Ähnlich hatten Großbritannien und die USA bereits im Dezember 1998 argumentiert, als sie den Irak bombardierten. Acht Jahre zuvor waren irakische Truppen in Kuwait einmarschiert und im Jahr darauf einer internationalen Streitmacht unterlegen, die im Auftrag der UNO gehandelt hatte und von den USA angeführt worden war. Nach der Niederlage musste Saddam Hussein Waffeninspektionen akzeptieren, erschwerte deren Arbeit allerdings immer wieder. 1997 spitzten die Probleme sich zu, als Saddam amerikanische Mitglieder der Kontrollgruppen auswies und ihnen Spionage vorwarf, was den Verdacht verstärkte, er lasse Massenvernichtungswaffen herstellen. Um ihn daran zu hindern, bombardierten Großbritannien und die USA im Dezember 1998 innerhalb von vier Tagen etwa hundert Ziele im Irak, lösten damit eine heftige Kontroverse aus und wurden auch im Sicherheitsrat kritisiert. Dessen Mitglieder waren unterschiedlicher Meinung darüber, wie sehr Saddam die Arbeit der Inspektoren erschwert hatte, ob für die Bombardierungen ein gültiges UNO-Mandat bestand oder ob sie die erwünschte Wirkung erzielten. Außerdem fand parallel in den USA das *Impeachment*-Verfahren gegen Präsident Clinton statt, und ihm wurde unterstellt, er wolle mit den Luftangriffen davon ablenken.

Im Gegensatz zum Militäreinsatz im Irak erhielt die Regierung Blair breite Unterstützung, als sie im Mai 2000 Fallschirmjäger nach Sierra Leone sandte, wo Rebellen gegen die gewählte Regierung kämpften, mit großer Brutalität vorgingen und auch Kindersoldaten einsetzten. Mit den britischen Soldaten hingegen konnten sie es nicht aufnehmen, so dass die Kämpfe bald beendet waren und Friedenstruppen der UNO in Sierra Leone eingesetzt werden konnten – unter Schutz des britischen Militärs, das im Land blieb, um den Frieden zu sichern.

In wenigen Monaten hatte die Labour-Regierung somit in drei Ländern militärisch interveniert, um Gräueltaten zu verhindern, die Einhaltung von UNO-Beschlüssen zu sichern und Frieden zu schaffen. Hinzu kam Nordirland, wo die Friedensgespräche von deutlicher militärischer Präsenz begleitet waren. Hieraus zogen die Regierung und vor allem Blair mehrere Schlussfolgerungen: Wenn andere Bemühungen scheiterten, war der Einsatz von Militär gerechtfertigt; Bombardierungen genügten nicht, zusätzlich mussten Bodentruppen bereit stehen und notfalls eingreifen; die UNO war dazu nicht in der Lage, selbst die NATO erwies sich als schwerfällige Institution, die sich zu Luftangriffen durchringen konnte, aber nicht zum Einsatz von Bodentruppen. Dazu waren im Zweifel nur Großbritannien und die USA bereit. Hinzu kam ein weiterer Aspekt. In allen vier Fällen zeigte sich, dass es auf die handelnden Personen ankam. Wenn diese sich persönlich engagierten, ließen sich Erfolge erzielen, so in Nordirland, dem Kosovo und Sierra Leone. Im Vergleich dazu fiel die Intervention im Irak weniger überzeugend aus. Doch dies war nicht unbedingt ein Gegenbeweis. Vielmehr ließ sich auch argumentieren, dass diese zu zaghaft erfolgt war und deshalb nicht die gewünschten Erfolge zeigte – Argumente, die eine große Rolle spielten, als 2001 der Angriff auf die Twin Towers in New York stattfand und als Folge erneut über einen Krieg gegen den Irak diskutiert wurde.

9/11 und der Krieg gegen den Irak

Am 11. September 2001 bereitete Tony Blair seine Rede für den Gewerkschaftskongress in Brighton vor. Die Wiederwahl lag drei Monate zurück, und ihm blieben nur zwei Jahre, um größere Veränderungen zu erreichen. Dann stand die nächste Wahl an, und alle kontroversen Projekte mussten bis dahin weitgehend umgesetzt sein, insbesondere sein Vorhaben, die Marktelemente im öffentlichen Sektor zu stärken. Dagegen liefen die Gewerkschaften Sturm, vor allem die GMB, die Beschäftigte des öffentlichen Dienstes vertrat. Sie stellte in Anzeigen die Frage, ob man Blairs Zusage trauen könne, den NHS nicht zu privatisieren, und John Edmunds, ihr Vorsitzender, wollte die Unterstützung der Labour Partei um eine Million £ kürzen.

Blair wusste also, dass bestenfalls ein kühler Empfang auf ihn wartete. Um seine Zuhörer abzulenken, wollte er deshalb ausführlich über den Euro sprechen, für einen Beitritt plädieren und erst danach seine Pläne für den öffentlichen Dienst erläutern. Deshalb bereitete er seine Rede gut vor, bearbeitete die Entwürfe mehrfach und übernahm den letzten Schliff persönlich. Seine Mitarbeiter hielten sich in den angrenzenden Zimmern auf und ließen – wie üblich – die Fernseher laufen, als Nachrichten vom Absturz eines Flugzeuges auf die Twin Towers in New York eintrafen. Erst sahen sie darin ein schreckliches Unglück, bis das volle Ausmaß der Ereignisse deutlich wurde und sich die Erkenntnis durchsetzte, dass es sich um einen Terroranschlag handelte. Alle waren geschockt, auch Blair, der überstürzte Reaktionen vermeiden und nicht den Anschein erwecken wollte, er gebe dem Druck von Terroristen nach. Doch angesichts der schrecklichen Bilder konnte er am geplanten Ablauf des Tages nicht festhalten. Blair sagte seine Rede ab, erläuterte den Delegierten des Kongresses, was passiert war, und fuhr nach London, um vom Regierungssitz aus das weitere Vorgehen zu koordinieren.[12]

Die erste und wichtigste Aufgabe bestand darin, für die Sicherheit der Bevölkerung zu sorgen. Um zu verhindern, dass vergleichbare Anschläge in Großbritannien stattfanden, wurde der Flugverkehr über London eingestellt und der Luftraum durch das Militär kontrolliert. Die zuständigen Generäle, Leiter der Geheimdienste und Chefs der Polizei wurden nach London gerufen, um die Situation einzuschätzen, und Blair bemühte sich, Kontakt mit Bush herzustellen. Er wollte diesem seine volle Unterstützung anbieten, das weitere Vorgehen absprechen und vor allem voreilige Maßnahmen verhindern. Seit längerem gab es Berichte über Gefahren, die von Osama bin Laden und al-Qaida ausgingen. Die Anschläge am 11. September und deren Ausmaß hatte niemand vorhergesehen. Doch al-Qaida galt als Hauptverdächtiger, und Blair befürchtete, Bush könne unter Druck geraten, so schnell wie möglich gegen diese Gruppe und deren Unterstützer vorzugehen, die vor allem in Afghanistan, aber auch im Irak, Iran oder Libyen vermutet wurden. Es dauerte allerdings mehr als 24 Stunden, bis er Bush endlich sprechen konnte, da dieser sich zur Sicherheit in einem Flugzeug über den USA aufhielt und nicht zu erreichen war.

Es ist wichtig, an diese Dramatik der Ereignisse zu erinnern, um die Reaktionen in den USA und in Großbritannien zu verstehen, und es ist ebenso wichtig, die Person Blair hervorzuheben, um die spätere britische Beteiligung am Irakkrieg zu erklären. Diese war selbst im Kabinett umstritten, und ohne Blairs Engagement, seine Durchsetzungskraft und seine Überzeugungen wäre sie nicht erfolgt. Und auch nicht ohne die Erfahrungen mit den Interventionen im Irak, dem Kosovo und in Sierra Leone. Hier hatten die USA und Großbritannien eng zusammengearbeitet und rückten nach dem Anschlag von New York noch näher zusammen, zumal Blair und Bush auch persönlich gut miteinander auskamen. Außerdem fand Blair gegenüber der amerikanischen Bevölkerung die richtigen Worte, reiste als erster ausländischer Staatschef nach Washington und besuchte die zerstörten Twin Towers in New York, wo etwa 70 Briten umgekommen waren.[13] Er war entschlossen, eng mit Bush zusammenzuarbeiten, sowohl aus persönlicher Anteilnahme wie auch mit dem Ziel, amerikanische Alleingänge zu verhindern.

Bush verkündete sofort nach dem Anschlag den «Krieg gegen den internationalen Terrorismus» und wandte sich zuerst nach Afghanistan, um die dort herrschenden Taliban zu bekämpfen, da sie al-Qaida Unterstützung böten. Nachdem die Taliban amerikanische Ultimaten ablehnten und Verhandlungen scheiterten, begann bereits am 7. Oktober *Operation Enduring Freedom* mit Luftangriffen auf Afghanistan. Hierbei konnte Washington sich auf eine UNO-Resolution berufen und wurde von der NATO und zahlreichen anderen Staaten unterstützt. Die Angriffe selbst führten allerdings vor allem amerikanische Einheiten durch, flankiert vom britischen Militär, was die enge Zusammenarbeit der beiden Länder zusätzlich stärkte. Nach etwas mehr als einem Monat, am 12. November, verließen die Taliban Kabul, eine neue afghanische Regierung konnte etabliert werden. Damit war ein erster Erfolg errungen, wenngleich die Situation in Afghanistan sich in den nächsten Jahren nicht beruhigen sollte, so dass dort weiterhin britische Soldaten und Truppen der NATO im Einsatz sind.

Nach Afghanistan konzentrierte sich die amerikanische Regierung auf den Irak und dessen Herrscher Saddam Hussein, dem sie vorwarf, Terroristen zu unterstützen und die Herstellung von Atombomben und anderen

Massenvernichtungswaffen zu planen. Derartige Vorwürfe wurden schon länger erhoben und seit Ende des Ersten Irakkriegs (1991) durch eine UNO-Kommission untersucht. Diese fand keine hinreichenden Beweise, im Gegensatz zum britischen und vor allem amerikanischen Geheimdienst. Die Regierungen beider Länder warfen der Kommission vor, sie lasse sich täuschen und hinhalten. Tatsächlich stehe Saddam kurz davor, die Waffen herzustellen, so dass sie forderten, härtere Ultimaten zu stellen und notfalls militärisch einzugreifen.

Blair bemühte sich, für dieses Vorgehen internationale Unterstützung und insbesondere ein Mandat der UNO zu erhalten. Darauf legte die amerikanische Regierung keinen großen Wert, doch Bush ließ sich nach zahlreichen Gesprächen mit dem britischen Premier schließlich dazu bewegen, zusammen mit der UNO zu handeln. Um Saddam unter Druck zu setzen, verliefen parallel dazu die amerikanischen und britischen Vorbereitungen für einen Krieg. Allerdings brachten Bush und Blair sich damit selbst in eine schwierige Situation. Denn zum einen verwies das Militär auf Terminzwänge und betonte, ein Angriff müsse vor dem heißen Sommer beginnen. Zum anderen wollten die beiden Politiker den Eindruck vermeiden, sie seien genauso unentschlossen wie die UNO und würden ein militärisches Eingreifen lediglich androhen, seien dazu letztlich aber nicht bereit.

So entwickelte sich eine höchst komplexe und zunehmend kontroverse internationale Diskussion darüber, wie am besten gegen Saddam vorzugehen sei. Die von ihm ausgehenden Gefahren und die Existenz von Massenvernichtungswaffen wurden ganz unterschiedlich beurteilt. Das von Blair erhoffte Mandat der UNO kam nicht zustande, auch in der NATO fand sich keine Mehrheit für ein militärisches Vorgehen. Jenseits dieser beiden Institutionen konnten die USA jedoch eine «coalition of the willing» aufstellen, die 30 Nationen umfasste, darunter Dänemark, Polen, Australien, Japan und die Niederlande, aber weder China noch Russland oder einen anderen der großen Staaten. Auch die Unterstützung der «Willigen» fiel eher symbolisch aus. Tatsächlich stellten die USA die erforderlichen Truppen fast allein, nennenswert verstärkt lediglich durch Großbritannien.

Mittlerweile steht fest, dass die vermuteten Massenvernichtungswaffen nicht existierten. Kritiker an den entsprechenden Berichten hatte es von Anfang an auch in Großbritannien gegeben, nicht zuletzt in der Labour Partei und selbst innerhalb des Kabinetts. Blair allerdings hatte wenig Zweifel, zumindest nicht genug, um das Vorgehen der amerikanischen Regierung und eine britische Beteiligung ernsthaft infrage zu stellen. Dabei beruhte seine Entscheidung auf fragwürdigen Argumenten. Er schätzte die Situation einseitig, wenn nicht falsch ein und besaß zudem – ebenso wie die amerikanische Regierung – nur unzureichende Pläne für die Zeit nach Ende des Krieges. Angesichts der verbreiteten Skepsis, die vor Beginn des Irakkriegs herrschte, und der verheerenden Folgen, die dieser zeitigte, kam der Vorwurf auf, Blair habe die Öffentlichkeit bewusst getäuscht und schon damals gewusst, wie unsicher die von ihm zitierten Belege waren. Diese Vorwürfe erhielten zusätzliche Nahrung, als Andrew Gilligan, ein Reporter der BBC, Ende Mai 2003 behauptete, auf Druck von Blair hätten die Geheimdienste die Unterlagen einseitig zugespitzt (*sexed up*), um einen Angriff zu rechtfertigen. Der von ihm befragte Gewährsmann beging Selbstmord, als sein Name bekannt wurde – was die Kontroverse nur noch weiter aufheizte. Als Folge setzte das Parlament eine Untersuchungskommission ein, die *Hutton Inquiry*, deren Bericht die Regierung jedoch von den gegen sie erhobenen Vorwürfen freisprach.

Nun sind Kommissionsberichte mit einiger Vorsicht zu betrachten und bieten kein endgültiges, über jeden Zweifel erhabenes Urteil. Auch der Bericht von Lord Hutton stieß auf große Skepsis. Doch nach dem aktuellen Kenntnisstand handelte Blair tatsächlich gemäß seiner Überzeugung, die auf mehreren Faktoren beruhte. Die Erfahrungen in Kosovo und Sierra Leone, seine grundsätzliche, in Chicago formulierte Überzeugung, die internationale Gemeinschaft müsse zu militärischen Interventionen bereit sein, und das enge persönliche Verhältnis zu Bush bzw. der Versuch, einen amerikanischen Alleingang zu verhindern. Außerdem hatte Blair mittlerweile als Politiker beachtliche Erfolge erzielt, die sein Selbstbewusstsein und vor allem seine Gewissheit stärkten, mit seinen Urteilen richtig zu liegen und diese auch gegen Widerstände durchzusetzen. Und schließlich neigte er dazu, in moralischen Kategorien zu denken und sich bei politischen Entscheidungen davon leiten zu lassen. Gerade gegenüber Saddam besaß diese moralische Komponente eine große Bedeutung, denn dessen Sturz sollte nicht nur eine Gefahr für die internationale Sicherheit beseitigen, sondern auch die Grundlage für Demokratie und Freiheit im Nahen Osten legen.

Bei alldem engte die Bindung an Bush den Entscheidungsspielraum von Blair zunehmend ein, ohne den erhofft großen Einfluss auf die Entscheidungen in Washington zu sichern. Als Erfolg konnte Blair lediglich verbuchen, dass der amerikanische Präsident (widerstrebend) einwilligte, sich um ein Mandat der UNO zu bemühen. In allen wichtigen Fragen hingegen entschied er unabhängig von Blair und bot diesem kurz vor Beginn des Krieges sogar an, Großbritannien könne sich aus dem Krieg heraushalten und eigene Truppen erst nach Ende der Kämpfe einsetzen. Die USA würde gegen Saddam auch alleine vorgehen. Doch dazu war es zu spät. Blair lehnte das Angebot als «unehrenhaft» ab und glaubte, seine eigene Stellung würde dadurch so geschwächt, dass er zurücktreten müsste.[14] Schon zuvor war er mit seinem Bemühen gescheitert, genauere Überlegungen für die Nachkriegszeit zu entwickeln und dem Irak zu helfen, einen stabilen Staat aufzubauen. Dieses Versäumnis überrascht, denn die Notwendigkeit eines solchen Vorgehens hatte er in Chicago eigens betont und gefordert: «In the past we talked too much of exit strategies. But having made a commitment we cannot simply walk away once the fight is over.»[15] Jetzt wurden diese Forderungen vom Kreis um Bush ignoriert, selbst als der Irak nach dem Krieg zerfiel und die Versäumnisse der amerikanischen Politik deutlich wurden.

So nahm Großbritannien am Irakkrieg teil, trotz der Hunderttausende, die im ganzen Land dagegen demonstrierten; trotz des Rücktritts von Robin Cook, der als Außenminister ebenfalls eine auf moralischen Prinzipien beruhende Politik vertrat, doch keinen Krieg unterstützen wollte, der ohne enge internationale Zusammenarbeit und Rückhalt in der Bevölkerung geführt wurde; und trotz des Widerstandes in der Labour Partei, von deren Abgeordneten 139 gegen den Krieg stimmten.

Wirtschaft

Während die große Bedeutung der Außenpolitik unerwartet kam, stand die Wirtschaft von Beginn an im Zentrum von New Labour. Deren Wachstum war entscheidend, um Arbeitsplätze zu sichern, soziale Ungleichheit zu reduzieren und höhere Steuereinnahmen zu bringen, denn nur diese konnten die Reformen im Gesundheits- und Bildungssektor oder Verbesserungen der Infrastruktur finanzieren. Um diese Ziele zu erreichen, wollten Blair und Brown jedoch keine aktive Industriepolitik betreiben oder eigene wirtschaftliche Programme umsetzen, sondern sich darauf beschränken, die Rahmenbedingungen zu verbessern, Investitionen zu fördern und generell ein günstiges Klima für wirtschaftliches Wachstum zu schaffen.

Ein wichtiger Schritt hierzu erfolgte bereits vier Tage nach der Wahl von 1997, als die Bank von England unabhängig wurde und die Verantwortung für die Geldpolitik erhielt. Diese Entscheidung war überraschend, denn dadurch verlor die Regierung ein wichtiges Instrument der Wirtschaftspolitik. Doch Brown entschied sich für diesen Bruch in der 300-jährigen Geschichte der Bank, weil er sich davon mehr Stabilität versprach. Die Bank erhielt die Aufgabe, die Inflation zu kontrollieren und diese unter 2,5 Prozent zu halten. Die schlechten Erfahrungen, die nach 1945 mit hohen Inflationsraten und großen wirtschaftlichen Schwankungen gemacht worden waren, sollten ein Ende haben und vor allem der Finanz- und Banksektor gute Rahmenbedingungen erhalten.

Diese Politik zeigte Erfolge. Die Wirtschaft erlebte ein jahrelanges Wachstum, die Arbeitslosigkeit ging zurück, die Löhne stiegen und das Pfund erreichte neue Höchststände. Dazu trug vor allem bei, dass London seine Bedeutung als weltweites Finanzzentrum noch ausbaute. Allein in der City arbeiteten bald etwa eine Million Personen und verteilt über das Land eine weitere Million, die als «masters of the universe» das Rückgrat des wirtschaftlichen Wachstums bildeten und selbst exorbitante Einkommen erzielten. Die Voraussetzungen hierfür hatte Margaret Thatcher geschaffen, als sie die Wirtschaft generell und insbesondere den Finanzsektor liberalisierte. Daran schloss die Regierung Major an und betrieb nach dem *Black Wednesday* des Jahres 1992 eine erfolgreiche Wirtschaftspolitik. New Labour fand also günstige Bedingungen vor, baute darauf auf und förderte die Wirtschaft durch eigene Maßnahmen. So strömten aus aller Welt Kapital, Fachleute und zunehmend «Superreiche» nach London, wo sie leistungsfähige Institutionen, niedrige Steuern und wenige Vorschriften vorfanden. Zusätzlich konnten sie Privilegien in Anspruch nehmen, die Ende des 18. Jahrhunderts eingeführt worden waren, um Besitzer von (Sklaven-)Plantagen dazu zu bewegen, mit ihrem Vermögen nach London zurückzukehren.[16] Generell genoss der Finanzsektor Privilegien, die ansonsten nur in Steueroasen existierten. Doch auch andere Unternehmen nutzten das wirtschaftsliberale Klima und freuten sich über einen Arbeitsmarkt, der – wie Blair betonte – international die geringsten Regelungen aufwies.

Zusätzlich zum Finanzsektor expandierten auch die Dienstleistungen, insbesondere die «kreativen Industrien» wie Werbung, Architektur, Musik, Mode, Software oder Computerspiele. Der zuletzt genannte Sektor mag überraschen und als exotische Nische erscheinen, schuf jedoch erstaunlich viele Arbeitsplätze. Von den etwa 1,9 Millionen Personen, die 2006 kreativen Berufen zugeordnet wurden, waren zusammen mit elektronischen Publikationen mehr als 600 000 und damit etwa ein Drittel in ihm beschäftigt. Zum Bruttosozialprodukt trugen die kreativen Industrien mehr als sieben Prozent bei (2005), ein Anstieg von 30 Prozent gegenüber 1997, als erstmals entsprechende Zahlen vorlagen. Die jährlichen Wachstumsraten wiederum lagen bei sechs Prozent und damit doppelt so hoch wie in der Gesamtwirtschaft, die ihrerseits im europäischen Vergleich an der Spitze stand.

Diese Entwicklungen förderte die neue Labour-Regierung tatkräftig und schuf kurz nach Amtsantritt ein *Department for Culture, Media and Sport*. Dieses löste das bestehende *Department of National Heritage* ab und erstellte eine Liste, um die kreativen Industrien zu erfassen und genauer zu bestimmen, was darunter zu verstehen ist. Ganz allgemein waren damit alle Tätigkeiten gemeint, die auf individueller «Kreativität, Fähigkeit und

Talent» beruhten und eine lange Tradition besaßen. Neu waren nicht die kreativen Tätigkeiten, sondern die Bedeutung und die Wertschätzung, die ihnen jetzt entgegen gebracht wurde. Lange galten sie als ökonomisch unbedeutend, gar als Belastung für die «richtige», die produzierende Wirtschaft. Entsprechend hatte Wilson in den wirtschaftlichen Krisen der 1960er Jahre eine *Selective Employment Tax* eingeführt, die nur Unternehmen des Dienstleistungssektors zahlen mussten. Mit dem Ertrag wollte er die produzierende Industrie unterstützen, so dass die Vermutung nahelag, die kriselnde Schwerindustrie habe diesen Vorschlag entwickelt, um an Geld zu kommen. Tatsächlich jedoch stammte er von Nicholas Kaldor, international einer der bekanntesten Ökonomen der Nachkriegszeit, und drückte die verbreitete Auffassung aus, wonach der Bergbau und vergleichbare Industrien die eigentliche Basis der Wirtschaft bildeten, nicht hingegen der Dienstleistungsbereich, der zudem viele Frauen beschäftigte und auch deshalb als weniger wichtig galt.

Diese Bevorzugung der produzierenden Wirtschaft blieb lange bestehen (bis heute gerade in Deutschland). Doch nach und nach wurde deutlich, dass die traditionellen Bereiche ihre frühere Bedeutung unwiederbringlich verloren und die Industrie generell mit aufstrebenden Ländern konkurrieren musste. Weltweit bemühten sich die entwickelten Industrieländer deshalb, den tertiären Bereich auszubauen, und entdeckten dazu vor kurzem die kreativen Industrien und deren Möglichkeit, «Wohlstand und Arbeitsplätze zu schaffen, indem sie intellektuelles Eigentum entwickeln und nutzen».[17] Großbritannien nahm hierbei eine Vorreiterrolle ein, die nicht überrascht, weil hierbei bereits im 18. Jahrhundert ein kommerzieller Kultur- und Freizeitsektor bestand, um 1900 die *middle-brow* Kultur fest etabliert war und nach dem Zweiten Weltkrieg die populäre (Konsum-)Kultur sich rascher ausbreitete als in den anderen Ländern Europas.[18] Einmal mehr erwies sich das Vereinte Königreich als moderner und besaß 2006 «den größten kreativen Sektor in der EU und als Anteil des BSP vermutlich den größten der Welt».[19]

Der sekundäre Sektor hingegen setzte seinen Niedergang fort. Unter Thatcher und Major war der Anteil der dort Beschäftigten bereits von 38,6 im Jahr 1979 auf 26,7 Prozent (1997) geschrumpft und fiel jetzt auf 22,1 Prozent im Jahr 2005. Darauf hatten die Politiker in London allerdings nur begrenzt Einfluss, denn der wichtigste Grund für diesen Rückgang war die Konkurrenz neuer Industrieländer wie Südkorea, Indien und vor allem China. Deren Unternehmen konnten Standardwaren bedeutend günstiger produzieren, was auch andere Länder erfahren mussten, darunter Deutschland, wo die Industrie 1979 noch 44,2 Prozent der Beschäftigten stellte, 2005 hingegen nur noch 30 Prozent.[20] In Deutschland führte dies zu heftigen Debatten, die in Großbritannien weitgehend ausblieben, da die rasch wachsenden anderen Sektoren genügend Arbeitsplätze zur Verfügung stellten – gut zu sehen an den Reaktionen, die 2005 der Bankrott der Rover-Autowerke auslösten.

Zu diesem Zeitpunkt gab es in Großbritannien mehrere Automobilfabriken, die jedoch ausländischen Firmen gehörten wie Ford, Nissan oder General Motors. Rover hingegen befand sich als einziger Hersteller noch in britischem Besitz und verkörperte die lange Tradition der heimischen Autoindustrie. Zwischenzeitlich hatten sich allerdings die Krisen gehäuft, bis 1994 BMW die Rover-Gruppe übernahm, zu der auch die Marken Mini Cooper und MG gehörten. Doch der Versuch, damit auf dem Weltmarkt zu bestehen, scheiterte, die Verluste häuften sich. BMW behielt deshalb nur Teile (Mini Cooper), verkaufte 2000 die Marke Land Rover an Ford und den großen Rest für den symbolischen Preis von 10 £ an eine britische Investorengruppe. Diese erhielt dafür sämtliche Fabriken und deren Ausstattung, die bereits produzierten Wagen und zusätzliche Gelder. Dennoch konnten die neuen Besitzer nur wenige Jahre überleben und mussten 2005 den Konkurs anmelden. Das lag allerdings auch daran, dass die Investoren, die anfangs als patriotische Retter begeistert gefeiert wurden, sich tatsächlich massiv bereicherten und die profitablen Teile der Firma veräußerten.[21]

Der letzte britische Automobilhersteller war gescheitert, 6000 Arbeitsplätze standen auf dem Spiel, und es waren nur noch wenige Tage bis zur Unterhauswahl – eigentlich eine ideale Situation, um auf die Regierung Druck auszuüben und sie zum Eingreifen zu bewegen. Doch diese sah keinen Anlass, größere Summen auszugeben, um Firma und Arbeitsplätze zu retten und dadurch Wählerstimmen zu sichern. Sie stellte lediglich sechs Millionen £ zur Verfügung, damit für eine weitere Woche die Löhne gezahlt werden konnten, und hoffte ansonsten, es werde sich ein Interessent finden. Diese Erwartung ging auf, chinesische Firmen erwarben die Firma, die Rechte und die Markennamen. Doch sie legten den Betrieb still, bauten die Maschinen ab und produzieren, abgesehen von kleinen Beständen, die Pkw mittlerweile in China.

Banken- und Finanzkrise

So verschwand ein früheres Glanzstück der britischen Industrie, ohne eine größere Kontroverse auszulösen, da die Wirtschaft sich weiterhin positiv entwickelte und die meisten Beschäftigten andernorts unterkamen. Aus dem «kranken Mann Europas» war ein viel beachtetes Vorbild geworden –

zumindest bis zum Frühjahr 2008. Innerhalb weniger Monate ergab sich ein anderes Bild. Weltweit brach die Finanzkrise aus, und eine Rezession setzte ein, deren Ausmaß und Dauer alle überraschte. Das gilt insbesondere für Großbritannien, wo der wirtschaftliche Erfolg der letzten Jahre weitgehend auf den Faktoren beruhte, die sich jetzt als problematisch erwiesen: ein großer, global agierender Finanz- und Dienstleistungssektor, steigende Immobilienpreise und eine hohe Konsumnachfrage, verbunden mit einer ausgeprägten privaten Verschuldung.[22]

Die Einzelheiten und Mechanismen der Krise müssen noch näher untersucht werden, doch die zentrale Ursache bestand in einer Liberalisierung der Finanzmärkte und einer Politik billigen Geldes, die gekoppelt war mit hohen Wachstums- und Gewinnerwartungen (von 20 Prozent oder mehr). Um diese zu erreichen, wurden immer kompliziertere Finanzprodukte entwickelt, die lange die gewünschten Gewinne brachten, aber zunehmend außer Kontrolle gerieten. Eine Folge davon war die Entwicklung der Immobilienpreise, die sich in Großbritannien von Anfang 1993 bis Ende 2007 verdreifachten.[23] Bis vor kurzem galt dieser Anstieg als Beleg für das beeindruckende Wachstum von Wirtschaft und Einkommen. Doch tatsächlich verbarg sich dahinter eine fatale Preisspirale, denn die anhaltende Steigerung der Immobilienpreise führte zu der Erwartung, dass diese auch in Zukunft weiter wachsen würden. Es machte deshalb Sinn, Häuser zu kaufen, um vom Preisanstieg zu profitieren, was wiederum die Nachfrage beflügelte und den Preisanstieg bei Immobilien ebenso beschleunigte wie den allgemeinen Konsum.

Diese Entwicklung verlief so reibungslos, dass Banken nicht länger das Drei-, sondern das Sechsfache des Einkommens als Hypothek vergaben, kein eigenes Kapital verlangten und es schließlich sogar ermöglichten, sowohl ein Haus zu erwerben wie auch mehr zu konsumieren.[24] Das klingt merkwürdig, beruhte jedoch auf der plausiblen Annahme, dass wegen der steigenden Preise ein späterer Verkauf des Hauses einen Gewinn erbringen werde. Es schien deshalb sinnvoll, den Gewinn vorwegzunehmen und eine Hypothek aufzunehmen, die höher lag als der Kaufpreis. Wer also ein Haus im Wert von 300 000 £ erwarb, konnte eine Hypothek über 360 000 £ erhalten und mit der Differenz einen Urlaub, den Kauf eines Autos oder andere Ausgaben finanzieren.

Im Nachhinein mutet dieses Vorgehen absurd an und rief schon vor Ausbruch der Krise Skepsis hervor. Doch die Kritiker fanden kein Gehör, da – um es zugespitzt auszudrücken – das System zu gut funktionierte. Solange Einkommen und Immobilienpreise schnell stiegen und immer neue Finanzierungsprodukte entstanden, verstärkten sich die Entwicklungen gegenseitig. So kam es auch zu den exzessiven Vergütungen im Finanzsektor, die nicht nur ethisch problematisch waren, sondern auch zu hohen Risiken verleiteten. Diese Fehlentwicklungen sind mittlerweile bekannt, und es werden Wege gesucht, sie zu verhindern. Dabei darf aber nicht übersehen werden, dass sie nicht nur wegen unzureichender Kontrollen oder der Gewinnsucht von Managern entstanden. Vielmehr profitierten vorübergehend (fast) alle von den höheren Immobilienpreisen, den günstigen Krediten, den zusätzlichen Arbeitsplätzen und den höheren Löhnen. Das Vorhaben von New Labour schien aufzugehen. Eine eigene Industriepolitik, größere Eingriffe des Staates oder eine Umverteilung durch Steuern schienen nicht erforderlich zu sein.

Heute erscheinen die Entwicklungen der letzten Jahre in einem neuen Licht, so der weitere Rückgang der produzierenden Industrie. Dieser galt als unproblematisch, solange die anderen Bereiche expandierten, genügend Arbeitsplätze boten und die benötigten Produkte im Ausland gekauft werden konnten. In der Krise hingegen baute gerade der Finanzsektor Arbeitsplätze ab, und die «reale» Wirtschaft erfuhr eine neue Wertschätzung. Dabei zeigten sich erneut Defizite, die in Großbritannien schon länger bestanden, vom Boom aber überdeckt wurden, darunter eine geringe Investitionsquote[25] oder die wenig entwickelte berufliche Bildung, die zu einem Mangel an Facharbeitern führte. In den letzten Jahren wurde dieser durch Arbeitskräfte aus anderen Ländern der EU kompensiert, unter ihnen die sprichwörtlichen polnischen Klempner, während zugleich im April 2007 etwa eine Million Jugendliche bzw. 20 Prozent der 16 bis 24-Jährigen ohne Arbeit waren und sich auch nicht in einer Ausbildung befanden.[26]

Schulen und Universitäten

Die Probleme im Schul- und Bildungsbereich traten nicht erst unter der Labour-Regierung auf. Diese wollte vielmehr, so Blair im Wahlkampf von 1997, Bildung in den Mittelpunkt ihrer Politik stellen. Eine gute Ausbildung sei wichtiger als eine bloße Umverteilung durch Steuern, denn sie erlaube es, qualifizierte Berufe zu ergreifen, mehr zu verdienen und die sozialen Unterschiede abzubauen. Diese Erkenntnis war allerdings nicht neu, ebenso wenig die Maßnahmen, welche die Regierung ergriff, oder die Schwierigkeiten, auf die sie stieß.[27]

Zu den Maßnahmen gehörte das Festhalten an zentralen Prüfungen und Curricula, um die Leistungen der Schulen miteinander zu vergleichen. Außerdem hielten die Bemühungen an, Marktelementen im Bildungssystem größeres Gewicht zu geben und dazu sowohl neue Schultypen wie auch Studiengebühren einzuführen. Als neue Schulform entstanden *City Acad-*

emies, die größere Unabhängigkeit von den Schulbehörden erhielten und von privaten Trägern geleitet wurden, seien es Unternehmer, Kirchen, karitative Verbände oder einzelne Wohltäter. Diese sollten durch ihr Engagement und zusätzliche Mittel einen Impuls geben, als Vorbild für die anderen Schulen dienen und die verkrusteten Strukturen in diesem Bereich von außen aufbrechen.

Studiengebühren wurden ab Herbst 1998 eingeführt. Darüber hatte es lange und heftige Diskussionen gegeben, angefacht durch die finanzielle Misere der Universitäten. In Großbritannien – wie in den anderen europäischen Ländern – war die Zahl der Studierenden seit den 1960er Jahren rasch angestiegen, doch die Universitäten erhielten nur wenige zusätzliche Mittel, so dass sich die Studienbedingungen zunehmend verschlechterten. Die Regierung Major hatte deshalb im Mai 1996 eine Kommission eingesetzt, die ein Jahr später vorschlug, Studenten sollten 25 Prozent der Kosten für ihre Ausbildung übernehmen. Dazu war die mittlerweile amtierende Labour-Regierung bereit. In ihrem Wahlprogramm hatte sie sich bei dieser Frage noch zurückgehalten, aber angekündigt, Studenten an der Finanzierung der Kosten zu beteiligen, allerdings erst nach dem Examen. Jetzt ging sie einen Schritt weiter, verlangte schon während des Studiums Gebühren von etwa 1000 £ pro Jahr und beendete zudem die Zahlungen an ärmere Studenten. Kurz darauf (2004) wurden die Gebühren sogar auf 3000 £ erhöht.

Diese Entscheidungen beruhten auf mehreren Gründen: Die Kritik am bisherigen System, das die Mittelschichten subventionierte, da es deren Kindern eine hochwertige, aber kostenlose Ausbildung bot; die Wahrnehmung von Studierenden als Kunden, die für das «Produkt» Erziehung einen höheren Teil der Kosten übernehmen sollten; die Notwendigkeit, zusätzliche Gelder für Universitäten zu mobilisieren, um die Betreuung zu verbessern und international wettbewerbsfähig zu bleiben; und nicht zuletzt die Bereitschaft, unpopuläre Entscheidungen zu fällen. Denn Studiengebühren trafen vor allem die Mittelschichten, die ansonsten als Wähler hofiert wurden. Allerdings wurden die Gebühren bei einem niedrigen Einkommen ermäßigt. Auch konnten Studierende Kredite aufnehmen, um nicht nur die Gebühren, sondern das ganze Studium damit abzudecken. Diese Kredite sind faktisch zinsfrei, da die Zinsen der Inflationsrate entsprechen – was in Deutschland nicht geschieht. Hier liegen die Zinsen vielmehr deutlich über der Inflationsrate, so dass die Kosten für aufgenommene Kredite Jahr für Jahr steigen.[28]

Als weitere Maßnahme schließlich wurden die Ausgaben für Schulen deutlich erhöht und stiegen von 4,8 Prozent des Sozialproduktes im Jahr 1996/97 auf 5,7 Prozent zehn Jahre später.[29] Damit konnten neue Gebäude errichtet, zusätzliche Lehrer eingestellt und der Unterricht verbessert werden. Als Folge stieg der Anteil derjenigen, die bei der allgemeinen Abschlussprüfung (GCSE) mit befriedigend oder besser abschnitten, zwischen 1996 und 2006 von 45,1 auf 59,0 Prozent und die der Einser-Abiturienten/-innen von 15,7 auf 24,1 Prozent.[30] Doch zugleich traten die absehbaren Probleme auf, darunter eine zunehmende Zentralisierung und zahllose Vorschriften. Allein im Jahr 2001 umfassten diese 3840 Seiten, und Schulen erhielten Listen mit bis zu 525 Zielvorgaben.[31]

Außerdem prüften Tests vor allem akademische Fertigkeiten, erfassten die Vielfalt der Begabungen nicht hinreichend und berücksichtigten die unterschiedlichen Entwicklungsgeschwindigkeiten von Kindern und Jugendlichen zu wenig. Zudem wurden die Schulen weiterhin nach Noten gelistet. Das war grundsätzlich erwünscht, um die Erfolgreichen hervorzuheben und die Anderen anzuspornen. Doch dadurch wurden auch die Unterschiede zwischen guten und schlechten Einrichtungen verstärkt, allein schon weil die leistungsfähigen Schüler sich in bestimmten Schulen konzentrierten und die anderen nach unten durchgereicht wurden. So sind in den letzten Jahren durch die zunehmende Konkurrenz die Noten besser geworden. Doch zugleich wuchs die Zahl derjenigen, die nicht mithalten konnten. Von 1997 bis 2006 nahm die Zahl der Fehltage an weiterführenden Schulen um 30 Prozent auf fast sieben Millionen zu, ebenso die Zahl der 17-Jährigen, die nicht zur Schule gingen und keinerlei Ausbildung erhielten.[33]

Das lag auch daran, dass es nicht gelungen ist, der Berufsausbildung größere Bedeutung zu geben. Diese verlor seit Anfang der 1960er Jahre, als es noch fast 400 000 Lehrlinge gab, nahezu ganz an Bedeutung, so dass 1990 nur noch 87 000 Personen eine Lehre machten.[33] Daran änderte sich in den folgenden Jahren wenig, denn gerade die betriebliche Ausbildung erfordert ein komplexes Zusammenspiel von Betrieben, Wirtschaftsverbänden, Schulen, staatlichen Maßnahmen und nicht zuletzt Gewerkschaften, um die Interessen der Auszubildenden und der Beschäftigten generell zu berücksichtigen. Diese Form der Kooperation besaß in Großbritannien ohnehin keine starke Tradition und erfuhr unter Thatcher eine geradezu fatale Schwächung, von der sie sich auch unter New Labour nicht erholte. Auch jetzt entstanden in Großbritannien weder ein Sozialpakt noch «Mechanismen einer sozialen Partnerschaft», deren Bedeutung für ein dauerhaftes Wachstum der Wirtschaft zahlreiche Studien gezeigt haben.[34]

Die Probleme, die sich aus der Rangliste der Schulen ergaben (und noch ergeben), sind seit langem bekannt, aber schwer zu lösen, weil nun einmal Eltern und Kinder Wert darauf legten, gute Schulen zu besuchen, dazu in deren Nähe zogen oder ihre Verbindungen nutzten, um die begehrten Plätze zu erhalten. Um diese Mechanismen aufzubrechen, gerieten Schulen und Universitäten unter wachsenden Druck, benachteiligte Kinder bevorzugt aufzunehmen, da diese bei entsprechender Förderung oft rasche Fortschritte erzielten. Alternativ wurden Plätze an Schulen durch Los vergeben, so in Brighton nach einem Beschluss der Labour-Mehrheit im Stadtrat. Doch bei der nächsten Kommunalwahl (2007) wurden deren Kandidaten abgestraft und verloren deutlich an Stimmen, da Eltern Nachteile für ihre Kinder befürchteten.[35]

Das Gesundheitswesen

Der andere Bereich, der dringende Reformen erforderte, war das Gesundheitssystem. Wie das Sozialversicherungssystem insgesamt erhielt es chronisch zu wenig Geld und litt seit Thatcher zusätzlich unter Kürzungen (Tabelle 15 und Tabelle 22)[36] Entsprechend häuften sich die Beschwerden über lange Wartezeiten, mangelhafte Ausstattung und schlechte Behandlung und erreichten einen Höhepunkt, als auch der angesehene Professor Robert Winston diese Kritik teilte. Der Experte für künstliche Befruchtung genoss hohe Wertschätzung unter Kollegen und in der Öffentlichkeit, saß für Labour im Oberhaus und gehörte zum Beraterkreis von Blair. Entsetzt über die Erfahrungen, die seine kranke Mutter machte, nannte er das britische Gesundheitswesen Ende 1999 das schlechteste in Europa.[37] Die Regierung geriet unter Druck und sah zur Lösung vor allem eine Möglichkeit: die Bereitstellung von mehr Geld.

Im europäischen Vergleich war der britische Gesundheitssektor mit 5,7 Prozent des BSP (1998) besonders schlecht ausgestattet und sollte jetzt

Tabelle 15: Sozialausgaben im europäischen Vergleich, 1960–1998 (in Prozent des Bruttoinlandsprodukts)

	1960	1974	1989	1989 neue Berechnung	1998
Großbritannien	6,8	9,2	11,2	11,7	13,7
Deutschland	12,0	14,6	15,7	15,7	18,9
Frankreich	13,5	15,5	21,1	16,7	18,4
Durchschnitt der OECD-Länder	9,5	13,2	16,8	16,0	16,8

Quelle: Kaelble, Sozialgeschichte Europas, S. 342.
Sozialausgaben bezeichnen alle staatlichen Sozialleistungen für Krankheit, Rente, Familie, Sozialhilfe einschl. Sozialleistungen der Unternehmer. Diese werden ab 1989 nicht mehr einberechnet; deshalb werden für dieses Jahr beide Prozentzahlen genannt.

soviel zusätzliche Mittel erhalten, dass er innerhalb von fünf Jahren den europäischen Durchschnitt erreichte. Das ist geschehen. Bereits 2006 waren die Mittel auf 9,4 Prozent des BSP angestiegen und lagen damit im europäischen Vergleich am oberen Ende der Skala. Da in dieser Zeit die Wirtschaft sehr schnell wuchs, stiegen die absoluten Ausgaben noch deutlicher an und verdreifachten sich von 30 Milliarden £ im Jahre 1997 auf 90 Milliarden £ 2007.[38] In kurzer Zeit entstanden neue Krankenhäuser und alte wurden renoviert, das Angebot nahm deutlich zu, die Wartezeiten gingen drastisch zurück und mehr Personal stand zur Verfügung. Doch zugleich traten die befürchteten unerwünschten Effekte ein, vor allem in Form von Preissteigerungen für Gebäude und Geräte, aber auch für Ärzte, welche die plötzliche Nachfrage nutzten und ihre Gehälter in kurzer Zeit auf europäisches Spitzenniveau hoben.

Eine andere Konsequenz war auch hier ein Anwachsen der Bürokratie. Diese hatte schon unter den Konservativen zugenommen, um eine effektive Verwendung der Ausgaben zu erreichen und das faktische Monopol des NHS zu kontrollieren. Unter ihnen stieg die Zahl der Bürokraten um 20 000, während bei den Pflegekräften ein Rückgang um 50 000 zu verzeichnen war. Das gab Labour ein ideales Angriffsfeld, und es gelang, mit den erheblich größeren Mitteln zusätzlich zehntausend Ärzte und 85 000 Pflegekräfte anzustellen. Doch das Problem der Kontrolle blieb bestehen. So stieg auch jetzt die Zahl der Bürokraten um 40 000, Krankenhäuser erhielten umfangreiche Kriterienkataloge von mehr als hundert Seiten, und ein neues Computersystem sollte die Verwaltung einfacher, schneller und effektiver machen. Erst einmal geriet es jedoch aus dem Ruder und verursachte Kosten von zwölf Milliarden £.[39]

Zudem entstanden – analog den *City Academies* – *Foundation Hospitals*, die unabhängig vom NHS agierten und alte Strukturen aufbrechen sowie den Patienten eine größere Auswahl ermöglichen sollten. Dazu diente auch eine für britische Verhältnisse geradezu radikale Neuerung: Ab 2002 durften Patienten bei zu langen Wartezeiten das Krankenhaus selbst auswählen und waren nicht mehr an das gebunden, in dessen Einzugsbereich sie wohnten.[40]

Diese neuen Wahlmöglichkeiten, die in anderen Ländern schon lange bestanden, riefen heftige Kritik hervor. Sie verstießen gegen vertraute Gewohnheiten und lösten die übliche Abwehrhaltung aus, beruhten aber auch auf gewichtigen Einwänden. Dazu zählte die Befürchtung, die Reformen würden hoch- und minderwertige Krankenhäuser hervorbringen. Da die besseren größere Kosten verursachen, führe dies in finanzschwachen Regionen auf Dauer zu einer schlechteren Versorgung. Auch drohe ein gespaltener Arbeitsmarkt, da die Beschäftigten in den privaten Einrichtungen einen geringeren Lohn erhalten würden – was tatsächlich der Fall war. Schließlich lagen Untersuchungen vor, wonach private Anbieter und üppig ausgestattete Gesundheitssysteme nicht unbedingt effektiver arbeiteten. Der britische NHS kannte lange Wartezeiten und wies andere Mängel auf, doch die dort eingesetzten Gelder wurden im Vergleich – etwa zu den USA – wirksamer eingesetzt.

Soziale Ungleichheit

So wichtig Reformen im Bildungs- und Gesundheitswesen auch waren, ein Thema lag der Labour Partei seit ihrer Gründung besonders am Herzen: die soziale Ungleichheit, deren Bekämpfung ein wichtiges und zugleich diffuses Ziel darstellte. Denn Ungleichheit hatte und hat zahlreiche Ursachen wie Herkunft, Beruf, Rasse, Alter oder Geschlecht und unterschiedliche Folgen in Einkommen und Besitz, bei der Ausbildung oder der gesellschaftlichen Stellung. Als wichtigster Indikator gilt traditionell die Verteilung von Einkommen und Vermögen, die in Großbritannien seit langem sehr ungleich ausfällt (Tabelle 11 und 12).

So besaßen 1951 die oberen zehn Prozent der Bevölkerung 80 Prozent des gesamten Vermögens. Anschließend ging dieser Anteil durch die Einführung des Wohlfahrtsstaates, das Wirtschaftswachstum und Steuergesetze bis 1980 auf etwa 50 Prozent zurück. Da parallel dazu auch die Unterschiede bei den Einkommen abnahmen, war auf diesem Gebiet ein Erfolg zu verzeichnen, der jedoch nicht lange anhielt. Denn nach dem Wahlsieg der Konservativen änderte sich die Situation in wenigen Jahren grundlegend. Verdienten 1979 die oberen zehn Prozent das Fünffache der Vergleichsgruppe am unteren Ende der Skala, so hatte sich der Unterschied bis 1997 auf das Zehnfache verdoppelt. Der Anteil der Kinder, die in Armut lebten, stieg von zwölf auf 25 Prozent, im internationalen Vergleich schnitt Großbritannien hier besonders schlecht ab.[42]

Die Probleme waren offensichtlich, doch New Labour misstraute dem traditionellen Ansatz, größere Gleichheit vor allem durch höhere Steuern zu erreichen. «Es ist», so Tony Blair 2001 in einem Interview, «nicht mein Herzenswunsch, dafür zu sorgen, dass David Beckham weniger Geld verdient.» Diese Aussage erfolgte im Wahlkampf und fiel wohl deshalb so zugespitzt aus, weil Blair den alten Vorwurf entkräften wollte, Labour sei weiterhin die Partei hoher Steuern. Es gab allerdings konzeptionelle Gründe für die Skepsis gegen Steuererhöhungen. Labour, so Blair, wolle keine Gleichheit der Einkommen erreichen, sondern eine Gleichheit der Chancen. Darauf hätten höhere Einkommenssteuern wenig Einfluss, sondern würden vor allem diejenigen belasten, die erfolgreich waren und Arbeitsplätze schaffen würden.

Ohnehin zeigten die Erfahrungen, dass eine bloße Umverteilung durch Steuern ein zu grobes Instrument war, um den Bedürftigen zu helfen. Diese befanden sich in sehr unterschiedlichen Situationen, und es gab eine Vielzahl von Gründen dafür, warum sie jeweils wenig verdienten oder wenig besaßen. Erforderlich waren je eigene Programme für ältere Erwerbslose, Behinderte, Migranten oder Alleinerziehende und deren Kinder. Gerade sie standen im Mittelpunkt der Diskussion und waren auch das Thema einer Rede, die Blair im März 1999 zum Gedenken an William Beveridge hielt, den Begründer des Wohlfahrtsstaates. Seine Generation, so Blair, müsse an dessen Reformen anknüpfen und sei die erste, «die Kinderarmut für immer beseitigen kann. ... Diese Aufgabe dauert zwanzig Jahre, aber ich glaube, wir können es schaffen würden.»[42]

Das schien nicht nur erforderlich, weil Kinderarmut ein Skandal war. Außerdem zeigten wissenschaftliche Untersuchungen, dass Fehlentwicklungen umso besser verhindert werden konnten, je früher entsprechende Programme einsetzten, während sie bei Teenagern oder Erwachsenen nur mit großem Aufwand oder gar nicht mehr zu Erfolgen führten. Im Einzelnen waren zahlreiche Maßnahmen erforderlich, die zudem an mehreren Punkten gleichzeitig ansetzen mussten. An erster Stelle stand die Aufgabe, den Eltern armer Kinder ein größeres Selbstbewusstsein zu vermitteln, was am besten durch die Integration in das Arbeitsleben geschah. Diese wiederum erforderte eine Vielzahl weiterer Schritte, insbesondere bei Alleinerziehenden. Für sie musste es genügend Plätze in Kindergärten geben, damit sie überhaupt arbeiten konnten; viele mussten sich erst wieder an feste Arbeitszeiten gewöhnen oder eine Subvention zu ihrem Lohn erhalten, damit sie überhaupt eine Anstellung fanden; und schließlich mussten ihre oft geringen beruflichen Qualifikationen verbessert werden.[43] Selbst damit war nicht allen geholfen. Vielmehr gab es Personen, die sich nur schwer aus der Spirale von Armut und Abhängigkeit befreien konnten – oder es auch nicht wollten. Und es gab Kinder, deren familiäres Umfeld auch gut gemeinte Versuche versanden ließ. Um ihnen zu helfen, konnten Schulen spezielle Betreuer einsetzen, während parallel dazu die Schulsituation in den problematischen Stadtteilen verbessert werden sollte – etwa durch *City Academies*.

Trotz aller Bemühungen stieg – wie in allen Industrieländern – auch in Großbritannien in den letzten Jahrzehnten die Zahl derjenigen, die nur schwer eine Arbeitsstelle fanden und oft selbst dann nicht genug verdienten, um die Armutsschwelle zu überwinden. Hier sollten Mindestlöhne ein ausreichendes Grundeinkommen sichern, doch Kritiker befürchteten, ein zu hoch angesetzter Mindestlohn führe dazu, dass Arbeitsplätze erst gar nicht angeboten würden. Trotz dieser Einwände führte die Regierung kurz nach der Wahl im Jahr 1997 einen Mindestlohn ein und erhöhte ihn seitdem mehrfach, so im Oktober 2007 auf 5,52 £. Wie zu erwarten, sind die Erfahrungen mit dem Mindestlohn unterschiedlich. Er war weder ein Allheilmittel, noch vernichtete er pauschal Arbeitsplätze, wie spätere Untersuchungen zeigten. Mehrheitlich kamen sie zu dem Ergebnis, dass in Großbritannien die positiven Effekte überwogen. Der Mindestlohn trug zur Bekämpfung der Armut bei und verschaffte bis 2004 mehr als 1,7 Millionen Personen ein höheres Einkommen.[44]

In Ergänzung dazu entstanden *Tax Credits*, d. h. Zuschüsse für Personen oder Familien, die trotz bezahlter Tätigkeit kein ausreichendes Einkommen erzielten. Vergleichbare Zuschüsse wurden in den USA während der Amtszeit von Bill Clinton unter dem Begriff *pay-to-work* entwickelt und weltweit diskutiert. Wie bei den Mindestlöhnen gingen auch hier die Meinungen auseinander und beruhten weitgehend auf denselben Pro- und Kontra-Argumenten. Erneut setzte sich die Labour-Regierung über die Kritiker hinweg und führte dieses System ein, das zahlreiche Verbesserungen brachte, aber auch zeigte, dass bei derartigen Reformen der Teufel im sprichwörtlichen Detail liegt.

Die Höhe der *Tax Credits* hängt von der Situation der Berechtigten ab, die je nach Alter, Qualifikation, Zahl der Kinder, Gesundheitszustand, Partnern und anderen Faktoren unterschiedliche Beträge erhalten, die sich zudem fortwährend ändern. Schon die Bearbeitung eines Antrages dauerte deshalb lange und konnte zu Härten führen, wenn die Berechtigten lange auf Gelder warten mussten. Außerdem war kaum zu vermeiden, dass die Berechnungen Fehler enthielten und zu niedrige, aber auch zu hohe Zahlungen ermittelten. Zu geringe Zahlungen verschlechterten eine ohnehin angespannte Lage, während es bei zu hohen Zuschüssen schwerfiel, diese zurückzuzahlen. Deren Empfänger hatten das Geld meist ausgegeben und verdienten bzw. besaßen so wenig, dass ihnen die Rückzahlung schwer fiel.

Schließlich bestand die Gefahr des Missbrauchs, so dass die Regierung einen Bedürftigkeitsnachweis (*means test*) einführte, der mit Eingriffen in die Privatsphäre verbunden war. Von Beginn an hatte die Arbeiterbewegung dagegen gekämpft. Jetzt hingegen bestand eine Labour-Regierung auf diesen Nachweis, doch sie hatte Gründe, denn bald erhielten etwa sechs Millionen Familien Zahlungen. Es ging um hohe Summen und die Sorge, Vorwürfe in den Medien könnten das ganze System gefährden. Folglich wurde das *Tax-Credits*-System immer komplizierter, so dass Fehlentwicklungen noch wahrscheinlicher wurden. Antragsteller sahen sich überfordert, die Bearbeitung zog sich hin, und letztlich wurden zu hohe Zuschüsse ausgezahlt, die 2004 bei einer Gesamtsumme von 13,5 Milliarden immerhin 1,9 Milliarden £ und damit fast 15 Prozent betrugen.[45]

Im Gegensatz zu den Ausgaben, die sich genau angeben lassen, fällt es schwer die Wirkungen der verschiedenen sozialpolitischen Maßnahmen zu bestimmen. Das bereitet schon deshalb Probleme, weil sie sehr viele Ziele auf einmal verfolgten und es lange dauert, bis sich etwa Qualifikationen verbessern oder ein dauerhafter Arbeitsplatz gefunden wird. Ein abgesichertes Urteil ist deshalb noch nicht möglich. Feststellen lässt sich allerdings, dass der Mindestlohn Vorteile bot, Bedürftige höhere Zuschüsse erhielten, die Situation von Alleinerziehenden sich verbesserte und vor allem die Kinderarmut von 27 Prozent (1996/97) auf 22 Prozent (2005/06) und in absoluten Zahlen von 3,4 auf 2,8 Millionen zurückging.[46]

Für einen so kurzen Zeitraum sind das beachtliche Ergebnisse, auch wenn Großbritannien im europäischen Vergleich weiterhin schlecht abschneidet. Das liegt auch daran, dass die Labour-Regierung sich in den ersten zwei Jahren zurückhielt, so dass die Politik der Konservativen fortwirkte und die sozialen Unterschiede anfangs sogar noch zunahmen. Erst danach wirkten die beschriebenen Maßnahmen und verminderten die Kluft, wobei allerdings bis 2006 gerade einmal der Stand von 1997 wieder erreicht wurde.[47] Das lag allerdings auch daran, dass die Regierung hohe Einkommen nicht nur duldete, sondern geradezu wünschte, da von diesen eine positive Auswirkung auf Wirtschaftswachstum und Arbeitsplätze erwartet wurden. New Labour übernahm die (neo-)liberale kapitalistische Ordnung «nicht mit einer defensiven, apologetischen Einstellung, sondern mit einem echten Gefühl von Stolz und Zufriedenheit».[48]

So blieb auch aus diesem Grund die Kluft groß und führte zur Ausgrenzung nicht nur der Armen und schlecht Qualifizierten, sondern auch der oberen Schichten. Es mag überraschen, bei ihnen von «Ausgrenzung» zu sprechen, da dieser Begriff sich üblicherweise auf soziale Notlagen bezieht und damit verbundene Stigmatisierungen unfreiwillig erfolgen. Davon kann bei den oberen Schichten keine Rede sein. Sie entscheiden vielmehr selbst darüber, wie sie leben und sich verhalten und wie sie am allgemeinen Leben teilnehmen – oder aber sich davon abgrenzen.

Diese Abgrenzung nahm zu und zeigte sich an den Stadtteilen und Häusern, in denen die Wohlhabenden wohnen, am Freundeskreis oder Konsum, und nicht zuletzt an ihrer Distanz zu zentralen staatlichen Institutionen, insbesondere zum öffentlichen Gesundheits- und Erziehungswesen. Als Privatpatienten nutzen sie eigene Ärzte und Krankenhäuser, und ihre Kinder gehen in gesonderte Schulen, deren Erziehung ihre privilegierte

Position erhalten soll. So besuchen im Durchschnitt nur etwa zehn Prozent eines Jahrgangs eine der teuren Privatschulen, deren Absolventen aber weiterhin in Wirtschaft, Ministerien, Justizwesen und selbst in der Politik den größeren Teil der führenden Positionen besetzen.[49] Für die letzten beiden Schuljahre allerdings liegt der Anteil der Privatschulen höher. Denn nur wenige Eltern verdienen genug, um jährliche Schulgebühren von 20 000 £ und mehr für Internate bzw. 10 000 £ für Tagesschulen während der ganzen Schulzeit ihrer Kinder bezahlen zu können. Für die Jahre kurz vor dem Abitur (*A-Level*) hingegen sind sie zu großen Opfern bereit, damit ihre Kinder bessere Chancen haben, in Oxford oder Cambridge zugelassen zu werden. Diese Opfer zahlen sich aus. Auch 2007 hatten in der Spitzengruppe der Anwälte, Ärzte, Manager und Politiker 47 Prozent eine dieser beiden Universitäten besucht.[50]

Diese Probleme der Selbstrekrutierung innerhalb der Eliten sind nicht neu. Seit langem wird versucht, eine größere Öffnung zu erreichen und etwa durch Stipendien den Kreis derer zu erweitern, die auf private Schulen gehen können. Das ist schwierig genug und hat zudem problematische Folgen. Denn diese Bemühungen führen dazu, dass die öffentlichen Schulen gerade diejenigen verlieren, die besonders begabt sind. Allgemein bedeutet es einen großen Verlust für Schulen, Krankenhäuser und andere staatliche Einrichtungen, wenn ausgerechnet die besonders motivierten (und wohlhabenden) Eltern und deren Kinder sie meiden. Diese bereichern nicht nur den Unterricht oder das Schulleben, sondern verfügen auch über Einfluss und können den erforderlichen Druck ausüben, um Veränderungen herbeizuführen.

Es gibt also nicht nur eine Ausgrenzung der unteren, sondern auch der oberen Schichten, die in den letzten Jahren zunahm, da gerade die obersten Gehaltsgruppen expandierten. Es wird schwer sein, hier gegenzusteuern, obwohl dies erforderlich ist, damit die verschiedenen Gruppen der Gesellschaft nicht weiter auseinander driften. Vielleicht hat die Finanzkrise zumindest hier ihr Gutes, da die Zeit der exorbitanten Gehälter offensichtlich vorbei ist.

Die Konservativen

Die Konservativen haben sich von der verheerenden Wahlniederlage im Jahr 1997 lange nicht erholt. Das lag vor allem an dem Trauma, das der Rücktritt von Thatcher auslöste. Thatcher selbst und ihre Anhänger sahen darin den Undank gegenüber einer Politikerin, die drei Wahlkämpfe glorreich gewonnen hatte und dann den Intrigen kleinmütiger und rachsüchtiger Abgeordneter unterlag. Umso vehementer verteidigten sie ihr Vermächtnis, wollten die Privatisierungen ausweiten, die Immigration unterbinden und den Einfluss der Europäischen Union zurückdrängen bzw. sich sogar ganz aus Europa zurückziehen. Damit hatten sie bereits Major das Leben schwer gemacht, der für den Maastricht-Vertrag nur mit Mühe eine Mehrheit im Parlament fand.

Als Reaktion auf diesen Vertrag entstanden 1993 die *United Kingdom Independence Party* (UKIP) und vier Jahre später die *Referendum Party*, die beide 1997 zur Wahl antraten, Letztere unterstützt vom Geschäftsmann und Milliardär Sir James Goldsmith. Dieser wandte erhebliche Mittel auf und wollte eine Abstimmung über den Verbleib in der Europäischen Union durchsetzen, erzielte aber insgesamt nur 800 000 Stimmen. Keine der beiden Parteien gewann einen Wahlkreis, und sie erhielten zu wenig Stimmen, um die Konservativen ernsthaft zu schwächen. Doch sie boten den antieuropäischen Stimmungen ein Forum und verstärkten die Spaltungen innerhalb der Partei, auch als die *Referendum Party* nach dem Tod von Goldsmith im Juli 1997 aufgelöst wurde und zum größten Teil in der UKIP aufging.

Vor diesem Hintergrund wählten die konservativen Abgeordneten einen neuen Parteiführer, da Major nach der Niederlage zurücktrat. Populäre Kandidaten wie Michael Portillo oder Malcolm Rifkind hatten durch das verheerende Wahlergebnis ihren Sitz im Parlament verloren und konnten nicht kandidieren, so dass es zu einem Duell zwischen Kenneth Clarke und William Hague kam. Clarke gehörte unter Thatcher und dann unter Major dem Kabinett an, bekleidete zahlreiche wichtige Ämter und leitete nach dem *Black Wednesday* einen wirtschaftlichen Aufschwung ein, von dem Labour profitierte. Bei Umfragen in der Bevölkerung erzielte er hohe Werte, war in der Konservativen Partei jedoch umstritten, da er ein stärkeres Engagement in Europa befürwortete. So erhielt er im ersten Wahlgang die meisten Stimmen, unterlag dann jedoch William Hague, auf den sich die Thatcher-Anhänger verständigten – während Clarke bei zwei späteren Bewerbungen (2001 und 2005) um den Parteivorsitz ebenfalls scheiterte.

Damit begingen die Konservativen einen Fehler, denn Clarkes Ansehen reichte weit über den harten Kern der Parteimitglieder hinaus. Doch diese entschieden sich mit Hague für einen Kandidaten, der uneingeschränkt ihre Position vertrat und Thatchers Unterstützung besaß. Hierdurch blieben sie allerdings in einer Bunkermentalität befangen, die nach innen großen Zusammenhalt garantierte, nach außen aber die Partei zunehmend isolierte. Bei Wahlen genügte es nicht, die Kämpfe der 1980er Jahre zu beschwören oder die reine Lehre des Thatcherismus hochzuhalten. So blieben die Wahlerfolge aus, was aber nicht dazu führte, das Programm zu ändern. Die Partei-Aktivisten hielten vielmehr daran fest und verschlissen innerhalb von nur acht Jahren vier Vorsitzende, die zudem auch persönlich nicht immer überzeugten. So war Hague bei der Wahl erst 36 Jahre alt und hatte zuvor mit nur 16 Jahren auf dem Parteitag der Konservativen eine viel beachtete, aber auch viel kritisierte Rede gehalten. Anschließend wurde er von Thatcher protegiert und bemühte sich, sowohl jugendlich wie seriös aufzutreten. Schon dieser Spagat gelang ihm nicht. Noch schwieriger war die Aufgabe, die tief gespaltene Partei zu einen. Dazu war er zu jung und ein zu expliziter Vertreter des Thatcher-Flügels, wie seine Rede auf dem Parteitag von 2001 zeigte. Darin warnte Hague vor weiterer Zuwanderung, die aus Großbritannien ein *foreign land* mache, und versprach den Wählern: «Wir werden Euch Euer Land zurückgeben.»[51]

Damit stieß er auf heftige Kritik, selbst aus den eigenen Reihen. Auch unter den Wählern fand Hague nicht die erhoffte Zustimmung, sondern erlebte 2001 eine deutliche Wahlniederlage und trat anschließend zurück. Nicht besser erging es seinem Nachfolger Ian Duncan Smith, der sich nur zwei Jahre (September 2001 bis November 2003) im Amt halten konnte und dann von Michael Howard abgelöst wurde. Doch die Probleme blieben bestehen, zumal New Labour Themen und Vorschläge übernommen hatte, die traditionell als konservativ galten. Die Konservativen wurden dadurch weiter nach rechts gerückt und erschienen vor allem als Partei, die über die wachsende Zahl der Ausländer klagte, vergangene Zeiten beschwor und geradezu mit Panik reagierte, wenn sie ein Nachgeben gegenüber Europa vermutete. Dafür gab es eigentlich wenig Anhaltspunkte. Zwar unterzeichnete die Labour-Regierung kurz nach der Wahl von 1997 die Europäische Sozialcharta, welche die Konservativen jahrelang abgelehnt hatten. Doch dem zum 1. Januar 2002 eingeführten Euro trat Großbritannien nicht bei.

Blair hatte sich für den Beitritt zum Euro ausgesprochen, allein schon um die britische Europa-Skepsis zu überwinden und in Brüssel eine größere Rolle zu spielen. Innenpolitisch bedeutete dies ein Risiko, da die Europäische Union in Großbritannien weiterhin sehr kontrovers beurteilt wurde und die Kritiker gerade den Euro lautstark ablehnten. Brown, der als Schatzkanzler zuständig war, bewertete diesen eigentlich positiv, fürchtete aber um seine Wirtschaftspolitik, da auf dem Kontinent erhebliche ökonomische Probleme bestanden, von denen er sich fernhalten wollte. Er benannte deshalb fünf Kriterien, die vor einem Beitritt erfüllt sein mussten: positive Auswirkungen eines Beitritts auf Investitionen, den Finanzsektor, die Beschäftigung und das Wirtschaftswachstum sowie eine Angleichung der wirtschaftlichen Entwicklung in Großbritannien und auf dem Kontinent. Eine nach dem Wahlsieg von 1997 eilig durchgeführte Überprüfung kam zu dem Ergebnis, diese Kriterien seien nicht erfüllt, so dass ein sofortiger Beitritt nicht infrage kam. Ausgeschlossen war er allerdings nicht. Vielmehr fand nach der Wahl von 2001 eine erneute Überprüfung statt, die jedoch zu demselben Ergebnis kam.

So konnte die Regierung größere Debatten über dieses kontroverse Thema vermeiden und versuchte zudem, sich in Brüssel mit Reformvorschlägen zu profilieren. Diese betrafen vor allem die Agrarsubventionen, die seit dem Beitritt ein Ärgernis für Großbritannien bedeuteten. Thatcher hatte hier eine Reduzierung des britischen Beitrages erreicht, die angesichts der guten Wirtschaftsdaten des Königreichs nicht länger vertretbar schienen, zumal die EU 2004 zahlreiche neue und meist arme Mitglieder aufnahm, die Zuschüsse beanspruchten. Die britische Regierung war zu höheren Zahlungen bereit, verlangte im Gegenzug aber eine Reform des Agrarmarktes und eine Lenkung der Subventionen auf andere Bereiche. Dazu gab es eine gewisse Bereitschaft. Doch vor allem in Frankreich besaß die Landwirtschaft weiterhin großen Einfluss, so dass nur begrenzte Änderungen beschlossen wurden und die britische Regierung ihrerseits nur geringe Zugeständnisse machte.

Die Konservativen wiederum konnten bei der Wahl am 5. Mai 2005 ihren Stimmenanteil lediglich um 0,6 auf 32,3 Prozent und die Zahl der Abgeordneten auf 198 (von 166) steigern, obwohl zu diesem Zeitpunkt die Folgen des Irakkrieges deutlich geworden waren und Blair persönlich nur noch wenig Unterstützung fand. Doch wie Labour in den 1980er Jahren galten jetzt die Konservativen als nicht wählbar und verloren drei Wahlen hintereinander. Erst danach sahen auch die hartnäckigen Anhänger von Thatcher ein, dass die Partei sich ändern musste, und sie waren bereit, einen Vorsitzenden zu wählen, der ein neues, modernes Bild vermittelte. Dafür stand David Cameron, der seit Dezember 2005 die Partei anführt.

Cameron griff grüne Themen auf, öffnete sich gegenüber Minderheiten und sagte zu, an den Grundlinien der Politik von New Labour festzuhalten. Mit anderen Worten: Wie Blair und Brown sich nach mehreren Wahlniederlagen an Thatcher orientiert hatten, so schaute Cameron jetzt (nach ebenfalls mehreren Wahlniederlagen) auf New Labour – zumindest in den Verlautbarungen. Ob er sich in der Praxis daran hält, wird sich zeigen. Dazu muss er nicht nur die nächste Wahl gewinnen, sondern auch diejenigen in der Konservativen Partei auf seine Seite ziehen, die ihn nach all den Niederlagen akzeptierten, von seiner neuen Politik aber noch nicht überzeugt sind. Das könnte allerdings sein geringstes Problem sein. Denn die nächsten Jahre werden davon geprägt sein, die Wirtschaftskrise zu beenden, die enorme Staatsverschuldung zu reduzieren und einmal mehr das Verhältnis von Staat, Wirtschaft und Gesellschaft neu zu bestimmen.[52]

Das unter Thatcher durchgesetzte und von Labour übernommene Vertrauen in die Überlegenheit des Marktes ist erschüttert. Verstaatlichungen, bis vor kurzem geradezu verteufelt, erlebten eine unerhoffte Renaissance. 2007 verstaatlichte die Regierung die Hypothekenbank Northern Rock und stellte 2008 zuerst Hunderte Milliarden Pfund dem Finanzsektor zur Verfügung, bevor sie schließlich Beteiligungen an mehreren Banken übernahm.[53] Auch überlegen Kommunen und andere staatliche Stellen, zusätzlich zum privaten Markt wieder Häuser und Wohnungen zu errichten. Anders formuliert: Die lange praktizierte Politik der Privatisierungen wird infrage gestellt, Schwächen des Marktes sind deutlich geworden und vom Staat wird eine erheblich größere Beteiligung erwartet.

Wohin diese Entwicklungen führen werden, ist derzeit nicht abzusehen. Eine Rückkehr zu umfassenden Verstaatlichungen oder einer Lenkung der Wirtschaft durch den Staat erscheint ebenso unwahrscheinlich wie eine Fortsetzung der neoliberalen Politik, die seit Thatcher in Großbritannien vorherrscht. Dazu sind deren negativen Folgen zu deutlich geworden, doch das Verhältnis von Staat, Wirtschaft, Gesellschaft und Politik wird sich nicht grundsätzlich ändern. Das zeigt schon die weitgehende Übereinstimmung, die – jenseits aller Rhetorik und des Werbens um Wähler – zwischen Labour, Konservativen und Liberalen in grundsätzlichen Fragen besteht. Es geht um Gewichtungen und oft auch um Details, wie die Erfahrungen der letzten Jahre im Gesundheits- und Bildungswesen oder der Sozialpolitik zeigten. Zwei Punkte sind dabei besonders hervorzuheben. Zum einen sind schmerzhafte Entscheidungen erforderlich, die wegen des anhaltenden Wachstums aufgeschoben werden konnten. Diese Option besteht nicht mehr, zumal die Staatsverschuldung so drastisch zugenommen hat. Zum anderen wird sich die Frage der ungleichen Verteilung von Lebensbedingungen und Chancen verschärft stellen. Um hier Besserungen zu erreichen, sind Umverteilungen, staatliche Eingriffe und höhere staatliche Ausgaben notwendig. Ob dazu genügend Bereitschaft besteht, muss sich erweisen.

12. Briten, Zuwanderer und Ausländer

07/07/05

Am 7. Juli 2005 fuhren Samantha Badham und Lee Harris mit der U-Bahn zur Arbeit. Normalerweise nahmen sie das Auto bzw. das Fahrrad, doch an diesem Tag wollten sie abends feiern, da sie sich vor genau 14 Jahren kennengelernt hatten. Um 8.50 Uhr, sie hatten gerade den Bahnhof King's Cross verlassen, erschütterte eine Explosion ihren Zug. Nur wenige Sekunden später waren in der Londoner U-Bahn zwei weitere Explosionen zu hören und etwa eine Stunde danach noch eine auf einem Doppeldecker-Bus. Die Leitstellen von U-Bahn und Polizei erhielten ungenaue Nachrichten und nahmen zunächst an, Stromausfälle, Maschinenschäden oder Entgleisungen seien für die ungewöhnlichen Geräusche verantwortlich. Erst nach und nach wurde klar, dass es sich um Bombenanschläge handelte, verübt von unbekannten Terroristen, die sich offensichtlich abgesprochen hatten. Ihre Anschläge verletzten etwa 700 Personen und forderten 56 Todesopfer, darunter Samantha Badham und Lee Harris.[1]

Das Land befand sich in einem Schock, der noch größer wurde, als die Polizei nähere Informationen bekannt gab. Denn verantwortlich für die Anschläge waren vier Selbstmordattentäter, die aus Großbritannien stammten und nicht Ausländer waren wie zuvor in New York, Washington oder Madrid. Drei von ihnen waren in England geboren, der Vierte mit fünf Jahren zugewandert. Sie hatten dort Schulen besucht, zwei der Attentäter sogar eine Universität, und wirkten gut integriert. Die Angst vor weiteren Anschlägen war deshalb groß, und bald zirkulierten Mutmaßungen, dass in Großbritannien Hunderte, wenn nicht Tausende Extremisten lebten, die ebenfalls zu Selbstmordattentaten bereit seien. Vierzehn Tage später, am 21. Juli, wurden diese Ängste bestätigt, als vier weitere Anschläge auf das öffentliche Verkehrssystem in London erfolgten. Sie verursachten jedoch kaum Schäden, da lediglich die Zünder, nicht hingegen die Sprengsätze explodierten. Dieses Mal war keiner der Attentäter in Großbritannien geboren, was allerdings keine Beruhigung bedeutete. Denn sie stammten aus afrikanischen Krisenregionen und bestätigten die Befürchtungen, dass mit den Asylbewerbern und politischen Flüchtlingen auch Extremisten und Fanatiker ins Land kommen konnten.

Die Lage nach dem zweiten Anschlag war äußerst angespannt, denn die Attentäter konnten fliehen und weitere Terrorakte drohten. Ein Opfer dieser aufgeheizten Stimmung war am Tag darauf Jean Charles de Menezes, ein junger Brasilianer, den Offiziere der Londoner Polizei in einer U-Bahn erschossen. Er schien durch seine Kleidung verdächtig, und sie befürchteten, dass er Waffen und Sprengstoff mit sich führte. So lauteten die ersten Stellungnahmen der Polizei, bis sich herausstellte, dass de Menezes das unschuldige Opfer einer extrem angespannten Situation und überforderter Polizisten war.[2]

Nach den schrecklichen Ereignissen vom Juli 2005 beruhigte sich die Situation, wenngleich die Polizei wiederholt vor weiteren Anschlägen warnte und mehrfach die höchste Alarmstufe auslöste. Ihre Befürchtungen bestätigten sich, als am 30. Juni 2007 ein Attentäter in einem Pkw, der mit

Gasflaschen gefüllt war, in das Terminal des Glasgower Flughafens raste, dabei aber nur selbst ernsthafte Verletzungen erlitt. Wenige Stunden zuvor hatte die Polizei in London zwei Bomben entschärft und einen weiteren Anschlag verhindert. Doch dies blieben Einzelfälle. Die Ängste ließen nach, zumal mit der Zeit deutlich wurde, wie klein die Zahl der Extremisten tatsächlich war und wie wenig diese mit den anderen Zuwanderern und Ausländern gemein hatten, die in Großbritannien lebten.

Ausländer und Zuwanderer

Die letzte umfassende Erhebung über die Zahl der Ausländer in Großbritannien stammt aus dem Jahr 2001. Danach kam weiterhin der größte Teil aus Irland, gefolgt von Indien und Pakistan und an vierter Stelle Deutschland, vor der Karibik und den USA. Unter den Einwohnern wiederum, die nach ihrer Herkunft befragt wurden, bezeichneten sich 4,4 Prozent als Asiaten, 2,3 Prozent als Schwarze und 1,4 Prozent als gemischt, 91,3 Prozent hingegen als Weiße – in Schottland sogar 98 Prozent und in Nordirland 99 Prozent. Der weitaus größte Anteil der Farbigen lebte in London, wo sie in zwei Stadtteilen (Newham, Brent) sogar die Mehrheit stellten. Seitdem ist die Zahl der Ausländer weiter gestiegen, zuletzt durch die Erweiterung der EU im Jahr 2004, in deren Folge vor allem aus Osteuropa Hunderttausende nach Großbritannien kamen und Arbeit fanden.

Die Regierung Blair unterstützte die Zuwanderung, um das Wachstum der Wirtschaft zu fördern. Diese benötigte zusätzliche Arbeitskräfte, oft für wenig qualifizierte Tätigkeiten, aber auch als ausgebildete Handwerker oder für sehr gut bezahlte Stellen in Medien, Unternehmen und insbesondere den Banken. New Labour erleichterte deshalb die Einwanderung und vollzog einen Kurswechsel, denn seit dem Eintreffen der *Empire Windrush* zielten die Gesetze und Maßnahmen darauf ab, einen weiteren Zuzug zu verhindern.[3] Jetzt hingegen sprach sich die Regierung dafür aus und unterstützte deshalb auch die Osterweiterung der EU, um dort Arbeitskräfte zu

Tabelle 16: Ausländer in Großbritannien nach Herkunftsländern (2001)

Irland	494 850	Indien	466 416
Pakistan	320 767	Deutschland	262 276
Karibik	254 740	USA	155 030
Bangladesh	154 201	Südafrika	140 201
Kenia	129 356	Italien	107 002

Quelle: http:/news.bbc.co.uk/2/shared/spl/hi/uk705/born_abroad/countries/html/overview.stm, aufgerufen am 20.08.2009.

gewinnen. Besonders gefragt waren Fachleute und schließlich eine kleine Gruppe von «Superreichen», unter denen Roman Abramovich und die indische Mittal-Familie die bekanntesten sind. Sie waren so wohlhabend, dass sie sich sofort an die Spitze der *Rich List* der *Sunday Times* setzten, vor dem Duke of Westminster als erstem Einheimischen, dem weitere Ausländer folgen. Diese kamen wegen alter Verbindungen, die seit der Kolonialzeit bestanden, wegen der Bedeutung Londons als weltweitem Finanzzentrum und nicht zuletzt wegen sehr vorteilhafter Steuergesetze. Denn als Ausländer mussten sie in Großbritannien nur die Beträge versteuern, die sie dort verdienten, während ihr sonstiges Einkommen und Vermögen, das weltweit verstreut ist, außen vor blieb.

Damit profitierten sie von einer Regelung, die 1799 für diejenigen eingeführt worden war, die in den Kolonien große Reichtümer besaßen und nach London gelockt werden sollten. Damals handelte es sich bei den *Non-Domiciles* (*Non-Doms*) oft um Plantagenbesitzer, die Sklaven hielten, während jetzt nicht nur einige Milliardäre, sondern auch mehr als hunderttausend wohlhabende Ausländer von der Sonderregelung profitierten. Diese sollte sie anlocken, um im Königreich ihre Finanzgeschäfte zu tätigen, Investitionen vorzunehmen und zusätzliche Arbeitsplätze zu schaffen. Ihr Sonderstatus führte wiederholt zu Kritik, vor allem wenn zur Sprache kam, dass dieser mit Plantagenwirtschaft und Sklaverei verbunden war. Doch auch die Labour-Regierung hielt an der Regelung fest, verwies auf die großen Vorteile für die britische Wirtschaft und schuf generell ein System umfassender Steuervorteile, die ansonsten nur exotische Steueroasen boten. Nach einem Bericht des IWF war Großbritannien 2007 für ausländisches Kapital so attraktiv wie die Seychellen und Cayman Islands.[4]

Die beiden Beispiele – islamische Attentäter auf der einen und wohlhabende Steuerflüchtlinge auf der anderen Seite – zeigen, wie unterschiedlich Herkunft und Situation von Ausländern und Zuwanderern in Großbritannien sein können. Etwa die Hälfte von ihnen stammt aus Europa und den USA, ein Viertel aus Asien und etwas unter 20 Prozent aus Afrika. Zu ihnen gehören Muslime ebenso wie Sikhs, Buddhisten, Christen oder Nicht-Gläubige; Männer, Frauen, Kinder und Alte; Arbeitslose, Handwerker, Börsenspekulanten oder extrem gut bezahlte Fußballprofis. Einige bleiben nur kurz, andere länger und bemühen sich um ein Bleiberecht (2003: 143 845) oder die Staatsbürgerschaft (2003: 124 300).[5] Nicht zu vergessen sind die ausländischen Studenten, die seit langem britische Universitäten besuchen. Gerade diese Gruppe sprach die Regierung gezielt an und wollte erreichen, dass 25 Prozent derjenigen, die weltweit als Ausländer an englischsprachigen Universitäten studieren, sich für Großbritannien entschieden. 2004 war dieses Ziel fast erreicht. Die Zahl der ausländischen Studierenden, die nicht aus der EU stammten, erreichte mit 75 000 einen neuen Rekord und brachte den Universitäten nicht nur internationale Kontakte und zusätzliches Prestige, sondern auch erhebliche Einnahmen. 2004 betrugen diese fast 1,3 Milliarden £ und lagen damit deutlich höher als die gesamten 2007 in Deutschland erhobenen Studiengebühren.[6]

Um der wachsenden Bedeutung von Ausländern Rechnung zu tragen, setzte sich der Begriff der multikulturellen Gesellschaft durch. Bereits 1966 war für den damaligen Innenminister Roy Jenkins die Integration der Zuwanderer kein «Prozess einer gleichmachenden Assimilation, sondern der Gleichberechtigung, begleitet von kultureller Vielfalt in einer Atmosphäre gegenseitiger Toleranz».[7] Damit formulierte er anspruchsvolle Ziele, deren Umsetzung auf viele Hindernisse stieß, bis hin zur Regierung. So äußerte Thatcher 1978 in einem Interview die Sorge, dass Großbritannien von «Personen mit einer anderen Kultur überschwemmt» werde.[8] In Reaktion auf solche Aussagen formulierte Salman Rushdie kurz darauf: «400 Jahre Eroberung und Plünderung, vier Jahrhunderte Belehrung, dass man den *Fuzzy-Wuzzies* und *wogs*[9] überlegen sei, hinterlassen einen Fleck. Dieser Fleck hat sich bis in den letzten Winkel der Kultur, der Sprache und des täglichen Lebens ausgebreitet; und nie wurde der Versuch unternommen, ihn auszuwaschen.»[10]

Nicht nur die britische, sondern die gesamte europäische Kolonialherrschaft war durch ein ausgesprochenes Überlegenheitsgefühl und rassistische Vorurteile geprägt, die bis in den Alltag hinein Spuren hinterließen. Eine Folge davon waren Rassenunruhen, die in den letzten Jahrzehnten in Großbritannien mehrfach ausbrachen, besonders Anfang der 1980er Jahre, als Rushdie seine Aussage machte. Doch er zeichnete ein einseitiges Bild, denn neben den Vorurteilen gab es auch Bemühungen, den Rassismus zu bekämpfen. Das zeigte 1993 das Beispiel von Stephen Lawrence, das sowohl die anhaltenden Belastungen wie das Bemühen deutlich machte, etwas dagegen zu unternehmen.

Stephen Lawrence und alltäglicher Rassismus

Am 22. April 1993 wurde der 19-jährige Lawrence, dessen Eltern aus der Karibik zugewandert waren und der Architektur studieren wollte, vor einer Bushaltestelle in London ermordet. Fünf weiße Jugendliche standen unter Tatverdacht, doch die Polizei stellte die Ermittlungen wegen mangelnder Beweise bald ein und sah zudem hinter dem Mord keine rassistischen Motive. Damit gaben sich die Eltern von Stephen Lawrence nicht zufrieden, sondern legten Beschwerde ein und setzten nach jahrelangem Kampf durch, dass

1997 der damalige Innenminister Jack Straw einen Untersuchungsausschuss einberief. Dieser veröffentlichte im folgenden Jahr einen Bericht, der zahlreiche Mängel bei den Ermittlungen beschrieb, was allein schon für großes Aufsehen sorgte. Doch viel brisanter war die Aussage des Ausschusses, es gebe bei der Polizei einen institutionellen Rassismus, der wesentlich zu den Mängeln beigetragen habe. So hätten die ermittelnden Beamten die Aussagen von Farbigen falsch eingeschätzt oder missachtet, die rassistischen Motive der Täter verkannt und in ihrem Vorgehen weitere Vorurteile gezeigt.

Damit bestätigte die Kommission Vorwürfe, die Farbige schon seit vielen Jahren erhoben hatten, nicht nur gegenüber der Polizei, sondern auch gegenüber anderen Institutionen. Lange fanden sie wenig Gehör. So hatte die *Scarman Inquiry*, die 1981 die Unruhen in Brixton untersuchte, ebenfalls Fehler bei der Polizei festgestellt. Den Vorwurf eines institutionellen Rassismus lehnte sie jedoch ab, verwies allerdings auf rassistische Benachteiligungen, die in der britischen Gesellschaft verbreitet seien.[11] Ähnlich argumentierte kurz darauf das *Swann Committee*, das die Situation an Schulen untersuchte und vor allem bei westindischen Kindern Benachteiligungen erkannte. Inwieweit diese Folgen eines institutionellen Rassismus waren, blieb ebenso umstritten wie die Frage, welche Bedeutung ein individueller, unbewusster Rassismus – etwa der Lehrer – besaß. Dafür fand das *Swann Committee* keine Belege, sondern betonte, gerade die Lehrer seien in dieser Frage sehr sensibel und gäben sich große Mühe, entsprechende Benachteiligungen zu verhindern. Allerdings könnten sie bei allem Einsatz wenig daran ändern, dass Kinder ethnischer Minderheiten oft aus einem problematischen Umfeld kämen und Schulen besuchten, die einen schlechten Ruf besäßen und große Defizite aufwiesen.

Diese Faktoren betrafen und betreffen nicht alle Farbigen gleichermaßen. Vor allem unter Indern und Chinesen entstand eine breite, auf Bildung und Aufstieg bedachte Mittelschicht, die in den anderen Ethnien ebenfalls an Bedeutung gewann. Auch gab es Bemühungen, deren Schulsituation zu verbessern, sowie weitere Ansätze, den alltäglichen Rassismus zu überwinden, auch im Fall Lawrence. Dessen Eltern mussten lange kämpfen, um eine öffentliche Untersuchung durchzusetzen, erhielten aber viel Unterstützung, selbst vom konservativen Massenblatt *Daily Mail*. Dieses veröffentlichte am 14. Februar 1997 Bilder der fünf weißen Tatverdächtigen und beschuldigte sie des Mordes. Damit wollte die Zeitung einen Prozess provozieren, denn das Verfahren gegen die Verdächtigen war eingestellt worden und konnte nur wieder aufgenommen werden, wenn diese die Zeitung auf Rufmord verklagten. Doch darauf ließen sich die Beschuldigten nicht ein, so dass bis heute der Mord nicht aufgeklärt und keiner dafür verurteilt worden ist.

Zwei der Beschuldigten wurden Jahre später (2002) in einem anderen Verfahren zu 18 Monaten Haft verurteilt, da sie einen schwarzen Polizisten angegriffen hatten. Vergleichbare Fälle von *hate crime* kommen häufig vor. Für das Jahr 2006/07 erfasste die Polizei 5619 davon, die zu Verletzungen führten, weitere 4350 ohne Verletzungen und 28 485 Belästigungen, die aus religiösen oder rassistischen Gründen erfolgt waren. Das *Institute of Race Relations* dokumentierte allein zwischen 1991 und 1999 24 Fälle von rassistisch motivierten Morden.[12] Die Aussage von Salman Rushdie fand dadurch erschreckende Bestätigungen.

Es fällt schwer, diese Fälle zu beurteilen und etwa anzugeben, welche Formen des Rassismus jeweils bestehen und wie ausgeprägt sie sind. Schon die These eines institutionellen Rassismus findet Kritiker, nicht nur im rechts-konservativen Lager. Kritisiert hat sie 2008, zehn Jahre nach Veröffentlichung des Berichts der *Stephen Lawrence Inquiry*, auch Trevor Philips und erregte damit großes Aufsehen. Denn Philips ist ein schwarzer Brite, der in London geboren wurde, einen Teil seiner Kindheit in Guyana in der Karibik verbrachte und seit 2003 der *Commision for Racial Equality* bzw. ihrer Nachfolge-Organisation, der *Commission for Equalities and Human Rights* (2008) vorsitzt.

Die Diskussion über einen institutionellen Rassismus dauert an und ist Teil der allgemeinen Debatte über das Verhalten von weißen Briten gegenüber Farbigen. Diese Debatte reicht weit zurück und betraf lange vor allem die Kolonien, doch seit den Zuwanderungen der 1950er Jahre hat sich der Schwerpunkt verschoben. Seitdem geht es in erster Linie um die Situation in Großbritannien selbst. Ob hier ein grundlegender Wandel stattgefunden hat, ist schwer zu entscheiden. Es lässt sich aber feststellen, dass diese Auseinandersetzungen in Großbritannien besonders intensiv geführt werden, dass hier eine Vielzahl von Institutionen besteht, die eine Verbesserung erreichen wollen und dass Farbige bzw. ethnische Minderheiten eine vergleichsweise große Bedeutung in der britischen Wirtschaft, Gesellschaft und Politik errungen haben.[13]

Eine multikulturelle Gesellschaft?

Diese Feststellung gilt nicht nur für die Unterhaltung oder den Sport, wo Farbige mittlerweile in allen westlichen Ländern – und inzwischen selbst in Osteuropa – eine große Rolle spielen. In Großbritannien sind sie zusätzlich in zahlreichen anderen Bereichen überaus präsent: als Nachrichtensprecher, Kommentatoren oder Journalisten; in den drei großen Parteien, die 1997 zusammen 34 Kandidaten von ethnischen Minderheiten aufstellten, von denen bei Labour alle neun und bei den Liberalen drei ihren Wahlkreis gewannen;[14] in den Kirchen, wo der aus Uganda stammende John Sentamu seit 2005 als Erzbischof von York amtiert und damit die zweitwichtigste Stelle in der anglikanischen Kirche bekleidet; in den Universitäten, die unter ihren Studenten und mittlerweile auch unter den Lehrenden einen wachsenden Anteil Farbiger aufweisen; oder in der Polizei, die gezielt Vertreter ethnischer Minderheiten anwirbt und überdies Stellen einrichtete, um deren Interessen zu vertreten. Untersuchungen, die diese Aspekte international vergleichen und gesicherte Aussagen erlauben, liegen nicht vor. Doch Zuwanderer und ihre Nachkommen sind in Großbritannien öffentlich präsenter als in anderen europäischen Ländern, gerade im Vergleich zu Deutschland.

Dabei kam es auch in Großbritannien zu kontroversen Debatten über Vorzüge und Probleme einer multikulturellen Gesellschaft. Am 7. Juli 2005 schien dieses Konzept gescheitert, da die Attentäter aus dem eigenen Land stammten und gut integriert schienen. Zudem zeigten Muslime bei Befragungen ein gewisses Verständnis für die Attentäter und erklärten, dass sie sich Großbritannien nicht näher verbunden fühlten. Als wichtigsten Grund nannten sie die britische Beteiligung am Irakkrieg. Doch auch unabhängig davon bestanden grundsätzliche Konflikte zwischen politischen und kulturellen Konzepten westlicher Länder und radikalen islamischen Strömungen.

Dazu wurden in den letzten Jahren Befragungen durchgeführt, die auf Spannungen zwischen den verschiedenen Bevölkerungsgruppen verwiesen. Sie ließen aber auch große Gemeinsamkeiten erkennen und zeigten vor allem, dass die radikalen Strömungen eine kleine Minderheit bildeten. So verlangten 2006 in einer Befragung 76 Prozent der Gesamtbevölkerung und 73 Prozent der Muslime von neuen Staatsbürgern, dass ihre erste Loyalität Großbritannien gelten müsse. In beiden Gruppen erwarteten mehr als 90 Prozent, dass diese die Autorität britischer Institutionen und die Gleichberechtigung von Frauen akzeptierten. Unter den befragten Muslimen forderten 73 Prozent, dass Bewerber um die Staatsbürgerschaft sich voll in die britische Gesellschaft integrierten, und sogar 90 Prozent sprachen sich dafür aus, dass Zuwanderer Englisch lernen müssten.[15] Das verlangte auch die Regierung. Wer britischer Staatsbürger werden wollte (und will), muss englische, walisische oder gälische Sprachkenntnisse nachweisen, einen *Citizenship-Test* bestehen und nach Erlangung der Staatsbürgerschaft an einer *Citizenship Ceremony* teilnehmen – die sich großer Beliebtheit erfreut.

Auch in Großbritannien wurden somit neue Staatsbürger auf grundlegende Gemeinsamkeiten verpflichtet und von ihnen verlangt, sich in die britische Gesellschaft zu integrieren. Das erforderte eine Balance zwischen

Assimilation und Selbstbehauptung, für deren Gelingen vergleichsweise gute Voraussetzungen bestanden, da die große Mehrheit der Zuwanderer aus dem englischsprachigen Raum stammte. Viele von ihnen besaßen zudem die britische Staatsbürgerschaft und konnten deshalb sofort am politischen Leben teilnehmen, wo sie ihre Vorstellungen sowie Forderungen nicht nur einbrachten, sondern sie oft auch durchsetzten. So wurde der Gebrauch von Turbanen oder Kopftüchern in öffentlichen Ämtern früh akzeptiert, auch bei Lehrerinnen oder Lehrern. Offizielle Texte und Webseiten erschienen nicht nur auf Englisch, sondern auch in zahlreichen anderen Sprachen, um die unterschiedliche Herkunft der Einwohner zu berücksichtigen. Ebenso konnten die verschiedenen Ethnien schon durch ihr Stimmrecht durchsetzen, in Öffentlichkeit und offiziellen Institutionen angemessen vertreten zu sein. Und jüngst wurde sogar vorgeschlagen, dem islamischen Recht Scharia mehr Aufmerksamkeit zu geben – so Anfang 2008 Rowan Williams, der Erzbischof von Canterbury.

Großbritannien müsse akzeptieren, dass sich viele Muslime in alltäglichen und privaten Bereichen – wie Eheprobleme oder finanzielle Konflikte – an der Scharia orientierten. Es sei nicht sinnvoll, hier auf dem britischen Recht zu beharren und von ihnen eine Entscheidung zwischen staatlicher und kultureller Loyalität zu verlangen. Vielmehr werde der soziale Zusammenhalt gestärkt, wenn in begrenzten Bereichen Elemente des islamischen Rechtes berücksichtigt würden.[16] Diese Aussagen lösten einen Sturm der Entrüstung aus – in erster Linie allerdings wegen einer aufgebauschten und verzerrten Berichterstattung. Jenseits dieser Aufregung werden entsprechende Überlegungen seit längerem ernsthaft diskutiert, dürften vorerst aber keinen praktischen Niederschlag finden. Dazu verlaufen die Debatten über Integration, verbindliche Normen und kulturelle Vielfalt zu kontrovers und sind politisch zu brisant – zumal hier auch die Nationalbewegungen in Schottland und Wales zu berücksichtigen sind. Denn deren Forderungen nach größerer politischer und kultureller Selbständigkeit warfen nicht nur die Frage auf, ob parallel dazu ein englisches Nationalgefühl entstehen soll. Vielmehr ist auch zu klären, ob es jenseits aller Unterschiede eine *britishness* gibt, in der sich Waliser, Schotten, Nordiren und Engländer ebenso wiederfinden können wie all die Zuwanderer aus den verschiedenen Nationen, Kulturen und Religionen, die mittlerweile ebenfalls zu Großbritannien gehören.

Debatten um Britishness

Diese Debatten sind keine britische Besonderheit. Sie wurden und werden auch in zahlreichen anderen Ländern geführt und weisen weitreichende Gemeinsamkeiten auf. Es herrscht Konsens, dass Fragen der nationalen (oder europäischen) Identität wichtig sind; die Debatten erleben gelegentlich Schübe, die bald wieder abklingen; überall gibt es die Schwierigkeit, überzeugende Konzepte zu entwickeln, die allgemeine Zustimmung finden; und schließlich ist ein gewisses Unbehagen zu erkennen, sich in diesen Fragen festzulegen, gerade bei Regierungen und führenden Politikern, die hier kein Thema sehen, mit dem sie sich profilieren können.

Eine Ausnahme davon ist Gordon Brown. Er beteiligte sich in den letzten Jahren mehrfach an den Diskussionen über *britishness* und verwies auf die Notwendigkeit, sich auf gemeinsame Werte und Vorstellungen zu verständigen. Als zentral nannte er Toleranz und Freiheit, staatsbürgerliches Engagement, *Fair Play* und Offenheit gegenüber der Welt, aber auch den NHS und vergleichbare Institutionen, die ein Ausdruck britischer Werte und Traditionen seien. Hierfür fand er viel Zustimmung, auch bei Trevor Philips, der Browns Sorge vor einer zunehmenden Desintegration der Gesellschaft teilt und insbesondere befürchtet, dass der Multikulturalismus dafür keine Antwort bereithalte. Dessen Betonung der Vielfalt sei wichtig, doch die Vielfalt selbst könne den erforderlichen Zusammenhalt nicht herstellen. Wie Brown fordert deshalb auch Philips, nach integrativen Elementen der *britishness* zu suchen und dabei nicht nur Weiße und deren Geschichte, sondern auch den Beitrag von Farbigen zu berücksichtigen.[17]

Wie sehr dieser in Vergessenheit geraten war, zeigten zahlreiche Diskussionen der letzten Jahre, so 2004 die Feiern zum 200. Jahrestag der Abschaffung des Sklavenhandels im britischen Empire. Hierbei wurde nicht nur deutlich, wie wichtig Sklaverei für dessen Entwicklung lange Zeit gewesen war. Vielmehr arbeiteten zahlreiche Veröffentlichungen, Fernsehsendungen oder Ausstellungen heraus, dass neben bereits bekannten Personen wie William Wilberforce, Thomas Clarkson oder Hannah Moore auch Schwarze wie Olaudah Equiano und Ottobah Cugoano im Kampf gegen die Sklaverei einen zentralen Beitrag geleistet hatten. Ebenso vergessen war Mary Seacole, die parallel zu Florence Nightingale wichtige Reformen in Krankenhäusern anregte, in der öffentlichen Erinnerung von dieser aber vollständig verdrängt worden war. Generell wurde klar, wie sehr die britische Geschichte in den letzten Jahrhunderten durch unterschiedliche Ethnien geprägt worden ist. Entsprechend komplex muss jede Vorstellung von *britishness* ausfallen und nicht nur das Verbindende, sondern auch die Vielfalt und Widersprüchlichkeit der historischen Entwicklungen und Ereignisse widerspiegeln.

Die Suche nach gemeinsamen Werten oder gar einer gemeinsamen Identität wird damit nicht einfacher. Ein und dieselbe Person kann, so der indische Ökonom und Nobelpreisträger Amartya Sen, ohne Widerspruch amerikanisch (oder britisch) sein und seine Wurzeln in der Karibik oder in Afrika besitzen. Er kann christlich und liberal sein, «eine Frau, Historikerin, Schriftstellerin und Feministin, heterosexuell und Verteidigerin von Rechten für Homosexuelle, aktiv im Umweltschutz, ein Tennisfan und Jazzmusikerin und tief davon überzeugt, dass es im Weltall intelligente Lebewesen gibt, mit denen wir ganz dringend sprechen müssen (vorzugsweise auf Englisch)».[18] Individuen sind, so die Debatten der letzten Jahre, durch diese Vielfalt geprägt und versuchen, die einzelnen Elemente ihrer Persönlichkeit miteinander zu vereinbaren. Gemeinschaften und erst recht Nationen besitzen eine noch größere Vielfalt und stehen vor derselben Aufgabe. Sie benötigen die von Brown und anderen geforderten Gemeinsamkeiten, die jedoch nicht eng ausfallen dürfen. Sie müssen vielmehr sowohl flexibel wie auch so allgemein gehalten sein, dass sich möglichst viele darin wiederfinden können.

Dazu eignen sich Eigenschaften wie Toleranz, Fair Play oder Engagement. Diese finden breite Zustimmung, werfen aber die Frage auf, ob sie spezifisch britisch oder nicht vielmehr Teil des europäischen Erbes sind. Auch fallen sie sehr abstrakt aus und benennen weder konkrete Verhaltensweisen noch verweisen sie auf spezifische Inhalte. Diese sind aber nicht unbedingt erforderlich, zumindest nicht für den Schriftsteller Kenan Malik, der in einer Debatte mit Brown erklärte: «Ich gehöre zu den Leuten, die die englische Fußballmannschaft, die Cricket-Mannschaft und, so Gott will, die Rugbymannschaft unterstützen. Aber jenseits dieses sportlichen Zugehörigkeitsgefühls (*tribalism*) spüre ich kein Gefühl, Engländer zu sein. Dieser Begriff hat für mich keinen Inhalt.»[19]

Diese Position ist zugespitzt formuliert, reflektiert jedoch die Entkopplung von grundsätzlichen Werten und Gemeinsamkeiten auf der einen und konkreten Verhaltensweisen und Überzeugungen auf der anderen Seite, die seit den 1960er Jahren besonders sichtbar wurden. Um 1900 ließ sich weitgehend Konsens darüber erzielen, was *britishness* verkörperte: die aggressive männliche Figur von John Bull, ein verbreiteter Anti-Katholizismus oder ein imperiales Überlegenheitsgefühl. Bei genauerem Hinsehen war dieses Bild auch damals umstritten, denn zu Großbritannien gehörten ebenfalls die zahlreichen Reform- und Emanzipationsbewegungen, das Bemühen um einen weltweiten Frieden oder konkurrierende politische und religiöse Auffassungen. Dennoch: Es gab eine weithin akzeptierte Vorstellung von *britishness* und der damit verbundenen Normen und Verhaltensweisen.

Diese Vorstellung verlor in den folgenden Jahrzehnten an Kohärenz und büßte in den 1960er Jahren vollends ihre Eindeutigkeit ein: durch die Jugend- und Konsumkultur, die neue Frauenbewegung, die zunehmende Globalisierung und schließlich durch Zuwanderer. Entsprechend wurden die grundlegenden Werte und Gemeinsamkeiten immer abstrakter, während konkrete Verhaltensweisen oder Überzeugungen sich ausdifferenzierten. So sahen und sehen sich nicht nur diejenigen Konservativen als Briten, die Thatcher nachtrauern, sondern auch zugewanderte Muslime und vor allem deren Kinder, die in Großbritannien groß wurden; linke Historiker, die den traditionellen Patriotismus um die Geschichte der Unterlegenen und Minderheiten erweiterten; oder Idole wie David Beckham, die mit Rollenbildern spielen, aber dennoch – oder gerade deshalb – als offizielle Botschafter des Landes eingesetzt werden.

Es ist deshalb kein Zufall, dass für Kenan Malik vor allem gemeinsam erlebte Sportereignisse das Gefühl nationaler Zugehörigkeit (in seinem Fall zu England) erzeugen. Damit ist er nicht alleine. Bereits 1990 sprach Norman Tebbit, ein wichtiger Mitarbeiter von Thatcher, von einem *Cricket Test*. Bei neuen Staatsbürgern könne man ihre tatsächliche Loyalität daran erkennen, ob sie die englische Cricket-Mannschaft unterstützten. Und in der bereits genannten Umfrage aus dem Jahr 2006 erklärten 90 Prozent aller Befragten – sowohl Briten wie auch Muslime –, dass sie auf britische Sporterfolge stolz seien. Diese sind abstrakt (und inhaltsleer) genug, um bestehende Unterschiede zu überspielen und Erfahrungen von Gemeinsamkeit zu ermöglichen. Sie dürften aber nicht genügen, um Gesellschaften tatsächlich zusammen zu halten und ihnen hinreichend Stabilität zu vermitteln.

Asylbewerber

Die Widersprüche und Unbestimmtheiten, die Vorstellungen von *britishness* mittlerweile auszeichnen, führten zu größerer Offenheit, aber nicht in allen Fällen. Das zeigte sich besonders im Verhältnis zu Nicht-Europäern. Briten und andere Europäer sahen es bis in die 1960er Jahre hinein als ihr selbstverständliches Recht an, in jedes Land der Welt auswandern zu können, dort an den eigenen Überzeugungen und Institutionen festzuhalten und diese den Einheimischen vorzuschreiben. Darauf machte am 26. Januar 1988 Burnum Burnum aufmerksam, ein Schauspieler und Aktivist der australischen Ureinwohner, als er deren Fahne in den Strand von Brighton steckte und England für die australischen Aborigines reklamierte. Genau dies hatte 200 Jahre zuvor Arthur Phillip im Namen der britischen Krone getan, als er in Australien an Land ging. Burnum Burnum versicherte allerdings, er habe nicht vor, sich so zu verhalten, wie damals die britischen Einwanderer. Er werde weder die Wasserlöcher der Einheimischen vergiften, noch «deren Frauen sterilisieren, Kinder von ihren Eltern trennen oder britische Knochen sammeln und sie öffentlich ausstellen».[20]

Mittlerweile wandern Weiße nicht mehr in Kolonien aus. Doch aus deren Nachfolgestaaten und anderen armen Ländern kamen in den letzten Jahren zahlreiche Personen nach Großbritannien, die große Hürden überwinden müssen, um in das Land hineingelassen zu werden, das zuvor Hunderttausende nach Afrika und Asien geschickt hatte. Ihr Empfang fiel nicht gerade herzlich aus. Vielmehr versuchte Großbritannien, ebenso wie die anderen europäischen Länder, durch zahlreiche Maßnahmen deren Zuwanderung zu beschränken. Dazu wurden Grenzkontrollen verschärft, die Kriterien für die Anerkennung als politische Flüchtlinge enger gefasst oder Asylbewerber abgeschoben, wenn die Zureise aus anderen europäischen Staaten erfolgte.

Es fällt schwer, die verschiedenen Länder und deren Politik gegenüber Asylbewerbern zu vergleichen. Doch es scheint, dass die britische Regierung in dieser Frage eher rigide vorging und nur wenige Personen aufnahm. Auch berichteten die populären Massenblätter und selbst «seriöse» konservative Zeitungen vergleichsweise aggressiv über tatsächliche oder vermeintliche Missbräuche des Asylwesens. Die Labour-Regierung wiederum wollte die Zuwanderung von Arbeitskräften nicht gefährden, die ohnehin auf Kritik stieß und vermied daher eine offene Asyldebatte. Im Ergebnis verschärfte auch sie die Kontrollen und Bedingungen für die Asyl-Gewährung. Entsprechend gingen (Tabelle 17) die Zahl der Asylanträge und der positiven Bescheide zurück, allerdings nicht die oft reißerische Berichterstattung in den Medien und die damit verbundenen Befürchtungen. So bezeichneten 1997 nur zehn Prozent der Briten die Asylfrage als ein wichtiges Thema; 2001 lag diese Zahl bereits bei 27 Prozent, und beim Rücktritt Blairs sahen 36 Prozent in der Asylfrage das größte Problem nach der Kriminalität.[21]

Diese Ergebnisse von Meinungsumfragen sind allerdings schwer zu interpretieren, wie die Konservativen erfahren mussten. Sie trauten den Umfragen und rückten in den Wahlkämpfen 2001 und 2005 die Themen Zuwanderung und Asyl in den Vordergrund. Die Wähler setzten jedoch andere Prioritäten. Denn die Konservativen verloren beide Wahlen deutlich und gaben Labour die Gelegenheit, sie als fremdenfeindlich und intolerant darzustellen. Entsprechend hielt sich David Cameron seit seiner

Tabelle 17: Asylbewerber in Großbritannien

Jahr	Asylanträge (ohne Angehörige)	Angenommen
1997	32 500	7100
1998	46 000	9200
1999	71 000	21 400[1]
2000	80 315	10375
2001	71 365	11450
2002	84 130	8270
2003	49 405	13 833[2]
2004	33 960	7810
2005	25 710	7970
2006	23 610	6225
2007	23 340	6540

Quelle: http://www.homeoffice.gov.uk/rds/immigration-asylum-stats. html, aufgerufen am 02.12.2009.

1 Darunter 11 000 «under a special backlog clearance exercise»

2 Für die Jahre 2003–2005 wurden die absoluten Zahlen aus Prozentangaben errechnet.

Wahl zum Vorsitzenden der Konservativen bei diesen Themen zurück, zeigte mehr Verständnis für Zuwanderer und Asylbewerber und versuchte das Leitbild eines mitfühlenden (*compassionate*) Konservatismus zu vermitteln. Offensichtlich vermutet auch er unter den weißen Wählern eine Mehrheit, die akzeptiert hat, dass Großbritannien eine multikulturelle Gesellschaft geworden ist. Und zusätzlich muss er darauf Rücksicht nehmen, dass in zahlreichen Wahlkreisen die Stimmen farbiger Wähler den Ausschlag geben können.

13. Großbritannien 1900–2010: Rückblicke und Befunde

Eindrücke

Seit der Beerdigung von Königin Viktoria sind mehr als einhundert Jahre vergangen, die durch zwei Weltkriege, das Ende des Empire und zahlreiche andere Veränderungen gekennzeichnet waren. Doch Personen, die im Januar 1901 an der Beerdigung teilnahmen und das heutige Großbritannien besuchen könnten, würden auf Vertrautes stoßen: Eine Monarchin, die seit fast 60 Jahren amtiert und sich anschickt, länger zu regieren als Viktoria; Frauen, deren dunkle Kleidung den Körper oder sogar das ganze Gesicht bedeckt; eine Elite, die überwiegend in Oxford und Cambridge studiert und oft eine der alten *Public Schools* besucht; oder Nachrichten von Soldaten, die in weit entfernten Gebieten für Königin und Vaterland ihr Leben lassen.

Neben diesen oberflächlichen Eindrücken würden sie auch elementare Kontinuitäten feststellen, beginnend beim politischen System. Dieses stützt sich weiterhin auf die drei großen Parteien, die schon vor dem Ersten Weltkrieg bestanden; die Macht liegt bei einer demokratisch gewählten Regierung, der im Parlament *Her Majesty's Opposition* gegenüber steht; wie zuvor ist London das politische, kulturelle und wirtschaftliche Zentrum des Landes und hat seine Position als globales Finanzzentrum behauptet; die Reichen besitzen prächtige Häuser und oft zusätzliche Landsitze, die Ansehen und Status verleihen; Gewerkschaften bemühen sich, die Situation ihrer Mitglieder zu verbessern, während in den Städten immer noch Arme um Geld betteln. Wie um 1900 strömen die Zuschauer in die Fußballstadien oder zum *Grand National*-Pferderennen in Aintree, wo sie große Summen verwetten, während die bessere Gesellschaft unter sich bleibt und in Ascot hofft, Zugang zur königlichen Loge zu erhalten.

Bei näherem Hinschauen werden die Besucher aus der Vergangenheit jedoch große Unterschiede erkennen. So bedecken nur wenige, meist muslimische Frauen ihren Körper, während die anderen ganz unterschiedlich gekleidet sind und selbst Hosen tragen, wie damals nur Männer. Ohnehin treten Frauen in ihren Augen sehr selbstbewusst auf und besitzen nicht nur das Wahlrecht, sondern üben ganz selbstverständlich die unterschiedlichsten Berufe aus und bekleiden höchste Positionen. Noch mehr dürfte sie die große Zahl der Farbigen, Zuwanderer und Ausländer aller Art erstaunen, die London offensichtlich fest in der Hand haben. In den Kirchen der Anglikaner hingegen, an deren Spitze weiterhin die Monarchin steht, träfen sie nur wenige Gläubige, im Gegensatz zu den Moscheen, die zu ihrer großen Überraschung im ganzen Land zu finden sind. Wenn die Besucher sich genauer erkundigen, werden sie noch mehr Veränderungen feststellen, aber auch erfahren, dass diese im Gegensatz zu fast allen anderen europäischen Ländern weitgehend friedlich erfolgten. Gerade im 20. Jahrhundert zeichnete sich Großbritannien durch eine bemerkenswerte Stabilität aus, trotz der beiden Weltkriege, des Verlustes von Weltmachtstellung und Empire und zahlreicher Krisen.

Eine Tatsache jedoch wird sie ganz besonders beeindrucken: Die enorme Steigerung des Lebensstandards, die überall greifbar ist. In Häusern, die viel größer, wärmer und besser ausgestattet sind, oder in Geschäften und Supermärkten, die eine überwältigende Auswahl von Lebensmitteln anbieten, die ihnen oft ganz unbekannt sind. Staunend würden sie Fernseher, Radios, Autos, die Möglichkeiten des Internets und zahlreiche andere technische Neuerungen betrachten. Sie empfänden es als geradezu unglaublich, dass Krankheiten, die für sie tödlich verliefen, als Bagatelle erscheinen, oder dass Briten heute erwarten, mehr als 80 Jahre alt zu werden. Die Besucher würden deshalb erstaunt reagieren, wenn sie erfahren, wie oft in den letzten Jahrzehnten der Niedergang des Landes beklagt wurde.

Niedergang

Dieses Erstaunen ist vor allem dann gerechtfertigt, wenn der Verlust der Weltmachtstellung oder der führenden Position als Industriemacht beklagt wird. Denn es war politisch, ökonomisch und militärisch (sowie auch moralisch) nicht möglich, die Führungsposition zu behaupten oder am Empire und den Kolonien festzuhalten. Zu diskutieren ist deshalb lediglich, ob ein relativer Niedergang stattfand. Auch dafür lassen sich schwerlich Belege anführen, wenn wir den Beginn des 20. Jahrhunderts zum Vergleich nehmen und den Lebensstandard, die Situation von Frauen, die größere Toleranz gegenüber Minderheiten oder den enormen Anstieg der Bildung betrachten. Ernsthaft zu erörtern ist deshalb allenfalls die Frage, ob Großbritannien im Vergleich zu anderen Ländern relativ schlecht abschnitt bzw. Entwicklungen verpasste, die gegenüber dem Beginn des Jahrhunderts eine noch größere Verbesserung gebracht hätten.

Hier ergibt sich kein eindeutiges Bild. Großbritannien war bis in die 1960er Jahre hinein wohlhabender als die anderen großen europäischen Staaten, verzeichnete dann allerdings geringere Wachstumsraten. Diese beruhten vor allem darauf, dass auf dem Kontinent Nachholprozesse stattfanden, die dort ein höheres Wachstum erlaubten und zu einer Angleichung führten. Ab den 1970er Jahren überholten Deutschland, Japan oder auch Frankreich das Vereinigte Königreich, so dass ein relativer Niedergang stattfand. Dazu trugen auch radikale Gewerkschaften, die Ölpreiskrise oder Fehler in der Wirtschaftspolitik bei, die sich gegenseitig verstärkten. Hinzu kam, dass Großbritannien in diesen Jahren – und früher als auf dem Kontinent – den schmerzhaften Übergang zu einer Dienstleistungsgesellschaft vollzog. Doch als diese Phase überwunden war und die Reformen von Thatcher griffen, beschleunigte sich das Wachstum wieder und erreichte in den letzten zehn Jahren beeindruckende Zahlen. Einmal mehr nahm Großbritannien damit Entwicklungen vorweg, die auf dem Kontinent noch bevorstanden bzw. bevorstehen. Sie führten im Vereinigten Königreich aber auch zu Exzessen, wie die aktuelle Krise zeigt. Es scheint, dass die Liberalisierung des Finanzsektors zu weit ging, während der Rückgang der produzierenden Industrie offensichtlich zu radikal erfolgte.

Generell fand somit kein Niedergang statt, sondern ein Prozess der Angleichung an die anderen westeuropäischen Staaten, der nicht zu verhindern war (und zudem weithin gewünscht wurde). Bei den grundlegenden sozio-ökonomischen, kulturellen und selbst politischen Merkmalen weisen die westeuropäischen Staaten heute nur noch geringe Unterschiede auf, deutlich weniger als um 1900.[1] Werden allerdings spezifische Aspekte näher betrachtet, zeigen sich in Großbritannien Schwächen, etwa in der beruflichen Ausbildung, bei Investitionen, der produzierenden Industrie oder in der Forschungsförderung; aber auch Stärken, so im Dienstleistungs- und Finanzsektor, der Unterhaltungsindustrie oder der Rüstungswirtschaft.

Klassen

Jenseits aller Angleichungen scheint ein Merkmal für Großbritannien weiterhin «typisch» zu sein: Die ausgeprägten Klassenunterschiede, auf die Beobachter bereits im 19. Jahrhundert verwiesen. Dabei wurde die absolute Armut, die um 1900 herrschte, nach dem Ersten Weltkrieg schrittweise überwunden. Selbst während der Weltwirtschaftskrise von 1929 erhielten Arme und Arbeitslose Unterstützung, die einen Rückfall in diese extreme Notlage verhinderte. Die Einführung des Wohlsfahrtsstaates und der wirtschaftliche Aufschwung nach 1945 verbesserten deren Lage weiter und führten zu der Auffassung, das Problem der Armut sei überwunden, bis sich der neue, relative Armutsbegriff durchsetzte. Anschließend wurden neue Programme umgesetzt, Steuern erhöht und zusätzliche Gelder gezahlt, die eine Angleichung der Lebensbedingungen brachten, aber auch als Ursache für das schwache wirtschaftliche Wachstum oder den *Winter of Discontent* galten.

So argumentierte zumindest Thatcher, deren Reformen zu einem Aufschwung, aber auch zu größerer Ungleichheit führten. Die Regierung Blair nahm hieran Korrekturen vor, akzeptierte aber sehr hohe Spitzeneinkommen, die zudem wenig besteuert wurden, so dass der Anteil der relativ Armen groß blieb. Überzeugende Lösungen stehen noch aus – nicht nur in Großbritannien. Vielmehr werden weltweit Wege gesucht, wie Wohlstand und Wirtschaftswachstum mit der Reduzierung sozialer Unterschiede in Einklang gebracht werden können.[2]

Jenseits aller sozialen Unterschiede wurde nach 1900 die Zuordnung zu den einzelnen Klassen zunächst einfacher. Das gilt insbesondere für die Arbeiterschaft, wo der Anteil der Männer und Frauen, die in der Industrie beschäftigt waren, stetig wuchs. Seinen Höhepunkt erreichte diese Entwicklung in den 1960er Jahren, als die *working class* vergleichsweise groß und homogen ausfiel, danach jedoch schrumpfte, da die traditionellen Industrien an Bedeutung verloren. Zugleich entstanden neue Berufe, das Bildungsniveau stieg, mehr Frauen als zuvor hatten eine bezahlte Beschäftigung, und die Gruppe der Immigranten wuchs. Entsprechend veränderten sich die Größe und das Verhältnis der verschiedenen Klassen und Schichten zueinander. Zugleich wurde deutlich, dass soziale Ungleichheit nicht nur von der materiellen Lage und der beruflichen Situation abhing, sondern auch von Geschlecht, Ethnie, Alter und anderen Faktoren. So ergab sich ein zunehmend komplexes Bild, wenngleich generell festgehalten werden kann, dass die mittleren Schichten an Umfang und Bedeutung gewannen. Doch daneben existiert eine Unterschicht, die – wie in allen Industrieländern – besonders unter den Folgen der Globalisierung leidet und einen relativen Abstieg hinnehmen musste.[3]

Zunehmend finden sich Hinweise darauf, dass vor allem weiße männliche Jugendliche Leidtragende dieser Entwicklung sind und dass Regierung und Behörden deren Lage nicht genügend beachteten. So kam 2007 ein offizieller Bericht von Sir Keith Ajegbo, Berater der Regierung und früherer Schuldirektor, zu dem Ergebnis, dass weiße Schüler, die in ethnisch gemischten Gegenden lebten, unter Ausgrenzung litten. Es sei fatal, «Selbstvertrauen bei Schülern aus ethnischen Minderheiten zu erzeugen, wenn weiße Schüler sich entrechtet fühlen und aufgebracht sind. Viele einheimische weiße Schüler haben negative Wahrnehmungen ihrer Identität.»[4]

Diese Gefahr betonte auch Trevor Philips, und hier dürfte einer der Gründe liegen, warum die rechtsradikale *British National Party* gerade in Arbeitervierteln viele Wähler findet. Das ist allerdings kein neuartiges Phänomen. Vielmehr gab es bereits nach 1900 Ausschreitungen gegen ausländische, insbesondere jüdische Zuwanderer, die sich im Londoner East End zuspitzten und zum *Aliens Act* von 1905 beitrugen. Auch die *British Union of Fascists* von Oswald Mosley fand in den 1930er Jahren in diesem Teil Londons und anderen Arbeitervierteln zahlreiche Anhänger, ebenso später Enoch Powell. Fremdenfeindlichkeit war also in der weißen Arbeiterschaft schon früher zu finden, jetzt jedoch wird ihr diese Haltung geradezu pauschal unterstellt. Diese Einschätzung ist weit überzogen, doch eines lässt sich festhalten: Im Gegensatz zu 1900 gilt die Arbeiterklasse nicht mehr als diejenige Gruppe, die für eine bessere, möglichst eine sozialistische Gesellschaft kämpft. Diese Hoffnung – oder auch Befürchtung – war schon damals übertrieben und wird mittlerweile allenfalls noch von linken Randgruppen gehegt.

Im deutlichen Kontrast dazu standen (und stehen) die große Stabilität und Homogenität der Eliten, gut zu sehen an der aktuellen Führung der

Konservativen Partei. Cameron und drei seiner wichtigsten Vertrauten[5] trafen sich als Studenten in Oxford, wo sie zudem derselben exklusiven Studentenverbindung angehörten. Drei von ihnen waren zudem in Eton, so dass selbst die konservative *Sunday Times* bemerkte, dass Cameron mehr *Etonians* um sich habe als jeder Parteiführer seit Macmillan, und die Frage stellte, ob er auf einer solch engen Basis das Land regieren könne.[6]

Eine derart ausgeprägte Homogenität in Herkunft und Ausbildung ist auch für Großbritannien ungewöhnlich, doch generell gilt, dass diese ein wichtiges Merkmal der britischen Eliten im 20. Jahrhundert darstellt. Dabei hat sich deren sozialer und familiärer Hintergrund stetig erweitert, während bei den wichtigen Karrierestationen (Oxford und Cambridge sowie zusätzlich die *Public Schools*) eine erstaunliche Kontinuität festzustellen ist – auch deshalb, weil diese Institutionen flexibel genug waren, sich für aufstrebende Schichten und Personen zu öffnen. Das schloss nicht aus, dass innerhalb der Eliten und oberen Schichten auch Prozesse des Abstiegs stattfanden oder immer wieder diffuse Ängste aufkamen. Doch auch hier gilt, dass diese im Vergleich zum Kontinent vergleichsweise gering ausfielen und vor allem die materielle Existenz weitgehend gesichert blieb.

Wohlfahrt, Staat und Markt

Die Zunahme des Wohlstands im 20. Jahrhundert beruhte vor allem auf dem Wachstum der Wirtschaft, aber auch auf Eingriffen des Staates. Um 1900 fielen diese sehr begrenzt aus, wurden dann aber im Ersten und vor allem im Zweiten Weltkrieg ausgebaut. Nach den Kriegen gingen sie jeweils zurück, blieben aber auf einem hohen Niveau, insbesondere nach 1945, als die Verstaatlichung wichtiger Industrien erfolgte und der Wohlfahrtsstaat entstand. Jetzt begannen «goldene Jahre» mit einem anhaltenden Wirtschaftswachstum, wozu staatliche Interventionen beitrugen, wenngleich diese bis heute unterschiedlich beurteilt werden. Konsens besteht hingegen darin, dass sie in den 1970er Jahren erhebliche Probleme verursachten, so dass die Reformen von Thatcher breite Zustimmung fanden und Erfolge zeigten. Auch hier ist umstritten, worauf diese im Einzelnen beruhten und ob sie nicht mit zu großen Nachteilen verbunden waren. Die aktuelle Krise verstärkt die Zweifel. Vor allem der Rückzug des Staates wird nicht mehr nur positiv gesehen.

Die staatliche Sozialpolitik wiederum begann nicht erst mit dem Wohlfahrtsstaat. Sie besaß bereits um 1900 wichtige Vorläufer, vorwiegend allerdings auf kommunaler Ebene, während eine nennenswerte nationale

Sozialpolitik erst kurz vor dem Ersten Weltkrieg einsetzte. Diese expandierte anschließend und bekam den entscheidenden Schub nach dem Zweiten Weltkrieg. Der Wohlfahrtsstaat entstand und wurde ausgebaut, trotz der Bemühungen unter Thatcher, ihn zurückzudrängen und den Nachkriegskonsens aufzukündigen. Ihre Reformbemühungen führten zu mehr Konkurrenz, aber auch zu einer Expansion der Bürokratie, da gerade in den letzten Jahren die staatlichen Ausgaben – und auch Zuständigkeiten – noch anstiegen.

Das gilt auch für andere Bereiche. Insgesamt sind im Laufe des 20. Jahrhunderts die Aufgaben von Staat und Regierung stetig angewachsen, weit über die klassischen Bereiche der inneren Sicherheit, der Außenpolitik oder des Militärs hinaus. Mittlerweile wird erwartet, dass Staat und Regierung sich um Schulen, Universitäten, Krankenhäuser und Gesundheit ebenso kümmern wie um den Schutz von Familien, eine größere Gleichberechtigung der Frauen, mehr Toleranz gegenüber Minderheiten, bessere Beziehungen zwischen Einheimischen und Zuwanderern oder eine Bekämpfung des Alkoholkonsums unter Jugendlichen. Selbst staatliche Maßnahmen gegen Bewegungsmangel und Fettleibigkeit werden gefordert. Die verbreitete Meinung, der Staat habe zunehmend an Einfluss verloren, ist deshalb schwer zu begründen.[7]

Als Beleg wird gerne auf die Globalisierung verwiesen, die das Handeln von Staaten erschwere, wenn nicht unmöglich mache. Die aktuelle Krise spricht dagegen, denn gerade Nationalstaaten griffen ein, um Abhilfe zu schaffen. Das garantiert nicht, dass diese Maßnahmen den erhofften Erfolg zeigen, doch generell stiegen seit 1900 die Handlungsmöglichkeiten der Regierungen deutlich an. Heute besitzen diese in nahezu allen Bereichen bessere Kenntnisse, können auf leistungsfähige Institutionen und Behörden zurückgreifen und verfügen über bedeutend mehr Mittel. Betrug um 1900 der Anteil der Staatsausgaben am Bruttosozialprodukt etwa zwölf Prozent, so wuchs er auf aktuell fast 45 Prozent – bei einer mehrfach größeren Verfügungsmasse (Tabelle 18).

Dabei nahmen die staatlichen Leistungen oft einzeln und unabhängig voneinander zu, schufen nach und nach aber eine umfassende Infrastruktur und ein dichtes Netz von Institutionen, die den Alltag der ganzen Bevölkerung durchdringen. Diese Durchdringung ließ immer wieder Sorgen vor einem ausufernden Staat aufkommen. Doch sie schuf auch einen breiten Fundus gemeinsamer Erfahrungen, der wesentlich zur Stabilität der britischen Gesellschaft beitrug und beiträgt. Es ist deshalb nur folgerichtig, dass Gordon Brown in den Debatten über Britishness den NHS als wichtiges verbindendes Element nannte.

Tabelle 18: Britische Staatsausgaben:
In Milliarden £ zu Preisen von 1993

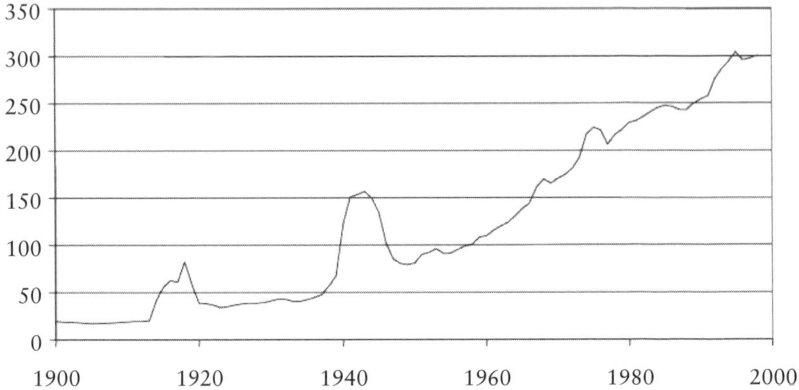

In Prozent des Bruttoinlandsprodukts

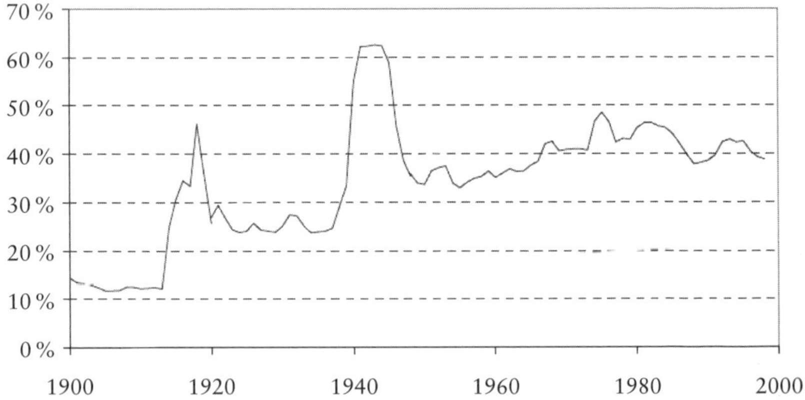

Quelle: Hicks/Allen, Century, S. 22.

Beatles

Die Beatles erlebten bekanntlich ihren Aufstieg erst nach 1960, stehen jedoch für ein Phänomen des 20. Jahrhunderts, das in Großbritannien früher als auf dem Kontinent aufkam und besonders große Bedeutung besaß: die Entstehung und Durchsetzung einer ausgeprägten Konsumkultur, die weite Teile des öffentlichen Lebens prägte. Dazu gehören Theater und Musiksäle ebenso wie Zeitungen, Zeitschriften und Bücher; Kaufhäuser und Kneipen, Stadien und Rennplätze, Radios, Fernseher oder CDs, Urlaubsreisen, Autos und vieles andere. Mehr und mehr durchzogen die Konsumgüter den Alltag und haben die Grenzen von Klasse und Schicht fraglos nicht beseitigt. Doch sie machten diese durchlässiger und boten zunehmend Bereiche, wo die unterschiedlichen Klassen sich trafen und gemeinsame Bezugspunkte entwickelten. So fand eine Integration durch Konsum statt, auch auf dem Kontinent, wo sie sich allerdings deutlich später ausbreitete. In Großbritannien wiederum war sie umso wirksamer, als die wachsende Infrastruktur, der Wohlfahrtsstaat und nicht zuletzt die Erfahrungen des Zweiten Weltkriegs weitere Gemeinsamkeiten schufen.

Damit ist die Frage angesprochen, ob Großbritannien im 20. Jahrhundert ein vergleichsweise modernes Land war. Das trifft grundsätzlich zu, da hier wichtige Entwicklungen früher stattfanden. Bereits um 1900 war Großbritannien – mehr als jedes andere europäische Land – zu einer urbanen Industriegesellschaft geworden. Hier hatten die Landwirtschaft und damit verbundene gesellschaftliche Entwürfe oder politische Bewegungen nur noch eine geringe Bedeutung, während sie auf dem Kontinent bis nach 1945 eine große Belastung bedeuteten. Zugleich erfolgte schon unter Viktoria der Übergang zu einer Dienstleistungsgesellschaft mit einem global agierenden Bank- und Finanzsektor und einem bedeutenden Konsumsektor.

Dieser zeitliche Vorsprung trug wesentlich dazu bei, dass Großbritannien die Weltwirtschaftskrise der 1930er Jahre vergleichsweise glimpflich überstand; erst spät der EWG beitrat; in den 1970er Jahren ein rasches Ende der traditionellen Industrien und den damit verbundenen *Winter of Discontent* erlebte; sich danach (einmal mehr) als globales Finanzzentrum etablierte – aber auch in der populären Kultur nach dem Zweiten Weltkrieg einen weltweiten Siegeszug antrat. Dieser beruhte nicht nur auf den Beatles, den Rolling Stones und zahlreichen weiteren Bands, sondern auch auf Mode, Filmen, Büchern und nicht zuletzt auf den Comedies von Peter Sellers, Marty Feldman, Monty Python, Rowan Atkinson und derzeit Matt Lucas oder David Walliams.

Selbst die aktuelle Wirtschaftskrise kann als Beleg für den zeitlichen Vorsprung dienen und zeigt, dass dieser – so derzeit im Bank- und Finanzsektor – nicht per se einen Vorteil bringt. Die Vorreiterrolle kann vielmehr auch zu gravierenden Fehlentwicklungen führen und Nachrückern als Warnung dienen, wobei allerdings abzuwarten ist, wer die Krise besser übersteht. Die britische Wirtschaft mit ihren Finanz- und Dienstleistungen, oder die deutsche, die deutlich stärker von der produzierenden Industrie und deren Exporten abhängig ist.

Empire und die vier Nationen

Die große Bedeutung des Empire für die britische Geschichte des 20. Jahrhunderts zeigte sich oft ganz unerwartet, so bei der Wahl von Barack Obama zum amerikanischen Präsidenten. Diese wurde auch in Großbritannien begrüßt, doch zugleich war eine Verunsicherung zu spüren, da Obamas afrikanischer Großvater am Mau-Mau Aufstand in Kenia teilgenommen hatte, dabei in Gefangenschaft geraten war und gefoltert wurde. Zuvor hatte er als Soldat im Zweiten Weltkrieg auf britischer Seite gekämpft und anschließend Hoffnungen auf größere politische Freiheiten gehegt, die jedoch enttäuscht wurden und zum Aufstand führten.

Vergleichbare Beispiele für die Auswirkungen des Empire sind zahlreich. Doch bis heute ist umstritten, wie groß dessen Einfluss auf Politik, Gesellschaft und Wirtschaft in Großbritannien tatsächlich war. Unter den Parteien zumindest führte das Empire im 20. Jahrhundert – abgesehen von der Frage des Schutzzolles – zu keinen ernsthaften Kontroversen und spielte in den Wahlkämpfen keine größere Rolle. Zunehmend allerdings wurde es im Alltag präsent, schon um 1900 bei den Pfadfindern, in Zeitungen, Büchern und Filmen, danach durch die Empire-Ausstellung, in den Waren von Kaufhäusern oder den Sendungen der BBC. Diese Entwicklungen weckten jedoch in der Bevölkerung vor allem Neugierde und ein diffuses Interesse, hingegen nur wenig ernsthaftes Engagement oder gar anhaltende Begeisterung. Darüber klagten Imperialisten wie Kitchener schon um 1900. Auch anschließend fanden sie nur wenig Gehör, und nach dem Zweiten Weltkrieg erfolgte der Abschied vom Empire rasch und ohne nennenswerten Widerstand.

Doch das Bild vom raschen Abschied und einem weitgehend folgenlosen Empire täuscht. Viele Kolonien mussten ihre Unabhängigkeit blutig erkämpfen und haben die Folgen der britischen Herrschaft bis heute nicht überwunden. Auch deshalb fällt es schwer, eine eindeutige Bilanz der britischen – wie auch der europäischen – Kolonialherrschaft zu ziehen. Überzeugt von einer *civilising mission* verbreiteten Briten Errungenschaften des Abendlandes in der Welt, errichteten Schulen, schufen Infrastrukturen, überwanden Rückständigkeit oder etablierten stabile Verhältnisse. Doch daneben zeigten sie Vorurteile, Unverständnis und Gewalt, die viel Leid und Unterdrückung mit sich brachten. Im Nachhinein wirkt der europäische Wunsch, die Welt zu beherrschen und sie zu verbessern, anmaßend. Doch er zählte zu den großen Visionen, die das 20. Jahrhundert prägten, und hinterließ nicht nur in den Kolonien tiefe Spuren, sondern trug auch wesentlich zum Ausbruch der beiden Weltkriege bei.

1914 wollte die britische Regierung im Krieg ihre Weltmachtstellung verteidigen und hielt daran anschließend hartnäckig fest, bis sie in den 1930er Jahren angesichts der Bedrohung durch Deutschland, Japan und Italien überfordert und faktisch handlungsunfähig wurde. Diese Instabilität des europäischen Systems und damit der Weltpolitik endete mit dem Zweiten Weltkrieg, allerdings weniger aus Einsicht als vielmehr durch Schwäche. Die Zeit für europäische Weltmachtträume war vorbei. Auch die koloniale Herrschaft ging zu Ende, war mit der Übertragung der Macht aber nicht abgeschlossen. Vielmehr kamen jetzt in wachsender Zahl die früheren Untertanen nach Europa, besonders nach Großbritannien, wo sie nach und nach Politik und Gesellschaft veränderten. Anders ausgedrückt: Je kleiner die britische Macht über Empire und Kolonien wurde, desto mehr nahmen deren Präsenz und Einfluss im früheren Mutterland zu.

Hier wiederum erlebten die irischen, walisischen und schottischen Nationalbewegungen eine wechselvolle Geschichte. Um 1900 besaßen sie begrenzte Unterstützung, bis auf Irland, wo Landfrage, Nationalismus und Religion eine brisante Mischung ergaben und 1922 nach heftigen Kämpfen zur Unabhängigkeit führten. Die beiden anderen Nationalbewegungen gewannen erst ab den 1970er Jahren nennenswerte Unterstützung, die rasch wuchs und dazu führte, dass Schottland und Wales 1999 eigene Parlamente und Regierungen erhielten. Die schottischen Nationalisten sind damit nicht zufrieden, sondern streben die vollständige Unabhängigkeit an, wie überhaupt das Verhältnis der Nationalbewegungen zueinander, zu England und nicht zuletzt zu Großbritannien noch nicht geklärt ist.

Kriege

Im Gegensatz zu Deutschland, Frankreich und den anderen europäischen Staaten (mit Ausnahme von Spanien, Lichtenstein und der Schweiz) gewann Großbritannien beide Weltkriege. Diese Feststellung klingt banal, kann in ihrer Bedeutung aber nicht überschätzt werden, zumal das Königreich zusätzlich weder eine Besatzung noch Kämpfe auf dem eigenen Boden oder Formen der Kollaboration erlebte. Entsprechend selbstbewusst und unverändert gingen Eliten, Parteien und Institutionen aus beiden Kriegen hervor – anders als auf dem Kontinent. Doch auch in Großbritannien führten beide Kriege zu wichtigen Veränderungen, denn die Aufgaben des Staates nahmen zu, Labour Partei und Gewerkschaften erlangten mehr Einfluss, und neue Ziele setzten sich durch. Das gilt vor allem für den Zweiten Weltkrieg, der den Wohlfahrtsstaat und einen Nachkriegskonsens hervorbrachte. 1918 hingegen war der im Krieg entstandene Konsens fragil und zerbrach bald angesichts unterschiedlicher Erwartungen.

Im Einzelnen werden die Folgen der Kriege unterschiedlich beurteilt, zumal wichtige Kontinuitäten unabhängig davon bestanden. So in der Sozialpolitik, deren Vorläufer weit ins 19. Jahrhundert zurückreichen, oder in der Wirtschaftspolitik, wo nach dem Ersten Weltkrieg und insbesondere in den 1930er Jahren die Zahl derjenigen zunahm, die staatliche Eingriffe in die Wirtschaft forderten. Dennoch: Vor allem der Zweite Weltkrieg war entscheidend dafür, dass seit langem geforderte Reformen endlich umgesetzt wurden. Auf ihn folgte der Kalte Krieg, der wesentlich zum weiteren Ausbau des Wohlfahrtsstaates beitrug, da auch auf sozialem Gebiet die Überlegenheit des Kapitalismus gezeigt werden sollte. Auch in Großbritannien waren somit Kriege wichtige Motoren für gesellschaftliche Veränderungen und halfen, bestehende Verkrustungen aufzubrechen und Widerstände zu überwinden.

Obwohl es als Sinnbild eines friedlichen, unmilitärischen Landes gilt, führte das Vereinigte Königreich im 20. Jahrhundert mehr Kriege als jeder andere europäische Staat, beginnend mit dem Burenkrieg und zahllosen «kleinen» Kriegen vor 1914 bis aktuell zum militärischen Einsatz im Kosovo, in Afghanistan, Irak, Sierra Leone usw. Ebenso gehören zur britischen Geschichte im 20. Jahrhundert konstant hohe Militärausgaben und eine bedeutende Rüstungsindustrie, die bis heute in Europa eine führende Rolle einnimmt, im Gegensatz zur «normalen» Industrie, die in den letzten Jahren geschrumpft ist.[8] Die Bereitschaft, im Kosovo oder dem Irak militärisch einzugreifen, besaß hier eine wichtige Grundlage. Ohne die professionelle, technisch gut ausgerüstete Armee wären derartige Interventionen sehr viel schwieriger gewesen.

Daneben besteht eine andere Kontinuität. Die *civilising mission*, die 1900 zum Burenkrieg beitrug und anschließend ein wichtiges Motiv blieb, bis hin zu den Rechtfertigungen der aktuellen Einsätze. In der Bevölkerung hingegen fand dieses Argument immer weniger Zustimmung. Das ist fraglos zu begrüßen, doch ganz eindeutig ist die Situation nicht. Denn auch unabhängig von allen Überlegenheitsgefühlen stellt sich die Frage, ob militärische Eingriffe in andere Staaten angezeigt oder sogar erforderlich sein können, wenn diese fundamental gegen Menschenrechte verstoßen oder Kriege vorbereiten. Blair vertrat diese Position schon vor dem Irakkrieg, während in der Öffentlichkeit die Ablehnung des Krieges überwog. Hier ist von einem Sendungsbewusstsein nahezu keine Rede mehr – und ebenso wenig von der Bereitschaft, für Königin und Vaterland zu sterben oder andere dafür zu töten. Beim Burenkrieg und den beiden Weltkriegen war diese Einstellung noch selbstverständlich und selbst in den Kolonialkriegen nach 1945 noch anzutreffen. Heute hingegen bekennen sich allenfalls die Berufssoldaten dazu und werden für ihren Einsatz ausgezeichnet. Sie werden aber nur noch selten als Idole gefeiert, wie dies in weiten Teilen des 20. Jahrhunderts der Fall war.

Diese Entwicklung änderte allerdings nichts daran, dass die beiden Weltkriege in Großbritannien weiterhin überaus positiv erinnert werden. Das gilt für den Ersten Weltkrieg mit gewissen Einschränkungen, während der Zweite von Beginn an breite Unterstützung erfuhr – auch dies eine Besonderheit im europäischen Vergleich.

Identitäten, Wahrnehmungen und Herausforderungen

Ungeachtet dieser positiven Erinnerungen an die beiden Weltkriege erfuhr die britische Selbstwahrnehmung in den letzten hundert Jahren zahlreiche Veränderungen. Dabei ist es wichtig, den Plural zu verwenden und von Wahrnehmungen zu sprechen, da diese jeweils in großer Zahl und Vielfalt bestanden und bestehen und schon einzelne Personen unterschiedliche Wahrnehmungen hatten, die sich zudem im Laufe der Zeit änderten.

Wahrnehmungen werden konstruiert, allerdings nicht im luftleeren Raum. Sie müssen vielmehr tatsächlichen Erfahrungen und Situationen entsprechen, bauen auf langen Traditionen auf und bestehen aus verschiedenen Elementen, die sich immer wieder neu zusammensetzen und jeweils unterschiedlich weit verbreitet sind. So herrschten um 1900 das Bild von John Bull und ein aggressiver Nationalismus vor, der nach dem Ersten Weltkrieg an Gewicht verlor. Neue Vorstellungen von Männlichkeit und pazifistische Strömungen breiteten sich aus, Partnerschaft und Familie rückten in den Vordergrund. Prozesse einer Feminisierung fanden statt, Humor und Selbstironie setzten sich als zentrale Elemente des «nationalen Charakters» durch.

Wichtig waren nicht nur solche Veränderungen der Selbstwahrnehmung, sondern vor allem, dass viele verschiedene und zudem miteinander konkurrierende Varianten entstanden. Zu dieser Vielfalt trugen das schottische, irische, walisische und zunehmend ein englisches Nationalgefühl bei, die jeweils eine sehr lange Vorgeschichte besitzen und in den letzten Jahren eine Renaissance erlebten. Ebenso wichtig waren zahlreiche religiöse Strömungen oder zuletzt das Konzept der multikulturellen Gesellschaft. Es wurde dadurch immer schwieriger, Merkmale des britischen Selbstverständnisses zu finden, die auf ähnliche Weise für (fast) alle galten wie die Konzepte und Normen, die um 1900 vorherrschten. Wo dies in den letzten Jahren versucht wurde, fielen die Vorschläge notgedrungen abstrakt aus. Das zeigten die Debatten über *britishness*, die letztlich auf allgemeine Werte wie Toleranz, Freiheitsliebe oder Demokratie rekurrierten. Damals wie heute kommt es allerdings darauf an, diese Begriffe mit Inhalt zu füllen.

Dafür bietet die britische Geschichte des 20. Jahrhunderts zahlreiche gelungene, aber auch einige abschreckende Beispiele.

Für einen Bereich allerdings können die Erfahrungen des letzten Jahrhunderts vielleicht nicht als Vorbild dienen: der Umgang mit der Umwelt. Nach 1900 führte das Wachstum von Bevölkerung, Industrie und Konsum zu erheblichen Umweltbelastungen, die vor allem nach 1950 deutlich anstiegen. Lange galten sie jedoch als weniger wichtig – und waren es wohl auch – als die hohe Kindersterblichkeit, die geringe Lebenserwartung, die schlechte soziale Absicherung oder die Auswirkungen der Kriege. Entsprechend setzten erst in den 1960er Jahren ernsthafte Versuche ein, die Umweltbelastungen zu reduzieren. Das ist weitgehend gelungen. Die ergriffenen Maßnahmen erwiesen sich als effektiv. Wasser, Boden und Luft präsentieren sich heute in einem deutlich besseren Zustand. Ein Umdenken oder die vielfach geforderte Abkehr von der Industriegesellschaft waren dafür nicht erforderlich. Im Gegenteil. Gerade die Industriegesellschaft bot die technischen Voraussetzungen und die ökonomischen Mittel, die erforderlich waren, um eine wirksame Umweltpolitik zu betreiben.

Ob diese jedoch weiterhin eine Lösung bieten, ist umstritten. Wenn die Prognosen zutreffen und die globalen Temperaturen in den kommenden Jahrzehnten ansteigen, werden technische Maßnahmen vielleicht nicht genügen. Es könnte erforderlich sein, vertraute Gewohnheiten und Produktionsweisen aufzugeben, insbesondere das Wirtschaftswachstum und die Konsumgesellschaft, die in den letzten Jahrzehnten so prägend waren. Doch möglicherweise haben sie zu viele negative Auswirkungen, so dass nicht nur Großbritannien, sondern die entwickelten Länder insgesamt sich eventuell von diesen zentralen Merkmalen des 20. Jahrhunderts verabschieden müssen. Das hätte weitreichende Konsequenzen, denn beide trugen entscheidend zur gesellschaftlichen und politischen Stabilität bei, die nach 1945 in Europa endlich erreicht wurde. Eingriffe daran sind deshalb gut zu überlegen und erfordern sowohl überzeugende Begründungen wie eine breite öffentliche und kontroverse Debatte. Diese beginnt erst – zumal in Großbritannien, wo weiterhin eine Mehrheit der Bevölkerung bezweifelt, dass Global Warming wissenschaftlich eindeutig nachgewiesen oder menschliches Verhalten dafür verantwortlich ist.[9]

ANHANG

Abkürzungen

ANC	African National Congress
ANZAC	Australian and New Zealand Army Corps
BBC	British Broadcasting Corporation
BSP	Bruttosozialprodukt
BMW	Bayerische Motoren Werke AG
CND	Campaign for Nuclear Disarmament
CP	Communist Party (of Great Britain)
DUP	Democratic Unionist Party
EMS	European Monetary System
EU	Europäische Union
EWG	Europäische Wirtschaftsgemeinschaft
GB	Großbritannien
GCSE	General Certificate of Secondary Education
GMB	General Municipal Boilermakers (heute eine allgemeine Gewerkschaft)
IRA	Irish Republican Army
ITV	Independent Television
IWF	Internationaler Währungsfond
LRC	Labour Representation Committee
LSE	London School of Economics
MG	Morris Garages
NACODS	National Association of Colliery Overmen, Deputies and Shotfirers
NATO	North Atlantic Treaty Organization
NEDC	National Economic Development Council
NHS	National Health Service
NUM	National Union of Mineworkers
NUWSS	National Union of Women's Suffrage Societies
NWLM	National Women's Liberation Movement
OMS	Organisation for Maintenance and Supplies
OPEC	Organisation of Petroleum Exporting Countries
Pkw	Personenkraftwagen
PUP	Progressive Unionist Party
PVC	Polyvinylchlorid
SDLP	Social Democratic Labour Party
SDP	Social Democratic Party
SF	Sinn Féin
SNP	Scottish National Party
SPCA	Society for the Prevention of Cruelty to Animals
SPD	Sozialdemokratische Partei Deutschlands
TUC	Trades Union Congress
UdSSR	Union der Sozialistischen Sowjetrepubliken
UK	United Kingdom

UKIP	United Kingdom Independence Party
UNO	United Nations Organization
USA	United States of America
UUP	Ulster Unionist Party
VAD	Voluntary Aid Detachments
WAAC	Women's Army Auxiliary Corps
WSPU	Women's Social and Political Union

Chronologie

1900	Gründung des Labour Representation Committee (ab 1906 Labour Party); im Burenkrieg erringen britische Truppen die Oberhand; der Daily Express, ein populäres Massenblatt, erscheint; der Mines Act verbietet, dass Kinder unter 13 Jahren im Bergbau arbeiten
1901	Tod von Queen Victoria, Edward VII. wird König; Taff Vale Urteil schwächt Gewerkschaften; erstes Fußballspiel mit mehr als 100 000 Zuschauern
1902	Ende des zweiten Burenkrieges (seit 1899)
1903	Joseph Chamberlain beginnt Kampagne für Schutzzölle (Tariff Reform); Gründung der Women's Social and Political Union, verstärkte Forderung nach Frauenwahlrecht
1904	Entente Cordiale mit Frankreich
1905	Aliens Act erschwert Zuwanderung nach Großbritannien
1906	Trade Disputes Act revidiert das Taff Vale Urteil; HMS Dreadnought läuft vom Stapel und verstärkt deutsch-britische Flottenkonkurrenz
1907	Britisch-Russisches Bündnis; Baden-Powell veranstaltet erstes Pfadfinderlager
1908	Old Age Pensions Act verabschiedet; weitere Sozialgesetze bis 1911
1909	Ablehnung des People's Budget im Oberhaus, führt zum Verfassungskonflikt
1910	Tod Edwards VII., Georg V. wird König; Kampf für Frauenwahlrecht mit Anschlägen und Hungerstreiks
1911	Parliament Act beschneidet die Macht des Oberhauses und führt Bezahlung für Abgeordnete ein; Streikwelle (bis 1913) bei Eisenbahnen und Bergbau
1914	Irish Home Rule Act verabschiedet, Bürgerkriegsgefahr in Irland; Beginn des Ersten Weltkrieges, Kriegserklärung an Deutschland am 4. August
1915	Invasionsversuch auf Gallipoli (scheitert 1916)
1916	Osteraufstand in Dublin; Schlacht an der Somme; Lloyd George löst Asquith als Premierminister ab; Einführung der Wehrpflicht
1917	Kriegseintritt der USA; Revolution in Russland
1918	Wahlrecht für Männer ab 21 und Frauen (mit Einschränkungen) ab 30; Waffenstillstand am 11. November
1919	Pariser Vorortverträge, darunter der Vertrag von Versailles
1921	Ende des Nachkriegsbooms
1922	Unabhängigkeit Irlands als Irish Free State (1949 Republik); Gründung der BBC
1923	Im Scheidungsrecht werden Frauen und Männer gleichgestellt
1924	Erste Labourregierung unter MacDonald
1925	Rückkehr zum Goldstandard
1926	Generalstreik, 4.–12. Mai
1927	BBC überträgt erstmals Rugby- und Fußballspiele live im Radio; Trade Disputes Act erklärt Generalstreiks für illegal und erschwert Zahlungen von Gewerkschaften an Parteien
1928	Wahlrecht für Frauen ab 21 Jahren
1929	Schwarzer Freitag an der Wall Street; Beginn der Weltwirtschaftskrise; Labour bildet Minderheits-Regierung
1930	Agatha Christie veröffentlicht den ersten Miss Marple-Roman
1931	Arbeitslosigkeit über drei Millionen; Labour-Regierung scheitert, wird vom Na-

tional Government abgelöst; Abkehr vom Goldstandard; Statute of Westminster gibt den Dominions weitgehende Unabhängigkeit

1932 Erste Weihnachtsansprache des Monarchen im Radio; Ottawa Konferenz und Einführung von Schutzzöllen; Hungermärsche nach London

1933 Hitler wird Reichskanzler

1935 Government of India Act gibt den Provinzen größere Unabhängigkeit und führt allgemeines Wahlrecht ein

1936 Tod Georgs V.; Abdankung Edwards VIII. wegen Wallis Simpson; Georg VI. wird König; Jarrow March gegen Arbeitslosigkeit und Armut

1937 80 % aller Haushalte besitzen ein Radiogerät; erste Feriensiedlung von Butlin's

1938 Münchner Abkommen

1939 Ausbruch des Zweiten Weltkrieges (1. September.), britische Kriegserklärung am 3. September

1940 Evakuierung von Dünkirchen (Juni); Battle of Britain, bis Herbst 1940; Churchill wird Premierminister einer Allparteienregierung; Bombenagriffe auf britische Städte (Blitz)

1941 Lend-Lease-Abkommen mit den USA; Kriegseintritt der USA und Sowjetunion

1942 Japan erobert Singapur; britischer Sieg bei El Alamein; Beveridge Report

1944 Landung alliierter Streitkräfte in Frankreich (D-Day 6.Juni); Konferenz von Bretton Woods; Education Act mit dreigliedrigem Schulsystem

1945 8. Mai VE Day (Victory in Europe), 15. August VJ Day (Victory over Japan); Wahlsieg von Labour, Attlee neuer Premierminister

1946 National Insurance Act, National Health Service Act, National Assistance Act verabschiedet, treten 1948 in Kraft

1947 Verstaatlichung des Bergbaus; Indien, Pakistan und Burma werden unabhängig

1948 British Nationality Act; Rückzug aus Palästina; das Schiff Empire Windrush mit Immigranten von den westindischen Inseln; George Orwells «1984» erscheint; Ende der Brotrationierung

1949 Gründung der NATO; Pfundkrise und Abwertung

1951 Eisen- und Stahlindustrie verstaatlicht; Konflikte bei Labour und Wahlsieg der Konservativen

1952 Tod Georgs VI.; Elisabeth II. wird Königin; Mau-Mau-Aufstand in Kenia (bis 1960); Großbritannien zündet erste Atombombe; Smog in London mit 4000 Toten

1953 James D. Watson und Francis Crick geben die Entdeckung des DNA-Moleküls bekannt; Ian Fleming veröffentlicht den ersten James Bond Roman «Casino Royale»; die Krönungsfeier von Elisabeth II. wird weltweit live übertragen; Edmund Hillary und Tenzing Norgay besteigen erstmals den Mount Everest

1954 Ende der Rationierung von Nahrungsmitteln; Meile erstmals unter vier Minuten gelaufen (Roger Bannister)

1955 ITV als kommerzieller Fernsehsender beginnt mit Übertragungen; Eden löst Churchill ab

1956 Suezkrise; John Osbornes «Look Back in Anger» uraufgeführt; erstes Atomkraftwerk in Calder Hall

1957 Unfall im Atomkraftwerk Windscale (heute Sellafield); Gründung der EWG; Unabhängigkeit Ghanas

1958 Rassenunruhen in Notting Hill, London; erster Marsch der Campaign for Nuclear Disarmament

1960 «Lady Chatterley's Lover»-Prozess; «Wind of Change»-Rede Macmillans beschleunigt Dekolonialisierung, beginnend in Afrika; Wehrpflicht abgeschafft

1961 Erfindung der Antibaby-Pille (Einführung 1963); Private Eye begründet

1962 Dr. No, erster James Bond Film; Minirock in der britischen Vogue vorgestellt; Commonwealth Immigrants Act beschränkt Zuwanderung

1963 Frankreich boykottiert Großbritanniens EWG-Beitritt; Beatles haben drei Nummer Eins Hits; Robbins Report fordert Ausbau der Hochschulen
1964 Labour gewinnt die Wahlen, Wilson Premierminister
1965 Race Relations Act und Gründung des Race Relations Board; Beatles für MBE (Member of the British Empire) vorgeschlagen; neue Debatte über Armut; Abschaffung der Todesstrafe
1966 England wird im eigenen Land Fußballweltmeister («Wembley-Tor»)
1967 Pfund-Abwertung; Sendebeginn von Radio One; Abtreibung erlaubt; National Front gegründet
1968 Commonwealth Immigrants Act erschwert Zuwanderung von Farbigen; Studentenproteste; Beginn der Unruhen in Nordirland
1969 Wahlalter auf 18 reduziert; Scheidungsrecht reformiert
1970 Equal Pay Act; erste Konferenz des Women's Liberation Movement
1972 Bergarbeiterstreik; Bloody Sunday mit 14 Toten durch britische Truppen in Nordirland; Ende der Stormont Regierung in Nordirland; Kurs des Pfundes freigegeben
1973 Beitritt zur EWG; drastische Erhöhung des Ölpreises durch die OPEC; Anschläge der IRA in Großbritannien; verbreitete Streiks und 3-Tage Woche
1974 Bergarbeiterstreik und erneut 3-Tage Woche; Wahlsieg für Labour; erster Flug der Concorde
1975 Referendum mit Mehrheit für EWG-Beitritt
1976 Pfundkrise, Großbritannien benötigt Hilfe des IWF
1977 Silberjubiläum der Königin; BBC untersagt die Ausstrahlung des Songs der Sex Pistols «God Save the Queen»
1978/79 Winter of Discontent
1979 Devolution in Schottland und Wales bei Referenden abgelehnt; Konservative unter Thatcher gewinnen die Wahlen
1980 Unruhen in Bristol; Arbeitslosigkeit erstmals seit 1938 über zwei Millionen; Privatisierung von Council Houses
1981 Hochzeit von Prinz Charles und Lady Diana Spencer; zahlreiche (Rassen)Unruhen; Spaltung von Labour und Gründung der Social Democratic Party; mehrere Gesetze (fortgesetzt in den folgenden Jahren) schränken die Handlungsmöglichkeiten der Gewerkschaften ein
1982 Falklandkrieg gegen Argentinien; Arbeitslosigkeit über drei Millionen
1983 Thatcher wiedergewählt; Neil Kinnock Vorsitzender der Labour Partei
1984 Bergarbeiterstreik (bis 1985); Beginn umfassender Privatisierungen
1986 Staatsvertrag zum Bau des Eurotunnels; Deregulierung des Finanzmarktes
1988 Immigration Act schränkt Zuwanderung weiter ein; Education Act führt nationales Curriculum ein; «Satanic Verses» von Salman Rushdie erscheint, führt zu Unruhen
1989 Einführung der Poll Tax in Schottland; Hillsborough Katastrophe mit 96 Toten bei Fußballspiel
1990 Poll Tax führt zu heftigen Konflikten in England; Thatcher tritt nach Rebellion unter konservativen Abgeordneten zurück, John Major wird Nachfolger
1991 Golfkrieg gegen den Irak
1992 Vertrag von Maastricht; Black Wednesday und Rückzug des Pfundes aus dem Europäischen Währungssystem; Konservative wiedergewählt
1993 Ermordung von Stephen Lawrence; Privatisierung von British Rail
1994 IRA erklärt Waffenstillstand; erste Frau in Church of England zur Priesterin geweiht
1996 Schaf Dolly, erstes geklontes Säugetier
1997 Tony Blair und Labour erringen großen Wahlsieg; Referenden in Schottland und Wales befürworten Devolution; Hongkong zurück an China

1998 Bombenattentat von Omagh; Good Friday Agreement für Nordirland

1999 Wahlen zu schottischem und walisischem Parlament; vererbbare Sitze im House of Lords werden abgeschafft; NATO-Luftangriffe auf Serbien; kein Beitritt zur Euro-Zone

2001 Anschläge vom 11. September in den USA; Operation Enduring Freedom: NATO besetzt Afghanistan mit UN-Mandat

2002 50-jähriges Thronjubiläum von Elisabeth II.

2003 Mehr als 2 Millionen Personen demonstrieren in London gegen den Irakkrieg, die größte Demonstration, die in Großbritannien je stattfand; trotz der Proteste nehmen britische Truppen an der Seite der USA am Krieg teil; Mick Jagger wird von Prinz Charles zum Ritter geschlagen

2004 Bei den Wahlen zum Europaparlament erzielt die United Kingdom Independence Party (UKIP) den größten Zuwachs und stellt fortan 12 Abgeordnete; der Orden «Order of the British Empire» soll fortan «Order of British Excellence» heißen; das Verbot der Fuchsjagden löst heftige Konflikte aus

2005 Anschläge am 7. Juli auf den öffentlichen Nahverkehr in London mit 56 Toten und mehr als 700 Verletzten; Kyoto-Protokoll tritt in Kraft; Provisional IRA erklärt Ende des bewaffneten Kampfes; David Cameron wird Vorsitzender der Konservativen Partei

2007 Scottish National Party bildet eine Minderheitsregierung; Gordon Brown löst Blair als Premierminister ab; der letzte Band der Harry Potter Reihe wird veröffentlicht und stellt mit mehr als elf Millionen verkauften Exemplare in 24 Stunden einen neuen Rekord auf

2008 Weltwirtschaftskrise bringt britische Immobilienblase zum Platzen; Verstaatlichung von Großbanken und massive Unterstützung der Wirtschaft durch den Staat; die Untersuchungskommission zum Tod von Diana stellt als Ursache einen Unfall fest

2009 Die British National Party gewinnt zwei Sitze bei der Europawahl; Woolworth geht nach mehr als 100 Jahren in Konkurs; die Bank of England senkt den Zinssatz auf 0,5 Prozent, der niedrigste in ihrer 300-jährigen Geschichte; die Royal Bank of Scotland, eine der verstaatlichten Großbanken, meldet den Rekordverlust von 24,1 £ Milliarden; für den zurückgetretenen Vorsitzende ist eine lebenslange Pension von 693 000 £ pro Jahr vereinbart, die auf Druck der Regierung gekürzt wird; britische Truppen ziehen aus dem Irak ab; Henry Allingham, einer der letzten überlebenden Soldaten des Ersten Weltkriegs, stirbt; erstmalig verfügt Großbritannien über einen Obersten Gerichtshof; der Untersuchungsausschuss über den Irak-Krieg nimmt seine Arbeit auf

2010 Der kälteste Winter seit 1981-82 bringt das Land fast zum Stillstand; in Afghanistan haben (Stand Anfang Februar) seit Oktober 2001 insgesamt 256 Soldaten ihr Leben verloren; nach langen Verhandlungen erzielen die Parteien in Nordirland einen Kompromiss für die Bereiche Polizei und Justiz; die öffentlichen Schulden betragen fast 900 Milliarden £ bzw. 61,7 Prozent des Bruttosozialprodukts

Anmerkungen

ERSTER TEIL

1900–1926

1. Großbritannien um 1900

1 Times 31.01.1901; Rennell, Days.
2 Brian R. Mitchell, European Historical Statistics 1750–1970, London 1975, S. 86–88.
3 Peter Ackroyd, London. A Biography, London 2001; Jonathan Schneer, London 1900. The Imperial Metropolis, New Haven 1999.
4 Sehr anschaulich A. N. Wilson, The Victorians, London 2004; John Gardiner, The Victorians. An Age in Retrospect, London 2002.
5 George Orwell, The English People [1947], in: ders. (Hg.), Collected Essays, Journalism and Letters, hg. von Sonia Orwell und Ian Argus, Bd. 3, London 1968, S. 1–38, hier S. 30.
6 Zitiert nach der Times vom 21.01.1901.
7 Der Ausdruck Whig bezeichnete diejenigen Mitglieder der Aristokratie und der wohlhabenden Mittelschichten, die – etwa seit der Glorious Revolution 1688 bis Anfang des 19. Jahrhunderts – für die Rechte des Parlaments, Toleranz und andere politische Rechte eintraten.
8 Kenneth Morgan, Britain since 1945. The People's Peace, Oxford 2001, S. 577.
9 Peter Clarke u. a. (Hg.), Understanding decline. Perceptions and Realities of British Economic Performances, Cambridge 1997; Alan Booth, The British Economy in the Twentieth Century, Basingstoke, 2001.
10 Als ein Beispiel für viele die aktuelle Darstellung von Mergel, Großbritannien.
11 Genannt seien: Das Lächeln des Jaguars (1987); Die Satanischen Verse (1989); Des Mauren letzter Seufzer (1996).
12 The Golden Gate (1986); Eine gute Partie (1994); Verwandte Stimmen (2000).
13 Hugh Kearney, The British Isles. A History of four Nations, Cambridge 1989; Kinealy, Kingdom.
14 Daunton/Rieger, Modernity; Jack Goody, Capitalism and Modernity. The Great Debate, Cambridge 2004; Johannes Berger: Was behauptet die Modernisierungstheorie wirklich – und was wird ihr bloß unterstellt? in: Leviathan, 24 (1996), S. 45–62.
15 John Gooch (Hg.), The Boer War. Direction, Experience and Image, London 2000; David Smurthwaite, The Boer War, 1899–1902, London 1999; Donal Lowry (Hg.), The South African War Reappraised, Manchester 2000.
16 Lord Selborne, Under-Secretary für die Kolonien, an Milner, 27.07.1899, zit. nach Christopher Saunders/Iain R. Smith, Southern Africa, 1795–1910, in: Porter, British Empire, Bd. 3, S. 597–623, hier S. 617.
17 Peter Warwick, Black people and the South African War 1899–1902, Cambridge 1983, S. 4; Andries W. G. Raath, British concentration camps of the Anglo-Boer war, 1899–1902. Reports on the camps, Bloemfontein 1999.
18 André Wessels, Afrikaners at War, in Gooch, Boer War, S. 73–106, hier S. 101 f.; Warwick, Black people.
19 Zit. nach Porter, Burden, S. 127.

20 Rob Neillands, The Dervish wars. Gordon and Kitchener in the Sudan, 1880–1898, London 1996; Edward Spiers (Hg.), Sudan. The reconquest reappraised, London 1998.
21 Gooch, Boer War, S. XIX; James, Rise, S. 283; allgemeiner Lawrence James, The Savage Wars. British campaigns in Africa, 1870–1920, London 1985.
22 Zit. nach Porter, Share, S. 136 f.
23 Neillands, Dervish Wars, S. 141.
24 Wiener, Empire on Trial, schildert zahlreiche Fälle, hier S. 178 f., S. 186.
25 Ebd., S. 176.
26 Jürgen Osterhammel, Die Verwandlung der Welt. Eine Geschichte des 19. Jahrhunderts, München 2009, Kap. XVII; Normen Etherington (Hg.), Missions and empire, Oxford 2005; Clifford Longley, Chosen people. The big idea that shaped England and America, London 2003.
27 Jonathan Schneer, Anti-Imperial London. The Pan-African Conference of 1900, in Gerzina, Black Victorians, S. 175–86.
28 William Edward Burghardt Du Bois, geboren 1868 in Great Barrington, Massachusetts, gestorben 1963 in Accra, Ghana; US-amerikanisch-ghanesischer Politiker, Schriftsteller, Wirtschaftswissenschaftler und Soziologe, Pionier der afroamerikanischen Bürgerrechtsbewegung; Harvard-Student und erster Afroamerikaner, der dort promoviert wurde.
29 James, Rise, S. 273.
30 Du Bois, The Souls of Black Folk, 1903, zit. nach Harry Goulbourne, Race Relations in Britain since 1945, Basingstoke 1998, S. IX.
31 Kenneth D. Nworah, The Aborigines' Protection Society, 1889–1909. A Pressure-group in Colonial Policy, in: Canadian Journal of African Studies, V (1971), S. 79–91; Charles Swaisland, The Aborigines Protection Society, 1837–1909, in: Howard Temperley (Hg.), After slavery. Emancipation and its discontents, London 2000, S. 265–80; Schneer, Anti-Imperial London, S. 178.
32 Morris, Farewell, S. 95.
33 Keith Wilson (Hg.), The International Impact of the Boer War, Chesham 2001.
34 Zit. nach Harrison, Transformation, S. 57.
35 Zit. nach James, Rise, S. 263, Zitat von 1893; Johnston hatte vorher u. a. gegen arabische Sklavenhändler gekämpft; Thomas Pakenham, The Scramble for Africa, London 1991.
36 Times 31.01.1901.
37 Jennifer Siegel, Endgame. Britain, Russia and the Final Struggle for Central Asia, London 2002.
38 Daily Mail 30.01.1901, zit. nach Reinermann, Kaiser, S. 233; Paul Kennedy, The rise of the Anglo-German antagonism, 1860–1914, London 1980.
39 Mike Davis, Die Geburt der Dritten Welt. Hungerkatastrophen und Massenvernichtung im imperialistischen Zeitalter, Berlin 2004.
40 Times 02.02.1901.
41 Times 18.01., 21.01. und 02.02.1901.
42 Rennell, Days, S. 180 f.
43 Times 06.02.1901.
44 Dazu zählte bis zum Tode Edwards (1910) Alice Frederica Edmonstone Keppel, die Urgroßmutter von Camilla Parker-Bowles, die Ehefrau von Prince Charles.
45 Daily Mail 06.02.1901, Daily Telegraph 21.01. und 28.01.1901, zit. nach Reinermann, Kaiser, S. 223.
46 Reinermann, Kaiser, S. 241.
47 Geoffrey R. Searle, The Quest for National Efficiency, 1902–1911, Berkeley 1971.
48 Sidnay Pollard, Britain's Prime and Britain's Decline. The British Economy 1870–1914, London 1989; Floud/Johnson, Economic History, Bd. 2.
49 Martin Kirby, Britain in the World Economy, in Johnson, Britain, S. 21–37; Tim Rooth, Britain in the International Economy, 1900–1939, in Wrigley, Companion, S. 212–28.

50 Alec K. Cairncross. Home and Foreign Investment 1870–1913. Studies in capital accumulation, Hassocks 1975; Derek H. Aldcroft (Hg.), The Development of British Industry and Foreign Competition, 1875–1914, London 1968.
51 K. D. Brown, Industry and Services. Employment and Unemployment, in Wrigley, Companion, S. 302–18.
52 J. K. Walton, The North-West, in: Thompson, Social History, Bd. 1, S. 355–414; David John Rowe, The North East, in: ebd., S. 415–70.
53 Hattersley, Edwardians, S. 80.
54 Judith Flanders, Consuming passions. Leisure and pleasure in Victorian Britain, London 2006.
55 In Spanien betrug der Anteil der Landwirtschaft 56 Prozent, in Polen 77 und in Finnland sowie Rumänien 80 Prozent; Quelle wie Tabelle 2.
56 Daunton, Wealth and Welfare, S. 31 ff.; Peter Dewey, Agriculture, Agrarian Society and the Countryside, in Wrigley, Companion, S. 270–85.
57 Harris, Lives, S. 99 f.; John Lowe, Riches, Poverty, and Progress, in: Robbins, Isles, S. 197–226, hier S. 200.
58 Peter Dewey, War and Progress. Britain 1914–1945, London 1997, S. 9.
59 Martin J. Daunton, Trusting Leviathan. The politics of taxation in Britain, 1799–1914, Cambridge 2001, S. 336; 1907 erzielten 800 000 Steuerzahler ein Einkommen von 160–700 £; 235 000 von 700–5000 £ und nur 15 000 von mehr als 5000 £.
60 Cannadine, Aspects, S. 9 ff.; Lawrence Stone/Jeanne C. Fawtier Stone, An Open Elite? England, 1540–1880, Oxford 1984.
61 Andrew Adonis, Making aristocracy work. The peerage and the political system in Britain, 1884–1914, Oxford 1993.
62 Cannadine, Aspects, S. 2
63 Harris, Lives, S. 103.
64 Cannadine, Aspects, S. 9 f.
65 Robert I. Rotberg, The founder. Cecil Rhodes and the pursuit of power, Oxford 1988.
66 Harris, Lives, S. 108.
67 Harris, Lives, S. 97.
68 Ernst P. Hennock, Poverty and Social Reforms, in Johnson, Britain, S. 79–93.
69 Pat Thane, The Social, Economic and Political Status of Women, in Johnson, Britain, 94–110; Angela John, Unequal Opportunities. Women's Employment in England 1800–1918, Oxford 1986; Simon Szreter, Fertility, Class and Gender in Britain 1860–1940, London 1996.
70 Cannadine, Class.
71 James Walvin, Leisure and Society, 1830–1950, London 1978; H. Cunningham, Leisure and Culture, in Thompson, Social History, Bd. 2, S. 279–339; Berry J. Faulk, Music hall & modernity. The late-Victorian discovery of popular culture, Athens 2004.
72 Charles F. G. Masterman, The Condition of England, London 1909, S. 12.
73 Geoffrey Crossick, Urbanisation, migration and Arcadian myths in late Victorian Britain, 1875–1900, in: H. G. Haupt/P. Marschalck (Hg.), Städtische Bevölkerungsentwicklung in Deutschland im 19. Jahrhundert, St. Katharinen 1994, S. 41–72, hier S. 71.
74 Mark Mazower, Dark Continent. Europe's twentieth century, London 1999, S. 409.
75 John Benson, Affluence and authority. A social history of twentieth-century Britain, London 2005.
76 Kenneth O. Morgan, Keir Hardie. Radical and socialist, London 1975.
77 Alistair Reid, United we stand. A history of Britain's trade unions, London 2004.
78 Clarke, Hope and Glory, Kap. 1; Searle, England, S. 116 ff.
79 Allgemeiner hierzu Jack Snyder, From voting to violence. Democratization and nationalist conflict, New York 2000, der einen Zusammenhang zwischen rascher Demokratisierung und aggressivem Nationalismus beschreibt.
80 Stuart Ball u. a. (Hg.), Mass conservatism. The Conservatives and the public since the

1880s, London 2003; Eugenio F. Biagini (Hg.), Citizenship and community. Liberals, radicals and collective identities in the British Isles, 1865–1931, Cambridge 1996.

81 Keith Laybourn, A century of Labour. A history of the Labour Party, Stroud 2000; Logie Barrow/Ian Bullock, Democratic ideas and the British labour movement, 1880–1914, Cambridge 1996.

82 Searle, England S. 352 ff.; Jon Lawrence, Speaking for the People. Party, Language and Popular Politics in England, 1867–1914, Cambridge 1998.

83 Frank Bealey, Labour and Politics. A History of the Labour Representation Committee, London 1958.

84 Richard Shannon, Gladstone. God and Politics, London 2007; Pat Jalland, The Liberals and Ireland. The Ulster Question in British Politics to 1914, Brighton 1980.

85 Searle, England, S. 286; Jonathan Schneer, London 1900, New Haven 1999, S. 249 ff.; Arbeiter verhielten sich zurückhaltender: Richard Price, An Imperial war and the British working class. Working-class attitudes and reactions to the Boer War 1899–1902, London 1972.

86 Zit. nach P. Smith (Hg.), Lord Salisbury on Politics, Cambridge 1974, S. 347; Michael Bentley, Lord Salisbury's world. Conservative environments in late Victorian Britain, Cambridge 2001; Richard Shannon, The age of Salisbury, 1881–1902. Unionism and empire, London 1996.

87 Peter T. Marsh, Chamberlain. Entrepreneur in politics, New Haven 1997; Richard Jay, Chamberlain. A political study, Oxford 1981.

88 Robert D. Anderson, Universities and elites in Britain since 1800, Cambridge 1995.

89 Alan John Lee, The Origins of the Popular Press in England 1855–1914, London 1976; Stephen Koss, The Rise and Fall of the Political Press in Britain, Bd. 2: The Twentieth Century, London 1984; Alfred Harmsworth wurde 1905 zum *Baron Northcliffe* ernannt, die bis dahin jüngste Person, die einen solchen Adelstitel erhielt.

90 Zit. nach Morris, Farewell, S. 119.

91 Charles Booth, Life and Labour of the People in London 1889 ff.; Benjamin Seebohm Rowntree, Poverty. A Study of Town Life, London 1901.

92 Zit. nach Winder, Foreigners, S. 195, Aussage ca. 1902; Daniel Pick, Faces of degeneration. A European disorder, c. 1848-c. 1918, Cambdrige 1989, S. 5, S. 237 ff.

93 Dan Stone, Breeding superman. Nietzsche, race and eugenics in Edwardian and Interwar Britain, Liverpool 2002; Christopher Shaw, Eliminating the Yahoo – eugenics, Social Darwinism and five Fabians, in: History of Political Thought, 8 (1987), S. 521–44.

94 Peter Brimblecombe, The Big Smoke. A history of air pollution in London since medieval times, London 1987; James Winter, Secure from rash assault. Sustaining the Victorian environment, Berkeley 1999.

95 John E. Thornes/Gemma Metherell, Monet's ‹London Series› and the Cultural Climate of London at the Turn of the Twentieth Century, in: Sarah Strauss/Ben Orlove (Hg.), Weather, Climate, Culture, Oxford 2003, S. 141–60.

96 Für Deutschland wurde analog der Begriff Raubel vorgeschlagen, eine Verbindung von Rauch und Nebel.

97 Bill Luckin, Pollution and control. A social history of the Thames in the nineteenth century, Bristol 1986; ders., Pollution in the City, in Daunton, Urban History, S. 207–28.

98 Svante Arrhenius, Das Werden der Welten, Leipzig 1908, S. 57; John Sheail, An environmental history of twentieth-century Britain, Basingstoke 2002; Brian W. Clapp, An Environmental History of Britain since the Industrial Revolution, London 1994.

99 John Sheail, Nature in Trust. The History of Nature Conservation in Britain, Glasgow 1976.

100 Kinealy, Kingdom.

101 Siân Nicholas, Being British. Creeds and Cultures, in: Robbins, Isles, S. 103–35.

102 Porter, Share, S. 203.

103 Searle, England, S. 23.

104 James Anthony Mangan (Hg.), The Cultural Bond. Sport, Empire, Society, London 1992.
105 Clive Emsley, Hard men. The English and violence since 1750, London 2005, S. 116.
106 Cecil J. Sharp, English Folk Song. Some conclusions, London 1907, S. 163 f.
107 Linda Colley, Britons. Forging the Nation 1707–1837, London 1992.
108 Hattersley, Edwardians, S. 148; ein Pfund zählte 20 shilling und 240 pence.
109 Ian Hernon, Britain's forgotten wars. Colonial campaigns of the 19th century, Stroud 2003, und andere Monographien von Hernon zu diesem Thema.
110 Reinermann, Kaiser; Mandler, National Character.
111 Times 26.01.1901.
112 Dazu kam es nicht, weil Edward an einer Blinddarmentzündung erkrankte und die Krönung verschoben wurde.
113 David Cannadine, War and death, grief and mourning in modern Britain, in: J. Whaley (Hg.), Mirrors of mortality. Studies in the social history of death, London 1981, S. 187–242, hier S. 192 f.
114 Morning Post 02.02.1901, zit. nach Rennell, Days, S. 248.
115 Zit. nach Rennell, Days, S. 227 f.
116 Times 23.01.1901.

2. Von der Jahrhundertwende bis zum Ersten Weltkrieg

1 Zit. nach Porter, Share, S. 134.
2 Clarke, Hope, Kap. 1; Searle, England, Kap. 10.
3 Frans Coetzee, For Party or Country. Nationalism and the Dilemma of Popular Conservatism in Edwardian England, New York 1990.
4 Alan Sykes, Tariff Reform in British Politics 1903–1913, Oxford 1979; Ewen H. H. Green, The Crisis of Conservatism. The Politics, Economics and Ideology of the British Conservative Party, 1880–1914, London 1995.
5 Trentmann, Free trade nation; Searle, England, S. 334 ff.
6 Winder, Foreigners.
7 Andrew Marrison, British business and protection 1903–1932, Oxford 1996.
8 Zit. nach Hattersley, Edwardians, S. 421.
9 Trentmann, Free trade nation, S. 93ff; Anthony Howe, Free trade and liberal England, 1846–1946, Oxford 1997.
10 Searle, England, S. 329 ff.
11 Paul Badham (Hg.), Religion, State and Society in Modern Britain, Lampeter 1989.
12 Rowntree, Poverty, S. 344–48; Hugh McLeod, Religion and Society in England, 1850–1914, London 1996.
13 John Wolffe, Great deaths. Grieving, religion, and nationhood in Victorian and Edwardian Britain, Oxford 2000, S. 489.
14 Zit. nach Wolffe, Deaths, S. 484.
15 Alan K. Russel, Liberal Landslide. The General Election of 1906, Newton Abbot 1973.
16 Searle, England, S. 358, gibt 24 sog. Lib-Lab Abgeordnete an; insgesamt gewannen die Liberalen 67 % der englischen und 83 % der schottischen Sitze sowie bis auf einen alle in Wales.
17 Lawrence, Speaking for the People; ders., Class and Gender in the Making of Urban Toryism, 1880–1914, in: English Historical Review, 108 (1993), S. 629–52; John R. Greenaway, Drink and British politics since 1830. A study in policy-making, New York 2003.
18 Zit. nach Clarke, Hope, S. 37.
19 Michael Rush, The role of the Member of Parliament since 1868. From gentlemen to players, Oxford 2001.
20 Henry Pelling, Popular politics and society in late Victorian Britain, London 1968, S. 145, Schreiben vom 29.12.1908; Ernest Peter Hennock, British Social Reform and German Precedents. The Case of Social Insurance 1880–1914, Oxford 1987.

21 Gareth Stedman Jones, Working Class Culture and Working Class Politics in London, 1870–1900, in ders., Languages of Class. Studies in English Working Class History 1832–1982, Cambridge 1983, S. 179–238.
22 Martin Pugh, Working-class experience and state social welfare, 1908–1914. Old age pensions reconsidered, in: Historical Journal, 45/4 (2002), S. 775–96.
23 Zit. nach Black, History, S. 109.
24 David Cannadine, Winston Churchill as an Aristocratic Adventurer, in ders. Aspects, S. 130–62, hier S. 156.
25 Gregory D. Phillips, The Diehards. Aristocratic Society and Politics in Edwardian England, Cambridge/Mass. 1979.
26 Zit. nach David Feldman, Nationality and Ethnicity, in: Johnson, Britain, S. 126–48, hier S. 130.
27 Zit. nach James, Rise, S. 326.
28 Pelling, Politics, S. 14.
29 Peter Wardley, Edwardian Britain. Empire, Income and Political Discontent, in: Johnson, Britain, S. 57–78.
30 Randolph S. Churchill/Martin Gilbert, Winston S. Churchill, Bd. 2: Young Statesman 1901–1914, London 1967, S. 379 ff.; Porter, Burden, S. 158 f.
31 Seale, England, S. 443.
32 Angela V. John/Claire Eustance (Hg.), The Men's Share? Masculinities, Male Support and Women's Suffrage in Britain, 1890–1920, London 1997; Susan K. Kent, Sex and suffrage in Britain, 1860–1914, Princeton 1987.
33 Martin Pugh, The march of the women. A revisionist analysis of the campaign for women's suffrage, 1866–1914, Oxford 2000.
34 Johanna Bourke, Working-class cultures in Britain, 1890–1960. Gender, class and ethnicity, London 1994.
35 Hall, Sex, gender and social change, S. 12; Jane Lewis, Women in England 1870–1950. Sexual divisions and social change, Brighton 1984.
36 Zit. nach Hall, Sex, gender and social change, S. 34; es handelte sich um den *Married Women's Property Act.*
37 Harris, Lives, S. 26.
38 Theodore Martin, Queen Victoria as I Knew her, London 1908, zit. nach Porter, Burden, S. 140.
39 Julia Bush, Women against the vote. Female anti-suffragism in Britain, Oxford 2007; Patricia Hollis, Ladies Elect. Women in English Local Government, 1865–1914, Oxford 1987.
40 Harris, Lives, S. 28; Eleanor Gordon/Gwyneth Nair, Public lives. Women, family and society in Victorian Britain, New Haven 2003.
41 Roger Davidson (Hg.), Sex, sin and suffering. Venereal disease and European society since 1870, London 2001.
42 Vgl. S. 43 dieses Buches.
43 Philip Larkin, Annus mirablilis [1967], in: ders. High Windows, London 1974, S. 34; Roy Porter/Lesley Hall, The Facts of Life. The Creation of Sexual Knowledge in Britain, 1650–1950, New Haven 1995.
44 James Anthony Mangan, Athleticism in the Victorian and Edwardian public school. The emergence and consolidation of an educational ideology. London 2000.
45 Wray Vamplew, Pay up and Play the Game. Professional sport in Britain, 1875–1914, Cambridge 1988.
46 Michael Marshall, Gentlemen and Players. Conversations with Cricketers, London 1987; James Anthony Mangan (Hg.), A sport-loving society. Victorian and Edwardian middle-class England at play, London 2006; Tony Mason, Association Football and English Society, 1863–1915, Sussex 1980.
47 Anthony S. Wohl, Endangered lives. Public health in Victorian Britain, London 1983,

S. 11, 28, 39; Office for National Statistics, Mortality statistics. Childhood, infant and perinatal, Nr. 40, 2007, S. 1.

48 Ray Fitzpatrick/Tarani Chandola, Health, in: Halsey/Webb, Trends, S. 94–127, hier S. 95, 97; Ellen Ross, Love and Toil. Motherhood in Outcast London, 1870–1918, Oxford 1993.

49 Alan Sharp, Lloyd George. Great Britian, London 2008, S. 8.

50 Duncan Gallie, Labour Force, in: Halsey/Webb, Trends, S. 281–323, hier S. 303.

51 Artikel in Fortnightly Review, 80, Sept. 1906, 411–20, zit. nach Philip Waller, Altercation over Civil Society. The Bitter Cry of the Edwardian Middle Classes, in: Jose Harris (Hg.), Civil Society in British History. Ideas, Identities, Institutions, Oxford 2003, S. 115–34, hier S. 127.

52 Siân Nicholas, Being British: Creeds and Cultures, in Robbins, Isles, 103–35, hier S. 109.

53 Jenny Doctor/David Wright, The Proms. A new history, London 2007.

54 Faulk, Music Hall, S. 191; Peter Bailey (Hg.), Music hall. The business of pleasure, Milton Keynes 1986.

55 Erika D. Rappaport, Travelling in the Lady Guides' London. Consumption, Modernity, and the *Fin-de-Siècle* Metropolis, in: Daunton/Rieger, Modernity, S. 25–42, hier S. 29; dies. Shopping for pleasure. Women in the making of London's West End, Princeton 2000.

56 Paris, Warrior, S. 72; G. Dawson, Soldier Heroes. British Adventure, Empire and the Imagining of Masculinities, London 1994; James Anthony Mangan (Hg.), The imperial curriculum. Racial images and education in the British colonial experience, London 1993.

57 Quentin Bell, Virginia Woolf. Eine Biographie, Frankfurt/M. 1977, S. 157 ff.; Cannadine, Ornamentalism, S. 147.

58 Mandler, Character, S. 136; Miles Taylor, John Bull and the Iconography of Public Opinion in England c. 1712–1929, in: Past and Present, 134 (1992), S. 93–128.

59 Museum of London: http://www.museumoflondon.org.uk/English/Collections/OnlineResources/X20L/objects/record.htm?type=object&id=290638.

60 Winder, Foreigners, S. 20 f.

61 Zit. nach Hattersley, Edwardians, S. 428; Andrew J. A. Morris, The Scaremongers. The Advocacy of War and Rearmament 1886–1914, London 1984.

62 Bart Kennedy, The German Danger, London 1907, S. 2 f.; den Hinweis verdanke ich Scott Krause.

63 Alex Owen, Occultism and the ‹Modern› Self in *Fin-de-siècle* Britain, in: Daunton/Rieger, Modernity, S. 71–96, hier S. 76 ff.

64 Daily Mail 21.05.1909, zit. nach Alfred M. Gollin, England is no longer an Island. The Phantom Airship Scare of 1909, in: Albion, 13/1 (1989), S. 43–57, hier S. 56.

65 James, Rise, S. 273.

66 Keith Wilson (Hg.), The International Impact of the Boer War, Chesham 2001.

67 Patrick Karl O'Brien, The Costs and Benefits of British Imperialism, 1846–1914, in: Past and Present, 120 (1988), S. 163–200.

68 John A. Hobson, Imperialism. A study, London 1902; auf deutsch: Der Imperialismus, Köln 1968; zur Unterkonsumtion Albert F. Mummery/ders., The Physiology of Industry. Being an exposure of certain fallacies in existing theories of economics, London 1889.

69 James, Rise, S. 328; Robert H. MacDonald, The language of empire. Myths and metaphors of popular imperialism, 1880–1918, Manchester 1994; John M. MacKenzie, Propaganda and Empire 1880–1960, Manchester 1986; Jim English, Empire Day in Britain, 1904–1958, in: Historical Journal 49/1 (2006), S. 247–276, hier S. 249.

70 James, Rise, S. 327.

71 Zit. nach Searle, England, S. 489.

72 Anne Summers, Militarism in Britain before the Great War, in: History Workshop Journal, 1 (1976), S. 104–23; Christian Jansen (Hg.), Der Bürger als Soldat. Die Militarisierung europäischer Gesellschaften im langen 19. Jahrhundert: ein internationaler Vergleich,

Essen 2004; Sonja Levsen, Elite, Männlichkeit und Krieg. Tübinger und Cambridger Studenten 1900–1929, Göttingen 2006.

73 Clifford Longley, Chosen people, London 2003; Paris, Warrior, S. 15.

74 Samuel R. Williamson, The Politics of Grand Strategy. Britain and France prepare for War, 1904–1914, London 1990.

75 James, Rise, S. 346.

76 Paul W. Schroeder, International politics, peace, and war, 1815–1914, in Blanning, Century, S. 158–209, hier S. 206 f.; Holger Afflerbach (Hg.), An improbable war. The outbreak of World War I and European political culture before 1914, New York/Oxford 2007.

77 Stig Förster, Im Reich des Absurden. Die Ursachen des Ersten Weltkriegses, in: Bernd Wegner (Hg.), Wie Kriege entstehen. Zum historischen Hintergrund von Staatenkonflikt, Paderborn 2000, S. 211–52.

78 Patrick Karl O'Brien, The costs and benefits of British imperialism, 1846–1914, in: Past and Present, 120 (1988), S. 163–200.

79 Zit. nach Porter, Share, S. 152; Bell Duncan, The idea of greater Britain. Empire and the future of world order, 1860–1900, Princeton 2007.

3. Der Große Krieg und seine Folgen, 1914–1926

1 David Silbey, The British working class and enthusiasm for war, 1914–1916, London 2005; Sven Oliver Müller, Die Nation als Waffe und Vorstellung. Nationalismus in Deutschland und Großbritannien im Ersten Weltkrieg, Göttingen 2002.

2 John N. Horne/Alan Kramer, Deutsche Kriegsgreuel 1914. Die umstrittene Wahrheit, Hamburg 2004, S. 121.

3 Michael Sanders/Philip Taylor, British Propaganda during the First World War, 1914–1918, London 1982, S. 137; Gregory, War, S. 41 ff.

4 Zit. nach Millman, Dissent, S. 32; Simon J. Ball, The Guardsmen. Harold Macmillan, three friends, and the world they made, London 2005, S. 54; Fred Bridgham (Hg.), The First World War as a clash of cultures, Rochester 2006.

5 Rainer Hambrecht, Eine Dynastie – zwei Namen. ‹Haus Sachsen-Coburg und Gotha› und ‹Haus Windsor›. Ein Beitrag zur Nationalisierung der Monarchien in Europa, in: Wolfram Pyta/Ludwig Richter (Hg.), Gestaltungskraft des Politischen, Berlin 1998, S. 283–304, hier S. 300.

6 David French, British Strategy and War Aims, 1914–1916, London 1986; Hubert Gebele, Die Probleme von Krieg und Frieden in Großbritannien während des Ersten Weltkriegs. Regierung, Parteien und öffentliche Meinung in der Auseinandersetzung über Kriegs- und Friedensziele, Frankfurt/M. 1987.

7 Arthur Marwick, The Deluge. British society and the First World War, London 1991; Bernhard A. Waites, Class Society at War. England 1914–1918, Leamington Spa 1987.

8 Kinealy, Kingdom, S. 86; im August 1914 gründete Admiral Charles Fitzgerald den ‹Order of the White Feather›.

9 Gute Überblicke bei Hirschfeld, Enzyklopädie; Chickering, Great War; Jay M. Winter (Hg.), Der Erste Weltkrieg und das 20. Jahrhundert, Hamburg 2002.

10 So bedrückend diese Zahlen auch sind: In ärmeren Stadtteilen betrug die Kindersterblichkeit damals etwa 25 % und lag damit doppelt so hoch wie im Krieg bei den Soldaten aller Altersgruppen; Gregory, War, S. 278.

11 Tim Travers, Gallipoli 1915, Stroud 2001; John Eddy, The Rise of Colonial Nationalism. Australia, New Zealand, Canada, and South Africa First Assert their Nationalities, 1880–1914, Sidney1988.

12 Christopher Duffy, Through German Eyes. The British and the Somme 1916, London 2006.

13 Holland, Empire, S. 117; Porter, Share, S. 235; hier und in anderen Darstellungen werden etwas unterschiedliche Zahlen genannt.

14 Martin Gilbert, The Routledge Atlas of the First World War, London 1994, S. 130 f.
15 Gilbert, Atlas, S. 77; Hirschfeld, Enzyklopädie, S. 566.
16 Charles Townshend, Easter 1916. The Irish Rebellion, London 2005.
17 Cannadine, Aspects, S. 83; Winter, Great War, S. 92 ff.
18 Searle, England, S. 797.
19 Jon Lawrence, Material Pressures on the Middle Classes, in Jay M. Winter/Jean Lois Robert, Capital Cities at War. Paris, London, Berlin, 1914–1919, Cambridge 1997, S. 229–54, hier S. 243.
20 The Suffragette, 07.08.1914, zit. nach Collins, Love, S. 36; Millmann, Dissent, S. 118 ff.; June Purvis, Emmeline Pankhurst. A Biography, London/New York, 2002, S. 268, S. 288.
21 Gail Braybon/Penny Summerfield, Out of the cage. Women's experiences in two world wars, London 1987.
22 Avner Offer, The First World War. An Agrarian Interpretation, Oxford 1991.
23 Paul G. Halpern, A Naval History of World War I, London 1994, S. 300 ff.; in deutschen Standardwerken zum Ersten Weltkrieg sind die Q-Schiffe nicht erwähnt.
24 Tim Travers, The Army and the Challenge of War, in David Chandler (Hg.), The Oxford illustrated history of the British army, Oxford 1994, S. 215–40.
25 Lloyd George, Rede in Wolverhampton 1918, zit. nach William D. Rubinstein, Twentieth-century Britain. A political history, Basingstoke 2003, S. 104; Mark Swenarton, Homes Fit for Heroes, London 1981.
26 Zit. nach John Mander, Our German cousins. Anglo-German relations in the 19th and 20th centuries, London 1974, S. 239: «Squeeze the German lemon until the pips squeak».
27 Ebd., S. 239: «I am for hanging the Kaiser».
28 Millman, Dissent; Gregory, War.
29 Brief eines Freiwilligen vom 13.11.1915, zit. nach Gregory, War, S. 108.
30 Gregory, War, S. 267.
31 Ebd.
32 Millman, Dissent, S. 268.
33 Zit. nach Barbara Weinberger, Keeping the Peace? Policing Strikes in Britain, 1906–1926, New York/Oxford 1991, S. 148.
34 Maurice Cowling, The Impact of Labour, 1920–1924. The Beginning of Modern British Politics, Cambridge 1971, S. 424 ff.
35 Antony Lentin, Lloyd George and the lost peace. From Versailles to Hitler, 1919–1940, Basingstoke 2001; Michael Dockrill, The Paris Peace Conference, 1919. Peace without victory? Basingstoke 2001; Gerd Krumeich (Hg.), Versailles 1919. Ziele–Wirkung–Wahrnehmung, Essen 2001.
36 Michael Hopkinson, Irish war of independence, Montreal 2002; David Leeson, Death in the Afternoon. The Croke Park Massacre, 21 November 1920, in: Canadian Journal of History, 38/1 (2003), S. 43–67.
37 Peter Hart, The IRA at war, 1916–1923, Oxford 2003.
38 Nicht zu verwechseln mit der *Balfour Declaration* von 1917, die Juden eine «Heimstätte» in Palästina versprach; vgl. S. 179 dieses Buches.
39 Trevor O. Llyod, The British Empire, 1558–1983, Oxford 1989, S. 288 f.
40 Zit. nach Rajani Palme Dutt, Britain's Commonwealth Contradictions, in: International Affairs, 15/5 (1969), S. 18–23, hier S. 18.
41 Nigel Collett, The Butcher of Amritsar. General Reginald Dyer, London 2005; James, Rise, S. 417.
42 Harrison, Politics 226 f..
43 Vgl. S. 180 dieses Buches.
44 Alfred F. Havighurst, Britain in transition. The twentieth century, Chicago 1985, S. 176.
45 Kenneth Rose, Curzon. A most superior person. A biography, London 1985.
46 Martin Pugh, The Rise of Labour and the Political Culture of Conservatism, 1890–1945,

Liverpool 2002; John Ramsden, An Appetite for Power. A history of the Conservative Party since 1830, London 1998.

47 Ramsay MacDonald, Margaret Esthel MacDonald, Charleston 2008 [1911], S. 12.

48 John Shepherd/Keith Laybourn, Britain's first labour government, Basingstoke 2006.

49 Cowling, Labour.

50 George Dangerfield, The Strange Death of Liberal England, Repr. London 2001 [1936].

51 Veröffentlicht 1919 in London als Buch unter demselben Titel.

52 Ebenfalls als Buch unter diesem Titel veröffentlicht, London 1925.

ZWEITER TEIL

1926–1945

4. Großbritannien um 1926

1 Die Darstellung folgt J. Bourke, Panic on the streets of London, in: BBC History, März 2005, S. 19–21.

2 George V., Tagebuch 12.05.1926, Beatrice Webb, Tagebuch 14.05.1926; zit. nach Christopher Farman, The general strike. May 1926, London 1972, im Vorspann des Buches.

3 R. A. Florey, The General Strike of 1926. The Economic, Political and Social Causes of that Class War, London 1980, S. 11; detailreich Julian Symons, The General Strike. A Historical Portrait, London 1957.

4 Symons, General Strike. S. 17.

5 Farman, Strike, S. 116; Keith Jeffery/Peter Hennessy, States of Emergency. British Governments and Strikebreaking since 1919, London 1983; Barbara Weinberger, Keeping the Peace? Policing Strikes in Britain 1906–1926, New York 1991.

6 James Klugmann, History of the Communist Party of Great Britain, Bd. 2: 1925–1927: The General Strike, London 1969, S. 67 ff.

7 Zit. nach Keith Laybourn, The General Strike, Manchester 1993, S. 37.

8 Patrick Renshaw, The general strike, London 1975, S. 180.

9 Renshaw, Strike, S. 192.

10 Zit. nach Porter, Burden, S. 191.

11 Albert H. Halsey (Hg.), British social trends since 1900. A guide to the changing social structure of Britain, S. 334; Dietmar Petzina u. a., Materialien zur Statistik des Deutschen Reiches 1914–1945, München 1978, S. 55.

12 Francis M. L. Thompson, English Landed Society in the Nineteenth Century, London 1963, S. 332 f.

13 McKibbin, Classes, Kap. 1.

14 Renshaw, Strike, S. 90 ff.; Miriam Glucksmann, Women Assemble. Women Workers and the New Industries in Inter-War Britain, London 1990.

15 B. R. Mitchell, Abstract of British Historical Statistics, Cambridge 1962, S. 62.

16 Alan A. Jackson, The Middle Classes 1900–1950, Nairn 1991, S. 14 f.; McKibbin, Classes, Kap. 2 und 3.

17 Philip Williamson, Stanley Baldwin. Conservative leadership and national values, Cambridge 1999.

18 Zit. nach Pat Thane, Cassell's Companion to Twentieth Century Britain, London 2001, S. 49.

19 Stanley Baldwin, On England and the West, in: ders., On England, London 1926, S. 7 f.

20 Damit war Lloyd George gemeint.

21 Lord Winterton vom India Office in einem Brief an den Gouverneur von Bengalen vom 11.09.1923, zit. nach Farman, Strike, S. 1.

22 Baldwin in einer Rede am 27.09.1923, in: ders. On England, S. 153 f.

23 «A party must be progressive to live», im Unterhaus am 03.12.1931, zit. nach Williamson, Baldwin, S. 268.
24 Bryan Spinks, The Prayer Book ‹Crisis› in England, in: Charles Hefling/Cynthia Shattuck (Hg.), The Oxford Guide to the Book of Common Prayer. A Worldwide Survey, Oxford 2006, S. 239–243.
25 John B. Priestley, English Journey, Chicago 1984 [1934], S. 301; Matthew Hilton, The Polyester-Flannelled Philanthropists. The Birmingham Consumers' Group and Affluent Britain, in: Lawrence Black/Hugh Pemberton (Hg.), An affluent society? Britain's post-war ‹Golden Age› revisited, Burlington 2004, S. 149–66, hier S. 149. Blackpool war eine Geburtsstätte des Massentourismus in der Nähe der Industrieregion um Liverpool, Manchester und Leeds; hierhin strömten seit den 1870er Jahren Arbeiter und deren Familien.
26 D. L. LeMahieu, A Culture for Democracy. Mass Communication and the Cultivated Mind in Britain between the Wars, Oxford 1988; Asa Briggs, The History of Broadcasting in the United Kingdom, 4 Bde., London 1961–1979; Paddy Scannell/David Cardiff, A Social History of British Broadcasting, 1922–1939, Oxford 1991.
27 Lynda Mugglestone, «Talking proper». The rise of accent as social symbol, Oxford 1995.
28 Daily Express 18.03.1927, zit. nach Jeffrey Richards, The Age of the Dream Palace. Cinema and Society in Britain 1930–1939, London 1984, S. 63.
29 Priestley, English Journey, S. 300.
30 Andrew Davies, Cinema and Broadcasting, in Johnson, Britain, S. 262–80; Marcia Landy, British Genres. Cinema and Society, 1930–1960, Princeton 1991.
31 Anette Kuhn, Cinema, censorship and sexuality, 1909–1925, London 1990, S. 120.
32 Light, Forever England, S. 8, S. 10.
33 Mandler, English Character, S. 143, S. 164.
34 John M. MacKenzie, Propaganda and Empire 1880–1960, Manchester 1986.
35 Light, Forever England, S. 1–19.
36 Der Name eines Pokals, der in den populären «Ashes-Series» bis heute ausgespielt wird.
37 Kenneth O. Morgan, Twentieth Century Britain. A Very Short Introduction, Oxford 2000, S. 29; J. Williams, Cricket, in Mason, Sport, S. 116–45; McKibbin, Classes, S. 332–39; http://www.hobbspavilion.co.uk/history.htm, aufgerufen am 05.10.2005.
38 McKibbin, Classes, S. 68.
39 Dane Kennedy, Islands of White. Settler Societies and Culture in Kenya and Southern Rhodesia, 1890–1939, Durham 1987, S. 181.
40 Wiener, Empire, S. 193 f., S. 212 ff.

5. Ruhe vor dem Sturm, 1926–1939

1 Malcolm Smith, Democracy in a Depression. Britain in the 1920s and 1930s, Cardiff 1998.
2 Amanda Root, Transport and Communication in Halsey/Webb, Trends, S. 437–68, hier S. 442, Tab. 14.3.
3 John Stevenson/Chris Cook, Britain in the Depression. Society and politics, 1929–1939, London 1999.
4 John Baxendale/Christopher Pawling, Narrating the thirties. A decade in the making, 1930 to the present, Basingstoke 1996.
5 Philip Williamson, National Crisis and National Government. British Politics, the Economy and Empire 1926–32, Cambridge 1992.
6 Ian Cawood, Britain in the twentieth century, London 2004, S. 103 f.
7 David Powell, British Politics, 1910–1935. The Crisis of the Party System, London 2004, S. 147; Williamson, Baldwin, S. 189, S. 201.
8 Zit. nach Daunton, Wealth, S. 104.
9 David Howell, MacDonald's party. Labour identities and crisis, 1922–1931, Oxford 2002; Nick Smart, The National Government 1931–40, Basingstoke 1999.

10 Sie zählte 521 eigene Abgeordnete und zusätzlich 33 der 37 Liberalen, von denen dadurch nur vier, darunter Lloyd George, unabhängig von ihr blieben; Clarke, Hope, S. 446.
11 Barry Eichengreen, Golden Fetters. The gold standard and the Great Depression, 1919–1939, New York u. a. 1992.
12 John Maynard Keynes, Die wirtschaftlichen Folgen des Friedensvertrages, München/Leipzig 1920 [London 1919], S. 10 f.
13 Zit. nach Peter Clarke, A question of Leadership. Gladstone to Thatcher, London 1991, S. 135, Aussage vermutlich von 1930.
14 Arnd Bauerkämper, Die «radikale Rechte» in Großbritannien. Nationalistische, antisemitische und faschistische Bewegungen vom späten 19. Jahrhundert bis 1945, Göttingen 1991; Stephen Dorril, Black Shirt. Sir Oswald Mosley and British Fascism, London 2006.
15 Daunton, Wealth S. 577 ff.; George C. Peden (Hg.), Keynes and his critics. Treasury responses to the Keynesian revolution, 1925–1946, Oxford 2004.
16 Laybourn, Breadline, S. 25 f.
17 Bernard Porter, Britannia's Burden. The Political Evolution of Modern Britain, 1851–1990, London 1994, S. 216.
18 Aus dem Gedicht ‹September 1, 1939›, Erstveröffentlichung in: The New Republic, Ausgabe vom 18.10. 1939.
19 Nach Davis, Britain, S. 214.
20 Brian R. Mitchell, Abstract of British Historical Statistics, Cambridge 1962, S. 62.
21 Zit. nach Peter Mandler, The Consciousness of Modernity? Liberalism and the Englisch ‹National Character›, 1870–1940, in Daunton/Rieger, Modernity, S. 119–44, hier S. 136.
22 Daunton, Wealth, S. 58 ff.
23 Daunton, Wealth, S. 556; Ross McKibbin, The Economic Policy of the Second Labour Government 1929–31, in: Past and Present, 68/1 (1975), S. 95–123.
24 Noreen Branson/Margot Heinemann, Britain in the Nineteen Thirties, Frogmore 1973, S. 241 f.
25 Rodney Lowe, Riches, poverty and progress, in: Robbins, Isles, S. 197–226, hier S. 206; William D. Rubinstein, Wealth and Inequality in Britain, London 1986.
26 Jeffrey Richards, The Age of the Dream Palace. Cinema and Society in Britain 1930–1939, London 1984, S. 11 f.
27 John Sedgwick, Popular Filmgoing in 1930s Britain. A Choice of Pleasures, Exeter 2000, S. 105; Brad Beaven, Leisure, citizenship and working-class men in Britain, 1850–1945, Manchester 2005, S. 192.
28 Jonathan Gershuny/Kimberly Fisher, Leisure, in Halsey/Webb, Trends, S. 620–49, hier S. 640.
29 Der Spiegel 23.04.2007.
30 Light, England, S. 75 ff.
31 Ray Speakman, Einführung zu Ronald Gow/Walter Greenwood, Love on the Dole, Oxford 1986, S. 7–12, hier S. 10; 1940, nach Ausbruch des Zweiten Weltkriegs, wurde das Buch verfilmt. Denn jetzt sollte gezeigt werden, dass nach dem Ersten Weltkrieg Zustände herrschten, die sich nicht wiederholen würden.
32 McKibbin, Classes S. 425; die Behörde hieß British Board of Film Censors.
33 Malcolm Smith, Democracy in a Depression. Britain in the 1920s and 1930s, Cardiff 1998, S. 55; Sedgwick, Filmgoing.
34 Sir Cyril Norwood, zit. nach McKibbin, Classes, S. 241.
35 G. G. Leybourne/K. White, Education and the Birth-Rate, London 1940, S. 187; zit. nach McKibbin, Classes, S. 236.
36 McKibbin, Classes, S. 238.
37 Beaven, Leisure, S. 194; Light, England, S. 106.
38 Selina Todd, Young women, work, and leisure in interwar England, in: Historical Journal, 48/3 (2005), S. 789–809.

39 Barbara Bush, Gender and Empire. The Twentieth Century, in: Levine, Gender and Empire, 77–111, hier S. 80 ff.
40 Zit. nach Rajani Palme Dutt, Britain's Commonwealth Contradictions, in: International Affairs, 15/5 (1969), S. 18–23, hier S. 18: «The British flag has never flown over a more powerful or more united Empire ... Never did our voice count for more in the council of nations; or in determining the future destinies of mankind.»
41 James, Rise, S. 388 ff.; Bill Nasson, Britannia's Empire. A short history of the British Empire, Stroud 2006, S. 228 ff.
42 James, Rise, S. 415.
43 Judith M. Brown, India, in dies. Empire, S. 421–46, hier S. 430.
44 George C. Peden, British Rearmament and the Treasury, 1932–39, Edinburgh 1979.
45 John Lawrence, Fascist violence and the politics of public order in inter-war Britain. The Olympia debate revisited, in: Historical Research, 76/192 (2003), S. 238–67; Martin Pugh, «Hurrah for the blackshirts!». Fascists and Fascism in Britain between the wars, London 2005.
46 Dan Stone, Responses to Nazism in Britain, 1933–1939. Before war and Holocaust, Basingstoke 2003.
47 Chiefs of Staff, Comparison of the Strength of Great Britain with that of certain other nations as at January 1938 (21.11.37), zit. nach Clive Ponting, 1940: Myth and Reality, London 1990, S. 26.
48 Barbara Korte u. a. (Hg.), Der Erste Weltkrieg und die Mediendiskurse der Erinnerung in Großbritannien. Autobiographie – Roman – Film (1919–1999), Würzburg 2005.
49 Martin Ceadel, Attitudes to War. Pacifism and Collective Security, in Johnson, Britain, S. 221–41; Detlev Clemens, Herr Hitler in Germany. Wahrnehmung und Deutung des Nationalsozialismus in Großbritannien 1920–1939, Göttingen 1996.
50 Frank McDonough, Hitler, Chamberlain and appeasement, Cambridge 2002.
51 Zit. nach Clarke, Hope, S. 188.
52 Edgerton, Warfare State, S. 149; Kershaw, Hitlers Freunde, S. 110 f.; zur weiteren Diskussion über die Ausweitung der Rüstungsausgaben vgl. ebd. S. 119 ff.
53 Zit. nach David Reynolds, Summits. Six meetings that shaped the twentieth century, London 2008, S. 48.
54 Patrick Finney, The Romance of Decline. The Historiography of Appeasement and British National Identity, Electronic Journal of International History (2000). ISSN 1471–1443.
55 Baldwin gegenüber dem Unterhaus am 12.11.1932, zit. nach Lynch, Appeasement, S. 106.
56 Christopher Price, Britain, America and rearmament in the 1930s. The cost of failure, Basingstoke 2001.

6. Großbritannien um 1942: A People's War?

1 Jefferys, Churchill Coalition, S. 65.
2 Robert Kee, The World we left behind. A Chronicle of the Year 1939, London 1993, S. 167.
3 Das genaue Ergebnis der Abstimmung ist schwer zu rekonstruieren, da nicht alle Abgeordneten anwesend und 15 ‹paired› waren; Paul Addison, The Road to 1945. British politics and the Second World War, London 1975, S. 98.
4 Kevin Jefferys, Finest & darkest hours. The decisive events in British politics from Churchill to Blair, London 2003, S. 24.
5 Winston S. Churchill, His Complete Speeches 1897–1963, hrsg. v. Robert Rhodes James, Bd. VI: 1935–1942, S. 6231–6238, hier S. 6238.
6 Fred M. Leventhal, The Projection of Britain in America before the Second World War, in: Wm. Roger Louis (Hg.), Still more adventures with Britannia, London 2003, S. 195–209, hier S. 196, S. 203.
7 John Callaghan, The Foreign Policy of the Labour Party, in: Mitteilungsblatt des Instituts

für soziale Bewegungen 27 (2002), S. 51–68; Malcolm Smith, Britain and 1940. History, myth and popular memory, London 2000.

8 Times 01.07.1940

9 Zit. nach Generaloberst Halder, Kriegstagebuch, Bd. II: Von der geplanten Landung in England bis zum Beginn des Ostfeldzuges (1.7.1940–21.6.1941), bearb. v. Hans-Adolf Jacobsen, Stuttgart 1963, S. 48.

10 Stephen Bungay, The most dangerous enemy. A history of the Battle of Britain, London 2001, S. 395.

11 Richard J. Overy, How significant was the battle?, in: Addison/Crang, Burning Blue, S. 267–280, hier S. 268.

12 Zit. nach P. Addison/Jeremy A. Crang, A Battle of many Nations, in: dies., Burning Blue, S. 243–63, hier S. 247.

13 «The collapse of England in the year 1940 is under present circumstances no longer to be reckoned on», zit. nach Overy, Battle, S. 268.

14 Zit. nach David Matless, Landscape and Englishness, London 1998, S. 184.

15 Nicolson, Diaries and Letters, 126, zit. nach Overy, Battle, S. 278.

16 Christopher Bayly/Tim Harper, Forgotten armies. The fall of British Asia, 1941–1945, Cambridge 2005.

17 Zit. nach Wm. Roger Louis, Introduction in: Brown/ders., Empire, S. 1–14, hier S. 26.

18 Want, Disease, Ignorance, Squalor and Idleness.

19 Mrs. Miniver = Artikelserie in der Times von Jan Struther; als Buch Jan Struther, Mrs. Miniver, London 1939, S. 123, zit. nach Light, Forever, S. 152.

20 Nach Jefferys, Churchill Coalition, S. 119.

21 Addison, Road, S. 25.

22 Zit. nach Paul Addison/Jeremy Crang, A Battle of Many Nations, in: dies., Burning Blue, S. 243–63, hier S. 248 f.; Calder, People's War.

23 Zit. nach Porter, Burden, S. 245; Calder, Blitz, S. 61 f.

24 R. Padley/M. Cole, Evacuation Survey. A Report to the Fabian Society, London 1940, S. 73, zit. nach Matless, Landscape, S. 181.

25 Ebd., S. 181; Calder, Myth, S. 62, Brief an den Windsor Express vom Oktober 1940.

26 Sebastian Cox, The RAF's response, in Addison/Crang, Burning Blue, S. 55–70.

27 Harold Macmillan, The Middle Way. A study of the problem of economic and social progress in a free and democratic society, London 1938, S. 180–187.

28 Paul Addison, The Impact of the Second World War, in: ders./Jones, Companion, S. 3–22, hier S. 5.

29 Jefferys, Churchill Coalition, S. 72.

30 Gordon Corrigan, Blood, Sweat and Arrogance and the myths of Churchill's War, London 2006, S. 423.

31 David Dutton, Unity and disunity. The price of victory, in: Robbins, Isles, S. 137–60, hier S. 151.; Stuart Hylton, Their darkest hour. The hidden history of the Home Front, 1939–1945, Stroud 2001; Donald Thomas, An Underworld at war. Spivs, deserters, racketeers and civilians in the Second World War, London 2004.

32 Hakim Adi, West Africans in Britain, 1900–1960, London 1998, S. 91.

33 Rose, People's War, S. 239 ff.

34 Bernard Waites, Black men in white men's wars, in P. Liddle u. a. (Hg.), The Great World War 1914–45, Bd. 2, London 2001, S. 257–74, hier S. 258 ff.

35 Nick Hayes/Jeff Hill (Hg.), ‹Millions like us›? British culture in the Second World War, Liverpool 1999.

36 Eine Dienstpflicht für Frauen bestand ab 1941, mit Ausnahmen; Mark Donelly, We can take it! Britain and the memory of the Second World War, Harlow 2004, S. 7, S. 38.

37 Addison, Impact, S. 10.

38 Donelly, Britain, S. 41.

39 Addison, Impact, S. 10.

40 Briggs, Go to it! Working for victory on the home front 1939 to 1945, London 2000, S. 38 ff.
41 Penny Summerfield, Reconstructing women's wartime lives. Discourse and subjectivity in oral histories of the Second World War, Manchester 1998, S. 80; Donelly, Britain, S. 42.
42 Charles Whiting, Britain under fire. The bombing of Britain's cities, 1940–1945, Barnsley 1999.
43 I. C. B. Dear (Hg.), The Oxford Companion to the Second World War, Oxford 1995, S. 853, und Richard J. Overy, Die Wurzeln des Sieges. Warum die Alliierten den Zweiten Weltkrieg gewannen, Stuttgart/München 2000, S. 192.
44 Bourke, War, S. 202.
45 Einem Witz zufolge hat Goebbels in einem Cafe Göring getroffen und ihm erzählt, Hitler habe sich erhängt. Darauf habe Goebbels erwähnt: «Da hast Du's. Ich habe doch immer gesagt, wir werden diesen Krieg in der Luft gewinnen.», zit. nach Calder, Blitz, S. 40.
46 Addison, Impact, S. 7; er nennt 67 635.
47 Dear, Companion, S. 1073.
48 Tagebucheintrag des amerikanischen Militärattaches Raymond E. Lee nach einem Besuch von Whitechapel, zit. nach Robert MacKay, Half the battle. Civilian morale in Britain during the Second World War, Manchester 2002, S. 257.
49 Zit. n. Frederick Taylor, Dresden. Tuesday, 13 February 1945, London 2004, S. 378.
50 Calder, Blitz, S. 42.
51 Taylor, Dresden, S. 375 ff.; vgl. Stephan Burgdorff/Christian Habbe (Hg.), Als Feuer vom Himmel fiel. Der Bombenkrieg in Deutschland, München 2003; Lothar Kettenacker (Hg.), Ein Volk von Opfern? Die neue Debatte um den Bombenkrieg 1940–45, Berlin 2003.
52 Zit. nach Piers Brendon, The Decline and Fall of the British Empire, London 2007, S. 392.
53 Dear, Companion, S. 40: elevated to peerage.
54 Dear, Companion, S. 358; Brendan, Decline, S. 399.
55 Siân Nicholas, Being British. Creeds and Cultures, in: Robbins, Isles, S. 103–35, hier S. 133.
56 Richard Cockett, Thinking the unthinkable. Think-tanks and the economic counter-revolution 1931–1983, London 1994, S. 58.
57 Derek H. Aldcroft, The British economy, Band 1: The years of turmoil 1920–1951, Brighton 1986, S. 183.
58 David Dutton, Unity and disunity. The price of victory, in: Robbins, Isles, S. 137–60, hier S. 153 f.; Alan S. Milward, War, economy and society, 1939–1945, Berkeley 1977.
59 Mandler, Character, S. 164 f., S. 187.
60 Chris Waters, ‹Dark Strangers› in Our Midst. Discourse of Race and Nation in Britain, 1947–1963, in: Journal of British Studies, 36/2 (1997), S. 207–38, hier S. 211.
61 Zit. nach Arthur Marwick, Class in Addison/Jones, Companion, S. 76–92, hier S. 81 f.

DRITTER TEIL

1945–1979

7. You never had it so good, 1945–1961

1 Jim Fyrth (Hg.), Labour's Promised Land. Culture and Society in Labour Britain 1945–51, London 1995; Kenneth Morgan, Britain since 1945. The People's Peace. Oxford 2001[3] [1990].
2 Bernard Porter, Britain, Europe and the world 1850–1986. Delusions of grandeur, London [2]1987.
3 Zit. nach Judt, Geschichte Europas, S. 83.
4 Monet, Memoirs, 1978, S. 452, zit. nach Hennessy, Good, S. 459.
5 Janet Finck, Welfare, Poverty and Continuity, in Addison/Jones, Companion, S. 263–30,

hier S. 267; der Beitrag betrug 4 shillings und 11 pence; 20 shilling ergaben 1 Pfund und 12 pence 1 shilling.

6 Paul Addison, Now the war is over. A social history of Britain, 1945–51, London 1985.

7 Howard Glennerster, British Social Policy since 1945, Oxford 1995.

8 Glennerster, Social Policy, S. 12.

9 Daunton, Wealth, S. 481; Hugh Pemberton, The Transformation of the Economy, in: Addison/Jones, Companion, S. 180–202.

10 Judt, Geschichte Europas, S. 123; Ina Zweiniger- Bargielowska, Austerity in Britain. Rationing, Controls and Consumption, 1939–1955, Oxford 2000.

11 Judt, Geschichte Europas, S. 192.

12 Pemberton, Transformation, in: Addison/Jones, Companion, S. 194.

13 Jim Tomlinson, Government and the enterprise since 1900. The changing problem of efficiency, Oxford 1994, S. 195.

14 Siehe Kap. 8, S. 274 ff. dieses Buches.

15 Helen Mercer (Hg.), Labour governments and private industry. The experience of 1945–1951, Edinburgh 1992.

16 Zit. nach Clarke, Hope and Glory, S. 233.

17 Rose, People's War, S. 284.

18 Nicholas Owen, Decolonisation and Postwar Consensus, in: Harriet Jones/Michael Kandiah (Hg.), The Myth of Consensus. New Views on British History, 1945–64, New York 1996, S. 157–81, hier S. 162; Stephen Howe, Anti-Colonialism in British politics. The left and the end of empire, London 1993.

19 Zit. nach Dietmar Rothermund, The Routledge companion to decolonization, London 2006, S. 28; Bill Schwarz, The End of Empire, in: Addison/Jones, Companion, S. 482–98, hier S. 484.

20 Christopher Bayly/Tim Harper, Forgotten armies. The fall of British Asia, 1941–1945, Cambridge 2005; dies., Forgotten wars. The end of Britain's Asian Empire, London 2007; John Kent, British Imperial Strategy and the Origins of the Cold War, Leicester 1993.

21 Churchill am 21.07.1934, zit. nach Piers Brendon, The Decline and Fall of the British Empire, London 2007, S. 400.

22 Zit. nach ebd.; Robin J. Moore, Escape from Empire. The Attlee Government and the Indian Problem, Oxford 1983.

23 Stanley Wolpert, Shameful flight. The last years of the British in India, Oxford 2006, S. 157.

24 Zit. nach Wolpert, Flight, S. 132.

25 Einige davon sind beschrieben in Brendon, Decline, S. 411 ff.

26 Richie Ovendale, Britain, the United States, and the transfer of power in the Middle East, 1945–1962, London 1996.

27 In einer Rede am 19.09.1946 in Zürich vor Studenten, zit. nach James, Robert (Hg.), Churchill. His Complete Speeches, 1897–1963, Vol. VII: 1943–1949, New York 1974, S. 7379–82.

28 James, Rise, S. 533.

29 John Dumbrell, A Special Relationship. Anglo-American Relations in the Cold War and After, London 2001.

30 Zugeschrieben, zit. nach David Dutton, Unity and disunity. The price of victory, in: Robbins, Isles, S. 137–60, hier S. 144.

31 Judt, Geschichte Europas, S. 178.

32 Wendy Webster, Immigration and Race, in: Addison/Jones, Companion, S. 93–109, hier S. 97.

33 Rose, People's war, S. 247; etwas beschönigend die Darstellung von Mike Phillips/Trevor Phillips, Windrush. The Irresistible Rise of Multi-Racial Britain, London 1998.

34 Zit. nach Webster, Immigration, S. 101.

35 Paul B. Rich, Race and Empire in British politics, Cambridge 1990, S. 167; Bob Carter/Kathleen Paul, The Politics of National Identity. Racism, Migrant Labour and the Attlee

Governments 1945–1951, in: Marcel an der Linden (Hg.), Racism and the Labour Market. Historical Studies, Bern 1995, S. 495–510.

36 Johannes-Dieter Steinert (Hg.), European immigrants in Britain 1933–1950, München 2003.

37 Daily Mirror vom 20.07.1948, zit. nach Webster, Englishness, S. 154.

38 Panikos Panayi, Immigration, ethnicity, and racism in Britain, 1815–1945, Manchester 1994; ders. Racial violence in Britain, 1840–1950, London 1993.

39 David Kynaston, Austerity Britain, 1945–51, London 2007.

40 Marwick, British Isles, S. 181; Jose Harris, Tradition and Transformation. Society and civil society in Britain, 1945–2001, in: Burk, British Isles, S. 91–125, hier S. 98.

41 Ina Zweiniger-Bargielowska, Austerity in Britain. Rationing, Controls and Consumption, 1939–1955, Oxford 2000.

42 Judt, Geschichte Europas, S. 194.

43 David Dutton, British Politics since 1945. The Rise, Fall and Rebirth of Consensus, Oxford 1991; Harriet Jones/Michael Kandiah (Hg.), The Myth of Consensus. New Views on British History, 1945–64, New York 1996.

44 Zit. nach Scott Kelly, The Myth of Mr. Butskell. The politics of British economic policy, 1950–55, Aldershot 2002, S. 132; Peter Burnham, Remaking the postwar world economy. Robot and British policy in the 1950s, Basingstoke 2003.

45 Anthony Gorst/Lewis Johnman, The Suez Crisis, London 1997; David Tal, The 1956 War. Collusion and rivalry in the Middle East, London 2001.

46 Keith Kyle, Suez. Britain's end of empire in the Middle East, London 1991, S. 488.

47 Nigel John Ashton, Eisenhower, Macmillan and the problem of Nasser. Anglo-American relations and Arab nationalism, 1955–59, Basingstoke 1996.

48 Zit. nach Peter L. Hahn, The United States, Great Britain and Egypt, 1945–1956. Strategy and diplomacy in the early cold war, Chapel Hill 1991, S. 232.

49 Dieser Film beruhte allerdings nicht auf einem der Romane von Fleming; James Chapman, Licence to thrill. A cultural history of the James Bond films, London 1999.

50 Zit. nach Hennessy, Having it so good, S. 1.

51 Harriet Jones, The Impact of the Cold War, in: Addison/Jones, Companion, S. 23–41, hier S. 29; David Edgerton, Science, Technology and the British Industrial ‹Decline› 1870–1970, Cambridge 1996.

52 Zit. nach Hennesy, Having it so good, S. 1; Dominic Sandbrook, Never had it so good. A History of Britain from Suez to the Beatles, London 2005.

53 Fink, Welfare in: Addison/Jones, Companion, S. 271; Rodney Lowe, Modernizing Britain's Welfare State. The influence of affluence, 1957–64, in: Lawrence Black/Hugh Pemberton (Hg.), An affluent society? Britain's post-war «golden age» revisited, Aldershot 2004, S. 35–51, hier S. 38, FN 14, S. 45, FN 37.

54 Tomlinson, Decline.

55 Vgl. L. Black: The Impression of Affluence. Political Culture in the 1950s and 1960s, in Black/Pemberton, An affluent society?, S. 85–106, hier S. 86; vgl. Tabelle 1, S. 35.

8. Wind of Change, 1961–1979

1 Zit. nach Judt, Geschichte Europas, S. 312; John Ramsden, The winds of change. Macmillan to Heath, 1957–1975, London 1996.

2 Raymond F. Betts, Decolonization, London 1998; John Darwin, Britain and decolonisation. The retreat from empire in the post-war world, Basingstoke 1988.

3 John D. Hargreaves, Decolonization in Africa, London 1988.

4 Thomas J. Fair/N. Manfred Shaffer, Population Patterns and Policies in South Africa 1951–1960, in: Economic Geography, Bd. 40/3 (1964), S. 261–74, hier S. 262.

5 Martin Lynn (Hg.), The British empire in the 1950s. Retreat or revival?, Basingstoke 2006; Shula Marks, Southern Africa, in: Brown/Louis, Empire, S. 545–73, hier S. 569.

6 Barack Obama, Dreams from my father. A story of race and inheritance, Edinburgh 2007, S. 417 f.
7 Porter, Share, S. 331.
8 David Anderson, Histories of the hanged. The dirty war in Kenya and the end of empire, New York 2005.
9 Rothermund, Decolonization, S. 121 f.
10 Darwin, Decolonisation, S. 554; Ronald Hyam, Britain's declining empire. The road to decolonisation, 1918–1968, Cambridge 2006; Robert Holland (Hg.), Emergencies and disorder in the European Empires after 1945, London 1993 (The journal of Imperial and Commonwealth history, 21/3: Special issue); Anderson, Histories of the hanged.
11 Zit. nach Keith Jeffrey, British Isles/British Empire: dual mandate/dual identity, in: Robbins, Isles, S. 13–41, hier S. 41.
12 Pemberton, Transformation, in: Addison/Jones, Companion, S. 186.
13 Fink, Welfare, in: Addison/Jones, S. 270 f.
14 MBE = Member of the Order of the British Empire.
15 Dominic Sandbrook, White Heat. A history of Britain in the swinging sixties, London 2006.
16 Nicholas Woodward (Hg.), Britain in the 1970s. The troubled decade, London/New York 1996.
17 Roger Backhouse, The macroeconomics of Margaret Thatcher, in: Journal of the History of Economic Thought, Volume 24/3 (2002), S. 313–34, hier S. 317.
18 Wrigley, Unions, S. 59 f.
19 Dominik Geppert, Thatchers konservative Revolution. Der Richtungswechsel der britischen Tories 1975–1979, München 2002, S. 154 ff.
20 Jim Tomlinson, The decline of the Empire and the economic «decline» of Britain, in: 20th Century British History, 14/3 (2003), S. 201–21, hier S. 210 f., Tabelle, S. 218; James Ellison, Britain and Europe, in: Addison/Jones, Companion, S. 517–38, hier S. 527 f.
21 Zit. nach Marwick, British Isles, S. 215; Alex May (Hg.), Britain, the Commonwealth and Europe. The Commonwealth and Britain's applications to join the European Communities, Basingstoke 2001.
22 Zit. nach Keith Laybourn, Fifty key figures in twentieth-century British politics, London 2002, S. 109; Roger Broad, u. a. (Hg.), Labour's European dilemmas. From Bevin to Blair, Basingstoke 2001; Alan S. Milward, The United Kingdom and the European Community, Bd. 1: The rise and fall of a national strategy, 1945–1963, London 2002.
23 Tomlinson, Decline of the Empire, S. 210 f.; Saki Dockrill, Britain's retreat from east of Suez. The choice between Europe and the world?, New York 2002.
24 Stuart Ward (Hg.), British culture and the end of empire, Manchester 2001.
25 Edward Pilkington, Beyond the Mother Country. West Indians and the Notting Hill White Riots, London 1988; Webster, Englishness, S. 165.
26 Waters, Dark Strangers; Kathleen Paul, Whitewashing Britain. Race and Citizenship in the Postwar Era, Ithaca 1997.
27 Randall Hansen, The Kenyan Asians, British Politics, and the Commonwealth Immigrants Act, 1968, in: The Historical Journal, 42/3 (1999), S. 809–834; Harry Goulbourne, Race relations in Britain since 1945, Basingstoke 1998.
28 Merle Tönnies (Hg.), British Political Speeches. From Churchill to Blair, Stuttgart 2001, S. 63–84, «Tiber foaming with much blood» (S. 84); Powell spielte auf die Aeneis von Vergil an, der darin einen der Gründungsmythen Roms erzählt.
29 Randall Hansen, Citizenship and immigration in Post-War Britain. The institutional origins of a multicultural nation, Oxford 2000, S. 132.
30 Zit. nach Peter Itzen, Die Macht der Propheten. Die Politik der Church of England in Krisen der Britischen Nachkriegszeit (1945–1990), Diss. Freiburg 2009, S. 277.
31 Daily Express 26.02.1968.
32 Kathleen Burk/Alec Cairncross, Good-bye Britain, Yale 1992.

33 Wrigley, Unions S. 64.
34 Peter Dorey, Wage politics in Britain. The rise and fall of incomes policies since 1945, Brighton 2001.
35 Morgan, Callaghan, S. 535.
36 John Callaghan, Industrial militancy, 1945–79. The Failure of the British Road to Socialism, in: Twentieth Century British History, 15/4 (2004) S. 388–409, hier S. 395.
37 Michael J. Cunningham, British government policy in Northern Ireland, 1969–2000, Manchester 2001; Paul Dixon, Northern Ireland. The politics of war and peace, Basingstoke 2001.
38 Vgl. Clarke, Hope and Glory, S. 322.

9. Großbritannien um 1965: Swinging Sixties?

1 Zit. nach Marwick, Isles, S. 246.
2 Zit. nach ebd.
3 Bericht der Studentenzeitung der Universität Exeter vom 29. Januar 1959, zit. nach Nick Thomas, Challenging Myths of the 1960s'. The Case of Student Protest in Britain, in: Twentieth Century British History, 13/3 (2002), S. 277–97, hier S. 293.
4 Ebd. S. 294.
5 Burnett, Housing, S. 281.
6 David Fowler, The First Teenagers! The Lifestyle of the Young Wage-Earners in Inter-War Britain, London 1995; Bill Osgerby, Youth in Britain since 1945, Oxford 1998; ders., Youth Culture, in: Addison/Jones, 127–44, hier S. 129.
7 Peter Laurie, The Teenage Revolution, 1965, S. 9, zit. nach Osgerby, Youth Culture, S. 130; Jon Savage, Teenage. Die Erfindung der Jugend (1875–1945), Frankfurt 2008.
8 Teenager werden Heranwachsende mit Erreichen des 13. Lebensjahres genannt, auf Englisch: thirteen
9 Richard Hoggart, The Uses of Literacy, London 1967, S. 203 f.
10 So Eric Hobsbawm 1961, zit. nach Lawrence Black, The political culture of the left in affluent Britain, 1951–64. Old labour, new Britain?, Basingstoke 2003, S. 128; Steven Fielding, Labour and cultural change, Manchester 2003.
11 Mark Jarvis, Conservative governments, morality and social change in affluent Britain, 1957–64, Manchester 2005.
12 «Will the people in the cheaper seats clap your hands? All the rest of you, if you'll just rattle your jewelry.», zit. nach Fred R. Shapiro, The Yale Book of quotations, New Haven 2006, S. 452.
13 Zit. nach Marwick, Isles, S. 244.
14 Ian MacDonald, Revolution in the Head. The Beatles' records and the sixties, London 1994.
15 Joanathan Green, All Dressed Up. The Sixties and the Counterculture, London 1998; Arthur Marwick, The Sixties. Cultural Revolution in Britain, France, Italy, and the United States, Oxford 1998.
16 Lawrence Black/Hugh Pemberton (Hg.), An affluent society? Britain's post-war ‹Golden Age› revisited, Burlington 2004.
17 The English People, Essay aus dem Jahr 1944, zit. nach Robert Taylor, The Rise and Disintegration of the Working Class, in: Addison/Jones, Companion, S. 371–88, hier S. 372.
18 Jane Lewis, Women in Britain since 1945. Women, family, work and the state in the postwar years, Oxford 1992.
19 Clarke, Hope, S. 361.
20 Dolly Smith Wilson, Gender. Change and Continuity, in: Addison/Jones, Companion, S. 245–62, hier S. 251, spricht von 60–85%.
21 Kate Fisher, Birth Control, Sex, and Marriage in Britain 1918–1960, Oxford 2006.

22 Zit. nach Pat Thane, Population and the Family, in: Addison/Jones, Companion, S. 42–58, hier S. 44; die Aussage wurde zwischen 1944 und 1949 durch das Projekt ‹Mass Observation› erhoben.
23 Angabe zu 1954 auf http://www.thevalvepage.com/tvyears/1954/tvy1954text.htm, aufgerufen am 15.09.2009; Gershuny/Fisher, Leisure, in: Halsey/Webb, Trends, S. 640.
24 Mark Connelly, We can take it! Britain and the memory of the Second World War, Harlow 2004; Jeffrey Richards, Films and British National Identity. From Dickens to Dad's Army, Manchester 1997.
25 Marwick, Isles, S. 247.
26 Ina Zweiniger-Bargielowska, Living Standards and Consumption, in: Addison/Jones, S. 226–44, hier S. 232.
27 Fink, Welfare in: Addison/Jones, S. 271.
28 Arthur Marwick, Social Trends, Structures, Values, Behaviour, in: Jonathan Hollowell (Hg.), Britain since 1945, Malden/Mass. 2003, S. 241–59, hier S. 247.
29 Richard Holt, Sport and Recreation, in: Addison/Jones, Companion, S. 110–26, hier S. 115; Stephen Wagg, Time Gentlemen please. The decline of Amateur Captaincy in English Country Cricket, in: Adrian Smith/Dilwyn Porter (Hg.), Amateurs and Professionals in Post-War British Sports, 2000, S. 31–59.
30 Arthur Marwick, Culture in Britain since 1945, Oxford 1991, S. 80.
31 Zit. nach Roy Lowe, Education in: Addison/Jones, S. 281–96, hier S. 281.
32 http://www.isbi.com/isbi-viewschool/1930-Rugby_School.html; aufgerufen am 3.1.2010.
33 21% von ihnen waren Schüler von Eton, Harrow oder Winchester; Ivan Reid, Class in Britain, Cambridge 1998, S. 180 f.
34 Ebd.; Callaghan hatte die Aufnahmeprüfung für Oxford bestanden, konnte das Studium dort aber nicht finanzieren und begann stattdessen eine Ausbildung im Civil Service.
35 Clarke, Hope, S. 284 ff.
36 Roy Lowe, Education in the Post-War Years. A Social History, London 1988, S. 23–25.
37 Clarke, Hope, S. 285 f.; 60% der Schüler der *Secondary Schools*.
38 A. H. Halsey, Further and Higher Education, in: ders./Webb, Trends, S. 221–53, hier S. 224 f.; bis 1980 stieg die Zahl auf 509 000.
39 Gerd-Rainer Horn, The spirit of '68. Rebellion in Western Europe and North America, 1956–1976, Oxford 2007; Nick Thomas, Challenging Myths of the 1960s'. The Case of Student Protest in Britain, in: Twentieth Century British History, 13 (2002), S. 277–97.
40 Interview mit M. Brockelmann in der Süddeutschen Zeitung vom 24.11.2007.
41 Adam Lent, British social movements since 1945. Sex, colour, peace and power, Basingstoke 2001.
42 John Osborne, Look Back in Anger. A Play in three Acts, 8. Aufl., London 1968 [1956], S. 84: «People of our generation aren't able to die for good causes any longer.... There aren't any good, brave causes left.»
43 In Deutschland als: «.. denn sie wissen nicht was sie tun».
44 Norbert Frei, 1968. Jugendrevolte und globaler Protest, München 2008, S. 180–87.
45 Times 01.07.1967.
46 Olive Banks, The politics of British feminism. 1918–1970, Aldershot 1993; Martin Pugh, Women and the Women's Movement in Britain, 1914–1999, Basingstoke 2000.
47 Wilson, Gender in Addison/Jones, Companion, S. 250.
48 Byrne, Movements, S. 11 f.
49 Duncan Gallie, The Labour Force, in: Halsey/Webb, Trends, S. 281–323, hier S. 310.
50 Bill Luckin, Pollution in the City, in: Daunton, Urban History, S. 207–28, hier S. 225 f.
51 Zit. nach Alan A. Mister, Britain's Clean Air Acts, in: The University of Toronto Law Journal, 20/2 (1970), S. 268–73, hier S. 272.
52 Christian Pfister, Das 1950er Syndrom. Der Weg in die Konsumgesellschaft, Bern 1995.
53 Beginnend mit Ronald Inglehart, The silent revolution. Changing values and political styles among western publics, Princeton 1977.

54 Nick Crowe, Not quite like teen spirit, in: Prospect 161, August 2009, S. 56–9.
55 Zit. nach Bart Moore-Gilbert/John Seed (Hg.), Cultural revolution? The challenge of the arts in the 1960s, London 1992, Einleitung, S. 3 f.
56 Daniel Bell, Die kulturellen Widersprüche des Kapitalismus, Frankfurt/M. 1991, S. 89 ff.
57 Callum G. Brown, The Death of Christian Britain. Understanding secularisation, 1800–2000, London 2001, Kap. 7, S. 145–69.
58 Brown, Death, S. 3.
59 Grace Davie, Religion in Britain since 1945, Oxford 1994; Robin Gill, The «empty» church revisited, Aldershot 2003; Hugh McLeod, The religious crisis of the 1960s, Oxford 2007.
60 Marcus Collins, The fall of the English Gentleman. The National Character in Decline, c.1918–1970, in: Historical Research, 75 (2002), S. 90–111.
61 Taylor, Rise, in: Addison/Jones, Companion, S. 381.

VIERTER TEIL

1979–2010

10. Thatcher und Major, 1979–1997

1 Margaret Thatcher, Die Erinnerungen, 1925–1979, Düsseldorf 1995, S. 330.
2 Vgl. S. 275 f. dieses Buches.
3 Riddell, Thatcher era, S. 26 ff.
4 Rob Atkinson/Paul Durden, Housing Policy in the Thatcher Years, in: Stephen P. Savage/Lynton Robins (Hrsg.), Public Policy under Thatcher, London u. a. 1990, S. 117–130, hier S. 121.
5 Riddell, Thatcher era, S. 114 f.
6 Peter Saunders, A Nation of Home Owners, London 1990.
7 http://news.bbc.co.uk/onthisday/hi/dates/stories/december/20/newsid_4017000/4017019.stm, aufgerufen am 29.11.2009.
8 http://www.econlib.org/library/Enc/Privatization.html; aufgerufen am 29.11.2009.
9 Riddell, Thatcher era, S. 8.
10 Peter Clarke, A question of Leadership. Gladstone to Thatcher, London 1991, S. 315 f.
11 Michael Crick, The March of Militant, London 1986.
12 Anthony King/Ivor Crewe, SPD. The Birth, Life and Death of the Social Democratic Party, Oxford 1995.
13 Lawrence Freedman, Britain and the Falklands War, Oxford 1988.
14 Zit. nach Peter Jenkins, Mrs. Thatcher 's Revolution. The ending of the socialist era, London 1987, S. 161.
15 Evans, Thatcher and Thatcherism, S. 98.
16 Anthony Barnett, Iron Britannia. Why Parliament waged its Falklands war, London 1982, S. 32.
17 Evans, Thatcher and Thatcherism, S. 102.
18 Zit. n. Evans, Thatcher and Thatcherism, S. 99.
19 Ralph Darlington/Dave Lyddon, Glorious Summer. Class Struggle in Britain 1972, London 2001.
20 http://news.bbc.co.uk/onthisday/hi/dates/stories/march/28/newsid_2531000/2531033.stm; aufgerufen am 2.2.2009.
21 Mike Parker, Thatcherism and the fall of coal, Oxford 2000, S. 25.
22 Andrew J. Richards, Miners on strike. Class solidarity and division in Britain, Oxford 1996.
23 http://news.bbc.co.uk/1/hi/uk_politics/3067563.stm, aufgerufen am 02.02.2009; http://

www.margaretthatcher.org/speeches/displaydocument.asp?docid=105563, aufgerufen am 29.11.2009.

24 Evans, Thatcher and Thatcherism, S. 87.

25 Evans, Thatcher and Thatcherism, S. 94; vgl. ihre Rede in Japan am 26.11.1993, auf der Website der Margaret Thatcher Foundation: http://www.margaretthatcher.org/speeches/displaydocument.asp?docid=108326; aufgerufen am 2.2.2009.

26 Zit. nach Evans, Thatcher and Thatcherism, S. 107.

27 Richard David, Großbritannien und die Deutsche Frage, in: Europa-Archiv, 45 (1990), S. 139–44; sehr anschaulich die Erinnerungen des Außenministers Douglas Hurd, Memoirs, London 2003, S. 420 ff.

28 Evans, Thatcher and Thatcherism, S. 72.

29 Lowe, Education, in: Addison/Jones, Companion, S. 285 ff.

30 Dazu wurden insgesamt 50 Gesetze verabschiedet, Riddell, Thatcher era, S. 177.

31 John Hills/Kitty Stewart (Hg.), A More Equal Society? New Labour, Poverty, Inequality and Exclusion, Bristol 2005, Introduction S. 1–19, hier S. 6.

32 «If Kinnock wins today will the last person to leave Britain please turn out the lights», Sun 09.04.1992.

33 Zit. nach Clarke, Hope, S. 379.

34 Zit. nach Bart Moore-Gilbert/John Seed (Hg.), Cultural revolution? The challenge of the arts in the 1960s, London 1992, Einleitung S. 1–15, hier S. 2.

35 Zit. nach Robert Eccleshall, English Conservatism since the Restoration. An introduction and anthology, London 1990, S. 247.

36 Clarke, Hope, S. 381.

37 Samuel, Patriotism; ders. Theatres of memory, London 1994.

38 Robert Hewison, The Heritage Industry, London 1987.

39 Bis heute können Gewerkschaften zusammen 50% der Stimmen abgeben, was Brown ändern will: http://www.guardian.co.uk/politics/2007/jun/25/tradeunions.uk, aufgerufen am 04.01.2010.

40 Sun 04.04.1997, zit. nach Derek H. Aldcroft/Michael Oliver, Trade unions and the economy,1870–2000, Aldershot 2000, S. 176.

41 Hills/Stewart, Society, Introduction S. 1–19, hier S. 7.

42 Adonis Andrew/Stephen Pollard, A Class Act. England's new class structure, London 1997.

43 Blair in einem Interview mit dem Guardian am 06.11.2001, zit. nach Eric Shaw, New Labour and the Unions: The Death of Tigmoo?, in: Matt Beech/Simon Lee (Hg.), Ten years of New Labour, Basingstoke, S. 120–35, hier S. 130.

44 James E. Cronin, New Labour's Escape from Class Politics, in: Journal of the Historical Society, 6/1 (2006), S. 47–68.

11. New Labour, New Britain?, 1997–2010

1 Simon Lee, The British model of political economy, in: Beech/Lee, Ten years, S. 17–34, hier S. 18.

2 Die Zahlenangaben variieren. Die Polizei sprach von 750000, die Organisatoren von zwei Millionen; http://news.bbc.co.uk/2/hi/uk_news/2765041.stm, aufgerufen am 29.11.2009.

3 Unter den zahlreichen Biographien: Anthony Seldon, Blair, London 2004.

4 Sun 04.09.1997; Nicholas Mirzoeff, An Introduction to Visual Culture, London u.a 2000, S. 238.

5 «A triumph of confidence over cynicism, boldness over blandness, excellence over mediocrity»; http://news.bbc.co.uk/2/hi/uk_news/politics/1172367.stm, aufgerufen am 10.10.2008.

6 http://www.millennium.gov.uk/lottery/experience.html, aufgerufen am 10.10.2008.

7 Marr, History, S. 525.

8 Vernon Bogdanor, Devolution in the United Kingdom, Oxford 2001.
9 Vernon Bogdanor, The British Constitution in the 20th Century, Oxford 2003.
10 Philip Norton, The Constitution in: Seldon, Britain, S. 104–22, hier S. 118 f.
11 Zit. n. Alex J. Bellamy, Responsibility to Protect. The Global Effort to End Mass Atrocities, Cambridge 2009, S. 25.
12 Alistair Campbell/Richard Stott, The Blair Years. Extracts from the Alistair Campbell diaries, London 2008, S. 559 ff.; Marr, Britain, S. 553 f.
13 Die Zahl der gestorbenen Briten wird auf 67 geschätzt, von denen 16 bekannt sind, 51 werden noch vermisst; das Foreign Office geht von 81 Personen aus, die «close British ties» haben; http://www.independent.co.uk/news/uk/politics/memorial-for-british-twin-towers-victims–639543.html, aufgerufen am 10.10.2008.
14 Marr, Britain, S. 567.
15 Raymond Plant, Blair's Liberal Interventionism, in: Beech/Lee, Ten years, S. 151–69, hier S. 165.
16 Vgl. S. 383 dieses Buches.
17 Definition des Department for Culture, Media and Sport (DCMS) aus dem Jahr 1998, zit. nach DCMS, The Creative Economy Programme. A Summary of Programmes Comissioned in 2006/2007, August 2007, S. 4 (Broschüre des DCMS).
18 Peter Borsay, A history of leisure. The British experience since 1500, Basingstoke 2006.
19 The Work Foundation (Hg.), Staying ahead. The Economic Performance of the UK's Creative Industries, London 2007, S. 16. (Broschüre des DCMS).
20 Nicholas Crafts, Industrial policy, in: Seldon, Britain, S. 273–87, hier S. 281.
21 So die Befunde eines Berichts, den die Regierung in Auftrag gab; vgl. Times 12.09.2009.
22 Lee, Model, in: Bee/Lee, Ten years, S. 32.
23 http://news.bbc.co.uk/2/hi/business/7710588.stm, aufgerufen am 20.11.2008.
24 Lee, Model, in: Bee/Lee, Ten years, S. 31.
25 Robert Taylor, New Labour, new capitalism, in: Seldon, Britain, 214–40, hier S. 235 f.
26 Ebd., S. 237.
27 Michael Sanderson, Education and economic decline in Britain, 1870 to the 1990s, Cambridge 1999; Chris Woodhead, Class War. The State of British education, London 2002.
28 Ende 2009 betrugen die Kreditzinsen 6–8 Prozent.
29 Alan Smithers, Schools, in: Seldon, Britain, S. 361–84, hier S. 379.
30 Ebd., S. 381.
31 Marr, Britain, S. 541.
32 Smithers, School in: Seldon, Britain, S. 381.
33 Sanderson, Education, S. 284.
34 Shaw, New Labour, in: Beech/Lee, Britain, S. 132; Wrigley Unions, S. 81 ff; Aldcroft/Oliver, Unions.
35 Smithers, School in: Seldon, Britain, S. 380; http://news.bbc.co.uk/2/hi/uk_news/education/6403017.stm, aufgerufen am 16.09.2009
36 Dies war eine Folge der Entscheidungen, die nach dem Krieg zur Finanzierung des Wohlfahrtsstaates getroffen wurde; vgl. S. 224 f. dieses Buches.
37 Marr, Britain, S. 538.
38 Nick Bosanquet, The health and welfare legacy, in: Seldon, Britain, S. 385–407, hier S. 389.
39 Marr, Britain, S. 538 f.
40 Anthony Seldon, Blair Unbound, London 2007, S. 71.
41 Hills/Stewart, Society, Introduction S. 1–19, hier S. 1.
42 Stewart, Equality, in: Seldon, Britain, S. 410.
43 Ebd., S. 425 f.
44 Shaw, New Labour, in: Beech/Lee, Britain, S. 122; Peter Sinclair, The Treasury and Economic Policy, in: Seldon, Britain, S. 185–213, hier S. 209.

45 Sinclair, Treasury, in: Seldon, Britain, S. 188, FN 2.
46 Stewart, Equality, in: Seldon, Britain, S. 415; Hills/Stewart, Society.
47 Peter Wilby, Thatcherism's final triumph, in: Prospect 127, Oktober 2006, S. 28–31, hier S. 29; Wilby ist ein früherer Hg. des *New Statesman*, er schreibt jetzt eine sozialistische Geschichte des Cricket.
48 Taylor, Labour, in: Seldon, Britain, S. 216.
49 2007 erhielten die Absolventen von nur 100 Elite-Schulen 1/3 der Studienplätze in Oxford und Cambridge, Times 27.11.2007, aufgerufen am 29.11.2007.
50 Prospect 140, November 2007, S. 11.
51 Guardian 04.03.2001, nach: http://www.guardian.co.uk/politics/2001/mar/04/conservatives.speeches, aufgerufen am 10.10.2008.
52 1999/2000 betrug der Anteil der Staatsausgaben am Bruttosozialprodukt nur noch 37,7 %, der niedrigste Stand seit 1960/61; der Anteil der öffentlichen Schulden ging sogar von 43,6 % im Mai 1997 auf 31,3 % des BSP am Vorabend der Wahl von 2001 zurück; Lee, Model, in: Beech/Lee, Ten Years, S. 27 f.
53 Simon Lee, Conclusion, in: Beech/Lee, Britain, S. 187–95, hier S. 189.

12. Briten, Zuwanderer und Ausländer

1 Guardian 28.07.2005, aufgerufen am 29.11.2009; Andrew Langley, The bombing of London 2005, Oxford 2006.
2 Die Ereignisse wurden von der Independent Police Complaints Commission untersucht; deren Bericht ist abrufbar unter www.ipcc.gov.uk/Stockwell_one.pdf.
3 Vgl. S. 233–239, S. 269 ff. dieses Buches.
4 Taylor, Labour, in: Seldon, Britain, S. 217.
5 John Salt/James Clarke, Migration matters, in: Prospect 110, Mai 2005, S. 46–51.
6 Spencer, Immigration, in: Seldon, Britain, S. 354.
7 23.05.66, Rede an das *National Committee for Comonwealth Immigrants*, zit. nach Harry Gouldbourne, Race relations in Britain since 1945, Basingstoke 1998, S. 21; Ian R. Spencer, British Immigration Policy since 1939. The Making of Multiracial Britain, London 1997.
8 1978 in einem TV-Interview, zit. nach Webster, Immigration, in: Addison/Jones, Britain, S. 98.
9 Mit dem Ausdruck Fuzzy-Wuzzies bezeichneten Ende des 19. Jahrhunderts britische Soldaten Krieger des ostafrikanischen Hadenodoa-Stammes; Rudyard Kipling verwandte ihn 1892 in einem Gedicht *Barrack Room Ballads*; der Ursprung ist unklar. Umgangssprachlich wird der Begriff heute abwertend benutzt. Die Bezeichnung *Wogs* entspricht dem deutschen *Kaffern*.
10 Salman Rushdie, Das neue Empire in Großbritannien, in: ders., Heimatländer der Phantasie. Essays und Kritiken 1981–1991, München 1992, S. 157–68, hier S. 159.
11 The Brixton Disorders, 10–12 April 1981. Presented to Parliament by the Secretary of State for the Home Department by Command of Her Majesty, November 1981 (Report of an Inquiry by the Rt. Hon. the Lord Scarman), Repr., London 1986, S. 135: «Institutional racism does not exist in Britain: but racial disadvantage and its nasty associate racial discrimination, have not yet been eliminated.»
12 http://www.guardian.co.uk/uk/1999/feb/23/lawrence.ukcrime9, aufgerufen am 14.11.2008.
13 Bhikku Parekh, The Future of Multi-Ethnic Britain. Report of the Commission on the Future of Multi-Ethnic Britain, London 2000; John Solomos, Race and racism in Britain, Hampshire 2007.
14 Gouldbourne, Race, S. 63.
15 Ben Page, Culture and attitudes, in: Seldon, S. 436–67, hier S. 457.
16 http://news.bbc.co.uk/2/hi/uk_news/7232661.stm, aufgerufen am 15.11.2008.

17 Thompson, Empire, S. 243.
18 Prospect, 125, August 2006, Gespräch zwischen Kenan Malik und Amartya Sen, S. 64–66, hier S. 65.
19 Roundtable ‹Britain Rediscovered›, in: Prospect 109, April 2005, S. 20–5, hier S. 25.
20 Zit. nach Thompson, Empire, S. 229.
21 Spencer, Immigration in: Seldon, Britain, S. 360.

13. Großbritannien 1900–2010: Rückblicke und Befunde

1 Helmut Kaelble, Sozialgeschichte Europas. 1945 bis zur Gegenwart, München 2007.
2 Ferdinand Mount, Mind the gap. The new class divide in Britain, London 2004.
3 John Welshman, Underclass. A history of the excluded 1880–2000, London 2006.
4 Zit. nach Robert Colls, English Journeys, in: Prospect 136, Juli 2007, S. 46–50, hier S. 48.
5 Boris Johnson, Bürgermeister von London; George Osborne, Schatzkanzler im Schattenkabinett; Nick Hurd, ebenfalls Mitglied des Schattenkabinetts.
6 Robert Winnett/Holly Watt, «Focus: Reservoir toffs», Times 08.10.2006, aufgerufen am 06.11. 2006.
7 James E. Cronin, The politics of state expansion. War, state and society in twentieth-century Britain, London 1991; Jim Tomlinson, Government and the enterprise since 1900. The changing problem of efficiency, Oxford 1994; Alan S. Milward, The European rescue of the nation-state, London 2000.
8 David Edgerton, Tony Blair's Warfare State, in: New Left Review, 230 (1998), S. 123–130; Simon Lee, Industrial Policy and British Decline, in: Andrew Cox u. a. (Hg.), The Political Economy of Modern Britain, Cheltenham 1997, S. 108–65.
9 Times 14.11.2009.

Literaturverzeichnis

Addison, Paul (Hg.): A companion to contemporary Britain, 1939–2000, Oxford 2005.

Addison, Paul/Crang, Jeremy (Hg.): The burning blue. A new history of the Battle of Britain, London 2000.

Bauerkämper, Arnd: Die «radikale Rechte» in Großbritannien. Nationalistische, antisemitische und faschistische Bewegungen vom späten 19. Jahrhundert bis 1945, Göttingen 1991.

Bauerkämper, Arnd/Eisenberg, Christiane (Hg.): Britain as a model of modern society? German views, Augsburg 2006.

Beech, Matt/Lee, Simon (Hg.): Ten years of New Labour, Basingstoke 2008.

Benson, John: The rise of consumer society in Britain, 1880–1980, London 1994.

Berger, Stefan: Ungleiche Schwestern? Die britische Labour Party und die deutsche Sozialdemokratie im Vergleich, 1900–1931, Bonn 1997.

Bingham, Adrian: Gender, modernity, and the popular press in inter-war Britain, Oxford 2004.

Black, Jeremy: A history of the British Isles, Basingstoke 1996.

Blanning, T. W. C. (Hg.): The nineteenth century. Europe 1789–1914, Oxford 2000.

Booth, Alan: The British economy in the twentieth century, Basingstoke, 2001.

Bourke, Joanna: The Second World War. A people's history, Oxford 2001.

Brown, Judith M./Louis, William Roger (Hg.): The Oxford history of the British Empire, Bd. 4: The twentieth century, Oxford 1999.

Burk, Kathleen (Hg.): The British Isles since 1945, Oxford 2003.

Burnett, John: A social history of housing, 1815–1970, Newton Abbot 1978.

Butler, David/Butler, Gareth: Twentieth century British political facts 1900–2000, Basingstoke 2000.

Butler, Larry J.: Britain and Empire. Adjusting to a post-imperial world, London 2002.

Byrne, Paul: Social movements in Britain, London 1997.

Cain, Peter J./Hopkins, Antony G.: British Imperialism, Bd. 1: Innovation and expansion 1688–1914; Bd. 2: Crisis and deconstruction 1914–1990, London 1993.

Cairncross, Frances (Hg.): The legacy of the golden age. The 1960s and their economic consequences, London 1992.

Calder, Angus: The myth of the Blitz, London 1991.

Calder, Angus: The People's war. Britain 1939–1945, London 1969.

Campbell, Alan/Fishman, Nina/McIlroy, John (Hg.): British trade unions and industrial politics, Bd. 1: The post-war compromise, 1945–64, Bd. 2: The high tide of trade unionism, 1964–79, Aldershot 1999.

Cannadine, David: Aspects of aristocracy. Grandeur and decline in modern Britain, New Haven 1994.

Cannadine, David: Class in Britain, New Haven 1998.

Cannadine, David: Ornamentalism. How the British saw their empire, London 2001.

Charles, Nickie: Gender in modern Britain, Oxford 2002.

Chickering, Roger/Förster, Stig (Hg.): Great war, total war. Combat and mobilization on the Western Front, 1914–1918, Washington 2000.

Clapp, Brian W.: An environmental history of Britain since the Industrial Revolution, London 1994.

Clarke, Peter u. a. (Hg.): Understanding decline. Perceptions and realities of British economic performance, Cambridge 1997.
Clarke, Peter: Hope and glory. Britain 1900–2000, London 2004.
Collins, Marcus: Modern love. An intimate history of men and women in twentieth-century Britain, London 2003.
Conekin, Becky (Hg.): Moments of modernity. Reconstructing Britain 1945–1964, London 1999.
Copsey, Nigel: Contemporary British fascism. The British National Party and the quest for legitimacy, Basingstoke 2004.
Crafts, Nicholas: Britain's relative economic decline 1870–1995. A qualitative perspective, London 1997.
Cronin, James E.: The politics of state expansion. War, state and society in twentieth-century Britain, London 1991.
Dabydeen, David u. a. (Hg.): The Oxford companion to black British history, Oxford 2007.
Daunton, Martin J. (Hg.): The Cambridge urban history of Britain, Bd. 3, 1840–1950, Cambridge 2000.
Daunton, Martin J./Hilton, Matthew (Hg.): The politics of consumption. Material culture and citizenship in Europe and America, Oxford 2001.
Daunton, Martin J./Rieger, Bernhard (Hg.): Meanings of Modernity. Britain from the Late-Victorian Era to World War II, Oxford 2001.
Daunton, Martin J.: Just taxes. The politics of taxation in Britain, 1914–1979, Cambridge 2002.
Daunton, Martin: Wealth and Welfare. An Economic and Social History of Britain, 1851–1951, Oxford 2007.
Davis, John: A History of Britain 1885–1939, Basingstoke 1999.
Davis, Lance E./Huttenback, Robert A.: Mammon and the pursuit of Empire. The Economics of British Imperialism, 1860–1912, Cambridge 1986.
Dewey, Peter: War and Progress. Britain 1914–1945, London 1997.
Duara, Prasenjit (Hg.): Decolonization. Perspectives from now and then, London 2004.
Edgell, Stephen (Hg.): Consumption matters. The production and experience of consumption, Oxford 1996.
Edgerton, David: Warfare State. Britain, 1920–1970, Cambridge 2006.
Evans, D. Gareth: A history of Wales, 1906–2000, Cardiff 2000.
Evans, Eric J.: Thatcher and Thatcherism, London 1997.
Finlay, Richard J.: Modern Scotland, 1914–2000, London 2004.
Floud, Roderick/Johnson, Paul (Hg.): The Cambridge economic history of modern Britain, Bd. 1: Industrialisation, 1700–1860; Bd. 2: Economic maturity, 1860–1939; Bd. 3: Structural change and growth, 1939–2000, Cambridge 2004.
Foley, Timothy P. u. a. (Hg.): Gender and colonialism, Galway 1995.
Fowler, David: Youth culture in modern Britain, c. 1920–c. 1970. From ivory tower to global movement – a new history, Basingstoke 2008.
Francis, Martin/Zweiniger-Bargielowska, Ina (Hg.): The Conservatives and British society, 1880–1990, Cardiff 1996.
Fry, Geoffrey K.: The politics of the Thatcher revolution. An interpretation of British politics, 1979–1990, Basingstoke 2008.
George, Stephen: An awkward Partner. Britain in the European Community, 3rd edn., Oxford 1998.
Gerzina, Gretchen (Hg.): Black Victorians/Black Victoriana, New Brunswick 2003.
Giles, Judy: The parlour and the suburb. Domestic identities, class, femininity and modernity, Oxford 2004.
Gilroy, Paul: «There ain't no black in the Union Jack». The cultural politics of race and nation, London 1987.
Gladstone, David (Hg.): Before Beveridge. Welfare before the welfare state, 1999.

Glyn, Andrew: Capitalism unleashed. Finance, globalization and welfare, Oxford 2006.
Gregory, Adrian: The last Great War. British society and the First World War, Cambridge 2008.
Hall, Lesley A.: Sex, gender and social change in Britain since 1880, Basingstoke 2000.
Halsey, Albert H./Webb, Josephine (Hg.): Twentieth Century British Social Trends, Basingstoke 1999.
Harris, José: Private lives, public spirit. A social history of Britain, 1870–1914, London 1993.
Harrison, Brian: Seeking a role. The United Kingdom 1951–1970, Oxford 2009.
Harrison, Brian: The transformation of British politics, 1860–1995, Oxford 1996.
Hattersley, Roy: The Edwardians, London 2004.
Hennessy, Peter: Having it so good. Britain in the fifties, London 2006.
Hennessy, Peter: Never Again. Britain 1945–51, London 1992.
Hicks, Joe/Allen, Grahame: A century of change. Trends in UK statistics since 1900. Research Paper 99/111, House of Commons Library, London 1999.
Hill, Jeffrey: Sport, leisure and culture in twentieth-century Britain, Basingstoke 2002.
Hirschfeld, Gerhard u. a. (Hg.): Enzyklopädie Erster Weltkrieg, Paderborn 2003.
Holland, Robert F.: The pursuit of greatness. Britain and the world role, 1900–1970, London 1991.
Holloway, Gerry: Women and work in Britain since 1840, London 2005.
Holmes, Colin: John Bull's island. Immigration and British society, 1871–1971, Basingstoke 1988.
Holt, Richard: Sport and the British. A modern history, Oxford 1989.
Hyam, Ronald: Britain's declining empire. The road to decolonisation, 1918–1968, Cambridge 2006.
Hyam, Ronald: Empire and sexuality. The British experience, Manchester 1990.
Jackson, Alan A.: The middle classes, 1900–1950, Nairn 1991.
James, Lawrence: The rise and fall of the British Empire, London 1998.
James, Lawrence: Warrior race. The British experience of war from Roman times to the present, London 2001.
Jefferys, Kevin: The Churchill coalition and wartime politics, 1940–1945, Manchester 1991.
Johnson, Paul (Hg.): Twentieth-century Britain. Economic, social and cultural change, London 1994.
Jones, Harriet/Kandiah, Michael (Hg.): The myth of consensus. New views on British history, 1945–64, Basingstoke1996.
Judt, Tony: Geschichte Europas von 1945 bis zur Gegenwart, München 2006.
Kaelble, Hartmut: Sozialgeschichte Europas. 1945 bis zur Gegenwart, München 2007.
Kershaw, Ian: Hitlers Freunde in England. Lord Londonderry und der Weg in den Krieg, München 2005.
Kinealy, Christine: A disunited kingdom? England, Ireland, Scotland and Wales, 1800–1949, Cambridge 1999.
Kushner, Tony/Lunn, Kenneth (Hg.): The Politics of marginality. Race, the Radical Right, and minorities in twentieth century Britain, London 1990.
Lawrence, Jon: Speaking for the people. Party, language and popular politics in England, 1867–1914, Cambridge 1998.
Laybourn, Keith: Britain on the breadline. A social and political history of Britain between the wars, Gloucester 1990.
Leese, Peter: Britain since 1945. Aspects of identity, Basingstoke 2006.
Levine, Philippa (Hg.): Gender and empire, Oxford 2004.
Light, Alison: Forever England. Feminity, literature and conservatism between the wars, London 1991.
Louis, William Roger: Ends of British imperialism. The scramble for empire, Suez and decolonisation, London 2006.
Mander, John: Our German cousins. Anglo-German relations in the 19th and 20th centuries, London 1974.

Mandler, Peter: The English national character. The history of an idea from Edmund Burke to Tony Blair, New Haven 2006.

Marr, Andrew: A history of modern Britain, London 2007.

Marwick, Arthur: A history of the modern British Isles, 1914–1999. Circumstances, events, and outcomes, Oxford 2000.

Mason, Tony (Hg.): Sport in Britain. A social history, Cambridge 1989.

May, Alex: Britain and Europe since 1945, London 1999.

McKibbin, Ross: Classes and cultures. England 1918–1951, Oxford 1998.

McKibbin, Ross: The ideologies of class. Social relations in Britain, 1880–1950, Oxford 1990.

Mergel, Thomas: Großbritannien seit 1945, Göttingen 2005.

Middlemas, Keith: Politics in industrial society. The experience of the British system since 1911, London 1979.

Middlemas, Keith: Power, competition and the state, Bd. 1: Britain in search of balance, 1940–61, London 1986; Bd. 2: Threats to the postwar settlement, Britain 1961–74, London 1990; Bd. 3: The end of the postwar era, Britain since 1974, Basingstoke1991.

Millman, Brock: Managing domestic dissent in First World War Britain, London 2000.

Morgan, Kenneth O.: Modern Wales. Politics, places and people, Cardiff 1995.

Morgan, Philip D./Hawkins, Sean (Hg.): Black experience and the empire, Oxford 2004.

Morris, James: Farewell of the trumpets. An imperial retreat, London 1998 [1978].

Paris, Michael: Warrior nation. Images of war in British popular culture, 1850–2000, London 2000.

Porter, Andrew (Hg.): The Oxford history of the British Empire, Vol. 3: The nineteenth century, Oxford 1999.

Porter, Bernard: Britannia's burden. The political evolution of modern Britain 1851–1990, London 1994.

Porter, Bernard: The absent-minded imperialists. Empire, society and culture in Britain, Oxford 2004.

Porter, Bernard: The Lion's Share. A Short History of British Imperialism, 1850–1995, Harlow 1996.

Pugh, Martin: State and society. A social and political history of Britain 1870–1997, London 1999.

Purvis, June (Hg.): Women's history. Britain, 1850–1945. An introduction, London 1995.

Ramsden, John: Don't mention the war. The British and the Germans since 1890, London 2006.

Reinermann, Lothar: Der Kaiser in England. Wilhelm II. und sein Bild in der britischen Öffentlichkeit, Paderborn 2001.

Rennell, Tony: Last days of glory. The death of Queen Victoria, London 2001.

Reynolds, David: Britannia overruled. British policiy and world power in the twentieth century, London/New York 1991.

Riddell, Peter: The Thatcher era and its legacy, Oxford 1991.

Robbins, Keith (Hg.): The British Isles, 1901–1951, Oxford 2002.

Rose, Sonya O.: Which people's war? National identity and citizenship in Britain 1939–1945, Oxford 2003.

Samuel, Raphael (Hg.): Patriotism. The making and unmaking of British national identity, 3 Bde., London 1989.

Searle, Geoffrey R.: A new England? Peace and war 1886–1918, Oxford 2004.

Seldon, Anthony (Hg.): Blair's Britain, 1997–2007, Cambridge 2007.

Seldon, Anthony/Collings, Daniel: Britain under Thatcher, Harlow 2000.

Sheail, John: An environmental history of twentieth-century Britain, Basingstoke 2002.

Thane, Pat: Foundations of the welfare state, London 1982.

Thompson, Andrew: The empire strikes back? The impact of imperialism on Britain from the mid-nineteenth century, Harlow 2005.

Thompson, Francis M. L. (Hg.): The Cambridge social history of Britain 1750–1950, Bd. 1: Regions and communities, Bd. 2: People and their environment, Bd. 3: Social agencies and institutions, Cambridge 1990.
Tomlinson, Jim: The politics of decline. Understanding post-war Britain, Harlow 2001.
Trentmann, Frank: Free trade nation. Commerce, consumption, and civil society in modern Britain, Oxford 2008.
Webster, Wendy: Englishness and empire 1939–1965, Oxford 2005.
Weight, Richard: Patriots. National identity in Britain, 1940–2000, London 2002.
Wiener, Martin J.: An empire on trial. Race, murder and justice under British rule, 1870–1935, Cambridge 2009.
Winder, Robert: Bloody foreigners. The story of immigration to Britain, London 2004.
Wrigley, Chris (Hg.): A companion to early twentieth-century Britain, Oxford 2003.
Wrigley, Chris: British Trade unions since 1933, Cambridge 2002.

Tabellen

Verzeichnis der Tabellen im Text

Verzeichnis der Tabellen im Anhang

Tabelle 19: Bevölkerung Großbritanniens 1901–2001 in Tausend

	Großbritannien	England und Wales	Schottland	Nordirland
1901	38 328	32 612	4 479	1 237
1911	42 138	36 136	4 751	1 251
1921	44 072	37 932	4 882	1 258
1931	46 074	39 988	4 843	1 243
1941	48 216	41 748	5 160	1 308
1951	50 290	43 815	5 102	1 373
1961	52 807	46 196	5 184	1 427
1971	55 928	49 152	5 236	1 540
1981	56 352	49 634	5 180	1 538
1991	57 808	51 099	5 107	1 601
2001	59 009	52 211	5 123	1 675

Quelle: Hicks/Allen, Change, S. 6.

Tabelle 20: Bruttoinlandsprodukt pro Kopf 1900–2000 in £ zu Preisen von 1995

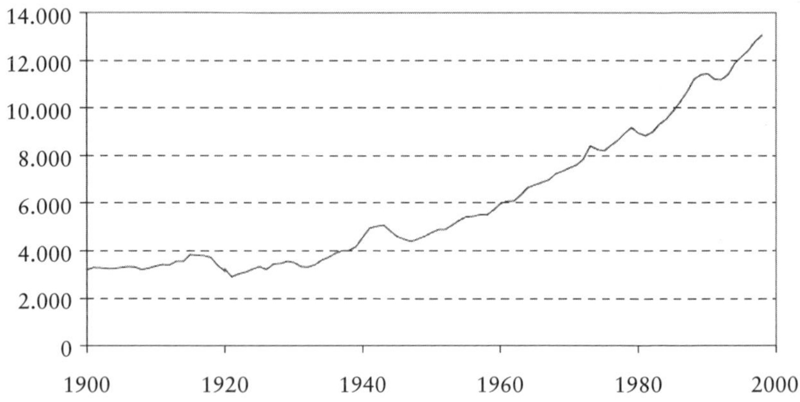

Quelle: Hicks/Allen, Change, S. 23.

Tabelle 21: Arbeitslosigkeit 1900–1999 in Prozent

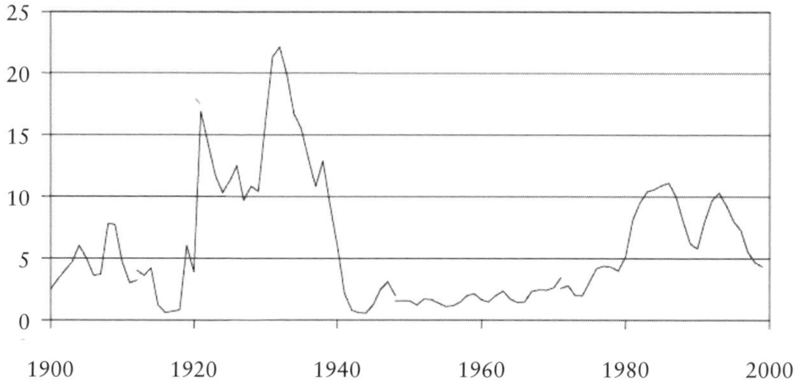

Quelle: Hicks/Allen, Change, S. 24.

Tabelle 22: Anstieg der Kosten im Gesundheitswesen (in Prozent des Bruttosozialprodukts)

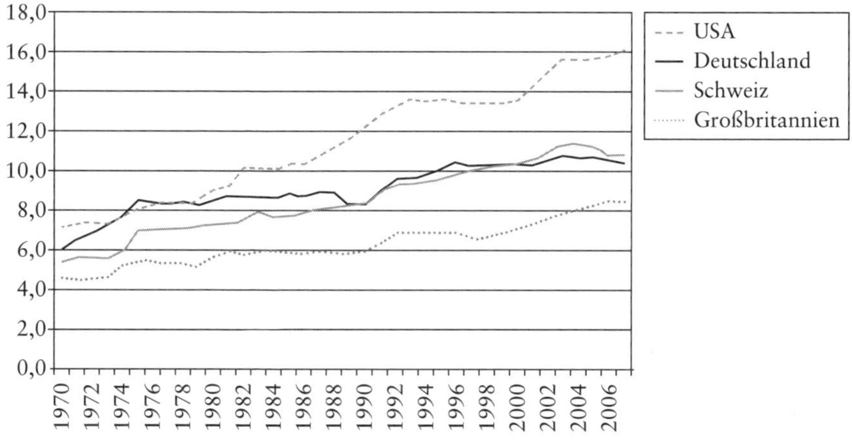

Quelle: OECD Health Data 2009.

Tabelle 23: Ergebnisse der Unterhauswahlen, 1900–2005

Datum	Wahlberech-tigte in Mio.	Beteiligung in %	Stärkste Partei	Unionisten / Konser-vative in % / Sitze	Liberale in % / Sitze	Labour in % / Sitze	Irland* in % / Sitze	Schottland + Wales** in % / Sitze
28. Sept. / 24. Okt. 1900	6,7	75	Unionisten	50,3 / 402	45,0 / 184	1,3 / 2	2,6 / 82	
12. Jan. / 7. Feb. 1906	7,2	83	Liberale	43,4 / 157	49,4 / 400	4,8 / 30	0,6 / 83	
14. Jan. / 9. Feb. 1910	7,7	87	Liberale	46,9 / 273	43,5 / 275	7,0 / 40	1,9 / 82	
2. – 19. Dez. 1910	7,7	81	Liberale	43,6 / 272	44,2 / 272	6,4 / 42	2,5 / 84	
14. Dez. 1918	21,4	59	Koalition	Koalition: 53,2 / 523	13,0 / 36	20,8 / 57	4,6 / 73	
15. Nov. 1922	21,1	71	Konservative	38,5 / 344	28,3 / 115	29,7 / 142		
6. Dez. 1923	21,3	71	Labour	38,0 / 258	29,7 / 158	30,7 / 191		
29. Okt. 1924	21,7	77	Konservative	48,3 /419	17,6 / 40	33,0 / 151		
30. Mai 1929	28,9	76	Labour	38,1 / 260	23,6 / 59	37,1 / 287		
27. Okt. 1931	30,0	76	Nat. Gov.	Nat. Gov. 60,5 / 521	7,2 / 37	30,8 / 52		
14. Nov. 1935	31,4	71	Nat. Gov.	Nat. Gov. 53,3 / 429	6,8 / 21	38,1 / 154		
5. Juli 1945	33,2	73	Labour	39,6 / 210	9,0 / 12	48,0 / 393		
23. Feb. 1950	33,2	84	Labour	43,5 / 298	9,1 / 9	46,1 / 315		
25. Okt. 1951	34,6	83	Konservative	48,0 / 321	2,6 / 6	48,8 / 295		
26. Mai 1955	34,9	77	Konservative	49,7 / 345	2,7 / 6	46,4 / 277		
8. Okt. 1959	35,4	79	Konservative	49,3 / 365	5,9 / 6	43,9 / 258		
15. Okt. 1964	35,9	77	Labour	43,4 / 258	11,2 / 9	44,1 / 317		
31. März 1966	36,0	76	Labour	41,9 / 253	8,5 / 12	47,9 / 364		
18. Juni 1970	39,3	72	Konservative	46,4 / 330	7,5 / 6	43,0 / 287		
28. Feb. 1974	39,8	79	Labour	37,9 / 297	19,3 / 14	37,1 / 301	2,3 / 12	2,6 / 9
10. Okt. 1974	40,1	73	Labour	35,8 / 277	18,3 / 13	39,2 / 319	2,4 / 12	3,5 / 14
3. Mai 1979	41,1	76	Konservative	43,9 / 339	13,8 / 11	36,9 / 269	2,2 / 12	2,0 / 4
9. Juni 1983	42,2	73	Konservative	42,4 / 397	Alliance: 25,4 / 23	27,6 / 209	3,1 / 17	1,5 / 5
11. Juni 1987	43,2	75	Konservative	42,3 / 22	Alliance: 22,5 / 22	30,8 / 229	2,2 / 17	1,6 / 6
9. April 1992	43,2	78	Konservative	41,9 / 336	Lib. Dem. 17,9 / 20	34,4 / 271	2,2 / 17	2,3 / 7
1. Mai 1997	43,8	71,4	Labour	30,7 / 165	Lib. Dem. 16,8 / 46	43,2 / 418	2,5 / 18	2,5 / 10
7. Juni 2001	44,4	59,4	Labour	31,7 / 166	18,3 / 52	40,7 / 412	2,6 / 18	2,5 / 9
5. Mai 2005	44,3	61,4	Labour	32,4 / 198	22,0 / 62	35,2 / 355	2,5 / 18	2,1 / 9

Quelle:
1900–1987: Clarke, Hope and Glory (1996), S. 405–410.
1992–2001: House of Commons Research Paper 04/61 (28.7.2004), S.10f: http://www.parliament.uk/commons/lib/research/rp2004/rp04-061.pdf
2005: House of Commons Research Paper 05/33 (17.5.2005), S.13f: http://www.parliament.uk/commons/lib/research/rp2005/RP05-033.pdf
* 1900–1910 als Irish Nationalists, 1918 Sinn Fein; nach 1974 diverse nordische Parteien.

Tabelle 24: Wahlen zum Scottish Parliament (Sitze), 1999–2007

	1999	2003	2007
Konservative	18	18	27
Labour	56	50	46
Liberal Democrat	17	17	16
SNP	35	27	47
Sonstige	3	17*	3
Wahlbeteiligung	58,2	49,4	51,7

Quelle: http://www.scottish.parliament.uk/business/research/briefings-07/SB07-21.pdf S.5; http://www.scottish.parliament.uk/MSP/elections/2007/documents/Table13.pdf; aufgerufen am 4.1.2010.

* Der hohe Wert unter «Sonstige» lässt sich auf die von der Scottish Socialist Party erreichten 6,2 % zurückführen.

First Minister: Donald Dewar, Labour (7.5.1999–11.10.2000); Henry McLeish, Labour (27.10.2010–8.11.2001); Jack McConnell, Labour (22.11.2001–16.5.2007); Alex Salmond, SNP (seit 16.5.2007)

Tabelle 25: Wahlen zur Welsh Assembly (Sitze), 1999–2007

	1999	2003	2007
Konservative	9	11	12
Labour	28	30	26
Liberal Democrat	6	6	6
Plaid Cymru	17	12	15
Sonstige	0	1	1
Wahlbeteiligung	46,3	38,2	43,4

Quelle für 2003 und 2007: http://www.assemblywales.org/mrs071094_2007_assembly_election_results.pdf

Quelle für 1999: http://www.parliament.uk/commons/lib/research/rp99/rp99-051.pdf; aufgerufen am 4.1.2010.

First Minister: Alun Edward Michael, Labour (12.5.1999 – 9.2.2000); Alun Edward Michael, Labour (9.2.2000 – 9.12.2009); Carwyn Jones, Labour (seit 9.12.2009).

Tabelle 26: Wahlen zur Northern Ireland Assembly (Sitze), 1998–2007

	1998	Sitze	2003	Sitze	2007	Sitze
DUP	18,1	20	25,7	32	30,1	36
UUP	21,3	28	22,7	24	14,9	18
SF	17,6	18	23,5	24	26,2	28
SDLP	22,0	24	17,0	18	15,2	16
PUP	2,5	2	1,2	1	0.6	1
Alliance	6,5	6	3,7	6	5,2	7
Sonstige	12,0	10	6,2	2	8,4	2
Wahlbtlg.	68,8		63,1		62,3	

Quelle: http://www.niassembly.gov.uk/io/research/2007/0107.pdf , S.27f. & S. 6 für Wahlbeteiligung; aufgerufen am 4.1.2010.

Vom 11.2.-30.5. 2000, am 10.8. und 22.9.2001 und vom 14.10.2002-7.5.2007 wurde die Assembly von der Regierung in London wegen zu großer Konflikte außer Kraft gesetzt. Nach der Wahl von 2007 bildeten die DUP und Sinn Féin eine Regierung. First Minister vom 8.5.2007-5.6.2008 war Ian Paisley (DUP), seitdem Peter Robinson (DUP); DeputyFirst Minister seit dem 8.5.2007 ist Martin McGuiness (Sinn Féin).

Tabelle 27: Liste der Premierminister

Amtsantritt	Premierminister	Parteizugehörigkeit
25. Juni 1895	3. Marquess of Salisbury	Konservativ
12 Juli 1902	Arthur Balfour	Konservativ
5. Dezember 1905	Sir Henry Campbell-Bannermann	Liberal
5. April 1908	Herbert Asquith	Liberal, an der Spitze einer Koalition vom 25. Mai 1915
6. Dezember 1916	David Lloyd George	Liberal, an der Spitze einer Koalition
23. Oktober 1922	Andrew Bonar Law	Konservativ
22. Mai 1923	Stanley Baldwin	Konservativ
22. Januar 1924	Ramsay MacDonald	Labour
4. November 1924	Stanley Baldwin	Konservativ
5. Juni 1929	Ramsay MacDonald	Labour, ab 24. August 1931 an der Spitze des von den Konservativen dominierten National Government
7. Juni 1935	Stanley Baldwin	Konservativ, an der Spitze des von den Konservativen dominierten National Government
28. Mai 1937	Neville Chamberlain	Konservativ, an der Spitze des von den Konservativen dominierten National Government
10. Mai 1940	Winston Churchill	Konservativ, an der Spitze einer Koalition während des Krieges
26. Juli 1945	Clement Attlee	Labour
26. Oktober 1951	Winston Churchill	Konservativ
6. April 1955	Sir Anthony Eden	Konservativ
10. Januar 1957	Harold Macmillan	Konservativ
19. Oktober 1963	Sir Alec Douglas-Home	Konservativ
16. Oktober 1964	Harold Wilson	Labour
19. Juni 1970	Edward Heath	Konservativ
4. März 1974	Harold Wilson	Labour
5. April 1976	James Callaghan	Labour
4. Mai 1979	Margaret Thatcher	Konservativ
28. November 1990	John Major	Konservativ
2. Mai 1997	Tony Blair	Labour
27. Juni 2007	Gordon Brown	Labour

Quelle: J. Black, A history of the British Isles, Basingstoke 1996, S. XIX, aktualisiert.

Tabelle 28: Chronologie der Dekolonialisierung 1947–1997

Britische Kolonie oder Großbritannien unterstelltes Territorium	Name seit der Unabhängigkeit	Datum der Unabhängigkeit
Indien	Indien (Birma: heute Myanmar, wurde 1948 von Indien unabhängig)	1947
Indien	Pakistan (Bangladesch wurde 1971 unabhängig von Pakistan)	1947
Ceylon	Sri Lanka (seit 1972)	1948
Palästina	Israel	1948
Goldküste	Ghana	1957
Malaya	Malaysia (Singapur wurde 1965 von Malaysia unabhängig)	1957
Zypern		1960
Nigeria		1960
Sierra Leone		1961
Tanganjika	Tansania	1961
Jamaika		1962
Trinidad und Tobago		1962
Uganda		1962
Kenia		1963
Nord-Rhodesien	Sambia	1963
Malta		1964
Gambia		1965
Süd-Rhodesien	erklärte sich einseitig 1965 vom Commonwealth unabhängig; wurde unter dem Namen Simbabwe 1979 offiziell unabhängig	1965
Barbados		1966
Basutoland	Lesotho	1966
Bechuanaland	Botswana	1966
Britisch Guayana	Guyana	1966
Aden	Süd-Jemen	1967
Mauritius		1968
Swasiland		1968
Fidschi		1970
Bahamas		1973
Grenada (Kleine Antillen)		1974
Seychellen		1976
Dominica		1978
Salomonen		1978
St. Lucia		1979
St. Vincent und die Grenadinen		1979
Antigua		1981
Britisch Honduras	Belize	1981
Vanuatu (Neue Hebriden)		1983
St. Kitts und Nevis		1983
Hongkong		1997

Quelle: I. Cawood, Britain in the Twentieth Century, London 2004, S. 287, aktualisiert.

Tabelle 29: Mitgliedsländer des Commonwealth mit Jahr des Beitritts, Stand 2010[1]

Großbritannien	1931	Mauritius	1968
Kanada	1931	Nauru[5]	1968
Australien	1931	Swasiland	1968
Neuseeland	1931	Tonga	1970
Südafrika[2]	1931	Samoa	1970
Indien	1947	Fidschi[6]	1970
Pakistan[3]	1947	Bangladesch	1972
Sri Lanka	1948	Bahamas	1973
Ghana	1957	Grenada	1974
Malaysia	1957	Papua-Neuguinea	1975
Nigeria	1960	Seychellen	1976
Zypern	1961	Solomon Islands	1978
Sierra Leone	1961	Tuvalu[7]	1978
Tansania[4]	1961	Dominica	1978
Jamaika	1962	Kiribati	1979
Trinidad und Tobago	1962	Saint Lucia	1979
Uganda	1962	Saint Vincent und die Grenadinen[8]	1979
Kenia	1963	Vanuatu	1980
Malawi	1964	Belize	1981
Malta	1964	Antigua und Barbuda	1981
Sambia	1964	Malediven[9]	1982
Gambia	1965	Saint Kitts und Nevis	1983
Singapur	1965	Brunei	1984
Guyana	1966	Namibia	1990
Botswana	1966	Kamerun	1995
Lesotho	1966	Mosambik	1995
Barbados	1966	Ruanda	2009

1 Zusammengestellt nach den Angaben des ‹Commonwealth Secretariat›: http:www.thecommonwealth.org/, aufgerufen am 21.1.2010.
2 1961 ausgetreten; 1984 wieder beigetreten
3 1972 ausgetreten; 1989 wieder beigetreten
4 Tanganjika ab 1961, Tansania (mit Sansibar) ab 1964
5 Beitritt als *special member*, Vollmitgliedschaft seit 2000
6 1987 ausgetreten, 1997 wieder beigetreten, seit 2009 suspendiert
7 Beitritt als *special member*, Vollmitgliedschaft seit 2000
8 Beitritt als *special member*, Vollmitgliedschaft seit 1985
9 Beitritt als *special member*, Vollmitgliedschaft seit 1985

Tabelle 30: Das Britische Empire im Vergleich. Zeitgenössische Karte, ca. 1931

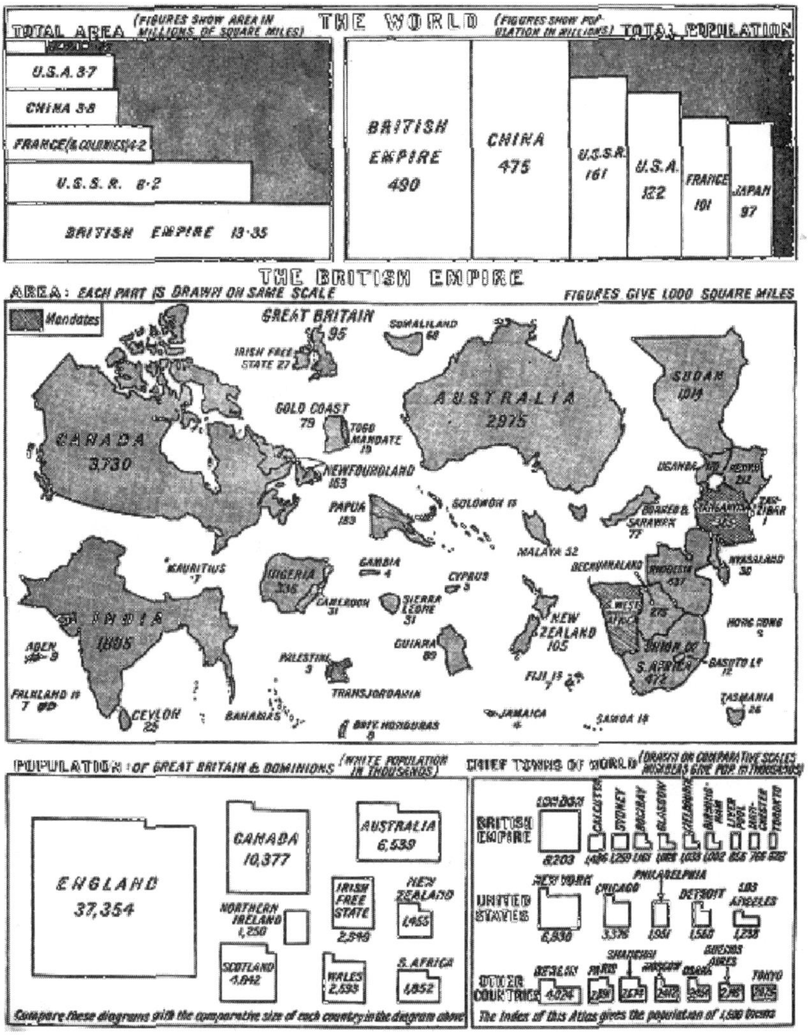

Personenregister

Grönland dän.
Alaska
V. St.
KANADA
1848 Selbstregierung
1867 Bundesstaat
und brit. Dominion
GROSS-
BRITANNIEN
Atlantischer
Azoren port.
Gibraltar b.
Madeira port.
VEREINIGTE
STAATEN
(V. St.)
Bermuda In. brit.
Bahama In. brit.
Kanarische Inseln
span.
Hawaii-Inseln
V. St.
MEXIKO
KUBA
Kapverden
port.
Guadaloupe frz.
Martinique frz.
Tobago brit.
Trinidad brit.
ndl.
brit.
frz.
Guayana
Pazifischer Ozean
ECUADOR
BRASILIEN
Ozean
CHILE
ARGENTINIEN
Falkland-In.
brit.
Süd-Georgien
brit.
Die Welt vor dem 1. Weltkrieg
Belgisch
Britisch
Deutsch
Französisch
Italienisch
Niederländisch
Portugiesisch
Spanisch

ergen
RUSSISCHES REICH
CH.
MONGOLEI
Abfall von China 1912
Korea jap.
JAPAN
Weiheiwei brit.
Kiautschou dt.
Bonin-In. jap.
OSMANISCHES REICH
PERSIEN
CHINA
Pazifischer Ozean
Britisch-Indien
Hongkong brit.
Formosa 1895 jap.
Macao port.
Kuangchouwan frz.
Yanaon frz.
Pondichéry frz.
Mahé frz.
Karikal frz.
SIAM
Franz. Indochina
Marianen dt.
Guam V. St.
Philippinen V. St.
Karolinen dt.
Ceylon brit.
Malaya
Brit.- Nordborneo
Niederländisch Indien
Neuguinea
Papua
Kaiser-Wilhelm-Land dt.
Bismarck-Archipel dt.
Salomon-In. brit.
Samoa dt.
Pemba
Sansibar 1890 brit.
Indischer Ozean
Christmas-I. brit.
Kokos-I. brit.
Mauritius brit.
Réunion frz.
Madagaskar
Australischer Bund
1855/90 Selbstregierung
1901 Bundesstaat
seit 1907 brit. Dominion
Neukaledonien frz.
Norfolk brit.
rikanische Union
brit. Dominion
N.-Amsterdam, St. Paul frz.
-Eduard-In.
Kerguelen frz.
Neuseeland
1856 Selbstregierung
seit 1907 brit. Dominion

Das Britische Empire 1922
Beaufortsee
Baffin Bay
Europ
Nor
Kanada
Hudson Bay
Vereinigtes K
von Großbritan
und Irland
Vancouver
Neufundland
Quebec
Ottawa
Gibraltar
Bermuda-I.
Golf von Mexiko
Bahama-I.
Atlantischer Ozean
Westindische Inseln
Brit.-Honduras
Jamaika
Barbados
Trinidad
Gambia
Freetown
Sierra Leone
Georgetown
Brit.-Guayana
Acc
Ascension
Tonga
Cook-I.
St. Helena
Südwe
Pitcairn-I.
Atlantischer Ozea
Tristan da Cunha
Pazifischer Ozean
Gough-
Falkland-I.
Südgeorgien
Kap Hoorn
Sandwich-I.
Süd-Orkney-I.
Süd-Shetland-I.
0 1000 2000 3000 km
Grahamland

Großbritannien mit Dominien und Kolonien
und Mandatsgebieten des Völkerbundes
(Ägypten 1914 unter brit. Schutzherrschaft)
Mandatsgebiete
Mesopotamien, Palästina, Transjordanien, Brit.-Togo, Brit.-Kamerun, Tanganjika, Nauru, Westsamoa, Papua-Neuguinea
Dominien
Kanada, Australien, Neuseeland, Südafrika, Irischer Freistaat (Irish Free State)
Alle namentlich genannten Gebiete gehören zum Empire
Irak
Bagdad
Trans-
jordanien
Katar
Oman
Maskat
Aden
Sokotra
Brit.-Somaliland
Kenia
(Brit.-Ostafrika)
Nairobi
Sansibar
Seychellen
Njassaland
Salisbury
-Rhodesien
Mauritius
Betschuanaland
Swasiland
Basutoland
Karatschi
Delhi
Kalkutta
Bombay
Indien
Burma
Colombo
Ceylon
Malediven
Chagos-I.
Kokos-I.
Malaiische
Staaten
Singapur
Weihaiwei
Hongkong
Pazifischer Ozean
Brit.-
N.-Borneo
Borneo
Neuguinea
Papua
Salomonen
Port Moresby
Neue Hebriden
Nauru
Gilbert- u.
Ellice-I.
Fidschi-I.
Westsamoa
Australien
Fremantle
Sydney
Melbourne
Tasmanische
See
Tasmanien
Neuseeland
Indischer Ozean

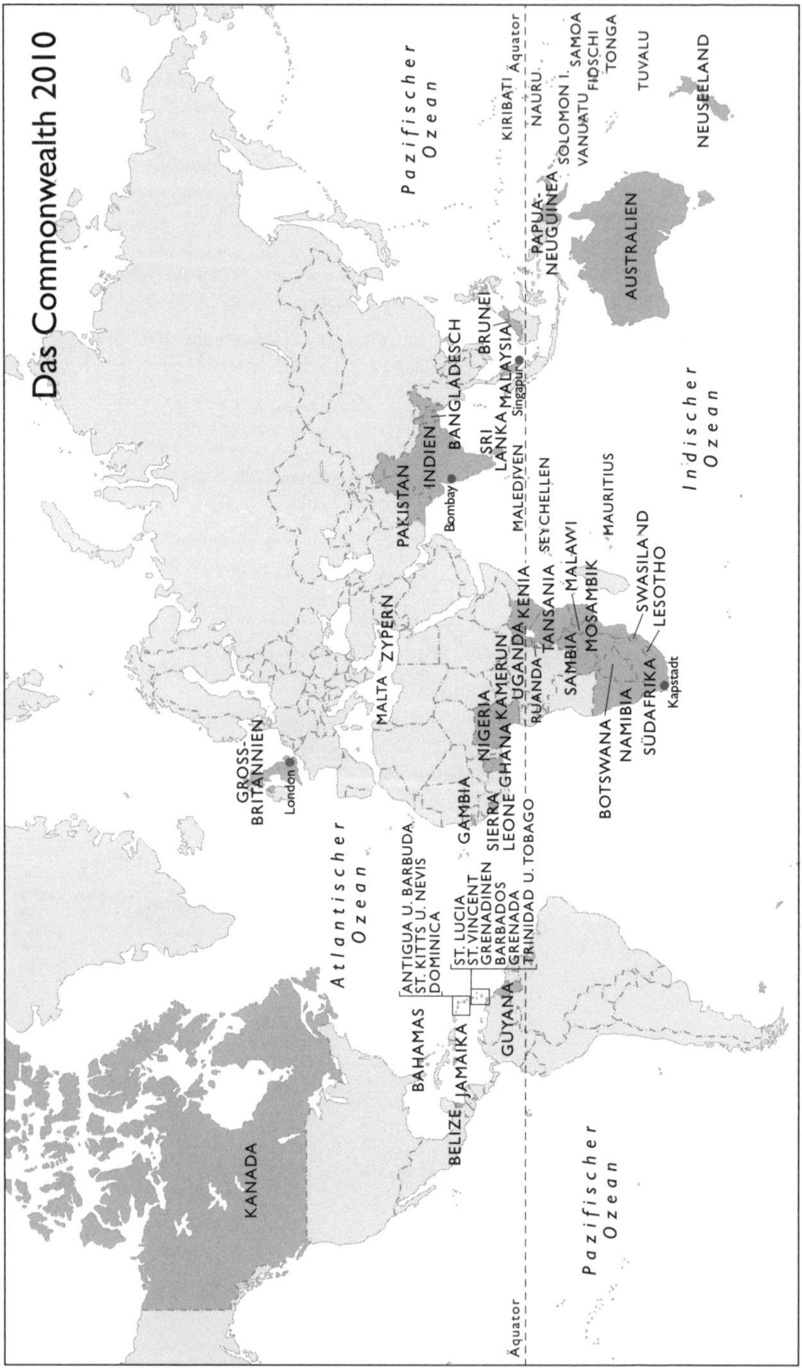
Das Commonwealth 2010
KANADA
BELIZE
BAHAMAS
JAMAIKA
GUYANA
ANTIGUA U. BARBUDA
ST. KITTS U. NEVIS
DOMINICA
ST. LUCIA
ST. VINCENT
GRENADINEN
BARBADOS
GRENADA
TRINIDAD U. TOBAGO
Atlantischer Ozean
Pazifischer Ozean
GROSS-BRITANNIEN
London
GAMBIA
SIERRA LEONE
GHANA
NIGERIA
KAMERUN
MALTA
ZYPERN
UGANDA
KENIA
RUANDA
TANSANIA
SAMBIA
MALAWI
MOSAMBIK
BOTSWANA
NAMIBIA
SÜDAFRIKA
Kapstadt
SWASILAND
LESOTHO
SEYCHELLEN
MAURITIUS
PAKISTAN
INDIEN
Bombay
BANGLADESCH
SRI LANKA
MALEDIVEN
MALAYSIA
Singapur
BRUNEI
Indischer Ozean
PAPUA-NEUGUINEA
AUSTRALIEN
NEUSEELAND
SOLOMON I.
VANUATU
NAURU
KIRIBATI
Äquator
SAMOA
FIDSCHI
TONGA
TUVALU
Pazifischer Ozean
Äquator

Großbritannien 2010